国家出版基金项目
NATIONAL PUBLICATION FOUNDATION

法治政府要论丛书

法治政府要论

——程序法治

On the Rule of Law Government

—Law-Based Administrative Procedure

江国华 著

WUHAN UNIVERSITY PRESS
武汉大学出版社

图书在版编目(CIP)数据

法治政府要论:程序法治/江国华著.—武汉:武汉大学出版社,
2021.6
法治政府要论丛书
ISBN 978-7-307-21593-1

Ⅰ.法⋯ Ⅱ.江⋯ Ⅲ.社会主义法治—建设—研究—中国
Ⅳ.D920.0

中国版本图书馆 CIP 数据核字(2020)第 105803 号

责任编辑:胡 荣 责任校对:李孟潇 版式设计:韩闻锦

出版发行:**武汉大学出版社** (430072 武昌 珞珈山)
(电子邮箱:cbs22@ whu.edu.cn 网址:www.wdp.com.cn)
印刷:湖北金港彩印有限公司
开本:720×1000 1/16 印张:35.25 字数:556 千字 插页:2
版次:2021 年 6 月第 1 版 2021 年 6 月第 1 次印刷
ISBN 978-7-307-21593-1 定价:108.00 元

总　序

　　根据党的十八大精神要求，2020年，是中国法治政府建设的收官之年，经过不懈努力，我国已经基本建成了职能科学、权责法定、执法严明、公开公正、廉洁高效、守法诚信的法治政府。

　　法治政府的内涵丰富，以马克思列宁主义、毛泽东思想、邓小平理论、"三个代表"重要思想、科学发展观、习近平新时代中国特色社会主义思想为指导，根据全面建成小康社会、全面深化改革、全面依法治国、全面从严治党的战略布局，围绕建设中国特色社会主义法治体系、建设社会主义法治国家的全面推进依法治国总目标，坚持依法治国、依法执政、依法行政共同推进，坚持法治国家、法治政府、法治社会一体建设，深入推进依法行政，建成法治政府，培育和践行社会主义核心价值观，弘扬社会主义法治精神，推进国家治理体系和治理能力现代化，为实现"两个一百年"奋斗目标、实现中华民族伟大复兴的中国梦提供有力法治保障。坚持中国共产党的领导，坚持人民主体地位，坚持法律面前人人平等，坚持依法治国和以德治国相结合，坚持从中国实际出发，坚持依宪施政、依法行政、简政放权，把政府工作全面纳入法治轨道，实行法治政府建设与创新政府、廉洁政府、服务型政府建设相结合。

　　随着法治政府的基本建成，政府职能依法全面履行，依法行政制度体系完备，行政决策科学民主合法，宪法法律严格公正实施，行政权力规范透明运行，人民权益切实有效保障，依法行政能力普遍提高，其意义重大、影响深远。本套《法治政府要论丛书》是对法治政府之原理、渊源、制度、现状的全面总结，共分为六本，分别是《法治政府要论——基本原理》《法治政府要论——组织法治》《法治政府要论——行为法治》《法治政府要论——程序法治》《法治政府要论——救济法治》和《法治政府要论——责任法治》，从行政法学的理论出发，结合中国实际国情，展开系统论述。

一、法治政府建设的十大成就

经过改革开放以来的数次行政体制改革，特别是十八大以来的行政体制改革，中国法治政府建设取得了令人瞩目的成就，圆满完成了《法治政府建设实施纲要（2015—2020 年）》（以下简称《纲要》）所设定的各项基本任务，取得了伟大的成就。

其一，完善了行政机关坚持党的领导制度体系。法治政府建设是一项全面系统的工程，党的领导是建成法治政府最根本的保证。十九大确立了习近平新时代中国特色社会主义思想，明确了中国特色社会主义最本质的特征是中国共产党的领导。在实践中，由党总揽全局、协调各方，发挥各级党委领导核心作用，党的领导贯彻到了法治政府建设各方面。各级政府在党委统一领导下，谋划和落实法治政府建设的各项任务，结合本地区本部门实际，发挥牵引和突破作用，使得建设法治政府的工作全面深入开展。坚持党的领导下建成的法治政府，落实了第一责任人责任，领导干部作为"关键少数"做好表率，把好方向，带动了法治政府建设各项工作的全面深入开展，并且在党的领导下强化了考核评价和督促检查，各级党委将建设法治政府纳入了政绩考核指标体系，督促了法治政府的建设。除此之外，在党的领导下加强理论研究、典型示范和宣传引导，凝聚社会共识，营造全社会关心、支持和参与法治政府建设的良好社会氛围。这些都为法治政府的建成提供了坚实的保障。

其二，构建了法治政府建设目标体系，总体目标是基本建成职能科学、权责法定、执法严明、公开公正、廉洁高效、守法诚信的法治政府。在总体目标的指引下，针对突出问题，依次提出了依法全面履行政府职能，完善依法行政制度体系，推进行政决策科学化、民主化、法治化，坚持严格规范公正文明执法，强化对行政权力的制约和监督，依法有效化解社会矛盾纠纷，全面提高政府工作人员法治思维和依法行政能力这七个方面的主要任务，对于每方面任务都规定了更具体的目标，总目标和七个具体目标指引着法治政府建设的方向。

其三，构建了法治政府建设标准体系。法治政府有没有建成，如何评估，这非某个人说了算，而是需要有明确的标准。法治政府建成的标准要求政府职能依法全面履行、依法行政制度体系完备、行政决策科学民主合法、宪法法律严格公正实施、行政权力规范透明运行、人民权益切实有效保障、依法行政能力普遍提高。这样的标准体系涵盖了政府依法行政的方方面面，使得法治政府的建成有据可依，形成了完备的制度体系。

其四，依法全面履行了政府职能。牢固树立创新、协调、绿色、开放、共享的发展理念，坚持政企分开、政资分开、政事分开、政社分开，简政放权、放管结合、优化服务，政府与市场、政府与社会的关系基本理顺，政府职能切实转变，宏观调控、市场监管、社会管理、公共服务、环境保护等职责依法全面履行。措施是深化行政审批制度改革，大力推行权力清单、责任清单、负面清单制度并实行动态管理；优化政府组织结构；完善宏观调控；加强市场监督管理；创新社会治理；优化公共服务；强化生态环境保护。

其五，完善了依法行政制度体系。提高了政府立法质量，构建成系统完备、科学规范、运行有效的依法行政制度体系，使政府管理各方面制度更加成熟更趋向定型，为建设社会主义市场经济、民主政治、先进文化、和谐社会、生态文明，促进人的全面发展，提供有力制度保障。措施是完善政府立法体制机制；加强重点领域政府立法；提高政府立法公众参与度；加强规范性文件监督管理；建立行政法规规章和规范性文件清理长效机制。

其六，行政决策科学化、民主化、法治化。行政决策制度科学、程序正当、过程公开、责任明确，决策法定程序严格落实，决策质量显著提高，决策效率切实保证，违法决策、不当决策、拖延决策明显减少并得到及时纠正，行政决策公信力和执行力大幅提升。措施是健全依法决策机制；增强公众参与实效；提高专家论证和风险评估质量；加强合法性审查；坚持集体讨论决定；严格决策责任追究。

其七，严格规范公正文明执法。权责统一、权威高效的行政执法体制建立健全，法律法规规章得到严格实施，各类违法行为得到及时查处和制裁，公民、法人和其他组织的合法权益得到切实保障，经济社会秩序得到有效维护，行政违法或不当行为明显减少，对行政执法的社会满意度显著提高。措施是改革行政执法体制；完善行政执法程序；创新行政执法方式；全面落实行政执法责任制；健全行政执法人员管理制度；加强行政执法保障。

其八，强化了对行政权力的制约和监督。科学有效的行政权力运行制约和监督体系基本形成，惩治和预防腐败体系进一步健全，各方面监督形成合力，人民群众的知情权、参与权、表达权、监督权得到切实保障，损害公民、法人和其他组织合法权益的违法行政行为得到及时纠正，违法行政责任人依法依纪受到严肃追究。措施是健全行政权力运行制约和监督体系，自觉接受党内监督、人大监督、民主监督、司法监督，加强行政监督和审计监督；完善社会监督和舆论监督机制；全面推进政务公开；完善纠错问责机制。

其九，依法有效化解社会矛盾纠纷。公民、法人和其他组织的合法权益得到切实维护，公正、高效、便捷、成本低廉的多元化矛盾纠纷解决机制全面形成，行政机关在预防、解决行政争议和民事纠纷中的作用充分发挥，通过法定渠道解决矛盾纠纷的比率大幅提升。措施是健全依法化解纠纷机制；加强行政复议工作；完善行政调解、行政裁决、仲裁制度；加强人民调解工作；改革信访工作制度。

其十，政府工作人员法治思维和依法行政能力全面提高。政府工作人员特别是领导干部牢固树立宪法法律至上、法律面前人人平等、权由法定、权依法使等基本法治理念，恪守合法行政、合理行政、程序正当、高效便民、诚实守信、权责统一等依法行政基本要求，做尊法学法守法用法的模范，法治思维和依法行政能力明显提高，在法治轨道上全面推进政府各项工作。措施是树立重视法治素养和法治能力的用人导向；加强对政府工作人员的法治教育培训；完善政府工作人员法治能力考查测试制度；注重通过法治实践提高政府工作人员法治思维和依法行政能力。

二、中国法治政府发展趋向

目前我国的法治政府已经基本建设完成，而这远远不是终点，司法部公布的《全面深化司法行政改革纲要（2018—2022年）》中明确规定，到2022年，法治政府建设取得显著成效，行政立法的引领、规范、保障和推动作用有效发挥，行政执法体制机制改革创新不断推进，严格规范公正文明执法水平显著提高。由此可见，法治政府的基本建成只是一个开始，在基本建成后必然要面对时代的检验，也会向更高的目标迈进，支撑、推动着"基本实现社会主义现代化"这个更宏伟目标的实现。

回顾三十余年来中国行政法治路程，可以看到我们已经取得了举世瞩目的成就。而当今世界正经历百年未有之大变局，我国正处于实现"两个一百年"奋斗目标的历史交汇期，随着经济发展和社会转型，社会矛盾急剧增多，公民意识的觉醒，价值观多元，矛盾的表现形式也呈现多样化态势，这对法治政府建设提出了新的挑战。

未来，法治政府建设必须适应不断发展变化的社会对政府行政提出的新要求，在已有成绩的基础上让法治政府"更上一层楼"。要求从行政行为的源头上进一步推行行政决策科学化、民主化、法治化；进一步理顺行政立法体制；加强重点领域行政立法；确保行政立法与改革相衔接，进一步提高行政立法质量和效率；提高行政立法公众参与度；继续健全全面清理和专项清理相结合的清理机制；全面落实行政执法责任制；完善行政执法程序；加强行政执法人员资格和证件管理；加强行政执法指导监督；深化行政复议体制机制改革。

同时，法治政府建设不只是跨越了行政立法、行政执法以及行政救济与监督之间的系列问题，更是涵盖面广泛，跨越了政治、经济、社会、管理等专业学科领域背景的系列复合型问题。因此，未来进一步推进法治政府发展，也要求政府更加了解其在社会的政治、经济、社会、文化、生态等方面的职能及其定位。

法治政府基本建成后，其内涵在未来将越来越丰富。法治国家、法治政府、法治社会建设本是一体，相互促进，法治政府的建成和发展将有利于法治国家、法治社会的发展，使中国特色社会主义法治体系日益完善，全社会法治观念逐步增强，这也是全面建成小康社会的重要标志，为中国未来基本实现现代化、全面建成社会主义现代化强国的目标保驾护航，继续向实现中华民族伟大复兴的中国梦而奋勇前进。

三、本套丛书的学术志趣

古今中外政府的权力，堪称一柄锋利而危险的双刃剑，是人类社会中一种"必要的恶"。运用得当，权力可以成为促进人民福祉、推动社会进步的强大力量；任意滥用，则会成为侵犯民众利益、阻碍社会发展的恐怖工具。如果缺乏必要的约束和监督，权力势必趋向滥用和腐败。这是由人性和权力的本性所决定的，是适用任何一种政治制度的一条普遍规律。法治政府的建成绝不仅仅是让行政更有效率，而是将行政权力关进笼子里，让其在规范下妥善运行。

历史上的中国，或为家族之国，或为诸侯之国，或为一王专制之国。今日之中国，是人民的中国，在短短数十年间，科技日新月异，经济迅猛腾飞，举世震惊。外在的物质水平固然重要，内在的制度建设亦不可放松，在中华民族伟大复兴的历史长河中，法治政府的基本建成是重大而关键的一步。本套《法治政府要论》丛书着眼于大局，承历史进程之重，扬时代发展之声，深刻总结行政权力的特点，博采众言，开拓创新，究法治之理，纳社会之变，成一家之言，系统展现了法治政府的面貌。受光于庭户见一堂，受光于天下照四方，本丛书分为"基本原理、组织法治、行为法治、程序法治、救济法治、责任法治"之六本，力求从多方面展现建成法治政府的要点。

法治政府建设的理论基础是法治，强调行政权力运行中法律对政府而非公民的规制。在过去很长一段时间里，我们的政府仅仅是法制政府，而非法治政府。法制是"rule by law"，法律是治理的工具，本质上是人利用法律进行统治。而法治则是"rule of law"，法律成为了主格，任何部门、任何人都要接受法律的规范。政府工作需要全面纳入法治轨道，让政府用法治思维和法治方式履行职责，确保行政权在法治框架内运行。这也是推进国家治理体系和治理能力现代化的必然要求，行政权力的运行需要在法律框架下制度化、规范化。

组织法治是行政法基本原则在政府组织领域的具体化体现，须遵循法治原则、精简高效原则、分工协作原则以及民主集中制原则。广义的政府组织是对国家行政机关及其组成部门、派出机构等组织体系的统称，行政组织的法治化是依法行政、建成法治政府的基础，通过行政组织法对行政机构、人员、职权、财政、公产公物等的规范，从而实现我国行政组织的法治化和体系化，从统一行政组织法典的角度出发，进一步促进和保障我国法治政府和法治国家建设。

行为法治要求政府行政行为必须遵循法治。这要求行政机关"法无授权不可为、法定职责必须为"。传统的行政法体系中，行政行为在行政法和行政法学中的核心地位始终没有动摇过，但随着社会的发展，以"行政行为中心论"构建的行政法学体系面临新的挑战。大量新型行政手段，比如行政契约、行政指导、行政协商等，被广泛频繁地适用。传统上的"非行政行为"也确确实实会给公民个人或社会组织的合法权益造成事实上的损害。这对法治政府建成提出了更高的要求，将行政行为的意涵进一步扩大，让行政权力不能僭越法治框架运行。

程序法治是法治对行政程序的要求。过去我们的法治政府建设存在着重内部机制、轻外部机制，重实体设定机制、轻程序规范机制的问题。程序法治是对行政权的有力制约，规范权力的行使过程。目前我国并没有统一的程序立法，关于行政程序的规定分布在法律、法规中，正在逐步健全。一些省份和城市也出台了地方性的程序立法，相信程序法治在将来会进一步完善。

救济法治是指，相对人的权益受到行政机关损害时，法治赋予其畅通的救济途径，包括行政诉讼的救济和非行政诉讼的救济。建成法治政府，并不意味着所有行政行为就完美无缺，实践中会遇到各种各样的复杂情况，难免会有一些瑕疵，给行政相对人的权益带来损害。健全救济法治，意味着行政相对人可以通过法定渠道解决这些矛盾和纠纷，通过复议、调解、裁决、信访等多种渠道，保障相对人的正当权益，让法治政府更平稳、公正地运行。

责任法治要求政府必须依法承担责任。根据权责一致原则，我国政府是行使国家权力的机关，掌握着公共权力，理应承担政府责任。有权必有责，有责要担当，失责必追究，责任法治通过法律明确我国政府责任建设的要求，不断建立和完善我国政府责任的实现机制，强化我国的问责机制，在法治框架下通过制度建成负责任的政府。

　　人类历史最珍贵的成就，不是令人炫目的科技，不是大师们浩如烟海的经典著作，不是政客们天花乱坠的演讲，而是一步步对于政府权力的驯服，把权力关在笼子里。建成法治政府，为中华民族伟大复兴保驾护航，此志甚远，所含甚大，非零散文字所能概括言之。人有所忘，史有所轻，本套丛书力求系统涵盖法治政府建成的方方面面，对其伟大成就予以充分肯定，不足之处也加以指出。法治政府的建成是漫漫历史长河上浓墨重彩的一笔，需要有这样一套系统的丛书去记录，世纪交迭，万事发生，此刻的法治政府建设做了什么，意识到了什么，又期盼了什么，这其实是历史进程的长河中必不可少的工作，是一份不懈的责任。

目　　录

导　　论

一、程序释义

根据《辞海》的解释，程序有两种含义：一是指"行事的先后次序，工作步骤"；二是指"指示计算机按解决问题的步骤，实现预期目的而进行操作的一系列语句和指令"，也就是人们通常所说的"计算机程序"。程序的英文为"Process"，其含义为做某事的方式、手续、步骤，尤其是指一种通常的或正确的方式，有时特指商业、法律或者政治上的程序。易言之，程序一般是指实施一定行为的方式、步骤、顺序以及时间的延续性。从程序所指向的事务的性质来看，程序可以分为客观程序与主观程序。客观程序是指不以人的主观意志为转移的、客观存在的自然过程和顺序，也可以理解为自然规律；主观程序是指由社会主体根据自身的需要遵循事物发展变化的规律所设计的程序，① 也就是我们通常意义上所指称的"程序"。

在主观程序中，最具规范性、完整性、确定性的程序就是法律程序。法律程序是指按照一定顺序、程式和步骤制作法律决定的过程。② 根据实施程序的主体不同，可以将法律程序划分为立法程序、行政程序以及司法程序。立法程

---

① 赵旭东：《程序正义的概念与标准的再认识》，载《法律科学（西北政法学院学报）》2003 年第 6 期。

② 陈瑞华：《程序正义论纲》，载《诉讼法论丛》（第 1 卷），法律出版社 1998 年版，第 18 页。

序是指立法机关依照一定步骤和顺序制定和颁布一部法律的过程；行政程序指行政机关作出行政行为或制定行政规范性文件所遵循的方式、步骤、顺序以及时间的延续性；司法程序是指司法机关为解决纠纷而作出司法裁判的过程、步骤等。一般来说，法律程序具有以下几个特征：一是法律程序具有规范性，国家以法律的形式对法律程序加以规定，如专门的程序立法《行政诉讼法》《民事诉讼法》《刑事诉讼法》以及散见于法律法规中的程序性规范。二是法律程序具有强制性，由于国家以法律的形式对法律程序加以规定，法律由国家的强制力保障实施，因此法律程序也具有强制性，在法律对某一行为的程序作出规定时，行为人应当严格依照法律规定的程序实施行为，不得不按程序实施行为，也不得随意变更程序。三是法律程序具有明确性，也就是法律程序必须意旨明白、清晰无误，若法律程序语焉不详，很容易导致政府部门恣意裁量，侵犯社会公众的合法权益。四是法律程序具有可操作性，法律程序的设定应当符合客观规律，能够在实际的操作过程中得到顺利执行，不合理的程序设置会直接影响法律的实施。

二、程序正义

（一）程序正义的起源与发展

作为一种观念，程序正义渊源于英国普通法之中的"自然正义"（Nature Justice）。在实践中，作为英国法治的最核心概念，自然正义演变为两项基本的法治原则：一是"任何人不得做自己案件的法官"；二是"应听取双方之词，任何一方之词未被听取不得对其裁判"。其适用范围主要是司法裁判领域。

发轫于自然法的自然正义原则，经由 1215 年《自由大宪章》正式成为英国的一项法律制度。《自由大宪章》第 39 条首次确认了自然正义原则，它规定："任何自由人，如未经其同级贵族之依法裁判，或经国法判决，皆不得被逮捕、监禁、没收财产、剥夺法律保护权、流放，或加以任何其他损害。"1355 年英王爱德华三世颁布的一项律令明确规定："任何人，无论其身份、地位状况如何，未经正当法律程序，不得予以逮捕、监禁、没收财产……或者处死。"该条款首次以法令形式表述了自然公正原则，并扩大了自然正义原则的适用范围。① 1628 年的《权利请愿书》规定："不经过国家法律或法庭程序，不得非法逮捕任何人或剥夺其财产。"据此，自然正义原则得到进一步的发展。1679 年的《人身保护法》标志着自然正义原则趋于完善，它规定，在押人或其代表，有权向王座法院请求颁发"人身保护令状"，限期将在押人移交法院，以审查其被捕理由，法院如认为无正当拘捕理由，在押人即可获释。否则，法院得酌情准许在押人取保开释，或从速进行审判。

英国的自然正义原则成为美国联邦宪法正当法律程序条款的直接渊源。1791 年通过的美国宪法第 5 条修正案规定，"未经正当法律程序不得剥夺任何人的生命、自由或财产"。1868 年通过的宪法第 14 条修正案重申了这一内容，并强调正当法律程序原则适用于各州。此后，正当法律程序条款不仅在保护公民的基本权利和自由方面发挥了重要作用，而且在限制各州政府权力从而扩大联邦政府权力方面起到了很大作用。19 世纪末 20 世纪初，美国联邦最高法院以正当程序条款为武器，对各州的立法实行严格监督，宣布许多社会立法无效。

在理论上，以约翰·罗尔斯的《正义论》为标志，程序正义已经成为渊源流长的正义论体系中不可或缺的组成部分。罗尔斯将程序正义分为三种形态：纯粹的程序正义、完善的程序正义以及不完善的程序正义。他以分蛋糕的案例来说明完善的程序正义，并认为完善的程序正义有两个特征：一是对什么是公平的分配有一个独立的标准；二是设计一种保证达到预期结果的程序是可能的。② 不完善的程序正义的基本标志是"当有一种判断正确的独立标准时，没有可以保证达到它的程序"，以刑事审判为例，即使法律被准确地遵循，过程被公正恰当地引导，还是有可能达到错误的结果。与完善的程序正义和不完

---

① 陈瑞华：《程序正义论纲》，载《诉讼法论丛》（第 1 卷），法律出版社 1998 年版，第 18 页。

② ［美］约翰·罗尔斯著：《正义论》，何怀宏、何包钢、廖申白译，中国社会科学出版社 1988 年版，第 85~86 页。

善的程序正义相比，纯粹的程序正义不存在对正当结果的独立标准，而是存在一种正确的或公平的程序，这种程序若被恰当地遵守，其结果也会是正确的或公平的，无论它们可能会是一些什么样的结果。在罗尔斯看来，纯粹的程序正义原则对满足分配的正义具有重大的实践优点：在满足正义要求时，它不再需要追溯无数的特殊环境和个人在不断改变着的相对地位，我们避免了将由这类细节引起的非常复杂的原则问题。① 分配的正确性取决于产生分配的合作体系的正义性和对介入其中的个人要求的回答，把许多信息和日常生活中的复杂情况作为与社会正义无关的事情弃而不论。由于人们对结果的正当性并没有一种明确的认识标准，在罗尔斯的纯粹的程序正义理论下，只要遵循公正的程序，结果就被认为是正当的、合理的，评价程序正当性的标准取代了原先的程序和结果正当性的双重标准，不再需要既考虑程序正当性又考虑结果正当性，因此纯粹程序正义是实现社会正义的理性选择。虽然罗尔斯的程序正义理论受到了许多学者的质疑与批评，例如，在哈贝马斯看来，正义是公正合理的程序之结果，它不是先定的，而是由人们通过平等的理性商谈的共识所决定的，也就是说，正义的关键是其产生的程序，而非其内容。② 但不可否认，罗尔斯的理论不仅对伦理学和政治哲学领域具有重要意义，也是法学领域尤其是法哲学领域的重要组成部分。

在罗尔斯的程序正义理论出现的前后一段时期，在法哲学领域内，也出现了一种研究程序正义的思潮。一些英美学者从揭示传统上的"自然正义"和"正当法律程序"理念的思想基础出发，对法律程序本身的公正性和正当性进行了较为充分的探讨，认为法律程序是为了保障一些独立于结果的价值而设计的，换言之，一项法律程序是否具有正当性，并不取决于是否能够产生正确的

---

① ［美］约翰·罗尔斯著：《正义论》，何怀宏、何包钢、廖申白译，中国社会科学出版社 1988 年第 1 版，第 88 页。

② 冯颜利、张朋光：《哈贝马斯的正义观与当代价值——兼论哈贝马斯与罗尔斯正义观的主要异同》，载《华中师范大学学报（人文社会科学版）》2013 年第 6 期。

结果，而是取决于它是否能够保护一些独立的内在价值。① 美国学者杰理·马修的"尊严价值理论"就是这些理论的代表。"尊严价值理论"认为维护法律程序自身的公正性、人道性或者合理性，其最终目的在于使直接相关人的尊严得到尊重，因此评价法律程序正当性的主要标准是它对人的尊严的维护程度。② 马修的理论较为充分地论证了程序内在价值的独立性，某些价值可以通过法律程序本身得到实现，而不必考虑结果的正当性，也就是说，只要遵循公正合理的程序，就能实现法律程序的内在价值，其结果就是正当的，这与罗尔斯的纯粹程序正义理论殊途同归。

（二）程序正义的分类

程序正义的观念被提出来后，首先需要直面的问题是应当怎样评估一个程序是否正义的。锡博特和华尔克在其早期的研究中根据评估标准的不同，将程序正义分为客观程序正义和主观程序正义。③

其一，客观程序正义。在评估一个程序是否正义的过程中，客观程序正义更多的是关注一个程序是否遵循客观的、规范的正义标准，从而使得作出决定的过程或者结果更加公正。也就是说，在客观程序正义中，存在一个确定的标准，用以判断一个程序是否正义。客观程序正义对法学领域影响深远，客观程序正义中所蕴含的客观性标准成为法学家们评估一个程序是否正义的最主要标准。"正义是一种开放性、容纳性很强的价值，它的含义会随着时代的发展而产生变化"，④ 因此很难有一个完美的评估标准来判断程序是否正义。但是一个程序是否正义，应当满足一些起码的标准，虽然这些标准不一定能保证程序正义能得到彻底的实现，但不满足这些标准的程序肯定是非正义的，这些标准

---

① 参见陈瑞华：《程序正义论纲》，载《诉讼法论丛》（第1卷），法律出版社1998年版，第34页。

② 参见陈瑞华：《程序正义的理论基础——评马修的"尊严价值理论"》，载《中国法学》2000年第3期。

③ 苏新建：《主观程序正义对司法的意义》，载《政法论坛》2014年第4期。

④ 应松年：《中国行政程序立法展望》，载《中国法学》2010年第2期。

就构成"最低限度的程序公正标准"。最低限度的程序公正标准，它是确保程序正义实现的必要条件，而非充分条件，就行政程序而言，主要包括四方面的要求，即程序公正原则、程序公开原则、参与原则、效率原则。① 其中，程序公正原则要求行政机关作出决定时应当保持中立，与行政事务没有利益关联，在作出行政裁决时，应当对参与各方保持不偏不倚的态度，这也是"自己不能做自己案件的法官"这一基本观念在行政法领域内的体现。程序公开原则是指行政机关应当将行政权力运行的过程向相对人或不特定的社会公众公开，使相对人以及社会公众能够及时知悉行政权的行使过程，保障公众的知情权。参与原则的核心是那些可能会受到行政程序结果直接影响的主体应有充分的机会并富有意义地参与行政决定的制作过程，并对行政决定的制作过程发挥有效的影响和作用。② 简单来说，行政相对人在面对对其有直接影响的行政程序时，应当有陈述申辩的机会，充分发表自己的意见，并能对结果的作出产生一定的影响。效率原则一般意义上是指能够从一个既定的投入量中获得最大的产出，③ 具体应用在行政程序中就是要求行政机关及时作出行政行为，超过法定期间未作出的应当承担一定的法律后果。此外，根据行政事务的繁简程度，应当设计不同的程序，减少行政成本的浪费。

其二，主观程序正义。主观程序正义关注的中心是民众尤其是程序参与者对程序的主观性评价。④ 学界通过大量的实验分析，发现影响主观程序正义的原因包括但不限于以下几个因素：控制感、尊重感、感知能力。⑤ 其中：（1）控制感是指人们在遇到法律问题的过程中，能够凭借其自身的能力对立法、行政、司法的过程加以控制，若人们对这些程序感到无能为力，则很容易丧失对

① 应松年：《中国行政程序立法展望》，载《中国法学》2010 年第 2 期。
② 参见陈瑞华：《程序正义论——从刑事审判角度的分析》，载《中外法学》1997 年第 2 期。
③ 参见张文显著：《法学基本范畴研究》，中国政法大学出版社 1993 年版，第 273 页。
④ 苏新建：《主观程序正义对司法的意义》，载《政法论坛》2014 年第 4 期。
⑤ 郭春镇：《感知的程序正义——主观程序正义及其构建》，载《法制与社会发展》2017 年第 2 期。

法律程序的信任，进而影响法律的公信力。林德和泰勒在对两种不同审判模式的满意度调查研究后，发现人们对于对抗式审判方式的满意度大于纠问式审判方式的满意度，即使判决结果不利，对抗式的满意度也高于纠问式的满意度。① 这是因为在对抗式的审判方式中，法官只是处于消极裁判者的地位，诉讼活动由当事人来发动、推动和主导，他们能充分地表达自己的意见，整个诉讼都是由当事人所控制，因此，人们认为审判会更加公平。② （2）尊重感要求程序的参与者有充分的表达机会，并且能够得到认真的倾听，使他们感受到他们被尊重。例如，在审判过程中，若法官耐心倾听当事人的意见，当事人就很可能认为这场审判是正义的，若法官在庭审过程中对于当事人的陈述表现得非常不耐烦，甚至无理地打断当事人的陈述，当事人对这场审判的正义性的感知就会大大降低。（3）感知能力主要包括大众的伦理观、话语表达方式、自身的理解和感受能力，这些因素都影响着社会大众对正义的判断。例如在一个防卫过当的案件中，社会大众基于其朴素的伦理观和道德认为嫌疑人不应当受到刑事处罚，但依据法律的规定，嫌疑人的行为确实构成防卫过当，需要受到刑事处罚，因此大众的观念就与法律的规定之间存在一定张力，给社会公众带来非正义的感觉。

主观程序正义最早集中于司法程序之中，有利于提升司法的满意度，加强社会公众对法院判决的服从，从而有助于定分止争。随后，人们发现，主观程序正义对于立法、行政等领域也有不可忽视的作用。就行政程序而言，若一个程序符合主观程序正义的要求，相对人更容易接受并服从行政机关的行政行为，增强行政主体的公信力，有利于社会的稳定和谐。

（三）程序正义与实体正义

研究程序正义与实体正义的关系问题，就是研究程序是否依附于实体而存

---

① E. Allan Lind and Tom Tyler, The Social Phycology of Procedural Justice, Plenum Press，1988，p.28.

② 郭春镇：《感知的程序正义——主观程序正义及其构建》，载《法制与社会发展》2017 年第 2 期。

在，抑或有其独立的价值。从 19 世纪以来，主要存在四种程序的价值理论，分别是绝对工具主义程序理论、相对工具主义程序理论、经济效益主义程序理论以及程序本位主义理论。绝对工具主义程序理论以结果为本位，认为法律程序是为结果服务的，不是作为独立的实体而存在，只是实现结果的工具和手段。边沁曾对绝对工具主义程序理论作出过经典的阐述，他认为："实体法的唯一正当性目的，是最大限度地增加最大多数社会成员的幸福，程序法的唯一正当目的，则为最大限度地实现实体法。程序法的有用性取决于实体法的有用性，除非实体法能够实现社会的最大幸福，否则程序法就无法实现同一目的。"① 相对工具主义程序理论也认为法律程序是用以实施实体法的工具和手段，但是它承认程序存在一些独立的价值，该理论以德沃金为代表。经济效益主义程序理论由波斯纳提出，也认为程序是实现某一外在价值目标的工具，不过，这里的外在目标是最大限度地增加公共福利或提高经济效益。与程序工具主义理论相对，程序本位主义理论对法律程序的价值做了非工具主义的解释，也就是说，程序并不只是实现某种实体目的的手段或者工具，结果有效性亦并非法律程序的唯一价值，评价法律程序的价值标准应当立足于程序本身是否具有某些独立于结果的"内在品质"，即过程价值的有效性。②

　　无论是程序工具主义还是程序本位主义，都存在不同程度的绝对化和片面化。程序工具主义过于强调程序的工具性，忽视了程序所具有的内在价值，而程序本位主义把程序和结果混为一谈，认为公正的程序必然导致公正的判决，这种过于理想化的假定在现实情况中显然不存在。因此，我们应当构建一种多元化的评价标准，兼顾程序的内在价值和外在价值，在程序工具主义和程序本位主义之间寻求一种平衡，具体来说，在评价或设计一项法律程序时，既要保障其最低限度的公正性与合理性，也要能产生一种好的结果，也就是实现实体正义。在此基础上，程序正义和实体正义的关系就可以表述为：程序正义与实

---

　　① Gerald J. Postema, The Principle of Utility and the Law of Procedure：Bentham's Theory of Adjudication, Georgia Law Review, Vol. 11, 1977. 转引自陈瑞华：《程序价值理论的四个模式》，载《中外法学》1996 年第 2 期。

　　② 周佑勇：《行政法的正当程序原则》，载《中国社会科学》2004 年第 4 期。

体正义所追求的目标是一致的，都是为了实现社会正义，程序正义有自己独立的评价标准，程序正义的实现不依赖于实体正义，在一定程度上能够保障实体正义的实现；当然，在某些情况下，程序正义也会与实体正义发生冲突，但不能为了实现实体正义而随意地牺牲程序正义。

三、行政程序

（一）行政程序的界定

根据日本《新法律辞典》的解释，行政程序（Administrative Procedure）意指"与作为法院进行审理裁判这一司法程序相对应的，行政机关在进行制定规则、裁决争讼及其他行政行为时，必须遵循的程序"。① 根据美国《布莱克法律词典》的解释，行政程序意指行政机关所作出行为的方法和步骤，它不同于法院的司法程序。同样在美国，欧内斯特·盖尔霍恩等人则持相左意见，他们倾向于把司法审查程序也纳入行政程序范畴进行研究，因为在他们看来，行政程序涵括与行政权有关的一切程序，既涉及行政权的设定、运行，也包含对它的监督，而对行政权的监督包括行政监督和司法监督两个板块，尤其是后者更具实质意义。② 虽然中国有关行政程序的研究和立法探索于晚近几十年才逐步兴起，但学者们对于行政程序的含义已经基本达成一致。即认为行政程序是指行政主体行使职权、履行职责所应当遵循的方式、步骤、顺序和时限的总和。③ 亦即行政程序只包括行政方式作出的方法、步骤、顺序和时限等法则，不涉及法院监督行政行为的司法程序。其要义有四：

其一，行政程序是行政权力的行使程序。并非行政机关作出的所有行为程

---

① 《新法律辞典》（中译本），中国政法大学出版社1991年版，第181页。

② 参见崔卓兰、季洪涛著：《行政法学》，中国政法大学出版社1996年版，第281页。

③ 参见章剑生主编：《行政程序法学》，中国政法大学出版社2004年版，第1~2页；张树义主编：《行政程序法教程》，中国政法大学出版社2005年版，第6~7页；应松年主编：《行政程序法》，法律出版社2009年版，第5~6页；罗豪才主编：《行政法学》，中国政法大学出版社1996年版，第281页。

序都是行政程序，比如当行政机关以民事主体身份参与民事活动时所适用的程序，以及当行政机关以被告身份参加行政诉讼时所适用的程序，都不属于行政程序。质言之，只有当行政主体通过行使行政权力，作出行政方式时，所遵从的程序才属于行政程序。① 行政权力的行使及其所对应的行政方式范围非常广泛，既包括内部行政方式，也包括外部行政方式。由此，行政程序可以划分为内部行政程序和外部行政程序。其中，又以行政主体与行政相对人共同参与的外部行政程序为主要内容。②

其二，行政程序主要表现为法律程序。因为行政程序涉及的是行政权力的运行过程，只有通过法律、法规或者规章将重要和典型的行政程序制度予以规定，才能充分保证行政权力的有序行使。为此，法律就成为行政程序的主要表现形式，行政程序也因之具备了法律程序所共有的强制性、明确性、操作性等特质。同时，正义、公平、人权保障等是现代法律所必须倡扬的价值。以法律程序为主要表现形式的行政程序也不能例外，其除了要为行政主体行使行政权力定规立矩，为行政决定的作出确立操作步骤外，还要体现正当法律程序所蕴含的价值，强化有关制约行政权力滥用以及保障相对人权利的制度设计。

其三，行政程序是方式、步骤、顺序、时限等要素的统一体。行政程序的核心要素主要包括方式、步骤、顺序和时限。其中：（1）方式是指实施和完成某一行为的方法及行为结果的表现形式。实践中，行政主体会根据具体情况选择是用公开的方式还是秘密的方式，书面的方式还是口头的方式作出行政行为。多数国家的行政程序法对行政行为的方式及其基本要求都做了明确规定。如德国《联邦行政程序法》第 37 条规定，行政行为可以书面、口头或其他方式作出。口头行政行为须以书面方式予以证实，如果相对人对此有正当利益，

---

① 参见章剑生主编：《行政程序法学》，中国政法大学出版社 2004 年版，第 1~2 页；张树义主编：《行政程序法教程》，中国政法大学出版社 2005 年版，第 2 页。

② 行政程序是行政权力运行的程序，规范和约束的是行政权力的行使过程，但这并不意味着行政程序可以由行政主体独立操作完成。有时行政主体实施行政方式也离不开行政相对人的参与活动，比如相对人可通过陈述意见、听证等方式参与到行政程序的运行之中。由此，行政相对人也成为行政程序不可或缺的主体。参见应松年主编：《行政程序法》，法律出版社 2009 年版，第 5 页。

且未迟延提出该请求；作出书面行政行为的行政机关必须表示自身，其中应有行政机关的领导、其代任人或代理人的签名或复制的署名；借助自动设备作出的书面行政行为，可省略签名或复制署名。内容可采取摘要形式表示，只要行政行为所针对的人或设计的人，通过列出的说明能够清楚认识行政行为的内容。① （2）步骤是指完成某一行政行为所需经历的环节和阶段。行政主体会根据行政行为的繁简程度，适用不同的步骤。但一般而言，程序的启动、进行和终结这三个环节是任何行政程序都必须经历的阶段。（3）顺序是指完成某一行为所经历的步骤间的次序。行政行为的作出除了要经历必备的环节外，各环节的先后次序也是程序合法的必备要素。如《西班牙行政程序法》第74条规定："（1）在所有程序行为之过程中，以职权进行程序。（2）同种事件之处理，其进行应遵守严格的顺序。但系属机关的首长，依据附有理由之书面，命为不同之次序者，不在此限。（3）违反前项规定时，对于违反之公务员，使负行政上之责任。"② （4）时限是指完成某一行政行为的期限。期限分为期间和期日。其中，期间，是指从起始时间到终止时间所经过时间的区间，分为始期与终期。期日，是指不可分割的一定时间。它只规定开始的时间，不规定终止的时间，是以静态的某一点作为表示时间的一种形式。时间要素是各国行政程序法规定的重要内容。如德国《联邦行政程序法》第23条规定："除本条第2项至第4项另有规定外，期间与期日之计算，准用民法第187条至第193条之规定。"③ 又如《西班牙行政程序法》第56条规定："依本法以及其他各种法律所确立之期日与期间，对于有效处理事件之各机关及公务员，以及对于事件之利害关系人，不需任何督促，均有遵守之义务。"④

　　其四，行政程序的运行结果是作出特定的行政方式。程序是一个与实体相

① 参见应松年主编：《外国行政程序法汇编》，中国法制出版社2004年版，第95~96页。
② 参见应松年主编：《外国行政程序法汇编》，中国法制出版社2004年版，第222~223页。
③ 参见应松年主编：《外国行政程序法汇编》，中国法制出版社2004年版，第58页。
④ 参见应松年主编：《外国行政程序法汇编》，中国法制出版社2004年版，第218页。

对应的概念，程序的运行必然意味着将会产生特定的实体结果。与行政程序相对应的实体范畴就是行政方式，即行政主体行使职权、履行职责，以完成法定行政任务、达成预定行政目标或效果之手段、形式、方法或者途径的总称。①特定的行政方式要求适用特定的行政程序；行政程序不同，其所产生的行政方式也不同。基于行政过程论的视角，行政程序可以划分为创制性行政的程序、执行性行政的程序、督导性行政的程序以及裁断性行政的程序。与这些行政程序相对应，行政方式也可以界分为创制性行政方式、执行性行政方式、督导性行政方式以及裁断性行政方式。

（二）行政程序的类型

类型化分析是法学研究的一项常用方法，也是行政程序研究的一项基本方法。不同的分类不仅有助于我们从多个方面、多重视角全面观察和认识行政程序的性质、特征和作用，而且有助于我们提高行政程序法治化的针对性和操作性。就我国而言，基于不同的标准或依据，行政程序可以划分为不同类型。

其一，外部行政程序与内部行政程序。根据行政程序所规范的行政行为所调整的行政主体与行政相对人的关系不同，将行政程序划分为外部程序和内部程序。行政程序按照其所规范的是外部行政活动还是内部行政活动，可以被划分为外部行政程序和内部行政程序。所谓外部行政程序，是指行政主体在对外开展行政活动时所应遵循的程序，例如举行听证会、听取行政相对人陈述与申辩等。所谓内部行政程序，是指行政主体在行政系统内部运作行政事务的程序，譬如人事奖惩、公文办理等。与内部行政程序相比，行政程序法更加关注外部行政程序，因为其直接关系到行政相对人的权利义务，事关行政民主化与法治化。

---

① 参见江国华编著：《中国行政法（总论）》，武汉大学出版社 2012 年版，第 203 页；江国华：《从行政行为到行政方式：中国行政法学立论中心的挪移》，载《当代法学》2015 年第 4 期。

其二，行政立法程序、行政执行程序和行政司法程序。基于权能属性之差异，行政程序可以划分为行政立法程序、行政执行程序和行政司法程序。（1）行政立法程序，意指行政主体根据法律法规的授权或者为了履行法定职责在法律允许的范围内制定具有普遍适用性规则时所遵循的程序，它一般包括立案、调研、起草、听证、颁布等程序。它具体又可分为：行政职权立法程序，即行政主体根据宪法和组织法赋予的职权进行立法时所遵循的程序；行政授权立法程序，即行政主体依据法律法规授权制定具有普遍适用的规则时所遵循的程序。（2）行政执行程序，意指行政主体执行法律法规或者行政立法所赋予的职责时所遵循的程序；从实现行政立法赋予的职责的角度讲，它是行政立法程序的延续。（3）行政司法程序，意指行政主体进行权利救济时所遵循的程序，它可以是行政主体依据行政职权裁决当事人提交的争议，实现"定分止争"的过程，如行政裁决程序；也可以是行政主体对行政主体及其工作人员侵害行政相对人合法权益进行救济的过程，如行政复议程序，在这个意义上讲，它是行政执行程序的延续。

其三，创制性行政程序、执行性行政程序、指导性行政程序与裁断性行政程序。基于行政方式本身的属性之差异，行政程序可以划分为创制性行政程序、执行性行政程序、指导性行政程序与裁断性行政程序四大类型。（1）创制性行政程序，即行政主体以在一定范围内以具有普遍约束力的方式履行职权时所遵循的程序。（2）执行性行政程序，即行政主体为执行国家法律或者创制性行政结果（包括行政法规、规章、决定、命令、规划、决策以及其他规范性文件等），以不具有普遍约束力的方式履行职责，以期达成特定效果或目的之行政活动及其过程所应遵循的程序。它包含了传统的具体行政行为过程，但相对于具体行政行为过程而言，其外延更为宽大。（3）督导性行政程序，即行政机关以督查、指导以及倡议等方式履行职责，以期达成特定行政目标或效果之行政活动及其过程所应遵循的程序。（4）裁断性行政程序，即行政主体在其职权范围内，针对特定相对人所作出的调停、复议和裁决等活动及其过程时所应遵循的程序之总称。

（三）行政程序与相关概念辨析

其一，行政程序与行政过程。根据盐野宏先生的观点，行政过程是由复数形式的行为形式的结合乃至连锁而构成的；① 行政程序是指行政主体行使职权、履行职责所应当遵循的方式、步骤、顺序和期间的总和。基于法治行政之原理，行政过程必须受行政程序法则之拘束；而为行政过程所遵循的行政程序本身又构成了行政过程的有机部分。

作为行政法学的基本范畴，行政过程与行政程序密切勾连。具体有三：（1）行政程序通常是由成文的公布周知的法律所明文规定，一切形式的行政过程都必须遵循法定的行政程序。（2）行政过程由一系列的行政方式所构成，而这些行政方式又以特定的行政程序为成立要件，在这个意义上，行政程序实际上构成了行政过程的基本要素。如果将作为全体的行政过程称为宏观过程的话，那么，行政程序便可以作为微观的过程来把握。② 易言之，如果我们将行政过程视为一个整体或系统，则行政程序构成了这个整体或系统的一个部分。③（3）行政程序具有促使行政过程民主化的功能④。合理的行政程序往往包含着若干制度，比如回避制度、听证制度、告示制度、审裁分离制度，等等；正是这些制度将民主因素融入行政过程，使得冷冰冰的以"命令—服从"为基本特质的行政过程获得了某种程度的暖色。

就其性质而言，行政程序是一个法律概念，有其确定的内涵与外延；而行政过程则是一个学理概念，基于学者所持立场之不同，可以有不同的解说。具体而言，二者区别主要有五个方面：（1）对应的对象不同。一般而言，过程是一个与结果相对应的范畴，而程序则是与实体相对应的概念；据此，行政过程是一个与行政结果或者后果相对应的范畴，而行政程序则是一个与行政实体

---

① ［日］盐野宏著：《行政法》，杨建顺译，法律出版社 1999 年版，第 63~64 页。

② ［日］盐野宏著：《行政法》，杨建顺译，法律出版社 1999 年版，第 189 页。

③ 张步峰：《论行政程序的功能———一种行政过程论的视角》，载《中国人民大学学报》2009 年第 1 期。

④ 王勇：《行政程序的功能》，载《学习时报》2011 年 6 月 1 日。

相对应的概念。（2）形成的法律关系的种类有所差异。基于行政程序所形成之法律关系属于行政程序法律关系之范畴；而在行政过程中所形成的法律关系则不那么单一，它既包括行政程序法律关系，又包括行政实体法律关系；既可能是行政执行法律关系，也可能是行政立法法律关系和行政司法法律关系。（3）行政过程所涵盖的范围大小（数量上）不同。行政过程所涵盖的可能是若干线式或者链式的行政程序，而且这些行政程序共同构成行政过程结构的"面"和"体"；而行政程序则只能是单一的线式或者链式结构，它只是行政过程中的某个点或者某个阶段，也就是说行政程序只是行政过程的某个组成部分。①（4）违法产生的法律后果也有所不同。行政程序违法直接的法律后果是行政程序性违法；而行政过程违法则不仅可能导致行政程序性违法，也有可能导致实体性违法。（5）时间长短上存在差异。行政程序只是行政过程的某个点或者某个阶段，它只是构成行政过程的一个组成部分；因此，行政过程所经过的时间一般长于行政程序所经过的时间。

其二，行政程序与行政诉讼程序。与行政程序相关联的另一个概念是行政诉讼程序。行政程序与行政诉讼程序二者前后衔接，联系紧密，却又属于性质截然不同的两种法律程序。因此，这一对概念属于既相互联系又相互区别的范畴。

行政主体在行政程序中作出的具体行政行为如果违法，相对人可诉诸法院，由法院通过行政诉讼程序予以审查。为此，行政程序和行政诉讼程序之间难免会发生千丝万缕的联系。具体而言：（1）行政程序与行政诉讼程序都属于程序范畴，与实体相对。作为程序范畴，行政程序和行政诉讼程序都扮演着实施实体法，产生实体法律决定的角色。更进一步说，行政程序和行政诉讼程序不仅都是针对实体法，而且针对的是相同的实体法——行政实体法。此外，作为程序范畴，行政程序和行政诉讼程序在构成要素和程序制度设计上都有着共同之处——二者的构成要素都包括方式、步骤、顺序和时限等；二者都设计

---

① 参见湛中乐著：《现代行政过程论——法治理念、原则与制度》，北京大学出版社2005年版，第34页。

了回避制度、送达制度、管辖制度、告知制度、证据制度等程序制度。① （2）行政程序与行政诉讼程序在功能上有重合。因为行政程序和行政诉讼程序针对的都是行政实体法，因此，二者也都具有规范行政权力运行，为公民提供程序保障的功能。此外，作为法律程序，二者在解决利益冲突过程中都扮演着消弭争议，化解矛盾冲突的角色。这一角色的体现有三：一曰隔离功能。其要义在于：一旦行政事务纳入行政程序或者行政诉讼程序中，当事主体的地位以及权利义务关系都将由法律程序予以重新确定，行政相对人也由此获得了较为平等的地位。同时，行政事务纳入法律程序，还意味着可以避免案外势力对于案件处理结果的不良影响。比如无论行政程序还是行政诉讼程序都明确规定了回避制度，用以隔绝案件处理人员的利益冲突或者个人偏私。二曰引导功能。其要义在于：作为法律程序，行政程序和行政诉讼程序都具有程序发展的可预测性，当事主体可以通过二者预测到程序结果，从而引导其沿着法律程序解决利益冲突。三曰吸纳功能。其要义在于：作为法律程序，行政程序和行政诉讼程序都通过程序制度设计为当事主体提供了充分的陈述理由的权利和机会。在法律程序中，当事主体可以表达利益诉求，合理宣泄情绪，从而将自己的主张有序地吸纳进法律程序中去。② （3）行政程序与行政诉讼程序在价值目标上有交叉。作为法律程序，法的公平、效率价值都应是行政程序和行政诉讼程序的必然追求。公平，包括实体公平和程序公平。二者不仅都有其独立的价值，而且双方是互相促进的——实体公平有助于程序公平的实现；程序公平有助于实体公平的获得。"在解决公民之间的纠纷和评估各种有利或不利于国家的要求时，法律体系的提供最显著、最别具一格的产品就是程序公平。"③ 由此，行政程序和行政诉讼程序通过确立程序公平规则，不仅实现了自身的程序正义，而且有助于实体公平的最终实现。效率，意指从一个给定的投入量中获得最大的产

---

① 参见章剑生主编：《行政程序法学》，中国政法大学出版社 2004 年版，第 5～6 页。

② 参见应松年主编：《行政程序法》，法律出版社 2009 年版，第 11～12 页。

③ ［美］诺内特、塞尔兹尼克著：《转变中的法律与社会》，张志铭译，中国政法大学出版社 1994 年版，第 73 页。转引自应松年主编：《行政程序法》，法律出版社 2009 年版，第 12 页。

出，即以最少的资源消耗取得同样多的效果，或以同样的资源消耗取得最大的效果。效率和公平是既相适应又相矛盾的社会价值。① 行政程序和行政诉讼程序除了应追求法的公平价值外，同样应努力达致法的促进效率提升的目标。因为，迟到的正义是非正义或者说是打了折扣的正义。只有在保证公平的前提下，高效地解决行政事务和行政争议，才能实现行政程序和行政诉讼程序价值的最大化。

虽然行政程序与行政诉讼程序有着诸多联系，但究其根本，二者是两种性质不同的法律程序，二者的区别主要表现在：（1）程序主体不同。行政程序是行政机关行使行政权力的运行程序，程序的主体是行政机关，行政机关在行政程序中处于决定者角色。行政诉讼程序则是法院审查具体行政行为合法性的程序，是司法权力的运行程序，程序的主体是人民法院，行政机关在其中以被告身份出现，处于被决定者地位。（2）启动方式不同。行政权的内容体现为对社会事务进行管理，行政权的行使必须积极主动，因此，行政程序的启动具有主动性，行政程序的启动和终结一般由行政机关依职权决定，不受当事人意思表示的拘束。司法权是解决法律纠纷的权力，其内容体现为法院以中立的身份，在原告的请求下，解决当事人之间的纠纷，只有在原告将争议提交法院之后，才能启动诉讼程序即实行不告不理的原则。因此，行政诉讼程序的启动具有被动性。（3）效果不同。行政程序是行政行为的事前、事中程序，其运行结果是制定行政法规、规章或规范性文件和针对特定人作出行政决定，程序的结果将对相对人的权利义务产生直接影响。行政诉讼程序则是行政行为的事后救济程序，程序的运行结果是由法院对行政行为的合法性作出判决，确认行政行为的效力，从而对相对人权利义务产生间接影响。

四、行政程序法

（一）行政程序法之意涵

行政程序法有广义和狭义之分。其中广义的行政程序法包括行政诉讼（司

---

① 参见张文显主编：《法理学》（第四版），高等教育出版社、北京大学出版社 2011 年版，第 268～269 页。

法审查）法在内；而狭义的行政程序法不包括行政诉讼法，仅指为规范行政权力运行以及行政程序中行政主体和行政相对人权利义务的法律规范的总称。目前从各国的规定来看，只有美国采行的是广义的行政程序法，即将司法审查的内容规定在《联邦行政程序法》中。美国之所以采取此种立法例，主要是因为在美国行政程序和司法审查都被认为是控制行政权力的制度设计，加之没有专门的法律对司法审查制度予以规定。然而，就其根本性质而言，行政程序和行政诉讼（司法审查）程序是两种截然不同的法律程序，行政程序法和行政诉讼法也因之属于不同性质的法律，前者调整的是行政权力运行的程序，后者调整的是司法权力运行的程序。①

就其表现形式而言，狭义的行政程序法既可表现为专门的行政程序法典，也包括其他关于行政程序的法律规范。作为程序法，行政程序法不属于独立的法律部门，而是与行政权力配置法、行政组织法、行政责任法和行政侵权救济法等行政实体法共同组成了行政法。作为行政法的重要组成部分，行政程序法在调整对象、调整范围、法律渊源、基本原则、基本制度等方面都打上了行政法的烙印，其或属于对行政法内容的具体化，或属于对行政法内容的专门化和特殊化。

就其调整对象而言，行政程序法是规范行政权力运行的法律规范的总称，因此，其调整对象就是行政权力及其运行过程。其要义有三：（1）行政程序法以行政权力之运行为调整对象，意味着其不包括立法机关和司法机关的运行程序。立法权、行政权、司法权属于三种性质不同的权力，其各自运行也唯有适用独特的程序规则才能符合三种权力的独特属性。就我国而言，立法权的运行规则主要是规定在《立法法》中，司法权的运行规则主要是规定在民事、刑事、行政这三大诉讼法中。（2）行政程序法以行政权力之运行为调整对象，意味着有关行政权力的配置、行政组织的构建、行政责任的确立以及行政侵权的救济等事项都不属于该法的规范对象。行政权力的运行专指行政权在创制、执行、督导等各类行政方式中的运作和行使，其与行政权力的配置等实体性事项不属于同一范畴。（3）行政程序法以行政权力之运行为调整对象，并不排

---

① 参见章剑生主编：《行政程序法学》，中国政法大学出版社 2004 年版，第 12 页。

除行政相对人在行政程序中的权利义务规定。行政程序法主要是关于行政权力运行之外部程序的法律规范，其必然会涉及行政相对人的权利义务。尤其是随着行政民主和行政法治理念的勃兴，加强和保障相对人的程序权利日益受到重视。

就其调整范围而言，可以从行政程序法适用主体和适用事项两个方面考察。（1）行政程序法的适用主体。行政权力的行使不是自发完成的，其必须借助于特定主体的行为。在行政法中，这类特定的主体就是行政主体。行政主体既包括以行政机关为代表的职权行政主体，也包括授权行政主体。由此，无论是职权行政主体还是授权行政主体，都应该是行政程序法的适用主体。除了行政主体外，受委托组织在以委托机关的名义行使行政权力时，也必须接受行政程序的调整。（2）行政程序法的适用事项。根据行政权力运行场域之不同，可以将行政程序分为内部程序和外部程序。其中，外部行政程序属于行政程序法的主要适用对象，其基本内容包括行政公开、听证、说明理由、回避等基本制度。内部行政程序虽然不属于现代行政程序法的主要规范对象，但其亦应接受行政程序法的规约。原因在于，内部行政程序与外部行政程序的划分不是绝对的，二者有相互转化的可能性。内部行政程序虽然没有相对人的直接参与，但其运行结果往往会及于外部行政程序，进而间接影响到相对人的利益。由此，将内部行政程序也纳入行政程序法的调整范围，符合行政程序法治发展的基本趋势和旨趣。比如《湖南省行政程序规定》第 12 条有关上下级行政机关之间行政职责分工的规定，第 14 条有关行政机关之间职权和管辖权争议的规定以及第 15 条有关各级人民政府之间跨行政区域合作的规定，都属于行政程序法针对内部行政程序的适用。

（二）行政程序法之渊源

法律渊源，又称"法源"，乃"实在法的识别标志"，① 它是法律规范产

---

① 在德国行政法学的研究中，法律渊源也存在着完全不同的定义，但法理通常认为法律渊源是"实在法的识别标志"，法律规范只有通过法律渊源才能表现出来，内容要受形式的约束。参见［德］汉斯·J. 沃尔夫、奥托·巴霍夫、罗尔夫·施托贝尔著：《行政法》（第 1 卷），商务印书馆 2002 年版，第 239 页；［德］哈特穆特·毛雷尔著：《行政法学总论》，高家伟译，法律出版社 2000 年版，第 55~56 页。

生和存在的表现形式;① 正是不同的法源组成了不同的法律领域。② 因此，有关行政程序法渊源的探讨，首先要基于法律学科的考量，确定现行实证法规范体系中，哪些属于行政程序法的部分，以区别宪法、民法、刑法等其他领域的法源。

正如奥斯丁所言，"法律渊源概念模糊"。③ 其含义一直以来颇受争议，主要有法存在形式说、法原动力说、法原因说、法制定机关说、法前规范说、法事实说等观点。④ 行政法学家吴庚综合地将法源分成四种层次：（1）从人类之观念及行为模式，探讨社会规范（宗教、道德、习俗及法令等）之来源；（2）在各种社会规范之中，选择可作为实证法规范之认知基础；（3）构成某种法律领域中，各项实证法规范（法律、命令及规章等）之总称；（4）对法律秩序之维持，经由价值判断而获致之准则（理性、正义、平安及安定等）。⑤ 目前，绝大多数国家和地区的行政法学者主要采用法存在形式说，即将行政程序法渊源界定为行政程序法所据以构成的法律规范之载体形式，这种载体形式可能是成文法律，也可能是惯例、判例或法理学说。

1. 行政程序法渊源的划分标准

在理论上，基于不同的标准，行政程序法渊源可划分为不同类型。具体有四：（1）基于其表现形式不同，行政程序法渊源作成文与非成文之二分。其中，行政程序法的成文渊源是由国家机关制定或者批准、以成文方式表达的法律规范性文件，包括宪法、法律、行政法规、地方性法规、自治条例和单行条

① 参见［德］哈特穆特·毛雷尔著：《行政法学总论》，高家伟译，法律出版社 2000 年版，第 55 页。

② 陈新民著：《中国行政法学原理》，中国政法大学出版社 2002 年版，第 45 页。

③ 参见彭中礼著：《法律渊源论》，方志出版社 2014 年版，第 68 页。

④ 参见姜明安主编：《行政法与行政诉讼法》，北京大学出版社、高等教育出版社 2005 年版，第 39 页。

⑤ 在此四种层次中，第一种和第四两种属于法律哲学或法律社会学所讨论之范围，原则上非法源理论之对象；第二种意义之法源，涵盖较广，可作为法源概念之共同界说；第三种则是针对特定法律领域（法学类科）而言，是狭义的法源。参见吴庚著：《行政法之理论与实用》，中国人民大学出版社 2005 年版，第 26~27 页。

例等特别法规、行政规章、法律解释、国际条约和公约等；与非成文法源相比较，成文法源常常在法律适用时被优先考虑。行政程序法的非成文法源并非指其缺乏文字载体，而是意指相关载体缺乏形式化、组织化、法典化的表现；行政程序法的非成文法源尽管不像成文法源那样具有正式化的表现形式，但其在具体的行政行为乃至司法审判行为当中都在发挥重要的功能。考察不同国家的非成文法源可以发现，它们大致包括判例、习俗、法律的一般原则、学说、道德、政策等。（2）基于其客观范畴之不同，行政程序法渊源作正式与非正式之二分，这是美国学者博登海默对法源所作的分类。其中，正式渊源意指那些以官方法律文件为载体的渊源，即体现在正式行政法文件中的那些渊源形式。非正式渊源，意指那些具有法律意义的资料和考虑，这些资料和考虑尚未在正式法律文件中得到权威性的或至少是明文的阐述与体现，① 即没有体现在正式的行政法文件中但对行政权起着规范作用的那些渊源形式，包括一般法律原则与法理、习惯法、判例法等。② （3）基于其实际影响力之不同，行政程序法渊源作形式与实质二分。其中，行政程序法的形式渊源是指支配行政活动的法律规则在什么地方可以找到，它们采取什么形式表现出来。它所展现出来的不仅是一个静态的行政程序法规范层级结构，而是相关行政程序法规范对法律适用者的现实影响力，即能否成为法官判案的依据。实质渊源则指构成行政程序法规则的资料之来源，是对构成行政程序法各类规范的材料最终源自何处的追问，即行政程序法规范产生的原始事实或依据是什么的问题。在其一般意义上，包括法学家的著作、经济社会事实、社会科学和自然科学的研究成果等，都可视为行政程序法的实质渊源。③ （4）基于其适用范围之不同，行政程序法渊源作中央与地方二分。其中，中央行政程序法渊源在全国范围内适用，如全国人民代表大会制定的法律、国务院制定的行政法规、职能部门制定的部门规

---

① ［美］博登海默著：《法理学——法哲学及其方法》，邓正来译，华夏出版社1987年版，第395~396页。
② 关保英著：《行政法教科书之总论行政法》，中国政法大学出版社2009年版，第120页。
③ 王名扬著：《法国行政法》，中国政法大学出版社2003年版，第17~18页。

章；地方行政程序法渊源在区域范围内适用，如地方管理法、地方政府规章等。①

一般认为，在我国，成文法渊源几乎是唯一的法律渊源，法理等不成文法源在中国未必具有权威性与可执行性，必须通过一个"转介"的程序，例如被采为法律或其他成文法源的内容，否则无法成为法源。② 据此，中国行政程序法的渊源一般也主要指成文法渊源。但是，随着行政法的逐步发展，越来越多的学者主张中国行政程序法的渊源应当容纳行政程序法基本原则、习俗、先例等非成文法渊源。

2. 成文法渊源

在当下中国，所有成文法源都是由法定国家机关正式颁布的规范性文件组成的。③ 由此行政程序法的成文法源主要包括宪法、法律、行政法规、地方性法规、行政规章、自治条例和单行条例、法律解释、国际条约等。

其一，宪法。作为国家根本大法，宪法是行政法制定的重要依据，是最高位阶的行政程序法渊源。宪法典是一切行政立法的根据，其所包含的行政法规范是行政程序法的直接渊源，具体包括：（1）关于国家行政机关组织、基本工作制度及其活动的规范。（2）有关公民基本权利和义务的规范以及保护外国人合法权益和关于外国人义务的规范。（3）有关国有经济组织、集体经济组织、外资或合资经济组织以及个体劳动者在行政法律关系中的权利、义务的规范。（4）关于国家发展教育、科学、医疗卫生、体育、文学艺术、新闻广播、出版发行等事业方针政策的规范等。（5）有关国家行政区划、设立特别行政区等规范。

其二，法律。在中国，法律是最基本的行政程序法渊源。我国宪法对于狭义上的法律有基本法律和一般法律之区分，但《立法法》没有采用这样的措辞，仅区分了人民代表大会制定通过的法律和人民代表大会常务委员会制定通

---

① 关保英著：《行政法教科书之总论行政法》，中国政法大学出版社 2009 年版，第121 页。

② 参见陈新民著：《中国行政法学原理》，中国政法大学出版社 2002 年版，第45 页。

③ 参见应松年主编：《行政程序法》，法律出版社 2009 年版，第17 页。

过的法律。前者如《行政诉讼法》《行政处罚法》等，后者如《行政复议法》《国家赔偿法》等。不管是一般法律还是基本法律，在现代"依法行政"的理念中，都是行政程序法渊源中最重要的形式。需要注意的是，有些法律从学科分类上并不能严格归属于行政法范畴，但其中却也包含行政程序法规范。譬如《土地管理法》，其中包括的用地审批等行政法规范当然也构成行政程序法的渊源。

其三，行政法规，即国务院按照法定程序制定的规范性文件。行政法规的效力低于宪法和法律，但高于地方性法规和行政规章。在我国行政法上，行政法规是最主要的渊源之一，国务院公报上每年都要发布数量庞大的行政法规，其所调整的行政法律关系涉及国家和社会生活的各个方面。

其四，地方性法规，即由特定地方的国家权力机关所制定的规范性文件。这些机关包括省、自治区、直辖市的人民代表大会及其常务委员会以及设区的市的人民代表大会及其常务委员会。对此，《立法法》第 72 条规定："省、自治区、直辖市的人民代表大会及其常务委员会根据本行政区域的具体情况和实际需要，在不同宪法、法律、行政法规相抵触的前提下，可以制定地方性法规。设区的市的人民代表大会及其常务委员会根据本市的具体情况和实际需要，在不同宪法、法律、行政法规和本省、自治区的地方性法规相抵触的前提下，可以对城乡建设与管理、环境保护、历史文化保护等方面的事项制定地方性法规，法律对设区的市制定地方性法规的事项另有规定的，从其规定。"根据《立法法》第 73 条的规定，地方性立法有三种形式，即为执行法律和行政法规所为的立法、对于地方性事务的立法、对国家尚未制定法律或者行政法规的事项范围内的立法。①

其五，行政规章。对于规章能否成为行政法渊源一度有争议，但按照《行政诉讼法》第 63 条的规定，人民法院审理行政案件时应当参照行政规章。可

---

① 陈新民教授分别将之归纳为执行性立法、固有的地方事务立法和替代法律的地方法规。参见陈新民著：《中国行政法学原理》，中国政法大学出版社 2002 年版，第 51~52 页。

见，行政规章也对行政行为具有拘束力，可以列入行政法渊源的序列。当然，这里的规章须以不抵触法律法规为前提。基于其制定主体之不同，行政规章包括中央政府的部门规章和地方政府规章，其中，部门规章是由国务院各部门制定的，地方规章则是由省、自治区、直辖市和设区的市、自治州的人民政府制定的。

其六，自治条例和单行条例，即民族自治地方（自治区、自治州和自治县）的人民代表大会依照当地民族的政治、经济和文化特点制定的民族自治法规。这些规定行政管理活动、调整行政关系的条例甚至可以对法律和行政法规的规定作出"变通"规定，具有优先适用的效力，属于我国行政法的渊源。

其七，法律解释，即有权机关依法对行政法律规范所作出的发生效力的解释。依解释主体之不同，大致可分为四类：（1）立法解释，即由全国人民代表大会及其常务委员会对法律条文本身所作的解释。①（2）司法解释，即最高人民法院和最高人民检察院对相关法律的适用所作的解释，通常以"解释""规定""批复"等形式作出。尽管《行政诉讼法》并未明确规定司法解释的拘束力，但在实践操作中，对司法解释的拘束力则几乎没有疑问。（3）行政解释，即国务院及其有关部门对相关法律、法规所作的解释。我国第五届人民代表大会常务委员会第19次会议通过的《关于加强法律解释工作的决议》，对于行政解释作了专门授权规定，授权国务院及其主管部门对不属于审判和检察工作中的其他法律如何具体应用问题进行解释。（4）地方解释，即有关地方人民代表大会及其常务委员会、人民政府对地方性法规和规章所作的解释；凡属于地方性法规和规章如何具体应用的问题，由省、自治区、直辖市人民政府部门进行解释。

其八，国际条约。凡是我国已经加入的且涉及行政管理内容的国际条约和国际协定也属于我国行政程序法的渊源。条约的适用有两种方式：一是直接将

---

① 《立法法》第45条规定："法律有以下情况之一的，由全国人民代表大会常务委员会解释：（1）法律的规定需要进一步明确具体含义的；（2）法律制定后出现新的情况，需要明确适用法律依据的。"《立法法》第50条规定："全国人民代表大会常务委员会的法律解释同法律具有同等效力。"

国际条约作为法规范适用；二是将国际条约转化为国内法的具体化规范予以适用。

3. 非成文法渊源

在立法上，尽管我国并不承认非成文法律渊源。但在实践中，诸如原则、习俗、先例等非成文"规范"正在发挥着越来越重要的作用，并日益受到学术界的关注。具体而言：（1）原则，即行政法程序的一般原则，它可能来自不成文的习惯，来自宪法所揭示的原则，来自对现行各种行政法律规范的抽象，来自法律理论和观念的支持。（2）习俗与惯例。无论是在当代中国社会生活，还是在司法实践当中，习俗都发挥着十分重要的作用；越来越多的研究者开始突破传统观点的约束，在某些情形下，开始积极主张行政法的法源应当容纳民间习俗、行政惯例、法理与行政法的一般原则、学说、政策等形式各异的非成文法渊源。① （3）先例与判例。在大陆法系国家，先例的拘束效力一般并不被认可，但也非一概而论。如法国尽管是一个典型的成文法国家，但其行政法上的重要原则全部来自行政法院的判例。与法国一样，我国也不是一个判例法国家。但是，中国需要建立判例法制度之观点已为越来越多的人所接受，以至于最高人民法院的态度也开始发生变化："2000 年起，经最高人民法院审判委员会讨论、决定有适用法律问题的典型案件予以公布，供下级法院审判类似案件时参考。"② 与此同时，来自基层法院里的"先例判决制""判例指导制度"也逐步得到确立。③

4. 行政程序法渊源的位阶

根据《立法法》第 87~91 条之规定，我国行政程序法渊源的位阶规则如下：（1）宪法。宪法具有最高的法律效力，一切法律、行政法规、地方性法规、自治条例和单行条例、规章都不得同宪法相抵触。（2）法律。法

---

① 应松年、何海波：《我国行政法的渊源：反思与重构》，载胡建淼主编：《公法研究》（第二辑），商务印书馆 2004 年版。

② 参见《人民法院五年改革纲要》（1999 年 10 月 20 日，法发〔1999〕28 号）。转引自应松年主编：《行政程序法》，法律出版社 2009 年版，第 19~20 页。

③ 参见卢嵘：《"先例判决制"：基层法院自主"变法"激起千层浪》，载《南方周末》，2002 年 9 月 30 日。转引自应松年主编：《行政程序法》，法律出版社 2009 年版，第 20 页。

律的效力高于行政法规、地方性法规、规章。行政法规的效力高于地方性法规、规章。（3）地方性法规，其效力高于本级和下级地方政府规章。省、自治区的人民政府制定的规章的效力高于本行政区域内的设区的市、自治州的人民政府制定的规章。（4）自治条例和单行条例以及特区条例。自治条例和单行条例依法对法律、行政法规、地方性法规作变通规定的，在本自治地方适用自治条例和单行条例的规定。经济特区法规根据授权对法律、行政法规、地方性法规作变通规定的，在本经济特区适用经济特区法规的规定。（5）规章。部门规章之间、部门规章与地方政府规章之间具有同等效力，在各自的权限范围内施行。

　　由于我国行政程序法渊源存在位阶的差异，其在适用时应当遵循一定的位阶适用原则。所谓位阶适用原则，解决的是成文法之间发生冲突时何者优先的问题。其要义有三：（1）在不同位阶的法律规范发生冲突时，应当选择适用位阶高的法律规范，也即"上位法优于下位法"，这是解决法律冲突的一般规则。但是，"效力优先"并不直接等于具体适用上的优先。相反，行政主体和法院在具体适用法源时，如果下位的法源与上位的法源并不抵触，则应当优先适用下位法。（2）特别法优于一般法，即同一机关制定的法律、行政法规、地方性法规、自治条例和单行条例、规章，特别规定与一般规定不一致的，适用特别规定。（3）新法优于旧法和法不溯及既往，即同一机关制定的法律、行政法规、地方性法规、自治条例和单行条例、规章，新的规定与旧的规定不一致的，适用新的规定；法律、行政法规、地方性法规、自治条例和单行条例、规章不溯及既往，但为了更好地保护公民、法人和其他组织的权利和利益而作的特别规定除外。

　　行政程序法渊源位阶的差异可能导致在适用过程当中发生冲突，由此便需要相应的冲突化解机制。在行政程序法成文渊源中，以宪法的效力为最高，宪法之下相关法源之间的位阶冲突，可以依照《立法法》的规定解决。根据《立法法》之规定，成文法渊源之间的效力裁决按照以下机制进行：（1）法律、行政法规、地方性法规、自治条例和单行条例、规章出现法定情形的，由有关机关予以改变或撤销。① （2）改变或撤销行政法规和规章的权限分别如下：一是全国人民代表大会有权改变或者撤销它的常务委员会制定的不适当的法律，有权撤销全国人民代表大会常务委员会批准的违背《宪法》和《立法法》第 75 条第 2 款规定的自治条例和单行条例；二是全国人民代表大会常务委员会有权撤销同宪法和法律相抵触的行政法规，有权撤销同宪法、法律和行政法规相抵触的地方性法规，有权撤销省、自治区、直辖市的人民代表大会常务委员会批准的违背《宪法》和《立法法》第 75 条第 2 款规定的自治条例和单行条例；三是国务院有权改变或者撤销不适当的部门规章和地方政府规章；四是省级人民代表大会有权改变或者撤销它的常务委员会制定的和批准的不适当的地方性法规；五是地方人民代表大会常务委员会有权撤销本级人民政府制定的不适当的规章；六是省、自治区的人民政府有权改变或者撤销下一级人民政府制定的不适当的规章；七是授权机关有权撤销被授权机关制定的超越授权范围或者违背授权目的的法规，必要时可以撤销授权。（3）法律之间对同一事项的新的一般规定与旧的特别规定不一致，不能确定如何适用时，由全国人民代表大会常务委员会裁决；行政法规之间对同一事项的新的一般规定与旧的特别规定不一致，不能确定如何适用时，由国务院裁决。（4）地方性法规、规章之间不一致时，由有关机关依照下列规定的权限作出裁决：一是同一机关制定的新的一般规定与旧的特别规定不一致时，由制定机关裁决；二是地方性法规与部门规章之间对同一事项的规定不一致，不能确定如何适用时，由国务院提出意见，国务院认为应当适用地方性法规的，应当决定在该地方适用地方性法规的规定；认为应当适用部门规章的，应当提请全国人民代表大会常务委员会裁决；三是部门规章之间、部门规章与地方政府规章之间对同一事项的规定不一致时，由国务院裁决。根据授权制定的法规与法律规定不一致，不能确

---

① 根据《立法法》第 96 条的规定，法律、行政法规、地方性法规、自治条例和单行条例、规章有下列情形之一的，由有关机关予以改变或撤销：（1）超越权限的；（2）上位法违反下位法的；（3）规章之间对同一事项的规定不一致，经裁决应当改变或者撤销一方规定的；（4）规章的规定被认为不适当，应当予以改变或撤销的；（5）违背法定程序的。

定如何适用时，由全国人民代表大会常务委员会裁决。①

（三）行政程序法之品格

品格，意指事物的品性、质格，或指文学、艺术作品的质量和风格。② 所谓行政程序法之品格，意指行政程序法之根本属性以及基于这种属性所折射出来的基本风格。行政程序法的品格属于行政程序法的精神和灵魂，其关乎一国行政程序法的目标模式选择，是一国制定行政程序法，架构行政程序法的基本原则和具体制度的逻辑原点。③ 综合国内外行政程序法之立法实践以及学者观点，在实践中和学理上，行政程序法的品格有三，分别为控权法品格、权利保障法品格以及参与法品格。

其一，行政程序法的控权法品格。"控权论"主要流行于英美国家，认为行政程序法调整行政主体与行政相对人的关系，其重点是控制行政主体的权力，保护行政相对人权益免受行政主体滥用职权行为的侵害，以建立和维护自由、民主和人权保障的法的秩序，因此，称行政程序法为控制政府权力的法。总体而言，控权论认为行政程序法的基本目的在于保障私人的权利和自由。为了达到上述目的，行政程序法的基本内容主要围绕如何规范和控制行政权力而展开。此外，控权论特别强调严格的依法行政原则，主张严格限制行政机关裁量权。在具体手段方面，控权论非常强调司法审查和行政程序，认为行政法主要是关于程序和救济的法，而非实体法。④

其二，行政程序法的权利保障法品格。权利保障品格又称为公正品格，其

---

① 朱苏力、金伟峰、唐明良著：《行政法学》，清华大学出版社 2005 年版，第 35～36 页。

② 《新编现代汉语词典》，商务印书馆 2002 年版，第 665 页。

③ 参见张树义主编：《行政程序法教程》，中国政法大学出版社 2005 年版，第 18 页。

④ 美国学者将行政法之控权法品格归纳为：（1）权力来源之合法性，即权力由立法机关转与行政分支的方式与途径；（2）行政机关如何运作权力；（3）对行政行为的司法审查。更具体地说，行政法是有关于行政分支权力扩张与法律发展的一门法律。Kenneth F. Warren, Administrative Law in the Political System, Westview Press, 2011, p. 15.

是以保护相对人在行政程序中的程序权利为基本价值导向的行政程序法治模式。① 在控制公权力滥用和保障相对人权利方面，权利保障模式比控权模式更进步。在权利保障模式下，行政程序法除了通过设计严格的程序控制行政权力，限制行政机关裁量权外，还赋予了相对人更多的程序权利，并确立了相应的救济程序。在立法实践中，采行此种模式的有美国、日本、韩国以及我国的台湾地区等。为了体现行政程序法的权利保障法品格，这些代表性国家和地区在立法宗旨上明确将保护相对人的合法权益作为首要目标。在行政程序的架构上，构建起以听证制度、行政公开制度、告知制度等为中心的相对人程序参与制度。②

其三，行政程序法的参与法品格。以"正当法律程序"为理论源流和价值追求的行政程序法，其更本质的目标愿景在于实现正当程序之上的正义法治等价值，规制公权力、权利保障之品格既是正义法治之组成部分，亦是实现后者之重要路径，除此之外，行政程序法也应坚持参与法之品格，保障相关主体之参与，既是权利保障品格之体现，也是控权品格实现保障之一，更是法治正义价值之目标组成。在当今社会，行政程序随着社会快速变革更多地面临"效率"诉求，保障行政权力行使以及提升行政效率立法宗旨下，行政程序法被当作管理法，更确切地说，就是"国家管理法"③。行政程序法调整行政主体与行政相对人的关系，其重点是规范行政相对人的行为，保障行政管理的顺利进行，以建立和维护有利于提高行政管理效率、实现管理任务的法的秩序。④ 作为一种目标模式，其主要盛行于西欧早期的行政程序立法实践。这和当时以追求经济发展以及社会秩序稳定的时代背景是分不开的。以效率法为宗旨的行政程序立法实践的显著特点是，通过简化行政程序、确立时效制度、格式化制

---

① 参见应松年主编：《行政程序法》，法律出版社 2009 年版，第 16 页。

② 参见张树义主编：《行政程序法教程》，中国政法大学出版社 2005 年版，第 23~27页。

③ 罗豪才主编：《行政法论丛》（第 1 卷），法律出版社 1999 年版，第 24 页。

④ 参见江国华编著：《中国行政法（总论）》，武汉大学出版社 2012 年版，第 35页。

度、代理制度等一系列制度，赋予行政主体较大的行政程序自由裁量权，以及限制和排除行政相对人的程序参与权，来确保行政效率的提升。

但是，效率追求并非法治正义最根本的价值原则，行政过程之效率不应过分牺牲行政相对人最根本的参与性权利，进而侵损参与主体的合法权利。在快速变革的时代背景下，行政程序法以听证、抗辩等制度为主要内容的参与品格应被强调和凸显，以参与制度实现公权力运行规制、合法权利保障。

第一章　正当程序原则及其制度化

正当程序原则的渊源是自然正义原则。作为一种古老的正义观念，自然正义原则起源于古希腊哲学家的自然法思想。经古罗马和中世纪思想家的发展，自然正义原则逐渐与自然法区分开来，成为了一项独立的关注程序正义的法律原则。在1215年英国的《自由大宪章》中，自然正义原则成为了一项正式的法律制度。就其本意而言，自然正义原则包含两方面的内容：一是避免偏私规则，即"任何人不得做自己案件的法官"；二是公平听证规则，即"任何人在受到不利指控时都有为自己辩护的权利"。在其适用范围上，自然正义原则最初仅适用于司法判决，后来逐渐发展成为法院监督行政机关的重要原则，即正当程序原则。在美国，正当程序原则历经了一个制度化的过程，最终发展成为了一项宪法原则。早在《独立宣言》《人权法案》的相关条文中，正当程序原则就已经有所体现，构成了"正当程序条款的起源"。其后，美国宪法第5条修正案、第14条修正案正式将正当程序原则列为一项宪法原则。通过美国联邦最高法院的一系列判例及解释，美国宪法中的正当程序条款经历了一个从程序性保障到实体性保障的演进历程，拥有了极强的生命力。自20世纪30年代以来，随着行政权的扩张，美国宪法中的正当程序原则加速了其向行政领域渗透的步伐，逐渐形成行政性正当程序规则，并最终促成《联邦行政程序法》等一系列行政程序相关立法的出台，使美国行政领域走向了"正当程序"统治的时代。受英美法系行政程序立法的影响，原本"重实体轻程序"的大陆法系国家也逐渐开始注重行政程序对于规范和控制行政权的作用，奥地利、意大利、德国等国都纷纷制定了专门的行政程序法。由此可见，由程序控权取代实体控权，从注重行政行为的合乎实体法规则向注重行政行为的合乎程序性规则的转变，已成为当代行政法发展的主流，其对于法治政府建设的重大意义也不言而喻。

渊源于"自然正义"（Natural Justice）的正当法律程序（Due Process of Law），最初是作为一项普通法上的司法原则发挥作用的。随着其作用范围向立法与行政领域渗透，以 1787 年美国宪法第 5 条修正案为标志，正当法律程序演变成为一项基本的宪法原则，它意味着不仅司法与立法过程必须恪守正当法律程序原则，而且行政执法过程"同样要遵守实质性和程序性正当法律程序规则"，① 因为"好的行政机关和一项诚实的或真诚的决定，不仅需要不偏不倚，不仅需要全神贯注于该问题，而且需要公正行事……自然公正的法则是一种公正行事的义务"。②

第一节　正当程序原则

自然正义原则乃英国法治（Rule of Law）的核心理念，是英国法官据以控制公行为（Public Behavior）及行政行为（Administrative Action）之基本方法。

一、自然正义原则之渊源

作为一种古老的正义观念，自然正义原则起源于自然法，并经过长期的发展成为英国普通法上的一项基本原则。在某种程度上，英国普通法的发展过程，就是英国普通法院在自然法原则的引导下追求自然正义的过程。③

---

① ［英］丹宁著：《法律的训诫》，杨百揆等译，法律出版社 1999 年版，第 109 页。
② ［英］丹宁著：《法律的训诫》，杨百揆等译，法律出版社 1999 年版，第 104 页。
③ H. H. Marshall, Nature Justice, London：Sweet & Maxwell, 1959, p. 8.

"自然法"的概念最早由古希腊的哲学家提出，经罗马司法官和中世纪思想家的发展，对西方的思想和法律发展产生了巨大的影响。早期的自然法观念与对正义的理解紧密相连，亚里士多德在其《尼各马可伦理学》中将政治正义分为自然正义和约定正义，他认为正义会随着时代、地理位置、人群的变化而变化，但是自然正义始终存在，具有普遍性和稳定性。不过，亚里士多德并没有对自然正义和自然法给出明确的定义和说明。其后，斯多葛学派认为自然法是一种关于良善行为的普遍理念，这种理念代表着人间实证法律的基础。盖尤斯认为，自然法是一种以理性为渊源并被各个群落普遍接受的、具有永久效力的"各民族共同法"。① 在中世纪时期，自然法思想与神学思想融合，认为自然法是以上帝的自愿为基础而确立的，以基督教教义为基础的道德法被认为是永恒法或自然法，实证法需要与自然法保持一致。② 在这一时期，自然法与自然正义具有相似的内涵，自然正义揭示了与绝对真理相关的道德原则的存在，是根据上帝的旨意而确立的，因此与自然法同义。③ 这一时期的自然正义不仅具有程序方面的内容，也具有实体方面的内容，随着时代的发展，自然正义原则逐渐与自然法区分开来，有了自己专门的内容，不再涵盖程序与实体两方面内容，而只包含程序方面的内容，成为普通法上的一项司法原则。

作为一项正式的法律制度，自然正义原则的历史可追溯至中世纪神圣罗马帝国康德拉二世的一个封建法令，该法令规定："不依帝国法律以及同等地位贵族的审判，不得剥夺任何人的封邑。"④ 尔后，1215 年英国的《自由大宪章》第 39 条也规定："凡自由民，如未经其同级贵族之依法裁判，或经国法判决，皆不得被逮捕、监禁、没收财产、剥夺法律保护权、流放或加以任何其他损害。"1354 年英国国会迫使英王爱德华三世接受约束其言行的法律性文

---

① 杨寅：《普通法传统中的自然正义原则》，载《华东政法学院学报》2000 年第 3 期。

② 杨寅：《普通法传统中的自然正义原则》，载《华东政法学院学报》2000 年第 3 期。

③ H. H. Marshall, Nature Justice, London: Sweet & Maxwell, 1959, p.9.

④ 李昌道著：《美国宪法史稿》，法律出版社 1986 年版，第 210 页。

件，即爱德华三世第 28 号法令第三章，其中规定："未经法律的正当程序进行答辩，对任何财产和身份的拥有者一律不得剥夺其土地或住所，不得逮捕或监禁，不得剥夺其继承权和生命。"① 该条款首次以法令形式表述了自然正义原则并扩大了其适用范围。②

二、自然正义原则之本意

在其原初意义上，自然正义原则包含两项程序性规则，即避免偏私规则和公平听证规则。正如英国著名法官丹宁勋爵所说："防止偏袒的法则是一回事，而申述的权利是另一回事，这两种法则经常被称为自然正义的基本特征，它们是支撑自然正义的一对柱石。"③

避免偏私规则即任何人不得做自己案件的法官，源于古老的拉丁法谚"Nemo judex in re sua"，意味着法官没有资格裁决与自身有利害关系的案件。在司法审判中，若法官与案件存在利害关系，则难免会出现偏私，导致司法不公。英国普通法将偏见分为个人偏见和社会偏见，避免偏私规则所反对的只是个人偏见，也就是因金钱、个人利益或者其他可能成为偏见原因的利害关系。在司法实践中，判断法庭的判决偏见是否存在的标准主要有两个：一是偏见存在的确实可能性；二是偏见存在的合理怀疑。如果有与相应判决、决定有利害关系的人或其他有成见、有偏见的人参与，该判决即无效。④ 避免偏私规则构成了当代回避制度的基础。

公平听证规则最基本的意义是任何人在受到不利指控时，都有为自己辩护的权利。在司法审判中，任何人不能未经审讯就受到处罚，法官必须在听取当

---

① ［英］丹宁著：《法律的正当程序》，李克强等译，法律出版社 1999 年版，第 1 页。

② 孙祥生：《论自然正义原则在当代的发展趋势》，载《西南政法大学学报》2006 年第 2 期。

③ ［英］丹宁著：《法律的正当程序》，李克强等译，法律出版社 1999 年版，第 96 页。

④ H. W. R. Wade, Administrative Law, Oxford University Press, 1988, p. 466.

事人的意见之后才能作出判决，这是公正审判的最低要求。① 法庭的判决在作出时如果没有预先为受到相应判决或行为不利影响的人提供辩护和异议的机会，该判决亦无效。② 为当事人提供辩护和异议的机会，从审判者的角度来说，就是法官在进行裁判时应当听取当事人的意见。听取当事人的意见，在英美法中被称为"听证"，是自然正义原则最核心的内容。

就其适用范围而言，自然正义的两项子原则原本仅适用于司法判决，但20世纪之后，其适用范围得以广延，并逐渐发展成为一般法院监督行政的重要原则，由此，自然正义遂演变成为行政程序正义之基本渊源。③ 基于此，依据1932年英国大臣权力委员会的解释，自然正义原则又增加了两项新的内容：一是无论处理争议的程序是司法性质的还是非司法性质的，争议各方当事人都有权了解作出裁决的理由；二是若对负责调查的官员提出了公众质询（此类官员负责向有关大臣提交调查报告以作为大臣决断时的依据），则争议各方当事人都有权得到该报告的副本。④

第二节　正当程序原则的制度化

一般认为，作为一项宪法原则，正当法律程序渊源于1787年美国宪法第5条修正案。但就历史渊源而言，它可以追溯到更早的1776年的《独立宣言》，乃至1641年的《马萨诸塞湾自由典则》。由此，从正当法律程序经由宪法规范的历程以及具体宪政经验来看，正当法律程序自身乃至相关宪法制度均存在丰富的变化过程。

---

① 刘东亮：《什么是正当法律程序》，载《中国法学》2010年第4期。

② ［英］丹宁著：《法律的训诫》，杨百揆等译，法律出版社1999年版，第102~104页。

③ 李昌道编：《美国宪法史稿》，法律出版社1986年版，第210~211页。

④ ［英］彼得·斯坦著：《西方社会的法律价值》，王献平译，中国人民大学出版社1990年版，第97页。

一、正当法律程序入宪历程

在美国，"正当法律程序"入宪历程大致经过了四个阶段。

其一，殖民地州基本法时期。美国独立战争之前，经英王特许，北美许多州都通过了较先进的殖民地的州基本法，譬如 1639 年的《康涅狄格根本法》、1641 年《马萨诸塞湾自由典则》、1682 年的《宾夕法尼亚政府组织法》等，这些基本法都有专门的个人权利保障条款①。譬如，《马萨诸塞湾自由典则》第 1 条的规定："除非根据本团体经由大会依照公平、正义，明白制订而已公布之法律的权力，对任何人，均不得剥夺其生命，污损其名誉，逮捕、限制、放逐、危害其身体，夺取其妻室子女，剥夺其动产及不动产。"② 这是北美承传英国"自然正义"法律理念最早的法律文件。③

其二，独立战争时期。1776 年的北美《独立宣言》重申了"正当法律程序"原则，其序言宣称："下述真理不证自明：凡人生而平等，秉造物者之赐，拥诸无可转让之权利，包含生命权、自由权与追寻幸福之权。"

其三，州宪时期。1787 年纽约州批准宪法会议通过了汉密尔顿提出的包含"正当程序"的"人权法案"。该法案包含如下规定：除非依照"正当的法律程序"，否则，任何人都应得到保证，不被剥夺特定的权利。这显然是最早用"法律的正当程序"取代最初来自《英国大宪章》的"国家的法律"的措辞的美国法；④ 它构成了美国宪法第 5 条修正案与后来的第 14 条修正案的"正当程序条款的起源"，为后来所有建立立宪政体的尝试提供了楷模。⑤

其四，联邦宪法时期。1787 年《美国联邦宪法》颁布之后，并无一套权

---

① 徐亚文著：《程序正义论》，山东人民出版社 2004 年版，第 37 页。

② 荆知仁著：《美国宪法与宪政》，三民书局 1984 年版，第 77~78 页。

③ 章剑生：《从自然正义到正当法律程序——兼论我国行政程序立法中的"法律思想移植"》，载《法学论坛》2006 年第 5 期。

④ ［美］伯纳德·施瓦茨著：《美国法律史》，王军等译，中国政法大学出版社 1990 年版，第 55 页。

⑤ ［美］伯纳德·施瓦茨著：《美国法律史》，王军等译，中国政法大学出版社 1990 年版，第 36 页。

利典章，后在麦迪逊为代表的民主党人的坚持下，美国于 1791 年通过了 10 条宪法修正案，概称为《人权法案》。其中，第 5 条修正案规定，任何人不得未经正当法律程序，即被剥夺生命、自由或财产。① 1868 年通过的第 14 条修正案规定，任何州不得未经正当法律程序，即剥夺任何人的生命、自由或财产。② 由此，正当程序原则的效力扩大到各州。

二、正当法律程序之演变

正当法律程序在美国经历了一个由程序性保障到实体性保障的演进历程。由麦迪逊所起草的美国宪法第 5 条修正案所包含的"正当法律程序"有着精确的司法技术含义，并不涉及实体问题；但第 14 条修正案所包含的"正当法律程序"却具备了实体性正当法律程序与程序性正当法律程序的双重意涵。同时，美国联邦最高法院通过一系列判例和对宪法第 5 条修正案、宪法第 14 条修正案的解释，赋予了正当法律程序极强的生命力。

（一）程序性正当法律程序

程序性正当法律程序的核心在于对政府权力的行使施加最基本的程序性要求，即政府权力的行使必须满足最低限度的公正。程序性正当法律程序实质上是自然正义原则的延伸，包含自然正义原则的基本内容，即"自己不能做自己的法官"和"听证原则"。具体来说，程序性正当法律程序之要义有四：（1）其目的在于禁止未经正当手续就剥夺公民的生命、自由和财产，当政府剥夺公

---

① 美国宪法第 5 条修正案〔1791〕规定："无论何人，除非根据大陪审团的报告或起诉，不得受判处死罪或其他不名誉罪行之审判，惟发生在陆、海军中或发生在战时或出现公共危险时服现役的民兵中的案件，不在此限。任何人不得因同一罪行为而两次遭受生命或身体的危害；不得在任何刑事案件中被迫自证其罪；不经正当法律程序，不得被剥夺生命、自由或财产。不给予公平赔偿，私有财产不得充作公用。"

② 美国宪法第 14 条修正案〔1868〕第 1 款规定："凡在合众国出生或归化合众国并受其管辖的人，均为合众国的和他们居住州的公民。任何一州，都不得制定或实施限制合众国公民的特权或豁免权的任何法律；不经正当法律程序，不得剥夺任何人的生命、自由或财产；对于在其管辖下的任何人，亦不得拒绝给予平等法律保护。"

民的生命、自由或财产时，必须提供充分的理由以证明其行为的必要性，即要求政府为其行为提供正当化的理由。① （2）根据美国宪法第 5 条修正案，其限制对象涵括联邦之行政与司法。（3）其保障对象除了所有的美国公民之外，还涵括居住在美国的外国人。（4）其保障内容囊括生命权、自由权和追求幸福之权利。②

程序性正当法律程序的检验标准，也就是指如何判断一个程序是否正当的。对于这个标准，无论是理论上还是实践中美国一直没有形成一个令人信服的答案，唯一达成一致的就是应当由法院通过司法判例对其进行解释。在早期，美国法院对这一问题通常采用"历史判断模式"的方法，将制宪者的原意作为程序正当性的判断依据。1976 年联邦最高法院在"马修斯诉埃德里奇案"中提出了"利益衡量标准"，在该案中，埃德里奇不服社会保障署没有经过事先听证而终止津贴的决定，最高法院认为本案不需要事先听证。③ 在该案中，法官认为判断行政程序是否符合正当法律程序的要求应当考虑三个因素：一是受行政行为影响的私人利益；二是由于行政机关所适用的程序，这些利益可能被错误剥夺的危险，以及采取增加的或者替代的程序保障可能得到的价值；三是政府的利益，包括增加的或者替代的程序可能带来的财政和行政负担。在本案中，伤残津贴的领取并不涉及生存问题，并且伤残的鉴定有客观的医学标准，当事人的利益被错误剥夺的可能性较低，不需要举行听证以避免事实判断错误，且举行听证会给政府带来过重的负担，因此在决定终止津贴的过程中并没有违反正当法律程序的要求。

（二）实质性正当法律程序

根据美国宪法第 5 条修正案，正当法律程序条款仅拘束联邦政府行为；但第 14 条修正案将其效力扩及各州，并将"正当程序"演变成为美国宪法权利

---

① 陈驰：《正当行政程序之价值基础》，载《现代法学》2005 年第 2 期。
② 徐亚文著：《程序正义论》，山东人民出版社 2004 年版，第 77 页。
③ Mathews v. Eldridge, 424 U. S. 319（1976）.

典章中的"霸王条款"。除此之外，第 14 条宪法修正案还赋予了正当法律程序实体性内涵，被称为实质性正当法律程序。实质性正当法律程序要求联邦和州议会所制定的法律必须符合公平与正义，政府的行政行为须受到必要之限制。在剥夺个人的生命、自由或财产时，如果政府所制定的法律、实施的行政行为不符合公平与正义标准，法院将宣告这个法律或者行为无效。① 实质性正当法律程序这一概念最早在 1856 年的怀尼哈默案中引入。② 该案起因于一项纽约州禁止出售非医用烈性酒并禁止在住所之外存放非用于销售的酒类的法律，纽约州法院认为公民储存的酒类属于个人所有，宪法明确保护个人财产，剥夺这一财产权即使有法令依据而且在形式上合乎程序，但因违反宪法的精神而归于无效。纽约州法院的这一判决用实质性正当法律程序代替了自然法对立法权进行制约。③ 1865 年联邦最高法院在威尼诉哈默案中首次将正当法律程序条款作为实体法条款使用，④ 1868 年宪法第 14 条修正案获得批准，这标志着正当法律程序完成了从"程序性"到兼含"实质性"的演变。

关于实质性正当法律程序的检验标准，美国联邦最高法院通过长期的司法实践，针对不同领域的立法问题确立了理性基础检验标准、严格检验标准和中间层次检验标准，具体如下：（1）理性基础检验标准是一种最低层次的检验标准，它要求政府的立法应当与政府意欲实现的目的是有理性关系的。该标准主要适用于经济领域，用以审查涉及商业、福利和经济方面的立法。在罗斯福新政之前，联邦最高法院信奉自由放任主义和契约自由，对经济领域的立法采取较为严格的检验标准，因此在新政之初推翻了许多涉及经济管制的立法，导致司法部门与行政部门冲突严重。之后，联邦最高法院的观念发生改变，开始适应社会需要，对经济领域内的立法采用理性基础检验标准，只要该法令的颁

① 王锡锌：《正当法律程序与"最低限度的公正"——基于行政程序角度之考察》，载《法学评论》2002 年第 2 期。
② Wynehamer v. People, 13N. Y. 378 (1856).
③ 谢维雁：《论美国宪政下的正当法律程序》，载《社会科学研究》2003 年第 5 期。
④ 焦洪昌、李树忠主编：《宪法教学案例》，中国政法大学出版社 1999 年版，第 64 页。

布是为了社会利益，那么它就是符合正当法律程序的。（2）严格检验标准是针对联邦或者各州对个人基本权利进行限制的立法，它要求立法不仅要与政府的目的存在理性关系，还要求政府必须证明立法有紧迫的或者重大的利益。这里的基本权利，必须是由宪法明示或者引申出来的，且政府对被保护的权利施加的压力越大，对政府的要求就越严格。（3）中间层次检验标准是一种介于理性基础检验标准和严格检验标准之间的检验标准，主要针对婚姻和家庭权利，它仅要求立法与政府目的具有实质性联系，而不要求紧迫性以及重大利益。在性质上，婚姻家庭权利对于个人的意义介于经济权利和个人基本权利之间，应当受到宪法正当法律程序之保护，但又不必要像个人基本权利那样严格，因此只要求实质性联系。

三、自然正义在行政程序法上的转译

在早期，自然正义原则只适用于司法领域或者准司法领域，而不能将此适用于纯粹的行政功能。[1] 正如多诺莫尔委员会的报告中指出："虽然自然正义原则所包含的并非是明确且广为接受的、并由英国法院实施的法律规则，但是，我们认为有一点不容置疑，那就是，的确存在着某些让所有作出司法或者准司法决定的裁决机构和人员都必须遵守的司法行为规则。"[2] 对此，许多学者存在不同的观点。例如，有人认为，花费很大力气去对适用自然正义原则的各种类型的情况加以绝对化的分类是不明智的，[3] 自然正义原则在适用上应有无限的弹性，它应该能够被适用于各种各样的情况。[4] 其实，在长期的司法审判过程中，英国法院将自然正义原则的适用范围扩大到行政法领域，用以控制公行为和行政行为，要求行政机关在行使行政权时也应当保持最低限度的程序

---

[1]　周佑勇：《行政法的正当程序原则》，载《中国社会科学》2004 年第 4 期。

[2]　The Donoughmore Report on Minister's Powers, Cmd. 4060, 1932. 转引自杨寅：《普通法传统中的自然正义原则》，载《华东政法学院学报》2000 年第 3 期。

[3]　Attorney General（Hong Kong）v. Ng Yuen Shiu〔1983〕2A. C. 629, at 636. 转引自杨寅：《普通法传统中的自然正义原则》，载《华东政法学院学报》2000 年第 3 期。

[4]　G. A. Flick, Nature Justice—Principles and Practical Application, Sydney：Butterworths, 1984, p. 26.

公正。例如，在 1863 年的古帕诉万兹乌区工程管理局案中，法院认为工商管理局在拆除违法建筑前没有听取古帕的意见，违背了公平听证原则，因此工商管理局的行政行为无效。①

在其现实意义上，自然正义原则向行政领域扩张与当代行政权的发展密不可分。在当代社会，行政权不断膨胀，日益渗透到社会的每个角落，在此背景下，对行政权进行制约尤为重要，而程序就是制约行政权的最主要的手段。正如英国行政法学家韦德所言："程序不是次要的事，随着政府权力持续不断地急剧增长，只有依靠程序公正，权力才可能变得让人能容忍。"② 自然正义原则可以为行政权的行使提供最低限度的公正要求，防止行政权的滥用，以达到控制行政权的目的。因此，通过自然正义原则来规范行政行为，已成为现代行政法的重要内容。

自然正义原则在行政领域的适用经历了一个逐渐扩大的过程，其保护或调整范围由原来的个人财产权利的保护发展到法律权利的保护，从现实权利的保护发展到合法预期利益的保护。③ 在自然正义原则适用于行政法领域之初，该原则只保护合法权利或利益，只有当合法的权利、利益受到行政权的侵害时，当事人才能依据自然正义原则向法院寻求救济。但是，在 1963 年的里奇诉波德温一案中，自然正义原则的适用范围大大扩展。该案法官认为政府在作出解雇警察局局长的决定之前，并没有听取被解雇人的意见，因此解雇决定是非法的。④ 在该案中，英国法院抛弃了传统的观点，认为凡是行政机关决定个人权利时，都应当适用自然公正原则。其后，在一系列的司法判决中，自然正义原则的适用范围又扩大到合法预期利益，即"征询意见的义务可产生于由许诺或

---

① 参见胡建淼主编：《外国行政法规与案例评述》，中国法制出版社 1997 年版，第 95 页。

② ［英］威廉·韦德著：《行政法》，徐炳译，中国大百科全书出版社 1997 年版，第 93 页。

③ 孙祥生：《论自然正义原则在当代的发展趋势》，载《西南政法大学学报》2006 年第 2 期。

④ Ridge v. Baldwin, 1Q. B. 539 (1963).

征询的久已确立的习惯做法而引起的对征询的合法期待"。① 基于普通法院的判例和司法实践，澳大利亚行政法学者弗立克将适用自然正义原则的情形概括为因下列问题引发的争议：（1）自由权；（2）实在的财产权；（3）对生活的干预；（4）就业；（5）名誉和人格；（6）特殊权利；（7）俱乐部和协会；（8）合法预期。②

自然正义适用于行政领域之后，不但适用范围逐渐扩大，其具体内容也更加丰富，并被逐渐具体化为以下规则：（1）受审判的权利（辩论、证据）；（2）在行政行为之前获得有关的信息；（3）在行政程序中的协助与代理；（4）在行政程序中要求的合理时间内应请求书面陈述理由；（5）指明救济及所给予的时间限制。③ 正是通过上述具体原则，自然正义对行政程序的设定产生拘束效果。据此，行政程序法的相关制度，必须体现自然正义原则。以行政听证制度为例，受自然正义原则之拘束，行政听证必须满足如下基本法则：一是公民有在合理时间以前得到通知的权利；二是了解行政机关的论点和作出决定的根据的权利；三是为自己辩护的权利。④

第三节 正当法律程序之于法治政府的意义

随着行政权扩张以及因此所引发的宪法忧虑，自 20 世纪 30 年代以来，美国宪法第 5 条修正案与第 14 条修正案所确立的正当法律程序原则加速了其向行政领域渗透的步伐，逐渐形成行政性正当法律程序和规则，并最终促成

---

① ［英］威廉·韦德著：《行政法》，徐炳译，中国大百科全书出版社 1997 年版，第 159~160 页。

② G. A. Flick, Nature Justice—Principles and Practical Application, Sydney：Butterworths, 1984, pp. 27-36.

③ ［英］威廉·韦德著：《行政法》，徐炳译，中国大百科全书出版社 1997 年版，第 101~102 页。

④ 王名扬著：《英国行政法》，中国政法大学出版社 1987 年版，第 157 页。

1946 年《联邦行政程序法》的出台。《联邦行政程序法》不仅统一了联邦行政机关的行政程序，还为联邦行政机关规定了最低的程序公正要求，即"作出决定者必须举行听证"。① 而且，任何一种听证形式都必须包含正当法律程序之内容："当事人有得到通知及提出辩护的权利"，此即区别正当程序和非正当程序的分水岭。②

按照当时美国行政法的通说，由《联邦行政程序法》所确立的行政性正当法律程序至少包含三点意思：（1）合理的通知，即行政相对人不仅应受到被裁决事项的合理说明，而且应该按照事件的性质，在合理的时间内得到通知。（2）行政相对人提出证据和陈述意见的权利和机会不受非法限制或剥夺。（3）行政机关与行政相对人之间的纠纷，应当由得力的第三方裁决；其中，裁决者之独立性意味着：与案件没有财务上的直接利益；对案件当事人没有任何偏见；对案件当事人的主张没有偏见。③

1966 年美国国会通过了对 1946 年《联邦行政程序法》的修改，并制定了《情报自由法》，完善了政府文件公开程序——除法律明文规定的例外情形，全部政府文件一律公开，任何人有权要求得到政府文件；1974 年和 1976 年又分别出台了《隐私权法》和《阳光下的政府法》。至此，正当法律程序原则已完全统治了整个"行政王国"，美国行政也由此走向"正当法律程序"统治的时代。

至今，根据美国学者贝勒斯教授（Michael. D. Bayles）的"三语境说"，正当法律程序原则演变成了公正、透明和可参与三大核心原则，并适用于行政决策、行政裁决以及行政决定等所有行政活动领域。其中：（1）适用于"行政决策"等集体决定领域，此即正当法律程序的第一种语境。该语境涉及两个议题：一是有关作出决定的程序法则，譬如罗伯特议事规则（Robert's Rules of Order）及其他会议规则，要么是公正的，要么是不公正的；二是有关官员或

① 周佑勇：《行政法的正当程序原则》，载《中国社会科学》2004 年第 4 期。
② 王名扬著：《美国行政法》，中国法制出版社 1995 年版，第 410 页。
③ Martin Redish & Lawrence Marshall, Adjudicatory Independence and the Value of Procedural Due Process, 95 Yale Law Journal, 1986.

代表的选择程序。① （2）适用于行政司法与裁决等领域，此即正当法律程序的第二种语境。在该语境下，"解决两造或多造之间冲突"的程序应当满足公开、透明等要件。（3）适用于行政征收、行政处罚、行政许可和行政给付等行政处理活动，此即正当法律程序的第三种语境。在该语境下，"对个人施加负担或赋予利益之决定"程序，应当满足公开、透明和可参与性等要件。

受英美法系行政程序立法的影响，大陆法系的主要国家也开始注重程序之于控权的作用。与英美法系国家不同，传统的大陆法系国家往往具有"重实体而轻程序"的传统，它们"把行政法的主要目标放在用法律对行政权的依据加以说明和对行政权力的范围加以限定上，而原则上对行政行为究竟应该通过什么样的程序和过程来进行这一点似乎并不关心"②。20世纪以来，随着社会关系日益复杂，行政机关享有广泛的自由裁量权和准立法权、准司法权，行政权无处不在、无孔不入，纷繁复杂的行为模式使得立法机关越来越难以为行政机关提供清晰明确的行为标准，也就无法仅靠实体法来对行政权进行监控。由此，传统的大陆法系国家纷纷开始注重程序的作用，开始制定专门的程序立法，如奥地利（1926）、意大利（1955）、西班牙（1958）、德国（1966）等国家都陆续制定了行政程序法典，法国也在1979年制定了《行政行为说明理由及改善行政机关和公民关系法》。可见，由程序控权取代实体控权，从注重行政行为的合乎实体法规则向注重行政行为的合乎程序性规则的转变，已成为当代行政法发展的主流。③

---

① ［美］贝勒斯著：《程序正义：向个人的分配》，邓海平译，高等教育出版社2005年版，第2页。

② ［日］和田英夫著：《现代行政法》，倪建民等译，中国广播电视出版社1993年版，第15页。

③ 周佑勇：《行政法的正当程序原则》，载《中国社会科学》2004年第4期。

第二章　域外行政程序法治比较

对行政程序法治相关模型的比较分析，可以从横向维度考察典型模式中不同领域的立法进程与相关内容，在程序法治层面，奥地利、美国、德国、意大利、日本以及我国台湾地区等在目标模式、基本架构、基本原则、基本制度等层面皆有可以为我国程序法治提供参考的内容，可将其与对我国程序法治发展梳理与愿景设计相结合。其一，目标模式，是指行政程序法基于其理想效果所确立的立法宗旨及其整合规则，以及由此体现的总体表征。域外行政程序法的目标模式分为权利目标模式和效率目标模式两种：前者以保护公民权利为首位，美国、日本及我国台湾地区为其代表；后者以提高行政效率为首要目标，德国、奥地利、意大利等国是其典型。其二，基本架构，是指行政程序法的基本内容在结构上的安排。根据其内容是否包含实体规定，域外行政程序法可以分为程序型和程序实体并存型：前者在行政程序法中仅有程序规定而无实体规定，此类型的代表是美国和日本；后者在行政程序法中兼具程序与实体规定，以奥地利、德国、意大利以及我国台湾地区为典型。其三，基本原则，是指反映行政程序法本质并构成行政程序立法、执法和研究基础的、具有普遍指导意义的原理和评价标准。域外行政程序法之基本原则有四：一是合法原则，包括法律优先及法律保留原则；二是民主原则，包括行政公开和行政参与原则；三是公正原则，包括平等、比例及信赖保护原则；四是效率原则，要求行政收益最大化及行政投入最小化。其四，基本制度，是指普遍存在于行政程序各个阶段当中，并对行政权的行使起到指导和规范作用的方法、步骤、时限等规则体系的总称。域外行政程序法的基本制度有四：一是行政证据制度，即与行政证据与证明相关的制度；二是行政公开制度，即将行政权力运行的依据、过程和结果向相对人和公众公开的制度；三是行政听证制度，即行政机关听取当事人意见的相关制度；四是行政回避、期间、送达和程序费用制度。

第一节　域外行政程序立法的发展历程①

从 20 世纪 20 年代开始，域外行政程序立法至今已经历了三次高潮②：第一次高潮始于 20 世纪 20—30 年代，西班牙是最早制定行政程序法典的国家，但此时最有代表性也最具影响力的是立法时间稍后的奥地利；第二次高潮是在 20 世纪 40—60 年代，此时行政程序立法最为完备的是美国，同时德国的行政程序立法也比较具有代表性；第三次高潮发生于 20 世纪 90 年代，以意大利、日本的行政程序立法为代表。③ 因此，本部分关于域外行政程序立法过程的介绍主要聚焦于奥地利、美国、德国、意大利与日本等国家。此外，由于我国台湾地区也已经制定了较为完备的行政程序法，并且我国台湾地区的立法对我国影响较为明显，故在此一并对其立法发展历程进行介绍。

一、奥地利行政程序立法发展历程④

奥地利行政程序法的制定，是司法机关、行政机关、立法机关和专家学者共同推动的结果。1875 年，奥地利出台了《行政法院法》，设置了行政法院专

---

① 最新研究可参见姜明安：《21 世纪中外行政程序法发展述评》，载《比较法研究》2019 年第 6 期。

② 马思涛：《行政程序法兴起的原因分析》，载《行政法学研究》1999 年第 1 期。

③ 参见皮纯协主编：《行政程序法比较研究》，中国人民公安大学出版社 2000 年版，第 115 页。

④ 参见应松年主编：《比较行政程序法》，中国法制出版社 1999 年版，第 5~7 页。

门受理行政诉讼案件，并规定行政法院应促使行政机关在做成行政处分时遵守行政程序。而当时奥地利并无统一的行政程序法，故行政机关是否遵循行政程序，很大程度上依靠行政法院法官的解释来确定。为了避免行政行为因被行政法院认定为违反行政程序而被撤销，行政机关开始对行政法院关于行政程序的判例加以收集、整理、研究，为行政程序法法典化做了良好的铺垫。同时，奥地利立法机关也非常重视行政程序问题，曾经指责政府在提出法律草案时缺少对于行政程序的相关规定，并强调行政程序对于保障人民权益的重要性。此外，奥地利专家学者也对行政程序法的研究表现出高度热忱，对行政法院历年判例进行分类梳理，深入研究，奠定了行政程序法典化的理论基础。

在上述各方的推动下，奥地利于 1925 年通过了《普通行政程序法》，其中包含《一般行政程序法》《行政罚法》《行政执行法》《行政程序法施行法》四部法律，于次年生效，其后在 1932 年、1948 年、1949 年先后进行了修改。"二战"后，奥地利重新取得国家主权，联邦政府于 1950 年重新公布了行政程序法，并于 1991 年进行了修正。

二、美国行政程序立法发展历程①

美国设立了诸多行政机关，因此尽管早期并无"行政法"的概念，但行政法事实上已伴随这些行政机关而存在。基于摆脱英国殖民政府统治的历史事实，以及欧洲自由主义思潮的影响，早期的美国社会各界普遍认为经济活动与社会活动应由市场调节，必要时才由法院按照国会制定的规则进行监督，而政府应该尽可能少地进行干预，因而此时行政权并未扮演主要角色，故行政法也未得到重视与发展。②

19 世纪 60 年代南北战争结束后，工业化的迅猛发展带来了市场、国会和

---

① 参见皮纯协主编：《行政程序法比较研究》，中国人民公安大学出版社 2000 年版，第 116~125 页。

② 宋华琳：《国家建构与美国行政法的史前史》，载《华东政法大学学报》2015 年第 3 期。

法院无法调控的社会经济问题，而这些问题的解决只能依靠政府的力量。① 在此背景下，1887 年美国政府创立了新的行政组织——"州际商贸委员会"以控制经济活动，取得了良好的效果，随后与之相类似的"独立控制机构"大量出现，理论界与实务界开始对其进行研究，从而促使了美国行政法的迅速发展。20 世纪，自由放任主义的弊病愈发凸显，福利国家的理念应运而生，社会各界期待政府解决经济社会问题并提供公共服务。20 世纪 30 年代，经济危机爆发，美国政府推行"新政"加以应对，再加上第二次世界大战参战的需要，行政权得到了空前的扩张，甚至采取了许多不符合宪法"正当法律程序"规定的措施，因此社会各界开始警惕乃至反对行政权的扩张，要求加强行政程序保障。经过各方的共同努力，1946 年美国出台了《联邦行政程序法》，1966 年对其进行了修改并将其编入《美国法典》第 5 篇。另外，1966 年制定的《情报自由法》、1974 年制定的《隐私权法》和 1976 年制定的《阳光下的政府法》也先后成为联邦程序法的组成部分。② 需要注意的是，美国行政机关所适用的程序并不仅限于《联邦行政程序法》所规定的程序，还包括授权法规定的程序和行政机关自己制定的程序。③

三、德国行政程序立法发展历程④

20 世纪 30 年代，欧洲大陆的行政程序法法典化热潮兴起，奥地利、波兰、捷克等国纷纷开始制定行政程序法，但德国此时却无动于衷。究其缘由，一方面是因为德国建立于众多王侯与地主的地方割据局面之上，并非中央集权国家，很容易与官僚体制相互配合而实行彻底的警察国家统治；另一方面，德国行政法学的始祖奥托·迈耶认为，行政行为不受任何形式的拘束，行政机关

---

① 韩春晖：《美国行政国家理论及其启示》，载《法商研究》2010 年第 6 期。

② 赵娟：《论行政法治与经济发展——以美国行政法作用领域和方式的转变为例》，载《南京大学法律评论》2004 年第 2 期。

③ Wiliam F. Fox, Jr., Understanding Administrative Law, Fox Matthew Bender & Co. Inc., 2000, p. 19.

④ 参见应松年主编：《比较行政程序法》，中国法制出版社 1999 年版，第 2~4 页。

为行政行为时，可无任何个人的介入而成立，此理论对德国行政法学产生了重大的影响。基于以上两方面原因，德国并未在当时制定行政程序法典，而只是对行政机关的行政行为，给予相对人事后的救济机会。

"二战"后，德国作为战败国对自由与民主的价值进行了深刻反思，在其基本法第 1 章第 1 条中就明确提出"人之尊严不可侵犯，一切国家机关均有尊重及保护此尊严之义务"，基于此宪法理念，公民不再是行政的客体，而是有权参与到与之有利害关系的行政决定作出过程之中。同时，随着美国在国际上地位的不断提高，其联邦行政程序法对世界各国的影响也逐渐扩大，德国受此影响开始制定行政程序法典。受到奥托·迈耶的影响，德国行政法学界偏重实体法而忽视程序法的研究，故最初倡导制定行政程序法的是实务界而非学界。1956 年，在德国专门培养高级官员的斯百尔行政专科大学开会时，多数与会高级官员赞同制定统一行政程序法以解决各邦不同行政程序在适用时的困难。次年，德国各邦内政部长会议决定成立小组委员会研究制定统一行政程序法，同年该小组委员会便通过了作为各邦行政程序法基准的《行政程序法的基本构想》。1957 年，联邦内政部设立简化行政专家委员会，于 1958 年提出了关于行政程序法的原则性建议。而此时，基于事实的需要，德国行政法学界也开始转变态度，重视行政程序法的价值。1958 年，德国公法教授学会年会专门讨论了行政程序法问题，肯定了行政程序法的价值并指明了行政程序法典化的方向，以此推动了 1963 年德国行政程序法草案的起草工作。1976 年，西德颁布了行政程序法典，并于 1996 年进行了修改。

四、意大利行政程序立法发展历程①

"二战"后，同为战败国的意大利也意识到行政改革的必要性，因此在1944 年设立了由法学家组成的研究委员会，专门负责行政改革。该研究委员会下设行政程序研究会，提出了含"行政程序"一章在内的《公共行政行为

---

① 参见皮纯协主编：《行政程序法比较研究》，中国人民公安大学出版社 2000 年版，第 131~136 页。

的普通法案》，进行了行政程序立法的初步尝试，但由于脱离实际，该法案未被议会通过。1948年，意大利新宪法生效，为了确保新宪法的实施，行政程序立法再次被提上日程，政府专门成立了"行政改革委员会"，负责对各种行政程序法规进行梳理、研究。在此基础之上，该委员会于1953年提出了《公共行政改革研究报告》以及"行政程序法草案"。1955年，意大利政府向国会提出行政程序立法议案，次年众议院一致通过"行政程序法草案"，但由于种种原因，该草案并未得到参议院的通过，而且这个状态一直持续到1985年两院解散。

20世纪80年代，意大利政治危机持续发酵，理论界与实务界对于行政程序立法的呼声也随之高涨，认为行政程序问题是解决政治危机的重要突破点。于是，1987年意大利政府邀请专家学者拟定了行政程序法草案，经过各方共同努力，终于在1990年被议会审议通过并开始实施。[1]与此同时，欧洲一体化及欧盟相关的立法实践，促使意大利引入了一些原先并不存在的新原则，如比例原则、合法信赖原则等被纳入行政法和行政程序法。[2]

五、日本行政程序立法发展历程[3]

"二战"前，日本的行政法学主要受到德国行政法学尤其是奥托·迈耶之观点的影响，偏重于实体法的研究而忽视程序法之价值，故罕有学者讨论行政程序法相关问题。1937年，日本法学家圆部敏教授发表《一般行政程序法评说》一文，首次提出日本有必要推进行政程序法法典化，但在当时的军国主义统治背景下未被日本政府所重视。

"二战"后，在美国的占领与主导下，日本的经济与政治领域均发生了重

---

① 黄学贤：《意大利〈行政程序法〉之内容与特征探析》，载《江苏行政学院学报》2006年第5期。

② 罗智敏：《论欧盟法影响下意大利行政法基本原则的发展与变化》，载《行政法学研究》2011年第2期。

③ 参见湛中乐：《日本行政程序法立法背景分析》，载《中外法学》1995年第4期；吴微：《日本行政程序法的制定及其特征》，载《行政法学研究》1994年第4期。

大的变革。在经济方面，美国要求日本进一步开放市场，调整经济结构，完善相关法律，增强政府实施行政指导的公开透明化；而在政治方面，美国推动日本制定了以和平、民主、发展经济为宗旨，强调保障人权的新宪法，并大力推进了行政改革，尤其强调行政行为的公开与透明。与此同时，日本最高法院和地方法院的部分判例，如著名的"白石判决"等，也开始从日本宪法第31条的立法目的出发来论证行政程序合法的必要性与意义，法学界也在积极探讨行政程序法的价值。在前述背景下，日本于1962年设立了临时行政调查委员会，调查了行政机关的相关制度及其具体运作，完成了"关于行政程序的调查报告"等材料，为次年"行政程序法草案"的起草奠定了基础。1964年，日本"行政程序法草案"正式拟定。随后，日本行政程序法研究会于1983年、1989年、1991年先后起草了"行政程序法纲要案"。在此基础之上，1993年11月12日《日本行政程序法》最终正式出台，并于1994年10月1日开始实施。

六、我国台湾地区行政程序立法发展历程[1]

我国台湾地区的行政法学深受"重实体规范，轻程序规定"的大陆法系思想影响，早期主要发展事后救济法，晚近才开始研究事前程序法。[2] 1974年，台湾地区行政管理机构组成项目小组对行政程序法问题进行了比较研究，该小组于1979年完成了《各国行政程序比较研究》及《行政程序法之研究》两项报告，并草拟了行政程序法草案，为行政程序法典的制定奠定了良好的基础。时隔十年后，各国的行政程序法发生了新的变化，我国台湾地区也出现了新的社会问题，因此1989年台湾地区行政管理机构再次组成"行政程序法之研究"专题小组展开研究，于次年草拟了新的行政程序法草案，分为总则、行政处分、行政契约、法规命令与行政规则、行政计划、行政指导、陈情、附则等共8章145条。小组还完成了一系列报告，其中包括对美国、德国、日本等

---

[1] 参见罗传贤著：《行政程序法论》，台湾五南图书出版公司2017年版。

[2] 陈铭聪：《我国台湾地区"行政程序法"立法争议问题研究》，载《甘肃行政学院学报》2012年第2期。

国行政程序法新发展的介绍，以及对行政程序法基础理论和立法架构的深入探讨。在上述两次草案及其研究报告的基础上，台湾地区行政管理机构法律事务主管部门在 1990 年组成"行政程序法研究制定委员会"，开始了行政程序法的拟定工作，在 1993 年完成了草案定稿，共有 172 条，分为 7 章，分别为总则、法规命令、行政处分、行政契约、行政计划、行政指导和陈情。草案提出后，台湾地区行政管理机构认为目标过高，无法接受，就删除了行政计划、行政指导、陈情等部分，剩下 135 条。1995 年，台湾地区行政管理机构将最终的草案提交"立法院"审议。而在台湾地区行政管理机构提交草案之前，其实已有一些"立法"委员提出了两个不同版本的行政程序法草案，因此台湾地区"立法机构"在专家学者的协助下对三个草案进行了整合，最终于 1999年完成三读程序并正式公布，自 2001 年 1 月 1 日起施行。[①]

第二节 域外行政程序立法的目标模式

行政程序立法目标模式意指"各个国家行政程序法根据所要达到的目标而形成的总体特征。行政程序法可以发挥多方面的作用，立法机关可以按照自己的目的进行选择，强化某一方面的作用，这种选择将使一国的行政程序法形成一定的目标模式"。[②] 其要义有五：（1）它是行政程序立法的理想效果；（2）它在形式上表现为行政程序法的总体风格与特征；（3）它集中体现为行政程序的立法宗旨及其整合规则；（4）目标模式与立法价值取向的关系：前者是后者的具体化，后者是对前者的概念升华；（5）目标模式与"作用""功能""指导思想"等是不能等同的。[③] 基于此，可以将行政程序法的目标模式概括为一国行政程序法基于其理想效果所确立的立法宗旨及其整合规则，以及由此

---

① 刘建宏：《台湾"行政程序法"制定公布十年之实施经验——为大陆行政程序法起草工作提供借鉴》，载《甘肃行政学院学报》2011 年第 4 期。

② 参见罗豪才主编：《行政法学》，中国政法大学出版社 1996 年版，第 291~292 页。

③ 参见应松年主编：《比较行政程序法》，中国法制出版社 1999 年版，第 40~42 页。

体现的总体表征，是行政程序法的价值取向的具体化与法律化。

一、行政程序立法目标模式的分类

我国学者对于域外行政程序法的目标模式的分类有以下几种不同的看法：
（1）将目标模式分为控制模式、效率模式和权利模式，① 分别对应控制下级行政机构、提高行政效率和保障相对人权益的不同目的。② （2）将目标模式分为控权模式、保权模式和效率模式三类，分别与保护相对人权利、制约行政权力行使和提高行政效率的宗旨相对应。③ （3）将目标模式划分为公正（权利）模式和效率模式两类，前者旨在通过控制行政权力行使以保障相对人权益，后者则关注促使行政机关高效合理地进行行政管理活动。④

上述三种观点均从控制行政权力、提高行政效率以及保障行政相对人权益等方面阐释行政程序法的目标，故都有其合理性。但在法理上，目标不等于目标模式，如果将目标等同于目标模式，就会出现效率模式只注重提高行政效率、权利模式只注重保护公民权利的认识，进而认为我国应以一种模式为主而兼采其他模式的看法。然而，正如前文关于目标模式定义的论述，目标模式所体现的是行政程序法总体上的风格与特征，行政程序法的立法目的也不可能只有一个方面，世界各国的行政程序法典实际上都包含有不止一个立法目的，而目标模式实际上是在区分这些不同的立法目的的主次关系的过程中才得以形成的。换言之，目标模式并不是从"保护公民权利"和"提高行政效率"中排他地选择一项以作为划分标准，而是以侧重于哪一方面也即首要的目的为何来

---

① 唐小波：《简述行政法理论的三种学说》，载《政治与法律》2004 年第 6 期。

② 参见江必新、周卫平编著：《行政程序法概论》，北京师范大学出版社 1991 年版，第 19~20 页；罗豪才主编：《行政法学》，中国政法大学出版社 1996 年版，第 292~293 页。

③ 参见吴德星：《论中国行政法制的程序化与行政程序的法制化》，载《中国人民大学学报》1997 年第 1 期。

④ 参见姜明安：《我国行政程序立法模式选择》，载《中国法学》1995 年第 6 期；黄学贤：《行政程序法的目标模式及我国的选择》，载《苏州大学学报（哲学社会科学版）》，1997 年第 2 期。

进行划分的。① 从总体上看，无论哪一国家的行政程序法都具备两大主要目的，一是保护公民权益，二是监督行政机关依法履职，故可以将侧重于前者的概括为权利模式，侧重于后者的概括为效率模式，从而形成目标模式的两大分类。

二、行政程序立法的权利目标模式

权利模式是将保护公民权利放在首位的目标模式。从域外行政程序法立法情况来看，实行权利模式的比较具有代表性的国家和地区主要有美国、日本以及我国台湾地区，而权利模式具体表现在明确将公民权利保护放在立法目的的首位、以听证程序作为行政程序架构的中心、注重与行政公开有关的专门制度设计三个方面。

（一）明确将公民权利保护放在立法目的的首位

如前所述，权利模式在保护公民权益与监督行政权力正确行使之间更侧重于前者，因此该模式的行政程序法的显著特征之一是将公民权利保护放在立法目的的首位。

美国 1964 年《行政会议法》对立法目的的规定，"联邦行政机构可以通过作出适当的安排，在请专家们协助下，共同研究相互间的问题，互通情报，并为私人权利受到完全保护，为使联邦机构的管理活动及其他联邦政府的职责能为公共利益迅速推行和履行，对适当的机关采取的行动提出建议"，明确将"为私人权利受到完全保护"置于首位。同样的，1976 年《阳光下的政府法》也规定其立法目的在于"向公众提供此种情报，同时保护个人的各项权利和政府履行其责任的能力"。

日本 1964 年的《行政程序法草案》第 1 条规定："本法系对于行政机关之处分，及其他行使公权力之行为，订定其共同适用之事项，以期能借公正而迅速之手续达成保护国民之权利与利益，及确保行政权之正确行使为目的。"

---

① 参见应松年：《中国行政程序法立法展望》，载《中国法学》2010 年第 2 期。

尽管 1983 年日本的《行政程序法草案》删去了关于立法目的的条款，但在 1998 年的《行政程序法纲要草案》第 1 条又重新做了规定，具体表述为"本法为确保行政权运作之公正、民主，兹规定有关行政程序之共通事项，以达到保护国民权利利益，并确保国民对行政信赖之目的"。而最终 1993 年正式出台的《行政程序法》第 1 条也明确规定："本法旨在对处分，行政指导及申报之相关程序作共通事项之规定，以确保行政运作之公正及提升其透明性（谓行政上之意思决定，国民均明白其内容及过程。关于第 38 条，亦同），并据以保护国民权益为目的。"可见日本也将公民权利保护放在立法目的的首位。

我国台湾地区 1990 年的"行政程序法草案"第 1 条对立法目的明确规定："为规范行政行为，使其达到适法、公正、迅速之目标，以保障人民权益、增进行政效能、扩大民众参与及提升人民对行政之信任，特制定本法。"而关于该条的说明也强调："明定本法之立法目的为保障人民权益、增进行政效能、扩大民众参与，以及提升人民对行政之信任，并以适法、公正、迅速为行政行为之目标。"在 1999 年正式出台的"行政程序法"第 1 条中也表述为"为使行政行为遵循公正、公开与民主之程序，确保依法行政之原则，以保障人民权益，提高行政效能，增进人民对行政之信赖，特制定本法"。因此，台湾"行政程序法"一贯以来都将公民权利保护置于首位。

（二）以听证程序作为行政程序架构的中心

行政程序法所规定的程序可以分为一般程序、特别程序和其他程序。其一，一般程序，是指行政机关在实施管理活动时，只要法律没有特别规定就应当适用的程序；其二，特别程序，是针对特定的行政行为所设置的程序；其三，其他程序，是指简易程序与听证程序等以一般程序为基础，对其加以重新整合而设计出来的程序。① 权利模式的行政程序法与效率模式的行政程序法的一个重要区别在于前者以听证程序为行政程序架构的中心，后者以一般程序为行政程序架构的中心。以听证程序为行政程序架构的中心的代表是美国、日本

---

① 参见应松年主编：《比较行政程序法》，中国法制出版社 1999 年版，第 58 页。

以及我国台湾地区。

美国 1946 年《联邦行政程序法》中的规章制定与行政裁决都以听证程序为原则，为此专门在第 556 条集中规定了听证程序，该条第 1 款就明确"本条根据其规定适用于本编第 553 条或第 554 条要求按本条规定举行的听证"。尽管该法第 553 条规定规章制定一般采用通知评论程序，只有在"法律要求此种规章必须在机关听证会之后依据记录制定"才适用听证程序，但通知评论程序本身是一种特殊的听证程序，因此规章制定仍以听证为原则。同时，该法第 554 条关于行政裁决在第 1 款中就明确规定："本条根据其规定适用于法律要求必须在机关听证会之后依据记录裁决的一切案件，除非此案涉及……"由此可见，美国行政程序法是以听证程序作为架构中心的。① "美国行政程序法以听证制度为核心。在法律规定的条件下，所有的程序都有听证这一制度。以听证制度为核心，反映了美国立法机关以行政程序立法保护公民以及组织的合法权益为主的立法意图。"②

日本行政程序法同样以听证程序为中心，早在 1964 年的《行政程序法草案》中就专门在第二章"程序"中设置了"听证手册"一节，具体规定了准备听证之程序、听证、证据与调查证据、决定等制度。而 1983 年的《行政程序法草案》虽然没有同 1964 年草案一样对听证加以专门规定，但是在"处分程序规定""命令制定程序规定""特别程序规定"等节中都设置了相应的听证程序并将之置于重要地位。1993 年正式出台的《行政程序法》延续了 1983 年草案的做法，也未对听证程序作专门规定，但是在"对申请而为之处分""不利益处分"两章中均规定了相应的听证程序，例如在第三章"不利益处分"中专门规定了"听证"一节，用 14 个条文对听证的通知方式、听证代理人与参加人、文书阅览、听证的主持、听证的期日、听证笔录等听证具体内容作了非常详尽的规定。

---

① Stein, Mitchell, Mezines, Administrative Law, Mattew Benden, 1993, p. 20.
② 参见应松年：《关于行政程序立法的几个问题》，载《行政法学研究》1992 年第 4 期。

我国台湾地区 1990 年的"行政程序法草案"在第一章"总则"中就专门设置了"听证程序"一节，对其进行了详细规定，同时其后的"行政处分""行政契约""法规命令与行政规则""行政计划"等具体章节都规定了各自相应的听证程序。最终于 1999 年正式出台的"行政程序法"也采纳了 1990 年草案的做法，不仅在总则中对听证程序进行了专门规定，分则的各具体程序也离不开听证，可谓是围绕着听证程序进行行政程序法的建构。

（三）注重与行政公开有关的专门制度设计

行政公开能够加强对行政机关的监督，防止行政权力的滥用与腐败的滋生，从而切实保障公民的权利，因此，实行权利模式行政程序法的国家都非常重视与行政公开相关的制度设计。

美国关于行政公开的制度设计主要体现在《情报自由法》《隐私权法》《阳光下的政府法》这三部法律中。美国于 1966 年出台的《情报自由法》除了规定 9 项涉及国家机密的情况下不予公开以外，一切政府文件必须对公众公开，任何人不需要说明任何理由，只要指明所要求的文件并按照规定的程序，就能得到政府文件，该法的出台是美国行政公开制度的开始。1974 年，《隐私权法》颁布，被纳入《联邦行政程序法》第 552 条之一，该法对行政机关应当如何收集个人信息、能够保存何种内容的个人信息、如何公开收集到的个人信息等方面都作出了比较详细的规定，以此规范联邦政府公开个人信息的行为，加强了对隐私权的保障。1976 年，《阳光下的政府法》（又称《行政会议公开法》）出台并被编入《联邦行政程序法》第 552 条之二，该法第 2 条规定："兹宣告美国的政府如下：公众有权取得关于联邦政府制作决定过程的最充分的可以使用的情报。"同时第 5 条第 1 款规定："对于每次会议来说，机构至迟应当在会议前一星期公告会议的时间、地点和主题，不论该会议对公众是公开的还是不公开的，并且应当公告该机构指定答复关于探询会议情报的官员的姓名和电话号码。除非该机构成员的过半数以记录投票方式决定，由于机构的业务关系必须在较早日期召开会议的，不论该会议是对公众公开的还是不公开的，都应当将会议的时间、地点和主题在尽可能早的时间内予以公告，否则应当依前段规定公告。"因此，美国的行政会议以公开为原则，除非法律另有规定。①

受到美国的影响，日本也非常重视行政公开的制度构建。② 1982 年 4 月，日本山形县首次实施情报公开制度，其后行政公开在日本全国范围内展开，到了 1990 年日本 47 个都道府县已有 32 个实施了情报公开制度。③ 1988 年，日本颁布了《关于行政机关拥有的经电子计算机处理的个人情报保护法》，该法第 1 条规定其旨在"通过规定关于使用被电子计算机处理过的个人情报的基本规则，以期达到保护个人的权利和利益、行政的公正且顺利进行的目的"，加强了行政公开下对公民隐私权的保护。④

我国台湾地区 1990 年"行政程序法草案"在第四节"行政程序之通则"的第 30 条"资讯公开"中规定："行政机关所持有之资讯，除本法或其他法律另有规定外，应公开之。"而根据对该条文的说明，之所以作此规定，是"为促进程序之民主化与透明化，并满足人民知情的权利，以适时维护权益"。1999 年正式出台的"台湾行政程序法"则是专门在第一章"总则"中设置了"资讯公开"一节，分别对资讯公开原则、资讯之主动公开、申请阅览卷宗、行政程序外接触之禁止与资讯公开等作了非常详尽的规定。

三、行政程序立法的效率目标模式

效率模式的首要目标是控制行政机关行使行政职权从而提高行政效率。从域外行政程序法立法情况来看，实行效率模式比较具有代表性的主要是德国、奥地利以及意大利等国，而效率模式具体表现在明确将行政效率放在立法目的的首位，行政机关有较大的程序主导与裁量权，程序架构以一般程序为主、特

---

① Wiliam F. Fox, Jr., Understanding Administrative Law, Fox Matthew Bender & Co. Inc., 2000, p. 49.

② 朱芒：《开放型政府的法律理念和实践（下）——日本的信息公开制度》，载《环球法律评论》2002 年第 4 期。

③ 参见应松年主编：《比较行政程序法》，中国法制出版社 1999 年版，第 54 页。

④ 葛虹：《日本的行政程序法与信息公开制度》，载《公法研究》2005 年第 1 期。

别程序为辅，注重于行政机关相关制度和期间制度四个方面。①

（一）明确将行政效率放在立法目的的首位

效率模式在保护公民权益与监督行政权力正确行使之间更侧重于后者，即更看重行政效率，因此该模式的行政程序法的显著特征之一是将行政效率放在立法目的的首位。②

尽管奥地利的行政程序法并没有对立法目的作专门规定，但在条文中也表现出对行政效率的看重，例如 1950 年出台的《行政程序法》在其第 39 条第 2 款中规定："行政机关在作出有关行政调查方式的决定时，应尽量求其合乎目的、迅速、简单和节省费用。" 1991 年修订的《普通行政程序法》第 39 条第 2 款也规定调查程序"应力求妥当、迅速、简单与节约"。

与奥地利类似，德国的行政程序法也没有专门明确其立法目的，而是在具体的条文中体现出对行政效率的重视。譬如，1966 年拟定的《西德行政程序法标准草案》第 9 条规定："行政手续之实行，应力求简单，且合目的之要求。"而 1976 年正式出台的《联邦行政程序法》第 10 条规定："行政程序的进行应力求简单和符合目的。"上述"力求简单和符合目的"是重视行政效率的表现。

意大利的做法与奥地利、德国不同，其 1990 年出台的《行政程序与公文查阅法》在第一章"总则"的第 1 条就明确规定："行政行为应力求达到法律确立的目标，并遵循由本法及其他规范行政程序的法规所确定的经济、效率和公开的原则。公共行政部门如果没有关于审核流程的特殊理由和需要，不得延长行政程序。"即开宗明义地将行政效率放在立法目的的首位。

（二）行政机关有较大的程序主导与裁量权

赋予行政机关较大的程序主导与裁量权，能够使行政机关在行政程序的全

---

① 参见应松年主编：《比较行政程序法》，中国法制出版社 1999 年版，第 56~58 页。
② 潘牧天：《行政程序法目标模式的实践形态评析》，载《苏州大学学报（哲学社会科学版）》2007 年第 2 期。

过程中居于中心地位，统筹相对人的行为，降低因各方行为不协调所带来的成本，从而提高行政效率，因此，效率模式行政程序法注重确保行政机关的程序主导与裁量权，这一方面的典型代表是德国。

德国1966年拟定的《西德行政程序法标准草案》第9条规定，"对于程序之方式，如法规无特别规定者，行政程序不受一定方式之拘束"。1976年正式出台的《联邦行政程序法》第10条规定，行政程序不受特定形式约束，对形式有特别的法律规定时依该规定。第22条规定，行政机关依合目的性裁量，是否以及何时开展行政程序。下列情况例外，即行政机关根据法律：（1）依职权或根据申请，必须开展行政程序的；（2）依申请方得开展行政程序，而未提出申请的。第24条第1款规定，行政机关依职权调查事实。行政机关决定调查的方式及范围，不受参与人提供的证明以及证明要求的限制。上述条文均反映出德国行政程序法赋予行政机关较大的程序主导与裁量权以提高行政效率。①

（三）程序架构以一般程序为主、特别程序为辅

如前所述，行政程序可以分为一般程序、特别程序和其他程序（包括听证程序、简易程序），权利模式行政程序法以听证程序为行政程序架构的中心，而与之相对应的，效率模式行政程序法则以一般程序为行政程序架构的中心，表现出以一般程序为主、特别程序为辅的特征。

德国1966年的《西德行政程序法标准草案》在第二章 "行政程序之一般规定"中规定了行政程序的有关原则，在第五章"特别种类之程序"中集中规定了特别程序，包括正式行政程序和确定计划之程序。而在1976年正式出台的《联邦行政程序法》中则更进一步在第二章"行政程序的一般规定"规定了一般程序的主要专门制度，包括基本原则、期间、期日、恢复原则、官方认证等，另外设立第五章集中规定了要式行政程序、确定规划程序等特

---

① 何源：《德国法上的行政裁量与不确定性法律概念》，载《国外社会科学前沿》2019年第11期。

别程序。

奥地利 1950 年出台的《行政程序法》对调查程序和决定程序作出了专章规定，并未就一般程序、简易程序、听证程序进行区分，一般程序的指导地位更为明显。1991 年修订的《普通行政程序法》也是专设了"调查程序""裁决"两篇，足见一般程序的主导地位。

意大利 1955 年《行政程序法草案》第二编"行政程序"分为行政程序的开始、程序的进行和程序的结束三章，对行政程序的规定覆盖了行政程序的全过程，本质上是对于一般程序的规定，1990 年的《行政程序与公文查阅法》也采取了这种方式。

（四）注重于行政机关相关制度和期间制度

一方面，明确行政机关内部机构设置，清晰划分各自的职权职责，厘清彼此之间的相互关系，有利于减少行政机关内部因职责关系不清所导致的混乱，加快行政程序的运行，从而减少成本，提高效率。所以，侧重于行政效率的效率模式行政程序法都花费较大篇幅来规定行政机关的组织、管辖、职务协助、委托和代理、上下级关系等问题。以德国、奥地利、意大利为例，德国 1976 年《联邦行政程序法》对这方面的规定有 22 条，占法典总条文数 103 条的 20%，专门设立第一章规定适用范围、地域管辖和职务协助，设立第七章规定名誉职务的工作和委员会。奥地利 1950 年《行政程序法》第一章"官署"，条文是 7 条，占整个法典总条文数 80 条的 9%，1991 年修订的《普通行政程序法》亦然。意大利 1955 年《行政程序法草案》第一编行政组织，条文是 19 条，占整个草案总条文数 63 条的约 30%，1990 年出台的《行政程序与公文查阅法》专门设置了"行政程序的负责人"一章，对行政机关相关制度进行了规定。

另一方面，效率模式的行政程序法也非常重视行政程序的有关时间，对于期间、期日等都有专门规定。德国 1966 年的《西德行政程序法标准草案》第三章专门对期间、期日进行了规定，1976 年的《联邦行政程序法》则是在第二章"行政程序一般规定"设立了"期间、期日、恢复原状"一节；奥地利

1991 年《普通行政程序法》在第一篇"通则"中规定了"期间"一章；意大利行政程序法关于期间、期日等时间的规定则是体现在具体的条文之中。

第三节　域外行政程序立法的基本架构

行政程序法的立法架构是指行政程序法的基本内容在结构上的安排。① 在对域外行政程序法的立法架构进行比较研究之前，需要明确的是，根据内容是否包含实体规定，域外行政程序法可以分为程序型和程序实体并存型两种。② 前者在行政程序法中仅有程序规定而无实体规定，此类型的代表是美国和日本；后者以奥地利、德国、意大利以及我国台湾地区为代表，这些国家和地区的行政程序法的双重任务——将行政程序法和行政法法典化的重任，使得其既规定了程序内容又规定了实体内容。比较域外行政程序法立法例，可以发现不仅程序型和程序实体并存型行政程序法的立法架构差异很大，单纯就程序性规定而言，各个国家和地区的差异也非常明显，因此以下将首先介绍程序实体型行政程序法的立法架构，再对各个国家和地区行政程序法的程序性规定进行比较分析。

一、程序实体并存型行政程序法立法架构

实行程序实体并存型行政程序法的主要是具有行政法法典化意图的大陆法系国家，而大陆法系国家是以行政行为作为核心概念来构筑行政法体系的，其行政法是关于行政权力如何运行的法律，行政程序法作为行政法的组成部分是指行政权力运行的过程中行政决定如何成立的法律，因此在行政程序法中既有程序规范也有实体规范。这一类型的代表性国家和地区主要包括奥地利、德国、意大利等。

---

① 参见皮纯协主编：《行政程序法比较研究》，中国人民公安大学出版社 2000 年版，第 167 页。

② 参见应松年：《中国行政程序法立法展望》，载《中国法学》2010 年第 2 期。

奥地利 1991 年的《普通行政程序法》的立法架构为：第一篇通则（包括官署、利害关系人及其代理人、利害关系人与官署之关系、送达、期间、秩序罚与放肆罚等六章）；第二篇调查程序（包括调查程序之目的及过程、证据两章）；第三篇裁决；第四篇法律保护（包括诉愿、独立行政评议会之程序之特别规定、裁决之其他变更、决定之义务等四章）；第五篇费用；第六篇执行。

德国 1976 年的《联邦行政程序法》的立法架构为：第一章适用范围、地域管辖、职务协助；第二章行政程序一般规定（包括行政程序基本原则，期间、期日、恢复原状，官方认证三节）；第三章行政行为（包括行政行为的形成、行政行为的确定力、行政行为的时效三节）；第四章公法合同；第五章特别程序分类（包括要式行政程序、确定规划程序两节）；第六章法律救济程序；第七章名誉职务的工作、委员会（包括名誉职务的工作、委员会两节）；第八章结束规定。

意大利 1990 年的《行政程序与公文查阅法》的立法架构为：第一章总则；第二章行政程序的负责人；第三章行政程序的参与；第四章行政行为的简化；第五章查阅行政文件；第六章最终规定。

我国台湾地区 1999 年的"台湾行政程序法"的立法架构为：第一章总则（包括法例、管辖、当事人、回避、程序之开始、调查事实及证据、资讯公开、期日与期间、费用、听证程序、送达十一节）；第二章行政处分（包括行政处分之成立、陈述意见及听证、行政处分之效力三节）；第三章行政契约；第四章法规命令及行政规则；第五章行政计划；第六章行政指导；第七章陈情；第八章附则。

综上可知，程序实体并存型行政程序法在总体上是按照大陆法系一贯的行政机关、行政行为、对行政行为的救济的行政法体系作为基本结构进行内容安排的①。其立法架构大体包含五个板块：（1）行政机关（内部行政程序）；

---

① 胡建淼：《世界上有关国家和地区行政程序法的比较与研究》，载《法制现代化研究》1997 第 00 期。

（2）行政程序的总则（一般）规定（当事人、代理、回避、证据、期间、送达、听取当事人意见、阅览卷宗、说明理由等）；（3）行政行为的一般规定（定义、附款、内容、无效、撤销、废止、更正等）；（4）特别程序（行政立法程序、正式听证程序、确定计划程序、行政处罚程序等）；（5）行政救济程序。①

二、域外行政程序法程序性规定立法架构

尽管程序实体并存型行政程序法包含了实体内容，但其核心与重点仍然是程序性规定，因此仍然可以与程序型行政程序法的程序性规定一同进行分析。通过比较域外行政程序法立法例，可以归纳出三种立法架构形式：其一，按行政行为的种类规定相应的程序；其二，按行政过程的顺序规定相应的程序；其三，总则作统一规定而分则作专门规定。

（一）按行政行为的种类规定相应的程序

行政程序法的规范对象是行政机关的行政行为，而行政行为可以进行种类上的区分，因此有的国家按照行政行为的种类来建构行政程序法，针对每一种行政行为的特点来规定与之相适应的程序，这一种立法架构形式的代表是美国与日本。

从美国 1946 年《联邦行政程序法》的立法架构来看，首先在第 552 条、第 552 条之一、第 552 条之二专门对行政公开进行了规定，其次在第 553~557 条进行了两大分类：一是将行政行为分为规章制定和裁决两种；二是将行政程序分为非正式程序与正式程序两类。所以，《联邦行政程序法》一共规定了四种程序类型，包括规章制定的非正式程序、规章制定的正式程序、裁决的非正式程序以及裁决的正式程序。其中，第 553 条规定了规章制定的非正式程序，第 554 条规定了裁决的非正式程序，第 556 条和第 557 条为正式听证程序，既

---

① 参见皮纯协主编：《行政程序法比较研究》，中国人民公安大学出版社 2000 年版，第 168 页。

适用于规章制定，也适用于裁决。在美国，规章制定和裁决以适用非正式程序为原则，当行政程序法之外的其他法律明确规定根据记录制定法规或作出裁决时，才适用《联邦行政程序法》规定的正式听证程序。①

日本1964年《行政程序法草案》的立法架构是：第一章总则；第二章程序（包括通则、听证手册、辨明程序、不服审查程序四节）；第三章处理苦情之程序（包括声明苦情、声请斡旋苦情两节）。可以看出，当时还没有按照行政行为的种类来规定相应的程序。而1983年的《行政程序法草案》则开始有这种形式的倾向，表现为在第一节总则规定之后，设置了处分程序规定、命令制定程序规定、特别程序规定三节，对应着行政处分、命令制定和特别的行政行为（具体指限制土地利用、实施公共事业的行政计划和限制性行政指导等）。到了1991年正式颁布的《行政程序法》，则更是基本按照行政行为的种类直接在第二章至第五章分别规定了对申请所为的处分、不利益处分、行政指导和申报的程序。

（二）按行政过程的顺序规定相应的程序

行政程序法规范行政机关的行政行为，而行政行为的作出是存在一定的过程与不同阶段的，因此有的国家根据行政行为的过程来建构行政程序法，对行政程序的不同阶段规定相应的制度，采用这种形式的代表主要是意大利。

意大利1995年的《行政程序法草案》第二编行政程序设置了"程序之开始""程序之发展""程序之终结"三章，将行政程序分为程序的开始、发展和终结三个阶段并规定了相应的制度。其中，"程序之开始"规定了程序开始的方式、申请书的提出、代理，对申请的通知和文书等；"程序之发展"规定了审理、对利害关系人的通知、利害关系人的传唤、意见的征求、报告的请求等；"程序之终结"规定了行政机关的处理、回避制度等。

---

① Michael Asimow, Arthur Earl Bonfield, Ronald M. Levin, The State and Federal Administrative Law, West Group, 1998, p. 163.

（三）总则作统一规定而分则作专门规定

与前述两种立法架构不同，有的国家与地区的行政程序法在总则中对行政程序作出一般规定，即对各类型的行政程序的共同事项作出统一而集中的规定而不区分行政行为的种类或程序的阶段，然后在分则中针对专门程序作出特别规定。① 采取这种立法架构的代表是奥地利、德国与我国台湾地区。

奥地利 1991 年《普通行政程序法》在第一篇通则中包含了官署、利害关系人及其代理人、利害关系人与官署之关系、送达、期间、秩序罚与放肆罚等六章，对行政程序进行了一般规定，而在第一篇后，则是按照行政程序的发展阶段规定了相应的程序，具体有第二篇调查程序、第三篇裁决程序以及第四篇法律保护（诉愿）程序。

德国行政 1976 年《联邦行政程序法》第二章"行政程序一般规定"是该法程序性规定的总则部分，规定当事人、代理、回避、证据、听取当事人陈述、阅览卷宗、期间、期日、恢复原状和公务认证等制度，这些制度作为一般规定适用于行政程序法适用范围内的所有行为。在总则之后，其规定了行政行为的种类，在第四章和第五章分别规定了公法合同程序和特别行政程序，而后者又包括了正式行政程序和计划确定程序。1997 年的修法中加入了"加快许可程序"，也在 1997 年修法时作为分则内容被加入其中。

我国台湾地区行政程序法的立法架构与德国相似，在 1999 年的"台湾行政程序法"第一章"总则"中设置了十一节作为行政程序的一般规定，具体包括法例、管辖、当事人、回避、程序之开始、调查事实及证据、资讯公开、期日与期间、费用、听证程序、送达。其后，第二章至第七章分别规定了行政处分、行政契约、法规命令及行政规则、行政计划、行政指导、陈情，都是按照行政行为的种类做专门规定。

---

　　① 参见胡建淼：《世界上有关国家和地区行政程序法的比较与研究》，载《法制现代化研究》1997 第 00 期。

第四节　域外行政程序法治的基本原则

所谓行政程序法的原则"是指由行政程序法的价值取向和目标模式决定，反映行政程序法本质，以法律条文的形式表现出来的，构成行政程序立法、执法和研究基础的、具有普遍指导意义的原理和评价标准"。① 行政程序法的原则有基本原则和具体原则之分，其中基本原则是连接行政程序法的价值取向、目标模式与具体原则、规则、制度的桥梁，不仅需要对上反映行政程序法的价值取向与目标模式，还需要对下统摄具体原则、专门制度与规则。② 以上述两方面作为标准，可以总结出四个行政程序法的基本原则，即合法原则、民主原则、公正原则以及效率原则，以下将对这四个基本原则及其所包含的具体原则进行阐述。

一、合法原则

合法原则是行政法的基本原则，也是行政程序法的基本原则，"它要求每个政府当局必须能够证实自己所做的事是有法律授权的，几乎在一切场合这都意味着有议会立法的授权。否则其行为就是侵权行为或侵犯了他人的自由，政府行使权力的所有行为，即所有影响他人法律权利、义务和自由的行为都必须说明它的严格的法律依据。受到影响的人都可以诉诸法院。如果法律依据不充分，法院将撤销此行为，他就可以不去理睬它，而不会产生任何后果"。③ 合法原则具体又可划分为法律优位原则与法律保留原则。

---

① 参见应松年主编：《比较行政程序法》，中国法制出版社 1999 年版，第 59 页。
② 参见应松年主编：《比较行政程序法》，中国法制出版社 1999 年版，第 59 页。
③ 参见［英］威廉·韦德著：《行政法》，徐炳等译，中国大百科全书出版社 1997 年版，第 25 页。

（一）法律优位原则

法律优位原则是指行政权的行使应受到现行法的拘束，不得有违反法律的行为，否则该行为无效，该原则又被称为消极的程序合法原则。① 在现代法治国家和地区，法律优位已经成为一个宪法性原则，规定在各国的宪法及宪法性法律中，例如《德国基本法》第 20 条就规定"行政权与司法权应受法律与法的拘束"。当然，少数行政程序法也会对法律优位原则作明确规定，例如我国台湾地区的 1990 年的"行政程序法草案"第 4 条就规定："行政行为应受法律及一般法律原则之拘束。"其对应的立法理由表述为："行政行为应受成文法之拘束，乃法治国家之根本，固不待言。纵法未明文规定，行政行为仍应受法治国家一般共通的法理，即一般法律原则之拘束。然因此原则在法于未臻健全的情况下，往往难以体现，有予以具体明文之必要。"而台湾 1999 年正式颁布的"行政程序法"也在第 4 条中做此规定。

（二）法律保留原则

法律保留原则是指行政机关只有在法律有授权的情况下才可以行使职权，如果没有法律授权，行政机关无法合法地作成行政行为，该原则又被称为积极的程序合法原则。② 与法律优位原则相同，法律保留原则在现代法治国家和地区也已经成为一项宪法性原则，被规定在宪法或宪法性法律之中，不过也有国家与地区在行政程序法中对其有所规定。同样以我国台湾地区为例，法律保留原则规定在 1990 年"行政程序法草案"第 98 条"法规命令之定义"的第 2 款，具体表述为"行政机关订立限制人民自由、权利之命令须有法律或自治规章之授权"。其对应的立法理由是："法律保留原则适用之范围，在各国原有广狭之不同。台湾'中央法规标准法'第 5 条（尤其第 1 项第 2 款）之规定，

---

① 参见皮纯协主编：《行政程序法比较研究》，中国人民公安大学出版社 2000 年版，第 73 页。

② 参见皮纯协主编：《行政程序法比较研究》，中国人民公安大学出版社 2000 年版，第 74 页。

就其文字观之，可为最宽泛之解释，不独'干预或侵害行政'，抑且'授益行政'皆需有法律之授权，始得为之。然审酌实务现况，如此解释与要求，确有困难，爰设第 2 项规定，明揭'侵害保留'之原则亦即限于剥夺或限制人民自由及权利之法规命令，始须有法律或自治规章之授权。此外，各机关依其法定职权，即得依本法所定程序，订颁法规命令。"最终 1999 年的"行政程序法"在第 150 条第 2 项中规定："法规命令之内容应明列其法律授权之依据，并不得逾越法律授权之范围与立法精神。"

二、民主原则

行政程序法的民主原则是指公民的充分知情与有效参与，在设计和运行行政程序的过程中应保证公民的意见与呼声得以体现。在宪法层面，民主的体现是公民参政议政，而在行政法层面，民主应体现于行政程序中的行政公开与行政参与，因此民主原则之下的具体原则包括行政公开原则和行政参与原则。

（一）行政公开原则

行政公开原则是指行政机关应该将行政权运行的依据、过程和结果向相对人和公众公开，使相对人和公众得以知悉。行政公开是"人民政府向人民负责的表现，本身又是调动人民积极性的重要因素。公开原则还是政府接受群众监督的必要条件和形式，对防止和纠正不正之风有时甚至是仙丹灵药"。① 所以，域外行政程序法基本上都对行政公开原则有所规定。美国 1966 年出台的《情报自由法》规定九项涉及国家机密的情况作为例外，一切政府文件必须对公众公开。1976 年的《阳光下的政府法》第 2 条规定："公众有权取得关于联邦政府制作决定过程的最充分的可以使用的情报。"我国台湾地区 1990 年"行政程序法草案"在第四节"行政程序之通则"的第 30 条"资讯公开"中规定："行政机关所持有之资讯，除本法或其他法律另有规定外，应公开之。"1999年正式出台的"行政程序法"在第一章"总则"中"资讯公开"一节第 44 条

---

① 参见应松年：《行政程序立法的几个问题》，载《行政法学研究》1992 年第 4 期。

第 1 款规定："行政机关持有及保管之资讯，以公开为原则，限制为例外；其公开及限制，除本法规定者外，另以法律定之。"

（二）行政参与原则

行政参与原则是指公民有权参与行政管理过程，尤其是利害关系人有权参与到行政决定作出的过程之中，并对决定的内容产生影响。公民参与行政管理，能够使行政机关及时了解各方面的意见，有利于查明案件事实，正确适用法律，从而切实保障公民权利，并且能降低行政程序运行的成本，从而提高行政效率。① 从域外行政程序法典来看，明确规定该原则的只有葡萄牙 1996 年的《行政程序法》，该法第 7 条规定："（行政当局与私人合作原则）一、公共行政当局机关，应与私人紧密合作实行活动，设法确保私人适当参与履行行政职能，尤其应以下列形式进行：（1）向私人提供其所需的资料及解释；（2）支持与鼓励私人所倡议的活动，并接收其建议与资讯。二、公共行政当局须对所提供的资讯负责，即使该等资料非属强制性提供。"第 8 条规定："（参与原则）公共行政当局的机关，在形成与私人有关的决定时，尤其应借本法典所规定的有关听证，确保私人以及以维护自身利益为宗旨团体的参与。"而其他国家和地区的行政程序法虽未明确规定行政参与原则，但该原则也体现在通知评论、听证、公听会等具体制度之中。②

三、公正原则

行政程序法的公正原则是指公民在行政程序中应得到行政机关公正的对待。公正原则之要义有二：其一，要求行政机关应当准确认定事实，正确适用法律，使处理结论与案件的事实情节相适应，即实体公正；其二，要求行政机关在程序上应当公平地对待各方当事人，即程序公正。具体而言，公正原则包括平等原则、比例原则和信赖保护原则。

----

① 参见应松年主编：《比较行政程序法》，中国法制出版社 1999 年版，第 69 页。
② 张春莉：《试论行政参与的基本原则》，载《学习与探索》2007 年第 6 期。

（一）平等原则

平等原则是指各方参加人得到行政机关平等的对待，获得其给予的同等的参与机会，并且不遭受歧视和偏见。① 比如，美国 1946 年《联邦行政程序法》第 554 条（裁决）第 4 款规定："除法律授权单独处理的事项外，主持接受证据的工作人员不得：（1）向某人或者某当事人就有争议的事实征询意见，除非已经发出通知，使所有的当事人都有机会参加；（2）对为某个机关履行调查或起诉职责的职员或其代表负责，或者受其监督，或者接受其指示。"该条所建立的禁止单方面接触制度就体现了平等原则。1990 年我国台湾地区"行政程序法草案"第 6 条规定："（平等原则）行政行为，非有正当理由，不得为差别待遇。"其对应的立法说明是："平等原则及宪法明定之基本原则，行政机关自愿受其拘束，爰明文规定'等则等之，不等则不等之'之法理，促使行政权行使不论在实体或程序上，均避免不当之差别待遇。"1999 年正式颁布的"行政程序法"第 6 条（行政行为之平等原则）亦作如此规定。

（二）比例原则

比例原则是行政法的重要原则，比例原则在行政程序法上主要是指行政机关采取的行政程序手段应与之所要达成的目的这两者之间应该存在着合理的关联。② 具体而言，比例原则又可以细分为以下三个子原则：（1）妥当性原则，即所采取的措施主要是为了实现特定目的而设计的，能够实现该目的；（2）必要性原则，即所采取的措施在能够达到目的的前提下，对相对人的权益侵害最小；（3）相称性原则，即所采取的措施与行政目的之间具有比例关系，不可给予相对人超过行政目的之价值的侵害。③

从域外立法例来看，我国台湾地区是明确规定了比例原则的主要地区。

---

① 参见应松年主编：《比较行政程序法》，中国法制出版社 1999 年版，第 70 页。
② 参见应松年主编：《比较行政程序法》，中国法制出版社 1999 年版，第 70 页。
③ 刘权：《目的正当性与比例原则的重构》，载《中国法学》2014 年第 4 期。

1990 年其出台的"行政程序法草案"第 7 条规定:"（比例原则）行政行为，应依下列原则为之:（1）采取之方式应有助于目的之达成;（2）有多种同样能达成目的之方法时，应选择对人民权益损害最少者;（3）采取之方法所造成之损害不得与欲达成目的之利益显失均衡。"其对应的立法说明是:（1）比例原则在德国公法上已具有宪法位阶,"台湾地区宪制性规定"第 23 条亦充分表彰此一法理。为使此一宪法原则落实到行政权之行使，特将其明文化，以规范行政目的与手段之合理联结。（2）德国公法学界与司法实务将比例原则细分为适合性、必要性与合比例性等三原则，特明文列举，以求明确。1999 年的"行政程序法"第 7 条亦作此规定。

（三）信赖保护原则

信赖保护原则要义有二:其一，在程序方面，信赖保护原则要求行政机关在行使职权时应当采取诚实信用的步骤和方法，从而增进公民对政府的信任;其二，在实体方面，信赖保护原则要求行政机关在作出撤销违法的行政行为的决定时，应当考虑和尊重受益人对行政行为的真诚的信任和依赖。

域外明确规定信赖保护原则的主要是德国和我国台湾地区的行政程序法。1976 年德国《联邦行政程序法》第 48 条第 2 款规定:"提供一次性或连续性金钱给付或可分实物给付，或者以此为条件的行政行为违法的，不得撤销，但以受益人信任该行政行为存在，并且该信任在权衡撤销的公共利益的情况下值得保护为限。如果受益人已经使用给付，或者财产处理不能恢复原状，或者恢复原状会造成受益人无法预料的损失的，原则上应当保护信赖。"[1] 我国台湾地区 1976 年"行政程序法草案"吸收并且发展了德国的经验，在第 8 条规定:"（诚信原则）行政行为，应以诚实信用之方法为之，并保护人民正当合理之信赖。"其对应的立法理由是:"（1）诚实信用原则虽道源于私法关系，在公法上亦有其适用，已经行政法院明示爰予以明文规定，以昭遵守。（2）信赖

---

① 展鹏贺:《德国公法上信赖保护规范基础的变迁——基于法教义学的视角》，载《法学评论》2018 年第 3 期。

保护乃诚实信用原则之重要内容，特予以明定，以求明确。（3）参考'民法'第148条第2项、第3项，第49条第5项。"

四、效率原则

行政程序法的效率原则是指行政机关应当以尽可能少的投入促成尽可能多的收益来确保行政程序的进行。[1] 效率原则可以从行政收益最大化或者行政投入最小化两个不同角度来理解：（1）"行政收益最大化"是指在成本固定的情况下，获得尽可能的收益；（2）"行政投入最小化"是指在收益固定的情况下，尽可能地降低成本。需要注意的是这里的收益，不仅是指行政行为所带来的收益，还应当包括行政程序参与人的收益；同时，这里的投入包括行政机关和行政参与人的投入。[2]

奥地利行政程序法的效率原则体现在具体条文之中，例如1991年《普通行政程序法》第39条第2款规定调查程序"应力求妥当、迅速、简单与节约"。德国1976年《联邦行政程序法》第10条规定："行政程序的进行应力求简单和符合目的。"以上对于行政程序应该"简单"的要求是效率原则的表现。而意大利更是在其1990年《行政程序与公文查阅法》第1条就直接明确规定："行政行为应力求达到法律确立的目标，并遵循由本法及其他规范行政程序的法规所确定的经济、效率和公开的原则。"

第五节　域外行政程序法治的基本制度

在其一般意义上，行政程序法的基本制度是指普遍存在于行政程序各个阶段当中，并对行政权的行使起到指导和规范作用的方法、步骤、时限等规则体系的总称。行政程序法的基本制度是对行政程序法基本原则的具体化，将抽象

---

[1] 王成栋：《论行政法的效率原则》，载《行政法学研究》2006年第2期。
[2] 王成栋：《论行政法的效率原则》，载《行政法学研究》2006年第2期。

的原则落实为具体的规则，具有规范性、明确性、可操作性之特征。综合其立法及实践情况，可以将域外行政程序法中的基本制度概括为行政证据制度、行政公开制度、行政听证制度以及行政回避、期间、送达和程序费用制度。

一、行政证据制度

行政程序法的证据制度作为行政程序法的基本制度之一，是行政程序法所规定的，与行政程序证明相关的专门法律制度。域外行政程序法典关于行政程序证据制度规定不一，表现出不同的重视程度。比较重视行政证据制度的有美国、奥地利和我国台湾地区，美国1946年《联邦行政程序法》第556条专门设立两款，规定了行政证据的范围以及行政举证责任的分配和证明标准。奥地利1991年《普通行政程序法》专门设立第二篇规定调查程序，该篇下设两章"调查的目的和过程""证据"，规定了行政证据的种类调查收集和审查判断。我国台湾地区1990年的"行政程序法草案"对证据制度并不重视，相应的条文只有2条（第25条和第26条），其内容是行政证据的调查收集（职权原则）和审查判断规则（自由心证原则）。但1999年的"行政程序法"的态度有所转变，在第一章总则中专门设置"调查事实及证据"一节，用8个条文（第36条至第43条）对证据制度进行了比较详细的规定。相比之下，德国、日本、意大利的行政程序法则对行政证据制度较不重视。德国1976年《联邦行政程序法》直接规定证据的条文只有3条（第24条、第26条和第27条），只规定了行政证据的种类和调查收集；日本1991年《行政程序法》虽然有有关证据的条文（如第21条和第24条），但内容比较简单；意大利行政程序法对行政证据制度的规定亦十分简略。具体而言，域外行政程序法的行政证据制度可以从证据定义及种类、行政举证责任和证据审查判断三个方面进行比较分析。

（一）证据定义及种类

关于行政证据的定义，一般来说，大陆法系国家的规定通常是肯定式概括，而英美法系国家采取的方式则往往是否定式列举。例如，奥地利1991年

《普通行政程序法》第 46 条规定："凡是适合确定主要事实，并且根据案件的具体情况以至于实现目的的，都是证据。"德国行政程序法的定义与之类似；而美国 1946 年的《联邦行政程序法》第 556 条第 4 款规定："任何证言和文书都可以接受，但作为一项政策，行政机关应当指明不接受与本案无关的、无关紧要的或者过于重复的证据。"同时美国《各州标准行政程序法》第 10 条第 1 款规定："不可靠的证据、非实质性的证据以及不合理重复的证据应当排除。"由上述 2 条规定可知，在美国行政机关虽然可以接受一切事实材料，但是除了用来定案的事实材料是证据之外，其他材料均应被排除。

关于行政证据的种类，域外行政程序法典一般不作统一规定，而是分散在各条文之中，只有瑞士 1986 年的《行政程序法》第 12 条规定，行政机关依职权认定案件事实，必要时可以使用如下证据：（1）证书；（2）当事人陈述；（3）勘验；（4）鉴定人的鉴定。综合域外行政程序法典的规定，行政证据的种类有四：一是书证；二是证人证言；三是鉴定结论；四是笔录。

（二）行政举证责任

行政举证责任是指行政程序当事人依法承担的证明特定案件事实的责任。域外行政程序法典对行政举证责任规定各有不同，美国 1946 年《联邦行政程序法》第 556 条第 4 款规定，"除非法律另有规定，规章或者裁决令的提议人承担举证责任"，系"谁主张谁举证"的原则。葡萄牙 1991 年的《行政程序法》确立了以下四项举证责任原则：（1）该法第 88 条规定利害关系人原则上应当承担证明其陈述事实的责任；（2）该法第 89 条规定行政机关有权给利害关系人施加举证责任；（3）该法第 90 条规定利害关系人可以口头或者声明方式履行举证责任；（4）该法第 91 条规定利害关系人拒绝举证的，不影响行政机关作出决定。① 葡萄牙行政程序法所确立的举证责任分配规则是域外行政程序法中最为全面细致的。

---

① 参见应松年主编：《比较行政程序法》，中国法制出版社 1999 年版，第 305～306 页。

（三）证据审查判断

行政证据的审查判断是指行政机关在当事人的参与下对已经调查收集的事实材料进行甄选，据以作出认定结论，从而为行政行为的事实奠定基础的活动。从域外行政程序法典来看，行政证据判断的一般规则有以下四种：（1）自由心证原则。如我国台湾地区 1990 年"行政程序法草案"第 26 条规定："（证据法则）其一，行政机关为处分或其他行政行为，应斟酌全般意见陈述及调查证据之结果，依自由心证判断事实之真伪，并将心证之结果及理由告知当事人。其二，前项自由心证不得违反经验法规及论理法规该条。"1999 年"行政程序法"第 43 条（行政机关采证之法则）虽去掉了"自由心证"的表述，但实际上仍采取此规则。（2）可定案证据标准。如美国 1946 年《联邦行政程序法》第 556 条第 4 款规定："除非考虑全部案卷，或者由当事人提出的、可靠的有证明力的、可定案证据部分，行政机关不得实施任何制裁，不得签发规章或者裁决令。"（3）行政案卷排除规则。如美国《联邦行政程序法》第 556 条第 5 款规定："证言、物证，连同程序中提出的文书和申请书，构成本编第 557 条规定的作为裁决依据的唯一案卷。当事人只要交付费用即可以得到该案卷的副本。如果行政机关裁决所根据的基本事实是官员用其知识认定的，而案卷中没有记载认定这种事实的证据，当事人及时提出要求的，即享有提出反证的机会。"（4）直接言词原则。如美国《各州标准行政程序法》第 11 条规定："（行政机关对证据的审查判断）在有争议的、对当事人不利的案件中，如果大多数参加决议的公务员没有听审案件或者阅读记录，在作出决议之前，应当给当事人提供对拟定决议提供抗辩的机会，并且听审当事人提出简要的口头答辩。"

二、行政公开制度

作为行政程序法的又一基本制度，行政公开制度是指行政程序法所规定的，将行政权力运行的依据、过程和结果向相对人和公众公开的制度。① 域外

---

① 参见皮纯协主编：《行政程序法比较研究》，中国人民公安大学出版社 2000 年版，第 176 页。

行政程序法典一般都以行政公开为原则，不公开为例外。① 例如，我国台湾地区 1999 年的"行政程序法"第 44 条（资讯公开原则）第 1 款规定："行政机关持有及保管之资讯，以公开为原则，限制为例外；其公开及限制，除本法规定者外，另以法律定之。"美国 1966 年《情报自由法》也确立了行政公开原则，行政机关只有在具备该法规定的包括涉及国家秘密在内的九项情形时才能免除公开。具体而言，域外行政程序法的行政公开制度包括三种行政公开，分别是政府文件向一般公众公开、行政会议向一般公众公开以及行政程序中对当事人公开。

（一）政府文件向一般公众公开

政府文件对一般公众公开，是指一般公众有权了解政府有关行政管理的资料和信息。② 政府文件公开制度最具有代表性的是美国 1966 年的《情报自由法》。根据该法规定，除了该法所列举的九项免除公开的情形外，一切政府文件必须对一般公众公开并允许公众通过依照法定程序获取政府文件。同时，行政机关可以自由决定是否公开法律规定免除公开的文件。此外，政府文件公开的对象并不限于与文件直接有关的当事人。任何人只要能够指明所要求的文件并按照行政机关规定的手续和费用办理，就能获取政府的文件。而行政机关如果拒绝公开，当事人就可以提起诉讼请求法院命令行政机关公开。③

（二）行政会议向一般公众公开

行政会议公开制度是美国 1976 年的《阳光下的政府法》（又称《行政会

---

① 邓蓉敬、傅东方：《国外行政公开制度实施的基本经验》，载《行政论坛》2004 年第 3 期。

② 参见皮纯协主编：《行政程序法比较研究》，中国人民公安大学出版社 2000 年版，第 180 页。

③ Michael Asimow, Arthur Earl Bonfield, Ronald M. Levin, The State and Federal Administrative Law, West Group, 1998, p. 214.

议法》）所规定的行政公开制度。该法对"机关"和"会议"进行了定义，前者是指"领导机构为2名以上成员组成的集体，这种成员多由总统任命，但须经参议院咨询和同意，而且其下属部门有权代表该机关行事"，而后者是指"由达到代表机关采取行动所要求之数量的机关成员参加的商议活动，而且这种商议活动要决定或导致联合实施或处理机关公务"。而所有符合上述规定的"机关"的"会议"必须公开进行，允许公众出席、旁听和观看，只是不允许公众发言。

（三）行政程序中对当事人公开

前述两种行政公开均是对一般公众的公开，而对于某一具体行政程序中的当事人而言，除却具有一般公民所享有的获知政府文件的权利外，还享有该具体行政程序中获取特定材料与信息的权利。从域外来看，具体行政程序中对当事人的公开主要采取以下两项制度：（1）阅览卷宗制度。例如德国1976年《联邦行政程序法》第29条规定："官署应准许当事人阅览有关程序的卷宗……"我国台湾地区1999年"行政程序法"第46条（申请阅览卷宗）第1款规定："当事人或利害关系人得向行政机关申请阅览、抄写、复印或摄影有关资料或卷宗。但以主张或维护其法律上的利益有必要者为限。"（2）说明理由制度。例如德国1976年《联邦行政程序法》第39条（说明行政处分之理由）规定："以书面作出或以书面确认之行政处分，应以书面说明理由。官署应于理由中说明其决定所考虑之事实或法律上之主要理由有关属于裁量决定之理由中，亦需说明其行使裁量权的着眼点。"日本1991年《行政程序法》第8条和第14条分别规定了对申请所为处分和不利益处分的理由明示，其中第8条（理由之明示）第1款规定："行政机关驳回许认可等请求之处分时，应同时对申请人明示该处分之理由。但依法令所定许认可等之要件或公告之审查基准已明确规定有数量指标或其他客观之指标时，由申请书之记载或附属书状即知其不符合者，得于申请人请求时，始予明示理由即可。"第14条规定："行政机关为不利益处分时，应同时对其相对人，明示该不利益处分之理由。但有紧急之必要而无须明示该不利益处分之理由时，不在此限。"

三、行政听证制度

域外行政程序法上的听证有广义与狭义之分，广义上的听证是指将行政机关听取当事人意见的程序统称为听证；狭义上的听证是指将听证界定为行政机关以听证会的形式听取当事人意见的程序，是一种正式的听取当事人意见的形式，多见于大陆法系国家的行政程序法。① 听证制度能够确保行政的公开与公正，保障相对人权利，但同时也需耗费人力财力，不利于提高行政效率。除此之外，听证并不适用于行政机关的所有行政行为，有些特殊事项如涉及国家秘密的事项是不适合听证的。一般而言，行政机关只有在法律明文规定时才适用听证程序。关于听证的适用范围，域外行政程序法典各有不同的规定，以美国、德国、日本为例。

美国 1946 年《联邦行政程序法》第 554 条规定，以下情形不适用听证程序："（1）法院可以就法律问题和事实问题进行重新审理的案件；（2）行政官员的选用或任期，但行政法官的任命除外；（3）完全基于检查、试验或选举而作成决定的程序；（4）军事或外交职务上的行为；（5）机关充当法院代理人的案件；（6）劳工代表资格的证明。"

德国 1976 年《联邦行政程序法》第 28 条规定："干涉当事人权利的行政处分作出之前，应给予当事人，对与决定有关的重要事实，表示意见的机会。"同时该法也规定，以下情形不适用听证程序："（1）于急迫的情形，或为公共利益显有必要应立即决定的；（2）如举行听证将难遵守对决定有重大关系的期限的；（3）官署拒绝当事人的请求，而且对当事人在申请或声明中所作的关于事实的陈述，作出不同的对其并无不利的认定的；（4）官署作一般处分，或作大量相同种类的行政处分，或通过自动机器设备作成行政处分时，不适用听证；（5）行政执行时所采取的措施；（6）与公益的强制性要求相抵触时。"

日本 1991 年《行政程序法》第 13 条规定，行政机关为不利益处分时，只有具备以下情形，才举行听证："（1）撤销许认可。行政机关拒绝许认可申请

---

① 参见应松年主编：《比较行政程序法》，中国法制出版社 1999 年版，第 188 页。

的，不能要求举行听证。（2）其他直接剥夺相对人资格和地位的不利益处分。（3）相对人为法人的，命其解任职员的不利益处分，命其解任从事相对人业务者之不利益处分或命其将会员除名的不利益处分。（4）除前三项所规定的情形外，行政机关认为必要时，可以依职权决定举行听证。"

四、行政回避、期间、送达和程序费用制度

行政回避、期间、送达和程序费用制度也是域外行政程序法基本制度的重要内容，它们贯穿于域外行政程序法立法与实践的过程当中，对行政权的行使起到指引与规范之作用。

（一）行政回避制度

行政回避制度是指与案件具有利害关系的工作人员不得参与本案处理过程的行政程序制度，包括回避事由、回避程序和法律后果三方面的内容。[1] 以下将从回避事由这一角度切入，结合具体立法例，管窥域外行政程序法的回避制度。

美国《路易斯安那行政程序法》第 905 条第 2 款规定："如果一个下级官员或者机构成员在裁决程序中不能提供公正无偏私的听证或者审议，他应当退出该程序。" 奥地利 1991 年《普通行政程序法》第 7 条规定："（1）行政人员遇下列情形应自行回避并请求代理：其一，本人、配偶、血亲、姻亲之尊卑亲属、侄（甥），或其他更近之血亲或同等之姻亲参与之案件。其二，养父母或者义父母，养子女或者义子女，被监护人或责付扶养人之案件。其三，曾为一方当事人之授权代理人或尚在代理中之案件。其四，如有其他重要理由存在，足以怀疑其完全公平性时。其五，在诉愿程序，曾参与被声明不服之下级官署裁决者。（2）急迫情形，如不能由其他行政人员即为代理者，该偏颇之行政人员亦应即为职务行为。" 德国 1976 年《联邦行政程序法》第 20 条规定：

---

[1]　章剑生：《论行政回避制度》，载《浙江大学学报（人文社会科学版）》2002 年第 6 期。

"下列人员不得在行政程序中为行政机关工作：其一，本人是参与人的；其二，是参与人亲属的；其三，是参与人的法定代理人或指定代理人，一般或特别在行政程序中代理参与人的；其四，是代理参与人之人的亲属；其五，为报酬而为参与人服务，或作为董事会、监事会或其他类似机构的成员为其服务的人；但聘用的社团参与人的，不在此限；其六，在其官方职务范围以外鉴定或提供其他服务的人。"

（二）行政期间制度

行政期间制度是指行政机关必须在法定期限内完成特定程序行为，否则即产生特定法律后果的制度，包括期间的种类、计算、恢复、效力等内容。① 在域外立法例上，德国 1976 年《联邦行政程序法》对期间制度作了非常详尽的规定，该法第 31 条规定："（1）期间的计算和期日的确定，准用民法典第 187 条至第 193 条的规定，但本条第 2 款至第 5 款另有规定的，依有关规定；（2）行政机关所定期间，由公布之日起算，除非参与人得到的通知另有规定；（3）期间的终结为星期日，法定假日，或星期六，则以随后的第一个工作日之终结为终结，但通知参与人以特定之日作为期间终结的，不在此限；（4）行政机关仅须在某一特定期间内提供给付的，则该期间终结之日即便是星期日、法定假日或星期六，也不例外；（5）行政机关所定的期日，即使适逢星期日、法定假日或星期六，亦应遵守；（6）期限按小时计算的，星期日、法定假日或星期六也应计算在内；（7）行政机关所定的期间可以延长。这类期间已届满的，尤其在放任因期间届满所生的法律后果会导致不公平时，可以赋予追溯力，将之延长。行政机关可以根据第 36 条规定，在附款中规定期间的延长。"

（三）行政送达制度

行政送达制度是行政机关依法定程序、期限和形式将行政行为通知到利害

---

①　参见应松年主编：《比较行政程序法》，中国法制出版社 1999 年版，第 333 页。

关系人的行政程序制度，包括送达方式、送达程序、送达的法律效果三方面内容。① 以下将聚焦于送达方式，结合具体立法例，管窥域外行政程序法的送达制度。就送达方式而言，有直接送达，如奥地利 1991 年《普通行政程序法》第 24 条规定：“行政机关基于特别重要之理由命令送达文书应由收件人亲收时，应送达该收件人亲收。”也有留置送达，如我国台湾地区 1990 年“行政程序法草案”第 56 条规定：“（寄存送达）送达不能依前 2 条规定为之或应受送达人无正当理由而拒绝受领者，得将文书寄存于送达地之邻、里长办公处所或警察机关，并作成送达通知书置于受送达人之信箱或其他适当之处所，以为送达。”同时该草案第 55 条还规定了补充送达的方式。除了上述三种送达方式外，域外行政程序法典还规定了代收送达、邮寄送达、公告送达、电子方式送达等多种形式。

（四）行政程序费用制度

行政程序费用制度是指有关行政程序费用的范围、负担、返还和免除等问题的制度，而见诸域外行政程序法典的主要是行政程序费用的负担和返还。② 行政程序费用负担方面，比较有代表性的是我国台湾地区的行政程序法规定，其 1990 年“行政程序法草案”第 34 条第 2 款规定，“因可归责于当事人的事由，致行政程序显著迟延的，因其迟延所产生的费用，得令该当事人负担”，即对行政程序费用的支出具有过错的当事人，应当承担该项费用。同时该法第 35 条规定：“（证人或者鉴定人之日费与旅费）（1）证人或者鉴定人，得向行政机关请求日费与旅费；（2）前项费用之支给标准与方式，由‘行政院’定之。”即除非法律另有规定，行政程序费用由行政机关负担。而行政程序费用返还方面，只有德国 1976 年《联邦行政程序法》做了比较详细的规定，该法第 80 条规定：“（复议程序费用的返还）（1）复议成功的权利人有权要求原行政机关返还本人为进行合目的性的法律追诉或法律保护所支出之费用。复议未

---

① 田瑶：《论行政行为的送达》，载《政法论坛》2011 年第 5 期。
② 参见应松年主编：《比较行政程序法》，中国法制出版社 1999 年版，第 345 页。

成功的原因是违反了第 45 条程序上或方式上的规定的，同样适用本规定。复议未成功，复议申请人应当返还原行政机关为进行符合目的的法律追诉或法律保护所支出之费用；对在下列范围内公布的行政行为提出复议的，不适用本规定：其一，现在的或以前的公法上服务关系或职务关系；其二，现在的或以前的法定服务义务或能代替法定服务义务的行为，有权获得返还费用之人因自己的所生之费用，由其自己承担；代理人之过失为被代理人之过失。（2）有聘请全权代理人之必要的，律师或其他全权代理人在预审程序中的费用和垫款，应当予以返还。（3）由决定有关费用的行政机关依申请确定需要返还费用之数额，委员会或咨询委员会（行政法院法第 73 条第 2 款）对费用作出决定的，返还费用的数额由组成该委员会的行政机关确定决定费用时，同时决定是否有聘请律师或其他全权代理人之必要性。（4）第 1 款至第 3 款的规定，同样适用于法官服务法的处分的预审程序。"

第三章　中国行政程序法治进程

以《汉谟拉比法典》为起点，人类法律的历史已有4000多年。行政程序法典化自19世纪末20世纪初才始于欧洲，至今只有100多年的历史，但其兴起和发展对人类政治文明进步的意义却非同寻常。行政程序法是一个国家和地区民主法制建设发展到一定阶段的必然产物，反过来它又推进一个国家和地区的民主法制建设进程，深刻影响着一个国家和地区的经济、政治、社会和文化。任何制度应该着眼于其生存发展的环境，法律理论与制度更应该是"一个独特的民族所特有的根本不可分割的禀赋和取向，而向我们展示出的一副特立独行的样貌"①。对于行政程序法治之考察，最终应回归本国的物质现实与历史背景，对历史脉络和发展愿景进行梳理。在我国当前形势下，加强行政程序建设有利于推进政府决策和政府管理的科学化、民主化、法制化，有利于深化行政管理体制改革，转变政府职能，创新行政管理的理念和方式，推进服务政府、责任政府、法治政府和廉洁政府建设，为经济发展营造可预期的法治环境，推进国民经济又好又快地发展。

---

① 社会科学的制度理论与实践往往由其扎根的土地所决定，其设计与运行也应当根据民族国家的文化历史与物质条件，这类观点始发显见于历史法学派的观点，引文出自：[德] 萨维尼：《论立法与法学的当代使命》，许章润译，中国法制出版社2001年版，第7页。

第一节 中央行政程序立法进程

从中央立法层面来考察，行政法学界主流所主张的"批发式"[1] 行政程序立法——即制定统一的行政程序法典，甚至进一步制定统一的行政法典，将关于行政处罚、行政许可、行政强制、行政征收等诸多类型行政行为的程序性总则式规定纳入其中——的模式一直未被立法实践所采纳。[2] 中华人民共和国成立 70 多年以来，"批发式"的程序立法工作主要附随于类型化行政行为专门立法的工作计划之中。自改革开放以来，随着市场经济制度的确立和繁荣，我国物质生活水平显著提高，行政职能随着社会发展的需求不断膨胀，经济社会需要各类必需的行政行为加以调整，在此期间，五部对我国行政程序立法具有典型意义的法律——1989 年的《行政诉讼法》、1995 年的《国家赔偿法》、1996 年的《行政处罚法》、1999 年的《行政复议法》、2003 年的《行政许可法》——相继制定与修改，其中相关的行政程序或多或少地以章节或条文的形式进行了立法确认，在事实上为促进我国行政程序法治发展起到了至关重要的作用。

一、中央行政程序立法之历程

自改革开放以来，我国的行政程序立法在中国法制逐渐健全的大背景下，以三部法律的出台为标志，经历了三次大发展。其一，1989 年《行政诉讼法》颁布，明确了司法权对行政权的监督，开创了司法监督的新纪元，使行政程序立法从萌芽走向了发展。其二，1996 年《行政处罚法》出台，掀开了行政程序立法的序幕，使行政程序立法从发展走向成熟。其三，2003 年《行政许可

---

[1] 章剑生：《从中央到地方：我国行政程序立法的现实与未来》，载《行政法学研究》2017 年第 2 期。

[2] 2003 年，姜明安教授曾倡议并主持草拟了内容体例已较为完备的《中华人民共和国行政程序法（试拟稿）》，但决策层面并未采纳当时学术界大力主张的"法典化"建议。

法》通过，其中纳入了听证制度、说明理由制度、行政公开制度等一系列行政程序制度，使行政程序立法从成熟走向了繁荣。此外，值得一提的是，在2003年年底全国人民代表大会常务委员会公布的立法规划当中，《行政强制法》和《行政收费法》被列入了第一位阶的立法规划，同时《行政程序法》也被列入了第二位阶的立法规划，尽管最终《行政程序法》由于某些条件不成熟而未能出台，但也在一定程度上反映了对行政程序统一立法的必要性已得到广泛认可并达成了共识。以前述行政程序立法的三次大发展为界，可以将我国行政程序立法进程划分为四个阶段。

（一）第一阶段（1978—1989 年）

我国行政程序立法的第一阶段是1978年至1989年，也即改革开放至《行政诉讼法》出台的这一时期。在这一阶段，我国行政程序立法处于自然萌发的状态，受到"重实体轻程序"之传统法律思想的束缚，表现出立法不自觉、条文分布零散的特征。所谓立法不自觉，是指轻视行政程序的作用，往往是为工作部门的工作便利出发提供范本，也未更多地关注行政行为双方的权利义务。[1]例如，1986年出台的《治安管理处罚条例》第34条第1款规定，"公安机关对违反治安管理的人，需要传唤的，使用传唤证"，该程序性条款是作为实现实体权利的手段而存在的，并没有真正起到限制行政权的作用。所谓条文分布零散，是指由于程序性规定大多融合在实体性规定当中，导致程序性条款数量少且分布零散，没有得到充分的重视。

（二）第二阶段（1989—1996 年）

我国行政程序立法的第二阶段是1989年至1996年，也即从《行政诉讼法》出台到《行政处罚法》出台之间的这一时期。在这一阶段，我国行政程序立法从萌芽走向了发展。1989年，《行政诉讼法》出台，标志着司法权监督行政权有法可依。根据《行政诉讼法》之规定，法院可以撤销违反法定程序

---

[1]　王万华著：《行政程序法研究》，中国法制出版社2000年版，第82页。

的行政行为，这意味着"重实体轻程序"的观念开始发生转变，"程序法就是诉讼法"的观念开始被审视修正。为了与行政诉讼相适应，"各部委纷纷制定本部门专门的程序性规章以规范行政活动"①，大大推动了行政程序立法的发展。1990年，《行政复议条例》出台，首次规定行政相对人可以依据程序正义对受到侵害的权利实施救济。1995年，《国家赔偿法》出台，将行政行为程序合法的重要性提升到了前所未有的高度。在此阶段，随着行政诉讼、行政复议、国家赔偿等制度的引导，行政程序领域开始出现回避等制度的影子，但此阶段仍未克服上一阶段行政程序主要为行政管理工作服务的问题，直到《行政处罚法》的出台。

（三）第三阶段（1996—2003年）

我国行政程序立法的第三阶段是1996年至2003年，也即从《行政处罚法》出台到《行政许可法》出台之间的这一时期。在这一阶段，我国行政程序立法从发展走向了成熟。1996年，《行政处罚法》出台，该法第42条规定："行政机关作出责令停产停业、吊销许可证或者执照、较大数额罚款等行政处罚决定之前，应当告知当事人有要求举行听证的权利；当事人要求听证的，行政机关应当组织听证。当事人不承担行政机关组织听证的费用。"这是我国在行政法领域首次引入听证制度，具有历史性意义。同时，《行政处罚法》还把保障公民权利和促进行政效率作为基本原则，纳入了公开、公正、申辩等多项保护行政相对人权利的制度，充实了《行政诉讼法》中关于程序违法行政行为的理论依据，是我国行政程序法走向现代化的尝试。1999年，《行政复议法》出台，将行政复议制度从行政法规的规定上升为法律的规定。2000年《立法法》以及2001年根据《立法法》制定的《行政法规制定程序条例》《规章制定程序条例》等，对于行政法规、行政规章的制定程序进行了明确规定。在这一阶段，"重实体轻程序"的观念被不断淡化，域外行政程序典型制度也被纷纷借鉴确立，约束行政机关、保障行政相对人权利的规范日益增多。

---

① 张树义主编：《行政程序法教程》，中国政法大学出版社2005年版，第12页。

（四）第四阶段（2003 年至今）

我国行政程序立法的第四阶段是 2003 年至今，在这一阶段我国行政程序立法从成熟走向了繁荣，其标志有二：一是 2003 年《行政许可法》通过；二是 2003 年《行政程序法》被纳入立法规划当中。《行政许可法》的出台，使行政许可程序得到了统一，并且纳入了听证制度、说明理由制度、行政公开制度等一系列行政程序制度，掀起了我国行政程序立法的热潮。2003 年年底，第十届全国人民代表大会常务委员会将《行政收费法》和《行政强制法》列为第一类立法规划，并将《行政程序法》列为第二类立法规划，这说明制定统一行政程序法典的必要性已经得到广泛认可并达成了共识，尽管最终《行政程序法》未能出台，但这也代表着一种历史性的突破。其后，我国行政领域的立法都非常重视行政程序的相关规定，例如 2006 年出台的《治安管理处罚法》及 2011 年出台的《行政强制法》，都使用了较大篇幅规定相应的行政程序，以约束行政机关的权力。2007 年，我国还专门出台了《政府信息公开条例》，以行政法规的形式对政府信息公开制度这一行政程序法的基本制度进行了法律化。这一系列立法成果，都是我国行政程序法逐步走向繁荣、走向科学的重要标志。

二、中央行政程序立法新动态

虽然"批发式"的统一行政程序法典的立法进程尚未启动，但是我国中央层面既有的"零售式"行政程序立法却未曾停止。我国行政程序立法的一个显著的特点是，作为行政程序立法载体的行政立法虽仍以类型化行政行为作为分类工作之基准，却在对各类具体的行政行为的规定中，愈发凸显程序立法的重要性，无论是在行政处罚、行政许可、行政强制还是在信息公开、行政决策等领域，程序规定所占的比例不断增加。尽管其法律位阶尚未达到一定的高度，但这些都是中央行政程序立法领域释放的积极信号。总的来说，中央行政程序立法的新动态集中体现在两个方面：其一，在"零售式"模式下，具体行政行为程序立法逐步完善。在行政处罚、行政许可、行政强制、国家赔偿等主要类型的行政行为领域之外，单独的、专门的立法模式已逐渐向行政公开、行政决策等我国传统行政法关注不多的领域辐射。尽管统一行政程序法典的"批发式"模式不具备短期内实现的可能，但现有"零售式"模式的坚持，也可以为日后统一立法提供立法参照和实施经验。其二，相较于以往的历史时期，以程序正义维护实质正义的观念进一步被强化。① 在以往的历史时期，例如政务公开、行政决策等领域一般局限于基本原则或止步于一种空泛的制度倡导。2019 年，《政府信息公开条例》修订，《重大行政决策程序暂行条例》出台，这些都显示出中央立法对行政程序的重视程度，以程序正义保证行政行为的实质正义从而进一步实现程序法治的国家治理目标再一次得以体现。

（一）《政府信息公开条例》的修改

2019 年 4 月，修订后的《政府信息公开条例》公布，其中最受关注的是终于正式明确了一直以来颇有争议的公开原则——"以公开为常态、不公开为例外"，并且扩大了主动公开的范围和深度，降低了公开的标准，明确了政府信息公开与否的界限。在程序立法层面，《政府信息公开条例》修订的亮点主要体现在两个方面。

其一，在体例设置上，新修订的《政府信息公开条例》通过章节的扩张加强了对不同类型行政公开程序的规范力度。在修订之前，《政府信息公开条例》分五章，在"总则"与"附则"之间包含了"公开的范围""公开的方式与程序""监督和保障"三章，而在修订之后，第三章依照行政公开类型的不同扩充为"主动公开"和"依申请公开"两章，其余各章名称保持不变。从规定内容来看，原条例中关于政府信息公开方式与程序的规定被分为两个专门章节进行规定，相关内容得以丰富和具体。从条文数量来看，原涉及政府信

---

① 唐汇西、戴建华：《行政法上自然正义理论初探——以英美法为参考对象》，载《行政法学研究》2010 年第 5 期。

息公开之方式与程序的条文主要有 12 条,① 而在修改之后则扩充为 20 条,②条文数量的增加意味着其所涵盖的内容更为全面, 所规定的内容也更为细致。

其二, 在具体程序规定方面, 新修订的《政府信息公开条例》完善了依申请公开的程序规定, 明确了公开申请提出、补正申请内容、答复形式规范、征求意见程序等内容, 并要求行政机关建立健全政府信息公开申请登记、审核、办理、答复、归档的工作制度, 加强工作规范。此外, 对于不当申请及不予公开决定之后的告知等行为, 条例也作了制度规制, 对不当行使申请权的行为予以规范, 对于少数申请人反复、大量提出政府信息公开申请的问题, 规定了不予重复处理、要求说明理由、延迟答复并收取信息处理费等措施。根据条例, 对于申请人以政府信息公开申请的形式进行信访、投诉、举报等活动的,行政机关应当告知申请人通过相应渠道解决。

(二)《重大行政决策程序暂行条例》的出台

2019 年 4 月,《重大行政决策程序暂行条例》出台, 以行政法规的形式对重大行政决策程序进行了规范。事实上, 尽管中央层面的"零售式"立法局面持续已久, 但如此具体地针对某一类型行政行为进行程序专项立法的操作并不常见。尽管《重大行政决策程序暂行条例》在效力位阶上仅停留于行政法规的层面, 但随着相应配套程序规定的出台, 其无论是对于行政立法还是行政执法中程序正义的实现都将有所裨益。《重大行政决策程序暂行条例》分 6 章44 条, 主要包括"总则""决策草案的形成""合法性审查和集体讨论决定""决策执行和调整""法律责任""附则"部分。除前后"总则""附则"之外, 条例主要依据重大行政决策从拟制、讨论到决定、执行、责任的逻辑顺序进行编排。作为落实重大行政程序法治化的制度保障, 重大行政程序所必需的组成部分在条例中都有所体现。

---

① 参见《政府信息公开条例》(2019 年修正) 第 15~16 条、第 18~19 条、第 20~26条及第 28 条。

② 参见《政府信息公开条例》(2019 年修正) 第 23~41 条及第 45 条。

其一，条例明确了重大行政决策程序的适用范围。重大行政决策程序的适用范围，包括两个方面，一是重大行政决策的级别限定，二是重大行政决策的事项范围。所谓级别限定，是指重大行政决策程序主要适用于县级以上人民政府的重大行政决策，同时县级以上人民政府部门和乡级人民政府的重大行政决策也应参照条例所规定的程序执行。所谓事项范围，主要关涉五个方面：（1）制定有关公共服务、市场监管、社会管理、环境保护等方面的重大公共政策和措施；（2）制定经济和社会发展等方面的重要规划；（3）制定开发利用、保护重要自然资源和文化资源的重大公共政策和措施；（4）决定在本行政区域实施的重大公共建设项目；（5）决定对经济社会发展有重大影响、涉及重大公共利益或者社会公众切身利益的其他重大事项。此外，条例还以"列举加兜底"的形式将涉及社会重大利益，可能牵涉公民合法权利的有关事项尽可能地纳入重大行政决策范围当中以对其进行程序规制。

其二，条例明确了正当法律程序原则的重要作用。正当法律程序原则贯穿于重大行政决策的各环节、全过程。条例明确规定重大行政决策应严格按照程序推进执行，一项重大行政决策必须依法经过草案形成、草案合法性审查、集体讨论决定、公布决定等过程，在重大行政决策程序期间，还应当充分保证公众参与并且经过科学的专家论证等。在部分情况下，重大行政决策在实施过程中还可能随着社会发展、政策、不可抗力和意外事件等因素的影响需要作出调整，而重大行政决策的调整应当遵循包括决策后监督检查、决策后评估、听取意见、法定程序变更或停止执行等正当法律程序。

其三，条例明确了重大行政决策责任追究机制。在以往的行政决策过程当中，由于行政主体权责失衡，缺乏切实有效的惩戒与追责机制，从而导致决策失当、行政侵权、行政腐败等问题频频发生，严重侵害了公民权利与公共利益。①《重大行政决策程序暂行条例》建立了重大行政决策终身责任追究及责任倒查制度，明确了决策机关的行政首长、负有责任的其他领导人员和直接责

①　夏金莱：《重大行政决策终身责任追究制度研究——基于行政法学的视角》，载《法学评论》2015 年第 4 期。

任人员对重大行政决策负有终身责任，为创建"权责一致""有责必究"的行政法治迈出了坚实的一步。

第二节　地方行政程序立法进程

与其他立法领域从中央到地方的发展模式相反，行政程序立法的地方实践在事实上选择了自下而上推动中央立法的路径，并被寄予了以本土基层实践筹备、证成行政程序法典化的期望。① 尽管学界对地方立法能否规定行政程序尚有争议，《立法法》也未予明确规定，但 2008 年湖南省人民政府率先制定的《湖南省行政程序规定》在实际上拉开了地方层面行政程序立法、行政程序专门立法的帷幕，以至于有学者评价道："这是我国首部专门对行政程序进行系统规定的地方性立法，开启了中国统一行政程序立法的破冰之旅，拉开了中国统一行政程序立法进程的序幕。"② 《湖南省行政程序规定》从体例章节、条文概念等各个方面为之后十余个省、市的地方立法提供了参考，影响与意义重大。③

一、地方行政程序立法之先河

2008 年 4 月 18 日，《湖南省行政程序规定》正式公布，这是我国首部系统规范行政程序的行政规章，开创了地方行政程序立法之先河，对我国法制建设具有重要意义，引起了国内外的广泛关注。具体来看，该规定分为"总则""行政程序中的主体""行政决策程序""行政执法程序""特别行为程序和应

---

① 翟小波：《行政程序的意蕴与实践》，载《中国法律》2008 年第 3 期。

② 王万华：《统一行政立法的破冰之旅》，载《行政法学研究》2008 年第 3 期。

③ 在湖南省之后，辽宁省（2011 年）、广东省汕头市（2011 年）、山东省（2011 年）、陕西省西安市（2013 年）、海南省海口市（2013 年）、江苏省（2015 年）、宁夏回族自治区（2015 年）、甘肃省兰州市（2015 年）和浙江省（2016 年）等地方也相继开始了"行政程序规定"的立法尝试。

急程序""行政听证""行政公开""行政监督""责任追究""附则"十章，其内容可以概括为"总体规定""程序主体""行为程序""责任追究"四个方面。

（一）总体规定

《湖南省行政程序规定》的总则部分主要包含立法目的、制定依据、适用范围、基本原则、职权分工等内容，其中对于基本原则的规定非常全面，涵盖了合法原则、平等原则、比例原则、行政公开原则、公民参与原则、积极行政原则、信赖利益保护原则等。

（二）程序主体

《湖南省行政程序规定》第二章规定的程序主体有三：一是行政机关，二是其他行使行政职权的组织，三是当事人和其他参与人。关于行政机关，《湖南省行政程序规定》主要规定了主体范围、职责划分标准与原则、争议解决、区域合作、联席会议制度、机关协助、工作人员回避等内容；关于其他行使行政职权的组织，《湖南省行政程序规定》主要规定了授权和受委托组织的职责、委托的条件及程序等内容；关于当事人和其他参与人，《湖南省行政程序规定》主要规定了利害关系人、当事人、限制行为能力人和无行为能力人、公众、专家咨询机构以及行政程序参与人的权利等内容。

（三）行为程序

《湖南省行政程序规定》第三章至第八章按照行政行为的类型划分，针对行政决策、行政执法、特别行为程序和应急程序、行政听证、行政公开、行政监督等六种行政程序进行专门规定。其一，行政决策程序，包括重大行政决策程序和制定规范性文件程序；其二，行政执法程序，包括程序启动、调查和证据、决定、期限、简易程序、裁量权基准等规定；其三，特别行为程序和应急程序，包括行政合同程序、行政指导程序、行政裁决程序、行政调解程序、行政应急程序等；其四，行政听证程序，包括行政决策听证会、行政执法听证会等程序；其五，行政公开程序，涉及公开的主体、内容与方式；其六，行政监督程序，包括权力机关、司法机关、监察机关等机关对行政机关的监督，也包括行政机关自身的内部监督，如政府绩效评估、程序违法自纠等。

（四）责任追究

《湖南省行政程序规定》第九章是关于责任追究的规定，包含问责制度、追究情形、追责形式、责任承担主体、追责机关职责划分、行政赔偿与追偿、刑事责任等内容，该章被部分学者认为是地方程序立法乃至于行政立法的突破之处。以往行政立法往往以立法目的与指导精神在于规范行政秩序、保障行政职责的履行为由，将秩序与效率原则置于公平正义、公民合法权利的上位，往往将重点内容置于公民义务、机关职权、处罚种类等，而对于行政主体在行政程序与实质方面对相对人的侵益责任有所忽略。有权力必有责任，权责一致历来被视为现代行政法治与实质法治的重要原则之一，"目前有关行政程序的立法中，一个最大的问题就是对行政主体程序违法的法律责任规定过于原则化甚至缺乏规定，这导致了行政程序作业中各种违法行为的泛滥以及对程序规则的漠视，乃至程序的虚无主义。没有法律责任规定的程序立法实际上是对立法本身的嘲弄"①。从这个意义上看，作为地方行政程序立法的实践开端，《湖南省行政程序规定》关于责任追究的规定具有重大的积极意义。

二、地方行政程序立法之普及

以《湖南省行政程序规定》为开端和参照，目前已经有多个省、市出台了地方的"行政程序规定"，其中大多参照了"总则、主体、程序、责任"的内容与体例设置，未独立成章的部分内容则编入近似部分，如陕西省西安市《西安市行政程序规定》，将行政程序主体内容并入"职权、管辖与回避"一章。除此之外，各地规定对相关概念的界定如行政程序主体、参与人等以及一些制度细节，如听证程序的必要内容等，都有相互借鉴并统一于依法行政原则

---

① 王锡锌：《行政程序立法：一个基于实际的评估》，载《法学》2002 年第 9 期。

之下的趋势。总体而言，自 2008 年至今，各地方层面的行政程序立法是在《湖南省行政程序规定》等基础上开展并进一步完善的。

表 3-1　　　　　　　　　　地方行政程序立法情况

序号	地区	名　称	性质/位阶	出台日期	实施日期
1	湖南省	《湖南省行政程序规定》	政府规章（省级）	2008 年 4 月 17 日	2008 年 10 月 1 日
2	辽宁省	《辽宁省行政执法程序规定》	政府规章（省级）	2011 年 1 月 7 日	2011 年 2 月 20 日
3	广东省汕头市	《汕头市行政程序规定》	政府规章（市级）	2011 年 4 月 1 日	2011 年 5 月 1 日
4	山东省	《山东省行政程序规定》	政府规章（省级）	2011 年 6 月 22 日	2012 年 1 月 1 日
5	陕西省西安市	《西安市行政程序规定》	政府规章（市级）	2013 年 3 月 4 日	2013 年 5 月 1 日
6	海南省海口市	《海口市行政程序规定》	政府规章（市级）	2013 年 1 月 7 日	2013 年 8 月 7 日
7	江苏省	《江苏省行政程序规定》	政府规章（省级）	2015 年 1 月 4 日	2015 年 3 月 1 日
8	宁夏回族自治区	《宁夏回族自治区行政程序规定》	政府规章（省级）	2015 年 1 月 10 日	2015 年 3 月 1 日
9	甘肃省兰州市	《兰州市行政程序规定》	政府规章（市级）	2015 年 1 月 14 日	2015 年 3 月 1 日
10	浙江省	《浙江省行政程序办法》	政府规章（省级）	2016 年 10 月 1 日	2017 年 1 月 1 日
11	安徽省蚌埠市	《蚌埠市行政程序规定》	政府规章（市级）	2017 年 12 月 6	2018 年 1 月 1 日

第三节　行政程序法治评价与愿景

行政程序是行政机关实施行政管理，以及公民、法人和其他组织参与行政活动的方式、步骤、顺序和时限的总称，是规范行政机关与公民、法人和其他组织程序权利和程序义务的规则。行政程序之本质在于调整、规范行政机关与公民、法人和其他组织之间的关系，具有规则性、过程性、协调性的特征。对于政府而言，行政程序就是给行政权力的行使设定程序规则，通过程序规则来规范行政权力的运行，防止行政权力被滥用，从制度上、根本上、长远上提高政府的公信力和执行力；对于老百姓而言，行政程序就是通过设定参与行政活动的程序规则，使公民、法人和其他组织有序地参与到行政管理当中，充分发扬社会主义民主，维护人民群众的合法权益。在这个意义上，行政程序的目标就是保证行政机关合法、公正、高效地行使职权，并且保障公民、法人和其他组织的合法权益，而行政程序法治的价值就在于"让政府多一些责任，百姓多一些幸福，市场多一些活力，社会多一些和谐"。

一、中国行政程序法治评价

我国行政程序的立法进程经历了对行政程序价值的认识由忽视变为关注的一大转变，如今，无论是行政机关还是社会公众都开始重视程序正义的价值，行政机关将其作为行政绩效、行政水平的评价标志，社会公众将其作为判断自身合法权益受损与否的重要依据。可以说，近几十年来对于行政程序法治的认知转变，带动了我国国家社会法治理念的确立，并成为国家法治建设与民主制度革新进步的一大缩影。遍览20世纪末至21世纪初的相关著作，关于我国行政程序法治的描述几乎都是对忽视行政程序法治的扼腕，从历史背景的角度考察，得出这一结论并无不妥，甚至在当下，某些领域的行政程序法治工作依然有待改善，比如个别地方程序立法往往是迫于舆论压力与政治任务，在工作中出现了形式主义的问题，相关立法完全罔顾空间与时间因素，忽视地方个体差异，在立法技术上毫无科学性地一律采用复制粘贴的模式，这实际上是对我国行政程序建设的伤害。但是，总体看来，随着几十年来经济社会的发展与法治建设工作的推进，我国的行政程序法治状况已经取得了较大程度的改观，程序正义与司法工作一样，被国家、社会、公民赋予了极高的价值功能期待，相关的制度建构实践也随之不断推进。然而，与此同时出现的问题是，在最关键的观念转变日趋完成之际，我国行政程序法治建设在未来不可避免地会遭遇瓶颈期，如何合理规划下一阶段的程序法治愿景，成为必须要考量的问题。

二、中国行政程序法治愿景

21世纪第二个十年来到末段，在此节点上，制定统一行政程序法典的呼声再度兴起。事实上，与21世纪上一个十年相比，这一问题几乎没有什么差异——我国的行政程序法治是否要走上搁置已久的统一法典化道路？抑或是继续保持当前经济便捷的单行立法模式？习近平总书记曾经指出："世界上没有完全相同的政治制度模式，政治制度不能脱离特定社会政治条件和历史文化传统来抽象评判，不能定于一尊，不能生搬硬套外国政治制度模式。"① 从这个意义上看，中国行政程序法治的未来愿景必定是开放的，世界上并不存在一套绝对的价值标准与参照模式，在法治愿景的规划中更应当解决的是在不同模式下我们的行政程序法治工作需要面临的问题。

（一）"统一法典"模式

关于是否应走"统一法典"之道路，相关的争论不止于当下，也不止于我国，历史上著名的"德意志统一民法典之争"就是这一争论的典型代表。关于我国制定一部统一的行政程序法典甚至是统一的行政法典的条件与能力，在本世纪第一个十年的相关论述当中已经得到了充分论证。制定统一的行政程序法典，其关键在于如何在统一模式下对已经施行相当长一段时间的、融入行

---

① 习近平：《决胜全面建成小康社会 夺取新时代中国特色社会主义伟大胜利——在中国共产党第十九次全国代表大会上的报告》，人民出版社2017年版，第36页。

政实体法当中的、以行政行为类型为区分的单行行政程序规范进行归类排列，使之可以作为一个整体融合呈现于一部分类设置科学合理的法典之中。

（二）"单行立法"模式

对于目前正在实行的行政程序"单行立法"模式，需要关注的是如何克服不同类型行政行为各自的特殊性、片面性，以共同在正当程序原则的统摄下达致程序法治体系上的统一。① 从整体的角度看来，采取统一法典还是单行立法模式的争论似乎已经不太重要，我们会发现，在实质上统一各行政行为程序的精神原则，贯彻良性的正当制度要求，克服行政职能复杂多样造成的不同程序间的宏观的原则冲突与微观的衔接不协调，或许才是下一阶段我国行政程序法治愿景的最佳规划。

（三）"1+N"的第三种模式

尽管关于行政程序立法应采取"统一法典"模式还是"单行立法"模式争论已久，但无论是支持法典化的一方还是反对法典化的一方都既没有在理论上占据支配性的地位，也没有在实践中取得压倒性的成果。② 在这样的争鸣背景之下，结合当前的社会环境与立法基础，我们更倾向于第三条道路，也即"1+N"的模式。

其一，"1+N"之"1"，当然是指行政程序法典。《重大行政决策程序暂行条例》的实践已经证明，对行政程序进行专门立法是实际可行的，但需要注意的是，作为原则性规定的行政程序法典应当尊重"原则性""框架性"的立法定位。③ 中国之现实国情，诸如国土广袤、人口庞大、地域差异与贫富差距大等，决定了原则性的立法技术不能简单规定"一刀切"式的标准参数，"行

---

① 参见皮纯协主编：《行政程序法比较研究》，中国人民公安大学出版社 2000 年版，第 109~110 页。

② 董茂云：《法典法、判例法与中国的法典化道路》，载《比较法研究》1997 年第 4期。

③ 杨海坤：《中国行政程序法典化构想》，载《法学评论》2003 年第 1 期。

政程序立法的一个重要目标应当是提供一个基本的'程序样本'，使多样化的行政程序在基本的程序原则指导下运行，促进一种多样性的统一。一般程序规定的目的还在于，通过'示范作用'为非法定程序或自由裁量程序的合理性判定提供一个标准，为各部门制定特别程序提供一个基本的程序框架"①。故此，中央立法的原则性规定只是为各地方、各类型的行政主体提供一个作为参考的框架与样本，其内容应当限于程序法治的基本要素。在此基础之上，鼓励各地方、各类型的行政主体开展具体化、可操作的"N"型立法。

其二，"1+N"之"N"，既包括中央层面的行政程序相关单行立法，诸如《行政诉讼法》《行政处罚法》《行政许可法》《政府信息公开条例》《重大行政决策程序暂行条例》等，也涵盖《湖南省行政程序规定》等地方层面的行政程序相关立法，甚至还可以包含地方行政程序立法的配套规定，例如湖南省人民政府为实施《湖南省行政程序规定》而出台的《湖南省规范行政裁量权办法》《湖南省规范性文件管理办法》《湖南省人民政府重大行政决策专家咨询论证办法》等六个配套文件。中央层面的行政程序单行立法与地方层面的行政程序相关立法，能够在中央行政程序统一法典的原则性规定之下，缩小上层抽象立法与基层具体问题之间的距离，为我国行政程序立法体系增加执行性与实效性。

---

①　应松年、王锡锌：《中国行政程序立法：语境、问题与方案》，载《中国法学》2003 年第 6 期。

第四章　行政程序法治的基本原则

　　行政程序法治的基本原则，是指行政程序之设计及运行过程中所应当遵循的基本原理和评价标准，它具体包括程序合法原则、程序合理原则、程序民主原则、程序简约原则及程序信赖保护原则。其一，程序合法原则，是指行政程序之设计与运行必须具有明确的法律依据，它包括两项子原则：一是法律优位原则，又称消极的程序合法原则，是指行政程序之规定不得违反法律；二是法律保留原则，又称积极的程序合法原则，是指行政程序之规定必须得到法律的授权。其二，程序合理原则，是指行政程序之设计与运行应当确保公平公正，它包括两项子原则：一是程序公平原则要求行政程序之规定必须确保公平，必须做到平等对待并且遵循比例原则；二是程序公正原则，要求行政程序之规定必须做到公正，应当符合自然公正原则，禁止恣意并合乎情理。其三，程序民主原则，是指应确保公民知情并参与到行政程序当中，它包括程序公开和程序参与两项子原则：前者是指行政程序之设计及运行应当公开透明；后者是指应当尽可能让公民参与到行政程序当中。其四，程序简约原则，又称程序效率原则，其要义有三：一是在价值追求上注重"行政效能"；二是在程序设计上要"简明扼要"；三是在程序运行上要"去冗就简"。其五，程序信赖保护原则，是指行政机关不得随意变动其行政决定，当相对人因对行政程序之信赖而受损时应当得到补偿，其子原则有四：一是异动法定原则，即行政决定非经法定程序不得随意变动；二是异动谨慎原则，即授益行政决定若非因相对人过错即便违法亦不可变动；三是利益衡量原则，即变动行政决定应就信赖利益及公共利益进行权衡；四是侵权赔偿原则，即行政机关应对相对人因信赖而受到的损失进行赔偿。行政程序法治的基本原则由行政程序法的价值取向和目标模式所决定，反映行政程序法的本质属性，体现在行政程序法的具体条文当中，对于行政程序相关立法、司法、执法以及研究活动均有普遍的指导意义。

所谓行政程序法治的原则"是指由行政程序法的价值取向和目标模式决定，反映行政程序法本质，以法律条文的形式表现出来的，构成行政程序立法、执法和研究基础的、具有普遍指导意义的原理和评价标准"①。行政程序法的原则有基本原则和具体原则之分，其中基本原则是连接行政程序法的价值取向、目标模式与具体原则、规则、制度的桥梁，一方面需要对上反映行政程序法的价值取向与目标模式，另一方面需要对下统摄具体原则、专门制度与规则。以上述两方面作为标准，可以抽象出行政程序法的五个基本原则，包括程序合法原则、程序合理原则、程序民主原则、程序简约原则及程序信赖保护原则。

第一节　程序合法原则

合法原则是行政法的基本原则，也是行政程序法的基本原则，"它要求每个政府当局必须能够证实自己所做的事是有法律授权的，几乎在一切场合这都意味着有议会立法的授权。否则其行为就是侵权行为或侵犯了他人的自由，政府行使权力的所有行为，即所有影响他人法律权利、义务和自由的行为都必须说明它的严格的法律依据。受到影响的人都可以诉诸法院。如果法律依据不充分，法院将撤销此行为，他就可以不去理睬它，而不会产生任何后果"②。合

---

① 参见应松年主编：《比较行政程序法》，中国法制出版社1999年版，第59页。
② 参见［英］威廉·韦德著：《行政法》，徐炳等译，中国大百科全书出版社1997年版，第25页。

法原则对应的具体原则是法律优位原则与法律保留原则。

一、法律优位原则

法律优位原则是指行政权的行使应受到现行法的拘束，不得有违反法律的行为，否则该行为无效，该原则又被称为消极的程序合法原则。[1] 在现代法治国家和地区，法律优位已经成为一个宪法性原则，规定在各国的宪法及宪法性法律中，例如《德国基本法》第20条就规定"行政权与司法权应受法律与法的拘束"。当然，有的国家和地区的行政程序法也会对法律优位原则作明确规定，例如台湾地区的1990年的"行政程序法草案"第4条就规定："行政行为应受法律及一般法律原则之拘束。"其对应的立法理由表述为："行政行为应受成文法之拘束，乃法治国家之根本，固不待言。纵法未明文规定，行政行为仍应受法治国家一般共通的法理，即一般法律原则之拘束。然因此原则在法于未臻健全的情况下，往往难以体现，有予以具体明文之必要。"而台湾1999年正式颁布的"行政程序法"也在第4条中做此规定。

二、法律保留原则

法律保留原则是指行政权的行使只有在法律有授权的情况下才可以为之，如果没有法律授权，行政机关无法合法地作成行政行为，该原则又被称为积极的程序合法原则。[2] 与法律优位原则相同，法律保留原则在现代法治国家和地区也已经成为一项宪法性原则，被规定在宪法或宪法性法律之中，不过也有国家与地区在行政程序法中对其有所规定。

以台湾地区为例，法律保留原则规定在1990年"行政程序法草案"的第98条"法规命令之定义"的第2款，具体表述为"行政机关订立限制人民自由、权利之命令须有法律或自治规章之授权"。其对应的立法理由是："法律

---

[1]　参见皮纯协主编：《行政程序法比较研究》，中国人民公安大学出版社2000年版，第73页。

[2]　参见皮纯协主编：《行政程序法比较研究》，中国人民公安大学出版社2000年版，第74页。

保留原则适用之范围，在各国原有广狭之不同。台湾"中央法规标准法"第5条（尤其第1项第2款）之规定，就其文字观之，可为最宽泛之解释，不独'干预或侵害行政'，抑且'授益行政'皆需有法律之授权，始得为之。然审酌实务现况，如此解释与要求，确有困难，爰设第2项规定，明揭'侵害保留'之原则亦即限于剥夺或限制人民自由及权利之法规命令，始须有法律或自治规章之授权。此外，各机关依其法定职权，即得依本法所定程序，订颁法规命令。"最终1999年的"行政程序法"在第150条第2项中规定："法规命令之内容应明列其法律授权之依据，并不得逾越法律授权之范围与立法精神。"

典型案例4-1：田某诉北京科技大学拒绝颁发毕业证、学位证案①

【裁判摘要】

1. 高等学校对受教育者因违反校规、校纪而拒绝颁发学历证书、学位证书，受教育者不服的，可以依法提起行政诉讼。

2. 高等学校依据违背国家法律、行政法规或规章的校规、校纪，对受教育者作出退学处理等决定的，人民法院不予支持。

3. 高等学校对因违反校规、校纪的受教育者作出影响其基本权利的决定时，应当允许其申辩并在决定作出后及时送达，否则视为违反法定程序。

【相关法条】

《中华人民共和国行政诉讼法》第25条

《中华人民共和国教育法》第21条、第22条

《中华人民共和国学位条例》第8条

【基本案情】

原告田某于1994年9月考取北京科技大学，取得本科生的学籍。1996年2月29日，田某在电磁学课程的补考过程中，随身携带写有电磁学公式的纸条。考试中，在他去上厕所时纸条掉出，被监考教师发现。监考教师虽未发现

---

① 本案裁判文书详见附录1。

其有偷看纸条的行为，但还是按照考场纪律，当即停止了田某的考试。被告北京科技大学根据原国家教委关于严肃考场纪律的指示精神，于1994年制定了校发〔94〕第068号《关于严格考试管理的紧急通知》（简称第068号通知）。该通知规定，凡考试作弊的学生一律按退学处理，取消学籍。被告据此于1996年3月5日认定田某的行为属作弊行为，并作出退学处理决定。同年4月10日，被告填发了学籍变动通知，但退学处理决定和变更学籍的通知未直接向田某宣布、送达，也未给田某办理退学手续，田某继续以该校大学生的身份参加正常学习及学校组织的活动。1996年9月，被告为田某补办了学生证，之后每学年均收取田某交纳的教育费，并为田某进行注册、发放大学生补助津贴，安排田某参加了大学生毕业实习设计，由其论文指导教师领取了学校发放的毕业设计结业费。田某还以该校大学生的名义参加考试，先后取得了大学英语四级、计算机应用水平测试 BASIC 语言成绩合格证书。被告对原告在该校的四年学习中成绩全部合格，通过毕业实习、毕业设计及论文答辩，获得优秀毕业论文及毕业总成绩为全班第九名的事实无争议。

1998年6月，田某所在院系向被告报送田某所在班级授予学士学位表时，被告有关部门以田某已按退学处理、不具备北京科技大学学籍为由，拒绝为其颁发毕业证书，进而未向教育行政部门呈报田某的毕业派遣资格表。田某所在院系认为原告符合大学毕业和授予学士学位的条件，但由于当时原告因毕业问题正在与学校交涉，故暂时未在授予学位表中签字，待学籍问题解决后再签。被告因此未将原告列入授予学士学位资格的名单交该校学位评定委员会审核。因被告的部分教师为田某一事向原国家教委申诉，国家教委高校学生司于1998年5月18日致函被告，认为被告对田某违反考场纪律一事处理过重，建议复查。同年6月10日，被告复查后，仍然坚持原结论。田某认为自己符合大学毕业生的法定条件，北京科技大学拒绝给其颁发毕业证、学位证是违法的，遂向北京市海淀区人民法院提起行政诉讼。

【裁判结果】

北京市海淀区人民法院于1999年2月14日作出〔1998〕海行初字第

00142 号行政判决：1. 北京科技大学在本判决生效之日起 30 日内向田某颁发大学本科毕业证书；2. 北京科技大学在本判决生效之日起 60 日内组织本校有关院、系及学位评定委员会对田某的学士学位资格进行审核；3. 北京科技大学于本判决生效后 30 日内履行向当地教育行政部门上报有关田某毕业派遣的有关手续的职责；4. 驳回田某的其他诉讼请求。北京科技大学提出上诉，北京市第一中级人民法院于 1999 年 4 月 26 日作出〔1999〕一中行终字第 73 号行政判决：驳回上诉，维持原判。

【裁判理由】

法院生效裁判认为，根据我国法律、法规规定，高等学校对受教育者有进行学籍管理、奖励或处分的权力，有代表国家对受教育者颁发学历证书、学位证书的职责。高等学校与受教育者之间属于教育行政管理关系，受教育者对高等学校涉及受教育者基本权利的管理行为不服的，有权提起行政诉讼，高等学校是行政诉讼的适格被告。

高等学校依法具有相应的教育自主权，有权制定校纪、校规，并有权对在校学生进行教学管理和违纪处分，但是其制定的校纪、校规和据此进行的教学管理和违纪处分，必须符合法律、法规和规章的规定，必须尊重和保护当事人的合法权益。本案原告在补考中随身携带纸条的行为属于违反考场纪律的行为，被告可以按照有关法律、法规、规章及学校的有关规定处理，但其对原告作出退学处理决定所依据的该校制定的第 068 号通知，与《普通高等学校学生管理规定》第 29 条规定的法定退学条件相抵触，故被告所作的退学处理决定违法。

退学处理决定涉及原告的受教育权利，为充分保障当事人权益，从正当程序原则出发，被告应将此决定向当事人送达、宣布，允许当事人提出申辩意见。而被告既未依此原则处理，也未实际给原告办理注销学籍、迁移户籍和档案等手续。被告于 1996 年 9 月为原告补办学生证并注册的事实行为，应视为被告改变了对原告所作的按退学处理的决定，恢复了原告的学籍。被告又安排原告修满四年学业，参加考核、实习及毕业设计并通过论文答辩等。上述一系列行为虽系被告及其所属院系的部分教师具体实施，但因他们均属职务行为，故被告应承担上述行为所产生的法律后果。

国家实行学历证书制度，被告作为国家批准设立的高等学校，对取得普通高等学校学籍、接受正规教育、学习结束达到一定水平和要求的受教育者，应当为其颁发相应的学业证明，以承认该学生具有的相当学历。原告符合上述高等学校毕业生的条件，被告应当依《中华人民共和国教育法》第28条第1款第5项及《普通高等学校学生管理规定》第35条的规定，为原告颁发大学本科毕业证书。

国家实行学位制度，学位证书是评价个人学术水平的尺度。被告作为国家授权的高等学校学士学位授予机构，应依法定程序对达到一定学术水平或专业技术水平的人员授予相应的学位，颁发学位证书。依《中华人民共和国学位条例暂行实施办法》第4条、第5条、第18条第3项规定的颁发学士学位证书的法定程序要求，被告首先应组织有关院系审核原告的毕业成绩和毕业鉴定等材料，确定原告是否已较好地掌握本门学科的基础理论、专业知识和基本技能，是否具备从事科学研究工作或担负专门技术工作的初步能力；再决定是否向学位评定委员会提名列入学士学位获得者的名单，学位评定委员会方可依名单审查通过后，由被告对原告授予学士学位。

第二节　程序合理原则

程序合理的核心在于程序的公平与公正。公平公正则乃法治之精髓，亦现代行政之要旨。作为行政程序法的基本原则，公平公正原则要求行政程序设计本身以及依该程序运作的行政过程应当满足公平公正之法则。由于行政自由裁量权本质是一种"自由"的权力，权力本身的扩张性和操纵权力的人的自身不可克服的弱点容易导致行政自由裁量权被不正当地滥用，行政合法性原则在防止行政自由裁量权滥用上已经无能为力，且行政实体法也不能发挥多大的作用。因此，必须借助于行政程序法的功能，并以程序公平公正原则作为行政合法性原则的补充，确保行政主体公平、正当地行使行政自由裁量权。[1] 受其拘束，行政主体在行使行政职权过程中，必须平等地对待各方当事人，排除各种可能造成不平等或者有偏见的因素，以实现行政过程的公平正义。[2] 公平公正内含两层意思：（1）实体公平公正，即行政主体不仅要依法办事，不偏不私，还要合理考虑相关的因素；（2）程序公平公正，即受"自己不能做自己案件法官"之自然正义原理之拘束，行政主体不得自我裁处其与相对人之间的纠纷，不得单方接触相对人，不得在事先未通知和听取相对人申辩意见的情况下，作出对相对人不利的行政决定。行政公平公正有助于树立行政机关的权威。决定行政机关权威的因素不是行政机关拥有的行政权力大小，而是它行使行政权的公正性。树立行政机关威信的基础是公民对其行政权的普遍认同与服从，但这种认同与服从可分为强制型和自愿型。前者是行政机关通过暴力压迫公民所达到的社会秩序，公民一般只能在无奈中表现出对行政机关的蔑视与情绪上的对立；后者是行政机关通过公正行使行政权，以自己的实际言行说服公民遵守暂时或局部对自己不利的法律，从而形成一种社会发展所需要的秩序。在后一种社会秩序中，公民认同与服从行政权是因为它的公正性。[3] 行政公平公正有助于促进现代社会的稳定。在以行政机关为主导的现代社会中，行政权成了行政机关联结公民的基本媒介，直接影响着行政机关与公民之间的关系。这种关系的实质是国家行政权力与公民权利之间的法律关系，它构成了稳定现代社会的基石。如果这种法律关系呈良性发展，那么它将有利于巩固社会的稳定。这种良性的法律关系在现代社会经常需要公正的行政权加以培育，事实证明，不公正的行政权对这种良性的法律关系往往造成毁灭性的打击。因此，现

---

　　[1]　胡建淼、章剑生：《论行政程序立法与行政程序法的基本原则》，载《浙江社会科学》1997 年第 6 期。

　　[2]　根据现代法治理念，法律正义只有通过公正的程序才能真正得到实现。现代社会纷繁复杂的行政事务，决定了行政法律法规对每一种行政行为都明确规定其程序内容是不现实的，只能作出原则性规定，使行政主体行使行政权有一定的自主选择范围和幅度，故此，只有使程序公正的原则才能约束行政主体，才能确保行政主体在行使权利、开展公务活动的过程中正确认定事实，合理选择有关的法律、规范，以完成法定职责。

　　[3]　章剑生：《论行政公正原则》，载《法商研究》2001 年第 5 期。

代行政程序法以行政公正为基本原则，旨在防范行政权的滥用，消除现代社会中不稳定的基本因素。① 行政公平公正有助于培植公民的法律信仰。经验告诉我们，现代法治社会的基础不是法律制度而是公民的法律信仰。而公民的法律信仰不是与生俱来的，而是后天逐步形成的。在这个过程中，国家权力是否合法、公正地行使，对公民能否形成法律信仰起着决定性的作用。然而，我们应当知道，"归根到底，并非赤裸裸的武力，而是说服力才能确保在最大程度上对法律的遵守"②。这种说服力不是来自国家权力的高压，而是国家权力的公正行使。③

一、程序公平原则

行政程序法的公平原则是指行政机关在行政程序中应当给予公民公平的对待。公平原则有两个方面的含义：一是实体上的公平，即行政机关应当准确认定事实，正确适用法律，使处理结论与案件的事实情节相适应；二是程序上的公平，即行政机关在程序上应当公平地对待各方当事人。④ 具体而言，公平原则包含平等原则、比例原则和信赖保护原则。

（一）平等对待

受行政程序法之公正公平原则拘束，行政主体应当依法办事，不偏不私，平等公正地对待当事人。平等对待的基本含义是：行政机关在进行行政管理时，相同的情况应当相同对待，不同的情况应当区别对待。它是宪法上的法律面前人人平等原则在行政程序法上的具体体现。

接受平等对待是基本人权的应有内容，它是人与生俱来的要求平等相处的天性所产生的结果。具体要求有三：（1）行政主体应严格遵守法律规定，依

---

① 章剑生：《论行政公正原则》，载《法商研究》2001 年第 5 期。
② ［英］P. S. 阿蒂亚著：《法律与现代社会》，范悦等译，辽宁教育出版社 1998 年版，第 88 页。
③ 章剑生：《论行政公正原则》，载《法商研究》2001 年第 5 期。
④ 参见应松年主编：《比较行政程序法》，中国法制出版社 1999 年版，第 69 页。

法办事。（2）行政主体行使职权，应恪守法律面前人人平等之原则，在同样的情况和条件下，应一视同仁，不偏不私，不偏袒任何一方——任何相对人都有表达意见的机会，双方的证据也具有同样的效力。比如，美国1946年《联邦行政程序法》第554条（裁决）第4款规定："除非法律授权单独处理的事项外，主持接受证据的工作人员不得向某人或者某当事人就有争议的事实征询意见，除非已经发出通知，使所有的当事人都有机会参加。"（3）相同情况同等对待，不同情况区别对待。因此，行政机关就应承认所有的程序参与者都是具有同样价值和值得尊重的平等的主体，必须给予他们同样的对待，否则就意味着存在"偏私"。比如，台湾地区1990年"行政程序法草案"第6条规定："（平等原则）行政行为，非有正当理由，不得为差别待遇。"其对应的立法说明是：平等原则即宪法明定之基本原则，行政机关自愿受其拘束，"等则等之，不等则不等之"，以使行政权行使不论在实体或程序上，均避免不当之差别待遇。其1999年正式颁布的"行政程序法"第6条（行政行为之平等原则）亦作如此规定。

平等原则之要义在于平等地对待各方参加人，给予他们同等的参与机会，并且避免可能产生偏见的事情发生。[1] 故此，选择性执法禁止是平等对待的一项重要内容。在现实客观条件之下，行政执法对象应当一视同仁而不能被行政机关任意设定规则或随主观意志加以选择过滤，选择性执法严重违背平等对待原则应被加以禁止。

（二）行政均衡

行政均衡原则实际上可以视为狭义的比例原则，其主要要求行政主体在行政目标追求与行政相对人利益之间达到相称相当，这种行政均衡原则又可以概括为最小损害原则，即行政机关行使行政权力的过程当中，其目标与方式需要达到对称与适应，行政机关不得实施过度于行政职能目标所需要的行政行为，

---

① 参见应松年主编：《比较行政程序法》，中国法制出版社1999年版，第70页。

尽最大努力将行政相对人的权益损失控制在最低程度。①

（三）合乎比例

比例原则是行政法的重要原则，在行政程序法上，比例原则主要是指行政机关采取的行政程序措施应当与所要达成的目的这两者之间应该存在着合理的对应关系。② 比如，台湾地区 1999 年的"行政程序法"第 7 条规定："行政行为，应依下列原则为之：（1）采取之方式应有助于目的之达成；（2）有多种同样能达成目的之方法时，应选择对人民权益损害最少者；（3）采取之方法所造成之损害不得与欲达成目的之利益显失均衡。"

具体而言，比例原则又可以细分为以下三个子原则：（1）妥当性原则，即所采取的措施主要是为了实现特定目的而设计的，能够实现该目的。（2）必要性原则，即所采取的措施在能够达到目的前提下，对相对人的权益侵害最小。（3）相称性原则，即所采取的措施与行政目的之间具有比例关系，不可给予相对人超过行政目的之价值的侵害。

受比例原则拘束，行政机关在行使行政职权、实施行政行为过程中，应平衡和兼顾行政职权的目标追求与行政相对人的合法权益，具体有二：（1）行政机关不利于相对人权益的行政行为实施，需以确认该行为所能达到的行政目的确为必需必要。（2）行政机关对行政行为事实、行政程序启动，以及行政行为的进行、继续等做决定之前需要衡量和确认行政行为实现的公共利益大于所可能损害的公民或组织私益等内容。③

二、程序公正原则

相较于公平原则，公正原则则更偏重"公道、正派"的含义，更明显地

---

① 参见陈新民著：《行政法学总论》，台湾三民书局 2000 年版，第 80~82 页。

② 参见应松年主编：《比较行政程序法》，中国法制出版社 1999 年版，第 70 页。

③ 参见［德］哈特穆特·毛雷尔：《行政法学总论》，高家伟译，法律出版社 2000 年版，第 106~107 页。

针对于"偏私"的概念。① "公正"的侧重点是在公正、正义的价值取向方面，《辞源》对于公正的解释也是"不偏私，正直"②，可见公正原则通过更实质、更广义的正义内涵③包括了上述公平原则的相关内容。公正原则在行政程序中的体现是，要求行政主体及其工作人员在行使人民赋予的公共权力之时，不徇私情，公道平等地对待行政相对人。其具体内容如下：

（一）自然公正

自然公正（Natural Justice）的概念起源于自然法。在近代以前，自然公正常与自然法、衡平法等概念通用。在近代以后，自然公正通常表示处理纷争的一般原则和最低限度的公正标准。受行政程序法之公正公平原则拘束，行政程序设置应当尊重自然公正原则。作为英美普通法的一个重要原则，自然公正原则意味着：任何权力必须公正行使，对当事人不利的决定必须听取他的意见。具体而言，自然公正原则包含两个方面：一是听取对方的意见；二是自己不能做自己案件的法官。

其一，听取对方的意见。个人权利受到影响时，应当给他一个公平听证的机会。其要义有三：（1）行政主体在行使权力可能使别人受到不利影响时，必须听取对方的意见。（2）每一个人都有为自己辩护和防卫的权利。（3）在行政实践中这个原则表现为行政机关的决定对当事人有不利的影响时，必须听取当事人的意见，不能片面认定事实，剥夺对方辩护权利。

其二，自己不能作为自己案件的法官。即决定者中立，与行政事务没有利益关联，如果决定者与行政事务存在某种利害关系，很难保证或者很难保证他人相信其作出的决定的公正性。因此，程序制度应当确保与行政事务存在某种利害关系的人不具备担当决定者的资格。④ 其要义有三：（1）行政主体不得就与自己有利害关系的事实作出决定，以避免偏私——这是行政法上有关回避及

---

① 参见姜明安主编：《行政程序研究》，北京大学出版社 2006 年版，第 15 页。

② 参见《辞源》中"公正"等相关词条。

③ 在英文中，公正与正义同义，均为 justice。

④ 应松年：《中国行政程序法立法展望》，载《中国法学》2010 年第 2 期。

禁止单方沟通的程序规范的法理所在。（2）行政相对方在其权利和利益受到行政决定的不利影响时，有权为自己辩护，而且有权要求其意见必须由一个没有偏私的行政官员决定。（3）行政机关的裁决不能为终裁，要有救济手段和措施。

（二）恣意禁止

受行政程序法之公正公平原则拘束，行政过程应当合理考虑相关因素，排除恣意专断。其具体要求有三：（1）行政主体在履行职责时，要合理考虑相关的因素，即需要考虑法律、法规规定的条件和国家政策的要求，还要考虑社会道德、相对人的个人情况以及行政决定所可能产生的负面效果、影响等。（2）行政主体在履行职责过程中，不能凭其主观认识、推理、判断，任意武断地作出决定，而应合理考虑相关的各种因素。（3）行政主体在作出行政决定过程中，应当足够重视行政相对人的意见，在不受外界影响的情况下，严格遵守程序规则，科学地作出决定。

（三）合乎情理

受行政程序法之公正公平原则拘束，行政程序设置应当符合社会公共道德，尊重客观规律。具体要求有三：（1）行政机关在行使行政职权的过程中应当尊重社会公共道德。（2）行政机关在行使行政职权的过程中不得违背客观规律或者常规。（3）行政机关在行使行政职权的过程中应当尊重社会常识与常理。

第三节　程序民主原则

行政程序民主原则是指在设计和运行行政程序的过程中应当确保公民的充分知情与有效参与，应当处处体现公民的意见与呼声。在宪法层面，民主的体现是公民参政议政，而在行政法层面，民主的体现是行政程序中的行政公开与行政参与，因此民主原则之下的具体原则是行政程序公开原则和行政程序参与原则。

一、行政程序公开原则

公开是现代民主政治的要求，也是现代民主的应有之义。"阳光是最好的防腐剂，电光是最好的警察。"① 作为行政程序法的基本原则，公开原则要求行政程序设计本身以及依该程序运作的行政过程应当满足公开透明之法则。行政公开制度分为两个层面的公开：一是政府信息向不特定公众公开，包括行政机关主动公开和根据申请人的申请公开两种方式。政府信息公开制度通常要求制定专门立法规定，如美国 1966 年制定的《信息自由法》。二是行政程序中向特定当事人的公开，包括让当事人阅览卷宗和向当事人说明决定的理由。② 受其拘束，行政主体的一切活动除了依法需要保密的外，应当一律向行政相对人和社会公开。③ 作为 20 世纪以来迅速发展起来的一项行政程序法的基本原则，公开原则体现着行政程序法民主公正的价值取向，它要求行政主体在行使职权时，除了涉及国家机密、个人隐私和商业秘密的以外，必须向行政相对人及社会公开与其职权有关的事项，主要包括事前公开职权依据，事中公开决定过程，事后公开决定的结论。④ 行政公开是推进社会主义民主政治建设的要求。行政公开原则的确立是"人民主权"这一宪法原则在行政领域的体现和反映。只有行政公开，人民才可能了解和监督政府及其行为，才能成为"主权"者，宪法所规定的政治权利才不至于成为空谈。"可以设想一个对政府活

---

① ［美］伯纳德·施瓦茨著：《行政法》，徐炳译，群众出版社 1983 年版，第 39 页。

② 应松年：《中国行政程序法立法展望》，载《中国法学》2010 年第 2 期。

③ "二战"以后，人们就普遍认识到传统民主制度的局限性，社会公众以及新闻媒体等对政府行为监督具有极端的重要性，并提出了"政府公开""行政公开""情报自由""政府在阳光下"等口号，许多国家也陆续制定了各种相应的法律、法规，如《行政程序法》《政府会议公开法》《行政规章公布法》《情报自由法》《阳光下的政府法》等。姜明安主编：《行政程序研究》，北京大学出版社 2006 年版，第 11 页。

④ 章剑生：《论行政程序法的行政公开原则》，载《浙江大学学报（人文社会科学版）》2000 年第 6 期。

动知之甚少或一无所知的公民是无法行使其监督权力的。"① 因此，行政公开是人民参与政治的前提，是行政活动置于人民群众的监督之下的民主政治的基本要求。

行政公开是实现权力监督、反腐倡廉的重要措施。"权力"按字面解释应是权势和威力，从本质意义上讲，就是行为者或组织按照自己的意志、目的去支配或影响他人行为的能力。由于权力具备了控制其他人（或事物）的功能，可以成为获得利益的手段，因此"权力自身存在着自然腐化的倾向"。② 孟德斯鸠说，"一切有权力的人都容易滥用权力，这是万古不易的一条经验……要防止滥用权力，就必须以权力制约权力。"③ 尽管从本质上说，我国行政机关的权力是受到人民监督与制约的国家权力，是基于人民的利益而由国家权力机关授予行使的权力，但这种权力仍然受制于其赖以生存的社会物质生活条件，也会产生权力异化现象。在市场经济的条件下，行政权力的行使主体在不同利益的驱动下，极易形成腐败。行政公开是防止行政权力腐败蜕变的有效措施。因此，对国家行政机关的权力必须加以监督、规范，避免行政权力脱羁，侵蚀国家机体。这就需要在权力行使主体与权力监督主体之间找到相互衔接的联结点，达到权力与制约的相对平衡，这一联结点就是行政公开原则。④

（一）职权范围公开

事先公开职权依据，是指行政主体应当将作为行使行政权的依据在没有实施行政权或者作出最终行政决定之前，向社会或行政相对人公开展示，使之知晓。这里需要进一步明确如下几个问题：（1）"事先"的正确含义是影响行政

①　龚祥瑞主编：《宪政的理想与现实》，中国人事出版社 1995 年版，第 110 页。

②　罗豪才主编：《行政审判问题研究》，北京大学出版社 1990 年版，第 55 页。

③　［法］孟德斯鸠著：《论法的精神》（上册），张雁深译，商务印书馆 1995 年版，第 154 页。

④　吴建依：《论行政公开原则》，载《中国法学》2000 年第 3 期。

相对人合法权益的行政决定作出之前，如事后公开职权的依据将导致行政决定无效，但法律有特别规定的除外。（2）公开的方式应当符合法律的规定；如没有法律规定，行政主体应当采用便于社会和行政相对人了解的方式。（3）公开的依据应当具有明确性，一般人不会产生理解上的严重偏差。①

受行政程序法之公开原则拘束，行政主体在行使行政职权、作出行政决定过程中，有必要向行政相对人或者社会公开其依据。具体有二：（1）若行政职权依据是抽象的，则有必要事先以法定形式向社会公布；（2）若行政职权行使依据是具体的，则有必要在行政主体作出决定以前，将该依据以法定形式告知相对人——譬如美国 1946 年的《行政程序法》第 552 条就规定："不得以任何方式强迫任何人服从应当公布但没有公布于《联邦登记》上的任何文件，也不应使其受到此种文件的不利影响……"②

（二）行为依据公开

受行政程序法之公开原则拘束，行政立法和行政政策应当公开透明。具体有三：（1）行政立法和制定行政政策等活动应该公开，其要义有二：一是在行政法规、规章以及行政政策制定以前，应当广泛征求社会意见和充分听取行政相对人的意见；二是比较重要的行政法规、规章以及行政政策的草案在制定之前应该公布全文，允许相对人对其提出质疑，必要时还可以举行有关利害关系人参加的听证会，行政主体对有关问题的质疑或者有关情况应当予以说明、解释。（2）行政法规、规章等应当一律在政府公报或者其他公开刊物上公布，行政政策除了依法需要特别保密的内容外，也应当通过一定的形式予以公布。（3）对于特别涉及行政相对人权益的有关行政法规、规章、政策等，政府还可以印制成单行本，供公众购买。③

---

① 章剑生：《论行政程序法上的行政公开原则》，载《浙江大学学报（人文社会科学版）》2000 年第 6 期。
② 应松年主编：《行政法与行政诉讼法学》，法律出版社 2006 年版，第 355 页。
③ 姜明安主编：《行政程序研究》，北京大学出版社 2006 年版，第 11 页。

（三）行政决定公开

受行政程序法之公开原则拘束，为便于行政相对人及时行使救济权，对相对人合法权益产生影响的行政决定应当公开，从而使行政相对人不服决定时及时行使行政救济权，当向行政相对人公开而没有公开的行政决定，不能产生法律效力，不具有执行力。

行政决定的公开内容有二：（1）向行政相对人公开决定结论。行政主体作出行政决定之后，应当向行政相对人公开行政决定，这既是行政决定生效的条件，也是行政相对人行使救济权的前提。向行政相对人公开行政决定，有利于行政相对人认同行政决定，进而履行行政决定所设定的行政义务，使行政决定获得顺利的执行。另外需要指出的是，这里的行政相对人还应当包括与行政决定有利害关系的第三人。（2）向社会公众公开决定结论。行政主体在将行政决定向行政相对人公开之后认为有必要，可以将行政决定结论向社会公开，具体方式可以在报刊上公告，或者以新闻报道形式公开。向社会公众公开的决定一般具有重大的、涉及社会公共利益的内容。①

在行政决定公开中，较为典型性的是行政裁决与行政复议的公开，受行政程序法之公开原则拘束，关涉行政相对人的合法权益处置的行政裁决与行政复议应当公开。具体有三：（1）其依据、标准、程序等都应当予以公开，以便行政相对人能先知晓。（2）其形式既可以依照书面形式进行，如有必要，也可以举行听证会等方式，公开进行。（3）其结果即裁决书与复议决定书等，除了送达当事人双方，让其知晓外，还应当允许其他的个人、组织依法查阅。

（四）行政过程公开

受行政程序法之公开原则拘束，行政执法过程应当公开。具体有三：（1）执法行为的标准和条件公开。行政主体进行执法行为，对行政相对人的

---

① 章剑生：《论行政程序法上的行政公开原则》，载《浙江大学学报（人文社会科学版）》2000 年第 6 期。

权益产生影响，为了让公众知晓并配合，执法行为的标准和条件应当一律公开。（2）执法行为的程序、手续公开。行政机关执法行为中，其执法的程序和手续等应当通过公开的文件发布或者在办公场所张贴，使相对人能够事先了解。（3）对于涉及行政相对人重大权益的行政执法行为，行政主体还应当通过公开形式进行，如举行听证会等，并允许公众旁听，甚至可以允许新闻媒体采访报道。事中过程是行政决定的形成过程，因此，它的公开对行政相对人维护自身合法权益和社会监督行政主体依法行使行政权具有重要的法律意义。

（五）行政信息（情报）公开

行政信息、情报的公开是行政相对人参与行政过程，维护自身合法权益的重要前提。受行政程序法之公开原则拘束，行政信息与情报应当公开。具体有三：（1）行政主体应当根据相对人的申请，及时、迅速地提供所需要的行政信息，除非法律有不得公开的禁止性规定。行政相对人了解、掌握行政信息，是其参与行政程序，维护自身合法权益的重要前提。（2）新闻媒体等有权依法对行政信息情报等进行公开发布。行政机关制定的法规、规章以及政策，作出的行政决议、决定，发布的行政命令、指示，实施的行政执法、行政裁决、行政复议行为除了法律、法规明确规定应当予以保密的除外，都应允许新闻媒体予以发布、报道。（3）对于行政机关及其工作人员遵纪守法、勤政廉政的情况，新闻媒体在真实、准确的前提下，也可以予以公开报道。新闻媒体的舆论监督是保障政府机关及其工作人员依法行政，防止权力滥用和腐败等的有效途径。①

二、行政程序参与原则

美国学者萨默斯曾指出，参与意味着公民能够自主地主宰自己的命运。"现代社会中，大部分公民宁愿自己管理自己的事务，也不愿别人主宰自己的

---

① 参见章剑生：《论行政程序法上的行政公开原则》，载《浙江大学学报（人文社会科学版）》2000 年第 6 期。

命运，哪怕别人做得要比自己更好。"作为行政程序法的基本原则，参与原则要求行政程序设计本身以及依该程序运作的行政过程应当满足可参与性法则。受行政程序的结果影响的人应当充分而有意义地参与到行政过程中来。受其拘束，行政主体在行使行政职权过程中，除有法律、法规特别规定外，应当尽可能为行政相对人及利害关系人提供参与行政过程的机会和条件，并重视其对行政决定发表的意见和建议，从而确保行政相对人实现行政程序权益，包括获得通知权、陈述权、抗辩权、申请权等。[1]

"行政过程中行政相对方参与的程度，或者说与行政主体进行正面较量的机会，其意义并不限于实体意义，它体现了行政主体对于行政相对方人格的尊重以及行政过程中对于程序的推崇。"[2] 受行政程序的结果影响的主体是人，人是有生命、有情感、有尊严的，每个人作为人的尊严和价值应当无条件得到其他主体的尊重。因此，公正的行政程序首先应当承认和尊重人作为人所享有的尊严，使之通俗化就是行政机关应当在作出行政行为的过程中将人作为人对待，而不是作为任意受其支配的客体对待。因此，相对人对行政程序的参与是行政程序是否公正的首要判断标准。这里的参与与政治学意义上的参与一样，要求参与者作为自主的主体，通过自己的行为，自愿参加到行政程序中来，并通过自己的行为，有效影响行政行为的作出。[3]

目前，世界上许多国家和地区的行政程序法中都明确确定了参与原则。葡萄牙《行政程序法》第 8 条明确规定："公共行政当局的机关，在形成与私人有关的决定时，尤其应借本法典所规定的有关听证，确保私人以及以维护自身利益为宗旨团体的参与。"《澳门行政程序法》第 8 条也明确规定："公共行政当局之机关，在形成与私人有关之决定时，应确保有私人之参与，尤应通过本法典所规定的有关听证确保之。"美国《联邦行政程序法》则更是从行政法规的制定到行政裁决的作出均赋予相对人以广泛的参与权。

---

① 应松年主编：《行政法与行政诉讼法学》，法律出版社 2006 年版，第 356 页。

② 宋功德：《寻找均衡——行政过程中的博弈分析》，载《中外法学》2002 年第 2 期。

③ 应松年：《中国行政程序法立法展望》，载《中国法学》2010 年第 2 期。

（一）依法通知

受行政程序法之参与原则拘束，行政主体在行使行政职权过程中，应当依法通知行政相对人参与行政程序的时间与方式。依法通告或者告知行政相对人有参与行政过程之权利乃行政主体当然之义务，获得参与行政过程之通知则为行政相对人的一项重要的程序权利。譬如，我国的《行政处罚法》第 42 条就明确规定，"行政机关应当在听证的七日前，通知当事人举行听证的时间、地点"。

（二）陈述权不受侵犯

受行政程序法之参与原则拘束，行政主体在行使行政职权过程中，不得剥夺或者克减相对人的陈述权。陈述权是行政相对人对于涉及行政案件的事实情况等向行政主体作出陈述的权利。其要义有三：（1）行政相对人的陈述构成正当行政程序的基本环节；（2）行政相对人的陈述也是行政案件的证据来源之一，具有证明效力；（3）在行政程序进行过程中，如果相对人因为客观原因不能行使陈述权，也可以委托代理人代为行使；如果没有代理人，但是要查清行政事实又必须需要相对人的陈述，行政主体也可以中止行政程序，待客观事由消失后，再恢复行政程序，听取相对人的陈述。

（三）抗辩权应受尊重

受行政程序法之参与原则拘束，行政主体在行使行政职权过程中，应对相对人的抗辩权有足够尊重。抗辩权意指行政相对人根据其掌握的事实和法律针对不利指控向行政主体提出反驳，以消灭或者减轻不利后果的权利。其要义有三：（1）行政决定涉及限制剥夺相对人的自由权、财产权等内容时，应当给予相对人抗辩的权利，否则，该行政决定应当被认定为无效。（2）行政相对人的抗辩权实质上是一种防御权，针对国家行为侵犯的防御，这也是对国家行政权形成一种拘束力量。（3）行政相对人的抗辩权要以获得通知的权利为前提，相对人在获得行政通知后，了解行政主体对其作出行政不利行为的依据，才能使行政相对人找到反驳的依据和方向。

(四) 参与申请权受法律保护

受行政程序法之参与原则拘束，行政相对人的参与行政程序的申请权受法律保护。参与申请权是一项程序权利，意指行政相对人请求行政主体启动行政程序的权利。具体包括：（1）申请听证权。当行政主体向相对人告知将要作出决定所依据的事实和法律法规时，相对人可以决定是否要求行政主体在听取自己意见之后再作出决定。（2）申请回避权。在行政过程中，如果相对人认为主体程序或者进行行政裁决的行政人员有法定的回避情形时，有权请求该行政人员回避。（3）申请卷宗阅览权。根据我国《行政复议法》第 23 条之规定，申请人、第三人可以查阅被申请人提出的书面答复、作出具体行政行为的证据、依据和其他有关材料，除涉及国家秘密、商业秘密或者个人隐私外，行政复议机关不得拒绝。（4）请求复议权。意指行政相对人不服行政主体作出的行政决定，请求复议机关审查的权利。

强调行政参与对行政的双方来说是双赢的。行政主体可以了解到来自各方的意见，有利于弄清事实、正确适用法律。同时还可以增强与相对方的互相理解，防止争议的发生，从而降低行政成本。"实践的过程向我们阐述了一个道理，行政权的实效更多的是取决于行政相对人的接受和社会的认可程度，而不是行政权背后隐藏的强大的国家强制力。"① 对公民而言，能够在行政行为的作出过程中表达自己的意志，促使其能产生符合自己意愿的结果，是公民主体意识的最佳体现，也最好地诠释了服务与合作的现代行政理念。

行政参与有助于保障人权。参政意味着公民自愿地通过各种方式参与社会政治过程，并以直接或间接的方式影响政治决策。参政权是现代人权的灵魂，参与行政的权利则是参政权的自然延伸。在国家行政主体作出各项实体决定时，公民只有被尊重为行政法律程序的主体，享有充分的陈述意见、辩论等参

---

① 章剑生：《论行政程序法上的行政公开原则》，载《浙江大学学报（人文社会科学版）》2000 年第 6 期。

与机会，才可能真正捍卫自己以人格权、物权、知识产权等为代表的基本人权。以参与为原则作为行政程序的基本原则，内化了宪法精神，肯定并尊重公民的主体地位，彰显人性的尊严，从根本上坚固起行政程序中保障人权的模式。①

第四节　程序简约原则

"简约"有简练、省约等意思。据此，程序简约原则内在地包含三重意思：（1）在行政哲学层面，程序简约原则的意旨在于"行政效能"，行政效能既是行政程序目的价值之所在，亦其工具价值之所在；（2）在程序设计层面，程序简约原则之要义在于"简明扼要"；（3）在程序运行上，程序简约原则之要义在于"去冗就简"，即除去冗政，拆除程序运行过程中的"繁文缛节"，缩短权力作用弧度。

一、程序简约之价值：行政效能

所谓"效能"，根据《现代汉语词典》的解释，意指"事物所蕴藏的有利的作用"。据此，"行政效能"即行政能力、效率、效果、效益的聚合，是行政功效与价值、目的与手段、过程与结果的统一。②

（一）行政能力

行政程序存在的基本价值，就在于借助于正当程序，让行政能够更好地服务于人民。因而，按程序行政是应当有助于提升行政能力的，而不是相反。何谓能力？简单说，行政能力就是履行行政职责完成行政目标或任务所体现出来

---

① 黄民岚：《论行政程序法的参与原则》，载《武汉科技大学学报（社会科学版）》2003年第2期。

② 马春庆：《为何用"行政效能"取代"行政效率"——兼论行政效能建设的内容和意义》，载《中国行政管理》2003年第4期。

的综合素质，它是以行政价值链和行政流程为导向，对行政产出的解码。具体包括：（1）角色定位能力，对自身职业定位、角色责任有清醒的认知，这是行政主体职责自觉的基础和内在驱动力。（2）敏锐的感性认识能力，这是主体获取和辨识各种民情民意的基本素养。（3）理性思维能力，这是主体分析研判各种舆情，并按照思维规则对社会风险生成与演化趋势作出预判的基本素养。（4）决策能力，即识别和理解问题和机遇，比较不同来源的信息数据，运用有效的方法，在最短的时间内，选择行动方案，采取行政措施。

（二）行政效率

如果说公正是现代行政之灵魂，那么效率便是现代行政之生命。在一般意义上，效率或者效益是指从一个既定的投入量中获得最大的产出，即以最少的资源消耗取得同样多的效果，或以同样的资源消耗取得最大的效果。① 有学者认为，行政效率原则是指行政机关在行使其职能时，要力争以尽可能快的时间，尽可能少的人员，尽可能低的经济耗费，办尽可能多的事，取得尽可能大的社会、经济效益。② 易言之，行政程序法的效率原则强调行政机关应当确保行政程序的进行，以尽可能少的投入，获得尽可能多的收益。效率原则可以从行政收益最大化或者行政投入最小化两个方面理解：（1）"行政收益最大化"是指在成本固定的情况下，获得尽可能大的收益；（2）"行政投入最小化"是指在收益固定的情况下，尽可能地降低成本。需要注意的是这里的收益，不仅是指行政行为所带来的收益，还应当包括行政程序参与人的收益，同时，这里的投入，也应当既包括行政机关的投入，也包括参加人的投入。③

（三）行政效果

在一般意义上，效果是一个关系的范畴，意指基于某种动机或者动因，在

---

① 张文显主编：《法学基本范畴研究》，中国政法大学出版社 1993 年版，第 273 页。
② 姜明安主编：《行政法与行政诉讼法》，北京大学出版社、高等教育出版社 1999 年版，第 52 页。
③ 参见应松年主编：《比较行政程序法》，中国法制出版社 1999 年版，第 71 页。

给定的条件下，所产生的结果。其要义有三：（1）就其发生机制而言，动机和效果是统一的，动机是效果的行动指导，任何行政行为都是由动机所引起的，而效果则是动机的行动体现和检验根据，尽管好的动机未必带来好的效果，但没有好的动机，就一定没有好的效果。（2）相对于动机或者动因而言，效果具有客观性，相对于"客观后果"而言，效果又具有主观性——"效果"＝客观后果＋主观评价。（3）行政的过程既是法律执行的过程，也是法律实现的过程，因此，行政效果首先表现为法律效果。法律效果强调在行政过程中法律被遵守执行，实现行政的合法性；注重法律效果是现代行政的基本要求，也是法治政府的核心所在。（4）行政的过程固然是法律的执行和实施过程，但归根结底，是行政权力通过法律作用于社会的过程。因而，一切行政的最终结果都直接或者间接地由其所作用的社会来承担，并接受社会的评价，此即行政的社会效果。行政的社会效果所关注的是法律规则背后的价值因素，其本质是作为社会主体的人的自由、平等和权利要求，对人自身的价值、尊严和美好情感的确证和维护，蕴含的是满足社会的主流价值观和社会的经济、政治、文化等长远发展利益。在这个意义上，行政的社会效果所揭示的是行政的实质合法性。（5）考察行政效果，既要注重动机与效果的统一，也要注重法律效果与社会效果的统一。

（四）行政效益

行政效益是指一定的行政活动中所产生的行政收益与其所消耗的成本差额，大体上可以用数学语言来表述：行政效益＝行政收益－行政成本。具体而言：（1）任何行政活动都要消耗一定的资源，包括人力物力财力，此即行政成本之内核；同时，任何行政活动都会产生某种客观后果，此即行政收益。（2）行政的客观后果，既可能是正面的，也可能是负面的；因此，行政收益也有盈亏两极——如行政后果是负面的，就意味着行政不仅没有对社会产生积极影响，而且是负面作用，它所获得的，就是负的行政效益，可称之为"行政负效益"。（3）正面的行政后果对社会的积极作用有大小之分，如果同样的资源消耗带来更大的行政收益，或者较少的资源消耗获得同样的行政收益，那么，行政效益就大，反之，则小。

基于现代行政的本质要求，政府应当用尽可能少的资源消耗，或者尽可能低的行政成本，获得尽可能大的行政收益。这种行政收益可以从经济和社会两个维度予以考察。

在其经济维度，鉴于政府活动与社会经济之间存在着密切的关联性，政府活动需要经济发展来支撑，经济发展需要政府政策来支持。就其职责而言，政府活动是应当有利于维护社会经济的稳定和发展，而不是相反。此即行政救济效益之内在要求。（1）所有的政府活动都是以公共财政为支撑的；因此，行政的过程并非物质财富生产的过程，毋宁是公共财政消耗的过程；据此，用较少的财政消耗，获取更优的经济效果，或者消耗等量的公共财政，获取更大的经济效果，就是行政效益的优化。（2）政府虽然不直接生产物质财富，但在现代社会，物质财富的生产始终离不开政府的支持；在宏观经济层面，作为国家宏观经济的管理者和调控者，政府所采取的宏观经济政策直接影响着社会经济的运行和发展；在微观经济层面，政府所创造的公平竞争环境和良好的营商环境，是经济单位经济运行顺利展开的基本条件。（3）政府行为未必都与经济有关，但在其现实性上，政府的每一项活动，都有可能对社会经济系统产生积极或者消极的作用。如果政府行为得当，特别是事关全局行政决策得当，势必直接或者间接地促进社会经济的发展；反之，如果政府行为失当，特别是决策失误，则难免时滞，甚至阻碍社会经济的发展。

在其社会维度，鉴于行政的根本目的在于国家的安全、政权的巩固、社会的稳定和经济发展等，政府活动更应当注重社会效益，易言之，政府活动固然应当讲求经济效益，但政府毕竟是国家的行政机关，而不是经济组织，政府行为也不完全是经济行为，因此，与经济效益相比，社会效益才是行政效益的本质所在。

二、立法技术：简明扼要

基于程序简约原则之拘束，在行政程序立法上，应当遵循简明扼要之法则。

（一）简单性原则

其一，本质的简单性。行政程序是以行政职权的运行过程为规制对象的，而行政权力归根结底是以社会事务为作用对象的。就其现象而言，社会事务具有复杂性，但就其本质而言，社会事务具有简单性——无论社会事务的表象如何纷繁复杂，但其无不充满了规律性，而规律性就蕴含着简单性，因而，通过规律所表征的事物之本质具有简单性。程序立法不宜纠结于现象之复杂性，而应着眼于本质的简单性。

其二，逻辑的简单性。爱因斯坦对逻辑简单性原则曾有精辟论述："我们在寻求一个能把观察到的事实联系在一起的思想体系，它将具有最大可能的简单性。所谓简单性，并不是指学生在精通这种体系时产生的困难最小，而是指在这体系所包含的彼此独立的假设或公理最少，因为这些逻辑上彼此独立的公理的内容正是那种尚未理解的东西的残余。"①逻辑的简单性强调对经验事实的抽象或概括，但不等同于经验事实——在程序的制定过程中，基于对逻辑的简单性和真理性的追求，我们不得不用尽可能抽象的语言概括尽可能多的经验事实，如是，就形成了逻辑简单性与客观经验性之间对立统一的复杂关系。爱因斯坦说过："如果理论的基本观察和基本假设是'接近于经验的'，这理论就具有重大的优点……但是随着我们知识深度的增加……我们势必愈来愈要放弃这种优点。必须承认，为了要得到逻辑的简单性而放弃'对经验的接近'。"② 逻辑简单性的追求不得不以放弃对经验事实的接近为代价，③ 但这种代价恰恰是立法本身的必要成本——社会是一个不断发展和变化的客观世界，我们在某个节点上所获得之经验事实，往往具有片面性和静止性，由此，基于

---

① ［美］阿尔伯特·爱因斯坦：《爱因斯坦文集》，许良英等编译，商务印书馆1976年版，第541页。

② ［美］阿尔伯特·爱因斯坦：《爱因斯坦文集》，许良英等编译，商务印书馆1976年版，第502~503页。

③ 赵阵、朱亚宗：《科学理论的简单性原则新探》，载《自然辩证法研究》2004年第4期。

这种经验事实的立法最终很可能因为无法适应新的经验事实而不得不依靠一些修补性规定来自圆其说。而社会发展性的本质决定"新的经验事实"总是越来越多，如此，补充性的规定也就不得不增多，最终使得该法变得捉襟见肘，操作起来极不方便，从而严重影响法的实效。

其三，语言的简单性。立法是一门语言的艺术——成功的程序立法，就是用最简练的语言，表达最恰当的意思。语言的简单性，可分为语句的简单性、语义的简单性和语用的简单性。其中：（1）语句的简单性意指程序立法用语应该简单经济，要用最简练的语言表述程序的原则与规范。程序立法表述必须直截了当，开门见山，要避免文学写作中常用的委婉曲折、烘云托月、铺陈反则；① 在句法上应该用较少的语言和符号来表述更多的内容。②（2）语义的简单性意指程序立法的语言表达没有歧义，使得程序执行者和被规制者都能明确无误地理解其含义。（3）语用的简单性意指程序便于执行、便于传播、便于为社会所接受。程序创立之目的是要解决实际问题的，为此，程序立法的首要问题就是要便于执行，并可以用最简单的方式予以推广、消耗最简单的成本为社会所接受。

（二）明确性原则

程序的明确性原则内在地包含可理解性、可预见性、可司法性。

其一，可理解性即法律程序可以为普通民众所认知、把握和运用。可理解性是法律程序的重要属性，可理解性差的法律程序既难以操作，也难以被接受。

其二，可预见性即依据既定的程序不仅可以预测"程序"自身的惯行步骤和运行阶段，而且可以预测程序运行之重点和后果。

其三，可司法性即行政程序是可以为法院适用于判断行政行为是否合法之

---

① 黄文贵：《科学表述的简单性原则》，载《应用写作》2000 年第 5 期。
② 赵阵、朱亚宗：《科学理论的简单性原则新探》，载《自然辩证法研究》2004 年第 4 期。

基准或依据。

（三）必要性原则

对于相对人而言，行政程序具有权利的属性，至少，程序不应当成为公民行使权利的一种负担。所以，如无必要，行政程序应当从简。

三、程序运行：简明性

程序的简明性，意指行政机关在从事行政事务时所适用的程序，要在与事务的难易程度以及各方当事人对程序的期望程度相适应的基础上，尽可能地做到程序的简便和明了。其要义在于：行政活动应当尽量减少不必要的繁文缛节，充分运用相应的程序制度，提高行政效率。易言之，基于程序的简明性要求，行政主体应当在合法公正的前提下，用最短时间、最快的速度完成行政活动，作出行政决定。因此，简明原则内在地包含如下子原则：

（一）时限原则

基于简明原则要求，现代行政程序法应当设有时限原则。受此拘束，行政主体必须在法定期限内履行职责，若超越法定期限，其行政决定应当被认定为瑕疵行政，由此产生的不利后果，由行政主体自行承担。时限制度有利于保证行政行为及时作出，避免因拖延耽搁造成对相对人权益的损害，防止和避免官僚主义，提高行政效率，防止因时间拖延而导致有关证据散失、毁灭，影响行政行为作出的准确性。

（二）代理原则

基于简明原则要求，现代行政程序法应当规定代理原则，即因法定理由某行政机关人员不能行使职权时，其他人员依法代行职务的一种法律制度。据此，若出现行政程序关系主体不履行或者不能履行法定行政义务情形，行政主体可依法选择由他人代为履行该项义务。法定义务之替代性，是代理制度适用的前提条件。其法律基础是行政管理活动的不可中断性。行政机关工作人员因职责而拥有相应的职权，如果不能行使其职权，且又无人替代其履行职权，则国家职能就会受到影响。所以，为保证行政效率的实现，有必要规定代理制度，从而确保行政职权行使的连续性，有利于保护相对人的合法权益，为相对人提供及时的保护。①

（三）简易原则

基于简明原则要求，现代行政程序法应当设有简易行政程序。据此，行政主体可以选择适用简易程序，解决那些事实清楚、对行政相对人影响不大的行政纠纷。如我国的《行政处罚法》中就规定了对于违法事实确凿并有法定依据，对公民处以 50 元以下，对法人或者其他组织处以 1000 元以下的罚款或者警告的行政处罚的，可以当场作出行政处罚决定。有如，奥地利 1991 年《普通行政程序法》第 39 条第 2 款规定调查程序"应力求妥当、迅速、简单与节约"。德国 1976 年《联邦行政程序法》第 10 条规定："行政程序的进行应力求简单和符合目的。"意大利更是在其 1990 年《行政程序与公文查阅法》第 1 条就直接明确规定："行政行为应力求达到法律确立的目标，并遵循由本法及其他规范行政程序的法规所确定的经济、效率和公开的原则。"

（四）不停止执行原则

基于简明原则要求，现代行政程序法往往设有不停止执行原则。据此，行政主体所作出的行政决定，不因行政相对人提起行政复议或者行政诉讼而停止执行，除非法律有特别规定。不停止执行是行政程序法中的特殊制度，其设立的目的在于确保行政行为被撤销后，行政相对人可以在恢复其权利的前提下，使行政行为获得迅速执行，从而达到提高行政效率之目的。

---

① 张引、熊菁华：《行政程序法的基本原则及相应制度》，载《行政法学研究》2003 年第 2 期。

第五节　程序信赖保护原则

信赖是一种重要的社会资本，它是维系政府与社会之间良性互动关系之基础。信赖保护，顾名思义，是由人类所倡导的诚实信用之美德而产生的一种道德上的义务。对信赖的保护，首现于民法，是具有"帝王条款"之称的"诚信原则"的题中应有之义，然而，由于公、私法"虽各有其特殊性质，但二者亦有其共通之原理"，所以"私法规定之表现一般法理者，应亦可适用于公法关系"。① 信赖保护原则最早可追溯到德国 20 世纪 50 年代中期，是德国联邦法院根据法的稳定性原则及民法诚实信用原则确立的，并逐步将信赖保护原则发展为宪法性原则。经由 1976 年《联邦行政程序法》之后，信赖保护原则正式成为德国行政程序法上的一项基本原则。

信赖保护原则之所以发源于德国，与其发达的社会法治国理论和私法理论息息相关。德国在开启 20 世纪社会法治国时代后，国家任务有了显著的变化，"传统自由法治国家时代受限于国家目的而产生行政行为'单样化'，即依靠行政处分已不符合时代的需要"，"而是可由行政所欲追求之任务而来决定所使用之法律方式"，② 即行政法可根据客观需要援引私法中的有关规定。③ 由此，在德国行政法学之父奥托·迈耶的推动下，私法理论中的诚实信用原则逐渐融入行政法学，信赖保护原则应运而生。

一、行政法上的信赖保护

根据德国《联邦行政程序法》第 48 条第 2 款之规定："提供一次性或连续性金钱给付或可分实物给付，或者以此为条件的行政行为违法的，不得撤

① 城仲模主编：《行政法之一般法律原则》，台湾三民书局 1994 年版，第 243 页。
② 陈新民主编：《公法学札记》，台湾三民书局 1993 年版，第 127 页。
③ 张载宇主编：《行政法要论》，台湾汉林出版社 1977 年版，第 29 页。

销，但以受益人信任该行政行为存在，并且以该信任在权衡撤销的公共利益的情况下值得保护为限。如果受益人已经使用给付，或者财产处理不能恢复原状，或者恢复原状会造成受益人无法预料的损失的，原则上应当保护信赖。"

据此，信赖保护原则的基本含义是指行政相对人权益的减损是由于对行政机关及其行为的信赖而造成时，该权益的减损应受到补偿。实际上，该原则之实现需要满足三个要件：（1）存在信赖基础，包括行政机关的行政行为，行政机关的承诺、计划等。（2）相对人有信赖表现，及相对人基于信赖而采取一定的行为，包括作为或不作为。（3）信赖值得保护。并非所有的信赖都能受到保护，即只有在相对人的这种信赖被证明是出于善意且无过失时，才值得保护，另外，对减损利益的补偿，并非如私法之完整，鉴于公益之考虑，只限于实际利益减损的补偿，不包括预期利益、精神利益的减损补偿。[1] 受其拘束，行政机关在行使行政职权过程中，应当恪守信用，保护公民、法人或者其他组织对行政机关正当合理的信赖。由于所依据的法律、法规修改、变更、废止，或者由于实施行政行为所依据的客观情况发生变更，严重影响公共利益或者第三人利益，需要废止行政行为的，由此给公民、法人或者其他组织造成损失的，行政机关应当依法给予补偿。[2] 信赖保护原则贯穿于当代国家行政权力运行及对其实施监督的各个环节之中，并起着不可替代的指导、引领作用。在立法环节，信赖保护原则要求政府不得随意制定、颁布有溯及力的法律，或者在制定这些法律之后对由此遭受损失的公民利益加以合理的补偿；在执法环节，行政主体对其因执行法律而形成各种行为、事实、状态、结果等，一经相对人知晓并形成合理信赖就不得随意反复；在监督环节，赋予公民参与行政管理活动、监督和影响行政过程的权利，如建议权、评议权、检举权等，这既成为刺激公民监督国家行政权力的动力，又成为限制行政恣意的有效外部压力；在司法与救济环节，公民有理由就其正当信赖利益的损失寻求司法权力的支

---

① 城仲模主编：《行政法之一般法律原则》，台湾三民书局 1994 年版，第 239~241页。

② 黄学贤主编：《中国行政程序法的理论与实践——专题评述》，中国政法大学出版社 2007 年版，第 131 页。

持，从而获得赔偿、补偿等有效救济；就公民对法律的遵守而言，公民可以基于其对政府的信任而有预见性地决定对自身事务的处置，而不必担心其正当利益由于政府的反复无常而受到损害，如此则法律及政府提出的普遍要求易为公民所接受与遵守。①

二、信赖保护的基本价值

信赖保护原则具有实体和程序两个方面的价值：在程序上，信赖保护原则是指行政机关在为行政行为时应当采取诚实信用的程序手段，以此增进公民对政府的信任；在实体上，信赖保护原则是指行政机关在决定是否撤销违法的行政行为时，应当考虑和尊重受益人对行政行为的真诚的信任和依赖。②

信赖保护原则的形成，既是从形式法治走向实质法治的需要，也是民主与法治相互渗透交融的结果。信赖保护原则的深刻性在于更坚决地改变以往个人利益无条件服从国家利益和公共利益的理念，更注重对个人权利的保护。③ 另外，信赖保护原则在维护行政行为信用、提高行政机关公信力方面至关重要。政府要取得国民的信赖，必须有良好的诚信度，这就迫切需要贯彻信赖保护原则。政府的诚信，不仅有利于缓和行政机关与行政相对人的对立紧张关系，提高行政管理的效率，更能大大减少腐败现象的发生，营造一个清廉服务型政府。

信赖保护原则不断发展和完善，协调公平、正义、秩序等法的基本价值要素，并将这些基本价值、要素融入行政法律制度中去，体现行政法的保护公民权益和维护行政秩序的终极价值。信赖保护原则的贯彻，有利于维护法的稳定性，防止行政机关行为之朝令夕改而置相对人于无所适从状态；同时，该原则一定程度上对行政机关而言是一种压力和规制，使其谨慎行政，从而减少草率

---

① 莫于川、林鸿潮：《论当代行政法上的信赖保护原则》，载《法商研究》2004年第5期。

② 参见应松年主编：《比较行政程序法》，中国法制出版社1999年版，第70页。

③ 肖淑玲：《政府诚信与公民权益——行政信赖保护原则研究》，载《西南民族大学学报（人文社科版）》2008年第9期。

行政对公益和私益的损害，形成稳定、有序的市场和社会环境。信赖保护原则的贯彻与强调，旨在从行政过程中形成一种机关的自律机制，一方面避免恣意行政之危害，另一方面在必要侵害之后对行政相对人予以补偿，以求秩序之安定。唯有信赖保护原则被真正贯彻遵循之时，方为"民本主义"实现之时。①

三、行政程序的可信赖性

"程序"是一部法律之中最具明确性的内容，因而，也是最可信赖的部分。作为行政程序法之基本原则，信赖保护原则要求行政程序设计以及依该程序运作的行政过程应当满足诚实守信之法则。② 信赖保护原则旨在追求更周到、更全面地保护行政相对人的合法权益的目的。因此，程序的可信赖性受如下原则保护：

（一）异动法定原则

受行政程序法之信赖保护原则拘束，行政决定一经作出，非有法定事由和未经法定程序不得随意撤销、废止或者改变。这既是行政行为公定力、确定力、拘束力、执行力的要求，又是保护行政相对人合法权益的需要。

（二）异动谨慎原则

受行政程序法之信赖保护原则拘束，授益性行政决定一经作出，即便作出该决定之行政主体事后发现有违法情形，只要这种违法情形不是因为相对人本身的过错所造成的，该决定不得被撤销或者改变，除非不予撤销或改变会对国家、社会公共利益造成严重损害。

（三）利益衡量原则

受行政程序法之信赖保护原则拘束，行政决定一经作出，如果事后据以作

---

① 张慧平：《行政程序法基本原则研究》，载《河北法学》2004 年第 1 期。
② 德国学者认为，信赖保护原则部分源自于法治国家原则中得到确认的法律安定性，部分源自于诚实信用原则。

出该行政决定的法律、法规、规章等进行了修改或者废止，或者据以作出该决定的客观情况发生重大变化，为了公共利益的需要，作出该决定之行政主体依法可以作出撤销、废止或者改变之决定；但在作出撤销、废止或者改变决定前，应当进行利益衡量，唯有在撤销、废止或者改变生效行政决定所可能获得之利益确实大于行政相对人故此所遭受之损失的条件下，这种撤销、废止或者改变决定才具有正当性，但必须给予行政相对人合理的信赖补偿或赔偿。可见，行政相对人的信赖都值得保护，只是公共利益与信赖利益相较量的结果不同。当信赖利益占上风时，不得撤销、变更或者撤回已经生效的行政决定；当公共利益占上风时，虽可撤销、变更或者撤回已经生效的行政决定，但并不能因此而无视信赖利益受损害的事实——信赖补偿或赔偿，这是兼顾公共利益与信赖利益的一种策略。至于信赖赔偿或补偿的范围，应由信赖利益受损害的程度决定。①

利益衡量原则作为信赖保护原则的核心要义，如何进行备受关注。一般认为，行政机关在对信赖利益与公共利益进行权衡时，应当考虑如下因素：撤销对受益人的影响；不撤销对公众和第三人的影响；行政行为的种类及成立方式（经由较正式行政程序所为的行政行为，受益人对其信赖的程度更大）；行政行为违法性的严重程度；行政行为作出后存在的时间长短。② 在对各方面因素作出全面、综合、细致的利益比较与衡量之后，行政主体将会作出最符合信赖保护原则的决定——维护更值得保护的利益。

（四）侵权赔偿原则

受行政程序法之信赖保护原则拘束，行政机关撤销、废止或者改变其违法作出的行政行为，如果这种违法情形不是因为相对人的过错造成的，并且相对人因此而受到损失的，行政机关应当对相对人受到的损失进行赔偿。如果行政机关是因为公共利益的需要而撤销、废止或者改变其合法作出的行政行为，相

---

① 周佑勇：《行政许可法中的信赖保护原则》，载《江海学刊》2005 年第 1 期。

② 周佑勇：《行政许可法中的信赖保护原则》，载《江海学刊》2005 年第 1 期。

对人因此受到的损失，由行政机关对其进行补偿。

典型案例 4-2：益民公司诉河南省周口市人民政府等违法案①

【裁判摘要】

1. 被诉行政行为虽然存在违法的情况，但是否导致行政行为无效或被撤销，应结合案件情况综合认定。

2. 在上诉人的燃气经营权被终止，其资金投入受损的情况下，市政府应根据政府诚信原则对其施工的燃气工程采取相应的补救措施予以处理。

3. 若法院撤销被诉违法行政行为会给公共利益造成重大损失，应该判决确认其违法。

【相关法条】

《中华人民共和国招标投标法》第 24 条、第 37 条

《最高人民法院关于执行〈中华人民共和国行政诉讼法〉若干问题的解释》第 56 条、第 58 条

《中华人民共和国行政诉讼法》第 61 条

【基本案情】

益民公司经工商注册成立于 1999 年 4 月（未取得燃气经营资格），经营范围为管道燃气、燃气具、高新技术和房地产。2000 年 7 月 7 日，原周口地区建设局以周地建城〔2000〕10 号文对益民公司作出《关于对周口市益民燃气有限责任公司为"周口市管道燃气专营单位"的批复》，该批复主要内容为："按照建设部第 62 号令、河南省人民政府第 47 号令、河南省建设厅豫建城〔1996〕69 号文之规定和'一个城市只允许批准一家管道燃气经营单位'的原则，根据设计方案及专家论证，该项目既能近期满足工业与民用对燃气的需要，又能与天然气西气东输工程接轨。经审查，批准你公司为周口城市管道燃气专营单位。"益民公司取得该文后，又先后取得了燃气站建设用地规划许可证，周口市（现周口市川汇区）大庆路、八一路等路段的燃气管网铺设建设

---

① 本案裁判文书详见附录 2。

工程规划许可证和建设工程施工许可证等批准文件。到一审判决为止，益民公司已在周口市川汇区建成燃气调压站并在该区的主要街道和部分小区实际铺设了一些燃气管道。2002 年 9 月 20 日，面对当时周口市两个燃气公司即益民公司和周口市燃气有限公司（由周口市政府与北京中燃公司联合组建，后来解散）并存的状况，市政府常务会议作出决议称："不管什么情况，在没弄清问题之前，益民公司铺设管道工作必须停止，此事由市规划管理局负责落实。"同年 9 月 23 日，周口市规划管理局作出了通知，其中称："根据《河南省〈城市规划法〉实施办法》第 33 条'在城市规划区内新建、扩建、改建建筑物、构筑物、道路、管线和其他工程设施，城市规划行政主管部门应提供规划设计条件，建设单位和个人必须取得建设工程规划许可证'的规定和周口市人民政府常务会议纪要〔2002〕5 号要求，不管什么情况，在没有弄清问题之前，益民公司铺设管道工作必须停止。"

2003 年 4 月 26 日，周口市发展计划委员会（以下简称市计委）向亿星公司、益民公司等 13 家企业发出邀标函，着手组织周口市天然气城市管网项目法人招标，同年 5 月 2 日发出《周口市天然气城市管网项目法人招标方案》（以下简称《招标方案》），其中称，"受周口市人民政府委托，周口市发展计划委员会组织人员编制了周口市天然气城市管网项目法人招标方案"。该方案规定，投标人中标后，周口市人民政府（以下简称市政府）委托周口市建设投资公司介入项目经营（市政府于 2003 年 8 月 15 日作出周政〔2003〕76 号文撤销了该公司，该公司未实际介入项目经营）。该方案及其补充通知中还规定，投标人应"按时将 5000 万元保证金打入周口指定账户，中标企业的保证金用于周口天然气项目建设"。益民公司在报名后因未能交纳 5000 万元保证金而没有参加最后的竞标活动。同年 5 月 12 日，正式举行招标。在招标时，市计委从河南省方圆招标代理有限责任公司专家库中选取了 5 名专家，另有周口市委副秘书长和市政府副秘书长共 7 人组成评标委员会。同年 6 月 19 日，市计委依据评标结果和考察情况向亿星公司下发了《中标通知书》，其中称："河南亿星实业集团有限公司：周口市天然气城市管网项目法人，通过邀请招标，经评标委员会推荐，报请市政府批准，确定由你公司中标。"同年6月20日，市政府作出周政〔2003〕54号《关于河南亿星实业集团有限公司独家经营周口市规划区域内城市管网燃气工程的通知》（以下简称54号文），其中称："为促进我市的经济发展，完善城市基础设施建设，提高居民生活质量，市政府同意周口市燃气城市管网项目评标委员会意见，由河南亿星实业集团公司独家经营周口市规划区域内城市天然气管网工程。"54号文送达后，河南亿星实业集团有限公司（以下简称亿星公司）办理了天然气管网的有关项目用地手续，购置了输气管道等管网设施，于2003年11月与中国石油天然气股份有限公司西气东输管道分公司（以下简称中石油公司）签订了"照付不议"用气协议，并开始动工开展管网项目建设。益民公司认为，市计委、市政府作出的上述《招标方案》《中标通知》和54号文违反了法律规定，并侵犯了其依法享有的管道燃气经营权，向河南省高级人民法院提起行政诉讼。

2003年11月9日，周口市建设委员会作出周建城〔2003〕39号文，以原周口地区建设局周地建城〔2000〕10号文授予益民公司管道燃气专营单位资格缺少法律依据，不符合有关规章和规范性文件，属越权审批为由废止了该文。

2003年4月24日，市政府办公室将"西气东输"工程周口市区域网部分列入市重点项目。此前，河南省政府办公厅亦将"西气东输"城市管网和各类大中型利用项目纳入省重点工程管理。

一审判决：1.确认市计委作出的《招标方案》《中标通知》和市政府作出的周政文〔2003〕54号文违法。2.由市政府对益民公司施工的燃气工程采取相应的补救措施。3.驳回益民公司的赔偿请求。

【裁判结果】

1.维持一审判决第一项、第三项；

2.一审判决第二项改为"责令周口市人民政府、周口市发展计划委员会于本判决生效之日起六个月内采取相应补救措施，对周口市益民燃气有限公司的合法投入予以合理弥补"。

二审案件受理费100元，由上诉人周口市益民燃气有限公司负担。

【裁判理由】

二审人民法院认为，虽然市计委作出《招标方案》、发出《中标通知书》及市政府作出 54 号文的行为存在适用法律错误、违反法定程序之情形，且影响了上诉人益民公司的信赖利益，但是如果判决撤销上述行政行为，将使公共利益受到以下损害：一是招标活动须重新开始，如此则周口市"西气东输"利用工作的进程必然受到延误。二是由于具有经营能力的投标人可能不止亿星公司一家，因此重新招标的结果具有不确定性，如果亿星公司不能中标，则其基于对被诉行政行为的信赖而进行的合法投入将转化为损失，该损失虽然可由政府予以弥补，但最终亦必将转化为公共利益的损失。三是亿星公司如果不能中标，其与中石油公司签订的"照付不议"合同亦将随之作废，周口市利用天然气必须由新的中标人重新与中石油公司谈判，而谈判能否成功是不确定的，在此情况下，周口市民及企业不仅无法及时使用天然气，甚至可能失去"西气东输"工程在周口接口的机会，从而对周口市的经济发展和社会生活造成不利影响。根据《关于执行〈中华人民共和国行政诉讼法〉若干问题的解释》第 58 条关于"被诉具体行政行为违法，但撤销该具体行政行为将会给国家利益或者公共利益造成重大损失的，人民法院应当作出确认被诉具体行政行为违法的判决，并责令被诉行政机关采取相应的补救措施"之规定，应当判决确认被诉具体行政行为违法，同时责令被上诉人市政府和市计委采取相应的补救措施。由于周地建城〔2000〕10 号文已被周口市建设局予以撤销，该文现在已不构成被诉具体行政行为在法律上的障碍，因此就本案而言，补救措施应当着眼于益民公司利益损失的弥补，以实现公共利益和个体利益的平衡。一审法院判决确认被诉具体行政行为违法并无不当，但其对补救措施的判决存在两点不足：一是根据法律精神，为防止行政机关对于采取补救措施之义务无限期地拖延，在法律未明确规定期限的情况下，法院可以指定合理期限，但一审判决未指定相应的期限。二是一审判决仅责令市政府采取相应的补救措施，而未对市计委科以应负的义务。

同时，益民公司一审期间向法院提交的其与天津东海燃气投资公司签订的建设天然气供气工程合同、与河南三月风公司签订的合资协议等证据，不能证明其所称损失的存在，一审法院根据当时举证情况作出认定并判决驳回益民公司提出的赔偿请求正确。益民公司在二审中向本院提交的 2003 年 6 月以后直接经济损失一览表、周口申鑫会计师事务所 2004 年 11 月 22 日出具的审计报告、益民公司与中国水利水电闽江工程局东南分公司建设施工合同及后者的索赔函、益民公司与河南建原燃气工程公司施工合同及后者的工程索赔明细表、益民公司与王学堂租赁场地与厂房合同及后者的催款通知、益民公司与河南协力工程建设集团施工合同书及后者催要工程款的通知、部分已安装供气户和待供气户证明等证据，系于一审判决之后取得，其在一审期间无法向法院提交，故其可以向二审法院提交，但这些证据材料不能用来支持其提出的由市政府和市计委赔偿其除铺设管道等投资以外的其他直接经济损失 3500 万元的行政赔偿请求。首先，其提供的证据除了租赁场地、厂房协议外，均属铺设管道等投资的范畴，超出了其提出的行政赔偿请求的范围，故这些证据材料与本案不具有关联性。其次，租赁场地、厂房的费用损失系由停工造成，而停工是周口市规划局作出的停工通知导致的后果，与被诉具体行政行为没有因果关系。再次，除审计报告之外的证据材料都是其尚未履行的债务证明，还没有转化为直接损失，不属于《国家赔偿法》中规定的可赔偿范围。据此，益民公司就铺设管道等投资之外的直接经济损失提出的行政赔偿请求不能成立，根据《最高人民法院关于审理行政赔偿案件若干问题的规定》第 33 条关于"原告的请求没有事实根据或者法律依据的，人民法院应当判决驳回原告的诉讼请求"之规定，应当判决驳回益民公司提出的行政赔偿请求。

第五章　行政程序法治的基本制度

　　行政程序法的基本制度是指贯穿行政程序各阶段并规范行政权行使的规则体系之总称，具体包括信息公开制度、行政告知制度、表明身份与说明理由制度、行政听证制度、行政回避制度、行政时效与期限制度以及行政证据制度。其一，信息公开制度。信息公开制度是指规范行政主体公开其在履职过程中制作或获取的政府信息的制度。信息公开包括主动公开和应申请公开两种方式，相应地，信息公开所应遵循的程序也包括主动公开之程序和应申请公开之程序。其二，行政告知制度。行政告知制度是指规范行政主体在履职过程中告知行政相对人与行政行为相关事宜的制度。行政告知应当做到一次性告知、在法定时限内告知、采取书面形式告知，告知的内容应当包括行政行为的内容、理由、依据以及相应的参与和救济途径。其三，表明身份与说明理由制度。表明身份是指行政主体及其工作人员在行使行政职权时应当向行政相对人证明自己具备相关资格。说明理由则是指行政主体在作出行政决定时，必须向行政相对人说明作出该行政决定的事实与法律依据。其四，行政听证制度。行政听证是指行政主体在行使职权过程中应当依照法定方式与程序听取行政相对人之意见。行政听证见诸行政立法、行政决策、行政决定等领域，一般应当遵循通知听证、举行听证、作出听证结果等程序。其五，行政回避制度。行政回避是指行政公务人员若涉嫌与其存在利害关系之行政事务，应终止相关职务活动。行政回避包括公务人员自行回避、行政相对人申请回避、行政主体命令回避三种方式。其六，行政时效与期限制度。行政时效是指一定的事实状态经过一定的时间后即产生特定的法律后果。行政期限则是指行政主体和行政相对人进行行政活动所应遵循的时限。其七，行政证据制度。行政证据是指在行政活动过程中认定事实所依据的材料。行政程序法上的行政证据制度大体上包括证据定义及种类、行政举证责任和证据审查判断三个方面的内容。

在其一般意义上，"广义的行政程序是指行政机关为了作成决定、采取其他措施或者签订合同而进行的所有的活动的总称"。① 而行政程序法的基本制度是对普遍存在于行政程序各个阶段，并对行政权的行使具有一定指导和规范作用的方法、步骤、时限等规则体系的总称。行政程序法的基本制度是将行政程序法原则转化为具体可操作的法律规范的中间环节，具有相对的独立性和规范性、明确性以及可操作性。就其内容而言，具体包括信息公开制度、行政告知制度、表明身份与说明理由制度、行政听证制度、行政回避制度、行政时效与期限制度以及行政证据制度。

第一节 信息公开制度

基于民主行政之原理，行政职权不仅必须依法行使，而且必须以看得见的方式行使。有鉴于此，"二战"以后，信息公开、阳光政府逐渐成为行政制度发展的一个新趋势；从欧美到亚洲，各国纷纷制定相关法律，建立了政府信息公开或情报自由制度。在我国，也于2007年颁布了《政府信息公开条例》，开始着手阳光政府的建设；随着改革的深入和社会信息化的快速发展，现行条例在实施过程中也不可避免地遇到了一些新问题，为此，国务院办公厅、法制办在总结政府信息公开实践经验的基础上，于2017年7月起草并公布了《政

---

① ［德］哈特穆特·毛雷尔著：《行政法学总论》，高家伟译，法律出版社2000年版，第451页。

府信息公开条例（修订草案征求意见稿）》（以下简称"征求意见稿"），得益于此，我国《政府信息公开条例》的修订工作迈上了新台阶。2019 年 4 月 3 日，《政府信息公开条例》经国务院令（第 711 号）修订，自 2019 年 5 月 15 日起施行。我国政府信息公开制度迎来了历史新阶段。

一、政府信息公开之法理

在我国，学术界对于"政府信息公开"有情报公开、政务公开、行政公开、咨询公开等不同提法。根据新修改的《政府信息公开条例》的规定，政府信息意指行政机关在履行行政职责过程中制作或者获取的，以一定形式记录、保存的信息。据此，政府信息公开应当包括两个方面的意涵：（1）行政机关履行职责的过程应当公开透明；（2）行政主体履行职责过程中所制作或者获取的，以一定形式记录、保存的信息等应当对行政相对人和社会开示或公布。作为有效解决公共信息交流问题的正式制度安排，信息公开制度越来越受到各国政府的重视。究其法理，简述如下。

（一）公民知情权应受尊重

在现代社会，公民获知行政信息的权利被认为是一项基本人权；它既具有生存权属性，是"由生存权派生出来的一项基本人权"，[1] 又具有表达权与政治权利属性；它是公民行使表达自由和言论自由等基本人权的必要前提，也是公民政治权利的有机内容。"制度的公开性保证介入者知道对他们相互期望的行为的何种界限以及什么样的行为是被允许的。存在着一个决定相互期望的共同基础。"[2] 既然公民获知政府信息是一项基本权利，那么向社会公开政府信息则顺理成章地成为政府的一项基本义务。在这个意义上说，政府信息公开与否以及公开程度，实际上已经成为判断政府正当性之基本指标。

---

[1] 郭道晖：《知情权与信息公开制度》，载《江海学刊》2003 年第 1 期。
[2] ［美］约翰·罗尔斯著：《正义论》，何怀宏、何包钢、廖申白译，中国社会科学出版社 1988 年版，第 52 页。

（二）阳光是最好的防腐剂

孟德斯鸠曾说："一切有权力的人都容易滥用权力，这是万古不易的一条经验，有权力的人们使用权力一直到遇有界限的地方才停止。"① 暗箱操作滋生腐败，而阳光就是最好的防腐剂，"阳光政府法"也因此被认为是"二战"之后行政法发展史上的一个具有全球性意义的趋向。作为"阳光政府法"的核心内容，政府信息被视为判断行政过程及其后果是否符合正义的基本标准，因为"信息公开是以宪法上的国民主权为其法理念性基础的。② 并且，其目的在于依据从这里所得到的信息，使对行政的公正参与和监视成为可能"。③

（三）沟通最好即政府最好

伴随着改革开放以来历代领导人治国理念的日益与时俱进，中国正在经历一个行政转型的过程，其基本趋向主要表现为"行政理念逐渐从管理向治理转变，政府职能逐渐从全能向有限转变，行政方式逐渐从强制型向合作型转变，以及政府角色逐渐从管理者向服务者转变"。④ 基于此，政府与社会之间的互信程度，构成了现代行政必须考量的基本因素。而互信取决于沟通，只有在具备良好的沟通渠道的前提下，政府与社会之间互信才成为可能，政府信息公开制度正是这样一种沟通机制。⑤ 政府信息公开制度通过政府的坦诚布公与行政

---

①　转引自宋雅芳著：《行政程序法专题研究》，法律出版社 2006 年版，第 84 页。

②　信息公开的主旨在于让民众亲眼见到正义的实现过程。故此，行政信息公开就是行政主体在行使行政权力的过程中，应当依法将行政权力运行的依据、过程和结果等信息向行政相对人和社会公众公开，以使其知悉并有效参与和监督行政权力的运行。周佑勇：《行政法的正当程序原则》，载《中国社会科学》2004 第 4 期。

③　［日］盐野宏著：《行政法总论》，杨建顺译，北京大学出版社 2008 年版，第 217 页。

④　江国华：《行政转型与行政法学的回应型变迁》，载《中国社会科学》2016 年第 11 期。

⑤　行政信息公开就是在政府与公众或相对人之间架起了一座相互沟通的桥梁，使得更多的公众或者相对人可以通过这个桥梁，参与到政府的活动中来。Stephen M. Johnson, The Internet Changes Everything: Revolutionizing Public Participation and Access to Government Information through the Internet, 50 Admin. L. Rev. , p. 277.

的持久开放、公众对行政信息的了解与对行政活动的参与，以及双方积极的协商、交流与对话，实现政府与社会之间的信息对流，达成彼此信任与合作之目的。① 在这个意义上说，沟通程度决定了政府与社会之间的信任程度；信任程度又决定了政府与社会之间的合作效果；合作效果则决定了行政目标的实现程度。所以，在现代社会，沟通最好即政府最好。

二、政府信息公开之原则

政府信息公开的基本原则是贯穿、指导立法以及法律实施的基本准则，对于指导政府信息公开立法，保障法律的实施具有重要的指导意义。根据《政府信息公开条例》第 5 条之规定，行政机关公开政府信息，应当坚持以公开为常态、不公开为例外，遵循公正、公平、合法、便民的原则。

（一）依法公开原则

我国《政府信息公开条例》确立了"以公开为常态、不公开为例外"的原则，规定"除法律、行政法规另有规定外，政府信息应当公开"。同时参考国外立法，对于不予公开的政府信息做了进一步的具体规定。② 政府信息公开是原则，不公开是例外，这是政府信息公开法的一项基本原则。只有坚持依法公开，政府信息公开的规范性、稳定性、可操作性等才能得到保障，才能真正促进民主，保证公民知情权的实现。故此，各国的信息公开法一般都明确作出

---

① "追求秘密目标，或者在有效行使其适当职能所需要的更大的保密范围内行事……的政府将失去人民的信任。"［英］卡罗尔·哈洛、理查德·罗林斯：《法律与行政》，杨伟东等译，商务印书馆 2004 版，第 221 页。

② 根据《政府信息公开条例》第 14、15、16 条的规定，依法确定为国家秘密的政府信息，法律、行政法规禁止公开的政府信息，以及公开后可能危及国家安全、公共安全、经济安全、社会稳定的政府信息；涉及商业秘密、个人隐私等公开会对第三方合法权益造成损害的政府信息，行政机关不得公开。但是，第三方同意公开或者行政机关认为不公开会对公共利益造成重大影响的，予以公开。行政机关的内部事务信息，包括人事管理、后勤管理、内部工作流程等方面的信息，可以不予公开。行政机关在履行行政管理职能过程中形成的讨论记录、过程稿、磋商信函、请示报告等过程性信息以及行政执法案卷信息，可以不予公开。法律、法规、规章规定上述信息应当公开的，从其规定。

类似的规定，主要包括：（1）依法公开行政信息是政府的义务。（2）只要不属于不能公开的事项，原则上都应当向社会公众公开。（3）政府信息公开的范围、内容、途径、程序等都必须有法可依，必须依照具体的法律规范的明确规定加以贯彻执行。

（二）平等与平衡原则

政府信息公开应贯彻平等与平衡之原则。其中平等原则有三重意味：（1）政府信息乃公共资源，政府信息公开法应当恪守"平等供给"之法则，确保人人都平等地享有获取政府信息的权利。① （2）除了与特定政府信息有利害关系的相对人外，即使是与该信息无关的相对人也有权获得政府信息，没有资格限制。（3）如果政府机关拒绝公开政府信息，相对人也有平等的申诉权。同时，利益平衡原则要求对政府信息公开的权利进行必要的限制，以平衡各方的利益。具体有三：（1）政府在公开信息时以不能侵犯他人的隐私权、商业秘密、国家安全和其他公共利益为前提。（2）公众在行使知情权时不得侵犯其他人的合法权益，以进行必要的利益衡量。（3）根据新修改的《政府信息公开条例》第14条之规定，政府信息公开，不得危及国家安全、公共安全、经济安全和社会稳定。

（三）准确与及时原则

根据新修改的《政府信息公开条例》第6条之规定，行政机关应当及时、准确地公开政府信息。据此，政府信息公开应贯彻准确与及时之原则。一方面，准确原则之要求有二：（1）政府所公开的信息必须满足真实性和准确性法则；不得发布虚假信息，以误导行政相对人；（2）对于在生活中传播的不准确的行政信息，政府有义务在其职责范围内予以澄清，以免以讹传讹，误导

---

① 因为政府机构制定的法律、法规、规章以及其他规范性文件等，其收集、利用、传播、保存和负责处置信息所需的资金等都是来源于人民所缴纳的税款。黄学贤主编：《中国行政程序法的理论与实践——专题研究述评》，中国政法大学出版社2007年版，第159页。

行政相对人。行政主体发现影响或者可能影响社会稳定、扰乱社会管理秩序的虚假或者不完整信息的，应当在其职责范围内发布准确的政府信息予以澄清。另一方面，及时原则之要求亦有二：（1）政府必须在法律规定的时限内公开相关信息，以确保其所公开之信息的有效性；（2）因信息公开迟延或者发布过时信息而对相对人造成不有利影响的，应承担相应的法律后果。

（四）信息协调原则

根据新修改的《政府信息公开条例》第11条之规定，行政机关应当建立健全政府信息公开协调机制，此即信息协调原则之依据。根据该项原则：（1）行政机关公开政府信息涉及其他行政机关的，应当与有关行政机关进行协商、确认，保证行政机关公开的政府信息准确一致；（2）行政机关公开政府信息依照国家有关规定需要批准的，未经批准不得公开。

三、政府信息公开之范围

政府信息公开之范围涉及三个方面的内容，分别是"主动公开"之范围、"依申请公开"之范围以及"免予公开"之范围。

（一）"主动公开"之范围

根据《政府信息公开条例》之规定，行政机关应当主动公开"对涉及公众利益调整、需要公众广泛知晓或者需要公众参与决策的政府信息"。[1] 就其具体内容而言，这类政府信息主要包括14项，分别是：（1）行政法规、规章和规范性文件；（2）机关职能、机构设置、办公地址、办公时间、联系方式、负责人姓名；（3）国民经济和社会发展规划、专项规划、区域规划及相关政策；（4）国民经济和社会发展统计信息；（5）办理行政许可和其他对外管理服务事项的依据、条件、程序以及办理结果；（6）实施行政处罚、行政强制的依据、条件、程序以及本行政机关认为具有一定社会影响的行政处罚决定；

---

[1] 参见《政府信息公开条例》第19条。

（7）财政预算、决算信息；（8）行政事业性收费项目及其依据、标准；（9）政府集中采购项目的目录、标准及实施情况；（10）重大建设项目的批准和实施情况；（11）扶贫、教育、医疗、社会保障、促进就业等方面的政策、措施及其实施情况；（12）突发公共事件的应急预案、预警信息及应对情况；（13）环境保护、公共卫生、安全生产、食品药品、产品质量的监督检查情况；（14）公务员招考的职位、名额、报考条件等事项以及录用结果。此外，该条还对应当主动公开的政府信息进行了兜底式规定，明确"法律、法规、规章和国家有关规定应当主动公开的其他政府信息"也应当公开。①

新修改的《政府信息公开条例》还对设区的市级、县级以及乡（镇）级政府应当主动公开的信息进行了规定，除了前述所有行政机关都应当主动公开的政府信息外，设区的市级、县级政府及其部门还应当"根据本地方的具体情况，主动公开涉及市政建设、公共服务、公益事业、土地征收、房屋征收、治安管理、社会救助等方面的政府信息"，而乡（镇）政府还应当"根据本地方的具体情况，主动公开贯彻落实农业农村政策、农田水利工程建设运营、农村土地承包经营权流转、宅基地使用情况审核、土地征收、房屋征收、筹资筹劳、社会救助等方面的政府信息"。②

（二）"依申请公开"之范围

除了行政机关主动公开的政府信息之外，根据《政府信息公开条例》之规定，公民、法人或者其他组织还可以向行政机关申请获取相关的政府信息。③ 需要注意的是，这里的"行政机关"的范围是"地方各级人民政府、对外以自己名义履行行政管理职能的县级以上人民政府部门"，也就是说，行政相对人不能向对外不以自己名义履行行政管理职能的县级以上人民政府部门，以及乡级政府部门申请获取政府信息。

---

① 参见《政府信息公开条例》第20条。
② 参见《政府信息公开条例》第21条。
③ 参见《政府信息公开条例》第27条。

（三）"免予公开"之范围

政府信息以公开为原则，以不公开为例外。在明确公开的范围之后，《政府信息公开条例》也对不公开的政府信息进行了明确规定。不予公开的政府信息主要有三类：（1）依法确定为国家秘密的政府信息，法律、行政法规禁止公开的政府信息，以及公开后可能危及国家安全、公共安全、经济安全、社会稳定的政府信息，不予公开。（2）涉及商业秘密、个人隐私等公开会对第三方合法权益造成损害的政府信息，行政机关不得公开。但是，第三方同意公开或者行政机关认为不公开会对公共利益造成重大影响的，予以公开。（3）行政机关的内部事务信息，包括人事管理、后勤管理、内部工作流程等方面的信息，可以不予公开。行政机关在履行行政管理职能过程中形成的讨论记录、过程稿、磋商信函、请示报告等过程性信息以及行政执法案卷信息，可以不予公开。法律、法规、规章规定上述信息应当公开的，从其规定。①

四、政府信息公开之程序

如前所述，政府信息之公开有行政机关主动公开与行政相对人申请公开两种基本方式，由此政府信息公开之程序也有行政机关主动公开之程序和行政相对人申请公开之程序两种。

（一）主动公开政府信息之程序

对于应当主动公开的政府信息，行政机关须遵循如下基本程序进行公开：

其一，行政机关应当将主动公开的政府信息，通过政府公报、政府网站、政务新媒体、新闻发布会以及报刊、广播、电视等途径公开。

其二，行政机关应当提供一定的条件使公众能有更有效地获取政府信息，这些条件包括四种：（1）各级人民政府应当依托政府门户网站，逐步建立统一的政府信息公开平台，集中发布主动公开的政府信息，并提供信息检索、查

---

① 参见《政府信息公开条例》第14~16条。

阅、下载等服务。（2）各级人民政府应当在国家档案馆、公共图书馆、政务服务场所设置政府信息查阅场所，并配备相应的设施、设备，为公民、法人和其他组织获取政府信息提供便利。（3）行政机关可以根据需要设立公共查阅室、资料索取点、信息公告栏、电子信息屏等场所、设施，公开政府信息。（4）行政机关应当及时向国家档案馆、公共图书馆提供主动公开的政府信息。

其三，行政机关应当编制、公布政府信息公开指南和政府信息公开目录，并及时更新。就其具体内容而言，应当包含如下三点：（1）政府信息公开指南应当包括政府信息的分类、编排体系、获取方式，政府信息公开工作机构的名称、办公地址、办公时间、联系电话、传真号码、电子邮箱等内容。（2）政府信息公开目录应当包括政府信息的索引、名称、内容概述、生成日期等内容。

（二）应申请公开政府信息之程序

对于应行政相对人申请而公开的政府信息，其公开程序分为申请、答复、处理、提供四个步骤。

其一，申请。公民、法人和其他组织向行政机关申请获取政府信息的，应当向政府信息公开工作机构提出，并采用包括信件、数据电文在内的书面形式；采用书面形式确有困难的，申请人可以口头提出，由受理该申请的政府信息公开工作机构代为填写政府信息公开申请。政府信息公开申请应当包括下列内容：（1）申请人的姓名或者名称、身份证明、联系方式；（2）申请公开政府信息的名称、文号或者便于行政机关查询的其他特征性描述；（3）申请公开的政府信息的形式要求，包括获取信息的方式、途径。①

其二，答复。对申请公开的政府信息，行政机关根据下列情况分别作出答复：（1）已经主动公开的，应当告知申请人查阅、复制该政府信息的方式、途径；（2）属于可以公开的，直接向申请人提供所申请的政府信息，或者告知申请人获取该政府信息的方式、途径和时间；（3）属于不予公开范围的，

①　参见《政府信息公开条例》第29条。

应当告知申请人并说明理由；（4）政府信息不存在的，应当告知申请人该政府信息不存在；（5）不属于本行政机关公开的，应当告知申请人，对能够确定该政府信息的公开机关的，应当告知申请人该行政机关的名称、联系方式；（6）行政机关已就政府信息公开申请作出答复，申请人向该行政机关重复提出相同或者相似申请的，应当告知申请人不予重复处理；（7）政府信息已经移交各级国家档案馆的，应当告知申请人按照有关档案管理的法律、法规和国家有关规定办理。①

其三，处理或决定。针对申请公开的政府信息内容不同，行政机关要作出不同的处理：（1）申请公开的政府信息中含有不应当公开的内容，但是能够作区分处理的，行政机关应当向申请人提供可以公开的信息内容。（2）行政机关认为申请公开的政府信息涉及商业秘密、个人隐私，公开后可能损害第三方合法权益的，应当书面征求第三方的意见；第三方应当自收到征求意见书之日起15个工作日内答复行政机关；第三方不同意公开或者逾期不予答复，但行政机关认为不公开可能对公共利益造成重大影响的，应当予以公开，并将决定公开的政府信息内容和理由书面告知第三方。（3）行政机关收到政府信息公开申请，能够当场答复的，应当当场予以答复。行政机关不能当场答复的，应当自收到申请之日起15个工作日内予以答复；如需延长答复期限的，应当经政府信息公开工作机构负责人同意，并告知申请人，延长答复的期限最长不得超过15个工作日。申请人向行政机关申请公开大量政府信息，行政机关无法在上述规定期限内答复申请人的，行政机关可以延迟答复并告知申请人。行政机关征求第三方和其他行政机关意见所需时间不计算在上述规定的期限内。

其四，提供。行政机关依申请公开政府信息，应当根据申请人的要求及获取政府信息的实际需要，确定提供政府信息的具体方式；按照申请人要求的形式提供危及政府信息保存安全或者公开成本过高的，可以通过安排申请人查阅相关资料，提供复制件、电子数据或者其他适当形式提供。②

---

① 参见《政府信息公开条例》第36条。
② 参见《政府信息公开条例》第40条。

（三）政府信息公开之监督与保障

为了确保政府信息公开制度的真正落实，新修订的《政府信息公开条例》设专章规定政府信息公开之监督与保障制度。

其一，工作考核、检查制度。政府信息公开工作考核、检查之要义有二：其一，各级人民政府应当建立健全政府信息公开工作考核制度、社会评议制度和责任追究制度，定期对政府信息公开工作进行考核、评议。其二，政府信息公开主管部门应当加强对政府信息公开工作的日常指导和监督检查，对行政机关未按要求开展政府信息公开工作的，予以督促整改或者通报批评；需要对负有责任的领导人员和其他直接责任人员追究责任的，依法向有权机关提出处理建议。政府信息公开主管部门应当对本级政府所属的行政机关政府信息公开工作人员定期进行培训。①

其二，年度工作报告制度。政府信息公开年度工作报告之要义有二：其一，县级以上各级人民政府部门和实行垂直领导的行政机关应当在每年1月31日前向所属政府信息公开主管部门提交本行政机关上一年度政府信息公开工作年度报告并向社会发布。政府信息公开主管部门应当在每年3月31日前发布本级政府信息公开工作年度报告。其二，政府信息公开工作年度报告应当包括下列内容：（1）行政机关主动公开政府信息的情况；（2）行政机关收到和处理政府信息公开申请的情况；（3）因政府信息公开被申请行政复议、提起行政诉讼的情况；（4）政府信息公开工作存在的主要问题及改进情况；（5）其他需要报告的事项。全国政府信息公开主管部门应当发布政府信息公开工作年度报告统一格式，并适时更新。②

其三，社会监督制度。公民、法人和其他组织认为行政机关依申请公开政府信息的行为侵犯其合法权益的，可以依法申请行政复议或者提起行政诉

---

① 参见《政府信息公开条例》第46、47、48条。
② 参见《政府信息公开条例》第49、50条。

讼。①

其四，责任追究制度。政府信息公开的责任追究制度要义有二：（1）行政机关未建立健全政府信息公开保密审查机制的，由上一级行政机关责令改正；情节严重的，对负有责任的领导人员和其他直接责任人员依法给予处分。（2）行政机关有下列情形之一的，由上一级行政机关责令改正；情节严重的，对负有责任的领导人员和其他直接责任人员依法给予处分；构成犯罪的，依法追究刑事责任：一是不依法履行政府信息公开职能的；二是不及时更新公开的政府信息内容、政府信息公开指南和政府信息公开目录的；三是违反本条例规定的其他行为。②

典型案例5-1：李某雄诉广东省交通运输厅政府信息公开案③

【裁判摘要】

公民、法人或者其他组织通过政府公众网络系统向行政机关提交政府信息公开申请的，如该网络系统未作例外说明，则系统确认申请提交成功的日期应当视为行政机关收到政府信息公开申请之日。行政机关对于该申请的内部处理流程，不能成为行政机关延期处理的理由，逾期作出答复的，应当确认为违法。

【相关法条】

《中华人民共和国政府信息公开条例》（2007年）第24条

【基本案情】

原告李某雄诉称：其于2011年6月1日通过广东省人民政府公众网络系统向被告广东省交通运输厅提出政府信息公开申请，根据《中华人民共和国政府信息公开条例》（以下简称《政府信息公开条例》）第24条第2款的规定，被告应在当月23日前答复原告，但被告未在法定期限内答复及提供所申请的

---

① 参见《政府信息公开条例》第51条。
② 参见《政府信息公开条例》第52、53条。
③ 本案裁判文书详见附录3。

政府信息，故请求法院判决确认被告未在法定期限内答复的行为违法。

被告广东省交通运输厅辩称：原告申请政府信息公开通过的是广东省人民政府公众网络系统，即省政府政务外网（以下简称省外网），而非被告的内部局域网（以下简称厅内网）。按规定，被告将广东省人民政府"政府信息网上依申请公开系统"的后台办理设置在厅内网。由于被告的厅内网与互联网、省外网物理隔离，互联网、省外网数据都无法直接进入厅内网处理，需通过网闸以数据"摆渡"方式接入厅内网办理，因此被告工作人员未能立即发现原告在广东省人民政府公众网络系统中提交的申请，致使被告未能及时受理申请。根据《政府信息公开条例》第24条、《国务院办公厅关于做好施行〈中华人民共和国政府信息公开条例〉准备工作的通知》等规定，政府信息公开中的申请受理并非以申请人提交申请为准，而是以行政机关收到申请为准。原告称2011年6月1日向被告申请政府信息公开，但被告未收到该申请，被告正式收到并确认受理的日期是7月28日，并按规定向原告发出了《受理回执》。8月4日，被告向原告当场送达《关于政府信息公开的答复》和《政府信息公开答复书》，距离受理日仅5个工作日，并未超出法定答复期限。因原告在政府公众网络系统递交的申请未能被及时发现并被受理应视为不可抗力和客观原因造成，不应计算在答复期限内，故请求法院依法驳回原告的诉讼请求。

法院经审理查明：2011年6月1日，原告李某雄通过广东省人民政府公众网络系统向被告广东省交通运输厅递交了政府信息公开申请，申请获取广州广园客运站至佛冈的客运里程数等政府信息。政府公众网络系统以申请编号11060100011予以确认，并通过短信通知原告确认该政府信息公开申请提交成功。7月28日，被告作出受理记录确认上述事实，并于8月4日向原告送达《关于政府信息公开的答复》和《政府信息公开答复书》。庭审中被告确认原告基于生活生产需要获取上述信息，原告确认8月4日收到被告作出的《关于政府信息公开的答复》和《政府信息公开答复书》。

【裁判结果】

广州市越秀区人民法院于2011年8月24日作出〔2011〕越法行初字第252号行政判决：确认被告广东省交通运输厅未依照《政府信息公开条例》第

24 条规定的期限对原告李某雄 2011 年 6 月 1 日申请其公开广州广园客运站至佛冈客运里程数的政府信息作出答复违法。

【裁判理由】

法院生效裁判认为，《政府信息公开条例》第 24 条规定："行政机关收到政府信息公开申请，能够当场答复的，应当当场予以答复。行政机关不能当场答复的，应当自收到申请之日起 15 个工作日内予以答复；如需延长答复期限的，应当经政府信息公开工作机构负责人同意，并告知申请人，延长答复的期限最长不得超过 15 个工作日。"本案原告于 2011 年 6 月 1 日通过广东省人民政府公众网络系统向被告提交了政府信息公开申请，申请公开广州广园客运站至佛冈的客运里程数。政府公众网络系统生成了相应的电子申请编号，并向原告手机发送了申请提交成功的短信。被告确认收到上述申请并认可原告是基于生活生产需要获取上述信息，却于 2011 年 8 月 4 日才向原告作出《关于政府信息公开的答复》和《政府信息公开答复书》，已超过了上述规定的答复期限。由于广东省人民政府"政府信息网上依申请公开系统"作为政府信息申请公开平台所应当具有的整合性与权威性，如未作例外说明，则从该平台上递交成功的申请应视为相关行政机关已收到原告通过互联网提出的政府信息公开申请。至于外网与内网、上下级行政机关之间对于该申请的流转，属于行政机关内部管理事务，不能成为行政机关延期处理的理由。被告认为原告是向政府公众网络系统提交的申请，因其厅内网与互联网、省外网物理隔离而无法及时发现原告申请，应以其 2011 年 7 月 28 日发现原告申请为收到申请日期而没有超过答复期限的理由不能成立。因此，原告通过政府公众网络系统提交政府信息公开申请的，该网络系统确认申请提交成功的日期应当视为被告收到申请之日，被告逾期作出答复的，应当确认为违法。

第二节　行政告知制度

行政告知制度意指行政主体在行使行政职权过程中，告知行政相对人相应行政行为的主要内容、理由和根据，相对人参与行政行为的权利以及途径，以及其对行政行为不服而表示异议以及寻求救济的途径、时限等一系列法律规范所构成的行政程序基本制度。① "行政行为必须正式通知收件人。通知是行政程序结束的标志，也是行政行为在法律上存在的起点。尚未通知的行政行为还不是行政行为，通知不仅是行政行为的合法要件，而且是行政行为的成立要件。如同法律在公报上公布才告成立，行政行为经通知才能在法律上成立。"② 行政告知制度有利于监督行政权力，提高行政执法的实效和行政相对人对于行政决定的接受程度，减少行政决定作出后的负面社会影响。

一、行政告知的原则

告知制度的程序价值主要通过使相对人了解行政程序的主要内容及其依据，确保行政相对人的知情权及参与权而实现相对人合法权益的保障，符合程序正义的告知应确保相对人在相关的行政程序环节中（如行政决定作出之前、决定之后尚处于可复议、复核阶段等）能以被告知的事实与依据等内容及时修正自身错误、搜集准备有利于自身的证据材料、调整申请、复议等主张要求的内容。③ 故而行政告知的原则一般应满足一次性告知、法定时限内告知两大原则。

（一）一次性告知

一次性告知原则要求行政机关在作出行政决定前、决定后等相关环节将行政案件的相关内容、理由、制度一次性告知行政相对人，而一般不允许故意隐瞒内容不予告知、分批次告知等行为。一次性告知原则可以确保相对人第一时间对案情的全部内容、理由、依据进行了解，有利于后续积极有效地参与行政程序，针对行政机关提出的问题、证据等为自身权益进行申请、抗辩。部分告

---

① 姜明安主编：《行政程序研究》，北京大学出版社 2006 年版，第 37 页。

② ［德］哈特穆特·毛雷尔著：《行政法学总论》，高家伟译，法律出版社 2000 年版，第 222 页。

③ 张树义主编：《行政程序法教程》，中国政法大学出版社 2005 年版，第 108 页。

知与分批次告知等形式任意性很大，告知的内容与分批根据完全取决于行政机关不符合程序正义，不利于制约行政机关审慎合法地行使行政权力；而且，部分告知或分批次告知可能会导致全部、部分内容因告知后准备时间较短而导致行政相对人无法申请或抗辩，从而损害行政相对人的合法权益。故而一般情况下，行政告知应以一次性告知为原则。

（二）法定时限内告知

与一次性告知类似，法定期限内告知同样是程序正义原则下从行政告知的实际效果处罚的考量，告知内容为行政相对人知悉后必须存在针对该内容进行准备、申请、抗辩的客观可能性，除去金钱等物质成本，充裕的准备时间是重要的客观条件，法律应严格规定告知行为的期限，敦促行政机关及时履行程序义务、行政相对人积极行使自身权利，此为程序正义所要确保的实质正义。如我国《行政许可法》第47条规定："行政许可直接涉及申请人与他人之间重大利益关系的，行政机关在作出行政许可决定前，应当告知申请人、利害关系人享有要求听证的权利。"第48条第1项规定，听证程序中"行政机关应当于举行听证的七日前将举行听证的时间、地点通知申请人、利害关系人，必要时予以公告"。此为从法定告知时限的硬性规定实现程序正义以保证行政相对人的合法权益。

二、行政告知的方式

行政告知制度一般应遵循书面告知原则，其要义有二：（1）书面告知有益于确保告知内容的完整呈现，书面告知的确定性也便于行政相对人对于案件的事实、理由、依据有更为清晰的认识，通过了解分析案件内容更好地行使知情权与参与权，维护自身权益主张。（2）书面告知也属于行政法治建设与留痕制度的内容，告知文书具备法律承认的效力，可以作为行政证据对案件事实进行证明，有利于监督行政权力的规范运行。如《行政处罚法》所规定的处罚决定书，其以书面形式对案件事实、理由、依据的载明，即是一种书面性的告知，相对人可依此知悉案件情况并视情况继续后续行政程序，也是对行政处罚权力的良性制约。

三、行政告知的内容

行政告知的内容应以事实、理由、根据为最低标准。行政告知既是行政主体的程序义务，也是行政相对人的程序权利。① 行政主体充分及时地履行程序义务，乃行政相对人有效行使参与权和知情权的前提条件——只有有效地告知案件内容，才能确保当事人的知情权与参与权。在立法上，各国行政程序法一般对告知内容作了专门规定，如我国《行政处罚法》第 31 条规定："行政机关在作出行政处罚决定之前，应当告知当事人作出行政处罚决定的事实、理由及依据，并告知当事人依法享有的权利。"美国《联邦行政程序法》规定，除相关的时间地点、管辖权之外，应该告知相对人审讯的法律依据与审讯涉及的事实与法律问题。②

典型案例 5-2：昆明威恒利商贸有限责任公司与昆明市规划局、第三人昆明市盘龙区人民政府东华街道办事处行政处罚纠纷案③

【裁判摘要】

1. 根据《中华人民共和国行政处罚法》（1996 年）第 32 条的规定，行政机关在作出行政处罚决定之前，应当告知当事人作出行政处罚决定的事实、理由及依据，并告知当事人依法享有的权利。行政机关未依照上述规定履行告知义务的，构成行政处罚程序违法。

2. 《中华人民共和国城市规划法》第 40 条规定："在城市规划区内，未取得建设工程规划许可证件或者违反建设工程规划许可证件的规定进行建设，严重影响城市规划的，由县级以上地方人民政府城市规划行政主管部门责令停止建设，限期拆除或者没收违法建筑物、构筑物或者其他设施；影响城市规

---

① 张树义主编：《行政程序法教程》，中国政法大学出版社 2005 年版，第 108 页。
② 参见美国《联邦程序法》第 554 条第 2 款。
③ 本案裁判文书详见附录 4。

划，尚可采取改正措施的，由县级以上地方人民政府城市规划行政主管部门责令限期改正，并处罚款。"上述规定的处罚对象，是未取得建设工程规划许可证件或者违反建设工程规划许可证件的规定进行建设的建设者，且只有当违法建设达到"严重影响城市规划"的程度时，才能作出限期拆除的处罚决定。

【相关法条】

《中华人民共和国行政处罚法》第 32 条

【基本案情】

2006 年 10 月 12 日，被告昆明市规划局依据昆明市《"12345"市政府市长热线受理交办件》和中共昆明市委、昆明市人民政府《信（访）事项转办函》，经现场勘查测绘后以第三人东华街道办事处在小龙路建设的建筑面积为 14 953.44 平方米的六层综合楼（地下一层，建筑面积 2469.28 平方米；地上五层，建筑面积 12484.16 平方米），未经规划行政主管部门审批，违反《中华人民共和国城市规划法》第 32 条、《云南省城市规划管理条例》第 27 条的规定，属于违法建设为由，依据《中华人民共和国城市规划法》第 40 条、《云南省城市规划管理条例》第 41 条的规定，作出了昆规法罚〔2006〕0063 号违法建设行政处罚决定，限第三人东华街道办事处于 2006 年 10 月 31 日前自行拆除违法所建的综合楼工程。原告昆明威恒利公司不服，以小龙路综合楼是自己投资建设的，被告昆明市规划局的处罚决定认定事实不清、程序违法且越权行政，侵犯了原告昆明威恒利公司的合法权益为由向该院提起行政诉讼。诉求依法撤销被告昆明市规划局昆规法罚〔2006〕0063 号《违法建设行政处罚决定书》，判令将处罚措施变更为罚款并补办手续，判令被告承担全部诉讼费用。在诉讼过程中，被告昆明市规划局于 2007 年 10 月 11 日以市规〔2007〕217 号《昆明市规划局关于撤销（昆规法罚〔2006〕0063 号）的决定》，撤销了被诉具体行政行为。

【裁判结果】

云南省高级人民法院经审理作出判决，确认被告昆明市规划局 2006 年 10 月 12 日作出昆规法罚〔2006〕0063 号《违法建设行政处罚决定书》违法，驳回原告昆明威恒利商贸有限责任公司要求判令将昆明市规划局的处罚措施变更为罚款并补办手续的诉讼请求。昆明威恒利公司不服，向最高人民法院提起上诉。最高人民法院作出最高法〔2008〕行终字第1号判决，驳回上诉，维持原判。

【裁判理由】

最高人民法院认为，第一，根据《中华人民共和国行政处罚法》第32条规定，行政机关在作出行政处罚决定之前，应当告知当事人作出行政处罚决定的事实、理由及依据，并告知当事人依法享有的权利。被上诉人昆明市规划局作出昆规法罚〔2006〕0063号行政处罚决定之前，没有告知第三人东华街道办事处作出处罚决定的事实、理由及依据和第三人东华街道办事处依法享有的权利，一审判决认定程序违法，并无不当。第二，《中华人民共和国城市规划法》第40条规定："在城市规划区内，未取得建设工程规划许可证件或者违反建设工程规划许可证件的规定进行建设，严重影响城市规划的，由县级以上地方人民政府城市规划行政主管部门责令停止建设，限期拆除或者没收违法建筑物、构筑物或者其他设施；影响城市规划，尚可采取改正措施的，由县级以上地方人民政府城市规划行政主管部门责令限期改正，并处罚款。"据此，未取得建设工程规划许可证件或者违反建设工程规划许可证件的规定进行建设的处罚对象是违法建设的建设者，且只有在违法建设达到"严重影响城市规划"的情况下才能作出限期拆除的处罚决定。被上诉人昆明市规划局提供的证据不足以证明小龙路综合楼的建设者是第三人东华街道办事处及小龙路综合楼的建设已经达到"严重影响城市规划"的事实，一审判决认定作出被诉具体行政行为的主要证据不足，有事实和法律依据。

第三节　表明身份与说明理由制度

一、表明身份制度

作为行政告知制度的组成部分，表明身份制度常被作为行政执法活动的前置性程序。其是指行政主体及其工作人员在履行行政职权、作出行政决定之前，以适当的方式向行政相对人证明自己享有该项职权并作出相应行政决定之资格的原则与规则之总称。表明身份这一概念包含了两个关键词，一是"表明"，二是"身份"。"表明"要求行政工作人员向相对方示明身份，要达到使相对方明确或者应当明确的程度。因此，"表明"一词也包含了两个要素，即表明之方式与明确之程度。而表明身份制度中的"身份"，应包含两种含义：一种是代表行政机关行使行政权的行政身份；另一种则是区别于其他执法人员的个人身份。前者用于证明执法身份的合法性，更具旨要性；而后者则是为了满足相对人的知情权，同时便于相对人对执法人员个体的监督。

表明身份的适用主体主要是行政执法人员，即执法类公务员。而其适用对象主要是作出行政行为的现场的行政相对人、利害关系人、其他行政参与人以及可能中途参与到行政程序中的不确定的群体。

至于表明身份的形式，通常包括统一着装、佩戴统一标志、出示工作证件等。譬如，根据我国《行政处罚法》第37条之规定，行政机关在调查或者进行检查时，执法人员不得少于两人，并应当向当事人或者有关人员出示证件。就其分类而言，表明身份的形式可以分为主要的表明身份的形式和辅助的表明身份的形式。其中，主要的表明身份的形式应当足以使相对方明确行政执法人员的行政身份，即能够单独证明行政执法人员具备作出相应行政行为的资格与权限，其大致包括出示执法证件（行政执法资格证）、出示临时执法类证件、出示工作证件、出示令状类证明文件等方式。而辅助的表明身份的形式，是指单独以该种形式不足以使相对方明确其行政身份，只能在主要的表明身份的形式的基础上，用以辅助证明其行政身份。辅助的表明身份的形式主要有穿着制服和佩戴执法标识。

虽然表明身份是正当程序的应有之义，但特殊情形下依旧存在事先表明身份义务的免除。免除事由主要是情况紧急，来不及出示执法证件；或者行政行为的内容特殊，不宜事先让相对人知悉执法人员的身份。具体而言，事先表明身份义务的免除主要发生在以下四种情形：一是紧急情况下事先表明身份义务的免除；二是隐蔽性执法事先表明身份义务的免除；三是对明显无辨别能力人的行政强制行为；四是执法身份无须主动表明即已达到足够明确的程度。①

二、说明理由制度

所有的意思决定均有某种理由，此点不论系私人之决定抑或行政之决定，均无不同。"行政机关应说明理由之要求，系源自于法规范，故本诸于依法行政原则之要求，行政机关即受有拘束，强制其负有此项义务。因此，乃有称之未说明理由义务。"② 说明理由制度意指行政主体在作出行政决定时，必须向当事人说明作出该行政决定之客观原因以及法律依据。例如我国《行政处罚法》第31条规定："行政机关在作出行政处罚决定之前，应当告知当事人作出行政处罚决定的事实、理由及依据，并告知当事人依法享有的权利。"行政行为说明理由作为保障行政相对人程序参与的重要制度，要求行政主体在作出行政行为之时，必须向行政相对人阐明行为依据。通过履行说明理由义务，强化对行政行为的程序控制，既能保障决策理性，又能提高个人对行政行为的接受程度。

（一）说明理由的机能

在德国学者 R. Dolzer 看来，说明理由的机能主要包括说服机能、权利保护机能、统制机能和说明机能。③

其一，说服机能。说服机能系指说服相对人，使其较容易接受行政机关的决定。此项机能可间接推演出纷争预防机能，因此又可称之为市民对行政之信赖感酿成机能。具体而言，如果行政机关在作出行政行为时未表示理由，或者虽已表示但仍不明确，则市民将怀疑该决定的正当性，而产生不信任感。反之，理由若明确、易懂、能信服，则其决定较容易被接受，且亦增加市民对行

---

① 参见张硕：《作为一般前置性程序的表明身份制度》，载《湖北警官学院学报》2014年第9期。

② 参见城仲模主编：《行政法之一般法律原则（二）》，台湾三民书局1997年版，第539页。

③ 参见城仲模主编：《行政法之一般法律原则（二）》，台湾三民书局1997年版，第539页。

政之信赖感。

其二，权利保护机能。权利保护机能系指有助于向法院主张权利保护，亦即具有助于市民提起争讼。因明确表示决定理由，除使市民得以理解其决定，并且有可能判断为争执是否具有对之提起争讼的手段，及为争执应针对何点与如何攻击。

其三，统制机能。统制机能系指行政之自我控制功能，即行政机关经由对其处分之理由说明，以控制该处分符合依法行政原则之要求。

其四，说明机能。就行政机关与法院而言，原处分所附加的处分理由可给予有关该处分的法律上及事实上基础最原始的资料，从而有助于确定特定行政决定的规律内容、诉讼上的诉讼标的。

（二）说明理由的内容

行政行为说明理由的内容主要包括事实认定理由、法律适用理由和裁量考虑理由三个部分。

其一，事实理由，是指作出行政行为所依据的能够被具体的法律构成要件所涵摄的案件事实。行政机关对案件事实的认定主要受到程序法以及证据规则的规范，事实认定的理由说明不仅是对案件调查结果的简单告知，更需要将书证、物证、证人证言、勘验笔录等证据的获取、采纳以及证明过程进行说明，尤其是证据的可采性问题。

其二，行政行为的法律适用理由，即行政行为理由的法律依据，是指能够支撑行政机关作出行政决定的法律规范。当同一案件事实涉及不同的法律规范时，行政机关可能会在位阶不同或相互冲突的规范之间进行选择，其法律适用是否正确，关乎实体决定合法与否，行政机关必须说明行为最终赖以作出的法律基础，并阐明为何适用该法律。

其三，裁量考虑理由。行政程序作为控权机制之一，要求行政主体必须说明行政裁量所考虑的因素，为裁量权的行使提供正当性基础。裁量权的行使广泛存在于事实认定与法律适用的过程之中，例如案件事实的筛选、证据的采信、规则的选择与解释等。对于行政裁量权行使之理由的说明，行政主体必须阐明行政裁量的实体考虑以论证行政决定的正当性，不仅应包括法定裁量要件，还包括结合案件具体情况对国家政策、社会风俗、道德习惯、公共利益等因素所作的考虑。对于有争议的事项，必须告知其同意或反对的理由，以及相关的考虑和权衡之处。

（三）说明理由制度内容

在制度内容方面，行政说明理由制度主要包括以下内容：

其一，说明理由的时间。行政主体说明理由一般都是在行政程序结束之前完成的，具体又可以分为两种情况：（1）在作出行政决定的同时，随附说明理由；[1]（2）在行政决定作出之后说明理由。[2]

其二，说明理由的方式。行政决定说明理由应当以书面形式表现，具体可以通过以下几种方式表现：（1）随附于行政决定书；（2）通告，即行政主体将行政决定理由通过书面文件予以公布；（3）单独的说明理由说明书，即行政主体依行政相对人的申请，或者在紧急情况消失后针对紧急情况下所作出的行政行为，以专门文件说明理由；（4）随附在正式的行政规章中，以序言的形式出现——这往往是抽象行政行为作出时，说明该行政行为的目的和依据。

其三，说明理由的主体。基于谁决定谁说明理由之原则，行政决定说明理由之主体包括：（1）行政行为由一个行政主体单独作出的，则该行政主体为行政决定说明理由主体；（2）行政决定由两个以上行政主体以共同的名义联合作出的，署名的行政主体均为行政决定说明理由主体；（3）由法律、法规授权的组织作出该行政决定的，该组织即行政决定说明理由主体；（4）由受委托组织作出行政决定的，该受委托组织的委托机关为行政决定说明理由主

---

[1] 这种情况是行政主体作出行政决定书的时候，要说明作出决定的事实、法律依据以及行使行政裁量权时考虑的公共政策、公共利益、习惯和公理等因素。

[2] 主要有三种情况：（1）在行政主体作出行政行为时有紧急情况，法律规定可以暂缓说明理由；（2）或者法律规定由行政相对人申请，行政主体说明作出行政行为的理由；（3）以及经过司法审查，行政主体被要求作出行政行为理由三种情形下。宋雅芳著：《行政程序法专题研究》，法律出版社 2006 年版，第 223 页。

体；（5）由地方人民政府派出机关作出行政决定的，该派出机关即行政决定说明理由主体；（6）由政府工作部门依法设立的派出机构作出行政决定的，如果该派出机构是以自己名义作出的，该派出机构为行政决定说明理由主体；如果该机构是以政府工作部门名义作出，那么政府的工作部门是行政决定说明理由主体。

其四，违反说明理由制度的法律后果。行政主体负有说明理由的义务，如果违反了该义务，行政主体就要承担相应的法律后果。具体而言：（1）违反强制性行政说明理由义务，该行政决定应当认定为可撤销行政行为。（2）违反任意性说明理由义务的，若相对人提出异议，只要该行政主体能够证明不说明理由的正当缘由，不影响行为的合法性；若行政主体不能提供不说明理由的正当缘由，则应当认定该决定属于可撤销的行政行为。（3）说明理由错误的，若属于行政决定依据或者法律依据错误，则应认定为可撤销行为；若属于法律后果选择不当，则应优先予以变更或者在撤销后责令重作。（4）说明理由不充分的，若属于合法性理由中的主要理由欠缺，则该应当属认定为可撤销的行政行为；若属于合法性理由中的次要理由或者正当性理由欠缺，则应当允许行政主体"补正"该行为。（5）说明理由的时间和方式不合法的，若属于有可能引起行政行为的撤销。如果在作出行政行为时没有说明理由，但是在事后可以在行政相对人申请复议或者诉讼之前向相对人说明理由，否则就应当认定为可撤销的行政行为。①

第四节　行政听证制度

任何权力必须公正行使，对当事人不利的决定必须听取他的意见，这是英美普通法的一个重要原则，称为自然公正原则。② 自然公正原则"在司法表现

---

① 参见宋雅芳著：《行政程序法专题研究》，法律出版社 2006 年版，第 228~229 页。

② 参见王名扬著：《英国行政法》，北京大学出版社 2007 年版，第 116~117 页。

为法官判案时必须听取双方的意见，不能偏听一面之词；在行政上，这个原则表现为行政机关的决定对当事人有不利的影响时必须听取当事人的意见，不能片面认定事实，剥夺对方辩护权利。听取利害关系人意见的程序，法律术语称为听证，是公正行使权利的基本内容"。① 众所周知，美国宪法第 5 条修正案所规定的正当法律程序一直为各界称道，而听证制度就是涵括于其中的一大亮点。美国宪法上的正当法律程序在行政法上的意义就是行政机关公正行使权力，即行政机关在对当事人作出不利的决定时，必须听取当事人的意见，所以听证是美国公民根据宪法正当法律程序所享有的权利。②

作为一种行政程序法制度，行政听证制度意指行政主体行使职权过程中依照法定方式与程序听取相关相对人意见的各种规范和规则之总称。其具体内容有三：一是行政主体在行使职权、作出影响相对人合法权益的行政决定之前，应告知其听证权利；二是针对影响自己权益的行政决定，行政相对人有权向作出该决定之行政主体陈述意见、提供证据；三是行政主体依法听取意见、接纳证据并作出相应决定。

一、行政听证之范围

虽然现在机关活动形式的多样化已成为现代化国家的必然趋势，行政听证也能为行政过程渗入民主性与合理性元素，但同样不可否认的是，举行听证的耗时费力与行政活动对效率的天然追求并不总能完全兼容。有介于此，世界多国立法都明确划定了行政听证的范围，即便在听证制度已经炉火纯青的美国，其行政程序法的第 4 条也对听证作出了例外规定，将机密法规、内部法规、解释性法规、私经济行为法规和紧急法规排除在听证范围之外。③同样，在我国，据现行法律规定，行政听证范围也主要限于行政立法、行政

① 王名扬著：《美国行政法（上）》，北京大学出版社 2016 年版，第 285 页。
② 美国宪法第 5 条修正案规定："未经正当的法律程序不得剥夺任何人的生命、自由或财产。"
③ 参见城仲模主编：《行政法之一般法律原则（二）》，台湾三民书局 1997 年版，第 311 页。

决策和行政决定。

（一）行政立法

行政立法虽然没有具体针对的相对人，但是其涉及的范围广泛，又能反复适用，故此，为了更好地维护相对人的利益，有必要在行政立法前听取行政相对人的意见。譬如根据我国的《立法法》第 58 条之规定，行政法规在起草过程中，应当广泛听取有关机关、组织和公民的意见。听取意见可以采取座谈会、论证会、听证会等多种形式。此外，在《行政法规制定程序条例》《规章制定程序条例》中也有类似规定。

（二）行政决策

行政主体在制定行政政策时，为了确保政策的可行性、合理性和合法性，往往会通过听证会或者书面听证的方式，广泛征求和吸收社会公众、专家、有关部门工作人员等的意见和建议，如地方政府对一些景区免费开放而举行的听证。2019 年 4 月 20 日，国务院发布了《重大行政决策程序暂行条例》，并于 2019 年 9 月 1 日实施，其中"公众参与"被设为专门一节进行强调，而听证制度更是其中浓墨重彩的一笔。这一进步昭示着听证制度在我国行政决策领域中的重要地位，将为行政决策的合法性、民主性与科学性提供更有力的保障。但我国听证制度在实践中依旧面临着一些问题，例如法律文本上对听证参与主体的模糊化规定。对此，有学者提出，应确立"利益相关者"标准，实现参与主体的普遍化。①

（三）行政决定

基于正当法律程序之要求，行政主体作出的对行政相对人权益有着重要影响的行政决定，应举行听证。譬如，根据我国《行政许可法》第 47 条之规

---

① 参见江国华、梅扬：《重大行政决策公众参与制度的构建和完善——基于文本考察与个案分析的视角》，载《学习与实践》2017 年第 1 期。

定，行政许可直接涉及申请人与他人之间重大利益关系的，行政机关在作出行政许可决定前，应当告知申请人、利害关系人享有要求听证的权利；申请人、利害关系人在被告知听证权利之日起 5 日内提出听证申请的，行政机关应当在 20 日内组织听证。

二、行政听证之程序

行政听证程序是有关行政听证方式、步骤、时限等内容之总称。具体有三：

（一）行政听证通知

即行政主体在行政听证之前，将有关听证的事项依照法定程序通知当事人，使其能够知晓听证的时间、地点、参与听证的方式等——这里的听证通知一般是要式行为，其效果有二：（1）如果行政听证程序是由行政主体启动的，那么接到通知的当事人就有义务提出答辩书，否则就视为承认通知中所记载的事项；（2）如果行政听证程序是经行政相对人申请而启动的，接到通知的相对人则有权对通知的内容提出异议。①

（二）行政听证的举行

即行政听证的召开和运行，基于行政活动性质之不同，可做二分：（1）行政立法或者行政政策的听证，一般以举行听证会的形式进行，听证主持人由拟作出行政决策的行政主体的首长或者其指定行政机关工作人员担任；如果法律没有规定召开听证会的，也可以进行书面听证，将听证的行政规范或者政策草案在政府公报或者网站上或者有关报刊上发布，经过公众阅读、讨论、评价后，在一定时间内将讨论或者评价意见发回行政机关；无论哪种形式，都要由行政工作人员作出详细的听证记录后报送有关行政主体。（2）行政决定的听证，可以通过听证会、座谈会等形式进行；听证的主持人由相关行政机关的行

---

① 应松年主编：《行政法与行政诉讼法学》，法律出版社 2006 年版，第 364~365 页。

政首长指定行政机关中除本案调查人员以外的其他工作人员主持，重大事项的听证由行政首长亲自主持；在主持人的主持下，行政机关的调查人员与当事人就行政案件的事实和法律问题进行质证和辩论。行政机关在听证过程中首先应当向当事人举出该拟定的行政决定所依据的事实和法律规定，听证的当事人有权陈述对自己有利的事实，并提交相关的证据，发表自己对法律适用问题的看法，对行政机关提出的指控进行抗辩。为了更好地维护自己权益，相对人还可以获得律师的帮助。行政机关在质辩过程中负有主要的举证责任。经过质辩后，听证当事人以及行政机关人员还要对听证笔录阅读、补正和签名。听证中，相对人也可以提出相应的处理意见，附于笔录之后。

（三）行政听证的结果

听证结束后，行政主体应当对听证中提出的建议和意见进行研究、考虑，采纳其中合理的部分，并说明理由。对于不采纳的部分，也要通过一定的方式予以解释和说明。《重大行政决策程序暂行条例》第 18 条对听取意见的后续处理的规定是："决策承办单位应当对社会各方面提出的意见进行归纳整理、研究论证，充分采纳合理意见，完善决策草案。"

典型案例 5-3：山东阳谷华通汽车运输有限公司与河北省沧县交通运输局运输管理站交通运输行政处罚纠纷上诉案①

【裁判摘要】

行政主体作出行政处罚前，需告知行政相对人要求举行听证的期限。在该期限届满前，无论该处罚是否属于部门规章或地方性法规及规章规定应告知行政相对人有要求举行听证权的事项，行政主体都应在期满后作出处罚决定；在期满前作出的，应予撤销。

【相关法条】

《中华人民共和国行政处罚法》第 3 条

---

① 本案裁判文书详见附录 5。

《中华人民共和国行政处罚法》第 42 条

【基本案情】

山东阳谷华通汽车运输有限公司的经营范围是普通货运、大型货物运输。2013 年 9 月 27 日 9 时 30 分左右，该公司职工赵某祥驾驶车牌号鲁 P55455/鲁 PQ301 挂货车，经省道 022 连接线沧县段路口时，河北省沧县交通运输局运输管理站执法人员孙某胜、马某国检查到该车车厢右侧工具箱内加装了一个油箱（系根据运输公司的驾驶员的自认），运管站履行了立案审批、制作现场笔录、询问笔录等程序后，当日制作了违法行为通知书并送达了运输公司，该通知书内容有"√◇根据《中华人民共和国行政处罚法》第 42 条的规定，你（单位）有权在收到本通知书起 3 日内向本机关要求举行听证；逾期不要求举行听证的，视为你单位（或个人）放弃听证的权利（注：在序号前◇打√的为当事人享有该权利）"。当日运管站制作了责令改正通知书。运管站经内部讨论审批，认为运输公司的行为违反了《道路货物运输及站场管理规定》第 23 条的规定，依据《道路货物运输及站场管理规定》第 69 条的规定，决定给予运输公司责令改正、罚款壹万贰仟元整的行政处罚。以上程序均在 2013 年 9 月 27 日完成。2013 年 9 月 29 日，运输公司向运管站提出了听证申请。

【裁判结果】

河北省沧州市中级人民法院依照《行政诉讼法》第 61 条第（3）项的规定，判决：1. 撤销河北省沧县人民法院〔2013〕沧行初字第 9 号行政判决；2. 撤销运管站作出的沧交运罚〔2013〕13092705 号行政处罚决定书的行政行为。

【裁判理由】

法院生效判决认为，无论运管站对运输公司拟作出的罚款 12000 元整的处罚决定中的罚款数额是否属于部门规章或地方性规章规定的较大数额的罚款，因运管站于 2013 年 9 月 27 日告知了运输公司有权在收到违法行为通知书之日起 3 日内要求听证，在运输公司 3 日内不申请听证的情况下，运管站才能在 3 日后作出处罚决定。《行政处罚法》第 3 条规定，公民、法人或者其他组织违反行政管理秩序的行为，应当给予行政处罚的，依照本法由法律、法规或者规章规定，并由行政机关依照本法规定的程序实施。没有法定依据或者不遵守法定程序的，行政处罚无效。本案中，运管站当日作出处罚决定，不符合上条规定，属违反法定程序，应予撤销。一审法院予以维持属适用法律错误；一审法院对运输公司的行政赔偿请求未予表述，亦不当。对于运输公司的行政赔偿请求，应在运管站对运输公司的行为是否违法作出确认后，再予处理。上诉人相应的上诉理由成立，法院予以支持。

第五节　行政回避制度

作为一种行政程序法制度，行政回避制度意指依法享有行政职权的行政公务人员在履行职责过程中，若涉嫌与其存在利害关系之行政事务，应主动或者依有权机关之决定终止职务活动之各项规范或规则之总称。

一、回避之情形

行政过程中的回避必须具备法定事由。一般包括四种情形：

其一，本人及其近亲属。行政公务人员是行政事务的当事人或者当事人的近亲属——行政法中的近亲属范围比较广泛，包括配偶、父母、子女、兄弟姐妹、祖父母、外祖父母、孙子女、外孙子女和其他具有扶养、赡养关系的亲属。[①]

其二，代理人及其近亲属。行政公务人员是行政事务当事人的代理人或者代理人的近亲属——当事人参与行政程序，有时候也会聘请代理人以提供法律帮助，以便更好地维护自己的利益；如果行政公务人员本来就是当事人的代理人，或者与代理人有近亲属关系，应当进行回避，以防止案件不公正处理。

其三，存在利害关系。行政公务人员与行政事务有利害关系，如行政公务

---

① 参见《最高人民法院关于执行〈中华人民共和国行政诉讼法〉若干问题的解释》第 11 条。

人员与当事人之间有监护关系，该行政公务人员在法律上实际就是行政事务的法定代理人，具有与当事人同等的法律关系，理应回避——如果当事人为社团法人，行政公务人员是其中成员之一时，由于该人员与当事人也有特殊的关系，也会丧失处理该行政事务的资格。

其四，其他可能影响公正行政的关系。行政公务人员与当事人有其他关系，可能会影响行政事务的公正处理的。这种现象比较普遍，如行政公务人员曾担任过与行政事务有关程序中的鉴定人员、证人，行政公务人员与当事人有公开敌意或者亲密友谊等，这些都有可能会影响行政公务人员处理案件时的公正心态，使其不能公正处理行政事务①。

二、行政回避之方式和程序

行政回避主要有自行回避、申请回避②与命令回避三种方式。

（一）自行回避

自行回避即行政公务人员在出现法定的行政回避情形时，主动向行政主体申请回避，不参与该行政事务的处理。其程序包括：（1）请求，即行政公务人员在对案件作出具体决定之前，如果发现自己有法定的回避情形时，可以自行向行政机关提出回避请求；行政公务人员提出回避请求应当以书面形式作出，并且说明回避的理由。（2）审查，即行政机关负责人在收到行政公务人员的回避请求后，应当尽快予以审查；对于行政机关负责人提出回避的审查，由其任命机关或者监督机关作为审查机关；审查期限一般为3天，自行回避是行政机关的内部行政行为，不需要听取双方当事人的意见。（3）决定，即经过审查后，行政机关负责人如果认为回避情形成立的，应当立即终止该行政公务人员处理相关行政事务的权限，并任命另外的行政公务人员尽快接替此案的

---

① 参见陈保中：《行政回避：制度缺陷及其法律完善》，载《上海行政学院学报》2006年第6期。

② 参见章剑生：《论行政回避制度》，载《浙江大学学报（人文社会科学版）》2002年第6期。

处理；如果一时不能确定接替人员的，则应当中止该案的行政程序；如果行政机关负责人认为回避情形不成立的，则命令该行政公务人员继续处理该案，直至行政程序的结束——对于此项决定，当事人不能提出异议。

（二）申请回避

申请回避意指行政公务人员在出现法定的行政回避情形，没有主动回避时，由行政相对人向行政机关申请该行政公务人员回避。其程序包括：（1）申请，即当事人在行政程序进行中，如果发现负责案件处理的行政机关工作人员有法定回避的情形时，应当在程序终结以前向有关行政机关提出申请，要求该行政公务人员回避该案件的处理。回避申请一般要以书面形式作出，并将有关证明材料送至有关行政机关；当事人书面申请确有困难的，也可以口头形式提出；在有关机关作出处理决定之前，当事人也可以撤回回避申请。（2）审查，即有权行政机关在接到当事人的回避申请后，应当尽快予以审查；审查必须以书面形式为主，必要时还要听取当事人和被申请回避的行政公务人员的陈述；审查期限一般也以 3 天为限。在特殊情况下，可以延长审查期限，但是延长期限不能超过 3 天。（3）决定，即经过审查后，行政机关认为回避申请的理由不成立的，应当决定驳回回避申请。对于驳回决定，当事人有权申请复核一次；如果行政机关认为回避申请的理由成立的，应当立即终止该行政公务人员处理相关行政事务的权限，并任命另外的行政公务人员尽快接替此案的处理；如果一时不能确定接替人员的，则应当中止该案的行政程序。①

（三）命令回避

即由行政主体命令具有法定回避情形的行政公务人员回避，不得参与相关行政事务。② 其程序包括：（1）发现回避情形，即行政主体亲自或者根据举报

---

① 参见应松年主编：《行政法与行政诉讼法学》，法律出版社 2006 年版，第 363 页。
② 参见苏庆原、钟穗青：《关于行政回避制度的法律思考》，载《云南大学学报（法学版）》2009 年第 1 期。

发现行政公务人员对于其处理的行政事务有法定的回避情形；（2）命令退出，即行政主体直接命令行政公务人员退出对案件的处理；（3）指令替代，即行政主体指令另外有处理权限的行政公务人员接替该行政公务人员处理该案；（4）移交，即回避的行政公务人员要尽快将该案的有关材料文件等移交给接替工作的人员。

无论采用上述哪种回避形式，在行政机关作出行政回避决定之前，除非情况特别紧急，行政公务人员原则上应当停止参与本案的工作。行政主体决定行政公务人员回避的，行政公务人员应当退出本案的程序，对于已经处理的公务活动要根据具体情况在回避决定中予以确认。行政公务人员具有法定的回避事由而没有回避的，其行政行为违反了法定程序，可以被撤销，行政机关还可以给予该行政公务人员相应的行政处分。

第六节 行政时效与期限制度

现代行政法将公正与效率作为两个基本的价值追求，如何协调和兼顾效率与公平也就因此成了行政过程的重要关注点，而期限与时效规定恰恰涉及这样一个平衡，协调这两个价值对合理安排行政程序，并对程序中每个行为的用时提出了要求。哪些需要限制时效与期限、时效与期限的长短均体现出了对两个价值不同程度的倚重。[1]

时效与期限是两个密不可分的概念。时效制度中不能缺少关于期限的规定，有了期限，时效的作用才能够真正发挥。行政时效制度是指一定的事实状态经过法定期限而产生某种行政法律后果的程序法律制度，行政法主体在一定的法定期限内作为或不作为，在时效规定中的期限届满后，即产生相应的法律

---

① 参见李一鸣：《从行政时效看效率与公正的平衡——以〈行政许可法〉〈行政处罚法〉为例》，载《法制与社会》2016 年第 11 期。

后果①。其中时效即指该主体不作为（或作为）的后果，而期限即该时效规定中的时间描述。

从法律规范的角度可以将时效期限分为法律事实、法律时限（即期限）和后果三个基本要素。法律事实是行政时效发生的前提；时限是行政时效规定的时间界限；法律后果是行政时效的核心问题，即由法定时效产生的权利义务状态。行政时效并非是一种简单的时间刻度和冷漠的预示后果，它应当是承载政府在社会管理中对人民群众情感，体现是否方便群众、关心群众疾苦的制度。行政时效制度的建立要考虑人民群众的履行能力和实际困难，对公民要从宽规定；同时，要强化行政机关的服务意识，对政府则应从严规定。② 在我国，许多法律法规都有行政时效的规定，譬如根据《行政许可法》第 42 条之规定，除可以当场作出行政许可决定的外，行政机关应当自受理行政许可申请之日起 20 日内作出行政许可决定；20 日内不能作出决定的，经本行政机关负责人批准，可以延长 10 日，并应当将延长期限的理由告知申请人。

行政时效制度对行政过程具有刚性拘束力——如果行政主体违反了行政时效制度，通常会产生如下的法律后果：③（1）推定批准。即在行政许可或者批准程序中，行政机关在法定期限内如果不给行政申请人答复，就推定行政机关作出许可或者批准决定；根据该推定，行政申请人就获得从事许可或者批准行为的权利。④（2）推定驳回、失效。即在许可或者批准以外的其他应申请的行

---

① 参见张树义主编：《行政程序法教程》，中国政法大学出版社 2005 年版，第 117 页。

② 参见方世荣：《建立服务型行政时效制度》，载《中国纪检监察报》2011 年 8 月 5 日，第 7 版。

③ 参见李牧主编：《中国行政法学总论》，中国方正出版社 2006 年版，第 335~336 页。

④ 譬如，根据《行政许可法》第 50 条之规定，被许可人需要延续依法取得的行政许可的有效期的，应当在该行政许可有效期届满 30 日前向作出行政许可决定的行政机关提出申请；但是，法律、法规、规章另有规定的，依照其规定；行政机关应当根据被许可人的申请，在该行政许可有效期届满前作出是否准予延续的决定；逾期未作决定的，视为准予延续。

政程序中，行政机关在法定期限内没有给予明确答复的，便推定为驳回相对人的申请，相对人对此可以申请复议或者提起诉讼；对于依职权而启动的行政程序，如果行政机关没有在法定的期限内作出决定，在不对行政相对人产生不利影响的情况下，行政机关可以根据利害关系人的请求或者依职权确认此项程序失效。（3）管辖权转移。即行政机关如果在法定期限没有作出行政决定，其管辖权可能因为当事人的请求而转移至其他机关。（4）追究直接责任人员承担应有责任。即行政工作人员如果无理由而延长法定的时效，行政机关可以对直接责任人员作出行政处分，构成犯罪的，应当移送司法机关，追究刑事责任。譬如，根据《行政许可法》第74条之规定，对符合法定条件的申请人不予行政许可或者不在法定期限内作出准予行政许可决定，由其上级行政机关或者监察机关责令改正，对直接负责的主管人员和其他直接责任人员依法给予行政处分，构成犯罪的，还要依法追究刑事责任。

第七节　行政证据制度

行政程序法的证据制度，是行政程序法所规定的，与行政程序证明相关的专门法律制度，是行政程序法的基本制度之一。具体而言，行政程序法的行政证据制度大体上包括证据定义及种类、行政举证责任和证据审查判断三个方面的内容。

一、行政证据的概念与种类

以事实为根据、以法律为准绳是行政执法活动的基本要求，是依法行政的应有之义。在行政法领域，以事实为根据是指"以法律事实为根据，而不可能以客观事实为根据。更进一步地说，以事实为根据，实质上就是以证据为根据"。① 行政机关为具体行政行为的过程，也就是认定事实、适用法律的过程。

---

① 何家弘：《证据学论坛》（第1卷），中国检察出版社2000年版，第3页。

在这个过程中，证据处于核心地位，正是案件的证据情况决定了行政行为的结果。为保证行政机关在行政程序中准确地认定事实，应当建立行政证据制度。行政证据制度就是行政行为作出过程中行政机关对所调查和收集的证据材料审查判断、采纳和排除等运用证据的原则和规范。①

（一）行政证据的概念

与之前很长一段时间学界对行政程序的研究与对行政诉讼程序的研究混同类似，行政证据的相关研究结论也往往与行政诉讼制度中的证据制度存在混淆。与此同时，学界对于证据的相关定义也存在广义与狭义之分，二者以是否仅仅指作为诉讼案件的定案依据为分野②，一般被区分为证据与证据材料。随着我国法治国家建设的推进与国家社会行政法治思维的进步，与诉讼制度相区别，在现代社会运行中发挥作用的行政程序及其中的行政证据制度已经被赋予更为独立的审视与认知。

从我国《刑事诉讼法》《民事诉讼法》《行政诉讼法》三大诉讼法等相关规定来看，证据的定义可以是："经过查证属实可以作为定案依据的，具有法定形式和来源的，证明案件真实情况的一切事实。"③从这个角度出发，跳出以往行政诉讼制度研究的范畴，行政证据应当是：符合法律的相关规定，为行政机关和人民法院等主体确认用以证明行政案件的相关事实的材料。从确认主体来看，行政证据的相关范畴不再局限于诉讼程序所单一指向的人民法院；从证明效果指向的种类来看，行政证据可以是以往认知的"证据"，亦可以是"证明材料"；从适用程序看，行政证据不仅仅可以作用于行政诉讼，亦可以在行政复议及其他行政程序中用以证明行政案件的相关事实。

---

① 参见张步洪编著：《中国行政法学前沿问题报告》，中国检察出版社 2003 年版，第 488 页。
② 徐继敏著：《行政证据制度研究》，中国法制出版社 2006 年版，第 12~13 页。
③ 徐继敏著：《行政程序证据规则与案例》，法律出版社 2011 年版，第 1 页。

（二）行政证据的种类

从当前的立法状况出发，由于我国尚未对行政程序进行专项立法，故而行政程序中的证据制度，包括行政证据种类往往要参照《刑事诉讼法》《民事诉讼法》《行政诉讼法》三大诉讼法的相关规定及其构建的诉讼证据体系。我国《刑事诉讼法》第50条规定了物证，书证，证人证言，被害人陈述，犯罪嫌疑人、被告人供述和辩解，鉴定意见，勘验、检查、辨认、侦查实验等笔录，视听资料、电子数据8种证据种类。《民事诉讼法》第63条规定了当事人的陈述、书证、物证、视听资料、电子数据、证人证言、鉴定意见、勘验笔录8种证据种类。由于《行政诉讼法》早前较为特殊的制定背景，使得行政诉讼法证据制度与民事诉讼证据制度较为相似，《行政诉讼法》第33条规定了书证、物证、视听资料、电子数据、证人证言、当事人的陈述、鉴定意见以及勘验笔录、现场笔录8种证据种类。除顺序及《行政诉讼法》多出的一类"现场笔录"（行政程序特点所致）证据外，8种证据种类基本一致。行政证据的种类理应涵盖同样以认定行政案件事实为指向的行政诉讼制度的8种证据种类；同时随着现代社会科技的迅猛发展，客观事实的反映与表现很多寄予在新型的事物之上，电子证据等新型独立的证据种类已经被新修订的《刑事诉讼法》《民事诉讼法》《行政诉讼法》以明文加以确定，行政证据种类应当是个开放包容的领域，随着时代的发展，行政证据的种类会得以扩充。与此同时，随着社会的快速发展与效率、便捷行政的要求，很多研究认为亦应将听证等正式程序之外的言辞审理笔录作为行政证据中体现行政程序特色的一种独立种类[1]。故而可以将行政证据种类暂归结为：书证，物证，视听资料，电子数据，证人证言，当事人（参与人）的陈述，鉴定意见，勘验笔录，现场笔录、言辞审理笔录9类，具言之：

其一，书证。作为最为常见的重要证据类型，书证通常以书面文件或其他类型通过其图形、文字、符号所传达的信息或内容证明行政案件的事实情况。

---

[1] 徐继敏著：《行政程序证据规则与案例》，法律出版社2011年版，第16页。

需要区别于行政程序中形成的各类笔录，书证的本质更偏向于在行政程序之外以其本身传递的文字、图形等信息证明案件事实，如合同文书、协议等。

其二，物证。区别于书证，物证更多以其自身的物质属性承担证明作用，如外部特征、存续状态等，书证一般是物件，但也可以是痕迹等反映案件事实的存在形式，如行政相对人在违法过程中使用的工具、违法行为的物质产品结果等。

其三，视听资料、电子数据。需要承认的是，二者都是依托现代科技加以存在、延续、呈现以反映案件事实的证据种类。考察生成与呈现方式的差异，视听资料可以分为录音资料、录像资料、电子数据资料，这些证据表现的内容，在呈现时往往是连续和动态以反映事实经过的。其中，电子数据资料最大的特点在于其往往通过计算机存储介质、光盘、外部硬盘等介质存储的视听内容。电子数据主要是计算机系统除却自身程序以外的信息资料，其自身与计算机密不可分，其信息被输入计算机系统，又并非计算机运行系统的必要组成部分。在现代效率、便捷行政的趋势下，随着电子政务的发展，这类独立的证据的存在意义将越来越重要，如网络申请材料、行政机关的网上征集活动都是区别于电报、传真等书证的电子数据证据的。

其四，证人证言。证人证言主要是证人就其实际经历的感知所作的陈述，应排除当事人主观倾向与专业鉴定等因素。

其五，当事人（参与人）的陈述。当事人（参与人）的陈述是指相关利害关系人基于自身经历感知与权利主张等作出的确认、承认、否认等陈述。

其六，鉴定意见。鉴定意见是指接受委托、指定、聘请的具有特定鉴定专业知识与资质的专业主体（鉴定人）对行政案件中的某些特定、专门性问题作出的专业书面结论。

其七，勘验笔录。行政证据中的勘验笔录与民事诉讼、刑事诉讼、行政诉讼中的勘验笔录类似，主要是行政机关的工作人员对行政程序中涉及的现场或物品等进行勘验、检查时所制作的记录，用以反映案件涉及现场或物品的真实状况，以反映案件事实。

其八，现场笔录、言辞审理笔录。现场笔录与勘验记录不同，后者一般并不涉及当事人、证人或其他相关人员的询问及意见等，而现场笔录则不仅包括对现场、物品等状况的检查检验，也包括对相关人的问询，以从不同角度记录反映相关状况与事实①。言辞审理笔录是行政机关及其工作人员在对行政相对人及其他参与人进行言辞审理过程中生成的记录，经相关人员签字确认后，可以用以有效反映与证明言辞审理的客观公正及效力。

二、行政程序中的举证责任

举证责任，亦称证明责任，主要见于诉讼过程中，指相关主体需对其主张或事实承担证明的责任，未提供充分有效证据即承担不利后果。与行政诉讼过程相类似，在行政许可、行政复议、行政决策等行政过程中，也存在举证责任分配问题。但至今，我国对行政程序的举证责任分配缺乏系统性规定，在实践中，可基于法理，并参酌行政诉讼的举证责任规则，分不同情形予以确定。

（一）行政程序举证责任的一般法理

其一，利益与责任相对应。在行政过程中，各方当事人应对自身所主张的利益承担证明责任，这是行政程序举证责任分配的基本原则。其法理在于"所得利益与付出代价"相对应。当然，基于行政过程的独特性，行政相对人所要承担的举证责任应仅限于对自身有利的事实主张；对于其不利的事实，应当由作出行政决定及其他行政行为的行政主体加以确认。其法理在于任何人都没有义务证明自身违法或存在应受到不利行政行为影响的条件。②

其二，便利原则与地位平衡。行政程序的举证责任分配应综合考量客观事实因素，对于举证困难、举证成本（如时间、金钱）过高的情况，应适当地减轻或免除其举证责任，从而减少客观物质能力等因素对于实质公正的不良影响。另外，在行政过程中，相对于行政主体而言，相对人具有天然劣

---

① 参见何家弘主编：《证据学论坛》（第6卷），中国检察出版社2003年版，第363页。

② 徐继敏著：《行政程序证据规则与案例》，法律出版社2011年版，第55页。

势，这种劣势很可能造成其举证的困难，甚至是客观上的不可能，因此，在行政程序中，比如在行政许可、行政强制、行政处罚、行政复议和行政裁决等不同的行政程序中，其证明责任的分配，应当向占相对或绝对优势的一方倾斜，即实行如行政诉讼程序中的"举证责任倒置"，让行政主体承担更大的举证责任。

（二）各类行政程序的举证责任

其一，行政许可举证责任。就其性质而言，行政许可行为是一种授益性行政行为。在授益性行政过程中，其举证责任的分配坚持"谁主张谁举证"的原则。具体而言：（1）就行政相对人而言，为证明其具备获得申请许可之法定条件，应当向申请机关提供全面客观有效的证明材料，否则，就很可能承担"不予受理"或撤销申请之不利后果。（2）就行政主体而言，应当就其程序性行为的合法性承担举证责任，比如，在审查许可申请时，要求补充材料，作出延期受理或不予受理决定等，均由行政主体承担举证责任，否则，就要承担不作为之不利后果。

其二，行政复议举证责任。尽管《行政复议法》没有明确的举证责任条款，《行政复议法实施条例》也仅在其第 21 条规定："有下列情形之一的，申请人应当提供证明材料：（一）认为被申请人不履行法定职责的，提供曾经要求被申请人履行法定职责而被申请人未履行的证明材料；（二）申请行政复议时一并提出行政赔偿请求的，提供受具体行政行为侵害而造成损害的证明材料；（三）法律、法规规定需要申请人提供证据材料的其他情形。"此项规定仅仅表明：（1）相对人对其主张承担"客观"举证责任，即对其自身行为的客观性承担举证责任；比如，申请行政机关履行职责的书面申请或者口头申请凭证；但无须对被申请人行为之合法性承担证明责任。（2）对其损害赔偿请求承担"损害事实"的举证责任，但无须承担被申请人行为的合法性以及被申请行为与损害事实之间的因果关系的举证责任。在这个意义上，行政复议程序中的举证责任分配，与行政诉讼程序的举证责任分配原则是一致的，即"举证责任倒置"，由被申请人承担主要的举证责任，对其行政行为之合法性承担证明责任。

其三，行政处罚举证责任。就其性质而言，行政处罚属于侵益性行政行为。在侵益性行政过程中，基于人之趋利避害的本能，任何人不会自陷险境，因而，法律亦不得让任何人自证其"罪"。在这个意义上，在行政处罚程序中，行政主体应当对其"处罚决定"承担举证责任。而相对人既不需要为行政主体"处罚决定"的合法性承担举证责任，也不需要对其"被处罚行为"的合法性承担证明责任。

三、行政证据的审查判断规则

证据发挥证明作用需要有相关主体加以审查和确认，得出其关于真实性、合法性、关联有效性以及证明力大小等结论，进而判断是否作为行政决定、定案等活动的依据。在其一般意义上，行政证据的审查判断规则可以分为程序性规则与实质性规则，其中，前者主要指行政机关在审查认定证据的过程中所要遵循的程序性规范原则；后者主要是行政机关针对行政证据是否可以作为定案依据设定的判断规则。

（一）程序性规则

其一，依职权审查与采审回避。行政机关及其工作人员往往同时承担着行政证据的收集和审查职能。其中，在证据审查过程中，行政机关及工作人员必须依照法律规定的职责权限对当事人提供的证据与其自身收集的证据以相同标准、公平公正地加以审查判断。同时，基于程序正义之考量，负责收集证据的工作人员，原则上不得承担行政证据的审查判断工作。

其二，质证参与。（1）证据审查过程，应当保证行政相对人参与调查、反映意见、提出质疑的权利。（2）证据调查过程，应当坚持直接言词原则和亲历性原则，并通过质证、辩论查验行政证据的真实性与关联性。

其三，形式审查与实质审查相结合。为更好地敦促行政机关依法审慎负责地完成证据审查职责，对于不同类型的行政程序，可以采用不同的审查模式。比如，侵益性行政行为往往涉及公民或组织的权利减损，遵循"举证责任倒置原则"，由行政机关负责证明其行为的合法性，为防止行政权力滥用，证据审查应侧重实质审查；在授益性行政程序中，遵循行政相对人举证责任原则，为保证行政效率，可实行形式审查原则。

（二）实质性规则

其一，关联性。在其一般意义上，证据的关联性，又称证据的相关性，意指证据内容与案件事实之间的内在联系。关联性是证据能力与证明力的基础，因而，也是各大诉讼制度中证据规范的共同规则。在实践中，唯有"排除不具有关联性的证据材料"，才有可能"准确认定案件事实"。① 基于关联性规则，在行政程序之中，行政机关所认定的诸多材料中，唯有与其意欲证明的事实之间存在合理的关联或关系的材料，才具有"证据"之能力。

其二，可采信性。一般而言，证据的可采信性意指"证据可以作为定案依据的可信任程度"。据此，在行政程序中，证据的可采信性就是"证据可以作为支持行政法律关系主体一方主张的可信任程度"。在司法程序中，任何证据只有经过质证，才有可能作为裁判依据；未经法庭质证的证据不能作为法院裁判的依据。这是法院采信证据的最基本规则。据此，在行政程序中，有关证据的审查可引入证据质辩或申辩制度，未经质辩或申辩旳证据不得作为行政决定的依据。

其三，案卷排他性规则。为保护当事人的知情权和防卫权，行政机关所作出的任何对相对人不利影响之决定所采信的证据，原则上都必须是在该决定作出之前，并且在行政案卷中已经记载的，经当事人口头或书面质辩的事实材料。易言之，除特殊情况外（如重大公共利益），行政机关借以作出决定的行政证据必须是为行政相对人感知或经质证的，所有的定案依据必须记载在案卷之中并做相关记录。②

---

① 参见《最高人民法院关于行政诉讼证据若干问题的规定》第 54 条。
② 王名扬著：《美国行政法（上）》，中国法制出版社 1995 年版，第 493 页。

典型案例 5-4：宣某成等诉浙江省衢州市国土资源局收回国有土地使用权案①

【裁判摘要】

　　行政机关作出具体行政行为时未引用具体法律条款，且在诉讼中不能证明该具体行政行为符合法律的具体规定，应当视为该具体行政行为没有法律依据，适用法律错误。

【相关法条】

　　《中华人民共和国行政诉讼法》第32条

【基本案情】

　　原告宣某成等18人系浙江省衢州市柯城区卫宁巷1号（原14号）衢州府山中学教工宿舍楼的住户。2002年12月9日，衢州市发展计划委员会根据第三人建设银行衢州分行（以下简称衢州分行）的报告，经审查同意衢州分行在原有的营业综合大楼东南侧扩建营业用房建设项目。同日，衢州市规划局制定建设项目选址意见，衢州分行为扩大营业用房等，拟自行收购、拆除占地面积为205平方米的府山中学教工宿舍楼，改建为露天停车场，具体按规划详图实施。18日，衢州市规划局又规划出衢州分行扩建营业用房建设用地平面红线图。20日，衢州市规划局发出建设用地规划许可证，衢州分行建设项目用地面积756平方米。25日，被告衢州市国土资源局（以下简称衢州市国土局）请示收回衢州府山中学教工宿舍楼住户的国有土地使用权187.6平方米，报衢州市人民政府审批同意。同月31日，衢州市国土局作出衢市国土〔2002〕37号《收回国有土地使用权通知》（以下简称《通知》），并告知宣某成等18人其正在使用的国有土地使用权将收回及诉权等内容。该《通知》说明了行政决定所依据的法律名称，但没有对所依据的具体法律条款予以说明。原告不服，提起行政诉讼。

【裁判结果】

　　浙江省衢州市柯城区人民法院于2003年8月29日作出〔2003〕柯行初字

---

　　①　本案裁判文书详见附录6。

第 8 号行政判决：撤销被告衢州市国土资源局 2002 年 12 月 31 日作出的衢市国土〔2002〕第 37 号《收回国有土地使用权通知》。宣判后，双方当事人均未上诉，判决已发生法律效力。

【裁判理由】

法院生效裁判认为：被告衢州市国土局作出《通知》时，虽然说明了该通知所依据的法律名称，但并未引用具体法律条款。在庭审过程中，被告辩称系依据《中华人民共和国土地管理法》（以下简称《土地管理法》，1998 年版）第 58 条第 1 款作出被诉具体行政行为。《土地管理法》第 58 条第 1 款规定："有下列情形之一的，由有关人民政府土地行政主管部门报经原批准用地的人民政府或者有批准权的人民政府批准，可以收回国有土地使用权：（一）为公共利益需要使用土地的；（二）为实施城市规划进行旧城区改建，需要调整使用土地的；……"衢州市国土局作为土地行政主管部门，有权依照《土地管理法》对辖区内国有土地的使用权进行管理和调整，但其行使职权时必须具有明确的法律依据。被告在作出《通知》时，仅说明是依据《土地管理法》及浙江省的有关规定作出的，但并未引用具体的法律条款，故其作出的具体行政行为没有明确的法律依据，属于适用法律错误。

本案中，衢州市国土局提供的衢州市发展计划委员会〔2002〕35 号《关于同意扩建营业用房项目建设计划的批复》《建设项目选址意见书审批表》《建设银行衢州分行扩建营业用房建设用地规划红线图》等有关证据，难以证明其作出的《通知》符合《土地管理法》第 58 条第 1 款规定的"为公共利益需要使用土地"或"为实施城市规划进行旧城区改建，需要调整使用土地"的情形，主要证据不足，故被告主张其作出的《通知》符合《土地管理法》规定的理由不能成立。根据《中华人民共和国行政诉讼法》及其相关司法解释的规定，在行政诉讼中，被告对其作出的具体行政行为承担举证责任，被告不提供作出具体行政行为时的证据和依据的，应当认定该具体行政行为没有证据和依据。

综上，被告作出的收回国有土地使用权具体行政行为主要证据不足，适用法律错误，应予撤销。

第六章 创制性行政程序

创制性行政程序是指行政主体创制行政规范、形成公共政策、制定行政规划等行政活动之程序的总称。就其具体内容而言，创制性行政程序包括行政法规、行政规章、行政规范性文件、行政决策、行政规划之创制及其合法性控制程序。其一，行政法规创制及其合法性控制程序，是指创制行政法规及对其进行合法性控制所应遵循的程序。行政法规的创制应当遵循立项、起草、审查、决定与公布等程序。对行政法规进行合法性控制主要包括备案审查、合法性审查、实施评估以及解释、修改与废止等程序。其二，行政规章创制及其合法性控制程序，是指创制行政规章及对其进行合法性控制所应遵循的程序。行政规章的创制应当遵循立项、起草、审查、决定与公布等程序。对行政规章进行合法性控制主要包括备案审查、合法性审查、实施评估以及解释、修改与废止等程序。其三，行政规范性文件制发及其合法性控制程序，是指制发行政规范性文件及对其进行合法性控制所应遵循的程序。行政规范性文件的制发应当遵循请示、立项、起草、听证、协商、审查、决定与公布等程序。对行政规范性文件进行合法性控制主要包括备案审查、行政复议审查、合法性审核、司法附带审查、评估和清理等程序。其四，行政决策创制及其合法性控制程序，是指创制行政决策及对其进行合法性控制所应遵循的程序。行政决策的创制应当遵循确定目标、拟订方案、优选方案、决定方案等程序。对行政决策进行合法性控制主要包括人民参与、举行听证、专家论证、合法性审查、风险评估等程序。其五，行政规划创制及其合法性控制程序，是指创制行政规划及对其进行合法性控制所应当遵循的程序。行政规划的创制应当遵循拟定、协商、生效、变更与废止等程序。对行政规划进行合法性控制主要包括人大审议、行政审批、规划备案、监督检查等程序。

所谓创制性行政程序，即行政主体创制行政规范、形成公共政策、制定行政规划等活动程序之总称——其外延囊括了传统的抽象行政行为之程序，但不限于抽象行政行为程序，还包括行政决策、行政规划等程序。

第一节　行政法规创制及其合法性控制程序

在其一般意义上，行政法规意指国务院为达成特定行政目标，根据《宪法》和法律所规定的职权和正当的法律程序制定涉及国家政治、经济、教育、科技、文化、外事等各类事项的规范性文件之总称。据此，行政法规的创制可解释为国务院制定、修改、废止行政法规的全部活动及其过程的总称，其要义有三：（1）只有最高国家行政机关即国务院才是行政法规创制的适格主体；（2）创制行政法规之根据只能是宪法和全国人民代表大会或其常务委员会制定的法律；（3）行政法规不得与宪法、法律相抵触；（4）行政法规的效力低于宪法和法律，但高于地方性法规和规章，其溯及范围一般覆盖国务院职权所涉及的全部领域。

一、行政法规之创制权

在构词学上，行政法规创制权限包含行政法规创制权及其限度两重含义①；其中，行政法规创制权即国务院制定行政法规之权力；行政法规创制权

---

①　莫纪宏：《论行政法规的合宪性审查机制》，载《江苏行政学院学报》2018 年第 3 期。

之限度则意指行政法规所可能涵盖的事项范围。

　　就其来源而言，国务院的行政法规创制权直接源自于《宪法》第89条之规定，故属于职权性行政立法权之范畴。① 根据《立法法》之规定，国务院的行政法规所能够涉及的事项范围主要包括以下几个方面：（1）为执行法律的规定需要制定行政法规的事项。这种立法属于执行性立法，国务院是全国人民代表大会的执行机关，为了执行全国人民代表大会及其常务委员会制定的法律，国务院可以根据法律需要制定实施细则等行政法规。（2）宪法或者法律规定由国务院作出规定的事项。对于一些法律规定只能由权力机关制定的事项，如有关犯罪和刑罚、限制人身自由的强制措施等，国务院的行政法规就不能规定。但是其他保留事项的立法权，全国人民代表大会及其常务委员会也有权将其授予国务院制定行政法规。如《宪法》第89条就规定了应当由全国人民代表大会及其常务委员会制定法律的事项，国务院根据全国人民代表大会及其常务委员会的授权决定先制定的行政法规，经过实践检验，制定法律的条件成熟时，国务院应当及时提请全国人民代表大会及其常务委员会制定法律。（3）行政机关内部有关工作制度以及工作程序的规定。这些是行政机关的内部事项，可以由国务院自身制定行政法规来调整，并对全国范围内的行政机关都有效力。（4）具体的行政和经济管理事项，但应当由全国人民代表大会及其常务委员会制定法律的除外。有些专门的、技术性较强的单纯的行政事务管理事项，也可以由行政法规来规定。② （5）关于行政处罚以及一些行政强制措施，除限制人身自由的事项必须由法律规定外，其他事项也可以由行政法规规定，但是，行政法规的规定必须在法律的范围内，不能超出法律规定的处罚种类和幅度等。（6）在行政许可方面，《行政许可法》第12条所列事项尚未制定法律的，行政法规可以设定行政许可。③

---

① 曾祥华：《行政立法的正当性研究》，载《苏州大学》2005年第2期。
② 朱福惠：《从限权到控权》，载《现代法学》1999年第2期。
③ 应松年主编：《行政法与行政诉讼法学》，法律出版社2005年版，第136页。

二、行政法规之创制程序

行政法规创制程序是指国务院依照宪法和法律制定、修改和废止行政法规所必须遵循的法定步骤、顺序、方式和时限等。① 根据《立法法》和国务院《行政法规制定程序条例》之规定，行政法规的创制一般须遵循立项、起草、审查、决定、公布、变迁等基本程序。

（一）立项

作为行政法规创制程序的"立项"，意指将国务院有关部门报请的需要制定行政法规的项目列入国务院年度立法工作计划以内，以克服行政立法中的盲目性，是行政法规制定程序中的第一个环节。其要义如下：

其一，国务院一般于每年年初编制本年度的立法工作计划，国务院有关部门认为需要制定行政法规的，应当于每年年初编制国务院年度立法工作计划前，向国务院报请立项。国务院有关部门报送行政法规立项申请时，应当说明立法项目所要解决的主要问题、依据的方针政策和拟确立的主要制度。

其二，国务院有关部门的立项申请也是国务院制订年度立法工作计划的主要根据。一般而言，列入国务院年度立法工作计划的行政法规项目应当符合下列要求：一是适应改革、发展、稳定的需要；二是有关的改革实践经验基本成熟；三是所要解决的问题属于国务院职权范围并需要国务院制定行政法规的事项。

其三，在接到立项申请后，司法部应当根据国家总体工作部署对部门报送的行政法规立项申请汇总研究，突出重点，统筹兼顾，拟订国务院年度立法工作计划，报国务院审批。

其四，对列入国务院年度立法工作计划的行政法规项目，承担起草任务的部门应当抓紧工作，并按照要求上报国务院。

---

① 杨明成：《关于行政立法程序的几个重要问题》，载《当代法学》2003 年第 2 期。

（二）起草

起草是提出行政法规初期方案和草稿的程序，它是接下来一系列程序的基础。①

其一，行政法规由国务院组织起草，如果在国务院年度立法工作计划中，确定行政法规由国务院的一个部门或者几个部门具体负责起草工作，也可以确定由司法部起草或者组织起草。

其二，为了确保行政法规的质量，起草行政法规除了要遵循《立法法》确定的立法原则，并符合宪法和法律的规定外，还应当符合下列要求：（1）体现改革精神，科学规范行政行为，促进政府职能向经济调节、社会管理、公共服务转变；（2）符合精简、统一、效能的原则，相同或者相近的职能规定由一个行政机关承担，简化行政管理手续；（3）切实保障公民、法人和其他组织的合法权益，在规定其应当履行的义务的同时，应当规定其相应的权利和保障权利实现的途径；（4）体现行政机关的职权与责任相统一的原则，在赋予有关行政机关必要的职权的同时，应当规定其行使职权的条件、程序和应承担的责任。②

其三，起草行政法规，应当深入调查研究，总结实践经验，广泛听取有关机关、组织和公民的意见。（1）听取意见可以采取召开座谈会、论证会、听证会等多种形式。（2）行政法规起草时应当将草案及其说明等向社会公布征求意见，审查时可以将送审稿或者修改稿及其说明等向社会公布征求意见，向社会公布征求意见的期限一般不少于 30 日。（3）起草部门应当就涉及其他部门的职责或者与其他部门关系紧密的规定，与有关部门协商一致；经过充分协商不能取得一致意见的，应当在上报行政法规草案送审稿时说明情况和理由。（4）起草部门应当对涉及有关管理体制、方针政策等需要国务院决策的重大

---

① 刘建宏：《台湾"行政程序法"制定公布十年之实施经验——为大陆行政程序法起草工作提供借鉴》，载《甘肃行政学院学报》2011 年第 4 期。

② 李富莹：《行政许可法的基本原则及主要制度》，载《工商行政管理》2004 年第 1 期。

问题提出解决方案，报国务院决定。①

其四，行政法规送审稿应当规范。（1）起草部门向国务院报送的行政法规送审稿，应当由起草部门主要负责人签署；几个部门共同起草的行政法规送审稿，应当由该几个部门主要负责人共同签署。（2）起草部门将行政法规送审稿报送国务院审查时，应当一并报送行政法规送审稿的说明和有关材料。（3）行政法规送审稿的说明应当对立法的必要性，确立的主要制度，各方面对送审稿的主要问题的不同意见，征求有关机关、组织和公民意见的情况等作出说明。（4）有关材料主要包括国内外的有关立法资料、调研报告、考察报告等。

（三）审查

行政法规起草工作结束后，起草部门要将行政法规草案送审稿报送司法部审查。其中：

其一，司法部的审查内容主要有以下几个方面：（1）是否符合宪法、法律的规定和国家的方针政策；（2）是否符合《行政法规制定程序条例》第11条②的规定；（3）是否与有关行政法规协调、衔接；（4）是否正确处理有关机关、组织和公民对送审稿主要问题的意见；（5）其他需要审查的内容。

其二，行政法规的审查工作中应当广泛地征求各方意见：（1）司法部应当将行政法规送审稿或者行政法规送审稿涉及的主要问题发送国务院有关部

---

① 宋华琳：《国务院在行政规制中的作用》，载《华东政法大学学报》2014年第3期。

② 根据《行政法规制定程序条例》第11条之规定：起草行政法规，除应当遵循立法法确定的立法原则，并符合宪法和法律的规定外，还应当符合下列要求：（1）体现改革精神，科学规范行政行为，促进政府职能向经济调节、社会管理、公共服务转变；（2）符合精简、统一、效能的原则，相同或者相近的职能规定由一个行政机关承担，简化行政管理手续；（3）切实保障公民、法人和其他组织的合法权益，在规定其应当履行的义务的同时，应当规定其相应的权利和保障权利实现的途径；（4）体现行政机关的职权与责任相统一的原则，在赋予有关行政机关必要的职权的同时，应当规定其行使职权的条件、程序和应承担的责任。

门、地方人民政府、有关组织和专家征求意见;① （2）重要的行政法规送审稿，经报国务院同意，也可以向社会公布，征求意见；（3）司法部应当就行政法规送审稿涉及的主要问题，深入基层进行实地调查研究，听取基层有关机关、组织和公民的意见；（4）行政法规送审稿涉及重大、疑难问题的，司法部应当召开由有关单位、专家参加的座谈会、论证会，听取意见，研究论证；（5）对于行政法规送审稿直接涉及公民、法人或者其他组织的切身利益的，司法部可以举行听证会，听取有关机关、组织和公民的意见。

其三，在审查过程中，对于行政法规中的不同意见，司法部还要与各部门协商一致，协调意见：（1）国务院有关部门对行政法规送审稿涉及的主要制度、方针政策、管理体制、权限分工等有不同意见的，司法部应当进行协调，力求达成一致意见；（2）不能达成一致意见的，应当将争议的主要问题、有关部门的意见以及司法部的意见报国务院决定；（3）司法部应当认真研究各方面的意见，与起草部门协商后，对行政法规送审稿进行修改，形成行政法规草案和对草案的说明。

其四，并不是所有的行政法规草案都可以审查通过，行政法规送审稿有下列情形之一的，司法部可以缓办或者退回起草部门：（1）制定行政法规的基本条件尚不成熟的；（2）有关部门对送审稿规定的主要制度存在较大争议，起草部门未与有关部门协商的；（3）上报送审稿不符合法律规定的。如果没有缓办或者退回的情形的，行政法规草案由司法部主要负责人提出提请国务院常务会议审议的建议；对调整范围单一、各方面意见一致或者依据法律制定的配套行政法规草案，可以采取传批方式，由司法部直接提请国务院审批。

（四）决定与公布

作为行政法规创制的基本程序，决定和公布之要义有四：

其一，司法部对行政法规草案审查后，将行政法规草案交由国务院常务会

---

① 张欣：《我国立法电子参与有效性的提升——基于公众参与法律草案征求意见（2005—2016 年）的实证研究》，载《法商研究》2018 年第 2 期。

议审议，或者交由国务院审批。国务院常务会议审议行政法规草案时，由司法部或者起草部门作说明。

其二，司法部应当根据国务院对行政法规草案的审议意见，对行政法规草案进行修改，形成草案修改稿，报请总理签署国务院令公布施行；该国务院令需要载明该行政法规的施行日期。

其三，行政法规签署公布后，要及时在国务院公报和在全国范围内发行的报纸上刊登；司法部应当及时汇编出版行政法规的国家正式版本，在国务院公报上刊登的行政法规文本才为标准文本。

其四，行政法规一般应当自公布之日起 30 日后施行；但是，涉及国家安全、外汇汇率、货币政策的确定以及公布后不立即施行将有碍行政法规施行的，可以自公布之日起施行；行政法规在公布后的 30 日内还需由国务院办公厅报全国人民代表大会常务委员会备案。

三、行政法规之合法性控制程序

（一）备案审查

一般而言，备案审查制度意指行政法规在完成起草（修订）、修改、审查批准等程序，并依法公布之后，在法律确定期限内，由国务院报送全国人民代表大会常务委员会进行备案、审查、登记等各种规范的总称。

根据《立法法》《行政法规制定程序条例》之规定，行政法规备案程序大致可以分解为六个方面：（1）行政法规备案报送机关为国务院办公厅，备案审查机关为全国人民代表大会常务委员会；（2）备案报送期限为公布后 30 日之内；（3）备案审查具体负责机构为全国人民代表大会法制机构；（4）备案审查的原则为"不抵触原则"，即行政法规不得与宪法法律相抵触；（5）全国人民代表大会专门委员会、常务委员会工作机构在审查、研究中认为行政法规同宪法或者法律相抵触的，可以向制定机关提出书面审查意见、研究意见；也可以由法律委员会与有关的专门委员会、常务委员会工作机构召开联合审查会议，要求制定机关到会说明情况，再向制定机关提出书面审查意见。制定机关应当在 2 个月内研究提出是否修改的意见，并向全国人民代表大会法律委员会和有关的专门委员会或者常务委员会工作机构反馈。全国人民代表大会法律委员会、有关的专门委员会、常务委员会工作机构根据上述规定，向制定机关提出审查意见、研究意见，制定机关按照所提意见对行政法规进行修改或者废止的，审查终止。全国人民代表大会法律委员会、有关的专门委员会、常务委员会工作机构经审查、研究认为行政法规同宪法或者法律相抵触而制定机关不予修改的，应当向委员长会议提出予以撤销的议案、建议，由委员长会议决定提请常务委员会会议审议决定。

(二) 合法性审查

行政法规的合法性审查主要是指全国人民代表大会常务委员会根据法定主体提议、或者基于职权主动对行政法规的合法性作出审查的制度。根据《宪法》第 67 条和《立法法》之规定，全国人民代表大会常务委员会有权撤销同宪法和法律相抵触的行政法规。

就其审查方式而言，有主动审查和被动审查两种方式。根据《立法法》第 99 条之规定：(1) 国务院、中央军事委员会、最高人民法院、最高人民检察院和各省、自治区、直辖市的人民代表大会常务委员会认为行政法规同宪法或者法律相抵触的，可以向全国人民代表大会常务委员会书面提出进行审查的要求，由常务委员会工作机构分送有关的专门委员会进行审查、提出意见；(2) 上述以外的其他国家机关和社会团体、企业事业组织以及公民认为行政法规同宪法或者法律相抵触的，可以向全国人民代表大会常务委员会书面提出进行审查的建议，由常务委员会工作机构进行研究，必要时，送有关的专门委员会进行审查、提出意见；(3) 全国人民代表大会常务委员会有关专门委员会和常务委员会工作机构可以对报送备案的规范性文件进行主动审查。

就其审查基准而言，根据《立法法》第 97 条之规定，主要包括：(1) 是否超越权限；(2) 是否违反上位法规定；(3) 是否违背法定程序。

（三）实施评估

根据《行政法规制定程序条例》第 37 条之规定，司法部或者国务院有关部门可以组织对有关行政法规或者行政法规中的有关规定进行立法后评估，并把评估结果作为修改、废止有关行政法规的重要参考。（1）就其性质而言，行政法规之实施评估制度属于立法后评估；（2）评估组织者是司法部或者国务院有关部门组织——组织者可以是行政法规实施评估的主体，但组织者也可以通过法定程序，委托第三方为评估主体；（3）其评估结果可能引发行政法规修改或废止。

（四）解释、修改与废止

行政法规在公布实施一定阶段后，由于社会环境的发展变化，以及其所执行的法律本身的变动等情形的出现，由特定的行政主体依据法定的权限和程序进行解释、修改、废止的活动。①

其一，行政法规解释程序。根据《行政法规制定程序条例》"行政法规解释"条款之规定：（1）行政法规的解释权属于国务院；（2）国务院各部门和省、自治区、直辖市人民政府可以向国务院提出行政法规解释要求；（3）对属于行政工作中具体应用行政法规的问题，省、自治区、直辖市人民政府法制机构以及国务院有关部门法制机构请求司法部解释的，司法部可以研究答复；其中涉及重大问题的，由司法部提出意见，报国务院同意后答复；（4）行政法规的规定需要进一步明确具体含义的，国务院应当作出解释；（5）行政法规制定后出现新的情况，需要明确适用行政法规依据，国务院应当作出解释；（6）行政法规解释草案由司法部研究拟订，报国务院同意后，由国务院公布或者由国务院授权国务院有关部门公布；（7）行政法规的解释与行政法规具有同等效力。

---

① 应松年：《制定统一的行政程序法：我国行政法治的必由之路》，载《中国司法》2006 年第 7 期。

其二，行政法规的清理、修改与废止。在立法中，"立、改、废"是不可缺少的工作环节，这三者组成了立法工作的完整链条。触发行政法规修改或废止程序的动议可能来自人大审查、司法审查或法定主体的提议，也可能来自行政法规的"落日条款"，或国务院行政法规清理。其中，作为行政法规修改或废止的重要触发机制，在实践中，行政法规的清理被视为行政立法的必要环节。（1）在其一般意义上，所谓行政法规的清理，是指国务院按照法定的程序和方法，对现存行政法规的审查，并对其是否应当继续有效或是否需要修改、废止、失效等决定其法律效力的专门活动。① 国务院历来十分重视行政法规的清理工作，2000 年国务院办公厅发布了《关于开展现行行政法规清理工作的通知》，对中华人民共和国成立以来至 2000 年年底的现行行政法规进行了清理。2007 年，国务院法制办又开始了针对 1949 年中华人民共和国成立以后，至 2006 年年底颁布的 655 件行政法规的全面清理工作。此后，国务院于 2011 年、2012 年、2013 年、2014 年、2019 年公布了五个废止和修改部分行政法规的法令。（2）作为行政法规修改或废止的重要触发机制，行政法规清理的基准包括五个方面：一是行政法规是否处于生效期间；二是行政法规与上位法之间是否存在冲突；三是行政法规之间的内容是否存在冲突；四是行政法规内容与当时的监督管理制度、社会经济情况、发展形势要求、民生情况趋势是否相符合；五是行政法规是否得到了有力的执行和关注。② （3）行政法规的修改是行政法规体系完善的内在要求。根据修改的程度或涉及的条文数量，行政法规的修改可分为全面修改和部分修改两种方式。其中，全面修改意指对行政法规所作的大量的或者全局性的修改，而部分修改则是指对原行政法规所作的少量的或者局部性的修改。（4）作为行政法规创制的一种形式，行政法规的废止即国务院依法定程序和方式宣布终止某种现行行政法规效力的活动。其方式大致包括：颁布专门文件宣布终止某项行政法规或其中某些条款的效力；制

---

① 根据国务院法制办公室《关于行政法规规章清理工作有关问题的通知》的相关资料整理。顾捷：《行政法规清理功能探讨》，载《法学论坛》2008 年第 6 期。

② 根据国务院法制办公室《关于行政法规规章清理工作有关问题的通知》的相关资料整理。顾捷：《行政法规清理功能探讨》，载《法学论坛》2008 年第 6 期。

定新的行政法规代替相同内容的原有行政法规，使原有行政法规自然失效，或者在新行政法规中载明终止旧法规文件的效力；在行政法规中载明该文件有效的条件，当这些条件消失时，该法规的效力自然终止。

第二节　行政规章创制及其合法性控制程序

　　行政规章意指国务院各部委以及各省、自治区、直辖市的人民政府和设区的市、自治州的人民政府根据宪法、法律和行政法规等规定制定并发布的规范性文件。基于其创制主体之不同，可分为部门行政规章和地方行政规章两类，其中前者由国务院各部委制定，也称部委规章或中央规章，其效力溯及全国；后者由享有行政立法权的地方政府制定，也称地方规章，其效力仅溯及创制主体所管辖的行政区域。据此，行政规章的创制可解释为依法享有行政立法权的行政机关制定、修改、废止行政规章的全部活动及其过程的总称。[①] 其要义有三：（1）行政规章创制主体具有多元性，而且，多元主体之间具有层次性；（2）行政规章创制之依据包括宪法、法律、行政法规以及地方性法规；（3）行政规章的效力具有层次性，部委规章的效力低于行政法规，但高于地方规章；地方规章的效力低于地方性法规，但高于其他地方规范性文件。

一、行政规章之创制权

　　在其一般意义上，行政规章创制权限意指国家行政机关依法享有的行政规章创制权力及其所可能涉及的事项范围。[②] 根据《宪法》和《立法法》之规定，我国享有行政规章创制权的国家行政机关可分为部委规章创制主体和地方

---

　　① 　谢家银、曹平、罗华权：《我国地方政府立法创新若干问题研究》，载《社会科学家》2016 年第 5 期。

　　② 　崔卓兰：《行政规章可诉性之探讨》，载《法学研究》1996 年第 1 期。

规章创制主体两大类。具体而言：（1）部委规章创制主体意指国务院各部委，包括国务院各部、委员会、中国人民银行、审计署和具有行政管理职能的直属机构；（2）地方规章创制主体则意指省、自治区、直辖市人民政府和所有设区的市、自治州的人民政府。

（一）部门规章涉及事项

根据《立法法》第 80 条第 2 款之规定，部门规章所规定的事项应当属于执行国家法律或者国务院行政法规、决定、命令的事项，因此，制定部门规章是一种执行性立法，而非创制性立法；① 其所可能涉及的事项范围包括：（1）法律或者国务院行政法规、决定、命令规定由有关部门作出规定的事项；（2）为执行法律或者国务院行政法规、决定、命令规定需要制定行政规章的事项；（3）属于本部委本系统自身建设的事项——部门规章不能对涉及其他部门职权的事项单独自行作出规定，根据《立法法》第 81 条之规定，涉及两个以上国务院部门职权范围的事项，应当提请国务院制定行政法规或者由国务院有关部门联合制定规章，以避免规章之间的相互冲突；（4）有关各部委本系统的技术标准等事项；（5）设置某些行政处罚——根据《行政处罚法》第 12 条之规定，国务院各部、委员会制定的规章可以在法律、行政法规规定的给予行政处罚的行为、种类和幅度的范围内作出具体规定；尚未制定法律、行政法规的，国务院各部、委员会制定的规章对违反行政管理秩序的行为，可以设定警告或者一定数量罚款的行政处罚，罚款的限额由国务院规定；国务院可以授权具有行政处罚权的直属机构依据该条第 1、2 款的规定，设定行政处罚。

（二）地方规章涉及事项

根据《立法法》第 82 条之规定，地方规章制定的事项主要包括两类：一是为了执行法律、行政法规、地方性法规的规定需要制定规章的事项，针对这

---

① 陈章干：《关于制定部门规章的根据问题》，载《厦门大学法律评论》2001 年第 1 期。

些事项所制定的行政规章属于执行性立法之范畴；二是属于本行政区域的具体管理事项，针对这些事项所制定的地方规章属于创制性立法之范畴。具体而言，地方政府可以就下列事项作出规定：①（1）法律或行政法规或地方性法规规定由地方政府作出规定的事项；（2）省级权力机关授权本级人民政府或者下级人民政府制定规章的事项；（3）为执行法律、行政法规、地方性法规需要制定行政规章的事项；（4）属于本级政府以及下级行政机关自身建设的事项；（5）属于本行政区的具体行政管理事项；（6）设置某些行政处罚。根据《行政处罚法》第13条之规定，省、自治区、直辖市人民政府和省、自治区人民政府所在地的市人民政府以及经国务院批准的较大的市人民政府制定的规章可以在法律、法规规定的给予行政处罚的行为、种类和幅度的范围内作出具体规定；尚未制定法律、法规的，地方人民政府制定的规章对违反行政管理秩序的行为，可以设定警告或者一定数量罚款的行政处罚，罚款的限额由省、自治区、直辖市人民代表大会常务委员会规定。②

二、行政规章之创制程序

根据《立法法》和国务院《规章制定程序条例》的规定，行政规章的创制一般需要遵循立项、起草、审查、决定、公布、解释等基本程序。

（一）立项

规章的立项程序涉及如下三个方面的内容：（1）国务院部门内设机构或者其他机构认为需要制定部门规章的，应当向该部门报请立项；③省、自治区、直辖市和设区的市、自治州的人民政府所属工作部门或者下级人民政府认为需要制定地方政府规章的，应当向该省、自治区、直辖市设区的市、自治州

---

①　沈荣华：《关于地方政府规章的若干思考》，载《中国法学》2000年第1期。

②　根据2015年最新修改的《立法法》第82条第3款之规定，设区的市、自治州的人民政府根据第82条第1款、第2款制定地方政府规章，限于城乡建设与管理、环境保护、历史文化保护等方面的事项。

③　崔卓兰：《依法行政与行政程序法》，载《中国法学》1994年第4期。

的人民政府报请立项；报送制定规章的立项申请，应当对制定规章的必要性、所要解决的主要问题、拟确立的主要制度等作出说明。（2）国务院部门法制机构，省、自治区、直辖市和设区的市、自治州的人民政府法制机构，应当对制定规章的立项申请进行汇总研究，拟订本部门、本级人民政府年度规章制订工作计划，报本部门、本级人民政府批准后执行；年度规章制订工作计划应当明确规章的名称、起草单位、完成时间等。（3）国务院部门，省、自治区、直辖市和设区的市、自治州的人民政府，应当加强对执行年度规章制订工作计划的领导；① 对列入年度规章制订工作计划的项目，承担起草工作的单位应当抓紧工作，按照要求上报本部门或者本级人民政府决定；年度规章制订工作计划在执行中，可以根据实际情况予以调整，对拟增加的规章项目应当进行补充论证。

（二）起草

规章的起草涉及如下三个方面的内容：（1）部门规章由国务院部门组织起草，国务院部门可以确定规章由其一个或者几个内设机构或者其他机构具体负责起草工作，也可以确定由其法制机构起草或者组织起草；② 地方政府规章由省、自治区、直辖市和设区的市、自治州的人民政府组织起草；省、自治区、直辖市和设区的市、自治州的人民政府也可以确定规章由其一个部门或者几个部门具体负责起草工作，也可以确定由其法制机构起草或者组织起草；起草规章可以邀请有关专家、组织参加，也可以委托有关专家、组织起草。（2）起草部门规章，涉及国务院其他部门的职责或者与国务院其他部门关系紧密的，起草单位应当充分征求国务院其他部门的意见；起草地方政府规章，涉及本级人民政府其他部门的职责或者与其他部门关系紧密的，起草单位应当充分征求其他部门的意见；起草单位与其他部门有不同意见的，应当充分协商；经

---

① 莫纪宏：《论规章的合宪性审查机制》，载《江汉大学学报（社会科学版）》2008年第35期。

② 陈书笋、王天品：《新形势下地方政府规章立法权限的困境和出路》，载《江西社会科学》2018年第1期。

过充分协商不能取得一致意见的，起草单位应当在上报规章草案送审稿时说明情况和理由。① （3）行政规章的起草，应当深入调查研究，总结实践经验；必要时，可采取书面征求意见、座谈会、论证会、听证会等多种形式，广泛听取有关机关、组织和公民的意见；涉及社会公众普遍关注的热点、难点问题和经济社会发展遇到的突出矛盾，减损公民、法人和其他组织权利或者增加其义务，对社会公众有重要影响等重大利益调整事项的，起草单位应当进行论证咨询，广泛听取有关方面的意见；涉及专业性较强问题，可以吸收相关领域的专家参与起草工作，或者委托有关专家、教学科研单位、社会组织起草；涉及重大利益调整或者存在重大意见分歧，对公民、法人或者其他组织的权利义务有较大影响，人民群众普遍关注，需要进行听证的，起草单位应当举行听证会听取意见。② （4）起草单位应当将规章送审稿及其说明、对规章送审稿主要问题的不同意见和其他有关材料按规定报送审查；报送审查的规章送审稿，应当由起草单位主要负责人签署；几个起草单位共同起草的规章送审稿，应当由该几个起草单位主要负责人共同签署；规章送审稿的说明应当对制定规章的必要性、规定的主要措施、有关方面的意见等情况作出说明；有关材料需要包括汇总的意见、听证会笔录、调研报告、国内外有关立法资料等。

（三）审查

规章起草工作结束后，起草单位应将规章送审稿及其有关材料按规定报送法制机构统一审查，其要义有三：

其一，审查内容。包括五个方面：（1）是否符合法律法规的规定；（2）是否与有关规章协调、衔接；（3）是否正确处理有关机关、组织和公民对规

---

① 王万华：《完善行政执法程序立法的几个问题》，载《行政法学研究》2015 年第 4 期。

② 根据《规章制定程序条例》第 16 条规定，听证会依照下列程序组织：（1）听证会公开举行，起草单位应当在举行听证会的 30 日前公布听证会的时间、地点和内容；（2）参加听证会的有关机关、组织和公民对起草的规章，有权提问和发表意见；（3）听证会应当制作笔录，如实记录发言人的主要观点和理由；（4）起草单位应当认真研究听证会反映的各种意见，起草的规章在报送审查时，应当说明对听证会意见的处理情况及其理由。

章送审稿主要问题的意见；（4）是否符合立法技术要求；（5）需要审查的其他内容。

其二，审查原则。在规章的审查过程中要充分贯彻立法民主的原则。（1）法制机构应当将规章送审稿或者规章送审稿涉及的主要问题发送有关机关、组织和专家征求意见。① （2）法制机构还应当就规章送审稿涉及的主要问题，深入基层进行实地调查研究，听取基层有关机关、组织和公民的意见。（3）规章送审稿涉及重大问题的，法制机构应当召开由有关单位、专家参加的座谈会、论证会，听取意见，研究论证。（4）规章送审稿直接涉及公民、法人或者其他组织切身利益，有关机关、组织或者公民对其有重大意见分歧，起草单位在起草过程中未向社会公布，也未举行听证会的，法制机构经本部门或者本级人民政府批准，可以向社会公布，也可以举行听证会。

其三，审查结论。（1）如果有关机构或者部门对规章送审稿涉及的主要措施、管理体制、权限分工等问题有不同意见的，法制机构应当进行协调，达成一致意见；② 不能达成一致意见的，应当将主要问题、有关机构或者部门的意见和法制机构的意见上报本部门或者本级人民政府决定。③ （2）法制机构应当认真研究各方面的意见，与起草单位协商后，对规章送审稿进行修改，形成规章草案和对草案的说明；说明应当包括制定规章拟解决的主要问题、确立的主要措施以及与有关部门的协调情况等；规章草案和说明由法制机构主要负责人签署，提出提请本部门或者本级人民政府有关会议审议的建议；法制机构起草或者组织起草的规章草案，由法制机构主要负责人签署，提出提请本部门或者本级人民政府有关会议审议的建议。（3）经审查，规章送审稿有下列情形之一的，法制机构可以缓办或者退回起草单位：一是制定规章的基本条件尚不成熟的；二是有关机构或者部门对规章送审稿规定的主要制度存在较大争议，起草单位未与有关机构或者部门协商的；三是上报送审稿不符合其他法律法规

---

① 章剑生：《论行政立法程序》，载《安徽大学法律评论》2002年第1期。

② 刘芳：《我国地方规章立法后评估若干问题研究——基于十个省市规章的实证考察》，载《福建江夏学院学报》2014年第4期。

③ 湛中乐：《论完善我国的行政立法程序》，载《中国法学》1994年第3期。

规定的。①

（四）决定和公布

作为行政规章之创制程序，决定与公布之要义有五：（1）部门规章应当经部务会议或者委员会会议决定；地方政府规章应当经政府常务会议或者全体会议决定。（2）审议规章草案时，由法制机构作说明，也可以由起草单位作说明。法制机构应当根据有关会议审议意见对规章草案进行修改，形成草案修改稿，报请本部门首长或者省长、自治区主席、市长签署命令予以公布。②（3）公布规章的命令应当载明该规章的制定机关、序号、规章名称、通过日期、施行日期、部门首长或者省长、自治区主席、市长署名以及公布日期。部门联合规章由联合制定的部门首长共同署名公布，使用主办机关的命令序号。（4）部门规章签署公布后，部门公报或者国务院公报和全国范围内发行的有关报纸应当及时予以刊登；地方政府规章签署公布后，本级人民政府公报和本行政区域范围内发行的报纸应当及时刊登。在部门公报或者国务院公报和地方人民政府公报上刊登的规章文本为标准文本。（5）规章应当自公布之日起30日后施行；但是，涉及国家安全、外汇汇率、货币政策的确定以及公布后不立即施行将有碍规章施行的，可以自公布之日起施行。

三、行政规章之合法性控制程序

与行政法规之合法性控制相一致，行政规章的合法性控制亦主要集中于备案审查、合法性审查、实施评估以及解释、修改与废止等模式。

（一）备案审查

根据《法规规章备案条例》之规定，行政规章公布后，应当自公布之日

---

① 杨建顺：《行政立法过程的民主参与和利益表达》，载《法商研究》2004年第3期。

② 周汉华：《行政立法与当代行政法——中国行政法的发展方向》，载《法学研究》1997年第3期。

起 30 日内，依照下列规定报送备案：

其一，报送主体与备案主体。国务院部门，省、自治区、直辖市和较大的市的人民政府应当依法履行规章备案职责，加强对规章备案工作的组织领导。（1）部门规章由国务院部门报国务院备案，两个或者两个以上部门联合制定的规章，由主办的部门报国务院备案。（2）省、自治区、直辖市人民政府规章由省、自治区、直辖市人民政府报国务院备案。（3）较大的市的人民政府规章由较大的市的人民政府报国务院备案，同时报省、自治区人民政府备案。

其二，备案审查主体与监督主体。（1）司法部负责国务院部门的规章备案工作。（2）省、自治区、直辖市的司法厅和较大的市的司法局，具体负责本地方的规章备案工作。（3）司法部履行备案审查监督职责。（4）国家机关、社会团体、企业事业组织、公民认为规章以及国务院各部门、省、自治区、直辖市和较大的市的人民政府发布的其他具有普遍约束力的行政决定、命令同法律、行政法规相抵触的，可以向国务院书面提出审查建议，由司法部研究并提出处理意见，按照规定程序处理。（5）对于不报送规章备案或者不按时报送规章备案的，由司法部通知制定机关，限期报送；逾期仍不报送的，给予通报，并责令限期改正。

其三，备案审查事项。司法部对报送国务院备案的规章，就下列事项进行审查：（1）是否超越权限。（2）下位法是否违反上位法的规定。（3）部门规章与地方性法规之间或者不同规章之间对同一事项的规定不一致，是否应当改变或者撤销一方的或者双方的规定。（4）规章的规定是否适当。（5）是否违背法定程序。

其四，备案审查后果。（1）违反《规章制定程序条例》规定制定的规章无效；与法律法规内容重复的规章无效，司法部不予备案，并通知制定机关；规章在制定技术上存在问题的，司法部可以向制定机关提出处理意见，由制定机关自行处理。（2）部门规章与地方性法规之间对同一事项的规定不一致的，由司法部提出处理意见，报国务院依照《立法法》第 91 条规定处理——如果国务院认为应当适用地方性法规的，应当决定在该地方适用地方性法规的规定；如果国务院认为应当适用部门规章的，应当提请全国人民代表大会常务委员会裁决。（3）经审查，规章超越权限，违反法律、行政法规的规定，或者其规定不适当的，由司法部建议制定机关自行纠正；或者由司法部提出处理意见报国务院决定，并通知制定机关。（4）部门规章之间、部门规章与地方政府规章之间对同一事项的规定不一致的，由司法部进行协调；经协调不能取得一致意见的，由司法部提出处理意见报国务院决定，并通知制定机关。

（二）合法性审查

根据《规章制定程序条例》第 3 条之规定，政府规章应当"符合宪法、法律、行政法规和其他上位法的规定"，不得"同法律、行政法规相抵触"。因此，政府规章应当接受合法性审查。

其一，提议主体。根据《规章制定程序条例》之规定，其包括：（1）国家机关、社会团体、企业事业组织、公民认为规章同法律、行政法规相抵触的，可以向国务院书面提出审查的建议；（2）国家机关、社会团体、企业事业组织、公民认为设区的市、自治州的人民政府规章同法律、行政法规相抵触或者违反其他上位法的规定的，也可以向本省、自治区人民政府书面提出审查的建议。

其二，审查主体。根据《立法法》第 97 条之规定，国务院有权改变或者撤销不适当的部门规章和地方政府规章；省、自治区的人民政府有权改变或者撤销下一级人民政府制定的不适当的规章。

其三，审查基准。根据《立法法》第 96 条之规定，政府规章合法性审查基准包括：（1）是否超越权限；（2）是否违反上位法规定；（3）是否违背法定程序；（4）是否有不适当内容。

（三）实施评估

在中国法律体系中，行政规章属于《立法法》调整的正式法渊源。在实践中，行政规章往往成为行政活动的主要依据，并直接影响相对人的人身和财产权利。《行政诉讼法》第 63 条规定："人民法院审理行政案件，参照规章。"据此，行政规章也是司法审查之"参照性"依据。因此，行政规章具有"准法律"属性，在其实施后也应当进行评估，对其立法质量、执行情况、实施效果、存在问题等进行调查、评价，提出修改、废止规章或者完善有关制度等意见。

其一，规章评估的原则和基准。（1）规章实施后评估工作应当坚持客观公正、公开透明、公众参与、注重实效的原则。（2）评估工作应当根据合法性、合理性、可操作性、实效性等标准，对规章的政策措施、执行情况、实施效果等内容进行评估。

其二，规章评估的主体。（1）司法部负责部门规章实施后的组织、指导和协调工作；省、市司法厅和设区的市司法局负责本级政府规章实施后评估的组织、指导和协调工作。（2）部门规章的制定机关是规章实施后评估的责任单位；综合性的、多个部门制定的或者国务院要求评估的部门规章，可以由司法部组织实施后评估。（3）地方政府规章的实施部门是规章实施后评估的责任单位；综合性的、多个部门实施的或者本级政府要求评估的规章，可以由同级司法厅（局）组织实施后评估。

其三，规章评估启动条件。司法部和司法厅（局）应当根据实践需要、条件成熟、重点突出、统筹兼顾的原则有序推进规章评估工作。有下列情形之一的，应当优先确定为后评估项目：（1）部门规章拟将上升为行政法规，地方政府规章拟将上升为地方法规的；（2）部门规章实施满两年，地方政府规章实施满三年的；（3）部门规章在本部门领域起着重要作用，发挥重大影响的；地方政府规章在本地区起着重要作用，发挥重大影响的；（4）地方人民政府、县级以上地方政府的职能部门，公民、法人或者其他组织对部门规章有较多意见的；本级人大、政协对政府提出评估建议的；（5）国务院要求评估的部门规章，地方政府要求评估的地方政府规章。

其四，规章评估程序。规章实施后评估按照下列程序进行：（1）成立评估工作组。评估工作组由实施后评估责任单位有关工作人员组成，也可以邀请公众代表、人大代表、政协委员、专家学者等参加。（2）制定评估方案。评估方案主要包括评估目的、评估内容和标准、评估方法、评估步骤和时间安排、经费和组织保障等。（3）开展调查研究。通过网上公开征求意见、实地考察、专题调研、座谈会、问卷调查、专家论证等方法，收集有关单位、行政管理对象和社会公众的意见和建议。（4）进行分析评价。对收集到的材料进行分析研究，对照评估内容和评估标准进行分析评价。（5）形成评估报告。根据分析评价情况，提出规章继续施行或者修改、废止、制定配套制度、改进行政执法等方面的评估意见，形成评估报告。

其五，规章评估的内容。（1）立法预期目标的实现程度；（2）政府规章合法性及其与上位法和相关法律、法规、规章的关系；（3）政府规章所设定制度的可操作性；（4）政府规章所规定内容的针对性；（5）政府规章所设定权利义务、法律责任的适当性；（6）政府规章宣传、执行及配套制度建设情况；（7）政府规章文本结构、用语的规范性、准确性；（8）其他根据实际需要评估的内容。

其六，评估报告。评估报告应当就下列事项作出评估结论或者提出意见和建议：（1）立法目标的实现程度、取得成效、存在问题及原因；（2）是否符合上位法的规定，与相关法律、法规、规章的关系是否协调；（3）是否符合现实及发展需要；（4）解决存在问题的意见和建议。

（四）解释、修改与废止

其一，规章的解释。规章的解释权属于制定主体。根据《规章制定程序条例》之规定：规章有下列情况之一的，由制定机关解释：（1）规章的规定需要进一步明确具体含义的；（2）规章制定后出现新的情况，需要明确适用规章依据的。

其二，规章的清理。在实践中，规章清理往往是触发规章修改或废止程序的重要机制。就其性质而言，规章清理即制定机关依照职权对所制定的政府规章进行审查的机制，其目的在于维护国家法制统一、保证国家重要政策的贯彻落实。（1）清理主体。基于"谁制定，谁清理"的原则，一般而言，政府规章的制定主体即清理主体。但在实践中，有些地方规定由实施主体负责规章清理。比如，上海市2007年下发的《关于开展本市政府规章清理工作的通知》（沪府办〔2007〕26号）即规定："市政府各部门、各区县政府负责对由其实施或者协助实施的市政府规章提出清理意见，报政府法制办。一件市政府规章由两个或者两个以上部门共同实施的，共同实施部门需分别提出清理意见。"（2）清理标准。在实践中，政府规章清理的标准主要如下：一是主要内容是否与上位法的规定相抵触；二是据以制定的上位法是否已被废止或者修改；三是主要内容是否为新的法律、法规或者规章所替代；四是主要内容是否已明显不适应经济社会发展要求；五是适用期是否已过或者调整对象已不存在；六是不同规章对同一情形的规范是否存在冲突；七是是否缺乏可操作性。（3）清理程序，即政府规章清理的步骤和具体流程。在实践中，一般流程包括以下几个环节：一是部署，一般可分为会议部署和通知部署两种基本形式；二是建议，即由清理主体在对规章进行对照梳理后，根据清理标准提出清理建议；三是审核，应当由同级司法行政部门负责政府规章清理的审核工作；四是决定，一般应当由制定机关的常务会议或者办公会议集体审议决定；五是公布，一般由制定机关公布清理结果，包括继续有效、宣布失效、决定修改或废止等文件目录。

其三，规章修改与废止。在实践中，规章的修改或废止与规章清理密切相关。一般而言，经过清理，有如下情形的即应启动修改程序或者宣布废止。（1）部门政府规章的主要内容与法律、行政法规相抵触，或者被法律和行政法规、部门规章所取代的，应明令废止；地方政府规章的主要内容与法律、行政法规、部门规章、地方性法规相抵触的，或者已经被新的法律、行政法规、部门规章、地方性法规、政府规章所代替的，应明令废止；（2）政府规章适用期已过或者调整对象已不存在的，应宣布失效；（3）政府规章个别条款与上位法规定不一致的，或者部分内容不适应经济社会发展、与其他法律规范不协调的，或者实际操作不强的，应当予以修改。

第三节　行政规范性文件制发及其合法性控制程序

按照《国务院办公厅关于加强行政规范性文件制定和监督管理工作的通知》（国办发〔2018〕37号）的规定，行政规范性文件是除国务院的行政法规、决定、命令以及部门规章和地方政府规章外，由行政机关或者经法律、法规授权的具有管理公共事务职能的组织（以下统称行政机关）依照法定权限、程序制定并公开发布，涉及公民、法人和其他组织权利义务，具有普遍约束力，在一定期限内反复适用的公文。制发行政规范性文件，是行政机关依法行使行政职权、履行职能、达成行政目标的基本方式，属于创制性行政方式。[①]制发行政规范性文件是行政机关依法履行职能的重要方式，直接关系群众切身利益，事关政府形象。根据《国务院工作规则》（国发〔2018〕21号）第21条之规定，规范性文件不得设定行政许可、行政处罚、行政强制等事项，不得减损公民、法人和其他组织合法权益或者增加其义务。

一、行政规范性文件之创制权

在其现实意义上，我国国务院及其部门，包括国务院各部委、各直属机构、事业单位，乡镇以上各级人民政府以及县级以上各级政府的职能部门等，都具有制发行政规范性文件之权力，都是享有行政规范性文件创制权的主体。

（一）国务院各部门

根据党的十九届三中全会审议通过的《深化党和国家机构改革方案》、第十三届全国人民代表大会第一次会议审议批准的国务院机构改革方案和国务院第一次常务会议审议通过了国务院直属特设机构、直属机构、办事机构、直属事业单位设置方案。目前，国务院机构设置包括：（1）国务院办公厅；（2）国务院组成部门，包括外交部、国防部、教育部等21个部、国家发展和改革委员会、国家民族事务委员会和国家卫生健康委员会3个委员会以及中国人民银行和审计署；（3）国务院直属特设机构，即国务院国有资产监督管理委员会；（4）国务院直属机构，包括海关总署、税务总局、市场监督管理总局等10个直属机构；（5）国务院办事机构：国务院港澳事务办公室、国务院研究

---

① 陈恩才：《试论行政规则效力的外部化及司法审查》，载《江苏社会科学》2012年第2期。

室；（6）国务院直属事业单位，包括新华通讯社、中国科学院、中国社会科学院、中国工程院、国务院发展研究中心等10个直属事业单位。

在实践中，国务院各部门除了制定规章外，还制发规范性文件。根据《国务院工作规则》（2018）第21条之规定，国务院各部门制定规章和规范性文件，要符合宪法、法律、行政法规和国务院有关决定、命令的规定，严格遵守法定权限和程序。涉及两个及两个以上部门职权范围的事项，要充分听取相关部门的意见，并由国务院制定行政法规、发布决定或命令，或由有关部门联合制定规章或规范性文件。其中，涉及公众权益、社会关注度高的事项等，应当事先请示国务院；部门联合制定的重要规章及规范性文件发布前须经国务院批准。

为规范其规范性文件的制发和管理，国务院各部门多制定了专门的管理办法。以教育部为例，早在1999年即出台了《教育部规章及重要规范性文件起草、审核和发布办法》。其第2条规定："各业务司局及有关行政管理职能的直属事业单位（以下简称'起草单位'）负责规章及重要规范性文件的起草工作。研究室归口负责规章及重要规范性文件的立项核准、合法性审核等工作，并协助做好法律、行政法规草案的起草工作。"据此，教育部的"各业务司局及有关行政管理职能的直属事业单位"均有权制发规范性文件。目前，教育部设有办公厅、政策法规司、发展规划司、高等教育司等26个司局机构，设有机关服务中心、国家教育行政学院、中国教育科学研究院等34个直属事业单位，其中，教育部教育管理信息中心、国家留学基金管理委员会秘书处、教育部经费监管事务中心、教育部民族教育发展中心等直属事业单位都承担了一定的行政管理职能。这就意味着，仅教育部就实际上有近50个规范性文件的制发主体。

（二）地方各级政府及其组成部门

在实践中，乡镇以上的地方各级人民政府以及县级以上各级人民政府的组成部门，都有权制发规范性文件，规范性文件的制发主体可谓众多。

其一，省级政府及其组成部门。以上海为例，为进一步做好行政规范性文件制定和监督管理工作，根据《国务院办公厅关于全面推行行政规范性文件合法性审核机制的指导意见》（国办发〔2018〕115 号）和《上海市行政规范性文件管理规定》（2019 年 6 月 5 日上海市人民政府令第 17 号公布），上海市人民政府办公厅制发了《市级行政规范性文件制定主体清单》（沪府办〔2019〕122 号），规定"列入清单范围的各制定主体可以依法制定规范性文件。其他各类议事协调机构和临时机构、内设机构、派出机构等不得以本机构名义制定规范性文件，确需制定规范性文件的，应当报请主管单位制定"。根据这份清单（详见表 6-1），上海有权制发市级行政规范性文件的主体多达 72 个机构。

表 6-1　　　　　　　　　市级行政规范性文件制定主体清单

序号	制定主体名称
	市政府
1	上海市人民政府
	市政府办公厅
2	上海市人民政府办公厅
	市政府组成部门
3	上海市发展和改革委员会（上海市物价局）
4	上海市经济和信息化委员会（上海市无线电管理局）
5	上海市商务委员会（上海市口岸服务办公室）
6	上海市教育委员会
7	上海市科学技术委员会（上海市外国专家局）
8	上海市民族和宗教事务局
9	上海市公安局
10	上海市民政局（上海市社会组织管理局）
11	上海市司法局
12	上海市财政局
13	上海市人力资源和社会保障局
14	上海市规划和自然资源局

序号	制定主体名称
15	上海市生态环境局
16	上海市住房和城乡建设管理委员会
17	上海市交通委员会
18	上海市农业农村委员会
19	上海市水务局（上海市海洋局）
20	上海市文化和旅游局（上海市广播电视局、上海市文物局）
21	上海市卫生健康委员会（上海市中医药管理局）
22	上海市退役军人事务局
23	上海市应急管理局
24	上海市审计局
25	上海市市场监督管理局
26	上海市地方金融监督管理局（上海市金融工作局）
27	上海市人民政府外事办公室（上海市人民政府港澳事务办公室）
市政府直属特设机构	
28	上海市国有资产监督管理委员会
市政府直属机构	
29	上海市体育局
30	上海市统计局
31	上海市医疗保障局
32	上海市绿化和市容管理局（上海市林业局）
33	上海市机关事务管理局
34	上海市民防办公室（上海市人民防空办公室）
35	上海市人民政府合作交流办公室（上海市人民政府协作办公室）
市政府部门管理机构	
36	上海市粮食和物资储备局
37	上海市监狱管理局
38	上海市城市管理行政执法局

序号	制定主体名称
39	上海市房屋管理局
40	上海市药品监督管理局
41	上海市知识产权局
42	上海市道路运输管理局
市政府派出机构	
43	中国（上海）自由贸易试验区管理委员会
44	中国（上海）自由贸易试验区临港新片区管理委员会
45	中国（上海）自由贸易试验区管理委员会保税区管理局
46	上海虹桥商务区管理委员会
47	上海化学工业区管理委员会
48	上海市长兴岛开发建设管理委员会办公室
49	上海推进科技创新中心建设办公室
其他市级部门	
50	中共上海市委上海市人民政府信访办公室
51	上海市档案局
52	上海市公务员局
53	上海市新闻出版局
54	上海市版权局
55	上海市电影局
56	上海市人民政府侨务办公室
57	上海市互联网信息办公室
58	上海市国防科技工业办公室
59	上海市人民政府台湾事务办公室
60	上海市密码管理局
61	上海市国家保密局
62	上海市人民政府新闻办公室
63	国家税务总局上海市税务局

续表

序号	制定主体名称
64	上海市气象局
65	上海市地震局
66	上海市邮政管理局
67	上海市烟草专卖局
68	上海市通信管理局
69	上海市住房公积金管理委员会
70	上海市人民政府征兵办公室
71	上海市消防救援总队
72	上海市残疾人联合会

其二，市级政府及其组成部门。以杭州市为例，根据《国务院办公厅关于全面推行行政规范性文件合法性审核机制的指导意见》（国办发〔2018〕115号）《浙江省司法厅关于进一步加强行政规范性文件制定和监督管理工作的通知》（浙司〔2019〕45 号）要求和《浙江省行政规范性文件管理办法》（省政府令第 372 号）规定，杭州市司法局结合杭州市机构改革等情况，经市政府同意，于 2019 年 7 月 12 日编制并发布了《杭州市本级行政规范性文件制定主体清单》（详见表 6-2）。根据该清单，杭州市的行政规范性文件制定主体有 58个单位。

表 6-2　　　　　　　杭州市本级行政规范性文件制定主体清单

1. 市政府
2. 市政府办公厅
3. 市档案局
4. 市公务员局
5. 市新闻出版局（市版权局）
6. 市网信办

7. 市侨办
8. 市国防科工办
9. 市台办
10. 市信访局
11. 市密码管理局
12. 市国家保密局
13. 市发改委
14. 市经信局
15. 市教育局
16. 市科技局
17. 市民宗局
18. 市公安局
19. 市民政局
20. 市司法局
21. 市财政局
22. 市人力社保局
23. 市规划和自然资源局
24. 市生态环境局
25. 市建委
26. 市住保房管局
27. 市园文局
28. 市交通运输局
29. 市林水局
30. 市农业农村局
31. 市商务局（市粮食和物资储备局）
32. 市文化广电旅游局
33. 市卫生健康委员会
34. 市退役军人事务局

续表

35. 市应急管理局
36. 市审计局
37. 市外办（市港澳办）
38. 市市场监管局（市知识产权局）
39. 市金融办
40. 市体育局
41. 市统计局
42. 市医疗保障局
43. 市城管局（市综合行政执法局）
44. 市机关事务管理局
45. 市人防办（市民防局）
46. 市数据资源局
47. 市投资促进局
48. 市对口支援和区域合作局
49. 市消防救援支队
50. 市气象局
51. 杭州住房公积金管理委员会
52. 市事业单位登记管理局
53. 市公安局出入境管理局
54. 市公安局交通警察局
55. 杭州西湖风景名胜区管委会
56. 杭州钱塘新区管委会
57. 杭州国家高新技术产业开发区管委会
58. 杭州之江国家旅游度假区管委会

其三，区县级政府及其组成部门。以温州市鹿城区为例，根据《国务院办公厅关于加强行政规范性文件制定和监督管理工作的通知》（国办发〔2018〕37号）、《国务院办公厅关于全面推行行政规范性文件合法性审核机制的指导

意见》（国办发〔2018〕115 号）、《浙江省行政规范性文件管理办法》（省政府令第 372 号）、《浙江省司法厅关于进一步加强行政规范性文件制定和监督管理工作的通知》（浙司〔2019〕54 号）等规定和要求，鹿城区政府办公室结合机构改革等情况，经区政府同意，编制并发布了《区级行政规范性文件制定主体清单》（详见表 6-3）。根据该清单，鹿城区享有区级规范性文件制定权的主体有 43 个。

表 6-3　　　　温州市鹿城区区级行政规范性文件制定主体清单

1. 温州市鹿城区人民政府
2. 温州市鹿城区人民政府办公室 （温州市鹿城区人民政府外事办公室、温州市鹿城区大数据发展管理局）
3. 温州市鹿城区新闻出版局
4. 温州市鹿城区档案局
5. 温州市鹿城区民族宗教事务局
6. 温州市鹿城区人民政府侨务办公室
7. 中共温州市鹿城区委温州市鹿城区人民政府信访局
8. 温州市鹿城区发展和改革局
9. 温州市鹿城区经济和信息化局
10. 温州市鹿城区教育局
11. 温州市鹿城区科学技术局
12. 温州市公安局鹿城区分局
13. 温州市鹿城区民政局
14. 温州市鹿城区司法局
15. 温州市鹿城区财政局（温州市鹿城区国有资产监督管理办公室）
16. 温州市鹿城区人力资源和社会保障局
17. 温州市鹿城区住房和城乡建设局 （温州市鹿城区人民防空办公室〈温州市鹿城区民防局〉）
18. 温州市鹿城区交通运输局

19. 温州市鹿城区农业农村局（温州市鹿城区水利局）
20. 温州市鹿城区商务局
21. 温州市鹿城区文化和广电旅游体育局（温州市鹿城区文物局）
22. 温州市鹿城区卫生健康局
23. 温州市鹿城区退役军人事务局
24. 温州市鹿城区应急管理局
25. 温州市鹿城区审计局
26. 温州市鹿城区市场监督管理局（温州市鹿城区知识产权局）
27. 温州市鹿城区人民政府金融工作办公室
28. 温州市鹿城区统计局
29. 温州市鹿城区综合行政执法局（温州市鹿城区城市管理局）
30. 温州市鹿城区人民政府七都街道办事处
31. 温州市鹿城区人民政府滨江街道办事处
32. 温州市鹿城区人民政府南汇街道办事处
33. 温州市鹿城区人民政府蒲鞋市街道办事处
34. 温州市鹿城区人民政府南郊街道办事处
35. 温州市鹿城区人民政府大南街道办事处
36. 温州市鹿城区人民政府五马街道办事处
37. 温州市鹿城区人民政府松台街道办事处
38. 温州市鹿城区人民政府广化街道办事处
39. 温州市鹿城区人民政府双屿街道办事处
40. 温州市鹿城区人民政府丰门街道办事处
41. 温州市鹿城区人民政府仰义街道办事处
42. 温州市鹿城区藤桥镇人民政府
43. 温州市鹿城区山福镇人民政府

上文所论及各级政府及其组成部门中，享有本级行政规范性文件制发权的主体清单，均为《国务院办公厅关于加强行政规范性文件制定和监督管理工作

的通知》（国办发〔2018〕37 号）颁发之后新制发的。针对行政规范性文件"满天飞"的现实，该通知的宗旨正在于严控规范性文件的制发权，明确规定"严禁越权发文"和"严禁发文数量"。具体而言：（1）严禁越权发文。坚持法定职责必须为、法无授权不可为，严格按照法定权限履行职责，严禁以部门内设机构名义制发行政规范性文件。要严格落实权责清单制度，行政规范性文件不得增加法律、法规规定之外的行政权力事项或者减少法定职责；不得设定行政许可、行政处罚、行政强制等事项，增加办理行政许可事项的条件，规定出具循环证明、重复证明、无谓证明的内容；不得违法减损公民、法人和其他组织的合法权益或者增加其义务，侵犯公民人身权、财产权、人格权、劳动权、休息权等基本权利；不得超越职权规定应由市场调节、企业和社会自律、公民自我管理的事项；不得违法制定含有排除或者限制公平竞争内容的措施，违法干预或者影响市场主体正常生产经营活动，违法设置市场准入和退出条件等。（2）严控发文数量。凡法律、法规、规章和上级文件已经作出明确规定的，现行文件已有部署且仍然适用的，不得重复发文；对内容相近、能归并的尽量归并，可发可不发、没有实质性内容的一律不发，严禁照抄照搬照转上级文件、以文件"落实"文件。确需制定行政规范性文件的，要讲求实效，注重针对性和可操作性，并严格把关文字，确保政策措施表述严谨、文字精练、准确无误。

二、行政规范性文件之创制程序

在我国，尽管没有专门的法律规定行政规范性文件的创制程序，但根据国务院制定的《规章制定程序条例》第 36 条之规定，依法不具有规章制定权的县级以上地方人民政府制定、发布具有普遍约束力的决定、命令，参照《规章制定程序条例》规定的程序执行。[①] 为规范行政规范性文件的制定和备案，各省市也都制定了专门的行政规范性文件制定程序规定，或者类似规定。比如，广西壮族自治区政府、江西省政府就制定了专门的"区规范性文件制定程序规

---

① 黄金荣：《"规范性文件"的法律界定及其效力》，载《法学》2014 年第 7 期。

定"。结合上述规范,行政规范性文件的创制须遵循如下程序:

(一) 请示和立项

所谓请示,意指需要制定行政规范性文件的主体向其上级机关作出制定行政规范性文件的意思表示;所谓立项则意指上级机关在对下级机关所提出的制定行政规范性文件之请示进行审查并将其纳入年度工作计划的活动。① 根据《规章制定程序条例》之规定,具体言之:(1) 国务院部门内设机构或者其他机构认为需要制定行政规范性文件的,应当向该部门报请立项;省、自治区、直辖市和较大的市的人民政府所属工作部门或者下级人民政府认为需要制定行政规范性文件的,应当向该省、自治区、直辖市或者较大的市的人民政府报请立项。(2) 需要制定行政规范性文件的机关在报送制定规范性文件的立项申请时,应当对制定规章的必要性、所要解决的主要问题、拟确立的主要制度等作出说明。(3) 司法部,省、自治区、直辖市的司法厅和较大的市的司法局,应当对制定行政规范性文件的立项申请进行汇总研究,拟订本部门、本级人民政府年度规章制订工作计划,报本部门、本级人民政府批准后执行。(4) 国务院部门,省、自治区、直辖市和较大的市的人民政府,应当加强对执行年度行政规范性文件制订工作计划的领导。(5) 对列入年度规章制订工作计划的项目,承担起草工作的单位应当抓紧工作,按照要求上报本部门或者本级人民政府决定。

(二) 起草、听证和协商

作为行政规范性文件之创制程序,起草、听证和协商既各有一定的独立性,又彼此交融。其中:(1) 起草即为制定行政规范性文件草案的行为。政府规范性文件由政府确定其所属的一个部门或者几个部门具体负责起草工作;部门规范性文件由部门确定起草机构。两个以上部门联合制定规范性文件,可

———————

① 杨士林:《试论行政诉讼中规范性文件合法性审查的限度》,载《法学论坛》2015年第5期。

以协商确定一个主办部门组织起草，也可以由几个部门共同负责起草。起草规章可以邀请有关专家、组织参加，也可以委托有关专家、组织起草。（2）听证即听取相对方的意见；在行政规范性文件之起草过程中，听证主要采取书面征求意见、座谈会、论证会、听证会等多种形式进行。① （3）起草单位人员对起草的规范性文件内容有重大分歧意见的，起草单位应当进行协商；协商不成的，报请制定机关决定。起草的规范性文件涉及其他部门的职责或者与其他部门关系紧密，其他部门提出不同意见的，起草部门或者机构应当与其充分协商；经过充分协商不能取得一致意见的，应当在上报规范性文件送审稿时说明情况和理由。

（三）审查

政府规范性文件的起草工作完成之后，起草部门应当及时将规范性文件送审稿及其说明和其他有关材料报送本级人民政府进行审查——这种审查包括合法性审查和合理性审查。②

其一，行政规范性文件之合法性审查之要义有三：③ （1）权限审查，即审查行政机关是否在宪法、法律授权的范围内制定行政规范性文件，凡超出宪法、法律划定界限之行政规范性文件，应当予以撤销。（2）内容审查，即审查行政规范性文件是否与已有的位阶较高的法律相抵触；它关涉行政规范性文

---

① 根据《规章制定程序条例》之规定，听证会依照下列程序组织：（1）听证会公开举行，起草单位应当在举行听证的30日前公布听证会的时间、地点和内容；（2）参加听证会的有关机关、组织和公民对起草的规章，有权提问和发表意见；（3）听证会应当制作笔录，如实记录发言人的主要观点和理由；（4）起草单位应当认真研究听证会反映的各种意见，起草的规章在报送审查时，应当说明对听证会意见的处理情况及其理由。

② 譬如，根据《广西壮族自治区规范性文件制定程序规定》之规定：（1）规范性文件草案提交制定机关审议前，应当经制定机关的法制部门或者法制机构进行合法性审查；（2）法制部门或者法制机构对规范性文件草案进行合法性审查应当提出书面审查意见；（3）审查意见的基本内容有四：一是是否超越制定机关的法定职权；二是是否与法律、法规、规章和上级规范性文件相抵触；三是是否与相关的规范性文件协调、衔接；四是其他需要审查的内容。

③ 江国华、周海源：《论行政法规之审查基准》，载《南都学坛》2010年第5期。

件条文本身的实质合法性，即要求行政规范性文件的条文与宪法、法律的规定保持一致。内容违法是行政规范性文件之可撤销性的法定理由之一。（3）程序审查，即审查行政规范性文件的制定过程是否符合法定的程序。尽管行政规范性文件不属于正式的法律渊源，但鉴于其直接关涉行政相对人的合法权益，因此，规范性文件的制发应当与行政立法一样，恪守程序法定主义原则，其效力溯及行政立法的整个过程。① 根据《行政诉讼法》第 70 条之规定，违反法定程序是行政规范性文件可撤销性之法定理由之一。

其二，合理性审查则主要审查行政规范性文件之内容是否得当，是否符合大众理解的一般正义的标准。② 譬如，根据《江西省行政机关规范性文件制定程序规定》第 14 条以及第 5 条之规定，规范性文件送审稿有下列情形之一的，审查机构可以缓办或者退回起草部门或者机构：（1）制定规范性文件的基本条件尚不成熟的。（2）有关部门对规范性文件送审稿规定的主要内容存在较大争议，起草部门或者机构未与其协商的。（3）行政机关制定规范性文件必须符合下列要求：切实保障公民、法人和其他组织的合法权益；体现改革精神，科学规范行政行为，促进政府职能向经济调节、市场监管、社会管理和公共服务转变（第 5 条）。据此，行政规范性文件是否能够切实保障公民、法人的合法权益，是否体现改革精神，能否促进政府职能向经济调节、市场监管、社会管理和公共服务转变也成为合理性审查之内容。

（四）决定和公布

作为行政规范性文件创制之程序，决定和公布具有相对独立性。行政规范性文件之决定一般由政府会议或其工作部门会议决定。譬如，根据《广西壮族自治区规范性文件制定程序规定》第 16 条的规定，制定规范性文件应当按照下列规定审议决定：（1）县级以上人民政府制定的规范性文件，应当经政府

---

① 江国华：《行政立法的合法性审查探析》，载《武汉大学学报（哲学社会科学版）》2007 年第 5 期。

② 杨士林：《试论行政诉讼中规范性文件合法性审查的限度》，载《法学论坛》2015 年第 5 期。

常务会议审议决定，涉及重大事项的应当经政府全体会议审议决定。（2）其他机关制定的规范性文件，应当经制定机关行政首长办公会议审议决定。（3）行政规范性文件之发布，需要制定机关的主要负责人签署，① 并由制定机关通过政府公报、政府网站或者当地公开发行的报刊等形式向社会公布。

三、行政规范性文件之合法性控制程序

尽管各地有类似的实践尝试，但从现实情况下高阶规范层面考察，备案审查、合法性审查等合法性控制的覆盖范围尚主要集中在规章级别以上的规范性文件。但作为具备相似普遍约束效力的抽象行政行为（行政立法），行政规范性文件的合法性控制也应参照行政法规、规章等建立和具备合法性控制制度以体现程序正义原则贯彻行政立法领域。

（一）备案审查

《国务院办公厅关于加强行政规范性文件制定和监督管理工作的通知》（国办发〔2018〕37号）明确要求，健全行政规范性文件备案监督制度，做到有件必备、有备必审、有错必纠。制定机关要及时按照规定程序和时限报送备案，主动接受监督。

其一，备案主体。具体有四：（1）国务院部门制发的规范性文件应当报国务院备案；（2）省级以下地方各级人民政府制定的行政规范性文件要报上一级人民政府和本级人民代表大会常务委员会备案；（3）地方人民政府部门制定的行政规范性文件要报本级人民政府备案，地方人民政府两个或两个以上部门联合制定的行政规范性文件由牵头部门负责报送备案；（4）实行垂直管理的部门，下级部门制定的行政规范性文件要报上一级主管部门备案，同时抄送文件制定机关所在地的本级人民政府。

其二，审查标准。规范性文件备案审查标准可分为合法性标准与适当性标

---

① 譬如，根据《广西壮族自治区规范性文件制定程序规定》第17条之规定，经审议通过的规范性文件，由制定机关主要负责人或者主要负责人委托的分管负责人签署发布。

准。（1）合法性标准。根据《国务院工作规则》，国务院各部门制定规章和规范性文件，要符合宪法、法律、行政法规和国务院有关决定、命令的规定，严格遵守法定权限和程序；严格进行合法性审查，规范性文件不得设定行政许可、行政处罚、行政强制等事项，不得减损公民、法人和其他组织合法权益或者增加其义务。因此，规范性文件备案审查的合法性标准至少应当包含如下四项内容：一是超越法规、司法解释的制定权限，限制或者减损公民、法人和其他组织合法权利或者增加其义务，增加或者扩大国家机关的权力或者缩减其责任；二是没有法律依据，超越法定权限增设新的行政许可、行政处罚、行政强制，或者虽然依据法律设定的行政许可、行政处罚、行政强制作出具体规定，但是与法律规定相抵触；三是法律没有明确规定，其内容与法律的立法目的或者原则明显相违背；四是对依法不能变通的事项作出变通，或者变通规定违背法律的基本原则。（2）适当性标准。规范性文件备案审查适当性标准包括：①与党中央的重大决策部署不相符；②与国家的重大改革方向不一致；③对公民、法人或者其他组织的权利和义务的规定明显不合理，或者为实现立法目的所规定的手段与立法目的明显不匹配；④因现实情况与立法之初相比发生重大变化而不宜继续施行；⑤违反《立法法》第 73 条之规定，明显脱离本行政区域实际情况而简单照抄照搬上位法或者其他法规的有关规定。

其三，备案程序。规范性文件备案应当遵循正当程序。以地方政府规范性文件备案为例，人大备案与政府备案两条线均有相应的程序规程。比如，根据江苏省人民代表大会常务委员会《规范性文件备案审查程序规定》（2018），报送省人民代表大会常务委员会备案的规范性文件，国家机关、社会团体、企业事业组织和公民向省人民代表大会常务委员会提出的对规范性文件进行审查的建议（以下简称审查建议），由省人民代表大会常务委员会法制工作委员会（以下简称法制工作委员会）接收、登记、受理、移送、分送、反馈。其中，报送省人民代表大会常务委员会备案的规范性文件，由相关的省人民代表大会专门委员会、省人民代表大会常务委员会工作委员会（以下统称相关委员会）和法制工作委员会分别审查；国家机关、社会团体、企业事业组织和公民向省人民代表大会常务委员会提出的审查建议，由法制工作委员会会同相关委员会研究处理；全国人民代表大会常务委员会办公厅、全国人民代表大会常务委员会法制工作委员会要求或者委托省人民代表大会常务委员会组织开展审查的，按照全国人民代表大会常务委员会来函要求和省人民代表大会常务委员会领导批示办理。

（1）报送材料接收。报送规范性文件备案的材料符合规范要求的，予以接收；不符合规范要求的，法制工作委员会应当通知报备责任单位在 10 个工作日内补正；① 国家机关、社会团体、企业事业组织和公民向省人民代表大会常务委员会书面提出或者通过江苏人大网"规范性文件审查建议提交"板块提出的审查建议符合规范要求的，法制工作委员会应当接收，并予以记录。

（2）备案登记。法制工作委员会应当对报送备案的规范性文件是否属于规定的备案范围进行审查。属于备案范围的，予以登记；不属于备案范围的，不予登记，同时告知报备责任单位；法制工作委员会应当建立报备规范性文件登记制度；② 对符合规范要求的审查建议，法制工作委员会应当在 5 个工作日内对建议审查的规范性文件是否属于省人民代表大会常务委员会审查范围进行研究。属于审查范围的，予以受理并登记。③

（3）审查建议移送。国家机关、社会团体、企业事业组织和公民建议审查的规范性文件不属于省人民代表大会常务委员会审查范围的，法制工作委员会不予受理并通知审查建议提出人，也可以根据情况移送其他备案审查工作机构处理。移送审查建议，由法制工作委员会向其他备案审查工作机构发函，审

---

① 法制工作委员会应当加强与报备责任单位的联系，督促报备责任单位按时、规范报送规范性文件备案，发现报备责任单位未按时报备规范性文件的，及时对报备责任单位进行提醒。

② 登记内容包括收到报备规范性文件的日期，规范性文件的名称、制定机关、颁布时间，以及是否已经通过电子报备等；法制工作委员会应当在江苏人大网定期公布经报备登记的规范性文件目录。

③ 登记内容包括：（1）收到审查建议的日期；（2）审查建议提出人的姓名或者名称、身份证号码或者组织机构代码、地址、联系方式；（3）建议审查的规范性文件的名称、制定机关、颁布时间；（4）建议审查的具体条款或者内容；（5）建议审查的主要理由。

查建议随函移送。其中，对党的组织制定的党内规范性文件提出的审查建议，应当移送给有审查职权的党的备案审查工作机构；对省政府各部门制定的规范性文件提出的审查建议，应当移送给省政府法制工作机构；对设区的市政府制定的规范性文件提出的审查建议，应当移送给省政府法制工作机构或者设区的市人民代表大会常务委员会备案审查工作机构。

（4）报备的规范性文件和审查建议的分送。对报备的规范性文件予以登记的，法制工作委员会应当自登记之日起5个工作日内，将规范性文件和有关材料送相关委员会；对审查建议予以受理登记的，法制工作委员会应当自受理之日起5个工作日内，将审查建议和有关材料送相关委员会。

（5）主动审查。相关委员会接到分送审查的规范性文件后，应当确定承办处室和承办人，对规范性文件是否存在《江苏省各级人民代表大会常务委员会规范性文件备案审查条例》规定的应当纠正的不适当情形进行审查，在1个月内提出审查意见，并将审查结果书面函复法制工作委员会；法制工作委员会应当同步开展审查，在1个月内提出审查意见；法制工作委员会可以同步委托备案审查咨询专家审查规范性文件。

（6）被动审查。对受理登记的审查建议，法制工作委员会应当会同相关委员会对建议审查的规范性文件是否存在不适当情形进行研究，自登记之日起2个月内完成审查工作、提出书面审查意见；有特殊情况的，经法制工作委员会负责人同意，可以延长。

（7）中间程序。一则，相关委员会和法制工作委员会对规范性文件进行审查时，可以要求规范性文件制定机关的有关办事机构和部门说明有关规范性文件的制定背景、主要考虑和法律依据等情况，并提供有关资料。二则，如遇问题比较复杂、问题比较敏感或者社会关注度高、问题争议较大等情形，相关委员会和法制工作委员会对规范性文件进行审查时，应当联合开展调查。三则，相关委员会和法制工作委员会在审查过程中，可以征求省人大代表和有关国家机关、社会团体、企业事业组织等单位或者个人的意见。四则，相关委员会和法制工作委员会根据需要，可以当面听取审查建议提出人的意见，了解提出审查建议的理由，询问有关情况，要求进一步补充有关材料，必要时可以通知规范性文件制定机关的有关办事机构和部门派员参加。五则，法制工作委员会可以会同相关委员会召开论证会，邀请省人大代表、备案审查咨询专家以及相关领域的专家学者、实践工作者对规范性文件中可能存在的问题进行专题论证。六则，法制工作委员会可以会同相关委员会召开听证会，对审查建议涉及的事项进行听证。七则，相关委员会和法制工作委员会认为规范性文件存在不适当情形，在提出书面审查意见前，应当先与制定机关的有关办事机构和部门进行沟通，听取意见；法制工作委员会在研究过程中，对涉及上位法有关条款立法原意把握不准，直接关系到建议审查的规范性文件是否存在不适当情形时，可以向全国人民代表大会常务委员会法制工作委员会等进行请示；法制工作委员会会同相关委员会研究过程中，发现重大问题或者发生意见分歧，应当向省人民代表大会常务委员会有关负责人报告，必要时向主任会议报告。

（8）处理。一则，对报备的规范性文件的审查工作，应当自登记之日起 2 个月内完成；有特殊情况的，经法制工作委员会负责人同意，可以延长。若相关委员会和法制工作委员会均未发现规范性文件存在不适当情形的，经法制工作委员会负责人同意，审查终止。二则，若相关委员会或者法制工作委员会发现规范性文件可能存在不适当情形的，由法制工作委员会会同相关委员会进行研究；经研究，若不存在不适当情形，经法制工作委员会负责人同意，审查终止；若存在不适当情形，制定机关同意自行纠正的，经法制工作委员会负责人同意，审查中止。三则，若相关委员会和法制工作委员会认为规范性文件存在不适当情形，而制定机关认为不存在不适当情形的，由法制工作委员会向规范性文件制定机关提出书面审查意见，建议制定机关研究处理；制定机关同意自收到书面审查意见之日起 2 个月内对规范性文件存在问题自行纠正的，审查中止；制定机关对规范性文件存在问题通过修改、废止等方式予以纠正后，审查终止；逾期未纠正或者未回复的，法制工作委员会应当按程序提请主任会议研究。四则，制定机关收到法制工作委员会书面审查意见后，坚持认为规范性文件不存在不适当情形、不同意纠正的，法制工作委员会和相关委员会应当对制定机关反馈的意见进行研究，认为理由不成立的，法制工作委员会应当按程序提请主任会议研究；主任会议研究后，认为规范性文件需要纠正的，由省人民代表大会常务委员会办公厅向制定机关提出书面审查意见，建议制定机关限期自行纠正；制定机关未在限期内对规范性文件存在问题通过修改、废止等方式予以纠正的，法制工作委员会应当向主任会议提出撤销规范性文件的建议，由主任会议决定是否向省人民代表大会常务委员会提出撤销规范性文件的议案。

（9）反馈。一则，对国家机关、社会团体、企业事业组织和公民提出的审查建议，法制工作委员会移送其他备案审查工作机构处理的，在移送后采用书面或者口头的方式告知审查建议提出人有关情况；未受理又未移送其他备案审查工作机构的，采用书面或者口头的方式告知其向有权审查的机关提出。二则，根据国家机关、社会团体、企业事业组织和公民提出的审查建议对规范性文件进行审查的，法制工作委员会应当自审查处理工作结束后 5 个工作日内，将审查处理情况向审查建议提出人反馈。三则，对全国人民代表大会常务委员会办公厅、全国人民代表大会常务委员会法制工作委员会要求或者委托省人民代表大会常务委员会组织开展审查的，经法制工作委员会主要负责人同意后，按照省人民代表大会常务委员会机关公文处理的有关规定进行反馈。

（二）行政复议审查

根据《行政复议法》第 7 条之规定，如果公民、法人或其他组织认为国务院各部门、县级以上地方各级人民政府及其工作部门和乡、镇人民政府作出具体行政行为所依据的"规定"不合法，可以在申请行政复议时对该规定一并申请审查。其中的"规定"就是规范性文件。

其一，申请人。行政复议申请人即行政复议附带审查规范性文件的申请主体。(1) 申请行政复议的公民、法人或者其他组织是规范性文件附带复议审查的申请人。(2) 有权申请行政复议的公民死亡的，其近亲属可以申请行政复议；因此，代位提出行政复议申请的近亲属系规范性文件附带复议审查的申请人。(3) 有权申请行政复议的公民为无民事行为能力人或者限制民事行为能力人的，其法定代理人可以代为申请行政复议；此种情形下，代为申请行政复议的法定代理人是规范性文件附带复议审查的申请人。(4) 有权申请行政复议的法人或者其他组织终止的，承受其权利的法人或者其他组织可以申请行政复议；这种情形下，申请行政复议的权利承受人是规范性文件附带复议审查的申请人。

其二，申请方式。任何个人或组织均不得就规范性文件的合法性单独提出行政复议申请；只能在就行政行为的合法性提起行政复议审查时，若认为该行为所依据的规范性文件违法，方可以一并提出行政复议审查。

其三，审查程序。（1）申请人在申请行政复议时，对被申请行为所依据的规范性文件一并提出审查申请的，行政复议机关对该规定有权处理的，应当在30日内依法处理；无权处理的，应当在7日内按照法定程序转送有权处理的行政机关依法处理，有权处理的行政机关应当在60日内依法处理。处理期间，中止对具体行政行为的审查。（2）行政复议机关在对被申请人作出的具体行政行为进行审查时，认为其依据不合法，本机关有权处理的，应当在30日内依法处理；无权处理的，应当在7日内按照法定程序转送有权处理的国家机关依法处理。处理期间，中止对具体行政行为的审查。

（三）合法性审核

合法性审核是指规范性文件批准公布实施之前，由相关行政机构对其合法性加以审核的机制。从程序运行时间来看，合法性审核是一种事前审查。合法性审核机制实际上是在当前党政机构改革的背景下，依托原有的规范性文件内部审查机制对我国规范性文件合法性控制程序的优化与完善。为贯彻落实《中共中央关于全面深化改革若干重大问题的决定》和中共中央、国务院《法治政府建设实施纲要（2015—2020年）》有关要求，针对规章位阶以下的规范性文件的合法性控制等问题，2018年5月及12月，国务院办公厅先后印发《关于加强行政规范性文件制定和监督管理工作的通知》《关于全面推行行政规范性文件合法性审核机制的指导意见》对合法性审核制度加以明确。

其一，审核主体。这次机构改革前，省级以下地方人民政府或者办公厅（室）印发的文件，一般是交由地方政府法制机构审核；各级政府部门制发的文件，一般都是由本部门合法性审核机构进行审核，也有些地方全部交由政府法制机构审核。机构改革后，地方政府法制机构和司法厅局重新组建，相应地，原地方政府法制机构承担的规范性文件审核职责就由新组建的司法厅局承担。国务院办公厅印发《关于全面推行行政规范性文件合法性审核机制的指导意见》规定："以县级以上人民政府或者其办公机构名义印发的规范性文件，或者由县级以上人民政府部门起草、报请本级人民政府批准后以部门名义印发的规范性文件，由同级人民政府审核机构进行审核；起草部门已明确专门审核机构的，应当先由起草部门审核机构进行审核。国务院部门制定的规范性文件，由本部门审核机构进行审核。省、自治区、直辖市和设区的市人民政府部门制定的规范性文件，由本部门审核机构进行审核，也可以根据实际需要由本级人民政府确定的审核机构进行审核。县（市、区）人民政府部门、乡镇人民政府及街道办事处制定的规范性文件，已明确专门审核机构或者专门审核人员的，由本单位审核机构或审核人员进行审核；未明确专门审核机构或者专门审核人员的，统一由县（市、区）人民政府确定的审核机构进行审核。"

其二，审核程序与审核期限。行政规范性文件的合法性审核材料由起草单位负责报送，由相关机构审核通过、审核退回、要求说明、转送审核等。国务院办公厅印发《关于全面推行行政规范性文件合法性审核机制的指导意见》规定："起草单位报送的审核材料，应当包括文件送审稿及其说明，制定文件所依据的法律、法规、规章和国家政策规定，征求意见及意见采纳情况，本单位的合法性审核意见，以及针对不同审核内容需要的其他材料等。""审核机构要根据不同情形提出合法、不合法、应当予以修改的书面审核意见。起草单位应当根据合法性审核意见对规范性文件作必要的修改或者补充；特殊情况下，起草单位未完全采纳合法性审核意见的，应当在提请制定机关审议时详细说明理由和依据。"合法性审核时间一般不少于 5 个工作日，最长不超过 15 个工作日。

其三，审核内容与标准。国务院办公厅印发《关于全面推行行政规范性文件合法性审核机制的指导意见》规定："审核机构要认真履行审核职责，防止重形式、轻内容、走过场，严格审核以下内容：制定主体是否合法；是否超越制定机关法定职权；内容是否符合宪法、法律、法规、规章和国家政策规定；是否违法设立行政许可、行政处罚、行政强制、行政征收、行政收费等事项；是否存在没有法律、法规依据作出减损公民、法人和其他组织合法权益或者增加其义务的情形；是否存在没有法律、法规依据作出增加本单位权力或者减少本单位法定职责的情形；是否违反规范性文件制定程序。"

（四）司法附带审查①

我国《行政诉讼法》第 53 条确定了行政诉讼中规章以下规范性文件的司法附带审查制度，该条规定："公民、法人或者其他组织认为行政行为所依据的国务院部门和地方人民政府及其部门制定的规范性文件不合法，在对行政行为提起诉讼时，可以一并请求对该规范性文件进行审查。"该规范性文件的定义限制在规章之下，规定、行政规范性文件等规范性文件自然应当被纳入审查的范围之内，故而司法附带审查也应是行政规范性文件合法性控制的一种模式。

据中国法院网发布的统计数据，2016 年 1 月到 2018 年 10 月，全国一审行政案件收案中规范性文件附带审查约为 3880 件。② 但从公开的裁判文书来看，在中国裁判文书网中以"《行政诉讼法》第 53 条""规范性文件""行政案由"为限定条件搜索，③ 统计得出自规范性文件附带审查制度确立以来，我国2015 年、2016 年、2017 年、2018 年④的附带审查案件分别为 117 件、486 件、

---

① 本部分内容详见江国华、易清清：《行政规范性文件附带审查的实证分析——以947 份裁判文书为样本》，载《法治现代化研究》2019 年第 5 期。

② 《最高法发布行政诉讼附带审查规范性文件典型案例》，载中国法院网：https：//www. chinacourt. org/article/detail/2018/10/id/3551915. shtml，2019 年 3 月 17 日最后访问。

③ 参见 http：//wenshu. court. gov. cn/list/list/？ sorttype = 1&number = 0. 9220975903336088&guid = 244bb1e7-5180-1edfc788-7c2da2fd334c&conditions = searchWord＋QWJS＋＋＋全文检索：行政诉讼法第五十三条％20 规范性文件 &conditions = searchWord＋行政案由＋＋＋一级案由：行政案由，2019 年 3 月 18 日最后访问。

④ 2019 年 3 月 17 日搜索数据，其中 2015 年的数据为 2015 年 5 月 1 日即《行政诉讼法》修正实施后的第 53 条的适用数据。

473 件、555 件，共计 1631 件。限于技术原因，① 本部分从中国裁判文书网、无讼案例中以"《行政诉讼法》第 53 条""规范性文件""行政案由"为限定条件，按照相关性排序，综合考虑规范性文件附带审查的审级和院级，随机下载案例 1292 份，以其中有效案例 947 份为分析样本，② 样本中包括最高人民法院、高级人民法院、中级人民法院、基层人民法院裁判文书数量各 76 份、333 份、273 份、265 份，其中一审案件 356 份、二审案件 465 份、再审案件 126 份。因规范性文件的司法审查涉及面较为庞杂，本部分将主要聚焦于司法审判实务，以审查流程和步骤为线索，基于样本文书的裁判说理，从规范性文件的实体审查启动情况、审查后认为合法、审查后不予适用等角度，考察我国规范性文件司法审查的运行状况及其裁判规则。

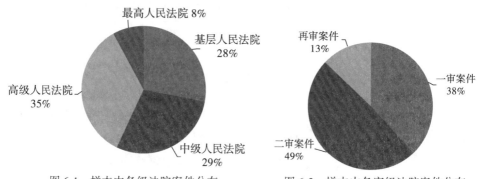

图 6-1 样本中各级法院案件分布　　图 6-2 样本中各审级法院案件分布

其一，行政规范性文件附带审查的启动情况。就规范性文件实体审查的启动情况而言，在所选取的 947 份裁判文书样本中，有 97 件案件法院对规范性文件启动了实体审查，850 件未启动实体审查，规范性文件的实体审查启动率

---

① 中国裁判文书网仅显示列表前 200 条，无讼案例仅显示列表前 400 条，威科先行·法律信息库仅有 357 条结果，各网站最后访问日期分别为 2019 年 3 月 19 日、2019 年 3 月 15 日、2019 年 3 月 19 日。

② 无效案例的剔除原因：适用的为修正前的《行政诉讼法》第 53 条、裁判文书信息不全、裁判说理中未适用修正后的《行政诉讼法》第 53 条等。

为 10%。就各审级的启动率而言，以一审法院最高，为 15.7%，再审为最低，为 7%；就各级人民法院的启动率而言，以基层人民法院最高，为 18%，最高人民法院次之，为 8%。高级人民法院和中级人民法院的启动率均为 5%。

表 6-4　　　　　　　　　**样本中规范性文件审查的启动情况统计**

启动情况 审级	未启动	启动	合计
一审	300	56	356
二审	433	32	465
再审	117	9	126
合计	850	97	947

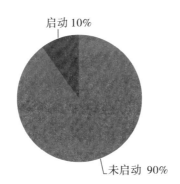

图 6-3　样本中规范性文件启动情况总览

　　法院未启动规范性文件附带审查的主要理由可以归结为以下七类：① 一则，当事人提请附带审查的规范性文件，并非被诉行政行为作出的直接依据，行政机关未根据规范性文件作出行政行为，即与被诉行政行为缺乏关联性，此项理由占比 32%。二则，当事人提出的其他诉讼请求不属于人民法院受案范

---

　　① 　法院在不启动规范性文件附带审查的说理中，对同一规范性文件可能有一种以上的说理理由，为统计方便，本书选取其中最主要的理由，进行统计。

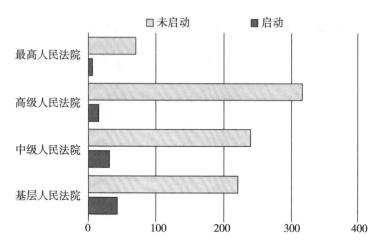

图 6-4　样本中各院级规范性文件实体审查的启动情况统计

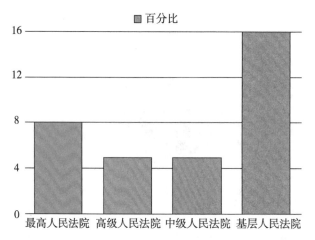

图 6-5　样本中各院级规范性文件实体审查启动情况统计百分比

围，因此其提出的审查规范性文件的诉讼请求亦不符合起诉条件，即主诉不符合起诉条件，此类理由占比22%。三则，当事人提请附带审查的规范性文件不属于人民法院可以一并审查的规范性文件范畴，如不是规范性文件，系法规、规章、国务院规范性文件、党委文件等，此项理由占比21%。四则，当事人未起诉行政机关作出的某一行政行为，直接对规范性文件提起诉讼，不属于人民法院的受案范围，即单独对规范性文件提起诉讼，此项理由占比 14%。五则，当事人无正当理由在一审法庭调查中或法庭调查后提出规范性文件附带审查请求，即提请一并审查时间不当，此项理由占比 4%。六则，当事人提请附带审查的规范性文件不明确、不具体，此项理由占比 2%。七则，法院在行政赔偿案件中，不对规范性文件进行附带审查，此项理由占比 2%。八则，其他，诸如由行政机关提出审查请求，故法院启动审查等，占比 3%。

表 6-5　　　　　样本中不启动规范性文件审查的裁判理由类型统计

审级 不启动审查的理由	一审	二审	再审	合计
与被诉行政行为缺乏关联性	141	112	23	276
主诉不符合起诉条件	29	117	40	186
不属于可以审查规范性文件	61	105	12	178
单独对规范性文件提起诉讼	38	59	24	121
提请一并审查时间不当	4	25	8	37
一并审查的诉请不明确、不具体	12	2		14
系行政赔偿案件	5	0	9	14
其他	10	13	1	24
合计	300	433	117	850

其二，认定行政规范性文件合法的主要维度。在法院启动实体审查的 97 件案件中，共有 72 件案件认定规范性文件合法，占启动审查案件总数的 74%，其中各审级认定规范性文件合法比例分别为：一审 70%、二审 75%、再审 100%。法院对行政规范性文件的司法审查，需根据一定的标准进行审查。因法院对规范性文件进行审查时，隐含判断规范性文件是否合法的审查标准，故而这一标准可以从裁判文书说理中倒推。在本书所选取样本中，以法院裁判论

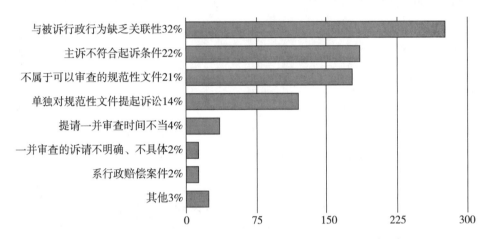

图 6-6　样本中不启动规范性文件审查的裁判理由类型统计比例

证说理为主要素材，可发现现行法院对行政规范性文件的审查维度组合可分为
以下五类：

一是单一审查行政规范性文件的内容与上位法的关系。此类裁判文书说理
占样本总数的 65%，法院主要从规范性文件所依据的上位法是否现行有效、提
请审查的规范性文件是否违反上位法、是否与上位法相抵触、相关条款是否有
上位法依据等方面进行审查。其裁判说理主要表述为"×××（规范性文件）
的制定内容符合×××（上位法）和×××（政策）规定，不存在与上位法
冲突的情形"①"该条内容并不与法律、法规、规章相抵触，该条规定合法有
效""上述规范性文件为了实施×××（上位法）而制定的相关实施细则，适
用该规范性文件并无不当"②。

二是审查行政规范性文件的制定主体及其与上位法的关系。此类裁判文书
在审查规范性文件的内容与上位法的关系前，会根据相关法律等规定，审查规
范性文件的制定机关有无职权、是否超越职权的情形，占比 17%。其裁判说理

① 〔2016〕浙 0604 行初 19 号。
② 〔2017〕粤 0606 行初 782 号。

的代表性表述为"×××（规范性文件）是×××（制定机关）在其行政职权内，根据×××（上位法）颁布的规范性文件，合法、有效、合理"。

三是从行政规范性文件的制定主体、制定程序和内容的合法性（主要审查与上位法的关系）进行审查。以此三项为审查指标的裁判说理较少，仅占认定规范性文件合法案件总数的13%。此类裁判文书结合前几种审查指标，较为全面地对行政规范性文件的合法性进行了审查，其中对行政规范性文件的内容审查，主要体现为审查其与上位法的关系。这一类型的裁判说理主要表述为"该实施意见制定主体合法，已依法发布实施，程序合法，其中有关……的规定与上位法不相冲突，可以作为×××（被诉行政行为）的依据"①。

四是审查行政规范性文件的制定程序及其与上位法的关系，占比4%。此类裁判文书除审查案涉行政规范性文件内容与上位法的关系外，还会针对行政规范性文件的征求意见、印发批准、公开与否等程序性问题进行审查，进而认定其合法性。这一类型的裁判说理主要表述为"该规范性文件并没有与其上位法……规定的内容相抵触。×××（规范性文件）颁发的行政部门曾于×××面向公众征求意见……符合×××（上位法）中关于行政规范性文件制定的程序性要求"②"该规范性文件的制定经浙江省人民政府同意后予以印发。其中第2条规定的……与上位法不相抵触"③。

五是审查规范性文件的制定主体及其制定程序是否合法，占比1%。此类裁判文书主要从规范性文件的制定机关有无制定职权，和其是否符合地方有关规范性文件的管理办法规定的制定程序要求等进行审查。其裁判说理主要表述为"本案×××（规范性文件制定机关）有权制定规范性文件。同时，该文件已……进行了备案审查，并取得规范性文件登记回执，并于……发布公告，确定……日起施行。该文件制定程序符合相关规定"④。

---

① 〔2018〕京 0118 行初 36 号。
② 〔2017〕浙 0602 行初 32 号。
③ 〔2016〕浙 0681 行初 67 号。
④ 〔2016〕云行终 156 号。

表6-6   认定规范性文件合法的审查指标统计

审查要件	数量
上位法	47
主体+上位法	12
主体+程序+内容（上位法）	9
程序+上位法	3
主体+程序	1
合计	72

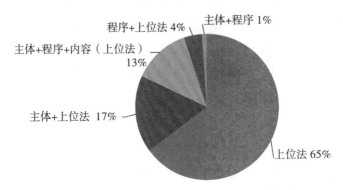

图 6-7　认定规范性文件合法的审查指标统计比例

　　其三，行政规范性合法审查的考量因素。在对行政规范性文件启动实体审查的 97 件案件中，其中人民法院认定行政规范性文件不合法（不予适用）的共 21 件，二审发回重审 4 件，占启动审查案件总数的 22%。人民法院在认定行政规范性文件不合法的裁判说理中，严格遵循"不与上位法抵触"的原则。被认定为不合法的规范性文件中，其中 20 件都有一定共性，即限缩了公民权利但无上位法依据。如在〔2015〕海行初字第 1519 号中，法院认为案涉《实施意见》"关于拆迁人应当在期限届满 15 日前申请延期的规定与《行政许可法》关于被许可人应当在该行政许可有效期届满 30 日前向作出行政许可决定的行政机关提出申请的规定不一致，《实施意见》的上述规定没有法律依据，不能作为证明拆迁许可证延期合法的依据"。在〔2017〕豫 1526 行初 35 号中，法院认为案涉的行政规范性文件规定："'具有当地居民户口的安置对象以征收实施时的计生、公安户口为准；未结婚成家的子女随父母一并安置；出嫁女无论户口是否迁出均不给予安置。' 该规定剥夺了出嫁女参与集体经济生产和权益分配的权利，侵害了妇女依法享有的合法权益，与法律强制性规定相悖，故上述相应条款应排除适用，不能作为被告行政行为合法的证据使用。" 还有一件案例则是法院审查后认为行政规范性文件制定主体无制定权而决定不予适用。〔2015〕东行初字第 758 号裁判文书认为，"《北京市基本医疗保险规定》第 27 条第 2 款规定，基本医疗保险药品目录、诊疗项目目录以及医疗服务设施范围和支付标准的具体办法，由市劳动保障行政部门会同有关部门另行制定。该规定限定北京市基本医疗保险具体范围和标准的制定者应由市劳动保障部门会同有关部门发布，市医保中心只是具体经办医疗保险的机构，其无权创设基本医疗保险报销的具体范围和标准。因此，市医保中心针对本市基本医疗保险报销的具体范围和标准制定的 16 号文及 39 号文等规范性文件，属于超越权限范围"。

由此可知，人民法院对行政规范性文件不予适用的认定较为慎重，其认定不予适用理由主要集中在对行政规范性文件内容是否与上位法冲突、与上位法不一致方面的审查，且通常在规范性文件存在内容违反上位法规定、制定机关无制定职权等较为明显重大违法的情形下，人民法院才会认定其不合法，不予适用。另从既有样本来看，人民法院对规范性文件规定限缩公民权利的条款较为敏感。

通过对规范性文件附带审查制度运行以来的抽样分析可知，这一制度运行以来确已取得一定成效，主要体现在：一是各级人民法院严格按照《行政诉讼法》及司法解释的要求，对于行政诉讼中原告甚至是行政机关提出的一并审查诉请，除裁定驳回起诉的案件外，均给予了启动审查或不启动审查的回应。二是人民法院对启动一并审查的案件，会对该规范性文件是否可以作为认定被诉行政行为合法的依据均予以阐明，并尽力在裁判理由中对规范性文件的合法性进行论证。但与此同时，由于规范性文件的司法审查制度仍处于建设期，有学

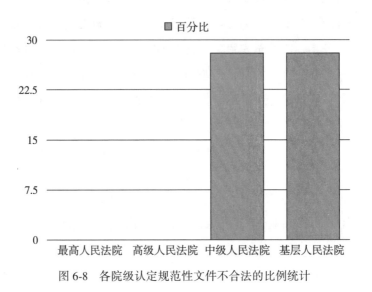

图 6-8 各院级认定规范性文件不合法的比例统计

者对其审查情况提出了诸如程序不明、标准不清、处理软弱的批评①，亦有学者指出，在审查动力、能力双重不足的制约下，部分案件中法院存在着消极对待行政规范性文件的合法性评价，以与上位法不相抵触一笔带过的情况②。结合样本文书中的裁判说理和前文的分析数据也不难看出，我国规范性文件附带审查制度在运行中还存在不少问题，亟待解决。

（五）规范性文件的评估

目前，我国县级以上各级政府基本都建立了规范性文件的评估与清理制度。比如，河北的沧州市制定了专门的《沧州市规范性文件评估清理工作规定》，上海则在其《上海市行政规范性文件管理规定》（2019 沪府令 17 号）第六章专门规定了规范性文件的评估和清理。其中：

---

① 黄学贤：《行政规范性文件司法审查的规则嬗变及其完善》，载《苏州大学学报（哲学社会科学版）》2017 年第 2 期。

② 李成：《行政规范性文件附带审查进路的司法建构》，载《法学家》2018 年第 2 期。

其一，规范性文件的评估分为实施过程中的评估和有效期届满前的评估。比如，《上海市行政规范性文件管理规定》规定：（1）规范性文件施行后，其起草部门或者实施机关应当对规范性文件的执行情况、施行效果、存在的问题及原因进行调查研究和综合评估，并可以根据评估结果进行处理。（2）规范性文件有效期届满的 3 个月前，制定机关应当对其有效期是否需要延续进行评估；经评估，拟在有效期届满后继续实施的，其起草部门或者实施机关应当在该文件有效期届满的 1 个月前向制定机关提出，由制定机关延续有效期后重新公布。规范性文件一般只延续一次有效期，需要再次延续有效期的，应当充分说明理由；经评估，拟作实体内容修改后继续实施的，其起草部门或者实施机关应当在有效期届满的 2 个月前向制定机关提出，由制定机关按照本规定的相关程序，重新制定后公布。

其二，规范性文件评估主体。根据《沧州市规范性文件评估清理工作规定》之规定，政府规范性文件的评估，由原起草部门（职能已经调整的，由继续行使该职能的部门）负责，多个部门联合起草的，由牵头部门负责，政府法制部门（机构）负责指导；部门规范性文件的评估，由制定部门（职能已经调整的，由继续行使该职能的部门）负责，多个部门联合制定的，由牵头部门负责。

其三，规范性文件评估原则和形式。（1）规范性文件的评估工作应遵循客观真实、公开透明、民主参与、科学系统的原则。（2）评估工作主要包括制定评估工作方案、公开征求意见、形成评估报告等。（3）评估工作可以采取公开收集公众意见，发放调查问卷，组织实地调查、访谈、座谈，委托专门机构、专家研究等方式进行。（4）评估工作结束后，负责评估工作的部门应当篡写评估报告。对评估报告提出的规范性文件保留、修改、补充、完善等意见的，制定机关应当认真研究，及时启动清理工作程序。

（六）规范性文件的清理

规范性文件清理工作要坚持经常清理与定期清理、专项清理和全面清理相结合，要把清理规范性文件工作与制定、修改规范性文件有机结合起来。

其一，规范性文件的清理工作应遵循以下要求：（1）合法性，即规范性文件是否与上位法不一致或者相抵触；（2）合理性，即规范性文件是否与经济社会发展需要相适应；（3）协调性，即规范性文件之间是否协调一致；（4）操作性，即规范性文件是否存在需要进一步完善或者细化的问题；（5）实施效果，即规范性文件是否实现立规目的；（6）其他需要清理的内容。

其二，规范性文件的清理制度。在实践中，我国行政规范性文件有专项清理制度、全面清理制度等。根据《上海市行政规范性文件管理规定》之规定，上海市实行规范性文件即时清理制度。（1）应当开展即时清理的情形包括：规范性文件涉及的领域已制定新的法律、法规、规章、国家或者本市政策的；规范性文件涉及的法律、法规、规章、国家或者本市政策被修改、废止或者宣布失效的；国家或者本市要求进行即时清理的其他情形。（2）辖区内国家机关、人民团体、公民、法人或者其他组织可以书面向制定机关、起草部门提出规范性文件需要进行即时清理的建议。（3）市、区人民政府规范性文件的具体清理，由起草部门负责；其他规范性文件，由制定机关负责清理。（4）规范性文件的即时清理，原则上应当在相关上位法颁布、修改、废止、宣布失效或者国家和本市新的重大政策发布后3个月内，报送清理决定草案；本市对规范性文件即时清理有统一部署的，应当按照统一部署的时间要求，报送清理决定草案。

其三，清理结果处置。基于规范性文件的清理与修改废止相衔接之原则，经清理后，可分别作出予以保留、予以修改、予以废止和宣布失效四种处置方式。（1）规范性文件符合有关法律、法规、规章及国家和省政策的规定，适应经济社会发展要求，可以继续适用的，予以保留。（2）规范性文件在有效期内有下列情形之一的，应当予以修改：一则，部分内容与法律、法规、规章不一致或者相抵触的；二则，国家政策重大调整，规范性文件的部分内容与之不相适应的；三则，部分内容明显不适应经济社会发展需要的；四则，部分内容的程序性、可操作性不强，需要予以细化和完善的；五则，规范性文件之间对同一事项的规定不一致的；六则，管理职能发生变更的。（3）规范性文件在有效期内有下列情形之一的，应予以废止：一则，主要内容与新的法律、法规、规章或者国家政策相抵触的；二则，依据的法律、法规、规章已废止或者宣布失效的；三则，主要内容已被新制定或者修订后的法律、法规、规章涵盖的；四则，主要内容已被新制定的规范性文件替代的；五则，主要内容已不适应经济社会发展需要的；六则，根据社会发展和公共管理的实际，规范的对象、管理的措施发生变化，原文件已无存在必要的。（4）规范性文件有下列情形之一的，应当宣布失效：一则，适用期已过的；二则，调整对象已消失的；三则，规定的事项及任务已完成的；四则，其他原因需要予以宣布失效的。

第四节　行政决策创制及其合法性控制程序

作为一种创制性行政方式，行政决策意指行政主体通过设计方案、抉择策略等方式行使行政职权、达成行政目标之活动及其过程。据此，行政决策法即有关规制或者规范行政决策权及其运行过程、监督审查等法律法规之总称。

在目前这个以"行政"为中心的时代，作为现代行政的基本方式，行政决策虽然已无处不在，无时不在，其影响或直接或间接，但行政决策并不具备《立法法》中所确定的行为外形，也不像行政处罚、行政强制以及行政许可等行为那样具体形成、变更特定相对人的权利义务关系。[①] 因此，长久以来，行政决策都是处在一种事实上的"法治盲区"，在人类的法治实践中，由于行政决策更多地与政治过程相关联，导致它在很大程度上总是以一种他者的身份在场，并未被纳入法治的轨道，这就在客观上刺激了实践中该种权力运行的主观性和随意性，"三拍式"决策、"无规则式"决策以及"独断式"决策等现象不断发生，由此所引发的群体性事件不计其数。另外，根据国务院发展研究中心作出的估算，从中华人民共和国成立到 2000 年，在大约 2 万亿元的财政总

[①]　江国华、梅扬：《行政决策法学论纲》，载《法学论坛》2018 年第 2 期。

投资中，由于党和政府决策失误所造成的浪费在 1 万亿元以上。① 实践中决策失误事件的大量发生，再加上中央政策文件上的密集要求，共同反映出行政决策法治化已经成了我国行政法治建设的内在需要。决策权是行政权力中最重要的权力，也是政府工作的中心环节，没有决策的法治化，就无法有效规范决策权力，无法将其纳入法治轨道，也无法建成法治国家和法治政府。

一、行政决策之意涵

在其规范意义上，作为一种行政方式的行政决策，有三重意味：（1）惟享有行政权的组织和个人才可能成为适格的决策主体；（2）行政决策普遍存在于行政管理活动的各个领域、各个环节；（3）行政决策具有某种程度的普遍效力，对于行政决策所涉及行政主体及其所管辖的企业、事业单位、社会团体和个人均具有拘束力。

（一）行政决策之界说

从比较法的视角来看，国外也鲜有对"行政决策"作精确定义的立法先例，大多数国家的行政法中仅对行政决策作原则性规定。譬如，澳大利亚于1997 年颁布的《行政决策裁判所法案》即以列举方式来规定行政决策之法律意涵。② 在我国，行政决策基本上还属于学理概念，目前尚无法律对其定义、性质、范围、准则等作出明确规定。基于不同视角，学术界对行政决策的界说亦有所差异。具体有五：

其一，"行政主体说"。"行政主体说"认为，行政决策是行政机关及其领

---

① 肖北庚：《行政决策法治化的范围与立法技术》，载《河北法学》2013 年第 6 期。
② 根据该法案第一章第 6 条之规定，"决策"包括以下任何一种行为：（1）制定、中止、废除或者拒绝去作出命令或者决定；（2）给予、中止、废除或者拒绝提供证明、指导、批准、同意或者准许；（3）颁发、中止、废除或者拒绝颁发执照、许可或者其他文件；（4）强加条件或者限制；（4）作出宣誓、请求或者要求；（5）保留或者拒绝交出某物品；（6）对其他任何行为或事的作为或者拒绝作为。Administrative Decisions Tribunal Act 1997 No. 76, New South Wales Government, last updated：7 December 2010.

导者在行政管理过程中，依法处理行政事务而进行的决策活动。① 它强调行政决策主体的重要性，认为行政主体是行政决策形成的决定性因素。

其二，"行政目的说"。"行政目的说"认为，行政决策是国家行政机关和其他行政组织，在执行国家、政府职能，处理行政事务过程中，为达到预期目的所做的行政决定的行为和过程。② 它强调行政决策的目的，也就是说，行政决策是基于行政的职能作出的，其目的在于行政功能的实现。

其三，"重大影响说"。"重大影响说"认为，行政决策是指国家行政机关执行宪法、法律，发挥行政管理职能作出的处理国家公共事务的决定，行政决策将形成政府的方针、政策、规定、规划等具有普遍约束力的决定以及行政机关在行政管理过程中针对特定对象、特定事件、特定问题所作出的具有重要意义的决定。③ 它强调行政决策要形成"重大影响"，此种重大影响可能仅限于特定对象，④ 也可以波及不特定对象。

其四，"政策选择说"。"政策选择说"认为，行政决策是行政官员处理行政事务时，为了达到预定目标，根据一定的条件，作出多种可供选择的方案，经过比较，从中选择一种最佳方案去付诸实施，并在执行中进行反馈，使决策符合实际。它是从社会学的角度来阐述行政决策的概念，侧重于描述行政决策形成中的方案选择。⑤

其五，"行政过程说"。"行政过程说"认为，行政决策意指"行政机关及其行政人员在履行国家行政管理职能过程中，根据掌握的行政信息，依法确定行政目标、择定行动方案并付诸实施的过程"。⑥ 据此，行政决策实际上包括确定目标、选择方案、付诸实施三个基本过程；也有学者认为行政决策权意指

---

① 贺善侃、黄德良：《现代行政决策》，上海大学出版社2001年版，第1页。

② 张光博主编：《行政学辞典》，吉林人民出版社1988年版，第381页。

③ 周叶中：《论重大行政决策问责机制的构建》，载《广东社会科学》2015年第2期。

④ 王锡锌著：《行政过程中公众参与的制度实践》，中国法制出版社2008年版，第2页。

⑤ 卢剑峰：《行政决策法治化研究》，兰州大学2010年博士学位论文。

⑥ 曾明德、罗刚等著：《公共行政学》，中共中央党校出版社1999年版，第172页。

"行政权的担当者就一定时期内行政事务管理所要达到的目标、实施方案等作出的选择权"。① 故此，理性的行政决策应当包括"确定目标""设计方案""衡量结果""确定选择""重新启动"五个基本过程。②

（二）行政决策之秉性

作为一种行政方式，行政决策具有行政性、复合性和过程性等秉性。③

其一，行政性。行政决策乃行政主体行使职权、达成行政目标的基本方式。它具有行政性，具体有三：（1）行政决策的主体只能是享有行政职权的行政主体。（2）行政决策乃行政职权运行的一种方式，是一种重要的行政范式。（3）行政决策旨在达成一定的行政目标。④

其二，复合性。行政决策具有产生、变更和消灭权利义务关系的创制性作用，其效力既溯及特定相对人，也波及不特定主体，故兼具传统的具体行政行为与抽象行政行为的双重属性。具体有二：（1）行政决策具有抽象行政行为的特征，譬如，若政府作出实施某一重大工程项目之决策，并以政策文件形式公布周知，其效力则在一定范围内具有普遍性，并关涉不特定相对人之权益。（2）行政决策具有具体行政行为的特征，譬如，交通部门作出意在对某一路段禁止一定运载量货车通行之决策，其效力则仅限于特定事项，不具有反复适用的普遍效力。

其三，过程性。行政决策是由目标确定、方案设计、方案选择、决策实施等一连串的活动及其后果之总称，它具有过程性。其要义有三：（1）行政决策是一个过程性范畴，它是一系列行政活动及其过程所串联起来的复合体。

---

① 应松年、薛刚凌：《论行政权》，载《政法论坛（中国政法大学学报）》2001年第4期。

② ［美］詹姆斯·W. 费斯勒、唐纳德·F. 凯特尔著：《行政过程的政治——公共行政学新论》（第二版），陈振明、朱芳芳等校译，中国人民大学出版社2002年版，第253~254页。

③ 熊樟林：《重大行政决策概念证伪及其补正》，载《中国法学》2015年第3期。

④ 吕成：《行政法学方法论之比较——以行政决策作为分析对象》，载《大连大学学报》2010年第1期。

（2）行政决策大致可以划分为决策制定和决策执行两个基本阶段。（3）不同阶段行政决策之中总是夹杂着其他行政活动，譬如行政立法、行政规划等活动往往出现在行政决策制定阶段；而行政处罚、行政检查等活动则通常出现在行政决策执行阶段。

（三）行政决策之类型

基于不同的标准或根据，学术界将行政决策划分为不同类型。

其一，主体标准。基于决策主体之地位不同，行政决策被划分为国家决策和地方决策。①（1）国家决策是由中央政府作出的决策，凡制定全国统一的有关行政管理的方针、政策、行政管理法规，处理全国性的和对于国家具有战略意义，以及其他只适宜由中央统一处理的行政管理问题，都只能由中央政府作出决策。（2）地方决策则意指由省（自治区、直辖市）、市、县、乡（镇）政府对其管辖范围内的地方性行政管理问题作出的决策。

其二，影响标准。基于决策影响范围与深度之不同，行政决策被划分为战略决策、战役决策和战术决策。②（1）战略决策是指带全局性、方向性和原则性的重大决策，其涉及的范围广泛，影响深远。（2）战役决策是为战略决策所制约并为之服务的局部性或阶段性决策，是战略决策的延续和指令化。（3）战术决策则是有关具体方法和步骤的技术性问题的决策。

其三，条件标准。基于决策条件即决策对象所处状态之不同，行政决策被划分为确定型决策、风险型决策和不确定型决策。③（1）确定型决策是指面临确定的条件和环境，各种不同方案的结果也是确定的，因而可按要求从中选出最佳方案的决策。（2）风险型决策是指在面临不可控状态时，在所拟定的各种方案中，不同方案在不可控因素的作用下可能出现不同的结果，但各种方案

---

① 叶必丰：《行政决策的法律表达》，载《法商研究》2016 年第 2 期。

② 周叶中：《论重大行政决策问责机制的构建》，载《广东社会科学》2015 年第 2 期。

③ 尹奎杰、王箭：《重大行政决策行为的性质与认定》，载《当代法学》2016 年第 30 期。

后果的概率可以预测,因而决策后果就带有一定的风险。(3)不确定型决策所处的条件和状态都与风险型决策相似,不同的只是各种方案在未来将出现哪一种结果的概率不能预测,因而结果不确定。

其四,目的标准。基于决策目标要求之不同,行政决策被划分为最优决策和满意决策。[1](1)最优决策意指理想条件下的最优目标的决策。(2)满意决策则意指在现实条件下求得满意目标的决策。由于行政管理内容的广泛性和目标的复杂性,绝对最优目标实际上是无法实现的。因此行政决策通常都是满意决策,即相对"最优决策",在现实条件下力求选择最佳决策方案。

其五,方式标准。基于决策所采取的方式不同,行政决策被划分为程序化决策和非程序化决策。(1)程序化决策也称例行决策、常规决策、重复性决策,是解决重复出现、有一定常规可循的问题,可按程序化步骤行事的决策。(2)非程序化决策是对偶然发生、首次出现的,没有现成规范可遵循,只能通过创造性思维活动解决的决策。

此外,依据决策目标数量不同,行政决策可分为单目标决策和多目标决策;依据决策方法不同,可分为经验决策和科学决策;依据决策进程不同,可分为一次性决策、渐进性决策和追踪决策等。

二、行政决策之创制程序

行政决策程序是行政主体作出决策必须遵循的步骤、方式和顺序等规范之总称。[2]它既决定着行政决策科学、合理、合法地制定,影响着行政决策的功能发挥。根据《重大行政决策程序暂行条例》以及《湖南省行政程序规定》《江苏省行政程序规定》《芜湖市重大行政程序规定》等相关内容,行政决策程序包括确定目标、拟订方案、优选方案和决定方案等内容。

(一) 确定目标

行政决策的第一环节便是确定决策之目标。鉴于行政主体既可依职权作出

---

[1] 张淑芳:《论行政决策合法性审查的制度构建》,载《政法论丛》2016年第1期。

[2] 杨寅、狄馨萍:《我国重大行政决策程序立法实践分析》,载《法学杂志》2011年。

行政决策，亦可依法定主体提请作出行政决策，决策目标之确定程序关涉行政决策之决定主体与行政决策之提请主体以及决策内容等方面内容。

其一，确定决策目标。决策目标即行政主体借由行政决策所意欲达成之行政目的。[①] 其要义有三：（1）行政决策之目标设定应当独立于事态，按照公共利益的需要，合理定位，而不应当受事态影响，而有悖于既定目标。（2）行政决策具有一定的预设目标，体现着行政主体对社会发展事态的要求。每一项行政决策都是包含着目标的选择和有关目标的行动，其中前者反映着决策主体的基本价值态度，属于"价值判断"之范畴；后者关涉行政决策之效果评价，属于"事实判断"之范畴。[②]（3）行政决策具有相当强的干预力度，具体有三：一则，行政决策权之目标设定是对社会或者一定领域行政事务的宏观把握而作出的，具有全局性；二则，行政决策一经作出，即对相关行政主体产生拘束力，受此拘束，相关行政主体必须采行具体措施实施该行政决策；三则，生效的行政决策对相对人具有引导或指导作用。

其二，行政决策之决定主体。在我国，行政机关实行行政首长负责制，行政决策在集体民主讨论、公众参与、专家论证、合法性审查等制度基础上由行政首长决定。例如，《国务院组织法》和《地方各级人民代表大会和地方各级人民政府组织法》中规定，涉及行政活动中的重大问题必须提交全体会议讨论，这种讨论是一种意见反馈和收集活动，可以对首长之决定产生一定的影响，不过最终决定权还是取决于行政首长。[③] 又如《重大行政决策程序暂行条例》第30条规定："决策草案应当经决策机关常务会议或者全体会议讨论。决策机关行政首长在集体讨论的基础上作出决定。讨论决策草案，会议组成人员应当充分发表意见，行政首长最后发表意见。行政首长拟作出的决定与会议

[①] 杨天琪、肖萍、徐晓蕾：《论我国政府重大行政决策程序的法治化》，载《江西科技师范大学学报》2015年第1期。

[②] 魏娜、吴爱民著：《当代中国政府与行政》，中国人民大学出版社2002年版，第88页。

[③] 《国务院组织法》第4条规定：国务院工作中的重大问题，必须经国务院常务会议或者国务院全体会议讨论决定。《地方各级人民代表大会和地方各级人民政府组织法》第63条规定：政府工作中的重大问题，须经政府常务会议或者全体会议讨论决定。

组成人员多数人的意见不一致的，应当在会上说明理由。集体讨论决定情况应当如实记录，不同意见应当如实载明。"又如《湖南省行政程序规定》第32条规定："政府行政首长代表本级政府对重大行政事项行使决策权。"

其三，行政决策之提请主体。针对相应事项的行政决策，可以提请行政决策建议的主体主要包括立法机关、行政机关、行政相对人以及其他主体。具体包括：（1）各级人民代表大会及其常务委员会，以及各级人民代表大会代表；①（2）行政首长、政府工作部门、各级人民政府；（3）公民、法人或者其他组织；②（4）各级党委与政协等。

其四，提出决策之内容。可以纳入行政决策范围之事项应当是涉及行政机关管辖区域内的具有全局性、社会涉及面广、专业性强、与人民群众利益密切相关的经济社会文化发展等事项。③譬如，根据《重大行政决策程序暂行条例》第3条之规定，重大行政决策包括以下事项：（1）编制经济和社会发展等方面的重要规划；（2）制定有关公共服务、市场监管、社会管理、环境保

---

①　《芜湖市重大行政决策程序规定》第9条第4项规定：贯彻落实上级人民政府、同级党委或者人民代表大会及其常务委员会作出的有关决定、决议的实施意见，经政府分管领导审核，由政府行政首长确定后进入决策程序；第5项规定：人大代表、政协委员通过建议、提案方式提出的重大行政决策建议，由有关部门研究提出意见，经政府分管领导审核后报政府行政首长确定。

②　《湖南行政程序规定》第32条规定：政府行政首长代表本级政府对重大行政事项行使决策权。政府分管负责人、政府秘书长或者政府办公室主任协助行政首长决策。政府工作部门、下级人民政府以及公民、法人或者其他组织认为重大事项需要提请政府决策的，可以提出决策建议。

③　各个地方关于可以纳入行政决策的事项各有不同，但是内容上大致是一致的。再如《芜湖市重大行政决策程序规定》第8条规定：（1）贯彻落实党中央、国务院、省委、省政府及市委、市人大及其常委会重要决议、决定和工作部署的意见；（2）讨论报请上一级政府或者提请同级党委研究的重要事项，讨论向同级人民代表大会及其常务委员会提出的重要议案和工作报告；（3）编制国民经济和社会发展的中长期规划、年度计划；（4）编制财政预决算草案；（5）重大财政资金安排；（6）编制或者调整城市、镇总体规划、土地利用规划、重大产业规划和专业规划；（7）决定政府重大投资项目和重大国有资产处置；（8）讨论和修改政府工作报告草案；（9）以政府名义作出的重要表彰决定；（10）政府所属工作部门或者下一级人民政府提出的重大行政决策建议；（11）其他事关经济社会发展、社会分配调节、保障和改善民生等需要政府决策的其他重大事项。

护等方面的重大公共政策和措施；（3）制定开发利用、保护重要自然资源的重大公共政策和措施；（4）决定在本行政区域实施的重大公共建设项目；（5）决定对经济社会发展有重大影响、涉及重大公共利益或者社会公众切身利益的其他重大事项。《湖南省行政程序规定》第 31 条也规定，下列事项可纳入行政决策之范围：（1）制定经济和社会发展重大政策措施，编制国民经济和社会发展规划、年度计划；（2）编制各类总体规划、重要的区域规划和专项规划；（3）编制财政预决算，重大财政资金安排；（4）重大政府投资项目；（5）重大国有资产处置；（6）资源开发利用、环境保护、劳动就业、社会保障、人口和计划生育、教育、医疗卫生、食品药品、住宅建设、安全生产、交通管理等方面的重大措施；（7）重要的行政事业性收费以及政府定价的重要商品、服务价格的确定和调整；（8）行政管理体制改革的重大措施；（9）其他需由政府决策的重大事项。

（二）拟订方案

拟订方案是行政决策最重要的一环，它必须首先解决两个问题：一是可供决策者据以作出决策之信息是什么？此即信息问题；而是政治价值是如何影响决策的？① 此即价值问题。鉴于客观事实与主体能动之于信息问题与价值问题之意义，行政决策之设计模式实际上取决信息收集、客观基础和主体活动等三个要素。

其一，信息收集。行政决策目标设定之后，针对管理之事项，行政机关需要制定相应的决策方案，这种方案是建立在信息收集之上的。"信息是组织程度的度量；信息是有序程度的度量；信息是负熵；信息是用以减少不定性的东西。"② 因此，信息收集的程度，决定了方案设计的可行性和正确性。在这个

---

① 公共问题十足的复杂性和巨大的信息量迫使决策者简化形成决策的内容，这种不可避免的简化就是政治价值的产物。［美］詹姆斯·W. 费斯勒、唐纳德·F. 凯特尔著：《行政过程的政治——公共行政学新论》，陈振明、朱芳芳等校译，中国人民大学出版社 2002 年版，第 250 页。

② 钟义信著：《信息科学原理》，北京邮电大学出版社 1996 年版，第 36 页。

意义上，如果说决策是行政活动的生命，那可以毫不夸张地说，信息是决策的生命之源。①

其二，客观基础。科学的方案应当建立在客观情况基础上，其要义有三：（1）信息收集过程为方案设计提供了素材；（2）设计者在分析信息时持有起码的科学态度——它所提供的备选方案一定要建立在切实可行的基础上，必须从实际出发，量力而行，要尽可能地穷尽一切方案，不要遗漏，以形成一个逐级优化的方案体系，从而保证方案设计的质量；（3）针对特定行政目标的决策方案，不可能是唯一的，受观察视角、持有立场、价值选择等因素影响，导致决策方案之间存在差异性是非常正常的。②

其三，主体活动。决策方案设计是一种主观创造性活动，依赖设计者主观能动性发挥；其要义有三：（1）统一协作。正如西蒙所说"群体行为不仅需要采取正确的决策，而且需要人人采取一致的决策。假设有十个人共同制造一只船，要是他们各执己见，又'老死不相往来'，走出的船恐怕就不大好用"。③（2）专门知识的运用。方案设计者的专业优势充分发挥，将不同的方案根据所需要的专业知识，分配给不同部门的具有专门本领的人去设计。（3）责任。有行为即有责任，方案设计者有受主观偏见或者他人因素的影响，有渎职或失职行为行政决策欲解决的问题，则需要进行充分的调查研究，在获取详

---

① 根据《湖南省行政程序规定》第34条之规定，决策承办单位对拟决策事项应当深入调查研究，全面、准确掌握决策所需信息，结合实际拟定决策方案，并按照决策事项涉及的范围征求有关方面意见，充分协商协调，形成决策方案草案。对需要进行多方案比较研究或者争议较大的事项，应当拟定两个以上可供选择的决策方案。决策承办单位应当对重大行政决策方案草案进行合法性论证。决策承办单位可以委托专家、专业服务机构或者其他有相应能力的组织完成专业性工作。决策承办单位可以对重大行政决策方案进行成本效益分析。

② 方案设计者需要从多种路径和角度来准备可供选择的方案，备选方案一般应在三个以上，各个方案之间要有原则差别，不能大同小异，形式上是几个方案，实际上是一个方案，这样就违背了决策的最优化原则。曾明德、罗德刚等著：《公共行政学》，中共中央党校出版社1999年版，第183页。

③ ［美］赫伯特·西蒙著：《管理行为》，杨砾、韩春立、徐立译，北京经济学院出版社1988年版，第11页。

细资料基础上，运用科学理论与方法，对问题进行分析；在调查之后，需要制订相应的方案，方案的好坏影响着决策的效果——拟订的方案应当具备合目的性、全面性和可执行性。一般而言，所提供决策的方案应当有两个以上，以便进行比较筛选；方案的制订应当委托专门机构和人员；草案形成之后应当进行合法性审查；拟订方案一般需要公开。①

（三）优选方案

赫伯特·西蒙认为："一切行为都包含着对特殊行动方案所进行的有意或无意的选择；这些特殊的行动方案，是从活动者及他能影响、指使的那些人的一切具体可行的方案当中选择出来的。"② 行政决策行为本身也是一种选择过程，其中方案优选程序最具代表意义。就其内容而言，方案优选程序内在地包含方案评估、方案论证和方案抉择等内容。

其一，方案评估。方案评估意指决策者对各个备选方案进行经济效益、社会效益、政治效果、实施后果等方面进行综合分析、斟酌权衡、全面评估等活动及其过程。③

其二，方案论证。方案论证意指受决策者委托并独立于决策者之专家对拟定决策方案所做的可行性等评定和证明。《重大行政决策程序暂行条例》第19条规定："对专业性、技术性较强的决策事项，决策承办单位应当组织专家、专业机构论证其必要性、可行性、科学性等，并提供必要保障。专家、专业机构应当独立开展论证工作，客观、公正、科学地提出论证意见，并对所知悉的

---

① 《湖南省行政程序规定》第35条规定：除依法不得公开的事项外，决策承办单位应当向社会公布重大行政决策方案草案，征求公众意见。公布的事项包括：（1）重大行政决策方案草案及其说明；（2）公众提交意见的途径、方式和起止时间；（3）联系部门和联系方式，包括通信地址、电话、传真和电子邮箱等。决策承办单位公布重大行政决策方案草案征求公众意见的时间不得少于20日。

② ［美］赫伯特·西蒙著：《管理行为》，杨砾、韩春立、徐立译，北京经济学院出版社1988年版，第5页。

③ 卢建华：《我国重大行政决策制度存在的问题及其完善》，载《时代法学》2016年第14期。

国家秘密、商业秘密、个人隐私依法履行保密义务；提供书面论证意见的，应当署名、盖章。"《湖南省行政程序规定》第36条规定："决策承办单位应当组织3名以上专家或者研究咨询机构对重大行政决策方案草案进行必要性、可行性、科学性论证。决策承办单位应当从与重大行政决策相关的专家中随机确定或者选定参加论证的专家，保证参加论证的专家具有代表性和均衡性。专家进行论证后，应当出具书面论证意见，由专家签名确认。专家对论证意见的科学性负责。决策承办单位应当对专家论证意见归类整理，对合理意见应当予以采纳；未予采纳的，应当说明理由。专家论证意见及采纳情况应当向社会公布。"

其三，方案抉择。方案抉择意指决策主体通过对拟定的各种方案进行甄别，选择最优的方案，以实现行政决策之效益最大化。优选方案的标准一般包括：(1) 有价值标准，即包括各项价值指标 (如经济效益、社会效益和学术价值) 的一个价值评价系统；(2) 时效标准，指要不失时机地果断决策和实施，不能议而不决，坐失良机，也指决策方案的实施，能在最短的时间内获取最好的效益；(3) 优化标准，指投入最小、收获最大的满意方案。①

(四) 决定方案

行政决策方案优选之后，需要最终作出决定，此即方案之决定。就其内容而言，方案决定程序内在地包括听证、决定和公布三个环节。

其一，听证。基于正当程序之要求，行政主体在作出重大行政决策之前，须经过听证程序，以获得充分信息，协调利益关系，达成决策效果的优化。② 譬如，根据《重大行政决策程序暂行条例》第14条规定："决策承办单位应当采取便于社会公众参与的方式充分听取意见，依法不予公开的决策事项除外。听取意见可以采取座谈会、听证会、实地走访、书面征求意见、向社会公

---

① 曾明德、罗德刚等著：《公共行政学》，中共中央党校出版社1999年版，第183页。

② 梁津明：《关于完善我国行政决策程序问题的探讨》，载《天津师范大学学报 (社会科学版) 》2004年第3期。

开征求意见、问卷调查、民意调查等多种方式。决策事项涉及特定群体利益的，决策承办单位应当与相关人民团体、社会组织以及群众代表进行沟通协商，充分听取相关群体的意见建议。"《湖南省行政程序规定》第 38 条规定："重大行政决策有下列情形之一的，应当举行听证会：（一）涉及公众重大利益的；（二）公众对决策方案有重大分歧的；（三）可能影响社会稳定的；（四）法律、法规、规章规定应当听证的。"

　　其二，决定。一般而言，行政决策最终方案的决定有两种情形：（1）由政府会议集体审议之后，交行政首长作出决定，行政首长有权作出批准或修改或延时之决定①——譬如，《重大行政决策程序暂行条例》第 30 条："决策草案应当经决策机关常务会议或者全体会议讨论。决策机关行政首长在集体讨论的基础上作出决定。讨论决策草案，会议组成人员应当充分发表意见，行政首长最后发表意见。行政首长拟作出的决定与会议组成人员多数人的意见不一致的，应当在会上说明理由。集体讨论决定情况应当如实记录，不同意见应当如实载明。"《湖南省行政程序规定》第 40 条规定："重大行政决策在集体审议的基础上由行政首长作出决定。行政首长可以对审议的事项作出同意、不同意、修改、暂缓或者再次审议的决定；作出暂缓决定超过 1 年的，方案草案退出重大决策程序。行政首长的决定与会议组成人员多数人的意见不一致的，应当说明理由。政府常务会议或者政府全体会议，应当记录重大行政决策方案的讨论情况及决定，对不同意见应当特别载明。"（2）如果行政决策依法需要由上级机关审批的，应当履行相应的审批程序——譬如，《湖南省行政程序规定》第 41 条规定："重大行政决策事项依法需要报上级人民政府批准或者依法应当提请同级人民代表大会及其常务委员会审议决定的，县级以上人民政府提出决策意见后，按程序报上级人民政府批准或者依法提请同级人民代表大会及其常务委员会审议决定。"

　　其三，公布。最终的行政决策应当向社会公布。譬如《重大行政决策程序

---

　　①　常征：《行政决策法治化问题探讨》，载《中共福建省委党校学报》2008 年第 2 期。

暂行条例》第 32 条规定："决策机关应当通过政府公报和政府网站以及在本行政区域内发行的报纸等途径及时公布重大行政决策。对社会公众普遍关心或者专业性、技术性较强的重大行政决策，应当说明公众意见、专家论证意见的采纳情况，通过新闻发布会、接受访谈等方式进行宣传解读。依法不予公开的除外。"根据《湖南省行政程序规定》第 42 条之规定，由行政机关作出决定的重大行政决策，决策机关应当在作出决定之日起 20 日内，向社会公布重大行政决策结果。

三、重大行政决策之合法性控制程序

作为影响行政权力运行与公民组织权利损益的重要行政行为，重大行政决策亦应受程序正义原则之统摄，其程序性控制主要应包括人民参与、举行听证、专家论证、合法性审查、风险评估等重要环节。

（一）人民参与（解决公开性）[①]

重大行政决策之所以"重大"，是因为其涉及的利益十分复杂，决策主体需在不同群体之间进行利益分配和调整。在改革开放之前，中国的决策过程基本上都是在封闭的状态下进行的，造成了大量决策失误事件的发生。改革开放后，国家为适应尊重公民知情权、表达权以及监督权的需要，逐渐加快了决策开放的进程。毫无疑问，公众参与可以弥补决策需要的智慧和信息之不足，进而使决策者提前洞察决策制定过程中所可能存在的缺漏，可以增加公众对决策内容的正当性与科学性的信任，进而减少决策执行过程中所可能遇到的阻力。但公众参与的作用在某些时候也会走向反面，如果相关法律规定不详、制度设计不当，则很可能会一方面使政府对公众的参与产生强烈的反感，另一方面又让公众产生放弃参与的念头。因此，有必要从主体、形式以及效果三个方面对我国重大行政决策公众参与制度进行重新审视和设计，以实现其民主化、科学

---

① 参见江国华、梅扬：《重大行政决策公众参与制度的构建和完善——基于文本考察和个案分析的视角》，载《学习与实践》2018 年第 3 期。

化之目标。

其一，在人民参与遴选参与主体方面，应确立"利益相关者"标准，实现参与主体的普遍化。公众参与在西方又被称为"利益相关者参与"，这其中的"利益相关者"即是它们判断和决定究竟由哪些代表来参与决策的一个重要标准。而所谓"利益相关者"，主要是指那些积极参与到重大行政决策中的任何个人或组织，或者其利益可能受到重大行政决策执行影响的任何人，以及可能对重大行政决策的目标和结果施加影响的、对重大行政决策有兴趣的任何人①。可以考虑依据一定的标准（如密切利益群体、直接利益群体、潜在利益群体等），对"利益相关者"进行适当地划分，并根据"利益相关者"程度和类型的不同，分别采取被动遴选、主动申请以及两者相结合的方式来进行。

其二，在人民参与的制度形式方面，在"互联网+"时代，公众参与决策的形式也应当具有多样性，我们既可以继续发挥听证会、座谈会以及协商会等传统参与形式的功能，也可以积极探索和完善网上征求意见、社区基层访谈等新的参与形式。（1）网上征求意见主要是针对所有潜在的利益相关者，由于这个范围往往很难划定，因此，大多是由这些利益相关者自身来决定是否进行参与。在信息化时代，可以预期，这将是未来重大行政决策实践中使用频率最高，亦是受众面最广、反馈意见最多的参与形式。（2）座谈会、协商会主要是针对一些利益相关者的代表、一些社会组织以及可能对决策施加影响的政府部门等。（3）社区、基层访谈主要是针对那些与决策事项利益相关最为密切的群体。

其三，在人民参与的制度效果方面，行政参与权是一项具有权力性质的权利，它必须对行政主体具有很强的约束力。具体到重大行政决策而言，公众参与对重大行政决策的作出必须产生实质性影响，决策主体也理应建立一个良好的公众参与反馈机制——对于通过各种形式所收集到的信息与意见，决策主体必须加以归纳和整理，对于公众提供的合理、有效的信息，行政主体应当予以

---

① Simon Bell and Stephen Morse, Resilient Participation：Saving the Human Project？，Routledge，2012，p. 10.

采用；对于公众表达的不正当利益诉求，行政主体虽可不予满足，但必须向他们说明理由，并向他们提供相应的救济路径。一方面，应当建立意见归纳、整理机制，并根据一定的标准，作出不同的处理和回应。具体而言，对于来自"网络征求"这一形式的意见，决策主体有条件、有能力进行逐条回复的，应当尽量进行逐条回复，不能回复的则可以考虑通过举行新闻发布会的方式来进行集中通报和说明；对于来自"座谈会、协商会"这一形式的意见，决策主体应当通过电话、信函、邮件、传真等方式进行"一对一"的解释和说明；而对于那些来自"基层、社区访谈"这一形式的意见，决策主体则必须采取"面对面"的方式来进行反馈。另一方面，应当为公众参与提供完善、畅通的救济路径，换而言之，一旦公众对决策主体未采纳自己意见的决定不服，或者对决策主体所阐述的解释理由不服，或者决策主体根本就没有说明理由时，公众就可以通过一些法定的救济路径来维护自身的参与权。具体而言主要包括申诉、行政复议、行政诉讼等。

（二）举行听证（解决民主性）

行政主体在制定行政政策时，为了确保政策的可行性、合理性和合法性，往往会通过听证会或者书面听证的方式，广泛征求和吸收社会公众、专家、有关部门工作人员等的意见和建议，如地方政府对一些景区免费开放而举行的听证。值得一提的是，2019 年 4 月 20 日，国务院发布了《重大行政决策程序暂行条例》，并于 2019 年 9 月 1 日实施，其中"公众参与"被设为专门一节进行强调，而听证制度更是其中浓墨重彩的一笔。这一进步昭示着听证制度在我国行政决策领域中的重要地位，将为合法、民主与科学地进行行政决策提供更有力的保障。但我国听证制度在实践中依旧面临着一些问题，例如法律文本上对听证参与主体的模糊化规定。对此，亦有学者提出，应确立"利益相关者"标准，实现参与主体的普遍化。①

---

① 参见江国华、梅扬：《重大行政决策公众参与制度的构建和完善——基于文本考察与个案分析的视角》，载《学习与实践》2017 年第 1 期。

（三）专家论证（解决科学性）①

重大行政决策专家论证制度的目的在于弥补政府独立决策的理性不足，促进重大行政决策的科学化。作为重大行政决策程序链条中的一个独立子系统，专家论证制度应当由专业的、中立的第三方对已起草完毕的初步决策方案展开论证。在实践中，该项程序制度经常会走向错位，容易同专家座谈、专家参与等相混淆，导致其价值功能无法得到有效发挥。这就需要从如何选择"专家"、专家怎样"论证"以及论证有何"效果"这三个层面来对重大行政决策专家论证制度展开设计。

其一，专家选择方式和标准，以县级以上政府专家库随机选取为常态化方式，以民间市场公开采购服务为特别方式，以权威性和职业道德性为入库标准，以相关性和均衡性为选择标准。

其二，专家论证程序。主要论证程序包括签订承诺书、开展独立论证、出具论证报告等，并建立信息共享、人身物质保障等机制作为论证的制度性保障。

其二，论证的效果与责任。由专家所出具的论证报告必然会对决策主体产生拘束力，对重大行政决策程序的后续环节以及重大行政决策的最终作出产生重要影响。一般而言，论证报告的内容无外乎如下三种情况：（1）正面的评价，即专家们认为该重大行政决策动议非常必要、可行，初步决策方案的设计也基本科学、合理。此时，决策主体就可以在对初步决策方案稍加调整的基础上，将其引入下一个程序环节。（2）中性的评价，即专家们认为该重大行政决策动议必要、可行，只是初步决策方案的设计并非完全科学、合理，需要做进一步的政策完善。此时，决策主体应当严格按照专家论证报告上所指出的各种问题以及提出的有效建议对初步决策方案进行针对性的修改。（3）负面的评价，即专家们认为该重大行政决策动议没有必要，或者事实上不可行，初步决策方案

---

① 参见江国华、梅扬：《论重大行政决策专家论证制度》，载《当代法学》2017 年第 5 期。

的设计存在诸多缺陷和漏洞等。此时，决策主体要么就直接废除该重大行政决策动议，要么就在进一步考察和调研的基础上重新动议该重大行政决策，并起草相应的方案。在专家责任方面，具体而言，如果专家是通过"从专家库中随机确定"的常态化方式被选择来参加论证的，那么他们和决策主体之间的关系就是一种行政委托关系，也就只有在专家故意或者重大过失违反忠实义务和科学精神而提供错误论证报告的情形下，才去追究他们的责任；如果专家是通过"从民间市场公开采购"的特殊化方式被选择来参加论证的，那么他们和决策主体之间的关系就是一种合同法律关系，也就应当根据他们事先签订的合同所约定的情形来追究专家的责任。当然，在上述这两种情形中，如果专家的行为已经明显触犯了我国的相关法律，如泄露国家秘密、造成重大国有财产损失等，那么就应当直接严格依照相关法律的规定来追究其法律责任。

（四）合法性审查（解决合法性）①

重大行政决策合法性审查制度是一种典型的行政自制机制，其目的是对现有的立法审查机制和司法审查机制加以补强，以共同确保重大行政决策的合法化。因此，其具体制度的构建既要学习和借鉴立法与司法上的做法，更要遵循行政自身的一些特性。具体而言，在审查主体上，应当交由决策承办单位的法制机构来负责，对独立性、中立性的要求并没有那么强烈；在审查标准上，应当主要从合法性，即权限、内容以及程序三个方面展开，决策方案的合理性问题应被排除于此内部自我规制机制；之外，在审查方式上，应当坚持以书面审查为主，并恪守较为严格的时间限制。

（五）风险评估（解决安全性）②

在现代风险社会，重大行政决策作为一个特殊的行政方式，其可能面临的

---

① 参见梅扬：《重大行政决策合法性审查的构建》，载《江西社会科学》2018 年第 8 期。

② 参见梅扬：《重大行政决策风险评估制度》，载《甘肃政法学院学报》2018 年第 4 期。

风险非常复杂，涵盖政治风险、社会风险以及经济风险和环境风险四种类型，并呈现出主观性、易生性、冲突性等特点。因此，重大行政决策风险评估制度构建的目的是将风险治理关口前移，实现源头治理，确保重大行政决策的安全性。重大行政决策风险评估是一个完整的制度体系，需要在设置全面、科学指标体系的前提下，搭建一个完整的程序链条，包括评估的启动和准备、评估主体的选择、评估方案的策划、评估的具体实施以及评估报告的撰写、评估的效力和责任五个基本环节。

典型案例6-1：魏某诉上海市城市规划管理局政府信息不予公开决定纠纷案①

【裁判摘要】

政府机关为作出行政决策或完成政府行为而进行调查、讨论、处理过程中的信息，不因政府决策是否已经作出、政府行为是否已经完成而改变其性质，如无法律、法规等除外情形的，属于免予公开范围。

【相关法条】

《最高人民法院关于执行〈中华人民共和国行政诉讼法〉若干问题的解释》第56条第4项

【基本案情】

魏某于2008年2月26日向上海市城市规划管理局提出政府信息公开申请，要求公开"沪府〔2004〕3号文中提及的沪规划〔2004〕11号文"。上海市城市规划管理局于同日受理，认为该文件系其与市绿化局共同上报市政府的《关于〈上海市中心城公共绿地实施规划〉调整的请示》，属于进行调查、讨论、处理过程中的信息。根据相关法律规定告知魏某不予公开。魏某不服上海市城市规划管理局政府信息不予公开决定，于2008年5月30日向上海市黄浦区人民法院提起行政诉讼。

【裁判结果】

原告要求撤销被诉政府信息不予公开决定的诉请，因缺乏事实根据和法律

---

① 本案裁判文书详见附录7。

依据，故本院不予支持，驳回原告魏某的诉讼请求。如不服本判决，可在判决书送达之日起 15 日内提起上诉。

【裁判理由】

依照原《信息公开规定》第 5 条第 2 项的规定，被告市规划局具有受理和处理向其申请政府信息公开的行政职责。该规定第 10 条第 1 款第 4 项规定，对正在调查、讨论、处理过程中的政府信息，除法律、法规和该规定另有规定的以外，免予公开。本案中，被告在收到原告魏某的政府信息公开申请后在法定期限内进行审查，认定原告申请公开的信息系被告与其他机关上报的关于调整中心城区绿地的请示，系进行调查、讨论、处理过程中的信息，且无法律、法规等除外情形，故属于免予公开范围，告知原告不予公开，具有相关法律规范依据。

对于原告关于该地块现已建成公园，沪规划〔2004〕11 号文不属于进行调查、讨论、处理过程中的文件，被告适用法规错误的意见，本院认为，政府机关为作出行政决策或完成政府行为而进行调查、讨论、处理过程中的信息，不因政府决策是否已经作出、政府行为是否已经完成而改变其性质，如无法律、法规等除外情形的，属于免予公开范围。故对原告上述意见，本院不予采信。被告在告知书中将"第 10 条第 1 款第 4 项"误写为"第 10 条第 4 项"，法律规范表述不够准确，行政执法过程中存在瑕疵，望在今后的工作中加以改进。但这一瑕疵并不影响原告的实体权利，原告要求撤销被诉政府信息不予公开决定的诉请，因缺乏事实根据和法律依据，故本院不予支持。

第五节 行政规划创制及其合法性控制程序

在其一般意义上，行政规划意指行政主体通过对未来行政事务的部署与安排等方式，行使职权、达成特定行政目标之活动及其过程。[①] 据此，所谓行政

---

① 孟鸿志：《行政规划裁量基准初探》，载《法学论坛》2015 年第 30 期。

规划法即有关规范或规制行政规划权及其运行过程、监督审查等法律法规之总称。在我国，主要包括宪法中的相关条款以及《城乡规划法》《土地管理法》《环境影响评价法》等相关法律中"行政规划条款"，等等。

作为一种创制性行政方式，行政规划日益为现代政府所倚重。有条理、有理性的行政规划，日益成为行政主体达成特定行政目标所倚重的途径和方式。但其形态较为复杂，因而对其定性须依个案情况而定。这直接影响行政规划之法律救济。① 在我国，随着其在社会经济发展和行政管理中所发挥的作用日益彰显，行政规划也日益为政府与学界所重视。2004 年国务院发布的《全面推进依法行政实施纲要》明确指出要"充分发挥行政规划、指导和行政合同等方式的作用"；但总体而言，我国在行政规划方面的立法尚待进一步完善。

一、行政规划之意涵

行政计划是政府全部管理职能中一项最基本的职能，也是行政机关频繁采用的最基本的行政方式之一，是行政过程中最基本的一个环节。它所涉及的问题是要在未来的各种行为过程中作出抉择，没有行政规划，则其他的诸如组织、人事、协调、控制等行政管理活动都无从实施。② 正是在这个意义上说，"现代政府的所有行政行为，都和计划行为分不开"。③ "无规划即无行政"，"没有计划的行政，其最大毛病在于力量分散，劳而无功或资人作弊"。④

（一）行政规划之界说

我们生活在一个重新建构行政法概念的时代。⑤ 对于何为行政规划，学者

① 皮纯协、张成福主编：《行政法学》，中国人民大学出版社 2002 年版，第 307 页。

② 莫于川、郭庆珠：《我国行政法学界关于行政规划的理论研究现状分析》，载《南都学坛》2007 年第 1 期。

③ 张国庆主编：《行政管理学概论》，北京大学出版社 2000 年版，第 326 页。

④ 赵延丽：《行政规划的法律规制研究》，西南政法大学 2010 年硕士学位论文，第 18 页。

⑤ Breger, M. J. , The Fiftieth Anniversary of the Administrative Procedure Act: Past and Prologue: Regulatory and the Administrative State, 32 Tulsa Law Journal.

们基于不同的视角，提出了不同的界说。概而言之，主要有以下三种：

其一，"计划说"。该观点强调行政规划的计划性。譬如，有学者认为："行政规划，也称行政计划，是指行政主体在实施公共事业及其他活动之前，首先综合地提出有关行政目标，事先制定出规划蓝图，以作为具体的行政目标，并进一步制定为实现该综合性目标所必需的各种政策性大纲的活动。"①

其二，"目的说"。该观点强调行政规划的目的性。譬如，有学者认为，行政规划"系指行政机关为将来一定期限内达成特定之目的或实现一定之构想，事前就达成该目的或实现该构想有关之方法、步骤或措施等所为之设计与规划"。②

其三，"过程说"。该观点强调行政规划的过程性。譬如，有学者认为，行政规划是指"为了以最好的方式实现根据现有条件确定的目标而进行系统准备和理性设计的过程，是为了实现特定的制度设计而协调各种不同的，甚至相互冲突的利益的过程"。③

其四，"方式说"。该观点将行政规划解释为行政主体行使职权的一种方式。其要义有四：（1）行政规划之主体是行政主体，立法机关以立法的形式所通过的关于某一领域事务的"计划"或"规划"不属于行政规划之范畴。④（2）行政规划是行政主体行使职权的一种方式，其意在于实现特定的行政目标；譬如，加快城市的公共实施建设、促进当地经济的发展、使城市的布局更加合理等。（3）行政规划对行政主体具有约束力，任何行政规划一经确定，就对行政主体具有约束力，非因法定理由、非经法定程序，不得违反和变更。（4）行政规划的对象具有执行性和总体性，行政规划作为一种部署与安排，不同于一般的计划和安排，它不仅必须采取具体措施在未来一定期限内予以实

---

① 姜明安主编：《行政法与行政诉讼法》，北京大学出版社、高等教育出版社2011年版，第260页。

② 翁岳生著：《行政法》，中国法制出版社2000年版，第800页。

③ ［德］汉斯·J.沃尔夫等著：《行政法》，高家伟译，商务印书馆2002年版，第180页。

④ 王青斌：《论行政规划的法律性质》，载《行政法学研究》2008年第61期。

现即具有执行力，而且还是关于某一地区或某一行业之事务的总体规划。①

（二）行政规划之秉性

作为一种行政方式，行政规划具有创制性、前瞻性、裁量性和动态性等秉性。

其一，创制性。行政规划涉及某一地区或某一行业之事务总体部署和安排，它不仅溯及作出该规划之行政主体，而且对与该规划执行有关的其他行政主体、公民个人以及社会组织等不特定的人群产生拘束效力——基于这种拘束力，行政规划获得了如抽象行政行为那般的普遍效力。

其二，前瞻性。行政规划是对未来目标的确定、是准备实施的行动方案，其前瞻性主要体现在两个方面：（1）规划制定在时间上的超前性，规划制定主体根据规划确定的目标制定各项任务及其实施方法；分析和研究未来可能遇到的情况和问题，制定处理方案和可采取的措施。（2）相较行政管理其他活动的超前性，行政管理活动的组织、领导和控制等功能都是为实现行政管理目标；规划是其后相关活动的前提。

其三，裁量性。行政规划是一种筹划未来的行政活动，具有相当的不确定性；故法律授予行政主体行政规划职权时，往往同时授以其宽泛的裁量权。正是在这个意义上，日本学者盐野宏教授指出："关于计划，即使有根据规范，并且存在规制规范，依然应承认计划的策划制定权者具有广泛的裁量自由，这是行政计划的重大特征。"②

其四，动态性。行政规划关涉未来行政活动之筹划与部署，唯有植根于动态的行政实践过程中，行政规划才有可能成就自身。除此而外，行政规划的制定受当时环境及人的认知水平等因素的影响，决定行政规划的制定机关、目标、手段、持续时间等因素中的任何因素发生变化，都可能导致原行政规划的变更或废止。

---

① 周佑勇、王青斌：《论行政规划》，载《中南民族大学学报》2005 年第 1 期。
② ［日］盐野宏著：《行政法》，杨建顺译，法律出版社 1999 年版，第 154 页。

（三）行政规划之分类

基于不同的标准，行政规划被划分为不同的类型：

其一，效力程度标准。基于其效力强弱程度之不同，行政规划被划分为指令性行政规划、调控性行政规划和指导性行政规划。① （1）指令性规划意指为特定相对人设定义务，并仅对特定行政相对人具有约束力的行政；（2）指导性规划意指提供数据和预测之建议的规划；（3）调控性规划介于指令性规划和指导性规划之间，要求实施与特定目的相应的手段，但不通过命令和强制，而是刺激符合规划行为或通告违反规划行为的不利后果。②

其二，效力位阶标准。基于其效力位阶之差异，行政规划被划分为上位行政规划和下位行政规划。（1）上位规划具有约束下位规划的效力，下位规划的制定既要符合法律法规的规定，也要与上位规划保持一致；（2）上位规划的内容往往具有原则性，需要下位规划予以具体化。

其三，适用范围标准。基于其适用范围之不同，行政规划被划分为内部行政规划和外部行政规划。③ （1）内部行政规划是指适用于行政主体内部成员的组织、工作等事项的规划，旨在约束行政主体工作人员；（2）外部行政规划是行政主体针对外部的社会事务发布的，不仅对行政主体自身有约束力，而且对外部的公民、法人或其他组织有约束力。

此外，2005 年国务院发布的《关于加强经济和社会发展规划编制意见》，对行政规划也做了原则性分级与分类。具体有二：（1）根据制定和实施主体将行政规划分为国家级规划、省级规划、市县级规划；（2）根据调整对象和功能将行政规划分为总体规划、专项规划、区域规划。其中：总体规划是指国民经济和社会发展的战略性、纲领性、综合性规划；专项规划是总体规划在国

---

① 周佑勇，王青斌：《论行政规划》，载《中南民族大学学报（人文社会科学版）》2005 年第 25 期。

② ［德］哈特穆特·毛雷尔著：《行政法学总论》，高家伟译，法律出版社 2000 年版，第 409 页。

③ 李昕：《论行政规划的定性分析与规制、救济》，载《法学杂志》2013 年第 34 期。

民经济和社会发展特定领域的细化；区域规划是总体规划在国民经济和社会发展特定区域的细化。

（四）行政规划之效果

鉴于目前我国对于行政规划之法律效果尚无明确的法律规定，此处主要介绍我国台湾学者的相关学说。根据董保城教授的观点，行政规划除了具备一般行政行为之"拘束力、公定力、执行力、构成要件效力、存续力之外，尚独具因经确定计划程序始产生之三种特殊效力，其分别是许可效果、集中事权效果或整体性效果以及权利形成效果"。[1]

其一，权利形成效果。行政规划具有权利形成之效果，即在规划制定机关与特定利害关系人之间形成确定的权利义务关系。"在形成效果上：系指计划一经确定，在拟定计划机关与该计划涉及权益人间之法律关系依该计划确定内容定之。故确定计划之裁决为具有形成效果之行政处分。此种广泛的、浓缩的及形成的法律效果，亦是确定计划裁决之特征。"[2]

其二，批准效果。行政规划因"确定规划裁决"而确定，"确定规划裁决"自然产生对行政规划拟订方案的批准效果。"在许可效果上：计划一（经）确定裁决，该裁决不仅及于计划本身，亦及于因实施计划采取之必要措施（如新筑一条道路，或兴建一挡水坝），甚至及于因该计划涉及其他有关公共利益之规定。"[3] 批准效果主要体现于两个方面：一是对规划方案的批准；二是对实施规划所需后续措施的批准。对实施规划所需后续措施的批准效果应仅限于规划方案中已经列明的后续措施。

其三，集中事权效果。伴随行政规划的批准效果而产生的，是行政规划的

---

[1] 董保城：《行政计划》，载翁岳生编：《行政法》（下），中国法制出版社2002年版，第810页。

[2] 董保城：《行政计划》，载翁岳生编：《行政法》（下），中国法制出版社2002年版，第811页。

[3] 董保城：《行政计划》，载翁岳生编：《行政法》（下），中国法制出版社2002年版，第810页。

集中事权效果。"在集中事权或整体性效果上：因实施计划及其后续性措施之采取须经其他行政机关之核准或特许者，得以确定计划之裁决免除之。此乃赋予拟定计划机关具有集中各行政机关职权之效果。"① 通过确定规划裁决形成集中事权的效果，即在规划实施中本需要经由其他机关批准的措施因"确定规划裁决"而不再需要有关机关的批准，从而产生权力向规划制定机关集中的效果。行政规划产生集中事权效果的是可行的，原因在于"确定规划裁决"之前的听证程序已给予有关机关充分表达其意见的机会。集中事权效果的产生与行政规划的本质特性是相关的。② 行政规划是对有关事务进行通盘部署，其间各种事务可能涉及多个行政机关的职权。若在规划中没有协调一致，规划实施过程中就容易产生冲突，甚至因某些措施得不到有关机关的批准而使规划实施拖延或无法进行。因此在规划批准过程中通过统一的程序使规划实施所需措施得到批准，有助于降低行政成本，提高行政效率。

二、行政规划之创制程序

行政规划之创制程序意指行政机关创制行政规划所应遵守的步骤、方式、顺序、手续和时限的总称。③ 目前，我国尚未制定专门的行政规划程序法，仅在《城市规划法》《土地管理法》《预算法》等法律文件中有零散的关于行政规划创制程序的规定。为推进规划创制的规范化和制度化，国务院在 2005 年出台了《关于加强国民经济和社会发展规划编制工作的若干意见》，明确了对规划编制过程中的前期准备、立项、公众参与、论证衔接、批准、发布、实施、评估、修订和废除等各个环节的程序和要求，一定程度上弥补了行政规划创制程序立法的不足。

---

① 董保城：《行政计划》，载翁岳生编：《行政法》（下），中国法制出版社 2002 年版，第 811 页。

② 王青斌著：《行政规划法治化研究》，人民出版社 2010 年版，第 60~61 页。

③ 宋雅芳等著：《行政规划的法治化：理念与制度》，法律出版社 2009 年版，第 36页。

（一）行政规划之拟定程序

根据《国务院关于加强国民经济和社会发展规划编制工作的若干意见》之规定，行政规划的拟定程序包括确定目标、拟定草案和论证草案三个基本环节。

其一，确定目标。行政规划是为实现一定的行政目标而进行的部署。具体目标的确定对整个行政规划的制定与实施都具有相当重要的影响。① 拟定行政规划目标后应就编制行政规划的条件、背景、依据等通过政府公报、网络等媒介予以公告，保障公众的知情权，为公众参与提供前提条件。此外，根据《国务院关于加强国民经济和社会发展规划编制工作的若干意见》之要求，还应做好编制规划的各项前期准备工作。"做好规划编制的前期工作。编制规划前，必须认真做好基础调查、信息搜集、课题研究以及纳入规划重大项目的论证等前期工作，及时与有关方面进行沟通协调。"

其二，拟定草案。明确行政规划的目标后就进入行政规划草案的拟定阶段。② 拟定的行政规划草案应包括细化行政规划目标的方案及实现该方案须采取的措施。草案的拟定主体一般为行政机关，也可考虑通过招标竞标的方式将行政规划草案交由具备条件的科研机构或其他专业性社会团体等完成。

其三，论证草案。对于行政规划设计的技术性问题，规划拟定机关组织专家就有关问题展开论证以保证规划的科学性和可行性。专家对于行政规划的论证主要集中在其可行性分析上，包括技术上和经济上的可行性、合法性分析、环境生态安全、宜居环境及社会心理等重大事项的可行性分析。专家凭借其知识结构、经验积累和逻辑思维，能从多角度深层次地考虑某些行政规划的社会价值及其可能造成的影响。③

---

① 胡锦光：《论对行政规划行为的法律控制》，载《郑州大学学报（哲学社会科学版）》2006 年第 39 期。

② 郭庆珠：《行政规划的法律性质研究——与王青斌先生商榷》，载《现代法学》2008 年第 30 期。

③ 周扬扬：《行政规划的法律控制》，载《江南论坛》2009 年第 6 期。

（二）行政规划之协商程序

在我国，根据现行法律之规定，行政规划确定程序大致包括公告、听证和裁决三个基本环节。

其一，公告。行政规划拟定机关应当依法将拟定行政规划的过程和结果向公众公开，说明拟定规划的理由并允许公众查阅有关文件和材料，保证公众获悉规划方案的具体内容。例如，根据现行《城乡规划法》第 26 条之规定，在城乡规划报送审批之前，"组织编制机关应当依法将城乡规划草案予以公告"。

其二，听证。行政规划一般涉及公共利益和不特定多数人的利益，因此召开听证会尤为必要。① 在听证会上，与行政规划有利害关系的各方就行政规划草案进行质证和辩论，规划拟定机关在听取各方利害关系人利益诉求的基础上编制行政规划。例如，现行《城乡规划法》第 26 条规定："城乡规划报送审批前，组织编制机关应当依法将城乡规划草案予以公告，并采取论证会、听证会或者其他方式征求专家和公众的意见。公告的时间不得少于 30 日。组织编制机关应当充分考虑专家和公众的意见，并在报送审批的材料中附具意见采纳情况及理由。"

其三，裁决。行政规划的确定机关在进行听证后针对行政规划方案进行裁决。行政规划方案合法合理，且方案的拟订主体对行政相对人提出的异议进行了合理解释或采取了相应措施，行政规划的确定机关应裁决行政规划方案合法有效。②

（三）行政规划之生效程序

行政规划之生效程序主要包含审批、公布、实施等基本环节。

其一，审批。行政规划的拟定与协商程序完成之后，行政规划应及时进入

---

① 徐丹：《行政规划若干问题思考》，载《行政论坛》2008 年第 6 期。

② 周佑勇、王青斌：《论行政规划》，载《中南民族大学学报（人文社会科学版）》2005 年第 1 期。

生效程序，创制性行政行为、抽象性行政行为产生法律效力最为关键的环节往往集中在审批程序。行政规划的起草等工作完成之后，起草单位应当将规划草案送审稿和相关的说明文件、针对草案的典型性不同意见及相关材料依照规定报送审批机构①，根据规划制定主体与规划适用层级的不同，行政规划应相应报送至国务院、地方各级人民代表大会、国务院部门、上级人民政府、相关同级人民政府、本级任命政府等。如《国务院关于加强国民经济和社会发展规划编制工作的若干意见》规定，省（区、市）级总体规划草案在送本级人民政府审定，"总体规划草案由各级人民政府报同级人民代表大会审议批准。关系国民经济和社会发展全局、需要国务院审批或者核准重大项目以及安排国家投资数额较大的国家级专项规划，由国务院审批；其他国家级专项规划由国务院有关部门批准，报国务院备案。跨省（区、市）的区域规划由国务院批准"②。除此之外，我国《城市规划法》《土地管理法》等也规定了我国城市规划、土地规划等行政规划实行分级审批制度。③

总体而言，我国行政规划审批主体主要集中在全国人民代表大会（常务委员会）、国务院、地方各级人民代表大会（常务委员会）以及地方各级人民政府。其中总体性、涉及国家根本利益等规划草案须经各级人民政府报送同级人民代表大会审查批准，④ 如国家预算及其执行状况应由全国人民代表大会审查和批准；⑤ 涉及省部级、总体全局性、跨区域协调衔接、重大公共利益的行政

---

① 《国务院关于加强国民经济和社会发展规划编制工作的若干意见》第4条"加强规划的审批管理"第10项规定："规范审批内容。规划编制部门向规划批准机关提交规划草案时应当报送规划编制说明、论证报告以及法律、行政法规规定需要报送的其他有关材料。其中，规划编制说明要载明规划编制过程，征求意见和规划衔接、专家论证的情况以及未采纳的重要意见和理由。"

② 参见《国务院关于加强国民经济和社会发展规划编制工作的若干意见》第4条。

③ 参见《城市规划法》第20条、《土地管理法》第20条等规定。

④ 《国务院关于加强国民经济和社会发展规划编制工作的若干意见》第4条（加强规划的审批管理）第11项规定："总体规划草案由各级人民政府报同级人民代表大会审议批准。"

⑤ 根据《宪法》第62条第11项之规定，全国人民代表大会有权审查和批准国家的预算和预算执行情况的报告。

规划往往需要直接或经由省级人民政府报送国务院审查批准;① 地方总体性、全局性行政规划需要报送本级人民政府或上级人民政府审批,其中部分情况还需经本级人民代表大会(或常务委员会)审查同意;不涉及上述情况的行政规划部分可由负责相应职能的人民政府相关部门审批。②

其二,公布。经拟定、听证、裁决、审批并相应修改定稿之后的行政规划草案应进入公布环节,行政规划草案(修改稿)应经各级行政首长签署后予以公布,公布的文本为具备确定和法律效力的标准文本。《国务院关于加强国民经济和社会发展规划编制工作的若干意见》第 4 条(加强规划的审批管理)第 11 项规定:"除法律、行政法规另有规定以及涉及国家秘密的外,规划经法定程序批准后应当及时公布。"

其三,实施。拟定、修改的行政规划文本经审批及公布之后产生确定性效力,行政规划本身所指向的计划周期是相对确定的,即"xxxx—yyyy 年"或 n 年规划等,其实施效力自生效后自然地实施于该时空范围;另外,效力修改后公布的文本一般与其他类型的立法或行政立法文本类似,规定生效实施之时间节点或实施周期。如《国务院关于加强国民经济和社会发展规划编制工作的若干意见》第 1 条"建立健全规划体系"第 2 项规定:"国家总体规划、省(区、市)级总体规划和区域规划的规划期一般为 5 年,可以展望到 10 年以上。市县级总体规划和各类专项规划的规划期可根据需要确定。"③如《广东省农村人居生态环境"十三五"规划》开篇即明确规定:"为全民统筹安排'十三五'期间……规划基准年为 2015 年,规划期为 2016—2020 年。"④ 据此,相关行政机关及相关主体依据规划年限与规划内容积极实施规划内容,实现行政目标。

---

① 参见《城市规划法》第 20 条等相关规定。
② 参见《城市规划法》第 20 条等相关规定。
③ 参见《国务院关于加强国民经济和社会发展规划编制工作的若干意见》第 1 条第 2 项。
④ 参见《广东省农村人居生态环境"十三五"规划》。

（四）行政规划之变更与废止

基于信赖保护之原理，行政规划不得任意变更或者废止；如却因情势变更，需要变更或废止原行政规划，亦应恪守正当法律程序。

其一，变更。根据我国现行法律之规定，行政规划的变更程序主要有三种情形①：（1）行政规划一经确定，任何修改都须经过原审批机关的批准，批准的过程适用规划编制的过程。譬如，《土地管理法》第 25 条规定："经批准的土地利用总体规划的修改，须经原批准机关批准；未经批准，不得改变土地利用总体规划确定的土地用途。"（2）对行政规划的较小变更可由规划拟定机关进行，但要报同级人民代表大会常务委员会和原审批机关备案，而重大变更要报原审批机关批准。②譬如，《北京市城市规划条例》第 50 条之规定："修改控制性详细规划的，组织编制机关应当对修改的必要性进行论证，征求有关部门和规划地段内利害关系人的意见，并向原审批机关提出专题报告。原审批机关同意修改的，组织编制机关方可修改并依照法定程序报原审批机关审批。"（3）对行政规划的较小变更可由规划拟定机关进行，重大变更要报原审批机关批准。③譬如，《公路法》第 16 条规定："国道规划的局部调整由原编制机关决定。国道规划需要作重大修改的，由原编制机关提出修改方案，报国务院批准。经批准的省道、县道、乡道公路规划需要修改的，由原编制机关提出修改方案，报原批准机关批准。"

其二，废止。在行政规划未实施或未完成前，因客观情况的重大变化或法律、法规、政策的变化而使行政规划的继续实施变得没有必要时，规划确定机关应依职权或依规划拟定机关的申请及时废止行政规划。

---

①　郭庆珠著：《行政规划及其法律控制研究》，中国社会科学出版社 2009 年版，第 152～153 页。

②　孟鸿志：《行政规划裁量基准初探》，载《法学论坛》2015 年第 30 期。

③　参见孟鸿志：《行政规划法律规制研究》，武汉大学 2010 年博士学位论文。

三、行政规划之合法性控制程序

作为一种行政创制性的行政行为，行政规划的合法性控制侧重于过程控制和实施监督。以城乡规划为例，其合法性控制机制包括人大审议、行政审批、备案审查和监督检查等。

（一）人大审议

规划的"审议"程序是人大行使监督权的一种重要方式。行政规划的人大审议以同级审议为原则，在立法上，人大审议系行政规划审批的前置程序。

比如，《城乡规划法》第16条规定，省、自治区人民政府组织编制的省域城镇体系规划，城市、县人民政府组织编制的总体规划，在报上一级人民政府审批前，应当先经本级人民代表大会常务委员会审议，常务委员会组成人员的审议意见交由本级人民政府研究处理。镇人民政府组织编制的镇总体规划，在报上一级人民政府审批前，应当先经镇人民代表大会审议，代表的审议意见交由本级人民政府研究处理。规划的组织编制机关报送审批省域城镇体系规划、城市总体规划或者镇总体规划，应当将本级人民代表大会常务委员会组成人员或者镇人民代表大会代表的审议意见和根据审议意见修改规划的情况一并报送。

基于《城乡规划法》的上述规定，各省市自治区，乃至设区的市，均在其"城乡规划条例"均有类似规定，比如，根据《北京市城乡规划条例》（2019）第20条之规定，城市总体规划在报送审批前应当先经市人民代表大会常务委员会审议。分区规划在报送审批前应当先经区人民代表大会常务委员会审议。乡、镇域规划在报送审批前应当先经乡、镇人民代表大会审议。常务委员会组成人员或者代表的审议意见交由本级人民政府研究处理。规划的组织编制机关报送审批城市总体规划、分区规划和乡、镇域规划，应当将审议意见和根据审议意见修改规划的情况随相关城乡规划一并报送。村庄规划在报送审批前应当依法经村民会议或者村民代表会议讨论同意。

（二）行政审批

行政审批系行政规划编织权合法性控制的重要方式。根据我国现行法律之规定，行政规划实行上级审批制。比如，根据《城乡规划法》第12~15条之规定，全国城镇体系规划由国务院城乡规划主管部门报国务院审批。省、自治区人民政府组织编制省域城镇体系规划，报国务院审批。直辖市的城市总体规划由直辖市人民政府报国务院审批。省、自治区人民政府所在地的城市以及国务院确定的城市的总体规划，由省、自治区人民政府审查同意后，报国务院审批；其他城市的总体规划，由城市人民政府报省、自治区人民政府审批。县人民政府组织编制县人民政府所在地镇的总体规划，报上一级人民政府审批；其他镇的总体规划由镇人民政府组织编制，报上一级人民政府审批。

根据《城乡规划法》的上述规定，各省市自治区，乃至设区的市，均在其"城乡规划条例"中，作了类似规定。比如，《北京市城乡规划条例》（2019）第19条之规定，城市总体规划报党中央、国务院批准。首都功能核心区、城市副中心的控制性详细规划报党中央、国务院批准。分区规划和首都功能核心区以外的中心城区、新城的控制性详细规划报市人民政府审批。乡、镇域规划由区人民政府报市规划自然资源主管部门审查后报市人民政府审批。村庄规划经市规划自然资源主管部门派出机构组织审查后，报区人民政府审批。特定地区规划，由市规划自然资源主管部门组织编制的，报市人民政府审批；由所在区人民政府组织编制的，重点的特定地区规划经市规划自然资源主管部门组织审查后报市人民政府审批，一般的特定地区规划由市规划自然资源主管部门审批。专项规划由市规划自然资源主管部门组织编制的，报市人民政府审批；由相关主管部门组织编制的，经市规划自然资源主管部门组织审查后报市人民政府审批。

（三）备案审查

作为行政规划审批的后置程序，"备案"系行政规划合法性控制的重要方式。根据我国现行法律规定，省级行政规划报同级人民代表大会常务委员会备案，省级以下的行政规划报本级人民代表大会常务委员会和上级政府备案。

其一，省级以下行政规划实行双重备案制度。比如，根据《城乡规划法》第19条之规定，城市人民政府城乡规划主管部门根据城市总体规划的要求，组织编制城市的控制性详细规划，经本级人民政府批准后，报本级人民代表大会常务委员会和上一级人民政府备案。根据《城乡规划法》的上述规定，各省市自治区，乃至设区的市，在其"城乡规划条例"中，均设有类似规定。比如根据《邢台市城乡规划管理办法》第16条之规定，市城乡规划局组织编制城市控制性详细规划，经市政府批准后，报市人民代表大会常务委员会和省政府备案。县（市）政府城乡规划主管部门组织编制县级市城市及县政府所在地镇的控制性详细规划，经本级政府批准后，报本级人民代表大会常务委员会和市政府备案。

其二，省级行政规划报本级人民代表大会常务委员会备案。比如，根据《北京市城乡规划条例》（2019）第19条之规定，首都功能核心区、城市副中心的控制性详细规划经党中央、国务院批准后报市人民代表大会常务委员会备案。分区规划和首都功能核心区以外的中心城区、新城的控制性详细规划经市人民政府审批后报市人民代表大会常务委员会备案。乡、镇域规划由区人民政府报市规划自然资源主管部门审查经市人民政府审批后报市人民代表大会常务委员会备案。村庄规划经市规划自然资源主管部门派出机构组织审查并经区人民政府审批后报区人民代表大会常务委员会备案。又如，根据《上海市城乡规划条例》之规定，中心城控制性详细规划和新城、新市镇控制性详细规划由区、县人民政府会同市规划行政管理部门组织编制，经市人民政府批准后，报市人民代表大会常务委员会备案。市人民政府确定的特定区域控制性详细规划由市规划行政管理部门会同相关区、县人民政府组织编制，经市人民政府批准后，报市人民代表大会常务委员会备案。

（四）监督检查

相对于行政规划的监督检查贯穿于行政规划实施的全过程，是行政规划实施管理工作的不可或缺的组成部分。以城乡规划为例，根据《城乡规划法》

之规定：

其一，监督检查主体。（1）县级以上人民政府及其城乡规划主管部门应当加强对城乡规划编制、审批、实施、修改的监督检查。（2）地方各级人民政府应当向本级人民代表大会常务委员会或者乡、镇人民代表大会报告城乡规划的实施情况，并接受监督。（3）城乡规划主管部门的工作人员履行上述规定的监督检查职责，应当出示执法证件。被监督检查的单位和人员应当予以配合，不得妨碍和阻挠依法进行的监督检查活动。（4）监督检查情况和处理结果应当依法公开，供公众查阅和监督。（5）因撤销行政许可给当事人合法权益造成损失的，应当依法给予赔偿。

其二，监督检查措施。县级以上人民政府城乡规划主管部门对城乡规划的实施情况进行监督检查，有权采取以下措施：（1）要求有关单位和人员提供与监督事项有关的文件、资料，并进行复制；（2）要求有关单位和人员就监督事项涉及的问题作出解释和说明，并根据需要进入现场进行勘测；（3）责令有关单位和人员停止违反有关城乡规划的法律、法规的行为；（4）城乡规划主管部门在查处违反本法规定的行为时，发现国家机关工作人员依法应当给予行政处分的，应当向其任免机关或者监察机关提出处分建议；（5）依照《城乡规划法》规定应当给予行政处罚，而有关城乡规划主管部门不给予行政处罚的，上级人民政府城乡规划主管部门有权责令其作出行政处罚决定或者建议有关人民政府责令其给予行政处罚；（6）城乡规划主管部门违反本法规定作出行政许可的，上级人民政府城乡规划主管部门有权责令其撤销或者直接撤销该行政许可。

其三，法律责任。（1）对依法应当编制城乡规划而未组织编制，或者未按法定程序编制、审批、修改城乡规划的，由上级人民政府责令改正，通报批评；对有关人民政府负责人和其他直接责任人员依法给予处分。（2）城乡规划组织编制机关委托不具有相应资质等级的单位编制城乡规划的，由上级人民政府责令改正，通报批评；对有关人民政府负责人和其他直接责任人员依法给予处分。（3）镇人民政府或者县级以上人民政府城乡规划主管部门未依法组织编制城市的控制性详细规划、县人民政府所在地镇的控制性详细规划的，超越职权或者对不符合法定条件的申请人核发选址意见书、建设用地规划许可证、建设工程规划许可证、乡村建设规划许可证的，或者对符合法定条件的申请人未在法定期限内核发选址意见书、建设用地规划许可证、建设工程规划许可证、乡村建设规划许可证的，未依法对经审定的修建性详细规划、建设工程设计方案的总平面图予以公布的，同意修改修建性详细规划、建设工程设计方案的总平面图前未采取听证会等形式听取利害关系人的意见的，或者发现未依法取得规划许可或者违反规划许可的规定在规划区内进行建设的行为，而不予查处或者接到举报后不依法处理的，由本级人民政府、上级人民政府城乡规划主管部门或者监察机关依据职权责令改正，通报批评；对直接负责的主管人员和其他直接责任人员依法给予处分。（4）县级以上人民政府有关部门对未依法取得选址意见书的建设项目核发建设项目批准文件的，未依法在国有土地使用权出让合同中确定规划条件或者改变国有土地使用权出让合同中依法确定的规划条件的，对未依法取得建设用地规划许可证的建设单位划拨国有土地使用权的，由本级人民政府或者上级人民政府有关部门责令改正，通报批评；对直接负责的主管人员和其他直接责任人员依法给予处分。（5）城乡规划编制单位超越资质等级许可的范围承揽城乡规划编制工作的，或者违反国家有关标准编制城乡规划的，由所在地城市、县人民政府城乡规划主管部门责令限期改正，处合同约定的规划编制费1倍以上2倍以下的罚款；情节严重的，责令停业整顿，由原发证机关降低资质等级或者吊销资质证书；造成损失的，依法承担赔偿责任。

典型案例 6-2：顾某诉教育局重新划分施教区案①

【裁判摘要】

行政诉讼应正确理解和适用合法性审查原则。行政有一定的裁量空间，法院只能对行政行为的合法性问题而不是行政裁量的合理性问题作出判决。行政审判应判断行政行为是否存在明显不当。人民法院在行政审判中虽然不能审查

---

① 本案裁判文书详见附录 8。

行政行为的合理性问题，但对明显不当的行政行为可视为违法而予以撤销或变更。人民法院对合理性存在瑕疵的行政行为应有所作为。人民法院审理行政案件，只审查行政行为的合法性而不审查行政行为的合理性，但对于合理性存在瑕疵的行政行为不能无所作为。在司法实践中，法院一般通过司法建议书建议行政机关纠正。

【相关法条】

《中华人民共和国行政诉讼法》第 89 条第 1 款第 1 项

【基本案情】

顾某出生于 2008 年 10 月 13 日，户籍地为南京市建邺区某住宅小区，系应于 2015 年 9 月入学的适龄儿童。南京市建邺区教育局于 2015 年 3 月 1 日委托辖区内各小学对 2015 年入学的适龄儿童数量进行调查摸底；于同年 5 月 20 日召开建邺区义务教育招生工作公众参与研讨会，由参会代表对《2015 年建邺区小学入学工作意见征求稿》提出建议；于同年 5 月 21 日召开建邺区义务教育招生工作专家论证会，由参会代表对上述文件提出建议；于同年 5 月 25 日召开办公会议，专题研究 2015 年建邺区小学入学工作实施办法；于同年 5 月 26 日作出《2015 年建邺区小学入学工作实施办法》，在附件中对 2015 年建邺区公办小学招生计划及施教区进行了规定，并于当日将该办法及附件上网公示。根据上述办法，顾某户籍所在地属于南京市南湖第三小学施教区范围。顾某对施教区划分的行政行为不服，于 2015 年 6 月 12 日向法院提起诉讼，要求撤销建邺区教育局的施教区划分行为，并责令被告重新作出施教区划分行政行为。

【裁判结果】

南京市中级人民法院二审审理认为，本案被诉行政行为证据确实充分，适用法律、法规正确，符合法定程序，上诉人顾某认为被诉行政行为违法且明显不当的主张，因缺乏事实和法律依据，本院不予支持。原审判决认定事实清楚，适用法律正确，审判程序合法。驳回上诉，维持原判。

【裁判理由】

建邺区教育局委托辖区内各小学对适龄儿童数量进行调查摸底后，根据建郏区学校分布及适龄儿童数量、分布状况划分施教区，分别召开公众参与研讨会以及专家论证会，对本年度小学入学方案征求意见，并在作出《2015年建郏区小学入学工作实施办法》后，将该办法及附件上网公示，符合相关法律规定。本案被诉行政行为虽确存在一定的不合理性，会造成部分适龄儿童未能被安排至离家最近的学校入学，但由于建郏区目前教育资源不均衡、适龄儿童及学校分布不均匀、街区形状不规则，因此"就近入学"本身并不意味着直线距离最近入学。本案被诉行政行为虽未能完全满足上诉人的利益诉求，但其在尽可能满足个体利益的前提下，综合考量社会整体现状，兼顾了社会公共利益的实现与个体利益的维护，符合行政权行使的基本价值取向。被诉行政行为对施教区的划分符合建郏区教育现状，符合义务教育全员接纳、教育公平、就近入学原则，不属于法律规定的"明显不当"情形。但同时，法院认为，被诉行政行为的合理性尚有提升空间，被上诉人应尽可能在今后的施教区划分工作中进一步完善程序，提升行政行为的合理性和可接受度。

第七章 执行性行政程序

执行性行政程序，是指行政主体进行执行性行政过程，即执行法律以及行政法规、行政规章、行政规范性文件等创制性行政结果之行政活动及其过程所应遵循的行政程序。就其内容而言，执行性行政程序包括侵益性行政程序、惠益性行政程序以及互益性行政程序。其一，侵益性行政程序，是指行政主体进行侵益性行政过程，即旨在剥夺、限制相对人权益或对其权益产生其他不利后果的行政方式及其过程所应遵循的行政程序。就其具体内容而言，侵益性行政程序主要包括四个方面：一是行政处罚程序，包括行政处罚之决定程序以及行政处罚之执行程序；二是行政强制程序，包括行政强制措施之程序以及行政强制执行之程序；三是行政征收程序，包括税收征收之程序、行政收费之程序以及财务征收之程序；四是行政征用程序，主要有征用申请之提出或者通知、公共利益和征用范围之确定、补偿金之确定和给付、行政征用之实施等步骤。其二，惠益性行政程序，是指行政主体进行惠益性行政过程，即依职权作出能够对行政相对人权益产生增量效果的行政活动及其过程所应遵循的行政程序。就其具体内容而言，惠益性行政程序主要包括四个方面：一是行政许可程序，包括行政许可的申请与受理、审查与决定、听证、变更与延续以及特别程序等；二是行政给付程序，包括定期性、一次性、临时性发放的行政给付程序；三是行政奖励程序，包括行政奖励之启动、审批、授奖、存档等程序；四是行政确认程序，包括行政确认之启动、审核、决定以及衡量修正程序。其三，互益性行政程序，是指行政主体进行互益性行政过程，即通过与行政相对人合意互惠的方式行使行政职权的性质活动及其过程所应遵循的行政程序。就其具体内容而言，互益性行政程序主要包括三个方面：一是行政协商程序，包括议题确定、协商准备、正式协商、意见分析以及结果决定等程序；二是行政合同程序，包括行政合同之协商、听证、说明理由、信息公开等程序；三是行政指导程序，包括行政指导之告知及材料交付之程序。

在传统上，创制规则的权力专属于立法机关，行政机关只负责严格执行规则。因此，执行性行政过程及其规制往往占据了整个行政法学的"半壁江山"。然而，随着社会的飞速发展，行政事务日益增多且日趋专业化。面对这种现状，立法机关囿于各种体制性弊端，在供应规则上日渐显得捉襟见肘、力不从心，也就逐渐在某些立法领域中有所退却，而行政机关则趁势而上，迅速填补了这些空白，取得并行使了部分创制性职权。不过，即便如此，不可否认的是，从国家法律体制的整体架构上来看，行政机关仍然主要扮演着一个执行者的角色，执行性行政过程及其规制还是行政法学的研究重心所在。

执行性行政过程，是指行政主体为执行国家法律或者创制性行政结果（包括行政法规、规章、决定、命令、规划、决策以及其他规范性文件等），以不具有普遍约束力的方式履行职责，以期达成特定效果或目的之行政活动及其过程。执行性行政过程包含了传统的具体行政行为，但相对于具体行政行为而言，其外延更为宽大，主要包括：（1）侵益性行政过程，即行政主体以限制或者剥夺行政相对人权益的方式履行职责，以期达成对相对人权益产生贬损效果之行政活动及其过程，它属于传统意义上的具体行政行为之范畴，其典型代表有行政处罚、行政征收、行政强制等。（2）惠益性行政过程，即行政主体以许可、给付或者奖励等方式履行职责，以期达成相对人权益产生增量效果之行政活动及其过程，它属于传统意义上的具体行政行为，其典型代表有行政许可、行政给付和行政奖励等。（3）互益性行政过程，即行政主体基于以对其本身所欲达至的公共利益与相对人之利益均具有增量后果之行政活动及其过程，其典型代表有行政协商、行政合同以及行政指导等。

第一节　侵益性行政程序

基于对行政相对人权益影响之正反属性，可以将那些旨在剥夺、限制相对人权益或对其权益产生其他不利后果的行政方式及其过程概称为侵益性行政过程。其中，行政处罚、行政强制、行政征收以及行政征用最具典型意义。

一、行政处罚程序

作为一种侵益性行政方式，行政处罚意指行政主体基于职权，通过实施法律制裁之手段，积极追求惩戒性行政目的之行政活动及其过程。据此，所谓行政处罚法即规制或者规范行政处罚权及其运行过程、监督审查等法律法规之总称。根据我国《行政处罚法》之规定，行政处罚程序由行政处罚的决定程序和行政处罚的执行程序两部分组成。

（一）行政处罚之意涵

在其传统意义上，行政处罚属于具体行政行为之范畴，具有可诉性。根据我国《行政处罚法》之规定，行政处罚必须遵循法定、衡平等基本原则，其法定类型包括：警告；罚款；没收违法所得、没收非法财物；责令停产停业；暂扣或者吊销许可证、暂扣或者吊销执照；行政拘留；法律、行政法规规定的其他行政处罚，等等。

其一，行政处罚之秉性。就其一般意义而言，作为一种行政方式的行政处罚具有如下秉性：（1）行政处罚是一种行政方式，适用这种方式的主体是具有法定权限的行政主体。（2）行政处罚是一种制裁性行政方式，其所针对的特定对象必须是违反行政法规范但尚未构成犯罪的公民、法人或者其他组织。（3）行政处罚是一种矫正性行政方式，意在纠正违法行为，矫正法秩序。换言之，行政处罚是为了有效实施行政管理，维护公共利益和社会秩序，保护公

281

民、法人或者其他组织的合法权益。①

其二，行政处罚之分类。行政处罚类型是行政处罚的基本制度，它不仅关系到对行政处罚设定和实施的规范程度，而且牵扯到立法权、行政权和司法权的关系，关涉到权力的制度安排，关系到公民、法人和其他组织的权益保护，因而具有极为重要的意义。② 在学理上，行政法学界根据行政处罚对行政相对人权利义务所造成影响的性质和程度的不同，将其分为申诫罚、财产罚、行为罚和人身罚四种。③（1）申诫罚，即以损害相对人的名誉、信誉等精神权利为内容的行政处罚，如警告、通报批评、责令悔过等。（2）财产罚，即以剥夺行政相对人一定财产为内容的行政处罚，如罚款、没收等。（3）行为罚，也被称为能力罚，即针对行政相对人的某种特定行为能力所实施的行政处罚，如暂扣或吊销营业执照、许可证和责令停产停业等。（4）人身罚，也被称为自由罚，即以损害行政相对人的人身自由权利为内容的行政处罚，如行政拘留等。

其三，行政处罚之原则。行政处罚的原则是指行政主体在适用行政处罚时必须遵循的法定的基本准则。根据《行政处罚法》之规定，行政处罚的原则主要包括处罚法定原则、处罚公正公开原则、处罚与教育相结合原则、一事不再罚原则以及充分救济原则，等等。具体而言：（1）处罚法定原则，即具有行政处罚权的行政机关和法律法规授权的组织在法定权限内，依据法定程序，对违反行政法律规范应当给予行政处罚的行为实施行政处罚。④（2）处罚公正公开原则，根据《行政处罚法》第 4 条之规定，行政处罚必须遵循公正、公开的原则。（3）处罚与教育相结合原则，根据《行政处罚法》第 5 条之规定，实施行政处罚，纠正违法行为，应当坚持处罚与教育相结合，教育公民、法人或者其他组织自觉守法。（4）一事不再罚原则。根据《行政处罚法》第 24 条

---

① 姜明安主编：《行政法与行政诉讼法》，北京大学出版社 2011 年版，第 272 页。

② 刘建平、朱振生：《论行政处罚的分类与分步实施》，载《法治论丛》2011 年第 2 期。

③ 参见周佑勇主编：《行政法学》，武汉大学出版社 2009 年版，第 128 页。

④ 吴锦标：《行政处罚法定原则及其法律价值》，载《法律适用》2005 年第 9 期。

之规定，对当事人的同一个违法行为，不得给予两次以上罚款的行政处罚。
（5）充分救济原则，根据《行政处罚法》第 6 条之规定，为有效保障相对人权益，在行政处罚中必须提供充分的救济。

（二）行政处罚之决定程序

行政处罚的决定程序是指行政主体依职权作出行政处罚所应当遵循的步骤与方式，包括行政处罚的简易程序、一般程序和听证程序三类。

其一，行政处罚的简易程序。所谓行政处罚的简易程序，是指在特定的情况下，行政执法人员能够当场决定实施行政处罚的程序，又被称为行政处罚的当场处罚程序。简易程序能够使行政主体更有效率地实行实施行政处罚，一般适用于事实清楚、情节简单、后果轻微的违反行政管理秩序的行为。根据我国《行政处罚法》第 33 条之规定，适用简易程序之条件有三：（1）违法事实确凿；（2）有法定依据；（3）对公民处以 50 元以下、对法人或者其他组织处以 1000 元以下罚款或者警告的行政处罚。根据行政处罚的简易程序，执法人员当场作出行政处罚决定时，首先应当向当事人出示执法身份证件，然后填写预定格式、编有号码的行政处罚决定书，并当场将行政处罚决定书交付当事人。在行政处罚决定书中，应当载明当事人的违法行为、行政处罚依据、罚款数额、时间、地点以及行政机关名称，并由执法人员签名或者盖章。行政执法人员在当场作出行政处罚决定后，还必须报所属行政机关备案。当事人如果对当场作出的行政处罚决定不服，可以依法申请行政复议或者提起行政诉讼。

其二，行政处罚的一般程序。所谓行政处罚的一般程序，是指行政主体实施行政处罚通常适用的程序，也被称为行政处罚的普通程序，包括立案、调查、审查决定、制定并送达行政处罚决定书几个步骤。具体而言：（1）立案。立案是行政处罚程序的开始，行政主体对于自己发现、有关部门交办或者移送、行政相对人举报的应受处罚的行政违法行为，有权管辖并且在追惩期限内的，应予以受理、立案；对于不属于本行政主体管辖，应及时移送有管辖权的行政主体审查。①（2）调查。调查是行政处罚适用主体依法收集、审查、认定

---

① 叶必丰著：《行政法与行政诉讼法》，武汉大学出版社 2008 年版，第 265 页。

嫌疑人违法事实或证据的阶段。① （3）审查决定。审查决定是指行政处罚案件调查终结后，行政机关负责人应当对调查结果进行审查，并根据不同情况，作出决定。② 行政机关在作出行政处罚决定之前，对行政相对人负有告知义务，即应当告知当事人作出行政处罚决定的事实、理由及依据，并告知当事人依法享有的权利。③ （4）制定并送达行政处罚决定书，即行政主体作出行政处罚决定后，应当制作行政处罚决定书。④

---

① 根据《行政处罚法》的有关规定，行政处罚必须以事实为依据，才能决定是否给予行政处罚；公民、法人或者其他组织违反行政管理秩序的行为，依法应当给予行政处罚的，行政机关必须查明事实；违法事实不清的，不得给予行政处罚；除了当场作出处罚的情况外，行政主体在立案后必须全面、客观、公正地进行调查，收集有关证据；在必要时，依照法律、法规的规定，可以进行检查。行政机关在调查或者进行检查时，执法人员不得少于两人，并应当向当事人或者有关人员出示证件。执法人员与当事人有直接利害关系的，应当回避；在调查、检查中，当事人或者有关人员应当如实回答询问，并协助调查或者检查，不得阻挠，行政执法人员对询问或者检查应当制作笔录；行政机关在收集证据时，可以采取抽样取证的方法；在证据可能灭失或者以后难以取得的情况下，经行政机关负责人批准，可以先行登记保存，并应当在 7 日内及时作出处理决定，在此期间，当事人或者有关人员都不得销毁或者转移证据。

② 根据《行政处罚法》第38条的规定，调查终结，行政机关负责人应当对调查结果进行审查，根据不同情况，分别作出如下决定：（1）确有应受行政处罚的违法行为的，根据情节轻重及具体情况，作出行政处罚决定；（2）违法行为轻微，依法可以不予行政处罚的，不予行政处罚；（3）违法事实不能成立的，不得给予行政处罚；（4）违法行为已构成犯罪的，移送司法机关。对情节复杂或者重大违法行为给予较重的行政处罚，行政机关的负责人还应当集体讨论决定。

③ 针对行政机关的处罚决定，当事人有权进行陈述和申辩。行政机关必须充分听取当事人的意见，对当事人提出的事实、理由和证据，应当进行复核；当事人提出的事实、理由或者证据成立的，行政机关应当采纳。行政机关不得因当事人申辩而加重处罚，要充分保障相对人的陈述和申辩权。

④ 根据《行政处罚法》第39条的规定，行政处罚决定书应当载明下列事项：（1）当事人的姓名或者名称、地址；（2）违反法律、法规或者规章的事实和证据；（3）行政处罚的种类和依据；（4）行政处罚的履行方式和期限；（5）不服行政处罚决定，申请行政复议或者提起行政诉讼的途径和期限；（6）作出行政处罚决定的行政机关名称和作出决定的日期。另外，行政处罚决定书必须盖有作出行政处罚决定的行政机关的印章。第40条规定，行政处罚决定书应当在宣告后当场交付当事人；当事人不在场的，行政机关应当在 7 日内依照《民事诉讼法》的有关规定，将行政处罚决定书送达当事人。

其三，行政处罚的听证程序。行政处罚的听证程序是指行政主体在作出行政处罚决定前基于法定的事由，听取有关当事人意见的一种特殊程序。行政处罚的听证程序并不是和行政处罚的简易程序、一般程序相并列的单独的程序，而是一般程序中的一种特殊调查处理程序。听证一般由行政机关组织及主持，参与听证的人员包括有关的调查取证人员和与行政处罚有关的人员。根据现行法规定，行政机关作出责令停产停业、吊销许可证或者执照、较大数额罚款等行政处罚决定之前，应当告知当事人有要求举行听证的权利。当事人要求听证的，行政机关应当组织听证；当事人不承担行政机关组织听证的费用。

行政处罚的听证程序一般按照以下程序进行：（1）听证申请。当事人要求听证的，应当在行政机关告知后3日内提出。（2）听证通知。行政机关应当在听证的7日前，通知当事人举行听证的时间、地点。（3）听证公开。除涉及国家秘密、商业秘密或者个人隐私外，听证公开举行。（4）听证主持。听证由行政机关指定的非本案调查人员主持；当事人认为主持人与本案有直接利害关系的，有权申请回避。（5）听证参与。当事人可以亲自参加听证，也可以委托一至二人代理。（6）听证内容。举行听证时，调查人员提出当事人违法的事实、证据和行政处罚建议；当事人进行申辩和质证。（7）听证笔录。听证应当制作笔录；笔录应当交当事人审核无误后签字或者盖章；当事人对限制人身自由的行政处罚有异议的，依照《治安管理处罚法》的有关规定执行。（8）听证终结。听证结束后，行政机关依照行政处罚一般程序的规定，作出决定。

（三）行政处罚之执行程序

行政处罚的执行程序包括行政相对人自觉履行之程序和行政机关强制执行之程序两种。

其一，行政相对人自觉履行之程序。行政相对人自觉履行行政处罚之程序要义有三：（1）一般而言，行政处罚决定作出后，当事人应当在行政处罚决定的期限内，按照行政处罚决定书的内容履行行政处罚。（2）即使当事人对行政处罚决定不服而申请行政复议或者提起行政诉讼，行政处罚也不停止执行，除非法律另有规定。（3）根据《行政处罚法》第 46 条的规定，作出罚款决定的行政机关应当与收缴罚款的机构分离。除依照《行政处罚法》的规定当场收缴的罚款外，作出行政处罚决定的行政机关及其执法人员不得自行收缴罚款。当事人应当自收到行政处罚决定书之日起 15 日内，到指定的银行缴纳罚款。银行应当收受罚款，并将罚款直接上缴国库。① （4）对于以下情形，行政机关可以当场收缴罚款：一是依法给予 20 元以下的罚款的；二是不当场收缴事后难以执行的；三是在边远、水上、交通不便地区，行政机关及其执法人员依照法律的规定作出罚款决定后，当事人向指定的银行缴纳罚款确有困难，经当事人提出，行政机关及其执法人员可以当场收缴罚款。②

其二，行政机关强制执行行政处罚之程序。如果当事人逾期不履行行政处罚决定的，作出行政处罚决定的行政机关可以采取下列措施：（1）到期不缴纳罚款的，每日按罚款数额的百分之三加处罚款；（2）根据法律规定，将查封、扣押的财物拍卖或者将冻结的存款划拨抵缴罚款；（3）申请人民法院强制执行。但是当事人确有经济困难，需要延期或者分期缴纳罚款的，经当事人申请和行政机关批准，可以暂缓或者分期缴纳。

二、行政强制程序

（一）行政强制之意涵

作为一种侵益性行政方式，行政强制意指行政主体基于行政职权，依法对

---

① 根据《行政处罚法》第 53 条的规定，除依法应当予以销毁的物品外，行政机关依法没收的非法财物必须按照国家规定公开拍卖或者按照国家有关规定处理。罚款、没收违法所得或者没收非法财物拍卖的款项，必须全部上缴国库，任何行政机关或者个人不得以任何形式截留、私分或者变相私分；财政部门不得以任何形式向作出行政处罚决定的行政机关返还罚款、没收的违法所得或者返还没收非法财物的拍卖款项。

② 根据《行政处罚法》第 49、50 条的规定，行政机关及其执法人员当场收缴罚款的，必须向当事人出具省、自治区、直辖市财政部门统一制发的罚款收据；不出具财政部门统一制发的罚款收据的，当事人有权拒绝缴纳罚款；执法人员当场收缴的罚款，应当自收缴罚款之日起二日内，交至行政机关；在水上当场收缴的罚款，应当自抵岸之日起二日内交至行政机关；行政机关应当在二日内将罚款缴付指定的银行。

行政相对人的人身或者财产予以强行处置，以达成行政目标之活动及其过程。在其学理意义上，行政强制的基本意涵有五：（1）行政强制的主体是行政主体，但并非所有的行政主体都有权实施行政强制，唯有经过法律法规授权的行政主体才是行政强制的适格的适用主体。（2）行政强制属于侵益性行政方式，基于公权力的运作和对公共利益的追求，行政主体对行政相对人的人身或者财产所采取的强制处置行为，必然对行政相对人的权益产生不利的后果。（3）行政强制最本质的特征就是直接强制性，即行政主体对相对人之人身或者财产予以强制处置，不以被强制人同意为要件，不受被强制人的意思掣肘。（4）行政强制的目的在于预防或者制止违法行为或者自然灾害、事故灾难、公共卫生事件或者社会安全事件等突发事件的发生，或者为了迫使相对人履行行政上的义务。① （5）在其传统意义上，行政强制属于具体行政行为之范畴，具有可诉性。

行政强制分为行政强制措施和行政强制执行，前者是指为预防或制止违法行为和危害事件发生，行政机关在获得法律授权的情况下而采取的强制措施，如对财产和金钱的查封、扣押、冻结，后者是指为实现行政决定的内容，在法律授权的情况下，有关国家机关实施的强制手段，如将扣押的财产拍卖，将银行冻结的存款划拨。② 相应地，行政强制之程序也可划分为行政强制措施之程序以及行政强制执行之程序。

（二）行政强制措施之程序

其一，行政强制措施的实施主体。行政强制措施由法律、法规规定的行政机关在法定职权范围内实施。依据《行政处罚法》的规定行使相对集中行政处罚权的行政机关，可以实施法律、法规规定的与行政处罚权有关的行政强制措施。行政强制措施应当由行政机关具备资格的正式执法人员实施，其他人员

---

① 李牧主编：《中国行政法学总论》，中国方正出版社 2006 年版，第 278 页。
② 袁曙宏：《我国〈行政强制法〉的法律地位、价值取向和制度逻辑》，载《中国法学》2011 年第 4 期。

不得实施。

其二，行政强制措施实施的一般程序法则。行政机关在具体实施行政强制措施时，需要遵循以下法则：（1）实施行政强制措施前须向行政机关负责人报告并经批准；（2）由两名以上行政执法人员实施；（3）出示执法身份证件，通知当事人到场；（4）当场告知当事人采取行政强制措施的理由、依据以及当事人依法享有的权利、救济途径；（5）听取当事人的陈述和申辩；（6）制作现场笔录；现场笔录由当事人和行政执法人员签名或者盖章；（7）当事人拒绝签名或者盖章的，在笔录中予以注明；（8）当事人不到场的，邀请见证人到场，由见证人和行政执法人员在现场笔录上签名或者盖章；（9）法律、法规规定的其他程序。如果由于情况紧急，需要当场实施行政强制措施的，行政执法人员应当在 24 小时内向行政机关负责人报告，行政机关负责人认为不应当采取行政强制措施的，应当立即解除。

其三，人身性强制措施实施的程序法则。涉及限制公民人身自由之行政强制措施的实施，除应当履行一般程序外，还应当遵守下列法则：（1）当场告知或者实施行政强制措施后，应当立即通知当事人家属实施行政强制措施的行政机关、地点和期限。（2）在紧急情况下当场实施行政强制措施的，在返回行政机关后，立即向行政机关负责人报告并补办批准手续。（3）法律规定的其他程序。同时，实施限制人身自由的行政强制措施不得超过法定期限，如果实施行政强制措施的目的已经达到或者条件已经消失，应当立即解除该限制公民人身自由的行政强制措施。

其四，财产性强制措施实施的程序法则。涉及公民财产的强制措施主要包括查封、扣押与冻结等。① 其中，行政机关实施查封、扣押的，除应当履行一般程序外，还应当遵守下列法则：（1）制作并当场交付查封、扣押决定书和

---

① 根据《行政强制法》第 23 条的规定，查封、扣押限于涉案的场所、设施或者财物，不得查封、扣押与违法行为无关场所、设施或者财物；不得查封、扣押公民个人及其所扶养家属的生活必需品。

清单;① （2）查封、扣押的期限不得超过 30 日；（3）情况复杂的，经行政机关负责人批准，可以延长，但不得超过 30 日；（4）行政机关采取查封、扣押措施后，应当及时查清事实，在规定期限内作出处理决定。② 行政机关实施冻结相对人的存款、汇款的，除应当履行一般程序外，还应当遵守下列法则：（1）向金融机构交付冻结通知书；作出决定的行政机关应当在 3 日内向当事人交付冻结决定书;③ （2）自冻结存款、汇款之日起 30 日内，行政机关应当作出处理决定或者作出解除冻结决定；（3）情况复杂的，经行政机关负责人批准，可以延长，但是延长期限不得超过 30 日。

（三）行政强制执行之程序

基于法治行政之原理，行政强制执行的设定与实施必须有法律的明确规定，法律没有规定应予强制执行的，即使相对人没有履行义务，行政机关也不得擅自强制执行。原则上，只有法律才是行政强制执行设定与实施的合法性依据，法规、规章及其他行政规范不得设定任何行政强制执行权，也不得作为实施行政强制执行的依据。公民、法人或者其他组织对行政机关实施的强制执行，享有陈述权、申辩权，有权依法申请行政复议或者提起行政诉讼，因行政机关违法实施强制执行受到损害的，有权依法要求赔偿。公民、法人或者其他组织因人民法院在强制执行中有违法行为或者扩大强制执行范围受到损害的，

---

① 根据《行政强制法》第 24 条的规定，查封、扣押决定书应当载明下列事项：（1）当事人的姓名或者名称、地址；（2）查封、扣押的理由、依据和期限；（3）查封、扣押场所、设施或者财物的名称、数量等；（4）申请行政复议或者提起行政诉讼的途径和期限；（5）行政机关的名称、印章和日期。查封、扣押清单一式二份，由当事人和行政机关分别保存。

② 根据《行政强制法》第 27 条的规定，行政机关采取查封、扣押措施后，应当及时查清事实，在法律规定的期限内作出处理决定。对违法事实清楚，依法应当没收的非法财物予以没收；法律、行政法规规定应当销毁的，依法销毁；应当解除查封、扣押的，作出解除查封、扣押的决定。

③ 根据《行政强制法》第 31 条的规定，冻结决定书应当载明下列事项：（1）当事人的姓名或者名称、地址；（2）冻结的理由、依据和期限；（3）冻结的账号和数额；（4）申请行政复议或者提起行政诉讼的途径和期限；（5）行政机关的名称、印章和日期。

也有权依法要求赔偿。

其一，行政强制执行的实施主体。各国基于自身的法律体制及法律传统，建立了各具特色的执行主体体制。目前，没有一个国家把强制执行权完全赋予法院或行政机关，可以说形成了法院和行政机关平分秋色的局面。① 根据相关的法律、法规，我国行政强制执行实施体制目前呈现出以申请法院强制执行为原则，以行政机关自行强制执行为例外的现状。② 《行政强制法》对现行体制予以确认。行政机关依法作出行政决定后，当事人在行政机关决定的期限内不履行义务的，具有行政强制执行权的行政机关可以按照行政强制执行程序实施强制执行。当事人在法定期限内不申请行政复议或者提起行政诉讼，又不履行行政决定的，没有行政强制执行权的行政机关可以自期限届满之日起 3 个月内，依照法律规定申请人民法院强制执行。

其二，行政强制执行的一般程序法则。行政强制执行的一般程序法则具体包括：（1）行政机关作出强制执行决定前，应当事先催告当事人履行义务，催告应当以书面形式作出。③ （2）经过催告，当事人履行行政决定的，就不再实施强制执行。（3）当事人收到催告书后有权进行陈述和申辩，行政机关应当充分听取当事人的意见，对当事人提出的事实、理由和证据，应当进行记录、复核，当事人提出的事实、理由或者证据成立的，行政机关应当采纳。（4）经过催告，当事人逾期仍不履行行政决定，且无正当理由的，行政机关可以作出强制执行决定；强制执行决定应当以书面形式作出。④ 在催告期间，

---

① 郭延军：《行政强制执行权分配首先要解决好合宪问题——〈行政强制法〉（草案）相关条文评析》，载《政治与法律》2009 年第 11 期。

② 根据《行政诉讼法》第 97 条的规定，公民、法人或者其他组织对具体行政行为在法定期限不提起诉讼又不履行的，行政机关可以申请人民法院强制执行，或者依法强制执行。

③ 根据《行政强制法》第 35 条的规定，催告应当以书面形式作出，并载明下列事项：（1）当事人履行义务的期限；（2）履行义务的方式；（3）涉及金钱给付的，应当有明确的金额和给付方式；（4）当事人依法享有的陈述权和申辩权。

④ 根据《行政强制法》第 37 条的规定，强制执行决定应当以书面形式作出，并载明下列事项：（1）当事人的姓名或者名称、地址；（2）强制执行的理由和依据；（3）强制执行的方式和时间；（4）申请行政复议或者提起行政诉讼的途径和期限；（5）行政机关的名称、印章和日期。

对有证据证明有转移或者隐匿违法资金迹象的，行政机关可以立即作出强制执行决定；行政强制执行决定书应当在执行时当场交付当事人。① (5) 在执行过程中，遇有法定情形，② 应当中止执行。中止执行的情形消失后，行政机关应当恢复执行。对没有明显社会危害，当事人确无能力履行，中止执行满 3 年未恢复执行的，行政机关不再执行。(6) 行政机关强制执行时，如遇有法定情形的，应当终结强制执行。③ (7) 在执行中或者执行完毕后，据以执行的行政决定被撤销、变更，或者执行错误的，应当恢复原状或退还财物。不能恢复原状或退还财物的，依法予以赔偿。(8) 实施行政强制执行，行政机关可以在不损害公共利益和他人合法权益的情况下，与当事人达成执行协议。执行协议可以约定分阶段履行。执行协议应当履行，当事人不履行执行协议的，行政机关应当恢复强制执行。(9) 行政机关不得在夜间或者法定节假日实施行政强制执行，但是，情况紧急的除外。同时，行政机关不得对居民生活采取停止供水、供电、供热、供燃气等方式迫使当事人履行行政决定。

其三，金钱给付义务的执行程序。金钱给付义务的执行程序法则主要包括：(1) 行政机关依法作出金钱给付义务的行政决定，当事人逾期不履行的，行政机关可以依法加处罚款或者滞纳金。当事人采取补救措施的，可以减免加处的罚款或者滞纳金。④ 行政机关加处罚款或滞纳金超过 30 日，经催告当事人仍不履行的，具有行政强制执行权的行政机关可以强制执行。(2) 行政机关实施强制执行前，需要采取查封、扣押、冻结措施的，则按照行政强制措施

① 根据《行政强制法》第 38 条的规定，当事人拒绝接受或无法直接送达当事人，应依照《中华人民共和国民事诉讼法》的有关规定送达。

② 根据《行政强制法》第 39 条的规定，在执行过程中，有下列情形之一的，行政机关应当中止执行：(1) 当事人履行行政决定确有困难或者暂无履行能力的；(2) 第三人对执行标的主张权利，确有理由的；(3) 执行可能造成难以弥补的损失，且中止执行不损害公共利益的；(4) 行政机关认为需要中止执行的其他理由。

③ 根据《行政强制法》第 40 条的规定，行政机关强制执行时，如果有下列情形之一的，应当终结强制执行：(1) 公民死亡，无遗产可供执行，又无义务承受人的；(2) 法人或者其他组织终止，无财产可供执行，又无权利义务承受人的；(3) 执行标的物灭失的；(4) 据以执行的行政决定被撤销的；(5) 行政机关认为需要终结执行的其他情形。

④ 根据《行政强制法》第 45 条的规定，加处罚款或滞纳金的标准应当告知当事人。加处罚款或滞纳金的数额不得超出金钱给付义务的数额。

中查封、扣押、冻结规则进行。① （3）划拨存款、汇款应当由法律规定的行政机关决定，并书面通知金融机构。

其四，作为、不作为义务的执行程序。作为、不作为义务的执行程序主要包括：（1）行政机关依法作出要求当事人履行排除妨碍、恢复原状等义务的行政决定，如果当事人逾期不履行，经催告仍不履行，其后果已经危害交通安全、造成环境污染或者破坏自然资源的，行政机关可以代履行，或者委托没有利害关系的第三人代履行。② （2）对于需要立即清除道路、河道、航道或者公共场所的遗洒物、障碍物或者污染物，当事人不能清除的，行政机关可以立即实施代履行。（3）当事人不在场的，行政机关应当在事后通知当事人，并依法作出处理。

其五，申请人民法院强制执行的程序。申请人民法院强制执行的程序主要包括：（1）当事人在法定期限内不申请行政复议或者提起行政诉讼，又不履行行政决定的，没有行政强制执行权的行政机关可以自期限届满之日起3个月内，依照法律规定申请人民法院强制执行。行政机关在申请人民法院强制执行前，应当催告当事人履行义务。催告书送达10日后当事人仍未履行义务的，行政机关可以向所在地基层人民法院申请强制执行。执行对象是不动产的，向不动产所在地基层人民法院申请强制执行。③ （2）人民法院接到行政机关强制执行的申请，应当在5日内受理。人民法院对行政机关强制执行的申请要进行

---

① 根据《行政强制法》第46条的规定，当事人在法定期限内不申请行政复议或者提起行政诉讼，经催告后仍不履行的，在实施行政管理过程中已经采取查封、扣押措施的行政机关，可以将查封、扣押的财物依法拍卖抵缴罚款。

② 根据《行政强制法》第51条的规定，代履行应当遵守下列规定：（1）代履行前送达决定书，代履行决定书应当载明当事人的姓名或者名称、地址，代履行的理由和依据、方式和时间、标的、费用预算以及代履行人；（2）在代履行三日前，催告当事人履行；当事人履行的，停止代履行；（3）代履行时，作出决定的行政机关应当派员到场监督；（4）代履行完毕，行政机关到场监督的工作人员、代履行人和当事人或者见证人应当在执行文书上签名或者盖章。

③ 根据《行政强制法》第55条的规定，行政机关向人民法院申请强制执行的，应当提供下列材料：（1）强制执行申请书；（2）行政决定书及作出决定的事实、理由和依据；（3）当事人的意见及行政机关催告情况；（4）申请强制执行标的情况；（5）法律、行政法规规定的其他材料。

书面审查，对符合法律规定，且行政决定具备法定执行效力的，人民法院应当自受理之日起 7 日内作出执行裁定。① 行政机关申请人民法院强制执行，不缴纳申请费。强制执行的费用由被执行人承担。

三、行政征收程序

（一）行政征收之意涵

在行政法学界，一般将行政征收界定为行政主体基于公共利益的需要，依据法律、法规的规定，以强制方式无偿取得行政相对人财产所有权的一种具体行政行为，它主要包括行政征税和行政收费这两种形式。② 然而，2004 年《宪法》第 22 条修正案规定了一般征收和征用制度，第 20 条修正案规定了对土地的征收和征用制度。③ 显然，《宪法》的规定扩大了行政征收的内涵。行政征收是行政机关以强制方式取得公民财产权的一种侵益性行政行为。④ 作为一种侵益性行政行为，行政征收意指行政主体基于国家财政收入以及经济宏观调控等行政目的，依据法律和行政法规之规定，以国家强制力为保障，无偿或者有偿地为国家索取行政相对人财产所有权的行政方式。行政征收的过程本质上是国家凭借其强力参与国民收入分配和再分配的过程。据此，所谓行政征收法即有关规制或者规范行政征收权及其运行过程、监督审查等法律法规之总称。我国的行政征收法主要包括《宪法》中的相关条款以及《税收征收管理法》《土地管理法》《国有土地上房屋征收与补偿条例》《物权法》等法律法规的相关条款。

行政征收主要包括税收征收、费用征收和财物征收，具体而言：（1）税

---

① 根据《行政强制法》第 58 条的规定，人民法院发现有下列情形之一的，在作出裁定前可以听取被执行人和行政机关的意见：（1）明显缺乏事实根据的；（2）明显缺乏法律、法规依据的；（3）其他明显违法并损害被执行人合法权益的。

② 石佑启：《征收、征用与私有财产权保护》，载《法商研究》2004 年第 3 期。

③ 根据《宪法》第 22 条修正案的规定，国家为了公共利益的需要，可以依照法律的规定对公民的私有财产实行征收或者征用并给予补偿；第 20 条修正案规定，国家为了公共利益的需要，可以依照法律规定对土地实行征收或者征用并给予补偿。

④ 李春燕：《行政征收的法律规制论纲》，载《行政法学研究》2008 年第 2 期。

收征收是最常见的一种行政征收方式，是指有权的国家机关依照税收法律和行政法规向纳税人作出的开征、停征、减税、免税、退税以及补税等行政方式的总称。① （2）费用征收也被称为行政收费，是指政府为满足社会需要为目的，凭借行政权力而由行政主体向公共商品或者劳务的特定使用者或享受者按照特定标准收取相应费用的行政活动及其过程。② （3）财物征收是指行政主体依照法律的规定，以强制手段有偿地将行政相对人的财产所有权转为国家所有的行政活动及其过程，比如国家为了公共交通或者公共教育需要，将集体所有的农用土地转为国家所有即属此类征收。因为这种所有权转变是行政相对人为了公共利益需要作出的牺牲，所以国家必须给予补偿。

（二）税收征收之程序

作为一种侵益性行政方式，税收征收即征税，意指国家税务机关基于保障国家财产收入之行政目的，依照税收法律和行政法规，以国家名义向纳税人强制作出的开征、停征、减税、免税、退税以及补税等行政活动及其过程之总称。它具有强制性、无偿性和固定性等属性。然而，税收最根本的属性是法定性，税收法定的基本内涵是税定于法，无法则无税，法为税之源，税以法为先。税收的强制性、无偿性和固定性等其他特性是由税收的法定性决定的，是从税收的法定性派生和演化而来的。③

其一，税收征收之主体。依法享有课税权的国家机关是税收征收之主体，它在税收征管关系中代表国家向纳税人征收税款，并履行税收管理职能。征税权，也称课税权，意指基于宪法和法律所赋予、由专门机关所掌理的开征、停征税收及减税、免税、退税、补税和管理税收事务等权力之总称。国家课税意味着以国家为主体对社会剩余产品由私人部门向社会公共部门的无偿让渡，是对私人财产的一种无偿转移和剥夺。对于国家的这种权力，学界目前没有统一

---

① 在法定情形下，纳税是社会成员合法取得财产所有权的条件。对于必须缴纳税款后才能取得所有权的财产，逃避纳税义务取得的财产是非法财产。

② 章剑生：《行政收费的理由、依据和监督》，载《行政法学研究》2014年第2期。

③ 王世涛：《税收原则的宪法学解读》，载《当代法学》2008年第1期。

的确定的定义，但对国家课税权这个名词的内涵基本达成了一致认识。① 基于税收法定原理，唯有法定的税收征收主体才有权依法负责税收的开征、停征以及减税、免税、退税、补税。除此之外，任何机关、单位和个人都不得无权作出税收开征、停征以及减税、免税、退税、补税和其他同税收法律、行政法规相抵触的决定。② 根据法律之规定，我国现有的税收征收主体主要包括：（1）国家税务总局，即国务院税务主管部门，它主管全国税收征收管理工作。在国家税务局的系统内部实行垂直领导体制，地方各级的国家税务局和中国海洋石油税务局受国家税务总局领导。（2）地方税务局，即负责地方性税款的税收征收机关。地方性税款一般包括地方企业所得税、个人所得税、车船使用税、房产税以及印花税的征收及管理等。③（3）海关，即专门负责进出口关税的征收与管理的机关。④

其二，税收征收之程序。一般而言，税收征收有相对人自行缴纳税款和行政机关强制征收两种形式。基于其不同形式，税收征收之程序也有所不同。具体而言有以下两类：（1）自觉履行。相对人自行缴纳税款即纳税人、扣缴义务人依照法律或行政法规之规定，在法定期限内，自行向税务征收机关缴纳税款，从而实现税收征收的方式。相对人依法主动履行全部缴纳义务之后，税收征收程序即告完成。（2）强制征收。当相对人不能自行履行或者没有按照法律法规的规定缴纳或者解缴税款时，为了保证税收征管工作的进行，行政机关可以强制征收。但是由于强制征收会对相对人的权益造成影响，因此税收征收

---

① 丛中笑：《国家课税权的法律解析》，载《当代法学》2005年第3期。

② 根据《税收征收管理法》第29条的规定，除税务机关、税务人员以及经税务机关依照法律、行政法规委托的单位和人员外，任何单位不得进行税款征收活动。

③ 根据《税收征收管理法》第5条的规定，国家税务主管部门主管全国税收征收管理工作。各地国家税务局和地方税务局应当按照国务院规定的税收征收管理范围分别进行征收管理。

④ 根据《海关法》第2条的规定，中华人民共和国海关是国家的进出关境监督管理机关。海关依照本法和其他有关法律、行政法规，监管进出境的运输工具、货物、行李物品、邮递物品和其他物品，征收关税和其他税、费，查缉走私，并编制海关统计和办理其他海关业务。

主体必须按照法律规定的条件和程序进行。具体而言，根据《税收征收管理法》，行政主体可以采取以下强制执行方法：一是责令限期缴纳，即当纳税人没有按照规定的期限缴纳税款，扣缴义务人没有按照规定期限解缴税款，税务机关可以责令纳税人或者扣缴义务人缴纳或者解缴税款。二是加征滞纳金，即纳税人如果没有按照规定期限缴纳税款，扣缴义务人也没有按照规定期限解缴税款，税务机关除责令限期缴纳外，还可以从滞纳税款之日起，按日加收滞纳税款万分之五的滞纳金。三是强制执行，即从事生产、经营的纳税人、扣缴义务人仍然没有按照规定的期限缴纳或者解缴税款，纳税担保人也没有按照规定的期限缴纳所担保的税款，由税务机关责令限期缴纳，逾期仍未缴纳的，经县以上税务局（分局）局长批准，税务机关可以采取下列强制执行措施：一是书面通知其开户银行或者其他金融机构从其存款中扣缴税款；二是扣押、查封、依法拍卖或者变卖其价值相当于应纳税款的商品、货物或者其他财产，以拍卖或者变卖所得抵缴税款。税务机关采取强制执行措施时，对纳税人、扣缴义务人、纳税担保人没有缴纳的滞纳金同时强制执行。但是，个人及其所扶养家属维持生活必需的住房和用品，不在强制执行措施的范围之内。

（三）行政收费之程序

作为一种侵益性行政方式，行政收费意指行政主体基于公共利益之需要，以国家名义强制性地向特定的公民、法人或者其他组织索取一定额度费用的活动及其过程。行政收费的本质是对相对人合法财产所有权的剥夺，具有国家强制性、单向性和临时性之特征。

其一，行政收费之主体。受征收法定原则之拘束，行政收费须于法有据，并依法征收。在我国，享有行政收费权的主体主要是行政机关，而具有公共管理职能的组织只有在法律有特别规定的情形下才可行使行政收费权。

其二，行政收费之程序。在实践中，行政收费名目繁多，大致可以划分为如下几类：（1）行政主体以筹措建设资金为目的收取的各类建设费、附加费和基金等，例如公路养路费、车辆购置附加费、公路建设资金、城镇建设费、农业发展基金、水利基金、科技发展基金等；（2）以保护自然资源为目的的收费，包括有渔业资源增殖保护费、林业保护管理费、陆生野生动物资源保护管理费等；（3）以保护环境为目的的收费，包括环境保护费、超标排污费、污水排污费、海洋废弃物倾倒费、污染源治理专项基金等；（4）以发展教育为目的收取的各类附加费、基金，包括教育附加费、高等教育附加费、农村教育事业附加费、地方教育附加费以及地方教育基金等；（5）以价格干预为目的的附加在价格上的各类收费，如电话初装费、碘盐基金、原油价格调节基金、副食品价格调节基金、粮食风险基金等；（6）以发展社会保障事业为目的的各种收费，属于这一类的有待业保障金、养老保险基金、医疗基金、残疾人福利基金、残疾人就业保障金等；（7）以弥补机关经费不足为目的而收取的各类管理费，这类包括乡镇企业管理费、福利企业管理费、个体工商户管理费、无线电管理费、证券市场监管费等。①

（四）财物征收之程序

作为一种侵益性行政方式，财物征收意指行政机关基于公共利益之需要，以国家名义强制地剥夺相对人财物所有权，以达成特定行政目标之活动及其过程。财物征收是一种超越市场自愿交易范畴的活动，其实质是剥夺了财产所有人退出交易的权利，所以在许多国家财物征收也被称为"强制性购买"。② 财物征收应严格遵循法律规定的相关程序。在我国，基于征收对象之不同，法律法规设定的征收程序亦有差异。以集体土地征收程序和国有土地上房屋征收程序为例，二者的征收程序分述如下。

其一，集体土地征收程序。根据我国现行的《土地管理法》《土地管理法实施条例》等相关法律规定，我国农村土地征收程序主要包括征地审批，征地公告，征地补偿登记，征地补偿、安置方案制定、公告，争议协调与裁决等具体步骤。③

---

① 江利红：《论行政收费范围的界定》，载《法学》2012 年第 7 期。

② 秋风：《从"拆迁"到"征收"》，载《中国海关》2010 年第 3 期。

③ 章剑生：《行政征收程序论——以集体土地征收为例》，载《东方法学》2009 年第 3 期。

（1）征地审批。农村土地征收包括"两审批"，即"农用地转用审批"和"征收审批"，前者意指"农业用地"转为"建设用地"的审批程序，其结果是改变土地性质或用途，后者则意指土地从"集体所有"转为"国家所有"的审批程序，其结果是改变土地所有权关系。

（2）征地公告。此处的"公告"意指县级以上政府向集体土地所有权人告知其所有的土地，经有权机关批准已被国家征收。从这个程序阶段开始，征收程序呈开放性，准许被征收土地的所有权人、使用权人介入征收程序。《土地管理法》第41条第1款规定："国家征收土地的，依照法定程序批准后，由县级以上地方人民政府予以公告并组织实施。"《土地管理法实施条例》第25条规定："征用土地方案经依法批准后，由被征用土地所在地的市、县人民政府组织实施，并将批准征地机关、批准文号、征用土地的用途、范围、面积以及征地补偿标准、农业人员安置办法和办理征地补偿的期限等，在被征用土地所在地的乡（镇）、村予以公告。"

（3）征地补偿登记。此处的"登记"意指被征收土地的所有权人、使用权人到法定机关就补偿事项进行申报登录。《土地管理法》第47条第4款规定："拟征收土地的所有权人、使用权人应当在公告规定期限内，持不动产权属证明材料办理补偿登记。"《土地管理法实施条例》第25条第2款将《土地管理法》中"到当地人民政府土地行政主管部门办理征地补偿登记"改为"到公告指定的人民政府土地行政主管部门办理征地补偿登记"。

（4）征地补偿、安置方案制定、公告。① 补偿安置方案的制定是土地征收补偿实施的前提和基础。制定补偿方案应首先进行实地调查，调查结束后，征地方依据法律的规定，在调查的基础上制定补偿方案，补偿方案应包括补偿机构、补偿对象、补偿范围、补偿标准、补偿时间和期限等内容。② 此处的"公

---

① 根据《征用土地公告办法》第7条的规定，有关市、县人民政府土地行政主管部门会同有关部门根据批准的征用土地方案，在征用土地公告之日起45日内以被征用土地所有权人为单位拟定征地补偿、安置方案并予以公告。

② 李集合、彭立峰：《土地征收：正当程序的缺失和构建》，载《理论导刊》2008年第8期。

告"意指"征地补偿、安置方案"之公布与告示。由于此程序已涉及征收补偿的实质性问题，所以被征收土地的所有权人、使用权人如何有效参与相当重要。现行《土地管理法》第47条第2款规定："县级以上地方人民政府拟申请征收土地的，应当开展拟征收土地现状调查和社会稳定风险评估，并将征收范围、土地现状、征收目的、补偿标准、安置方式和社会保障等在拟征收土地所在的乡（镇）和村、村民小组范围内公告至少30日，听取被征地的农村集体经济组织及其成员、村民委员会和其他利害关系人的意见。"① 这是关于"征地补偿安置方案"程序的原则性规定。

（5）争议协调与裁决。此处的"裁决"意指批准征用土地的人民政府对被征收土地的所有权人、使用权人提起的补偿标准争议所作出的决定。如果被征收土地的所有权人、使用权人对"补偿标准"有争议的，即进入争议协调、裁决程序。需要指出的是，除了"补偿标准"外，被征收土地的所有权人、使用权人不得对"征地补偿安置方案"的其他内容提出异议。但是，即使被征收土地的所有权人、使用权人提出了征地补偿、安置争议，也不影响征用土地方案的实施，如同行政复议、行政诉讼不停止执行所争议的具体行政行为一样，不同的是，此处没有可以停止执行的"例外情形"。

其二，国有土地上房屋征收程序。《国有土地上房屋征收与补偿条例》（以下简称《房屋征收与补偿条例》）对国有土地上房屋征收与补偿的相关问题进行了规定。根据该条例的相关规定，国有土地上房屋征收应遵循以下程序：（1）作出征收决定，房屋征收决定的作出应是为公共利益的需要，且符合相关规划。②

---

① 根据《征用土地公告办法》第10条的规定，有关市、县人民政府土地行政主管部门应当研究被征地农村集体经济组织、农村村民或者其他权利人对征地补偿、安置方案的不同意见。当事人要求听证的，应当举行听证会。确需修改征地补偿、安置方案的，应当依照有关法律、法规和批准的征用土地方案进行修改。
② 根据《房屋征收与补偿条例》第8条和第9条的规定，为了保障国家安全、促进国民经济和社会发展等公共利益的需要，并有法定情形，确需征收房屋的，由市、县级人民政府作出房屋征收决定；此外，确需征收房屋的各项建设活动，应符合国民经济和社会发展规划、土地利用总体规划、城乡规划和专项规划。

（2）征收补偿方案的拟定和风险评估。① （3）公告征收决定。② （4）征收补偿，根据《房屋征收与补偿条例》第 17 条、第 22 条和第 23 条的规定，征收补偿的范围包括被征收房屋价值的补偿、因征收房屋造成的搬迁、临时安置的补偿及因征收房屋造成的停产停业损失的补偿。③ 根据《房屋征收与补偿条例》第 18 条至第 21 条的规定，被征收人可以选择货币补偿也可以选择产权调换。④

---

① 根据《房屋征收与补偿条例》第 10 条至第 12 条的规定，房屋征收部门拟定补偿方案，报市、县级人民政府。市、县级人民政府应组织有关部门对征收补偿方案进行论证并予以公布，征求公众意见。征求意见期限不得少于 30 日。市、县级人民政府应将征求意见情况和根据公众意见修改情况及时公布。因旧城区改建需要征收房屋，多数被征收人认为征收补偿方案不符合条例规定的，市、县级人民政府应组织由被征收人和公众代表参加的听证会，并根据听证会情况修改方案。市、县级人民政府作出房屋征收决定前，应按照有关规定进行社会稳定风险评估；房屋征收决定涉及被征收人数量较多的，应经政府常务会议讨论决定。作出房屋征收决定前，征收补偿费用应足额到位、专户存储、专款专用。

② 根据《房屋征收与补偿条例》第 13 条至第 15 条的规定，市、县级人民政府作出房屋征收决定后应及时公告。公告应载明征收补偿方案和行政复议、行政诉讼权利等事项。房屋征收部门应对房屋征收范围内房屋的权属、区位、用途、建筑面积等情况组织调查登记。调查结果应在房屋征收范围内向被征收人公布。

③ 根据《房屋征收与补偿条例》第 22 条的规定，因征收房屋造成搬迁的，房屋征收部门应当向被征收人支付搬迁费；选择房屋产权调换的，产权调换房屋交付前，房屋征收部门应当向被征收人支付临时安置费或提供周转用房。根据《房屋征收与补偿条例》第 23 条的规定，对因征收房屋造成停产停业损失的补偿，根据房屋被征收前的效益、停产停业期限等因素确定。具体办法由省、自治区、直辖市制定。

④ 根据《房屋征收与补偿条例》第 18 条的规定，征收个人住宅，被征收人符合住房保障条件的，作出房屋征收决定的市、县级人民政府应当优先给予住房保障。根据《房屋征收与补偿条例》第 19 条的规定，对被征收房屋价值的补偿，不得低于房屋征收决定公告之日被征收房屋类似房地产的市场价格。被征收房屋的价值由具有相应资质的房地产价格评估机构按照房屋征收评估办法评估确定。根据《房屋征收与补偿条例》第 25 条和第 26 条的规定，房屋征收部门与被征收人依照条例规定，就补偿方式、补偿金额和支付期限、用于产权调换房屋的地点和面积、搬迁费、临时安置费或者周转用房、停产停业损失、搬迁期限、过渡方式和过渡期限等事项，订立补偿协议。房屋征收部门与被征收人在征收补偿方案确定的签约期限内达不成补偿协议或被征收房屋所有权人不明确的，由房屋征收部门报请作出征收决定的市、县级人民政府依照条例规定，按照征收补偿方案作出补偿决定并在征收范围内予以公告。

（5）房屋征收决定的执行。①

四、行政征用程序

（一）行政征用之意涵

行政征用是一个与行政征收相近的概念。关于征收与征用之间的关系，众学者观点亦莫衷一是，有观点认为两者是并列的——征收为所有权的转移，征用为使用权的转移；也有观点认为征收是征用的上位概念，征用是征收的一种。然而，过分专注于区分征收与征用，区分财产所有权与财产使用权没有实际意义。将财产权先进行分割再进行保护，一味强调差异，不注重共性，这种对财产权的肢解必然导致对行政权的控制薄弱。②

其一，行政征用之秉性。在其一般意义上，行政征用之秉性大致可作如下描述：（1）对象多元性，即行政征用的对象除了集体土地使用权外，还包括其他不动产、动产以及劳务、知识产权等。③ 如根据《物权法》第44条之规定，因抢险、救灾等紧急需要，依照法律规定的权限和程序可以征用单位、个人的不动产或者动产。被征用的不动产或者动产使用后，应当返还被征用人；单位、个人的不动产或者动产被征用或者征用后毁损、灭失的，应当给予补偿。（2）目的之公益性，即行政征用必须是为了公共利益，符合公共目的。宪法和法律限定了行政征用的适用范围必须是为了公共利益的需要，公共利益

---

① 根据《房屋征收与补偿条例》第27条和第28条的规定，实施房屋征收应先补偿、后搬迁。作出房屋征收决定的市、县级人民政府对被征收人给予补偿后，被征收人应在补偿协议约定或补偿决定确定的搬迁期限内完成搬迁。任何单位和个人不得采取暴力、威胁或者违反规定中断供水、供热、供气、供电和道路通行等非法方式迫使被征收人搬迁。禁止建设单位参与搬迁活动。被征收人在法定期限内既不申请行政复议或者不提起行政诉讼，在补偿决定规定的期限内又不搬迁的，由作出房屋征收决定的市、县级人民政府依法申请人民法院强制执行。

② 杨解君、顾治青：《公益收用之界定与行政补偿之完善》，载《湖南社会科学》2005年第1期。

③ 孙树志：《行政征用的理论完善》，载《兰州大学学报（社会科学版）》2012年第3期。

是行政征用合法性的基础，也是划分行政征用权与公民财产权的界限。① （3）效果之强制性，即行政征用的法律效果是强制转移财产的使用权。行政征用是对被征用财物使用权的占有转移，这是其区别于以所有权转移为目的之行政征收的核心因素。（4）补偿性，即行政征用必须支付相应的补偿，这是其区别于行政收费、行政税收等无偿征收的核心因素。

其二，行政征用之类型。基于不同的标准，行政征用被划分为不同类型：（1）基于征用对象之不同，行政征用被划分为劳务征用和财务征用两类。其中，劳务征用涉及人身自由权这一比财产权更为紧要的基本人权，所以要受到更为严格的限制；只有在极其特殊的情况下，比如战争或重大灾难时才会发生，世界上许多国家都有类似的紧急状态下征用劳务的规定。对财务的征用相对较为常见，包括各种具有使用价值的动产和不动产，其中以对集体所有的土地进行征用最为普遍。（2）基于征用情景之不同，行政征用被划分为平时征用、战时征用和灾时征用三类。其中，平时征用，意指在和平时期为了发展经济，满足人民日益增长的物质文化需求而进行的一系列的建设而实施的征用；② 战时征用与灾时征用，意指紧急或特殊的场合，鉴于政府的力量不足以保护公共利益的安全和社会秩序的完全稳定，而对相对人劳务或财产实施的征用。

其三，行政征用之原则。基于法治行政之原理，行政征收须遵循如下基本原则：（1）行政征用法定原则。具体有三：一则，行政征用权的主体只能是行政主体；二则，行政征用属于法律保留之范围——由于征用会影响到法律保护的相对人的财产权益，所以只有法律赋权的行政机关才能对相对人的财产使用权进行征用，其他任何机关、团体、组织和个人都不享有行政征用权；三则，行政征用的依据和程序法定——行政征用主体必须依据有关法律的规定，通过一定的法律程序来实施行政征用，无法无据和违反程序的征用是非法的行

---

① 王成栋、江利红：《行政征用权与公民财产权的界限——公共利益》，载《政法论坛》2003 年第 3 期。

② 金伟峰、江欲富著：《行政征收征用补偿制度研究》，浙江大学出版社 2007 年版，第 10 页。

政征用行为，相对人可以进行相应的权利救济。（2）公平、公开征用原则。行政征用必须贯彻公平征用的原则，务求对相对人最小地侵益，这是行政均衡原则的具体运用。有关主体必须公开行政征用的依据、过程、结果，以便接受权力机关和人民群众的监督。（3）征用补偿原则。行政征用会对相对人的财产权造成消极负担，根据公平负担原则，国家理应对相对人的特定损失给予补偿。

（二）行政征用之程序

作为一种侵益性行政方式，行政征用意指行政主体基于公共利益的需要，依法以强制性手段有偿取得行政相对人财产使用权的行政活动及其过程。据此，所谓行政征用法即是指有关规范或者规制行政征用权及其运行过程、监督审查等法律法规之总称。我国的行政征用相关法律法规主要包括《宪法》中的相关条款以及《物权法》《防洪法》等法律法规的相关条款。

确定正当法律程序的要求一般考虑三个不同的因素：（1）受行政行为影响的私人利益。（2）由于行政机关所使用的程序，这些利益可能被错误剥夺的危险，以及采取增加的或代替的程序保障可能得到任何效益。（3）包括相关的行政作用在内的政府利益，以及增加的或代替的程序要求可能带来的财政的和行政的负担。[1] 从这个意义上来看，行政征用须遵循如下正当程序：

其一，征用申请之提出或者通知。行政征用的启动程序分申请与通知两种情况，具体而言：（1）征用申请。一般由征用单位向被征用者的管理部门递交申请书。申请书中应列明征用原因、征用标的、征用的必要性、补偿计划等，譬如征用单位向知识产权部门就某个专利提出强制许可的申请等。[2]（2）征用通知。有的征用程序不存在申请问题，只需在作出征用决定前通知利害关系人即可，譬如灾时紧急征用。

---

① 刘华俊：《行政征用程序研究》，载《行政与法》2010 年第 10 期。

② 根据《专利法》第 49 条的规定，在国家出现紧急状态或者非常情况时，或者为了公共利益的目的，国务院专利行政部门可以给予实施发明专利或者实用新型专利的强制许可。

其二，公共利益和征用范围之确定。只有在为了公共利益的前提下，才能发生行政征用，所以行政征用负责部门须对征用目的进行严格认定，凡属借公益之名谋取私利的征用申请一律不得批准。在确定是为公共利益的目的后，还须根据具体的法律规定和行政均衡原则确定征用的范围，务必以对相对人损害最小的方法来实现公共利益，以免造成相对人不必要的负担。

其三，补偿金之确定和给付。通常先由征用单位拟定补偿方案，并通知所有利害关系人，然后双方可以进行协商，协商不成的由管理部门通过法定程序确定补偿方案。① 确定补偿额以后，征用单位就须向相对人足额、及时给付补偿金。事实上，各国法律均规定清偿结束后征用单位才能取得被征用财产的使用权。②

其四，行政征用之实施。在行政征用的申请获批、公益目的和征用范围都确定后，行政主体就可以开始进行具体的征用。在实践中，各种征用的具体方案千差万别，但是实施过程都必须严格符合申请书中批准的各项内容，严格按管理部门确定的征用范围和有关法律规定行使征用权。

第二节　惠益性行政程序

相对于侵权性行政方式而言，惠益性行政意指行政主体基于特定的行政目的，依职权所作出的能够对行政相对人权益产生增量效果的行政活动，其中的权益增量效果包括新权益之获得和某些义务之免除。就其性质而言，惠益性行政是一种被动的行政方式，一般需要依行政相对人申请方可作出，属于传统意义上的依申请之行政行为。在其典型意义上，惠益性行政主要包括行政许可、行政给付、行政奖励以及行政确认等。由于惠益性行政往往直接关涉公民日常生活，故其法律规制之重心在于敦促行政主体积极有效作为，以防其不作为或

---

① 沈开举著：《征收、征用与补偿》，法律出版社 2006 年版，第 152 页。
② 沈开举著：《征收、征用与补偿》，法律出版社 2006 年版，第 152 页。

懈怠履行职权。

一、行政许可程序

作为一种惠益性行政方式，行政许可意指行政主体基于职权，依照法定程序，授予行政相对人从事特定活动之资质，以达成特定行政目的之活动。在其传统意义上，行政许可属于传统的依申请的要式行政行为，具有被动性、惠益性、可诉性等基本秉性。依据不同标准，可划分为普通许可与特别许可等基本类型。行政主体在实施行政许可时所必须遵循的方式、方法、步骤等，是为行政许可之程序。在我国，根据《行政许可法》之规定，行政许可程序包括申请与受理、审查与决定、变更与延续以及听证等。

（一）行政许可的申请与受理

根据《行政许可法》第29条之规定，公民、法人或者其他组织从事特定活动，依法需要取得行政许可的，应当向行政机关提出申请。行政机关受理行政申请后，应当根据不同的情况分别作出处理。

其一，申请。行政许可之申请是指需要取得行政许可的相对人依法向行政机关提出请求，其所应遵循的程序如下：（1）申请一般通过书面方式提出，也可以通过信函、电报、电传、传真、电子数据交换和电子邮件等方式提出。如果申请书需要采用格式文本的，行政机关应当向申请人提供行政许可申请书格式文本，但是申请书格式文本中不得包含与申请行政许可事项没有直接关系的内容。（2）行政机关应当将法律、法规、规章规定的有关行政许可的事项、依据、条件、数量、程序、期限以及需要提交的全部材料的目录和申请书示范文本等在办公场所公示。（3）申请人要求行政机关对公示内容予以说明、解释的，行政机关应当说明、解释，提供准确、可靠的信息。（4）除了依法应当由申请人到行政机关办公场所提出行政许可申请外，申请人也可以委托代理人提出行政许可申请。（5）申请人申请行政许可，应当如实向行政机关提交有关材料和反映真实情况，并对其申请材料实质内容的真实性负责。（6）行政机关不得要求申请人提交与其申请的行政许可事项无关的技术资料和其他材料。

其二，受理。行政许可的受理是指行政机关对于申请人提出的行政许可申请，根据不同的情况分别作出处理，其所应遵循的程序如下：（1）申请事项依法不需要取得行政许可的，应当即时告知申请人不受理。（2）申请事项依法不属于本行政机关职权范围的，应当即时作出不予受理的决定，并告知申请人向有关行政机关申请。（3）申请材料存在可以当场更正的错误的，应当允许申请人当场更正。（4）申请材料不齐全或者不符合法定形式的，应当当场或者在5日内一次告知申请人需要补正的全部内容，逾期不告知的，自收到申请材料之日起即为受理。（5）申请事项属于本行政机关职权范围，申请材料齐全、符合法定形式，或者申请人按照本行政机关的要求提交全部补正申请材料的，应当受理行政许可申请。（6）行政机关受理或者不予受理行政许可申请，都应当出具加盖本行政机关专用印章和注明日期的书面凭证。（7）行政机关应当建立和完善有关制度，推行电子政务，在行政机关的网站上公布行政许可事项，方便申请人采取数据电文等方式提出行政许可申请。行政机关之间还应当共享有关行政许可信息，提高办事效率。

（二）行政许可的审查与决定

行政机关在受理申请后应当对当事人提交的申请材料进行审查，以确定是否颁发相应的行政许可。如果申请人的申请符合法定条件，行政机关应当依法作出准予行政许可的书面决定。作出行政许可决定应遵循法律所规定的时限要求。

其一，审查。行政许可之审查包括形式审查和实质审查，其所应遵循的程序如下：（1）申请人提交的申请材料齐全、符合法定形式，行政机关能够当场作出决定的，应当当场作出书面的行政许可决定。但是根据法定条件和程序，需要对申请材料的实质内容进行核实的，行政机关应当指派两名以上工作人员进行核查。（2）依法应当先经下级行政机关审查后报上级行政机关决定的行政许可，下级行政机关应当在法定期限内将初步审查意见和全部申请材料直接报送上级行政机关。（3）上级行政机关不得要求申请人重复提供申请材料。（4）行政机关对行政许可申请进行审查时，发现行政许可事项直接关系他人重大利益的，应当告知该利害关系人。（5）申请人、利害关系人有权进行陈述和申辩。行政机关应当听取申请人、利害关系人的意见。（6）行政机关对行政许可申请进行审查后，除当场作出行政许可决定的外，应当在法定期限内按照规定程序作出行政许可决定。

其二，决定。行政许可之决定包括准予许可之决定和不予许可之决定。如果申请人的申请符合法定条件、标准的，行政机关应当依法作出准予行政许可的书面决定。如果行政机关依法作出不予行政许可的书面决定的，应当说明理由，并告知申请人享有依法申请行政复议或者提起行政诉讼的权利。对于行政机关作出准予行政许可的决定，需要颁发行政许可证件的，应当向申请人颁发加盖本行政机关印章的下列行政许可证件：（1）许可证、执照或者其他许可证书；（2）资格证、资质证或者其他合格证书；（3）行政机关的批准文件或者证明文件；（4）法律、法规规定的其他行政许可证件。行政机关实施检验、检测、检疫的，可以在检验、检测、检疫合格的设备、设施、产品、物品上加贴标签或者加盖检验、检测、检疫印章。行政机关作出的准予行政许可决定，应当予以公开，公众有权查阅。一般而言，法律、行政法规设定的行政许可，其适用范围没有地域限制的，申请人取得的行政许可在全国范围内有效。根据《行政许可法》第78条的规定，行政许可申请人隐瞒有关情况或者提供虚假材料申请行政许可的，行政机关不予受理或者不予行政许可，并给予警告。行政许可申请属于直接关系公共安全、人身健康、生命财产安全事项的，申请人在一年内不得再次申请该行政许可。

其三，时限。根据《行政许可法》第42~45条的规定，行政许可时限涉及如下内容：（1）一般而言，除了可以当场作出行政许可决定的外，行政机关应当自受理行政许可申请之日起20日内作出行政许可决定；20日内不能作出决定的，经本行政机关负责人批准，可以延长10日，并应当将延长期限的理由告知申请人；但法律、法规另有规定的，依照其规定。（2）如果依照法律规定，行政许可采取统一办理或者联合办理、集中办理的，办理的时间也不得超过45日；45日内不能办结的，经本级人民政府负责人批准，可以延长15

日，行政机关应当将延长期限的理由告知申请人。（3）依法应当先经下级行政机关审查后报上级行政机关决定的行政许可，下级行政机关应当自其受理行政许可申请之日起 20 日内审查完毕；但法律、法规另有规定的，依照其规定。（4）行政机关作出准予行政许可的决定，应当自作出决定之日起 10 日内向申请人颁发、送达行政许可证件，或者加贴标签，加盖检验、检测、检疫印章。（5）行政机关作出行政许可决定，依法需要听证、招标、拍卖、检验、检测、检疫、鉴定和专家评审的，所需时间不计算在上述规定的期限内；行政机关应当将所需时间书面告知申请人。

（三）行政许可的听证程序

根据《行政许可法》第 46 条的规定，对于法律、法规、规章规定实施行政许可应当听证的事项，或者行政机关认为需要听证的其他涉及公共利益的重大行政许可事项，行政机关应当向社会公告，并举行听证。行政许可直接涉及申请人与他人之间重大利益关系的，行政机关在作出行政许可决定前，应当告知申请人、利害关系人享有要求听证的权利。申请人、利害关系人在被告知道听证权利之日起 5 日内提出听证申请的，行政机关应当在 20 日内组织听证；申请人、利害关系人不承担行政机关组织听证的费用。

行政许可听证按照下列程序进行：（1）行政机关应当于举行听证的 7 日前将举行听证的时间、地点通知申请人、利害关系人，必要时予以公告；（2）听证应当公开举行；（3）行政机关应当指定审查该行政许可申请的工作人员以外的人员为听证主持人，申请人、利害关系人认为主持人与该行政许可事项有直接利害关系的，有权申请回避；（4）举行听证时，审查该行政许可申请的工作人员应当提供审查意见的证据、理由，申请人、利害关系人可以提出证据，并进行申辩和质证；（5）听证应当制作笔录，听证笔录应当交听证参加人确认无误后签字或者盖章；行政机关应当根据听证笔录，作出行政许可决定。

（四）行政许可的变更与延续

行政许可作出后，可以依照一定的条件和程序进行变更或延续。具体而言，行政许可的变更与延续应遵循如下程序：（1）行政许可在作出后，被许可人要求变更的，应当向作出行政许可决定的行政机关提出申请；符合法定条件、标准的，行政机关应当依法办理变更手续；（2）行政许可到期后，行政相对人也可以依法申请延续；（3）被许可人需要延续依法取得的行政许可的有效期的，应当在该行政许可有效期届满30日前向作出行政许可决定的行政机关提出申请，但法律、法规、规章另有规定的，依照其规定；（4）行政机关应当根据被许可人的申请，在该行政许可有效期届满前作出是否准予延续的决定；逾期没有作决定的，视为准予延续。

（五）行政许可的特别程序

《行政许可法》除了规定上述行政许可之一般程序外，对于一些特殊的行政许可事项，还规定了特别程序，包括招标、拍卖程序和认可程序等。

其一，招标、拍卖程序。根据法律规定，对于有限自然资源开发利用、公共资源配置以及直接关系公共利益的特定行业的市场准入等需要赋予特定权利的事项，行政机关应当通过招标、拍卖等公平竞争的方式作出决定，但法律、行政法规另有规定的，依照其规定。所谓招标，是指行政主体基于职权，依法发出招标通知，说明招标的特定事项的名称及条件等，邀请公民、法人或者其他组织在规定的时间、地点按照一定的程序进行投标，以达成特定行政目的之活动及其过程。所谓拍卖，是指行政主体基于职权，依法以公开竞价的方式，将特定的物品或财产权利转让给最高应价者，并颁发许可证，以达成特定行政目的之活动及其过程。招标、拍卖程序之要义有三：（1）行政机关通过招标、拍卖等方式作出行政许可决定的具体程序，依照有关法律、行政法规的规定。（2）行政机关按照招标、拍卖程序确定中标人、买受人后，应当作出准予行政许可的决定，并依法向中标人、买受人颁发行政许可证件。（3）行政机关违反规定，对特定事项不采用招标、拍卖方式，或者违反招标、拍卖程序，损害申请人合法权益的，申请人可以依法申请行政复议或者提起行政诉讼。

其二，认可程序。根据《行政许可法》的规定，对于一些提供公众服务并且直接关系公共利益的职业、行业，需要确定具备特殊信誉、特殊条件或者特殊技能等资格、资质，赋予公民特定资格的事项，依法应当举行国家考试，由行政机关根据考试成绩和其他法定条件作出行政许可决定。赋予法人或者其他组织特定的资格、资质的事项，行政机关根据申请人的专业人员构成、技术条件、经营业绩和管理水平等的考核结果作出行政许可决定。

同时，《行政许可法》还规定，对于直接关系公共安全、人身健康、生命财产安全的重要设备、设施、产品、物品，需要按照技术标准、技术规范，通过检验、检测、检疫等方式进行审定的事项，应当按照技术标准、技术规范依法进行检验、检测、检疫，行政机关根据检验、检测、检疫的结果作出行政许可决定。不需要对检验、检测、检疫结果作进一步技术分析即可认定设备、设施、产品、物品是否符合技术标准、技术规范的，行政机关应当当场作出行政许可决定。行政机关根据检验、检测、检疫结果，作出不予行政许可决定的，应当书面说明不予行政许可所依据的技术标准、技术规范。

其三，其他特别程序。《行政许可法》还规定了以下两种特别程序：（1）对于企业或者其他组织的设立等，需要确定主体资格的事项，申请人提交的申请材料齐全、符合法定形式的，行政机关应当当场予以登记。（2）针对一些有数量限制的行政许可，如果两个或者两个以上申请人的申请均符合法定条件、标准的，行政机关应当根据受理行政许可申请的先后顺序作出准予行政许可的决定。

二、行政给付程序

作为一种惠益性行政方式，行政给付是指在特定情况下，行政主体基于职权依法向符合条件的申请人提供物质利益或赋予其与物质利益有关的权益，以达至特定行政目的之活动，也被称为行政救助或者行政物质帮助。我国目前尚未制定统一的行政给付法，有关行政给付程序的规定散见于不同的法律、法规、规章以及政策性规定之中。一般而言，行政给付需要经过相对人的申请、行政主体的审查、行政主体的批准以及实施行政给付等步骤。另外，有的法律、法规、规章等还规定了一定的财物、物品等登记和交接程序。①

（一）定期性发放的行政给付程序

定期性发放的行政给付是一种基本的行政给付方式，比如伤残抚恤金、最低生活保障金等。这类行政给付应当遵循如下程序：（1）给付对象或者所在组织、单位提出申请；（2）主管行政机关依法对其进行审查、评定等级，在某些情况下，还需要通过技术专家或者专门部门的鉴定，以确定标准；（3）行政给付的实施机关或者上级机关批准是否给予行政给付；（4）行政主体向被给付人定期交付行政给付。

（二）一次性发放的行政给付程序

一次性发放的行政给付就是在通过申请、审查、批准程序后，由行政给付的实施机关一次性地向被给付人发放全部的行政给付。通常，因公牺牲丧葬费、退伍军人安置费、烈士军属抚恤金等的发放都是一次性发放的行政给付。这类行政给付通常须遵循如下程序：（1）被给付人向行政主管机关申请；（2）主管机关审查核实被给付人的情况和条件；（3）主管机关按照法律、法规规定的标准将行政给付一次性交付给申请人。

（三）临时性发放的行政给付程序

临时性的行政给付主要出现在自然灾害、公民突发性困难的紧急救济等情况下。对于这类行政给付分三种情况：（1）由被给付人提出申请；（2）由基层组织直接确定被给付对象；（3）由基层组织直接发给需要行政给付的对象。

---

① 参见杨东升：《行政给付程序论》，载《政法论丛》2014 年第 1 期。

三、行政奖励程序

作为一种惠益性行政方式，行政奖励是指行政主体依照法定条件和程序，对为国家和社会作出重大贡献的单位和个人，给予物质或精神鼓励，以达至表彰先进、激励后进等行政目的之活动。① 目前，我国尚未出台统一的行政奖励法，有关行政奖励的程序的规定分散于不同的法律法规之中，如《环境保护法》《发明奖励条例》《优质产品奖励条例》《企业职工奖励条例》《科学技术进步奖励条例》等。

（一）行政奖励程序的立法现状

在我国，相关法律法规对行政奖励的程序规定主要分为以下三种情况：（1）法律法规对特定领域中的行政奖励程序作出了较为具体的规定，例如《自然科学奖励条例》中对自然科学领域的行政奖励进行了具体规定。（2）法律法规将实施行政奖励的程序授权给实施行政奖励的行政机关自行拟定，例如《消防法》中对实施消防方面的奖励就授权给消防机关自行拟定。（3）法律法规只是规定了奖励的条件和程序，没有对行政奖励的程序作出规定，例如《文物保护法》就没有对行政奖励的程序作出具体规定。

（二）行政奖励的一般程序

根据行政奖励的实践，行政奖励的实施一般须遵循如下程序：（1）启动。对于行政奖励的启动程序，主要有四条途径：一是由相关的相对人自行申请或者自行申报；二是通过群众的评选；三是通过有关单位或者个人的推荐；四是通过行政奖励实施机关主动提名获奖励人。（2）审批程序。行政奖励程序启动后，就进入审批阶段。在审批程序中，有时是通过实施机关组成专家评审委员会，对进入评审的行政相对人进行审查评比，并将评比结果报送实施机关审

---

① 杨阳：《论公民行政法上的协助义务》，载《广西政法管理干部学院学报》2011年第3期。

批；有时审批也由实施机关自行研究决定。审批程序是行政奖励的实质性阶段。（3）公布。行政审批合格后，就由行政奖励的实施机关通过一定的形式公布行政奖励的内容。有的行政奖励会在最终确立之前规定一定的异议期，待异议期满后或者异议不成立的，就最终确定行政奖励，并作为正式的奖励公布。有的奖励没有设定异议期，一经公布，即确定最终的结果。公布程序是行政奖励生效的实质性程序。（4）授奖。行政奖励的实施机关在公布期满后，就需要采用一定的形式，将奖品、奖金和证明精神性奖励的证、章等发给受奖人。授奖活动应当在公开场合进行而且可以举行一定的仪式。（5）存档。一般而言，对于个人的奖励，应书面存入个人档案。对单位的奖励，在受奖励单位保存奖励的同时，也应当将奖励情况存入实施奖励机关的档案。①

四、行政确认程序

作为一种惠益性行政方式，行政确认意指行政主体通过对特定的存疑的法律关系或者法律事实进行判断等方式行使职权、达成特定行政目标之活动，是行政主体履行职责、达成行政目标之基本手段之一。在当代，行政管理活动几乎离不开行政确认，它是行政主体明辨是非、分清责任的前提。在我国，行政确认几乎已经覆盖到所有的行政领域，成为我国行政主体不可或缺的行政方式之一。

目前，我国对行政确认具体程序的规范，大多通过规章予以规制。这些规章所确立的行政确认程序规范大致规定了相对人提出申请（或行政主体立案）、审核、确认（或驳回）等的程序，一般不直接规定评价、监督和救济程序。但是，基于现代行政的风险性，并非所有的行政确认都是客观公正的，所以对行政确认进行评价、监督和救济的程序应当纳入行政确认程序之中。具体而言，行政确认程序应涵括以下四个阶段：

---

① 参见郭郑萍：《地方政府行政奖励合法性合理性研究——以浙江省级政府为例》，浙江大学 2015 年硕士学位论文。

（一）行政确认之启动程序

启动程序是行政确认得以进行的前提，但在不同类型的行政确认中，行政确认的启动程序略有不同。依职权的行政确认以行政主体的立案为程序开始之标志，而依申请的行政确认则以当事人提出申请并被行政主体受理为启动之标志。在依申请的行政确认中，行政主体一般只从形式上审查相对人提供的手续是否完备、是否符合行政确认的受理范围来决定是否受理行政确认的申请。

（二）行政确认之审核程序

一旦行政主体立案或者受理行政确认之后，行政主体还需要进行一系列辅助行为来查明行政确认对象的应然法律状态。一方面，行政主体应审查相对人提供的材料的真实性、可靠性；另一方面，对于对专业技术性有特定要求的事项，还应予以检验，用科学的方法来加以确定。

（三）行政确认之决定程序

经审核程序之后，行政主体基本上明晰了行政确认对象的应然法律状态。对于符合客观条件的法律关系、法律事实，决定予以承认或者肯定。对于不符合条件的，则决定予以否认或者否定。并应当将该决定告知相对人，如果法律法规有书面形式要求的，应当书面告知。

（四）行政确认之衡量与修正

并非所有的行政确认都是合法有效的，当相对人认为行政确认违法时，可以在法定期间内依法提起行政复议或者行政诉讼。复议机关或者人民法院则根据客观情形依法予以维持、变更或者撤销。当然，"行政确认依法生效后，行政确认的撤销、变更和废止，应受信赖保护原则的限制而不能给予违法的理由就随意撤销、变更或废止"。①

---

① 杨解君著：《行政法与行政诉讼法》，清华大学出版社 2009 年版，第 238 页。

第三节　互益性行政程序

所谓互益性行政方式，是相对于单向命令式的行政方式而言的，意指行政主体通过行政契约、行政协商等合意互惠之方式，行使行政职权、达成行政目标之活动。互益性行政方式之特征有三：（1）合意性，即此类行政方式之前提在于行政主体与行政相对人"意思表示一致"，双方达成合意；（2）协作性，即此类行政方式之过程乃行政主体与行政相对人为共同之目标而通力协作之过程；（3）互惠性，又称互益性，即此类行政方式之后果旨在为行政主体与行政相对人双方实现利益增量之效果。相对于传统的命令式行政方式而言，互益性行政作为一种诱导性的柔性行政方式，为现代各国所重视。在某种意义上，以行政协商、行政契约以及行政指导为代表的惠益性行政方式的兴起，标志着现代行政方式的转变。

一、行政协商程序

作为一种互益性行政方式，行政协商意指行政主体以商谈、对话等方式行使职权、达成行政目标之活动。广义上的行政协商包括行政主体与相对人之间就行政事务所做的协商，也包括行政主体相互之间所做的协商。然而，尽管行政主体之间的协商也是行政主体行使职权的一种方式，但在传统上一般将其划入内部行政活动，不属于行政法学研究之范畴。所以，本部分仅取其狭义，将行政协商限定为行政主体与行政相对人就行政决策事项或行政决策相关事项进行商谈、对话之活动。

在现代行政活动中，程序正义是实体正义的必要保证，唯有通过合理的程序才能实现公民对行政活动的参与和监督。行政协商在很大程度上是公民参与行政活动的一种深化，故其必然要遵循一定的步骤才能有效地展开，进而才能实现公民权利和行政权力之间的互动和互惠。在其一般意义上，行政协商程序意指行政协商活动所必须遵循的方式、步骤和顺序，大致包括协商议题的确定、协商前的准备、展开协商、差异分析和宣布协商结果等内容。

（一）行政协商议题之确定

行政协商议题之确定，又称行政协商对象之确定，是指明确就什么议题进行行政协商。协商议题之明确乃行政协商的首要环节，具体而言，其要义有三：（1）就其内容而言，协商的议题可以是具体的规范性文件，抑或具体的行政行为，也可以是相关信息资料等。（2）协商议题的数量可以是一个，也可以是多个，但必须满足明确性的要求。（3）一般而言，行政主体既可依职权主动确定协商议题，亦可应公民申请而确定。倘若协商议题系由公民申请提出的，行政主体应当在法定期限内作出协商与否之决定。

（二）行政协商之准备程序

一般而言，在正式进入行政协商之前，行政主体应当对相关事项进行准备，主要包括以下几项程序：（1）决定行政协商的形式，除涉及国家秘密、商业秘密或者个人隐私外，都应当公开举行；（2）通知或公告参与行政协商的公民、法人或其他组织，并告知协商的议题，协商活动开展的时间、地点以及他们在协商过程中所拥有的权利等；（3）安排行政协商的主持人、其他工作人员，并分配相应的工作任务。

（三）行政协商之正式程序

正式协商程序包括三方面内容：（1）确定主持人。一般而言，行政协商活动应当由与案件或议题没有利害关系的行政机关工作人员，或者参与协商的公民、法人或其他组织举荐，并经行政机关认可的行政机关的工作人员主持。（2）行政协商主持人应当确保相对的中立性。只有中立的主持人才有可能导向中立的行政协商，并带来公正的协商结果。[①]（3）公民、法人或其他组织可

[①] 只有中立的程序才可能是现代意义上的法治程序，中立是"程序的基础"。参见季卫东著：《法治秩序的构建》，中国政法大学出版社 1999 年版，第 24 页。

以亲自参加协商，也可以委托代理人参加协商；但是与案件有关的行政机关工作人员不得通过代理人参加。（4）在主持人介绍相关的规则和注意事项后，双方当事人根据自身的意思和所掌握的资料、证据等就协商议题展开对话、交流、磋商。主持人对整个协商过程起推进和调节作用。

（四）各方意见之差异分析

行政协商中的各方意见之差异分析，是指主持人对参与协商的各方的意见分歧或者偏好差异进行现场分析，并引导各方就分歧或差异问题作进一步磋商，以促进偏好的转变。差异分析的过程应当注意如下几点：（1）恪守冷静、客观、全面公正之法则，以确保分析结论之准确性和客观性；（2）要抓住重点和关键，把握主要矛盾；（3）要主客观并举，使原因和责任明晰；（4）要实事求是，不要盲目或者主观妄断。

（五）协商结果之决定与宣布

在经过完整的行政协商程序之后，主持人应当在差异分析和进一步磋商的前提下，宣布协商结果。同时，行政主体也应当根据协商结果作出相应决定。倘若参与协商的各方通过协商达成共识或形成谅解，则意味着协商的成功，行政主体可直接根据各方的共识处理协商议题。倘若协商失败，则需另行处理。

二、行政合同程序

作为一种互益性行政方式，行政合同是指行政主体通过与相对人签订契约的方式行使职权、达成行政目标之行政方式及其结果。鉴于行政合同自身的特殊性，绝大多数国家都允许作为合同一方当事人的行政主体在行政合同过程中的主导权，譬如单方修改合同的权利，撤销合同的权利等。[1] 为防止行政合同主导权或者优益权的滥用，实现政府合同中公共利益与私人利益的平衡，公法合同制度应在对整个合同程序过程作十分详尽规定的情况下进行运作，行政合

---

[1]　参见杨解君编：《法国行政合同》，复旦大学出版社 2009 年版，第 36、40 页。

同有必要借助科学、合理的行政程序予以规制。①

（一）行政合同之协商程序

协商是行政合同的核心和灵魂，协商的实质就是自由合意，是保证行政契约这种行政法上的行为方式从本质上符合契约根本属性的重要制度与措施。就其形式而言，行政合同可以分为对等行政合同与不对等行政合同。在对等行政合同之中，协商的形式多种多样，较为典型的是美国的谈判制度。② 在不对等行政合同之中，行政机关与行政相对人能够通过协商进行沟通，从而就双方都可以接受的行政合同条款交换意见。就其内容而言，行政合同的协商主要遵循如下程序：（1）协商的前置程序，即确定符合订立行政合同条件的行政相对人；（2）若符合行政合同条件的行政相对人为两人以上的，可以通过招标、拍卖等竞争性方式确定相对人；（3）若行政合同的内容涉及第三人利益的，应当取得第三人的书面意见，作为行政合同内容的一部分；（4）协商程序应当以书面形式制作笔录，由双方代表签字存档，作为今后行政合同在执行时的解释条款的依据之一；③（5）为了确保协商的充分、正当、有效，诸如告知制度、信息公开制度以及招标、拍卖等适当的行政合同缔结程序制度不可或缺。④

（二）行政合同之听证程序

行政合同的听证是指在行政合同订立过程中，行政机关应当听取有关人员

---

① 参见余凌云：《行政法讲义》，清华大学出版社 2010 年版，第 265 页。

② 美国的谈判方式起源于美国的殖民时代，那个时候州际协定的主要对象是边界纠纷，这种纠纷的解决往往是持久战，需要持续的、多次的谈判。故此，存在边界纠纷的州干脆由各州州长任命一名代表，组成常设的正式委员会，来专门解决边界纠纷的谈判问题。参见何渊：《中国特色的区域法制协调机制研究》，格致出版社、上海人民出版社 2010 年版，第 89 页。

③ 参见姜明安主编：《行政法与行政诉讼法》，北京大学出版社、高等教育出版社 2011 年版，第 324 页。

④ 易崚：《论行政合同的正当程序原则》，载《邵阳学院学报（社会科学版）》2010 年第 4 期。

的意见。一般而言，行政合同过程中的听证制度，不采用正式听证制度，而是采用非正式听证制度。除了行政机关及其工作人员之外，应当参与行政合同之听证程序的人员主要包括：（1）符合行政合同行政相对人的条件，但没有被确定为行政合同相对人的组织或个人；（2）行政合同内容涉及第三人的合法权益的，行政机关应当听取第三人就行政合同订立的意见。①

（三）行政合同之说明理由

一般情形下，行政合同之说明理由是指行政机关在存在多名符合资格的竞争者中间进行利益分配时，对最终决定所作的依据解释，或者作为听证的替代方式对主导性权利行使的理由进行书面的阐述。② 要求行政机关承担这种义务，能够使行政机关在作出决定时更加审慎，同时也便于对决定的正确性进行审查和判断。③ 对于行政合同而言，说明理由制度的存在能够发挥重要的作用有三：（1）提高行政合同运行的透明度，对行政合同当事人的权利保障有所助益；（2）促进行政合同当事人之间的沟通、协调及合意，大大减少了因行政合同当事人对行政合同具体内容误解而可能产生的问题和纠纷；（3）有效地防止行政恣意。由于法律上强制性地规定了行政机关应当提供作出行政决定的事实和理由，这使得行政机关在作出行政决定时必须考虑所作出行政决定的合法性和合理性。

（四）行政合同之信息公开

对行政相对人和广泛的社会公众来说，信息公开是实现其知情权的客观要求。④ 就行政合同而言，如果其缔结过程经常处于"暗箱操作"的状态，难免

---

① 参见应松年主编：《行政程序立法研究》，中国法制出版社2001年版，第518页。

② 行政机关只需将"重要的"理由向行政相对人说明即可，"至于如何判断理由是否重要的问题，由于理由说明具有保护功能，故此，即必须从相对人之立场来回答。"城仲模主编：《行政法之一般法律原则（二）》，台湾三民书局1999年版，第558页。

③ 参见余凌云：《行政契约论》，中国人民大学出版社2000年版，第149页。

④ 许传玺、成协中：《以公共听证为核心的行政程序建构》，载《国家检察官学院学报》2013年第3期。

会导致腐败滋生和权力滥用。因此，在行政合同的订立及履行的过程中，除了可能会损害公共利益的情况外，行政主体应当公开所有与行政合同有关的情况。

三、行政指导程序

作为行政法上的一项基本制度，行政指导制度为日本在"二战"以后所首创。20 世纪 80 年代，我国学术界自开始关注行政指导理论，并结合中国之情势加以改造。如今，来自日本的舶来品行政指导理论，已经成为中国转变政府职能、完善行政方式的重要理论依据。作为一种重要的现代行政方式，行政指导须恪守如下程序：

（一）行政指导之告知程序

各国家与地区对行政指导之告知程序的规定有所不同。日本《行政程序法》第 35 条第 1 款规定："为行政指导者，应明确告知其相对人该行政指导之旨趣、内容及承办人。"韩国《行政程序法》第 49 条第 1 款规定："为行政指导者应向受指导者说明该行政指导之宗旨、内容及身份。"我国台湾地区现行"行政程序法"第 167 条规定："行政机关对相对人为行政指导时，应明示行政指导之目的、内容及负责指导者等事项。"

（二）行政指导之材料交付

日本、韩国以及我国台湾地区没有严格规定行政主体在作出行政指导时，必须向相对人交付有关材料，行政指导之材料交付以相对人的申请为前提。日本《行政程序法》第 35 条第 2 款规定："行政指导以言辞为之者，如相对人请求交付记载前项规定事项之书面时，为该行政指导者，除行政上有特别困难外，应交付之"；韩国《行政程序法》第 49 条第 2 款规定："以言辞方式进行行政指导时，如受指导者要求交付记载第 1 项之事项之书面材料，行政指导者除有职务履行之特别阻碍外，应交付之";① 我国台湾地区现行"行政程序法"第 167 条第 2 款规定，行政指导"得以书面、言词或其他方式为之。如相对人请求交付文书时，除行政上有特别困难外，应以书面为之"。

我国尚未出台统一的行政程序法，对行政指导所应遵循的程序也没有专门法律法规加以规定，前述日本、韩国和我国台湾地区对于行政指导程序的规定对我国推进行政指导程序立法具有重要的参考价值。

---

① 应松年：《外国行政程序法汇编》，中国法制出版社 1999 年版，第 460～461 页。

第八章　督导性行政程序

督导性行政程序，是指行政主体进行督导性行政过程时所应遵循的程序。所谓督导性行政过程，是指行政主体运用检查、调查、指示、命令、监察等方式行使职权、履行职责，以达成行政目标之行政活动及其过程。就其具体内容而言，督导性行政程序主要包括行政检查程序、行政调查程序、行政指示程序、行政命令程序以及行政监察程序。其一，行政检查程序。行政检查是指行政主体通过访视、查询、检验等方式行使行政职权以达到行政目标之活动及其过程。行政检查应当遵循事先通知、表明身份、实施检查、作出结论、事后告知、信息公开等程序。行政检查之设定、范围与手段、救济都应予以规制。其二，行政调查程序。行政调查是指行政主体通过询问、勘验、鉴定等方式行使行政职权以达到行政目标之活动及其过程。行政调查应当遵循调查法定原则、职权主义原则以及当事人参与原则。行政调查应当遵循调查启动、表明身份、收集信息、告知权利、作出结果等程序。其三，行政指示程序。行政指示是指上级行政主体通过指点、指引、提示下级行政主体行使行政职权以达成行政目标之活动及其过程。行政指示的制定、实施以及公开都应当遵循相应的行政程序。对行政指示之规制，应当做到行政指示主体法定化、指示程序规范化、指示内容明确化和执行指示法律化。其四，行政命令程序。行政命令是指行政主体以命令的形式要求行政相对人作为或不作为以达到行政目标之活动及其过程。行政命令之制定、发布及履行都应当遵循相应的行政程序。对行政命令之规制，应当实现合理确定行政命令的设定权、严格控制行政命令的适用范围、规范保障行政命令的救济。其五，行政监察程序。行政监察是指行政主体对行政相对人遵守法律法规的情况进行监督检查，并对违法者实施进行制止、制裁活动及其过程。行政监察应当遵循监察法定原则、公正公开高效原则、教育与惩戒相结合原则。行政监察活动的开展、公开和规制都应当遵循相应的行政程序。

为履行行政职权，实现行政目的，在实践中，行政主体可以采取多种多样的行政方式。在这些种类繁多、性质各异的行政方式当中，有一类行政方式较为特殊，其往往并不直接对行政相对人产生法律效果，其在行政执法过程中仅仅起着一种辅助性的作用，这类行政方式被称为督导性行政。所谓督导性行政，意指行政主体运用督促、检查等行政方式，行使职权、履行职责，达成行政目标或效果之行政活动，其典型代表有行政检查、行政调查、行政指示、行政命令以及行政监察。

第一节　行政检查程序

行政检查既是行政执法的措施，又是检验行政法实施的实践活动，还是制定法、认可法和变动法的重要的信息来源，具有推动法制建设的积极作用。[1] 我国尚未制定专门的行政检查法，但行政检查在《行政许可法》《行政处罚法》《海关法》《税收征收管理法》《治安管理处罚法》等相关法律规范中均有体现。

一、行政检查之意涵

作为一种督导性行政方式，行政检查是指行政主体通过访视、查询、督察

---

[1]　朱维究、刘永林：《论行政检查与行政法实施——以确保行政规范性文件得到真正落实为视角》，载《政治与法律》2012 年第 7 期。

或检验等方式，行使行政职权、达成行政目标的活动及其过程。

（一）行政检查之概念

行政检查，是行政主体为实现行政管理职能，基于法定职权对行政相对人是否遵守法律和执行具体行政决定进行监督检查的一种行政行为。[①] 行政检查具有如下特征：（1）行政检查的主体是行政主体。只有享有某项行政检查权的国家行政机关或法律、法规授权的组织才能实施行政检查。（2）行政检查主体须有相应的法定职权。任何行政主体都必须在其法定的职权范围内进行相应的检查，如税务检查应由税务机关进行，城市房屋规划执行情况的检查应由城市管理部门进行。（3）行政检查的内容是对行政相对人是否遵守法律以及是否执行行政决定等情况的检查。行政检查具体包括两项内容：一是对相对人是否遵守法律进行监督检查；二是对相对人是否执行行政决定进行监督检查。（4）行政检查行为具有单方性和强制性。行政检查是依职权行政行为，其启动无须征得相对人同意，故具有单方性。由于行政检查会对相对人的权利产生一定的限制，容易引起相对人的抵制，故其必须具有强制性。[②] 如果相对人不服从或不协助的，行政检查可以强制执行，相对人还将会承担相应的法律责任。

（二）行政检查之类型

基于不同的标准，行政检查可以被划分为不同类型：

其一，目的标准。基于行政检查的相对人、目的、适用条件之不同，行政检查可分为案外行政检查与案中行政检查。案外行政检查是指行政主体对不特定的行政相对人遵守法律以及执行有关行政决定的情况进行调查，其目的主要在于督促相对人遵章守纪、发现违法线索。案中行政检查则是指行政主体在处

---

① 应松年、朱维究主编：《行政法与行政诉讼法教程》，中国政法大学出版社1989年版，第169页。

② 参见杨雪：《行政检查概念之探析》，载《经济研究导刊》2011年第30期。

理行政案件的过程中，对涉嫌违反法律和拒不执行有关行政决定的相对人进行的检查，其目的主要在于对特定案件进行了解从而获得信息。

其二，方式标准。基于行政检查进行的方式之不同，行政检查可分为径行强制检查和间接强制检查。径行强制检查，亦称直接强制检查，是指检查权主体直接对被检查者施以强制的检查方式。尽管行政检查本身具有强制性，但不同的行政检查的强制性保障措施存在着差异，只有少部分的行政检查可以直接强制执行。① 间接强制检查，亦称非径行强制检查，是指检查主体无权径行对被检查者施以强制而必须借助于行政处罚等方式保障其强制性的行政方式。大多数行政检查是以行政处罚或行政强制措施的方式保障其强制性，而非径行强制检查。②

其三，对象标准。基于检查对象之确定或具体与否，行政检查可分为一般行政检查与特定行政检查。一般行政检查是指行政检查主体对不确定的相对人的守法情况进行的检查，譬如海关对所有进出境人员的证件和物品等进行检查。特定行政检查则是指行政检查主体对特定的具体的行政相对人的守法情况进行的检查。

二、行政检查之程序

目前，我国尚未出台统一的行政程序法典，也没有专门的法律法规对行政检查之程序予以规定，相关规定散见于各单行法律法规当中。根据行政检查相关法律规范的规定，可以将行政检查所应当遵循的程序概括为事先通知、表明身份、实施检查、作出结论、事后告知、信息公开等。

---

① 例如我国《海关法》第 6 条规定："……海关在调查走私案件时，对有走私嫌疑的运输工具和除公民住处以外的有藏匿走私货物、物品嫌疑的场所，经直属海关关长或者其授权的隶属海关关长批准，可以进行检查，有关当事人应当到场；当事人未到场的，在有见证人在场的情况下，可以径行检查……"

② 例如，根据现行《职业病防治法》第 72 条第 1 款第 9 项的规定，若用人单位拒绝职业卫生监督管理部门监督检查的，卫生行政部门可以"给予警告、责令限期改正，逾期不改正的，处 5 万元以上 20 万元以下的罚款；情节严重的，责令停止产生职业病危害的作业，或者提请有关人民政府按照国务院规定的权限责令关闭"。

（一）事先通知

通常情况下，行政检查主体在进行行政检查前，应当依照法定期限、途径及方式告知相对人即将开始的行政检查事项。例如《海关稽查条例》第 10 条规定："海关进行稽查时，应当在实施稽查的 3 日前，书面通知被稽查人。"当然，在某些特殊情形下，由于事先通知可能会影响行政检查的效果，故可以适用事先通知程序。例如《海关稽查条例》第 10 条也规定："在被稽查人有重大违法嫌疑，其账簿、单证等有关资料以及进出口货物可能被转移、隐匿、毁弃等紧急情况下，经直属海关关长或者其授权的隶属海关关长批准，海关可以不经事先通知进行稽查。"

（二）表明身份

一般情况下，表明身份是行政行为开始的标志，其方式有多种，主要包括出示证件、佩戴特定标识、设置特定标识等。譬如，《行政处罚法》第 37 条规定："行政机关在调查或者进行检查时，执法人员不得少于两人，并应当向当事人或者有关人员出示证件。"《公路法》第 71、73 条规定，"公路监督检查人员执行公务，应当佩戴标志，持证上岗"、"用于公路监督检查的专用车辆，应当设置统一的标志和示警灯"等。此外，部分法律法规还规定了特殊的身份要求，例如《税收征收管理法》第 59 条规定："税务机关派出的人员进行税务检查时，应当出示税务检查证和税务检查通知书……未出示税务检查证和税务检查通知书的，被检查人有权拒绝检查。"《治安管理处罚法》第 87 条也规定："检查公民住所应当出示县级以上人民政府公安机关开具的检查证明文件。"

（三）实施检查

实施检查是行政检查的实行环节，在这个过程中有许多具体的程序规定，主要包括如下内容：（1）检查主体。根据《行政处罚法》《治安管理处罚法》等规定，检查人员一般应为两人以上，且检查女性身体的工作人员应为女性。

（2）检查期限。行政检查本身可能侵害被检查人的权利，故应当有一定的期限限制。我国关于行政检查期限的规定较为模糊，且常常被吸收在办案期限内，譬如《治安管理处罚法》中规定的治安案件期限，自然就包括了该案件的检查期限。然而，其他不依附于案件的行政检查自然也就无法通过案件的处理期限涵盖检查期限。（3）听取申辩。相对人应有权对行政检查的具体内容进行充分的解释、申辩，这不仅是相对人的基本权利，更对查明事实真相、分清是非曲直具有重要意义。（4）保密义务。对于涉及相对人隐私、商业秘密等的事项进行检查，检查人员应当予以保密。譬如，《税收征收管理法》第59条规定："税务机关派出的人员进行税务检查时……并有责任为被检查人保守秘密。"

（四）作出结论

行政检查的结论一般以书面形式作出，主要采取检查笔录的方式，并应当告知当事人。在行政检查的过程中一般应当制作检查笔录，并由检查人员、相对人、见证人等签字确认。譬如，《行政处罚法》第37条规定，"询问或者检查应当制作笔录"。《行政许可法》第61条第2款也规定："行政机关依法对被许可人从事行政许可事项的活动进行监督检查时，应当将监督检查的情况和处理结果予以记录，由监督检查人员签字后归档。"

（五）事后告知

在行政检查结束后，行政检查主体应当在法定期限内将检查结果告知相对人，并应及时告知行政相对人相关救济权利，包括对检查结果的申辩权，以及对检查行为不服可以申请行政复议、提起行政诉讼以及请求行政赔偿的权利。

（六）信息公开

在行政检查结束之后，行政检查主体应将调查信息公开。行政检查信息公开的法理在于保障公民的知情权和监督权，"公民只有知道行政机关的活动，才能对行政进行有效的监督。调查档案如果不公开，公民很难知道行政机关是否认真执行法律，是否故意刁难无辜。秘密行使的调查权力，很可能被滥用侵犯公民的基本权利和自由"。① 例如，根据现行《政府信息公开条例》第20条第1款第13项的规定，行政机关应当主动公开本行政机关的"环境保护、公共卫生、安全生产、食品药品、产品质量的监督检查情况"。

三、行政检查之规制

在学理上，对行政检查的规制主要表现在行政检查设定权、行政检查范围、方式以及救济等方面。

（一）行政检查设定权

行政检查主体行使行政检查必须有法律的明确授权。权限合法要求规范行政检查的设定权，明确哪些规范性文件可以设定行政检查，有权设定行政检查的规范性文件又各自可设定哪些种类的行政检查。目前，我国关于行政检查权限的规定并不清晰，应通过完善立法对行政检查权限予以明确规定。譬如，涉及公民基本权利的行政检查，宜规定只能由法律加以设定，法规、规章均无权设定。

（二）行政检查之范围与手段

对行政检查权范围的设定和手段的选择直接关涉行政检查影响相对人权利的程度，对控制行政检查权、保护相对人合法权益均具重要价值。在设定行政检查范围时应遵循比例原则，检查之手段应以能够实现检查之目的为限，并确保对行政相对人权利之侵犯最小。

（三）行政检查侵权之救济

行政检查侵权之救济途径主要有三：（1）行政复议。公民、法人或其他组织认为行政检查行为侵犯其合法权益的，可以提起行政复议。（2）行政诉

---

① 王名扬著：《美国行政法》（上），中国法制出版社2005年版，第343页。

讼。尽管行政检查不直接创设、变更、消灭相对人合法权益，但鉴于其具有迫使相对人服从的强制性效力，因此，行政相对人认为行政检查对其合法权益造成实际损害，应有权依法提起行政诉讼。① （3）行政赔偿。行政检查违法给公民、法人或其他组织造成损害的，属于行政赔偿范围。例如，《行政处罚法》第60条规定："行政机关违法实施检查措施或执行措施，给公民人身或者财产造成损害、给法人或者其他组织造成损失的，应该依法予以赔偿。"

典型案例8-1：王某兰诉温州市公安局交通警察支队交通行政检查案②

【裁判摘要】

温州交警支队四大队在道路上设卡检查违法车辆，系履行道路交通安全管理职责的行政检查行为。该交通行政检查行为是否合法，是否给公民、法人或者其他组织造成损害，属于人民法院司法审查的范围。公民、法人或者其他组织认为该交通行政检查行为侵犯其合法权益，可以向人民法院提起行政诉讼。

【相关法条】

《中华人民共和国行政诉讼法》第12条

【基本案情】

2012年5月13日下午，李某根无证驾驶未关车门的无牌证三轮摩托车搭载王某兰途经温瑞大道仙岩街道穗丰村路段时，遇前方温州市公安局交通警察支队（以下简称"温州交警支队"）四大队民警设卡检查。李某根为逃避检查掉头逆向行驶，交警四大队协警张某文手持木棒上前拦截。李某根减速然后又加速行驶并左右打方向逃避拦截，致使王某兰从车上摔下受伤，车辆前挡风玻璃与木棒发生碰撞破碎。李某根驾车逃离现场后，于同月29日向公安机关投案。同年6月，温州交警支队就该事故作出交通事故认定复核结论，认定李某根负主要责任，张某文负次要责任。王某兰伤势经鉴定为重度颅脑损伤，因

---

① 黄利红：《我国行政检查制度存在的问题及对策》，载《广东青年干部学院学报》2008年第72期。

② 本案裁判文书详见附录9。

脑外伤致精神障碍及中度智力损害（缺损），构成四级伤残和十级伤残。另查明，2013 年 2 月 5 日，温州市瓯海区人民法院作出〔2012〕温瓯刑初字第 883 号刑事判决，以交通肇事罪判处李某根有期徒刑一年六个月。该判决现已发生法律效力。王某兰对温州交警支队四大队的设卡检查行为不服，提起行政诉讼。

【裁判结果】

浙江省高级人民法院作出〔2014〕浙行再字第 3 号行政裁定书，撤销温州市中级人民法院〔2013〕浙温行赔终字第 6 号行政裁定；指令温州市中级人民法院继续审理本案。

【裁判理由】

法院生效裁判认为，温州交警支队四大队在道路上设卡检查违法车辆，系履行道路交通安全管理职责的行政检查行为。该交通行政检查行为是否合法，是否给公民、法人或者其他组织造成损害，属于人民法院司法审查的范围。公民、法人或者其他组织认为该交通行政检查行为侵犯其合法权益，可以向人民法院提起行政诉讼。原二审法院认为该行为系与履行职务相关的事实行为，而非发生法律效力的行政行为，原审上诉人王某兰就该行为提起行政诉讼，不属于人民法院行政诉讼受案范围的认定不当，应予纠正。原二审法院对王某兰方一并提出的行政赔偿诉讼也予以一并驳回，于法不符，亦应同时纠正。

典型案例 8-2：张某琴诉诉吕梁市公安局治安行政检查案①

【裁判摘要】

公安机关在刑事案件立案前的侦查行为，并非公安机关履行行政管理过程中的行政强制行为，不属于人民法院行政诉讼的受案范围。

【相关法条】

《中华人民共和国行政诉讼法》第 12 条

---

① 本案裁判文书详见附录 10。

【基本案情】

2011 年 5 月 25 日晚 8 时许，由吕梁市公安局经侦支队张某生政委牵头，抽调吕梁市公安局杏花分局和汾阳市公安局联合山西杏花村汾酒集团有限责任公司打假办公室、质量管理部对汾阳市西门新村新华中街 10 号张某琴住处进行检查，发现有大量二十年陈酿老白汾酒。经汾酒集团打假办专业人员初步判断，有 75 箱假冒、6 箱疑似假冒。次日，汾阳市公安局扣押了上述假冒和疑似假冒的二十年陈酿老白汾酒，进行了刑事案件登记并决定将该案作为刑事案件立案。同年 5 月 27 日，汾阳市公安局以张某琴涉嫌销售假冒注册商标的商品为由对其进行了刑事拘留。6 月 2 日，汾阳市公安局将对张某琴的刑事拘留变更为取保候审并予以释放，张某琴释放后当天得知吕梁市公安局对其住所实施了检查行为。2012 年 5 月 10 日，经汾阳市人民法院决定并于当日对张某琴执行了逮捕。同年 11 月 8 日，吕梁市中级人民法院以张某琴犯销售假冒注册商标的商品罪为由，判处其有期徒刑 8 个月，并处罚金人民币 2 万元的二审终审刑事判决，刑期从 2012 年 5 月 10 日起至 2013 年 1 月 2 日止。2014 年 12 月 31 日，张某琴向法院提起行政诉讼，请求法院对吕梁市公安局检查其住所的行政行为是否合法作出判决；并赔偿损毁的 107 箱汾酒和强行取走的财物共计 278182 元及银行同期利息。

【裁判结果】

最高人民法院作出〔2016〕最高法行申 2048 号行政裁定书，驳回张某琴的再审申请。

【裁判理由】

法院生效裁判认为，根据我国法律的规定，公安机关具有行政管理和刑事侦查的双重职责。对公安机关的刑事侦查行为，不属于行政诉讼受案范围。因此，确定公安机关的某一行为是否可诉，需要区分其实施的是行政管理行为还是刑事侦查行为。本案中，吕梁市公安局对张某琴采取限制人身自由的强制措施，属于公安机关依照《中华人民共和国刑事诉讼法》明确授权的刑事案件立案前的侦查行为，并非公安机关履行行政管理过程中的行政强制行为，不属于人民法院行政诉讼的受案范围。

典型案例 8-3：李某桐、符某爱因其与被上诉人昌江黎族自治县公安局公安行政检查及赔偿纠纷一案的行政判决书案①

【裁判摘要】

涉毒品类案件不立即检查可能会造成严重的社会后果，因此执法民警仅出示工作证件进行当场检查，程序并未违法。

【相关法条】

公安部《公安机关办理行政案件程序规定》（2012 年）第 68 条第 1 款

【基本案情】

2015 年 3 月 2 日 23 时许，昌江县公安局接到举报，林之松宾馆有人吸毒和贩毒，遂组织警力，前往涉案现场进行调查。调查组分为两组，由在编干警吉某强和协警郭某东负责外围，在林之松宾馆东边的富安居路口；由在编干警符某峻带领协警王某胜、黄某、陈某泽、文某统、李某豪到林之松宾馆前台，符某峻等人向前台服务员出示工作证件、表明警察身份后，拿到房间总卡，乘坐电梯来到 408 房门前。23 时 05 分 40 秒，协警文某统敲门表明身份并试图打开房门，房门被反锁，23 时 07 分 17 秒，被告执法人员踹门而入，控制在场人员周某海、李某诚、杨某金、符某涛为逃避检查，在昌江县公安局执法人员进入房间之前已爬出窗外。23 时 07 分 48 秒，李某诚及杨某金失足坠楼，李某诚死亡，杨某金受伤。另查，李某诚的尿检结果呈阳性（冰毒），系生前高坠，造成颅脑损伤死亡。

【裁判结果】

海南省第二中级人民法院作出〔2016〕琼 97 行终 33 号行政判决书，认为原审判决认定事实清楚，适用法律正确，予以维持，上诉人的上诉理由不足，不予支持。

【裁判理由】

法院生效裁判认为，对于昌江县公安局在 2015 年 3 月 2 日对林之松宾馆 408 房间的调查行为及执法程序是否合法的问题。《公安机关办理行政案件程

---

① 本案裁判文书详见附录 11。

序规定》第 68 条第 1 款规定："对与违法行为有关的场所、物品、人身可以进行检查。检查时，人民警察不得少于二人，并应当出示工作证件和县级以上公安机关开具的检查证。对确有必要立即进行检查的，人民警察经出示工作证件，可以当场检查；但检查公民住所的，必须有证据表明或者有群众报警公民住所内正在发生危害公共安全或者公民人身安全的案（事）件，或者违法存放危险物质，不立即检查可能会对公共安全或者公民人身、财产安全造成重大危害。"根据本案查明事实，昌江县公安局接到举报，在林之松宾馆有人吸毒和贩毒，随即电话请示相关领导后即刻组织警力前往涉案现场进行调查。在整个调查过程中，昌江县公安局是由两名正式干警分别带队，分组进行，但实质上两个小组是在实施一个调查行为，故本案执法人员身份并无不当。且由于此案属于涉毒品类案件，不立即检查可能会造成严重的社会后果，因此昌江县公安局的执法民警仅出示工作证件进行当场检查，程序并未违法。综上，根据上述规定，昌江县公安局在 2015 年 3 月 2 日对林之松宾馆 408 房间的调查行为及执法程序合法。

第二节 行政调查程序

在英美法系国家，行政调查往往被视为行政机关获取信息的一种技术手段，是一种辅助性的行政行为。[1] 在大陆法系国家，行政调查则往往被视为行政机关为作出相关行政行为而搜集信息的一种程序活动，亦即属于一种程序性的行政行为。在中国，行政法学界对于行政调查的界说有"特殊行政行为说""中间行政行为说""程序行政行为说""事实行为说"等。[2]

---

[1] ［英］威廉·韦德著：《行政法》，徐炳等译，中国大百科全书出版社 1997 年版，第 700 页。

[2] 参见莫于川：《中国行政调查制度的若干问题与完善路向》，载《学习论坛》2011 年第 4 期。

一、行政调查之意涵

作为一种督导性行政方式，行政调查意指行政主体通过讯问、检查、调取资料等方式行使职权、达成行政目标之活动及其过程。

（一）行政调查之解释

尽管目前学术界对于行政调查的定义存在分歧，但作为一种行政方式，行政调查可作如下解释：（1）行政调查是行政主体行使职权的一种方式。其要义有二：一是行政调查之主体必须是行政主体，包括行政机关以及法律、法规授权的组织；二是行政调查是行政主体依职权作出的行为，即行政主体可依照法律赋予的权力，直接开展相关调查，而不必以行政相对人的申请或同意为前提。（2）行政调查以达成行政目标为旨归。行政调查的行政目标可以是制定抽象的行政规范，也可以是作出直接影响相对人权利的具体行政决定，但不可以是与行政主体行使职权无关的其他目的。（3）行政调查的对象是作为行政相对人的公民、法人或者其他组织。通常情况下，行政调查会与行政相对人直接相关，比如针对与行政相对人有关的场所、物品甚至人身所实施的调查等，但在某些情况下，行政调查与行政相对人之间仅存间接关联，比如通过对整个城市整体环境的调查和评估来决定是否批准修建工厂的决定等。（4）行政调查是行政主体收集信息、调取证据，以查清相关事实，作出科学决定之手段。详细掌握相关事实情况是行政主体作出一切行政决定之前提，行政调查所获得的资料和证据的正确性和完整性，直接关系到以这些资料和证据为基础的行政行为的科学性。

（二）行政调查之类型

按照调查方式之不同，行政调查可以分为询问与讯问、调取资料与现场勘验、检查、鉴定与听证几类。

其一，询问与讯问。询问与讯问是较为常见的行政调查方式。询问是指行政主体以面对面的方式通过当事人和证人的陈述、说明了解案件事实的方法，其要义有三：（1）就询问的具体方式而言，行政主体既可以主动到当事人和证人的单位或家中进行询问，也可以通知当事人和证人到其办公地点接受询问。（2）在询问正式进行之前，行政主体应当告知当事人及证人负有如实提供证据、说明情况的义务，以及作虚假陈述、不全面陈述或者隐匿证据的法律责任。（3）在询问结束之后，调查人员应当将询问笔录交当事人和证人签字盖章。讯问是指行政主体以面对面的方式直接传讯违法嫌疑人以了解案件情况的调查方法，其要义有三：（1）在讯问过程中，违法嫌疑人应当如实回答讯问人员的讯问。（2）讯问机关不得故意搞变相拘禁。（3）在讯问结束时，讯问人员应当将讯问笔录交被讯问人核对，并在讯问笔录上签名盖章。①

其二，调取资料与现场勘验。调取资料与现场勘验也是较为常见的行政调查方式。调取资料意指行政主体为了查清案件所涉及的事实，依法向有关单位或个人调取行政相对人相关材料的调查方法。譬如税务机关在接到有关企业偷税漏税的举报之后，应当及时到该企业调阅其账簿、记账凭证、财务报表和有关材料，以查证是否存在违法行为。行政主体从有关单位或个人处调取资料的，必须出具书面收据，注明有关证据材料的项目和编号，遵循有关单位的内部规章制度，并注意保护当事人的隐私。现场勘验意指行政主体对行政相对方实施的某种行为现场进行实地勘查、检验，以了解相应行为发生的实际情况，确定有关个人、组织是否参与了相应行为以及参与者的责任情况，其要义有三：（1）在实施勘验之前，行政主体应当通知当事人或其代理人到场。（2）行政主体可以采取测量、拍照、录音、录像、抽取样品等多种方法进行勘验，还可以询问在场的有关人员。（3）当勘验活动结束之后，行政主体应当及时制作勘验笔录，载明勘验的时间、地点、内容、在场人员，并交有关人员签字或盖章。

其三，检查、鉴定与听证。检查、鉴定与听证属于广泛运用的行政调查方

---

① 譬如根据我国《治安管理处罚法》的规定，公安机关对违反治安管理的人可以通过书面传唤的方式对其进行讯问，如果是当场发现的违反治安管理的人，则可以直接通过口头传唤方式进行讯问。

式。检查意指行政主体对特定的人员、物品、场所等进行直接查检，确定相关事实是否存在及其性质和程度的方法。作为一种直接观察获取证据的方法，检查在行政调查中被广泛地采用。在现实生活中，特定的人身、信件、包裹、车辆、家庭住宅、企业营业场所、办公场所等都可能成为被检查的对象。鉴于检查尤其是对人身、住宅的检查涉及对公民权利的侵犯，因而行政调查机关及其办案人员必须严格遵照法律的规定实施，否则不能强制进行检查。鉴定意指行政主体或其委托、指定的其他有关鉴定机构对行政相对方的某种物品、材料或证件等进行鉴别、评定，以确定其真伪、优劣，或确定其性质成分等。例如，卫生部门在对食物中毒事件进行认定处理之前，必须对食物样本进行鉴定，确认食物中所含有的毒物成分及其具体含量。在鉴定活动结束之后，鉴定部门和鉴定人应当及时出具鉴定结论，并在鉴定书上签名盖章。听证意指行政主体通过召开正式或非正式听证会的形式了解信息、收集证据的活动。一般来说，如果行政案件的情况比较复杂，或者涉及多方利害关系人甚至众多社会成员时，行政主体就应当考虑以听证的方式进行调查取证。譬如，规划部门在颁发相应的许可证之前，应当及时召开听证会，使许可申请人及其他的利害关系人都能够陈述意见、提供证据。

二、行政调查之原则

行政调查的原则是指贯穿于行政调查活动始终，用以指导和规范行政调查活动有序进行的基本准则。结合国外行政程序法以及我国某些地区有关行政程序的规定来看，行政调查应当遵循的基本原则主要包括调查法定原则、职权主义原则和当事人参与原则等。

（一）调查法定原则

基于行政法治原理，行政主体所作出的任何形式的行政调查，均必须恪守职权法定、程序法定和方式法定之原则，此即调查法定原则。具体而言，其要义有四：（1）主体适格。行政调查只能由具备法定资格的行政主体来实施。通常情况下，行政主体应当亲自实施调查，只有在特殊情况下，适格主体方可以将其调查权力委托给其他主体行使。（2）职权合法。行政调查活动必须在法定的职权范围内实施，行政主体的调查活动必须有明确的法律依据，不能在没有得到法律授权时或者超出法律授权范围而实施调查活动。（3）手段合法。法律一般通过明确列举的方式规定行政调查的基本手段，行政主体必须严格按照法定的调查手段进行查证活动，不得采取非法的手段从事调查活动。（4）行政调查程序合法。行政主体必须按照法律规定的步骤、形式、顺序及时限实施行政调查。作为一种行政方式，行政调查本身包含了一系列的程序要求，如调查前要告知被调查人、表明身份，调查后要制作调查笔录等。如果行政主体违反了调查程序的规定，其调查所收集的信息或者证据，就不能当作行政决策的依据。

（二）职权主义原则

行政主体在实施行政调查活动时，应当依职权自主地决定调查的方式、范围，全面收集与案件事实有关的证据材料，不受行政相对人请求的限制，此即行政调查的职权主义原则。① 具体而言，其要义有四：（1）职责性，即通过行政调查查清事实真相乃行政主体职责之所在。为保护当事人的合法权益，维护公共利益，行政主体有责任依法主动调查案件事实。（2）主动性，即是否实施行政调查活动，都由行政主体单方面地依据自己的职权所决定，虽然行政相对人也享有行政调查的请求权和参与权，但在行政调查中真正起主导作用的只能是行政主体。（3）全面性，即行政主体应当全面、客观、公正地实施行政调查活动，不能仅以一己主观喜好或者是否有利于其作出最终行政决定为标准而"片面"地进行调查。（4）适当性，即行政主体对于使用何种调查方法和调查措施拥有自由裁量权，可以根据实际情况裁量决定，但应当受调查合法性与合理性原则的限制，譬如调查方法或措施不得违反法律，且应采用对当事人侵害最小的方法或措施。

---

① 章志远：《行政调查初论》，载《中共长春市委党校学报》2007年第1期。

（三）当事人参与原则

行政主体在实施行政调查活动的过程中，应当注意积极地吸收当事人参与，并切实维护当事人所享有的合法权益，此即行政调查之当事人参与原则。具体而言，其要义有二：（1）现代行政是一种参与式行政，离开了行政相对人的事先参与，行政决定的合法性、正当性及其可接受性都难免陷于危困之境。作为一种频繁运用的行政方式，行政调查内在地需要借助于当事人的实际参与，以构筑起其合法性基础。（2）以公益为旨归的行政调查，也可能对当事人的权益产生负面影响。所以，调查程序中的当事人参与原则，兼具公益促进和私益保护之双重意味。从公益促进的角度而言，当事人的参与是一种义务，行政主体在调查程序中收集证据、查清相关事实，有关单位和个人应当配合，并提供相关资料；从保护当事人合法权益的意义上看，当事人参与调查，恰好又为其提供了一个主张自身权利、保护自身合法权益的机会。

三、行政调查之程序

行政调查程序是指行政调查机关在行政调查时所采用的方式和所遵循的步骤的总称。由于行政调查的意图、对象等各不相同，行政调查的程序规则也有所不同，但各种行政调查的程序规则在一定程度上有相通之处，大致可归纳为如下几点：

（一）调查启动

根据职权主义原则，行政调查的发动由行政主体依职权进行，但并不排斥行政主体依申请作出调查决定之情形。故此，行政调查的发动又可以分为行政主体依职权主动启动和依申请决定启动两种。

（二）事先通知

事先告知当事人是指行政主体在原则上应当在进行行政调查之前将行政调查所涉及的相关事项依照法定方式告知行政相对人，其中法定方式分为口头告知和书面通知两种。但是，某些行政调查可能涉及违法证据的收集，若以书面通知被调查人，恐反成行政目标实现之掣肘，譬如对于公众举报的黑心作坊生产事件、制售假冒伪劣事件等，如果强制要求行政机关在调查前事先告知，将导致被调查者提前销毁证据。但是，即便如此，行政机关的调查人员也应履行当场告知之义务，将调查项目、范围、效力以及救济告知被调查人。

（三）表明身份

表明身份是指在行政机关工作人员进行行政调查时应当主动向行政相对人出示有效的身份证明，以证明其具备作出行政调查之资格。在我国，许多单行立法都规定了表明身份制度在行政调查中的必要性，譬如《治安管理处罚法》第 87 条规定："公安机关对与违反治安管理行为有关的场所、物品、人身可以进行检查。检查时，人民警察不得少于二人，并应当出示工作证件和县级以上人民政府公安机关开具的检查证明文件。对确有必要立即进行检查的，人民警察经出示工作证件，可以当场检查，但检查公民住所应当出示县级以上人民政府公安机关开具的检查证明文件。检查妇女的身体，应当由女性工作人员进行。"

（四）收集信息

收集信息是指行政调查主体通过要求当事人陈述、现场勘查、统计、检查、鉴定等各种调查方法来了解事实情况、提取证据资料等步骤。[1] 行政调查中的收集信息要义有二：（1）收集信息所使用的调查方法必须合法；（2）收集信息所使用的调查方法应当合理，即行政调查行为应当符合比例原则，诸如无针对性的调查、范围过宽的调查以及重复调查等，不仅有加重被调查者经济负担之虞，也有增加行政成本之嫌，对公共利益却无确然之助益，当属于违反

---

[1]　黄学贤：《行政调查及其程序原则》，载《政治与法律》2015 年第 6 期。

比例原则之列。①

（五）告知权利

告知权利是指行政主体在实体调查结束后，应当履行告知被调查者依法享有的相关权利之义务，其要义有二：（1）告知权利是行政机关对行政相对人和利害关系人所承担的一种法定义务，构成行政程序的法定内容；（2）被调查者依法享有的相关权利包括对行政调查的陈述权，对不利于自身的行政调查的辩驳权，对不当或违法行政调查的申诉权等。

（六）公开调查结果

行政调查结果是行政机关最终作出相应行政决定或行政规定的基本依据。因此，行政调查结束后，调查机关应认真做好调查记录或撰写调查报告。对于这些调查的记录和报告，除涉及国家机密、个人隐私和商业秘密外，行政机关应当依职权或依申请向行政相对人公开。②

典型案例 8-4：德清莫干山蛇类实业有限公司诉浙江省食品药品监督管理局行政监督案③

【裁判摘要】

企业标准中关于汞含量的限量指标要求不符合国家标准，不能对抗国家强制性标准的效力。被告浙江省食药局具有进行食品安全监测和评估、检验、公布食品安全信息的法定职责，有权向社会公布检验信息，在其网站上公布的名单并未扩大原告实际抽检产品范围，符合法定程序。

---

① 参见洪文玲：《论行政调查》，载《行政法争议问题研究（上）》，台湾五南图书出版公司 2000 年版，第 750 页。
② 余韬：《论行政公开原则在行政调查中的正当适用》，载《中共杭州市委党校学报》2010 年第 2 期。
③ 本案例裁判文书详见附录 12。

【相关法条】

《中华人民共和国食品安全法》第5条第2款、第77条第1款第2项

【基本案情】

浙江省湖州市食品药品监督管理局于2013年10月抽检德清莫干山蛇类实业有限公司（以下简称莫干山公司）生产的某批号三蛇粉胶囊。浙江省食品药品检验研究院对送检样品出具的检验报告为汞含量0.5mg/kg，该公司申请复检后浙江省疾病预防控制中心的复检结果为汞含量0.45mg/kg。浙江省食品药品监督管理局（以下称省食药局）依据《保健（功能）食品通用标准》（GB16740-1997，规定胶囊产品中有害金属及有害物质限量应≤0.3mg/kg），认定被检样品汞超标，属不合格产品，并于2014年8月向各设区市、义乌市市场监督管理局下发《关于2013年度省级保健食品化妆品监督抽检结果的通报》（浙食药监稽〔2014〕15号），对抽检不合格产品予以通报（含上述胶囊），并在该局网站上予以公布。莫干山公司认为，检测报告在认定标准上存在错误，抽检样品应适用经备案的企业标准，该局在网站上通报该公司产品不合格的行为严重影响其声誉。故诉至法院，要求撤销浙食药监稽〔2014〕15号文中对其上述产品监督抽检不合格的通报。

【裁判结果】

杭州市西湖区人民法院作出行政判决书，驳回德清县莫干山蛇类实业有限公司的诉讼请求。

【裁判理由】

杭州市西湖区人民法院经一审认为，诉争产品首次检测结果汞含量为0.5mg/kg，经复检后汞含量为0.45mg/kg，不符合国家强制性标准（GB16740-1997，应≤0.3mg/kg），属不合格产品。原告莫干山公司提出其制定了诉争产品的企业标准并经备案，其产品符合该标准。但企业标准中关于汞含量的限量指标要求不符合国家标准，不能对抗国家强制性标准的效力。被告省食药局具有进行食品安全监测和评估、检验、公布食品安全信息的法定职责，有权向社会公布检验信息，在其网站上公布的名单并未扩大原告实际抽检产品范围，符

合法定程序。遂判决驳回原告诉讼请求。

典型案例 8-5：青岛遨广通机械施工有限公司诉即墨市工商行政管理局行政不作为案①

【裁判摘要】

依照《公司登记管理条例》及《公司登记管理条例施行细则》有关规定，工商机关对于伪造、涂改、出租、转让营业执照等行为具有查处的法定职责。被告在接到举报后，应当予以立案，进行调查取证，根据调查结果作出相应处理。

【相关法条】

《中华人民共和国行政诉讼法》第 89 条第 1 款第 1 项

【基本案情】

2014 年 3 月 9 日，青岛遨广通机械施工有限公司（以下简称遨广通公司）向山东省即墨市工商行政管理局（以下简称市工商局）举报王某某、姚某某伪造营业执照等证件，冒用该公司名义贷款，请求市工商局对两人伪造公章及营业执照的行为进行查处。2014 年 3 月 19 日，市工商局调查了青岛农商银行股份有限公司三里庄分理处，证明王某某曾以遨广通公司名义在该分理处贷款。2014 年 3 月 21 日，市工商局作出《不予立案通知书》，认为遨广通公司举报事项不属于该局管辖范围，主要理由是：该公司未能提供被举报人以其名义对外经营的情况，经多方联系未能找到被举报人，被举报人与银行是借贷关系，应由银监会管辖。2014 年 6 月 30 日，中国银行业监督管理委员会青岛监管局在有关函件中提及，加盖市工商局公章的《私营企业登记信息查询结果》（打印日期为 2013 年 7 月 12 日）等信贷材料中企业法人信息与市工商局登记的情况不符。遨广通公司将市工商局诉至法院，请求撤销该局的《不予立案通知书》，判令该局对姚某某、王某某伪造营业执照、私刻公章、非法经营的违法事实依法查处，撤销该局 2013 年 7 月 12 日违法出具的《私营企业登记信息

---

① 本案例裁判文书详见附录 13。

查询结果》。诉讼期间，市工商局自行撤销了上述《不予立案通知书》。

【裁判结果】

驳回青岛遂广通机械施工有限公司上诉，维持山东省即墨市人民法院〔2014〕即行初字第 79 号判决。

【裁判理由】

即墨市人民法院一审认为，依照《公司登记管理条例》及《公司登记管理条例施行细则》有关规定，工商机关对于伪造、涂改、出租、转让营业执照等行为具有查处的法定职责。被告在接到举报后，应当予以立案，进行调查取证，根据调查结果作出相应处理。对原告遂广通公司诉请撤销《私营企业登记信息查询结果》问题，现有证据不能证明该查询结果是被告出具，且该查询结果不是具体行政行为，法院不予支持。鉴于本案审理过程中，被告自行撤销了《不予立案通知书》。遂判决被告作出的《不予立案通知书》违法，驳回原告撤销《私营企业登记信息查询结果》的诉讼请求。该公司上诉后，青岛市中级人民法院判决驳回上诉、维持原判。

典型案例 8-6：亓某军与新泰市国土资源局不履行法定职责案①

【裁判摘要】

利害关系人以信访形式要求土地部门履行查处土地违法行为法定职责，土地部门如果认为不符合立案条件，应当负有告知事实、理由、依据以及陈述权、申辩权义务。

【相关法条】

《中华人民共和国行政诉讼法》第 72 条

【基本案情】

因山东新矿集团翟镇煤矿（以下简称翟镇煤矿）常年采煤，在原告住宅东部堆积成一座矸石山。随着矸石量的不断增多，位于矸石山西侧南北走向的一条河道严重弯曲，泄洪不畅。2005 年 6 月，经镇政府申请，市河道局批准，

---

① 本案例裁判文书详见附录 14。

新泰市翟镇翟家庄东村村民委员会（以下简称翟东村委）与翟镇煤矿签订《河道改道协议》后，在耕地内开挖新河道。新河道从矸石山段河道接口，由东向西再向南，接口原河道。挖河过程中的 2005 年 7 月 1 日，当地普降暴雨，次日又降大暴雨。原告家庭财产被淹，住宅前的煤炭被冲走，造成经济损失 294803 元。其后，原告对翟镇煤矿、翟东村委提起诉讼，法院最终判决翟镇煤矿赔偿原告财产损失的 30%，计 88440.90 元，驳回了原告对翟东村委的诉讼请求。其后，原告不断到各级政府部门信访，举报翟镇煤矿、翟东村委违法占用耕地挖河，要求依法处理。山东省国土资源厅、泰安市国土资源局、新泰市人民政府先后要求被告调查核实并答复原告。2014 年 9 月 28 日，被告作出《告知书》："……你反映的问题不属实……新改河道总长度 557 米，宽 8 米，共需占地 6.7 市亩……"原告不服，以被告行为导致法院无法作出正确判决、原告无法得到应有赔偿、《告知书》无实质内容、系敷衍搪塞原告为由提起本案诉讼，请求判令被告履行法定处理职责。被告以不属于人民法院行政诉讼受案范围、原告不具备诉讼主体资格等理由予以答辩。

【裁判结果】

限被告新泰市国土资源局于本判决生效之日起两个月内对原告亓某军申请查处的挖河行为依法作出答复。

【裁判理由】

东平县人民法院经审理认为，本案属于人民法院行政诉讼受案范围；原告具备诉讼主体资格；被告对原告举报的占地挖河问题既未立案查处，亦未告知原告不予立案查处的事实、理由、依据，以及陈述权、申辩权，其行为属不履行法定职责。依照《中华人民共和国行政诉讼法》第 72 条的规定，判决限新泰市国土资源局于判决生效之日起两个月内对亓某军作出答复。

第三节　行政指示程序

在公务文学上，行政指示曾经作为一种法定的行政公文，"适用于对下级行政机关布置工作，阐明工作活动的指导原则"。① 但是，新修订的《党政机关公文处理工作条例》却并未将行政指示纳入在内。在实践中，行政指示的运用非常广泛，因此合理界定行政指示并明确其所应遵循的程序非常有必要。

一、行政指示之意涵

作为一种督促性行政方式，法律意义上的行政指示是指上级行政机关就某项公务对下级行政机关的行政行为依据原则作出的限定，是行政主体通过告知、指点、指引、提示、警示等方式，行使行政职权、达成行政目的的活动及其过程。

（一）行政指示之解释

行政指示是指具有隶属关系的上级行政机关在其行政管理事务的范围内，要求下级行政机关作出一定行政行为（包括作为或不作为）的非强制性意思表示，其要义有四：（1）行政指示的主体是享有行政裁量工作指导权的机构。在这些机构中，最常见的就是在行政体系中对下级具有层级指挥权的上级。（2）行政指示是一种内部法律行为，存在于具有隶属关系的上下级行政机关之间，不直接对行政相对人发生法律效力，而是通过具有行政隶属关系的下级行政机关将上级的指示施加于行政相对人。② （3）行政指示的是基于一定行政目的的行为，但其在内容上会受到如下限制：一是行政指示是上级行政机关限定下级行政机关处理公务的基本原则的行政行为，所以下级行政机关在收到上级行政机关的指示后，应当在限定范围内实施行政行为；二是行政指示不能违反行政机关本应遵守的其他法律原则；三是行政指示具有非强制性，下级行政机关在收到行政指示时，可以遵循行政指示，也可以根据实际情况不遵循行政

---

① 参见国务院办公厅《国家行政机关公文处理办法》第9条。
② 参见中共中央办公厅、国务院办公厅《党政机关公文处理工作条例》第8条。

指示，具体情况具体处理。①

（二）行政指示之界定

其一，行政指示和行政指导。目前，行政管理的实践对"行政指示"和"行政指导"的界定尚显模糊，而这两者之间存在诸多不同，故正确地区分两者尤为必要。从作用的对象来看，行政指示是上级行政机关基于一定的行政目的而对具有隶属关系的下级行政机关布置任务的行为，发生在具有隶属关系的上下级之间；而行政指导则具有外部性，是针对行政相对人作出的。从产生的效力来看，行政指示是在具体的行政管理过程中，为了达到一定的行政目的，上级行政机关要求下级行政机关依据行政指示所确定的内容、方式、期限等实施相应的行为，对下级行政机关具有一定约束的效力；而行政指导更多地采用建议、指导、鼓励、奖励等非强制性手段，以相对人任意性协助为前提，其并不具有约束性。②

其二，行政指示和行政命令。行政指示是一种内部行政行为，而行政命令虽然包含了一部分内部行政行为，诸如行政机关对公务员的嘉奖令、上级行政机关撤销下级行政机关不适当的行政决定的命令等，但其主要还是适用于行政机关要求行政相对人作出一定的行为或不得作出一定的行为而作出的行政行为，多指外部行政行为。另外，行政指示发生在具有隶属关系的上下级之间，而行政命令适用范围较广，既可以适用于行政机关上下级之间，也可以适用于行政主体与行政相对人之间。即便是在适用于行政机关上下级之间时，二者的强制力度也不同，行政指示是上级行政机关对下级行政机关的基于特定行政目的和原则的限定，具有非强制性，下级行政机关具有一定的自由裁量权；而行政命令则要求下级行政机关完全地接受上级行政机关的要求，具有强制性，接受命令的下级只能遵照执行。③

---

① 参见杨临宏：《关于行政指示的几个法律问题》，载《行政法制》1999 年第 6 期。
② 胡建淼、江利红著：《行政法学》，中国人民大学出版社 2014 年版，第 270 页。
③ 杨临宏：《关于行政指示的几个法律问题》，载《行政法制》1999 年第 6 期。

其三，行政指示与行政请示。公务文书中的行政请示是指下级行政机关向上级行政机关请求请示、获取批准的一种文件。① 行政法学意义上的行政请示是指下级行政机关在行政管理的过程中遇到疑难或重大问题向上级行政机关请求指明处理的一种行政行为。行政请示与行政指示同样发生在具有隶属关系的上下级行政机关之间，但区别在于行政指示一般是直接由上级行政机关对下级行政机关作出指示，是一种依职权主动作出的行政行为，而行政请示则是由下级行政机关首先向上级行政机关发出请求进而获得上级行政机关的指示，是一种依申请的行政行为。

二、行政指示之程序

我国尚未制定统一的行政程序法，也没有关于行政指示程序的专门法律法规，相关规范散见于各单行法当中。根据行政指示相关法律法规的规定，行政指示的程序可以分为行政指示的制定、实施和公开。

（一）行政指示的制定

行政指示的目的是实现特定的行政目标或任务，所以其制定是围绕行政目标或任务而展开的。上级行政机关在制定行政指示的过程中，需要遵循一定的原则。对于重大问题的行政指示，上级行政机关应当先期进行调查了解、掌握真实情况，科学拟定实施方案。

（二）行政指示的实施

行政指示的实施，是指下级行政机关按照行政指示明确的时间、范围、内容、条件、手段、步骤、注意事项等进行具体落实的过程。行政指示具有"指导性"，下级行政机关对于行政指示具有一定的裁量权，可以根据实际情况决定是否遵循上级行政机关的指示。并且，在行政指示的实施过程中，允许下级行政机关对上级制定的不符合本地实际的行政指示结合实际情况作出具体应

---

① 杨临宏：《关于行政指示的几个法律问题》，载《行政法制》1999 年第 6 期。

对，以期更好地实现行政指示的目标和任务。

（三）行政指示的公开

行政指示是内部法律行为，发生在具有隶属关系的上下级之间，一般可以选择不对外公开，但是由下级行政机关负责具体实施的行政指示则是直接针对行政相对人的，对行政相对人的权益可能产生重大影响，所以应当予以公开。并且，行政指示是对上级行政机关就具有行政裁量基准性质的事项对下级行政机关予以指示，如果公布，就可以让行政相对人了解行政机关行使裁量权的一般标准，使他们将自己的请求与之对照，从而形成一个相对合理的预期。①

三、行政指示之规制

在我国，行政指示在理论和实践层面都存在不同程度的问题，诸如规范化与法律化程度较低、程序性规定明显不足、强制性色彩浓厚、名为指示实为命令，等等。出现这些问题的原因，一方面是因为现阶段关于行政指示缺乏相应的法律规定，另一方面也反映出理论已经滞后于行政指示的实践。因此，应当将行政指示纳入法制化、规范化的轨道，做到行政指示主体法定化、指示程序规范化、指示内容明确化和执行指示法律化。②

（一）指示主体法定化

行政指示是由上级行政机关对下级行政机关作出的行政行为，指示的制定主体是享有行政裁量工作指导权的机构。③ 通常情形下，行政指示产生于具有隶属关系的上下级行政机关之间，上级行政机关是因为对下级行政机关具有层级指挥权，因而获得对下级行政机关在某些工作具体开展过程发布指示的权

---

① 张莉：《行政裁量指示的司法控制——法国经验评析》，载《国家行政学院学报》2012 年第 1 期。

② 杨临宏：《关于行政指示的几个法律问题》，载《行政法制》1999 年第 6 期。

③ 张莉：《行政裁量指示的司法控制——法国经验评析》，载《国家行政学院学报》2012 年第 1 期。

力。但是，实践中部分不存在上下级隶属关系而只是存在业务上往来的也存在发布行政指示的情况。行政指示的范围应当限缩在具有隶属关系的上下级之间，具有业务往来的上级机关可以先通过向下级行政机关直接隶属关系的行政机关发出请求，继而以对下级行政机关具有隶属关系的行政机关发布行政指示。

（二）指示程序规范化

行政指示的程序一般包括制定、实施、公开的环节，行政指示在实际工作中的应用非常广泛，通过规范行政指示各个环节能够最大限度地发挥行政指示的功能和效用。例如，在行政指示的制定环节，实践中有很多行政指示并非经领导集体讨论决定，而是以个别领导的口头指示、批条等形式代替，规范性和科学性值得商榷。另外，行政指示会出现反复无常、前后不一的现象，就某个事项的行政指示不断地变化实质上给下级行政机关的工作带来了困难。行政指示的目的是为下级行政机关在处理某些公务过程中提供的原则性指导，因此规范行政指示的程序就是要从行政指示的制定、实施、公开的各个环节严格遵守相应的程序，从而为下级行政机关提供指引和帮助。

（三）指示内容明确化

行政指示虽然可以为行政机关行使法律赋予的裁量权确立总体导向、指明原则立场，但其在内容上应当受到相应的限制。① 行政指示作为一种行政行为，首先需要遵守行政行为的基本原则，坚持合理、合法、比例、平等的原则。其次，行政指示在执行上虽然具有非强制性，但其指示内容应当是明确的，上级行政机关就某种公务向下级行政机关作出时应当在限定的原则范围内。

（四）执行指示法律化

面对来自上级行政机关的行政指示，受理行政相对人申请的每一个行政机

---

① 张莉：《行政裁量指示的司法控制——法国经验评析》，载《国家行政学院学报》2012 年第 1 期。

关均有权决定是否适用之。然而，这种能否适用的判断一定要建立在个案分析的基础之上。行政机关应当对个案中申请人的具体情况作出具体分析，当行政指示所指向的一般情形出现时，不仅行政机关有义务遵守指示的规定，行政相对人甚至可以主张适用该指示。

典型案例8-7：建明食品公司诉泗洪县政府检疫行政命令纠纷案①

【裁判摘要】

审查行政机关内部上级对下级作出的指示是否属于人民法院行政诉讼受案范围内的可诉行政行为，应当从指示内容是否对公民、法人或者其他组织权利义务产生了实际影响着手。在行政管理过程中，上级以行政命令形式对下级作出的指示，如果产生了直接的、外部的法律效果，当事人不服提起行政诉讼的，人民法院应当受理。

【相关法条】

《最高人民法院关于执行〈中华人民共和国行政诉讼法〉若干问题的解释》第1条第2款

【基本案情】

2001年4月，经被告泗洪县政府批准，原告建明食品公司成为泗洪县的生猪定点屠宰单位之一。在分别领取了相关部门颁发的企业法人营业执照、动物防疫合格证、税务登记证等证件后，建明食品公司开始经营生猪养殖、收购、屠宰、销售和深加工等业务。2003年5月18日，泗洪县政府下设的临时办事机构县生猪办向本县各宾馆、饭店、学校食堂、集体伙食单位、肉食品经营单位以及个体经营户发出《屠宰管理通知》。该通知第一项称："县城所有经营肉食品的单位及个体户，从5月20日起到县指定的生猪定点屠宰厂采购生猪产品，个体猪肉经销户一律到定点屠宰厂屠宰生猪（县肉联厂）……"2003年5月22日，泗洪县政府分管兽医卫生监督检验工作的副县长电话指示县兽检所，停止对县肉联厂以外的单位进行生猪检疫。建明食

①　本案裁判文书详见附录15。

品公司报请县兽检所对其生猪进行检疫时，该所即以分管副县长有指示为由拒绝。建明食品公司认为，分管副县长的电话指示侵犯其合法权益，遂提起本案行政诉讼。

【裁判结果】

江苏省高级人民法院作出行政裁定书，撤销江苏省宿迁市中级人民法院的一审行政裁定，案件由一审法院继续审理。

【裁判理由】

农业部发布的《动物检疫管理办法》（2002 年）第 5 条规定："国家对动物检疫实行报检制度。""动物、动物产品在出售或者调出离开产地前，货主必须向所在地动物防疫监督机构提前报检。"第 18 条规定："动物防疫监督机构对依法设立的定点屠宰场（厂、点）派驻或派出动物检疫员，实施屠宰前和屠宰后检疫。"参照这一规章的规定，作为依法设立的生猪定点屠宰点，上诉人建明食品公司有向该县动物防疫监督机构，即原审第三人县兽检所报检的权利和义务；县兽检所接到报检后，对建明食品公司的生猪进行检疫，是其应当履行的法定职责。县兽检所当时以分管副县长有电话指示为由拒绝检疫，可见该电话指示是县兽检所拒绝履行法定职责的唯一依据。生猪定点屠宰场所的生猪未经当地动物防疫监督机构进行屠宰前和屠宰后的检疫和检验，不得屠宰，屠宰后的生猪及其产品也无法上市销售。尽管分管副县长对县兽检所的电话指示是行政机关内部的行政行为，但通过县兽检所拒绝对建明食品公司的生猪进行检疫来看，电话指示已经对建明食品公司的合法权益产生了实际影响，成为具有强制力的行政行为。再有，分管副县长在该县仅有两家定点屠宰场所还在从事正常经营活动的情况下，电话指示停止对县肉联厂以外单位的生猪进行检疫，指示中虽未提及建明食品公司的名称，但实质是指向该公司。分管副县长就特定事项、针对特定对象所作的电话指示，对内、对外均发生了效力，并已产生了影响法人合法权益的实际后果，故属于人民法院行政诉讼受案范围内的可诉行政行为。

第四节　行政命令程序

行政命令作为一种独立的行政行为，在实践中经常与行政处罚、行政强制措施、行政裁决等混为一谈。现行法中的"责令改正""责令停止违法"实际上是行政命令，但却常与行政处罚一同出现，因而有观点认为行政命令是行政处罚的一个种类或者是行政处罚的附带行为。① 这主要源自理论界对行政命令的地位和功能缺乏足够的认识，所以有必要厘清行政命令的内涵和外延，正确区别行政命令与行政处罚、行政强制措施。

一、行政命令之意涵

作为一种督导性行政方式，行政命令并未要求相对人承担新的义务，而只是督促其履行应履行的义务，或者以其他方式达到与履行义务相同的状态。行政命令并非从惩戒的角度出发，更多的是要求违法行为人履行其既有的法定义务，纠正违法行为。

（一）行政命令之解释

在我国，通俗意义上的行政命令是指行政机关的一切决定和措施，而在行政法学意义上，通说认为行政命令有形式意义上的行政命令和实质意义上的行政命令之分。形式意义上的行政命令是指以"命令""令"等名称的行政决定或者措施。② 在目前的正式法律文件中，行政命令"适用于公布行政法规和规章、宣布施行重大强制性措施、批准授予和晋升衔级、嘉奖有关单位和人员"。③ 实质意义上的行政命令是作为一种具体执法行为的行政命令。本部分

---

① 曹实：《行政命令地位和功能的分析与重构》，载《学习与探索》2016 年第 1 期。
② 姜明安著：《行政执法研究》，北京大学出版社 2004 年版，第 130 页。
③ 参见《党政机关公文处理工作条例》第 8 条。

仅探讨实质意义上的行政命令。

对于行政命令属于抽象行政行为还是具体行政行为，理论界存在争议。支持前者的学者认为："行政命令是指国家行政机关就指定事项向不特定的相对人发布有关规范性文件的行为。行政命令是一种抽象行政行为，具有抽象行政行为的一般特征。"① "行政命令是行政机关在其职权范围内就特定事项向不特定的相对人发布有关行政规范性或非规范性文件的抽象行政行为。"② 支持后者的学者认为，"行政命令是指行政主体依法要求相对人进行一定的作为或不作为的意思表示的行政行为"，属于行政处理行为的一种。③ 还有学者认为行政命令"是指行政机关依法使相对一方为一定行为或不为一定行为的带有强制性的行政措施"。④

这种争论实际上是对实践中的行政命令的一种割裂。一方面，行政命令通过规范性文件的方式为行政相对人设定行为规则；另一方面，依照设定的行为规则要求行政相对人为或不为一定行为则属于具体行政行为。所以，行政命令既有抽象行政行为的一面，也有具体行政行为的一面。

（二）行政命令之类型

基于不同的标准，行政命令可以分为不同类型：以其对象是否特定为标准，可以将其大致分为抽象型行政命令和具体型行政命令；以适用对象的范围为标准，可以将其分为内部型行政命令与外部型行政命令；以是否以作为方式来表现为标准，可以将其分为责令改正型行政命令与责令停止型行政命令。

其一，具体型行政命令与抽象型行政命令。具体型行政命令，是指行政主体针对特定相对人，要求其"为"或"不为"一定行为的行政命令抽象型行

---

① 陈安明、沙奇志主编：《中国行政法学》，中国法制出版社 1992 年版，第 150 页。
② 姜明安著：《行政法与行政诉讼》，中国卓越出版公司 1990 年版，第 247~248 页。
③ 张焕光、胡建淼著：《行政法学原理》，劳动人事出版社 1989 年版，第 255 页。
④ 刘永安主编：《行政行为概论》，中国法制出版社 1992 年版，第 149 页。

政命令，是指针对不特定对象，具有普遍约束力的行政命令规范。① 此类规范不针对特定对象，可以反复适用，具有普遍约束力。例如《行政诉讼法》第13 条第 2 项规定的"具有普遍约束力的决定、命令"。

其二，内部型行政命令与外部型行政命令。内部型行政命令是一种内部行政行为，是行政机关内部为贯彻行政任务、实现行政目标所作出的行政行为。例如《人民警察法》第 32 条规定："人民警察必须执行上级的决定和命令。"而外部型行政命令更多的是通过对行政相对人的行为进行约束，制止其违法行为，督促使其回归合法状态。在我国现行法律条款中，有很多诸如"责令停止违法行为""责令限期作出行政决定""责令退回"等带有"责令"的术语。例如《环境行政处罚办法》第 11 条规定："环境保护主管部门实施行政处罚时，应当及时作出责令当事人改正或者限期改正违法行为的行政命令。"

其三，责令改正型行政命令与责令停止型行政命令。责令改正型行政命令一般要求以积极作为的方式表现出来，行政机关通过督促下级行政机关或行政相对人正确适当履行义务、填补缺位履行、补救不当履行的方式来完成法定的义务。例如，《环境行政处罚办法》第 12 条明确列举了行政命令的具体形式，其中责令限期拆除、责令限期治理、责令重新安装使用就是典型的行政命令。责令改正是一种相对人课以"改正"义务的行政行为，旨在实现对义务的补充履行，具有纠正错误、填补缺失、弥补过错、挽救损害、还原法定状态、消除不良后果之意。② 而责令停止型行政命令通常以消极不作为方式表现出来，要求停止特定的违法行为。责令停止型行政命令与作为行政处罚的责令停产停业存在区别。前者的目的是调整违法状态，通过责令停止违法行为使违法状态恢复到法定状态，而后者是一种行为罚，具有行政处罚制裁性的特点，往往是对企业生产经营活动的全面停止，有较重的责难和惩戒意味。③

---

① 胡晓军：《行政性"命令"规范法律分析与探讨》，载《法治研究》2014 年第 2 期。

② 曹实：《行政命令与行政处罚的性质界分》，载《学术交流》2016 年第 2 期。

③ 曹实：《行政命令与行政处罚的性质界分》，载《学术交流》2016 年第 2 期。

二、行政命令之程序

理论界对于行政命令所应遵循的程序尚未形成统一的看法。为兼顾行政效率和行政民主，综合实践经验，行政命令的制定应当遵守下列共同程序规则，即制定、发布、履行。①

（一）行政命令的制定

行政命令一般发生在具有层级隶属的上下级之间，下级遵照上级的行政命令负责具体的实施。有时行政命令会涉及两个甚至多个部门，这就要求在制定行政命令时通过组织这些部门进行协商从而取得一致意见。在协商的过程中需要协调各方的意见，若反复协商不能取得一致意见，则需要就此项行政命令提交上级机关作出协调和裁决。②

（二）行政命令的发布

行政命令是对相对人课以特定义务的行为，以落实其法定义务为核心追求。③ 对于内部型行政命令，在其制定后送交有关机关后即发生法律效力。而对于外部型行政命令，则一般需要采用公告等方式向社会公布，在公布后才能发生法律效力。

（三）行政命令的履行

行政命令的实施是将法律明示或默示的义务具体化和明确化的过程。内部型行政命令一般由上级行政机关对下级行政机关作出，例如任免令、委任令、授权令等以"令"的形式要求下级行政机关履行特定的义务。下级行政机关在接到行政命令后，按照行政命令的要求将法定义务具体化并加以完善。外部

---

① 应松年主编：《行政行为法》，人民出版社 1993 年版，第 314~315 页。
② 参见罗豪才、湛中乐主编：《行政法学》，北京大学出版社 2012 年版，第 174 页。
③ 曹实：《行政命令地位和功能的分析与重构》，载《学习与探索》2016 年第 1 期。

型行政命令通常要求行政相对人为或不为一定行为，以行政制裁或者行政强制执行为保障。违法或者不当实施行政命令，将会导致相对人合法权益的侵害。①

三、行政命令之规制

行政命令是行政主体的依职权的行政行为，无须行政相对人的申请，因而存在较高的损害相对人合法权益的可能性。为了最大限度地发挥行政命令的积极作用，同时有效抑制其负面作用，应当建立完善的监督、制约机制，确立行政命令的基本程序和基本原则。② 对于行政命令的规制一般表现在行政命令设定权、行政命令范围以及等方面。

（一）合理确定行政命令的设定权

行政命令是能够对行政相对人的权利、义务产生影响的行政活动，在其设定的过程中应当遵循法律保留原则。行政命令的作出必须遵守法律的规定，在法律规定的限定范围之内对行政相对人的权益施加影响。合理确定行政命令的设定权要义有二：（1）行政主体必须在法定职权范围内作出行政命令；（2）在法律对行政相对人设定义务后，行政主体必须严格依据相应的规定作出行政命令，而不得超出法律对行政相对人设定的义务范围。

（二）严格控制行政命令的适用范围

行政命令本身并非制裁行为，它更多的是通过调整行政相对人的行为以恢复原先行政管理所希望达到的秩序状态，例如要求行为人停止违法行为、责令退还、责令改正、限期治理等。不过，如果相对人未在一定期限内，或者未按

---

① 姜明安主编：《行政法与行政诉讼法》，北京大学出版社、高等教育出版社2015年版，第262页。

② 姜明安主编：《行政法与行政诉讼法》，北京大学出版社、高等教育出版社2015年版，第262页。

要求履行相应的义务，则有可能导致行政处罚或行政强制。① 如果在行政管理的过程中，频繁或不恰当地使用行政命令则会给行政相对人的权益造成损害。因此，对于行政命令的行使应当严格控制在一定的范围内，不得以行政命令的形式对行政相对人科以新的义务。

（三）规范保障行政命令的救济

行政命令虽然不对行政相对人设定新的义务，但是其作为督促义务履行的行为，对行政相对人的合法权益同样可能产生较大影响。在实践中，对于在何种情况以及何种程度下应当对行政命令予以救济依然边界模糊、标准不一。从保障行政相对人合法权益的角度出发，以是否侵犯（或实质影响）行政相对人的合法权益为标准作出判断比较合理。② 当行政主体的行政命令造成行政相对人合法权益受损时，相对人可以通过申请行政复议或者提起行政诉讼来维护自己的权益，符合国家赔偿条件的还可以主张相应的国家赔偿。

典型案例 8-8：动感酒吧诉武威市凉州区环境保护局环保行政命令案③

【裁判摘要】

在夜间经营期间环境噪声排放及环境噪声污染已超过《社会生活环境噪声排放标准》规定限度，其行为违反了《中华人民共和国环境噪声污染防治法》第 43 条第 2 款"经营中的文化娱乐场所，其经营管理者必须采取有效措施，使其边界噪声不超过国家规定的环境噪声排放标准"的规定，行政机关应当作出责令改正违法行为的决定。

【相关法条】

《中华人民共和国环境噪声污染防治法》第 43 条第 2 款

---

① 参见罗豪才、湛中乐主编：《行政法学》，北京大学出版社 2012 年版，第 180 页。
② 胡建淼、江利红著：《行政法学》，中国人民大学出版社 2014 年版，第 256 页。
③ 本案裁判文书详见附录 16。

【基本案情】

甘肃省武威市凉州区环境保护局（以下简称区环保局）接到其辖区陆羽茶楼对动感酒吧环境噪声污染的投诉后，组织环境检查执法人员和环境检测人员先后于 2012 年 11 月 23 日、12 月 20 日和 12 月 22 日 22 时零 5 分至 23 时零 5 分，对动感酒吧环境噪声及环境噪声污染防治情况实施了现场检查（勘查）和采样检测，其夜间场界 4 个检测点环境噪声排放值分别达到 58.9dB（A）、55.4dB（A）、52.9dB（A）、56.9dB（A），均超过国家《社会生活环境噪声排放标准》（GB22337-2008）规定的环境噪声排放标准。区环保局于 2012 年 12 月 22 日制作了检测报告，认定动感酒吧夜间噪声达 58.9 分贝，超过国家规定的排放标准，其行为违反了《中华人民共和国环境噪声污染防治法》第 43 条第 2 款规定，并依据该法第 59 条规定，于 2013 年 1 月 18 日对动感酒吧作出责令改正违法行为决定书：责令其立即停止超标排放环境噪声的违法行为，限于 2013 年 2 月 28 日前，采取隔音降噪措施进行整改，并于 2013 年 2 月 28 日前将改正情况书面报告。

【裁判结果】

驳回武威市凉州区动感酒吧上诉，维持武威市凉州区人民法院〔2013〕凉行再字第 1 号行政判决书。

【裁判理由】

法院生效裁判认为，《行政诉讼法》第 5 条规定"人民法院审理行政案件，对具体行政行为是否合法进行审查"。被上诉人武威市凉州区环境保护局接到武威市凉州区东小北街陆羽茶楼对上诉人武威市动感酒吧在夜间经营期间环境噪声排放及环境噪声污染的投诉情况后，依法对其实施现场检查、采样检测。经检查、检测，上诉人在夜间经营期间环境噪声排放及环境噪声污染已超过《社会生活环境噪声排放标准》（GB22337-2008）规定的排放标准。其行为违反了《环境噪声污染防治法》第 43 条第 2 款"经营中的文化娱乐场所，其经营管理者必须采取有效措施，使其边界噪声不超过国家规定的环境噪声排放标准"的规定。被上诉人根据该法第 59 条"违反本法第 43 条第 2 款、第 44 条第 2 款的规定，造成环境噪声污染的，由县级以上地方人民政府环境保护行政主管部门责令改正，可以并处罚款"的规定，对上诉人依法作出凉环责改字〔2013〕×号《责令改正违法行为决定书》的行政行为合法。原判认定事实清楚，适用法律准确，判决并无不当。

典型案例8-9：湖州市南浔区综合行政执法局与湖州市南浔华纳家私厂规划行政命令上诉案①

【裁判摘要】

虽然法律法规对行政命令没有作出程序规定，但行政机关在作出行政命令时，仍得遵循行政法的正当程序原则，即至少应让行政相对人享有陈述与申辩的权利。

【相关法条】

《中华人民共和国行政诉讼法》第59条、第61条

【基本案情】

原告华纳家私厂的个体业主张某华于2002年4月与南浔镇新塘村签订《土地租赁协议》，约定租赁其位于新荡村西面面积为8.95亩的土地办厂，于2002年4月与南浔镇联谊村签订《土地使用协议书》，约定租用其面积为2.43亩的土地办厂。2003年12月9日，湖州市国土资源局对原告南浔华纳家私厂于2002年5月未经依法批准擅自占用南浔镇联谊村集体土地13930平方米建造厂房的行为，作出《土地行政处罚决定书》，责令原告退还非法占用的13930平方米土地，没收在非法占用的土地上新建的建筑物和其他设施，并处2元/平方米的罚款（计27860元）。2003年12月25日，原告向湖州市国土资源局提出折价购回被没收建筑物和其他设施的申请。2004年3月16日，原告缴纳了《土地行政处罚决定书》中要求的27860元罚款。2004年4月25日，湖州市国土资源局作出《关于同意折价购回在非法占用土地上新建建筑物的决定》，同意原告以13930元价格购回相关建筑物和设施，并要求原告依法补办用地手续。2017年4月12日，被告南浔区执法局向湖州供电公司客户服务中

---

① 本案裁判文书详见附录17。

心发了一份《已建违法建筑停止办理手续和提供服务通知书》，其内容为："地处南浔镇联谊村浔练公路西侧南浔华纳家私厂用地内涉嫌违法建设。该厂用地面积为 13930 平方米，现有建筑面积为 12680 平方米。该用地内现有建筑已涉嫌违反《浙江省城乡规划条例》第 60 条、《浙江省违法建筑处置规定》第 11 条第 5 项规定，根据《南浔区查处违法建筑部门联动工作制度》，请你单位接到本通知后参与联合执法，于 1 日内停止对该违法建筑供电服务，并及时将停止提供服务的信息反馈给我单位。"被告南浔区执法局在发出该通知的同时附两份附件，第一份为《关于南浔镇联谊村南浔华纳家私厂建设情况的征询意见的回函》，内容为湖州市南浔区住房和城乡建设局于 2017 年 4 月 12 日回复南浔区执法局，回复内容为：经查证，南浔华纳家私厂所建的位于南浔镇联谊村的厂房所在地属于城镇规划区范围外，该厂房建设项目未办理规划审批手续，违反了《浙江省城乡规划条例》第 60 条相关规定。第二份附件为违法建筑用电户停电清单，该份清单中违法建筑用电户户名序号 1 为湖州南浔华纳家私厂，用电户号为 3360041642；序号 2 为张某华，用电户号为 3318055392。湖州供电公司客户服务中心于 2017 年 4 月 13 日予以签收，并于 2017 年 4 月 19 日停止供电。

【裁判结果】

浙江省湖州市中级人民法院作出〔2017〕浙 05 行终 137 号行政判决书，驳回湖州市南浔区综合行政执法局，维持安吉县人民法院〔2017〕浙 0523 行初 95 号行政判决。

【裁判理由】

法院生效裁判认为，上诉人向湖州供电公司客户服务中心发送涉案《已建违法建筑停止办理手续和提供服务通知书》后，湖州供电公司客户服务中心停止了对被上诉人经营场所的供电服务，导致被上诉人经营场所用电权益受到影响。湖州供电公司客户服务中心停止供电行为系辅助上诉人的行为，故实质上系上诉人作出涉案《已建违法建筑停止办理手续和提供服务通知书》对被上诉人的权利义务带来影响，被上诉人与上诉人作出涉案《已建违法建筑停止办理手续和提供服务通知书》的行为具有法律上的利害关系。上诉人作出涉案

《已建违法建筑停止办理手续和提供服务通知书》时，应当知晓该行为对被上诉人的影响，故应在作出该行政行为前，依据正当程序原则，保障被上诉人的对行政行为的知情权、陈述申辩权，以及告知其救济方式。本案中上诉人仅向湖州供电公司客户服务中心发送涉案《已建违法建筑停止办理手续和提供服务通知书》，并未对被上诉人进行告知，也未保障其陈述申辩权，以及告知其救济方式，故应认定为程序违法。综上，上诉人南浔区执法局向湖州供电公司客户服务中心发送《已建违法建筑停止办理手续和提供服务通知书》的行政行为程序违法，应予撤销。

第五节 行政监察程序

行政监察与行政检查、行政调查在本质上存在相似或交叉之处，它们都包含检查、调查、处罚等内容，都是通过监督来规制违法行为，从而实现行政执法目标。行政监察目前仅存在于环保、土地、劳动行政执法等特殊领域，其原因一方面在于环保、土地、劳动等行政执法领域存在特殊性，更加需要一种有实效的监督检查机制以达到行政执法之目的；另一方面，行政监察制度还处于形成初期，尚未与行政检查、行政调查等制度严格区分，因而未能成为一项独立适用于各行政领域的制度。

一、行政监察之意涵

行政监察，是指行政主体依法对单位和个人执行和遵守法律、法规情况进行监督检查，并对违法者实施违法制止、法律制裁的行政执法活动及其过程。行政监察主要包括环境监察、土地监察、劳动监察等方面，主要表现为各行政监察主体依据法定职权对单位和个人执行和遵守《劳动法》《劳动合同法》《环境保护法》《土地管理法》等相关法律、法规的情况进行监督管理、调查勘验、制止处理。就现行行政监察相关法规而言，《土地监察暂行规定》（已被《国土资源执法监督规定》取代）对土地监察进行了规定，

《劳动保障监察条例》对劳动监察进行了规定，而《环境监察办法》则对环境监察进行了规定。

二、行政监察之原则

《劳动保障监察条例》《环境监察办法》《国土资源执法监督规定》等都对相关行政监察程序应遵循的原则作出了详细规定。① 行政监察主要应遵循以下原则：

（一）监察法定原则

基于行政法治原理，行政主体所作出的任何形式的行政监察，均必须恪守职权法定、程序法定和方式法定之原则。劳动监察、环境监察、土地监察程序之进行，必须严格遵循《劳动保障监察条例》第 10~11 条、《环境监察办法》第 6 条、《国土资源执法监督规定》第 6 条等所确定职责权限事项的范围，其检查、调查、处理等程序亦必须严格按照相关规定进行，相关主体可以采取的监察方式、措施也必须在法定范围之内。

（二）公正、公开、高效原则

行政监察应遵循公正、公开、高效原则。例如，如《国土资源执法监督规定》第 30 条规定："县级以上国土资源主管部门实行行政执法公示制度。县级以上国土资源主管部门建立行政执法公示平台，依法及时向社会公开下列信息，接受社会公众监督：（1）本部门执法查处的法律依据、管辖范围、工作流程、救济方式等相关规定；（2）本部门国土资源执法证件持有人姓名、编号等信息；（3）本部门作出的生效行政处罚决定和行政处理决定；（4）本部门公开挂牌督办案件处理结果；（5）本部门认为需要公开的其他执法监督事项。"又如，《劳动保障监察条例》第 17 条规定："劳动保障行政部门对违反

---

① 参见《劳动保障监察条例》第 8 条、《环境监察办法》第 3 条、《国土资源执法监督规定》第 3 条等规定。

劳动保障法律、法规或者规章的行为的调查，应当自立案之日起 60 个工作日内完成；对情况复杂的，经劳动保障行政部门负责人批准，可以延长 30 个工作日。"

（三）教育与惩戒相结合原则

行政监察之执法活动不以行政处罚为最终目的，其目标在于维护劳动秩序与劳动者的合法权益、保护环境、保护国土资源，在于维护公民、法人和其他组织的合法权益。[1] 因此，行政监察之执法程序应着重考量教育与惩戒相结合的因素，在管理、调查、监察、处理之决定与执行等方面应当平衡严格执法与引导守法的精神，以更好地实现劳动监察、环境监察、土地监察各类行政执法之目的。

三、行政监察之程序

综合《国土资源执法监督规定》《劳动保障监察条例》《环境监察办法》等对于行政监察之规定，行政监察大致需遵循以下程序：

（一）监察程序

与行政检查、行政调查类似，行政监察程序开始调查询问等措施之前也要进行相关的告知和表明身份程序，如《劳动保障监察条例》第 16 条规定："劳动保障监察员进行调查、检查，不得少于 2 人，并应当佩戴劳动保障监察标志、出示劳动保障监察证件。"调查过程中应遵循方式限定、人数要求、执法记录等规定，如《国土资源执法监督规定》第 25 条规定："县级以上国土资源主管部门实行行政执法全过程记录制度。根据情况可以采取下列记录方式，实现全过程留痕和可回溯管理：（1）将行政执法文书作为全过程记录的基本形式；（2）对现场检查、随机抽查、调查取证、听证、行政强制、送达等容易引发争议的行政执法过程，进行音像记录；（3）对直接涉及重大财产

---

[1]　参见《劳动保障监察条例》第 1 条、见《国土资源执法监督规定》第 1 条。

权益的现场执法活动和执法场所，进行音像记录。"行政监察应当在确定时限内作出结论或处理决定，如《劳动保障监察条例》第 17 条规定："劳动保障行政部门对违反劳动保障法律、法规或者规章的行为的调查，应当自立案之日起 60 个工作日内完成；对情况复杂的，经劳动保障行政部门负责人批准，可以延长 30 个工作日。"

（二）公开程序

行政监察应遵循公开原则。在一般情况下，行政监督应以便于公民知悉的有效方式公开其职权与行为依据、工作流程、处理结论等。例如，《国土资源执法监督规定》第 30 条规定："县级以上国土资源主管部门实行行政执法公示制度。县级以上国土资源主管部门建立行政执法公示平台，依法及时向社会公开下列信息，接受社会公众监督：（1）本部门执法查处的法律依据、管辖范围、工作流程、救济方式等相关规定；（2）本部门国土资源执法证件持有人姓名、编号等信息；（3）本部门作出的生效行政处罚决定和行政处理决定；（4）本部门公开挂牌督办案件处理结果；（5）本部门认为需要公开的其他执法监督事项。"《环境监察办法》第 27 条也规定；"环境保护主管部门应当依法公开环境监察的有关信息。"

（三）规制程序

行政监察程序之规制，主要包括错案追责处分、行政复议、行政诉讼、追究刑事责任等规制机制。

其一，行政处分与错案追责机制。对于行政监察错案，应建立责任追究机制，通过行政内部处分机制确保行政监察机关或个人在办案过程中尽到审慎义务。例如，《国土资源执法监督规定》第 33 条规定："县级以上国土资源主管部门实行错案责任追究制度。国土资源执法人员在查办国土资源违法案件过程中，因过错造成损害后果的，所在的国土资源主管部门应当予以纠正，并依照有关规定追究相关人员的过错责任。"《劳动保障监察条例》第 31 条也规定："劳动保障监察员滥用职权、玩忽职守、徇私舞弊或者泄露在履行职责过程中知悉的商业秘密的，依法给予行政处分。"《环境监察办法》第 17 条规定："对在环境监察工作中违法违纪的环境监察人员，依法给予处分。"《国土资源执法监督规定》第 34 条规定："县级以上国土资源主管部门及其执法人员有下列情形之一，致使公共利益或者公民、法人和其他组织的合法权益遭受重大损害的，应当依法给予处分。"第 35 条规定："县级以上国土资源主管部门及其执法人员有下列情形之一的，应当依法给予处分。"

其二，行政复议程序、行政诉讼程序及赔偿制度。公民、法人或其他组织认为行政监察行为侵犯其合法权益的，可提起行政复议；若对行政相对人认为行政监察对其合法权益造成实际损害，亦有权依法提起行政诉讼。例如，《劳动保障监察条例》第 19 条规定："用人单位依法享有申请行政复议或者提起行政诉讼的权利。"相应地，行政监察违法给公民、法人或其他组织造成损害的，在行政监察等行政过程（如交涉、协商）、行政复议程序、行政诉讼程序中可以提出行政机关承担赔偿的主张。

其三，追究刑事责任机制。行政监察机关及其工作人员在行使监察权力过程中存在违法违纪等行为导致监察权力不规范运行，致使公共利益或者公民、法人和其他组织的合法权益遭受重大损害并构成犯罪的，应依法追究刑事责任。例如，《劳动保障监察条例》第 31 条规定："劳动保障监察员滥用职权、玩忽职守、徇私舞弊或者泄露在履行职责过程中知悉的商业秘密……构成犯罪的，依法追究刑事责任。"《环境监察办法》第 17 条规定："对在环境监察工作中违法违纪的环境监察人员……涉嫌构成犯罪的，依法移送司法机关追究刑事责任。"《国土资源执法监督规定》第 35 条也规定："县级以上国土资源主管部门及其执法人员有下列情形之一的……构成犯罪的，依法追究刑事责。"

第九章　裁断性行政程序

　　裁断性行政程序，是指行政主体进行裁断性行政过程所应当遵循的行政程序。所谓裁断性行政过程，是指行政主体通过类似司法的程序和方式来调处和解决与行政事务有关联的特定纠纷的行政活动及其过程。就其具体内容而言，裁断性行政程序包括行政仲裁程序、行政裁决程序以及行政调解程序。其一，行政仲裁程序。行政仲裁是指行政主体以第三人的身份对特定的纠纷进行裁断之行政活动及其过程。行政仲裁具有主体的行政性、对象的特定性、结果的非终局性等秉性。行政仲裁主要表现为劳动人事争议仲裁和农村土地承包经营纠纷仲裁两种形式，前者是指仲裁机构根据当事人的申请，依法对劳动人事争议居中进行裁断的活动，应当遵循申请、受理、组庭、开庭、裁决、执行等程序。后者是指仲裁机构根据当事人的申请，依法对农村土地承包经营纠纷居中进行裁断的活动，应当遵循申请、受理、开庭、裁决、执行等程序。对于行政仲裁不服的，如果是非终局性仲裁的，可以向人民法院提起诉讼，如果是终局性仲裁的，则只有在特定情形下才可以起诉。其二，行政裁决程序。行政裁决是指行政主体依照法律授权，对特定民事争议进行审理并作出裁决的行政活动。行政裁决具有主体的行政性、对象的特定性、形式的准司法性等秉性。行政裁决承担着及时有效地解决当事人之间纠纷的重任，主要适用于权属纠纷、损害赔偿纠纷、补充纠纷、基层民间纠纷等领域。行政裁决应当遵循申请、受理、审查、裁决与执行等程序。对行政裁决不服的，在特定情况下可以申请行政复议或提起行政诉讼。

其三，行政调解程序。行政调解是指行政主体通过说服教育等方式促使当事人平等协商、互谅互让，从而达成协议，以解决民事争议或特定行政争议的活动。行政调解具有主体上的行政性、方式上的非强制性、效力上的非拘束性、救济上的特殊性等秉性。行政调解应当遵循申请、受理、调解、调解终结等程序。对行政调解不服的，可以就所调解的争议向法院提起诉讼。

裁断性行政，又称行政司法，是指行政主体通过类似司法的程序和方式来调处和解决与行政事务有关联的特定纠纷的行政方式，其典型代表有行政仲裁、行政裁决以及行政调解等。随着多元化纠纷解决机制的建立和完善，这类行政方式在行政法治实践中出现的频次和发生的作用将会得到显著提升。

第一节　行政仲裁程序

行政仲裁意指行政主体以第三人的身份对特定纠纷进行裁断之行政活动。1994 年《仲裁法》的颁布，将行政机关绝大部分的仲裁职能都转移给了独立于行政机关的民间仲裁委员会，而现行的行政仲裁主要包括劳动争议行政仲裁、人事争议行政仲裁和农村土地承包经营合同纠纷行政仲裁。由于我国并没有出台统一的《行政仲裁法》，行政仲裁的有关规范分布于单行的法律、法规和规章之中。

一、行政仲裁概述

行政仲裁制度在我国有较长的存在发展历史，早在井冈山革命斗争时期，政府就已采用行政仲裁的方式解决劳动争议。中华人民共和国成立后，我们逐渐建立起以行政仲裁为主要内容的仲裁制度。以 1994 年颁布的《仲裁法》为分野，行政仲裁制度发生了较大的变化。1994 年之前，在计划经济体制的影响下，仲裁主要是以行政的方式来体现计划经济的要求，仲裁仅指行政仲裁，不包括民间仲裁。① 随着市场经济的发展，1994 年颁布的《仲裁法》促使了行政仲裁向民间仲裁的改革和转轨，但这并不意味着行政仲裁制度的消失，而是代表着行政仲裁之内涵和外延发生变化。

（一）行政仲裁之理解

学界对行政仲裁含义的理解主要存在两种观点：（1）以主体为标准，将仲裁分为国家仲裁与民间仲裁，认为行政仲裁是国家行政机关的特定组织机构以第三方身份解决民事争议的行政司法活动。（2）以客体为标准定义，认为行政仲裁是对行政争议进行的仲裁，如对劳动争议、人事争议、土地争议等的仲裁。② 对行政仲裁的理解取决于是否将"民间仲裁"与"行政仲裁"相区别。1994 年《仲裁法》出台前，民商事纠纷和其他法律纠纷都由行政主管部门仲裁。在该法颁布实施后，我国的仲裁制度发生了重大变化。《仲裁法》的调整范围是"平等主体的公民、法人和其他组织之间发生的合同纠纷和其他财产权益纠纷"，继而在地市级以上设立了相应的仲裁委员会，对上述民商事纠纷进行仲裁。③ 人们习惯性地通过对仲裁委员会民间性法律身份的判断，将《仲裁法》规定的仲裁称为"民间仲裁"。④ 然而《仲裁法》的颁布并没有完全否认行政机关的仲裁职能，一些纠纷仍需要通过行政仲裁的方式解决。⑤ 行政仲裁是指行政机关设立的特定行政仲裁机构，依法按照仲裁程序对双方当事人之间的特定纠纷作出具有法律约束力的判断和裁决的活动。

---

① 李正华：《中国仲裁制度研究》，载《当代法学》2003 年第 3 期。

② 张尚鷟主编、张树义副主编：《走出低谷的中国行政法学——中国行政法学综述与评价》，中国政法大学出版社 1991 年版，第 282 页。

③ 根据《仲裁法》第 2 条的规定，平等主体的公民、法人和其他组织之间发生的合同纠纷和其他财产权益纠纷，可以仲裁。

④ 根据《仲裁法》第 14 条的规定，仲裁委员会独立于行政机关，与行政机关没有隶属关系。

⑤ 根据《仲裁法》第 3 条的规定，依法应当由行政机关处理的行政争议不能仲裁；根据《仲裁法》第 77 条的规定，劳动争议和农业集体经济组织内部的农业承包合同纠纷的仲裁，另行规定。

（二）行政仲裁之秉性

根据行政仲裁的概念，行政仲裁之秉性可以归纳为以下几点：（1）仲裁主体的行政性。行政仲裁的主体是由行政机关所设立的专门的行政性组织，仲裁主体在组织、工作等方面依附于行政机关。（2）仲裁对象的特定性。行政仲裁的对象既不属于行政争议，也不同于一般的民事纠纷，而具有一定的特殊性。具体而言，我国行政仲裁的范围主要是劳动争议、人事争议和农村土地承包合同争议。（3）仲裁结果的非终局性。对绝大部分行政仲裁而言，当事人如果对结果不服，可以通过司法途径获得救济。

（三）行政仲裁之类型

在 1994 年《仲裁法》颁布之前，行政仲裁范围广泛，门类齐全，当时我国共有 14 部法律、82 个行政法规和 190 个地方性法规对仲裁，主要是行政仲裁问题作了规定。①《仲裁法》的出台将行政机关的仲裁职能之绝大部分转移给了独立于行政机关的民间仲裁委员会。根据《仲裁法》之规定，平等主体的公民、法人和其他组织之间发生的合同纠纷和其他财产权益纠纷由仲裁委员会仲裁。然而，《仲裁法》的颁行并不等于把一切纠纷和争议都排除在行政仲裁之外，我国仍存在《仲裁法》规定的仲裁范围之外的某些纠纷，如劳动争议和农业承包合同纠纷的仲裁，这些都不属于平等主体之间发生的纠纷，当然就不由民间仲裁来解决。② 所以，《仲裁法》第 77 条规定："劳动争议和农业集体经济组织内部的农业承包合同纠纷的仲裁，另行规定。" 除此之外，根据原人事部等三部委制定的《人事争议处理规定》，人事争议仲裁由人事争议仲裁委员会进行，也属于行政仲裁的范畴。所以，行政仲裁一般被理解为包括劳动争议仲裁、人事争议仲裁、农业承包合同纠纷仲裁等。

劳动争议仲裁与人事争议仲裁的界分源于劳动争议与人事争议的区别，也就

---

① 参见何兵主编：《和谐社会与纠纷解决机制》，北京大学出版社 2007 年版，第 214 页。
② 陈立峰、王海量：《论我国〈仲裁法〉的管辖范围》，载《北京仲裁》2006 年第 1 期。

是劳动关系与人事关系的区分。传统的人事关系是国家机关、事业单位、社会团体与其工作人员之间具有终身性的非合同劳动关系，其与企业实行劳动合同制以后的劳动关系体现着不同的劳动力资源配置机制，即企业的劳动关系为市场配置机制，人事关系为行政配置机制。故劳动、人事争议处理实行机构和规则的"双分立"。① 劳动争议仲裁由劳动争议仲裁委员会进行并遵循《企业劳动争议处理条例》，而人事争议仲裁由人事争议仲裁委员会进行并遵循《人事争议处理规定》。然而，随着事业单位的聘用合同制改革，劳动关系与人事关系的区别日益淡化，劳动争议与人事争议处理合二为一成为劳动立法领域改革的新趋势。

这一改革首先体现在 2007 年 6 月颁布的《劳动合同法》当中，该法首次将劳动合同与聘用合同统一为劳动合同进行规范。② 2007 年 12 月颁布的《劳动争议调整仲裁法》虽然仍使用"劳动争议"的名称，然而正如该法草案的起草者所说："刚开始的草案叫《劳动人事争议仲裁法》，现在虽然不再写'人事'了，但是有关人事方面的争议实际上已经包括进来了。"③ 该法第 52 条明确规定，事业单位实行聘用制的工作人员与本单位发生劳动争议的，依照本法执行。2008 年 3 月原人事部和原劳动与社会保障部合并组建为人力资源和社会保障部的机构改革措施则进一步体现了这一改革思路。2009 年 1 月颁布的《劳动人事争议仲裁办案规则》（2017 年《劳动人事争议仲裁办案规则》施行，该规则同时废止）则首次统一了劳动争议与人事争议的仲裁的办案规则，整合了两种仲裁制度。2010 年 1 月颁布的《劳动人事争议仲裁组织规则》（2017 年《劳动人事争议仲裁组织规则》施行，该规则同时废止）则在制度整合的基础上着重整合了两套机构。

---

① 王全兴、王文珍：《我国劳动争议处理立法的若干基本选择》，载《中国劳动》2007年第 1 期。

② 根据《劳动合同法》第 96 条的规定，事业单位与实行聘用制的工作人员订立、履行、变更、解除者终止劳动合同，法律、行政法规或者国务院另有规定的，依照其规定；未作规定的，依照本法有关规定执行。

③ 王文珍、张世诚：《〈劳动争议调解仲裁法〉的新突破》，载《中国劳动》2008年第 2 期。

二、劳动人事争议仲裁

劳动人事争议仲裁是指劳动人事争议仲裁机构根据当事人的申请，依法对劳动人事争议居中进行裁断的活动。劳动人事争议仲裁由其所具有的公平、秘密、快速、经济、专业、柔性等特性，因而成为解决劳动人事争议的重要方式。2007年12月颁布的《劳动争议调解仲裁法》在原先《企业劳动争议处理条例》和《人事争议处理决定》的基础上扩大了调整范围，将劳动争议与人事争议全部包括进来，随后颁行的《劳动人事争议仲裁办案规则》和《劳动人事争议仲裁组织规则》则分别从程序和组织上整合了原先的劳动争议仲裁和人事争议仲裁。

（一）仲裁主体

劳动人事争议仲裁之主体是各级劳动人事争议仲裁委员会。同时，劳动人事争议仲裁委员会下设办事机构负责日常工作，聘请的仲裁员负责具体办案。

其一，劳动人事争议仲裁委员会。劳动人事争议仲裁委员会是在整合原劳动争议仲裁委员会和原人事争议仲裁委员会基础上设立的。从设立原则看，《劳动争议调解仲裁法》已经改变了过去《企业劳动争议处理条例》在县、市、市辖区应当设立劳动争议仲裁委员会的规定，而实行按照统筹规划、合理布局和适应实际需要的原则设立，不按行政区划层层设立。《劳动人事争议仲裁组织规则》延续了这一原则。① 从设立主体看，仲裁委员会由省、自治区、直辖市人民政府依法设立，即省、自治区人民政府可以决定在市、县设立；直辖市人民政府可以决定在区、县设立；直辖市、设区的市也可以设立一个或若干个劳动争议仲裁委员会。从内部组成看，《劳动争议调解仲裁法》确立了"三方原则"。② 《劳动人事争议仲裁组织规则》在这个基本原则的指导下，结合人事争议仲裁委员会整合后的实际情况，对劳动人事争议仲裁委员会的组成

---

① 根据《劳动人事争议仲裁组织规则》第4条的规定，仲裁委员会按照统筹规划、合理布局和适应实际需要的原则设立。

② 根据《劳动争议调解仲裁法》第19条的规定，劳动争议仲裁委员会由劳动行政部门代表、工会代表和企业方面代表组成。

进行了细化规定。① 从履行职责来看，劳动人事争议仲裁委员会的职责包括：聘任、解聘专职或者兼职仲裁员；受理争议案件；讨论重大或者疑难的争议案件；对仲裁活动进行监督。此外，《劳动人事争议仲裁组织规则》还进一步对仲裁委员会的会议制度作出具体规定，以保障其职责的履行。②

其二，办事机构。劳动人事争议仲裁委员会由三方代表所组成，相对虚设，虽然有明确规定的会议制度，但并不能满足日常工作的需要，所以其下设办事机构，负责具体工作。虽然《劳动争议调解仲裁法》已就办事机构的设立作出规定，③ 但这一办事机构是设在劳动行政部门，④ 受行政部门机构编制的限制，在行政部门内部，专门从事争议仲裁工作的机构和人员难以满足仲裁工作的需求，"案多人少"的矛盾突出。因此，《劳动人事争议仲裁组织规则》明确规定仲裁委员会可设立实体化的办事机构，具体承担争议仲裁等日常工作。实践中，各地目前普遍采用"仲裁院"的形式作为实体化的仲裁委员会办事机构。

其三，仲裁员。仲裁员是仲裁工作的具体承担者。为了规范对仲裁员的管理，《劳动人事争议仲裁组织规则》设置了较为严格的仲裁员入职和去职规定。就仲裁员入职而言，仲裁员是由劳动人事争议仲裁委员会聘任，仲裁员可以是专职也可以由特定人员兼职。⑤ 仲裁员无论是专职还是兼职都应当符合一

---

① 根据《劳动人事争议仲裁组织规则》第 5 条的规定，仲裁委员会由干部主管部门代表、人力资源社会保障等相关行政部门代表，军队文职人员工作管理部门代表、工会代表和用人单位代表等组成。

② 根据《劳动人事争议仲裁组织规则》第 8 条的规定，仲裁委员会应当每年至少召开两次全体会议，研究职责履行情况和重要工作事项。仲裁委员会主任或者三分之一以上的仲裁委员会组成人员提议召开仲裁委员会会议的，应当召开。仲裁委员会的决定实行少数服从多数的原则。

③ 根据《劳动争议调解仲裁法》第 19 条的规定，劳动争议仲裁委员会下设办事机构，负责办理劳动争议仲裁委员会的日常工作。

④ 根据《劳动争议仲裁委员会组织规则》第 3 条的规定，地方各级劳动行政主管部门的劳动争议处理机构为仲裁委员会的办事机构。

⑤ 根据《劳动人事争议仲裁组织规则》第 19 条的规定，仲裁委员会应当依法聘任一定数量的专职仲裁员，也可以根据办案工作的需要，依法从干部主管部门、人力资源社会保障行政部门、军队文职人员工作主管部门、工会、企业组织等相关机构的人员以及专家、学者、律师中聘任兼职仲裁员。

定的条件，根据《劳动争议调解仲裁法》的相关规定，仲裁员应公道正派并符合下列条件之一：曾任审判员的；从事法律研究、教学工作并具有中级以上职称的；具有法律知识、从事人力资源管理或者工会等专业工作满 5 年的；律师执业满 3 年的。除了对仲裁员的任职资格作出明确要求，为了保证仲裁员能够胜任仲裁工作，《劳动人事争议仲裁组织规则》还规定了要对仲裁员进行聘前培训以及平时的业务培训。①

（二）仲裁范围

如前所述，我国长期以来一直实施劳动争议处理和人事争议处理"分立"的体制，所以劳动争议仲裁和人事争议仲裁有着不同的受理范围。一般来说，劳动争议仲裁解决的是"因企业开除、除名、辞退职工和职工辞职、自动离职；因执行国家有关工资、保险、福利、培训、劳动保护的规定；因履行劳动合同发生的争议"，人事争议仲裁解决的则是"事业单位与其工作人员之间因辞退、辞职及履行聘用合同发生的争议"。聘用合同的采用是事业单位聘用制改革的结果。所谓聘用制是以合同的形式确定事业单位与职工基本人事关系的一种用人制度，通过签订聘用合同，确定单位与个人的聘用关系，明确并履行双方的权利义务。② 聘用关系已不同于以往的人事关系而属于广义上的劳动关系，聘用合同也属于劳动合同的一种形式。因此，劳动争议仲裁和人事争议仲裁应当进行有效整合，并确立一个统一的仲裁范围。对此，可以分别从主体与标的两个方面界定。

---

① 根据《劳动人事争议仲裁组织规则》第 27 条的规定，人力资源社会保障行政部门负责对拟聘任的仲裁员进行聘前培训。拟聘为省、自治区、直辖市仲裁委员会仲裁员及副省级市仲裁委员会仲裁员的，参加人力资源社会保障部组织的聘前培训。拟聘为地（市）、县（区）仲裁委员会仲裁员的，参加省、自治区、直辖市人力资源社会保障行政部门组织的仲裁员聘前培训。根据《劳动人事争议仲裁组织规则》第 28 条的规定，人力资源社会保障行政部门负责每年对本行政区域内的仲裁员进行政治思想、职业道德、业务能力和作风建设培训。

② 潘晨光：《我国事业单位聘用制改革分析》，载《社会科学管理与评论》2006 年第 3 期。

其一，仲裁范围之主体界定。《企业劳动争议处理条例》将仲裁所涉及的争议主体限定为企业与职工，而《人事争议处理规定》则将仲裁所涉及的争议主体限定为聘任单位与聘任人员以及聘用单位与聘用人员。然而，根据整合劳动争议仲裁和人事争议仲裁的改革思路，我们应当将仲裁所涉及的争议主体界定为"用人单位"和"劳动者"，从而扩大仲裁的受案范围。《劳动争议调解仲裁法》的相关条款已经体现了这一改革趋势。① 所谓用人单位，其并不局限于企业，还可以是企业、个体经济组织、民办非企业单位等组织、国家机关、军事机关、事业单位、社会团体等。② 所谓劳动者是与上述用人单位建立劳动关系、聘用关系或者聘任关系的个人。双方之间发生的特定争议都可以提交劳动人事争议仲裁委员会仲裁。

其二，仲裁范围之标的界定。所谓标的是指当事人之间因权利义务产生的争议而指向的对象。用人单位与劳动者之间的争议并非全部纳入仲裁的范围，但目前呈现出扩大的趋势。劳动立法所遵循的一个原则是"涉及劳动关系运行过程中发生的争议，除了劳动保障监察或者行政渠道能够解决的以外，都尽可能通过调解仲裁的方式来解决。因为劳动争议本身的特点还是决定了应该尽量以柔性化的手段来处理"。③ 因此，从《企业劳动争议处理条例》到《劳动人事争议仲裁办案规则》普遍采用列举加兜底条款的方式进行规定并且其范围不断扩大。其中《劳动人事争议仲裁办案规则》在整合劳动争议仲裁与人事争议仲裁的基础上对仲裁范围作出了较为全面和详细的规定。

---

① 根据《劳动争议调解仲裁法》第2条的规定，中华人民共和国境内的用人单位与劳动者发生的下列争议适用本法。……

② 根据《劳动合同法》第2条的规定，中华人民共和国境内的企业、个体经济组织、民办非企业单位等组织与劳动者建立劳动关系、订立、履行、变更、解除或者终止劳动合同，适用本法。国家机关、事业单位、社会团体和与其建立劳动关系的劳动者，订立、履行、变更、解除或者终止劳动合同，依照本法执行。

③ 王全兴、王文珍：《我国劳动争议处理立法的若干基本选择》，载《中国劳动》2007年第1期。

（三）仲裁程序

如前所述，《劳动争议调解仲裁法》已将人事争议仲裁纳入调整范围，所以在劳动争议仲裁与人事争议仲裁整合后，其仲裁程序也应该遵循《劳动争议调解仲裁法》的有关规定。①

其一，申请。申请是启动争议仲裁的第一步，争议仲裁机构受理争议案件实行"不告不理"原则，没有当事人的申请，争议仲裁机构无权对争议进行干预、处理。

（1）申请时效。仲裁的申请时效与当事人的权益保护密切相关，合理的申请时效应该保证当事人，特别是处于相关弱势地位的劳动者能够有充足的时间提出申请从而获得法律救助的机会。《劳动法》将仲裁申请时效规定为60天，然而在实践中，60日的期间过短无法满足当事人权益保护的需求。② 因此《劳动争议调解仲裁法》将仲裁申请时效延长为1年，同时规定了时效中断、中止制度，并且规定在劳动关系存续期间拖欠劳动报酬发生争议的，不受仲裁时效期间的限制。③

（2）申请人。发生争议的劳动者和用人单位都可以向仲裁委员会提出仲裁的申请，且只要一方申请即可进入仲裁，无须双方事先约定，也无须对方当事人同意。

---

①　根据《劳动争议调解仲裁法》第52条的规定，事业单位实行聘用制的工作人员与本单位发生劳动争议的，依照本法执行。

②　根据《劳动法》第82条的规定，提出仲裁要求的一方应当自劳动争议发生之日起60日内向劳动争议仲裁委员会提出书面申请。

③　根据《劳动争议调解仲裁法》第27条的规定，劳动争议申请仲裁的时效期间为1年。仲裁时效期间从当事人知道或者应当知道其权利被侵害之日起算。前款规定的仲裁时效，因当事人一方向对方当事人主张权利，或者向有关部门主张权利救济，或者对方当事人同意履行义务而中断。从中断时起，仲裁时效期间重新计算。因不可抗力或者有其他正当理由，当事人不能在本条第一款规定的仲裁时效期间申请仲裁的，仲裁时效中止。从中止时效的原因消除之日起，仲裁时效期间继续计算。劳动关系存续期间因拖欠劳动报酬发生争议的，劳动者申请仲裁不受本条第一款规定的仲裁时效期间的限制；但是，劳动关系终止的，应当自劳动关系终止之日起1年内提出。

（3）申请条件。根据《劳动争议调解仲裁法》的规定，申请人申请仲裁，应当提交书面仲裁申请，书写仲裁申请确有困难的，可口头申请，由仲裁委员会记入笔录并告知对方当事人。① 仲裁申请书应当载明下列事项：一是劳动者的姓名、性别、年龄、职业、工作单位和住所，用人单位的名称、住所和法定代表人或者主要负责人的姓名、职务；二是仲裁请求和所根据的事实、理由；三是证据和证据来源、证人姓名和住所。

其二，受理。受理是仲裁委员会根据当事人的申请，对符合条件的争议事项予以立案的程序，主要包括受理时限以及受理条件等内容。

（1）受理时限。根据《劳动争议调解仲裁法》的规定，劳动争议仲裁委员会收到仲裁申请之日起 5 日内，认为符合受理条件的，应受理并通知申请人；认为不符合受理条件的，应书面通知申请人不予受理，并说明理由。对不予受理或逾期未作出决定的，申请人可以就该劳动争议事项向法院提起诉讼。

（2）受理条件。《劳动争议调解仲裁法》对此并没有作出详细的规定。根据《劳动人事争议仲裁办案规则》的规定，仲裁委员会受理申请的条件有四：一是属于劳动人事争议的范围；二是有明确的仲裁请求和事实理由；三是在申请仲裁的法定时效期间内；四是属于仲裁委员会管辖。② 同时，该规则也对不符合受理条件的仲裁申请规定了相应的处理方式：一是不符合上述前三项条件的仲裁申请，仲裁委员会不予受理，并在收到仲裁申请之日起 5 日内向申请人出具不予受理通知书；二是对不符合第四项规定的仲裁申请，仲裁委员会应当

---

① 根据《劳动人事争议仲裁办案规则》第 29 条的规定，申请人申请仲裁应当提交书面仲裁。申请材料齐备的，仲裁委员会应当出具收件回执。对于仲裁申请书不规范或者材料不齐备的，仲裁委员会应当当场或者在 5 日内一次性告知申请人需要补正的全部材料。申请人按要求补正全部材料的，仲裁委员会应当出具收件回执。

② 根据《劳动争议调解仲裁法》第 21 条的规定，劳动争议由劳动合同履行地或者用人单位所在地的劳动争议仲裁委员会管辖。双方当事人分别向劳动合同履行地和用人单位所在地的劳动争议仲裁委员会申请仲裁的，由劳动合同履行地的劳动争议仲裁委员会管辖。又根据《劳动人事争议仲裁办案规则》第 8 条的规定，劳动合同履行地为劳动者实际工作场所地，用人单位所在地为用人单位注册、登记地或者主要办事机构所在地。用人单位未经注册、登记的，其出资人、开办单位或者主管部门所在地为用人单位所在地。

在收到仲裁申请之日起 5 日内，向申请人作出书面说明并告知申请人向有管辖权的仲裁委员会申请仲裁。

其三，仲裁庭。仲裁委员会处理争议案件应当组成仲裁庭，实行一案一庭制。仲裁庭的组成是仲裁程序进入实质性阶段的开始，其主要包括仲裁庭的组织形式、产生方式，仲裁员的回避等内容。

（1）仲裁庭的组成。仲裁庭由三名仲裁员组成，设首席仲裁员。简单劳动争议案件可以由一名仲裁员独任仲裁。① 仲裁庭组成不符合规定的，仲裁委员会应当予以撤销并重新组庭。

（2）仲裁庭的产生方式，即仲裁员的产生方式。不同于民商事仲裁产生仲裁员所秉持的当事人意思自治原则，劳动人事争议仲裁员一直以仲裁机构指定为主。② 新颁布的《劳动争议调解仲裁法》以及《劳动人事争议仲裁组织规则》并没有对仲裁庭的产生方式作出详细规定，然而根据"劳动争议仲裁委员会应当设仲裁员名单"等条款以及劳动人事争议"去行政化"的理念，当事人选择仲裁员将是劳动人事争议仲裁的发展趋势。

（3）以书面方式提出回避申请。当事人提出回避申请，应当说明理由，在案件开始审理时提出；回避事由在案件开始审理后知道的，也可以在庭审辩论终结前提出。仲裁员是否回避由仲裁委员会主任或其授权的办事机构负责人决定。被申请回避的仲裁员在仲裁委员会作出回避的决定前，应当暂停参与本案的处理，但因案件需要采取紧急措施的除外。

其四，开庭。劳动人事争议仲裁是一种"准司法"的行政活动，所以其庭审过程与诉讼过程类似。仲裁员应当听取申请人的陈述和被申请人的答辩，主持庭审调查、质证和辩论、征询当事人的最后意见，并进行调解。

---

① 根据《劳动人事争议仲裁组织规则》第 13 条的规定，下列案件应当由三名仲裁员组成仲裁庭：（1）10 人以上并有共同请求的争议案件；（2）履行集体合同发生的争议案件；（3）有重大影响或者疑难复杂的争议案件；（4）仲裁委员会认为应当由三名仲裁员组庭处理的其他争议案件。

② 根据《劳动争议仲裁委员会组织规则》第 21 条的规定，仲裁庭的首席仲裁员由仲裁委员会负责人或授权其办事机构负责人指定，另两名仲裁员由仲裁委员会授权其办事机构指定或由当事人各选一名。

（1）当事人的确定。一般来说，发生争议的劳动者和用人单位是仲裁案件的双方当事人。然而有几种特殊的情况：一是劳务派遣单位或用工单位与劳动者发生劳动争议的，劳务派遣单位和用工单位为共同当事人；二是发生争议的用人单位被吊销营业执照、责令关闭、撤销以及用人单位决定提前解散、歇业，不能承担相关责任的，依法将其出资人、开办单位或主管部门作为共同当事人；三是劳动者与个人承包经营者发生争议的，依法向仲裁委员会申请仲裁的，应当将发包组织和个人承包经营者作为当事人。

（2）举证责任分配。一般来说，仲裁举证责任依照"谁主张、谁举证"的原则分配，即当事人对自己的主张有责任提供证据，承担举证责任的当事人应当在仲裁委员会指定的期限内提供有关证据，当事人在指定的期限内不提供的，应当承担不利后果。然而有以下几种特殊情况：一是与争议有关的证据属于用人单位掌握管理的，用人单位应当提供；用人单位不提供的，应当承担不利后果；二是在法律没有具体规定，无法确定举证责任承担时，仲裁庭可以根据公平原则和诚实信用原则，综合当事人举证能力等因素确定举证责任的承担；三是当事人因客观原因不能自行收集证据，仲裁委员会可以根据当事人的申请，参照《中华人民共和国民事诉讼法》有关规定予以收集；仲裁委员会认为有必要的，也可以决定参照《中华人民共和国民事诉讼法》有关规定予以收集。

（3）和解与调解。当事人申请仲裁后可以自行和解，达成和解协议的，可以撤回仲裁申请，也可以请求仲裁庭根据和解协议制作调解书。同时，仲裁庭在作出裁决前，应当先进行调解。① 调解达成协议的，仲裁庭应当制作调解书；调解不成或调解书送达前，一方当事人反悔的，仲裁庭应当及时作出裁决。

其五，裁决。如果无法调解或者调解没有产生法律效力，仲裁庭需要作出

---

① 根据现行《劳动人事争议仲裁办案规则》第68条的规定，仲裁委员会在申请人申请仲裁时，可以引导当事人通过协商、调解等方式解决争议，给予必要的法律释明及风险提示。

裁决。应着重关注以下几方面的内容。

（1）裁决的期限。原《企业劳动争议处理条例》规定作出裁决的期限为 60 日，必要时可以再延长 30 日，然而实践中，劳动争议处理周期过长的问题日益凸显。①《劳动争议调解仲裁法》将争议裁决的期限缩短为 45 天，案情复杂需要延期的，经报仲裁委员会批准，可以延期并书面通知当事人，但延长期限不得超过 15 日。同时，仲裁裁决期限的起算时间为"自仲裁申请受理之日"，然而有几种特殊情形：一是申请人需要补正材料的，仲裁委员会受到仲裁申请的时间从材料补正之日起计算；二是增加、变更仲裁申请的，仲裁期限从受理增加、变更仲裁申请之日起重新计算；三是仲裁申请和反申请合并处理的，仲裁期限从受理反申请之日起重新计算；四是案件移送管辖的，仲裁期限从接受移送之日起计算。

（2）裁决的方式。裁决应当按照多数仲裁员的意见作出，少数仲裁员的不同意见应当记入笔录。仲裁庭不能形成多数意见时，裁决应当按照首席仲裁员的意见作出。裁决应当以裁决书的形式作出，裁决书应当载明仲裁请求、争议事实、裁决理由、裁决结果和裁决日期。

（3）裁决的内容。从内容上看，仲裁裁决可以包括终局性裁决和非终局性裁决。在《劳动争议调解仲裁法》颁行之前，劳动人事争议仲裁的裁决一直具有非终局性。② 虽然这一制度保障了当事人获得司法救济的途径，然而在实践中却产生了很多弊端，主要体现在两个方面：一是仲裁的非终局性可能导致当事人（主要是用人单位）恶意诉讼，拖延时间，从而增加另一方当事人（主要是劳动者）的维权成本；二是仲裁的非终局性导致了仲裁的诉讼化，即经过仲裁裁决的案件，法官仍要进行实体上的审理，这反过来导致仲裁机构纷纷以诉讼标准来规范仲裁，导致仲裁程序诉讼化以及仲裁证据规则诉讼化，使

---

① 根据《企业劳动争议处理条例》第 32 条的规定，仲裁庭处理劳动争议，应当自组成仲裁庭之日起 60 日内结束。案情复杂需要延期的，经报仲裁委员会批准，可以适当延期，但是延长的期限不得超过 30 日。

② 根据《企业劳动争议处理条例》第 6 条的规定，对仲裁裁决不服的可以向人民法院起诉。

仲裁的优势无法发挥。① 从法理上说，为了保证裁决的公正性，有必要在一定程度上形成诉讼监督、制约仲裁的格局，但为了保证仲裁的实质有效性、能够发挥其解纷止争的社会功能，必须保证诉讼与仲裁之间的合理张力。② 因此，应该在一定程度上保证仲裁裁决的终局性，司法救济和监督的方式应该体现为仲裁裁决作出后一定时间内，当事人可以申请法院撤销。《劳动争议调解仲裁法》规定了有限的"一裁终局"制，其中的"有限"体现在两方面：一方面，只有部分争议适用一裁终局；③ 另一方面，劳动者对上述争议，在裁决后仍可以向人民法院起诉，但用人单位只能在特定的情形下请求人民法院撤销。

其六，执行。当事人对发生法律效力的裁决书应当依照规定的期限履行。一方当事人逾期不履行的，另一方当事人可以依照《民事诉讼法》的有关规定向人民法院申请执行。仲裁庭对追索劳动报酬、工伤医疗费、经济补偿或赔偿金的案件，根据当事人的申请，可以裁决先予执行。④

（四）不服仲裁裁决的救济

不服劳动人事争议仲裁裁决的救济方式因裁决内容和当事人的不同而有所区别。

其一，不服非终局裁决的救济。当事人对非终局仲裁裁决不服的，可以自收到仲裁裁决书之日起 15 日内向法院提起诉讼；期满不起诉的，裁决书发生法律效力。

---

① 翟玉娟：《劳动争议 ADR 研究》，载《法学评论》2009 年第 4 期。

② 董保华：《论我国劳动争议处理立法的基本定位》，载《法律科学》2008 年第 2 期。

③ 根据《劳动争议调解仲裁法》第 47 条的规定，下列劳动争议，除本法另有规定的外，仲裁裁决为终局裁决：（1）追索劳动报酬、工伤医疗费、经济补偿或者赔偿金，不超过当地月最低工资标准十二个月金额的争议；（2）因执行国家的劳动标准在工作时间、休息休假、社会保险等方面发生的争议。

④ 根据《劳动争议调解仲裁法》第 44 条的规定，仲裁庭裁决先予执行的，应当符合下列条件：（1）当事人之间权利义务关系明确；（2）不先予执行将严重影响申请人的生活。

其二，不服终局裁决的救济。不服终局裁决的救济又因当事人的不同而有所区别。对用人单位而言，用人单位只能在有证据证明终局仲裁裁决有下列情形之一，才可自收到仲裁裁决书之日起 30 内向仲裁委员会所在地的中级法院申请撤销该裁决：（1）适用法律、法规确有错误的；（2）劳动争议仲裁委员会无管辖权的；（3）违反法定程序的；（4）裁决所根据的证据是伪造的；（5）对方当事人隐瞒了足以影响公正裁决的证据的；（6）仲裁员在仲裁该案时有索贿受贿、徇私舞弊、枉法裁决行为的。对劳动者而言，只要对终局仲裁裁决不服，就可以在收到仲裁裁决书之日起 15 日内向人民法院起诉。这一立法区别突出体现了向劳动者利益倾斜、赋予劳动者更多法律保护的指导思想，使最弱势的劳动者不必因一些普遍性、多发性的劳动争议而去面对复杂的诉讼程序。而且，通过劳动者选择是否仲裁终局，既使劳动争议仲裁的权威性变成现实，使其真正成为保护劳动者的利器，也使这些类型的劳动争议能够主要通过仲裁程序解决，从而实现对仲裁的司法监督，减轻劳动争议审判的压力。①

三、农村土地承包经营纠纷仲裁

近年来，随着工业化、城镇化的推进和现代农业建设，农村土地承包经营纠纷呈多发趋势，纠纷表现出来的矛盾十分复杂，已经成为影响农村和谐稳定的因素之一。因此，有效化解矛盾，解决纠纷是保护农民权利，维持农村稳定的关键。其中，建立符合我国实际的农村土地承包经营纠纷仲裁制度，对于稳定农村基本经营制度，保障农民土地承包经营权，促进农业、农村经济发展和农村社会稳定，具有重要意义。② 2002 年通过的《农村土地承包法》虽然明确了仲裁这一争议解决方式，但由于规定较为原则，既没有设定相应的仲裁机构和职权，也没有设定仲裁程序，实际上造成了农村土地承包纠纷仲裁的无法

---

① 肖竹：《〈劳动争议调解仲裁法〉中劳动争议处理体制的适用问题研究》，载《政法论丛》2009 年第 2 期。

② 董景山：《农村土地承包经营纠纷仲裁相关问题探讨》，载《兰州学刊》2009 年第 7 期。

可依。① 2009 年 6 月 27 日通过、2010 年 1 月 1 日起施行的《农村土地承包经营纠纷调解仲裁法》作为我国农村土地承包经营纠纷解决机制方面的一部重要立法，在农村土地承包经营纠纷仲裁制度的建设上作出了许多重大的改革与创新。本节主要根据《农村土地承包经营纠纷调解仲裁法》以及之后颁行的《农村土地承包经营纠纷仲裁规则》，对我国现有的农村土地承包经营纠纷行政仲裁予以介绍。

（一）仲裁主体

农村土地承包经营纠纷仲裁是仲裁机构对土地承包经营纠纷的居中裁断活动，其主体是农村土地承包仲裁委员会。仲裁委员会的日常工作由当地农村土地承包管理部门承担，同时聘请仲裁员负责具体办案。

其一，仲裁委员会。农村土地承包仲裁委员根据解决农村土地承包经营纠纷的实际需要，在当地人民政府的指导下，可以在县和不设区的市设立，也可以在设区的市或者其市辖区设立。其职责包括聘任、解聘仲裁员、受理仲裁申请及监督仲裁活动。从农村土地承包仲裁委员会的设立特点看，为了适应土地承包经营纠纷的特点，最大限度地满足农民解决纠纷的需要，仲裁委员会的设置具有基层性，即只设立在县一级。农村土地承包仲裁委员会由当地人民政府及其有关部门代表、有关人民团体代表、农村集体经济组织代表、农民代表和法律、经济等相关专业人员兼任组成，其中农民代表和法律、经济等相关专业人员不得少于组成人员的 1/2。仲裁委员会设主任 1 人、副主任 1~2 人和委员若干人。主任、副主任应由全体组成人员选举产生。

其二，仲裁员。仲裁委员会应当从公道正派的人员中聘任仲裁员。仲裁员应符合下列条件之一：从事农村土地承包管理工作满 5 年；从事法律工作或人民调解工作满 5 年；在当地威信较高并熟悉农村土地承包法律以及国家政策的

---

① 根据《农村土地承包法》（2002 年）第 51 条的规定，因土地承包经营发生纠纷的，双方当事人可以通过协商解决，也可以请求村民委员会、乡（镇）人民政府等调解解决。当事人不愿协商、调解或者协商、调解不成的，可以向农村土地承包仲裁机构申请仲裁。

居民。这些仲裁员可以是专职仲裁员，也可以是兼职仲裁员，实际中一般是兼职仲裁员。为了提高仲裁员的素质，法律还规定了对仲裁员的培训制度。农村土地承包仲裁委员会应当对仲裁员进行农村土地承包法律以及国家政策的培训。省、自治区、直辖市人民政府农村土地承包管理部门应当制订仲裁员培训计划，加强对仲裁员培训工作的组织和指导。

（二）仲裁范围

农村土地承包经营纠纷仲裁的范围具有特定性，其范围是农村土地承包经营过程中发生的纠纷，即当事人之间因承包土地的使用、收益、流转、调整、收回以及承包合同的履行等事项发生的争议。农村土地承包经营纠纷，可能发生在承包土地的农民之间，也可能发生在承包土地的农民与农村集体经济组织或者村民自治组织之间，还有可能发生在农民与有关的人民政府或者人民政府有关部门之间。[①] 根据《农村土地承包经营纠纷调解仲裁法》第2条第2款的肯定性列举，以及该条第3款的排除规定，主要包括以下纠纷：（1）因订立、履行、变更、解除和终止农村土地承包合同发生的纠纷；（2）因农村土地承包经营权转包、出租、互换、转让、入股等流转发生的纠纷；（3）因收回、调整承包地发生的纠纷；（4）因确认农村土地承包经营权发生的纠纷；（5）因侵害农村土地承包经营权发生的纠纷；（6）法律、法规规定的其他农村土地承包经营纠纷。而因征收集体所有的土地及其补偿发生的纠纷，不属于农村土地承包仲裁委员会的受理范围，可以通过行政复议或诉讼等方式解决。

（三）仲裁程序

农村土地承包经营纠纷仲裁的程序既包括一般仲裁程序的环节，又具有与土地承包经营纠纷相适应的特点。

其一，申请。农村土地承包经营纠纷仲裁之申请要义有三：（1）申请的

[①] 吴高盛主编：《〈中华人民共和国农村土地承包经营纠纷调解仲裁法〉释义》，人民法院出版社2009年版，第22页。

时效。《农村土地承包经营纠纷调解仲裁法》规定申请仲裁的时效为 2 年，自当事人自知道或应知道其权利被侵害之日起算。仲裁时效的规定能够督促权利人及时行使权利，有利于农村土地承包经营纠纷的尽快解决，维护农村经济社会关系的稳定。然而关于仲裁时效的中止和中断，该法并没有作出规定，2009年 12 月通过的《农村土地承包经营纠纷仲裁规则》对此作出了详细规定。①（2）申请人、被申请人及第三人。仲裁申请人是指因可仲裁土地承包经营法律关系发生争议，以自己的名义参加到仲裁程序并受仲裁裁决约束的直接利害关系人。被申请人是指申请人诉称侵害其合法权益或与其就土地承包经营法律关系发生纠纷而由仲裁机构通知参与仲裁的人。仲裁案件的申请人和被申请人是仲裁当事人。同时，与案件处理结果有利害关系的，也可申请作为第三人参加仲裁或由仲裁委员会通知其参加仲裁。（3）申请的条件。除了申请人必须要与纠纷有直接的利害关系从而符合"当事人适格"外，还需要有明确的被申请人、有具体的仲裁请求和事实、理由以及属于农村土地承包仲裁委员会的受理范围等条件。申请仲裁时应向纠纷涉及土地所在地的仲裁委员会递交仲裁申请书。② 书面申请确有困难的，可以口头申请，由仲裁委员会记入笔录，经申请人核实后由其签名、盖章或捺指印。

其二，受理。受理是仲裁委员会根据当事人的申请，对符合条件的争议事项予以立案的程序，主要包括受理时限以及受理条件等内容。具体而言：（1）受理时限。仲裁委员会决定是否受理当事人申请的时限为 5 日。仲裁委员会决定受理的，应将受理通知书、仲裁规则和仲裁员名册自收到仲裁申请之日起 5

---

① 根据《农村土地承包经营纠纷仲裁规则》第 11 条的规定，仲裁时效因申请调解、申请仲裁、当事人人一方提出要求或者同意履行义务而中断。从中断时起，仲裁时效重新计算。在仲裁时效期间最后六个月内，因不可抗力或者其他事由，当事人不能申请仲裁的，仲裁时效中止。从中止时效的原因消除之日起，仲裁时效期间继续计算。

② 根据《农村土地承包经营纠纷仲裁规则》第 14 条的规定，仲裁申请书应当载明下列内容：（1）申请人和被申请人的姓名、年龄、住所、邮政编码、电话或者其他通讯方式；法人或者其他组织应当写明名称、地址和法定代表人或者主要负责人的姓名、职务、通讯方式；（2）申请人的仲裁请求；（3）仲裁请求所依据的事实和理由；（4）证据和证据来源、证人姓名和联系方式。

个工作日内送达申请人；决定不予受理，应自收到仲裁申请之日起 5 个工作日内书面通知申请人，并说明理由。（2）受理条件。仲裁委员会收到当事人的仲裁申请后，应当对仲裁申请予以审查，认为符合条件的应予受理。有下列情形的不予受理；已受理的，终止仲裁程序：一是不符合申请条件；① 二是法院已受理该纠纷；三是法律规定该纠纷应由其他机构处理；四是对该纠纷已有生效的判决、裁定、仲裁裁决、行政处理决定等。

其三，开庭。农村土地承包仲裁委员会处理土地承包经营争议应当组成仲裁庭，实行一案一庭制。仲裁庭应当依照仲裁规则的规定开庭，除特殊情形外，开庭应当公开进行。② 开庭地点根据当事人的选择确定。③ 当事人在开庭过程中有权发表意见、陈述事实和理由、提供证据、进行质证和辩论，仲裁庭应给予双方当事人平等陈述、辩论的机会，并组织当事人进行质证。

（1）仲裁庭。农村土地承包经营纠纷仲裁庭的组成充分体现了对当事人自主选择权的尊重。从组成人员看，仲裁庭一般由三名仲裁员组成；事实清楚、权利义务关系明确、争议不大的农村土地承包经营纠纷，经双方当事人同意，可以由一名仲裁员仲裁。从组成方式看，如果仲裁庭由三名仲裁员组成，则首席仲裁员由当事人共同选定，其他两名仲裁员由当事人各自选定；当事人不能选定的，由农村土地承包仲裁委员会主任指定；如果仲裁庭只有一名仲裁员，则由当事人共同选定或者由农村土地承包仲裁委员会主任指定。

（2）庭审。仲裁庭应当保障双方当事人平等陈述的机会，组织当事人、第三人、代理人陈述事实、意见、理由。当事人应对自己的主张提供证据。与纠

---

① 根据《农村土地承包经营纠纷调解仲裁法》第 20 条的规定，申请农村土地承包经营纠纷仲裁应符合下列条件：（1）申请人与纠纷有直接的利害关系；（2）有明确的被申请人；（3）有具体的仲裁请求和事实、理由；（4）属于农村土地承包纠纷仲裁委员会的受理范围。

② 根据《农村土地承包经营纠纷调解仲裁法》第 30 条的规定，开庭应当公开，但涉及国家秘密、商业秘密和个人隐私以及当事人约定不公开的除外。

③ 根据《农村土地承包经营纠纷调解仲裁法》第 30 条的规定，开庭可以在纠纷涉及的土地所在地的乡（镇）或者村进行，也可以在农村土地承包仲裁委员会所在地进行。当事人双方要求在乡（镇）或者村开庭的，应当在该乡（镇）或者村开庭。

纷有关的证据由作为当事人一方的发包方等掌握管理的，该当事人应在仲裁庭指定的期限内提供，逾期不提供的，应承担不利后果。仲裁庭认为有必要收集的证据，可以自行收集。证据应当在开庭时出示，但涉及国家秘密、商业秘密和个人隐私的证据不得在公开开庭时出示。经仲裁庭查证属实的证据，应作为认定事实的根据。在证据可能灭失或以后难以取得的情况下，当事人可以申请证据保全。仲裁庭应当保障双方当事人平等行使辩论权，并对争议焦点组织辩论。辩论终结时，首席仲裁员或者独任仲裁员应当征询双方当事人、第三人的最后意见。仲裁庭应当将开庭情况记入笔录，由仲裁员、记录人员、当事人和其他仲裁参与人签名、盖章或者捺指印。当事人和其他仲裁参与人认为对自己陈述的记录有遗漏或差错的，有权申请补正，如果不予补正，应记录该申请。

其四，裁决。仲裁庭应当根据认定的事实和法律以及国家政策作出裁决并制作裁决书。[①] 裁决应当按照多数仲裁员的意见作出，少数仲裁员的不同意见可以记入笔录。仲裁庭不能形成多数意见时，裁决应当按照首席仲裁员的意见作出。仲裁庭作出裁决的期限为自受理仲裁申请之日起 60 日内，案情复杂需要延长的，经仲裁委员会主任批准可以延长，但延长期限不得超过 30 日。

其五，执行。当事人对发生法律效力的裁决书，应当依照规定的期限履行。一方当事人逾期不履行的，另一方当事人可以向被申请人住所地或者财产所在地的基层人民法院申请执行。仲裁委员会向当事人送达裁决书时也应告知其可以申请法院执行的相关事项。

（四）不服仲裁裁决的救济

农村土地承包经营纠纷仲裁不同于一般民商事仲裁的"一裁终局"，当事人不服仲裁裁决的，可以自收到裁决书之日起 30 日内向人民法院起诉。逾期不起诉的，裁决书即发生法律效力。从法理上理解，仲裁应当具有终局性，只

---

① 根据《农村土地承包经营纠纷调解仲裁法》第 45 条的规定，裁决书应当写明仲裁请求、争议事实、裁决理由、裁决结果、裁决日期以及当事人不服仲裁裁决的起诉权利、期限，由仲裁员签名，加盖农村土地承包仲裁委员会印章。

有这样才能确立仲裁的权威性并使仲裁真正发挥其截留诉讼的功能。然而，包括农村土地承包经营纠纷仲裁和劳动人事争议仲裁在内的行政仲裁虽然具有一般仲裁的特点和属性，但其更多体现的是行政的色彩，属于一种行政活动。既然如此，从行政法的基本原理看，就不应该赋予该行政活动以终局效力，进而阻却当事人通过诉讼获得司法救济的途径。

典型案例9-1：杨某与北京市劳动人事争议仲裁委员会受理决定上诉案①

【裁判摘要】

《劳动人事争议仲裁办案规则》第31条规定，对仲裁委员会逾期未作出决定或决定不予受理的，申请人可以就该争议事项向人民法院提起诉讼。对该条款的准确理解是，申请人可就"争议事项"即劳动人事争议纠纷向人民法院提起诉讼，而非对仲裁委员会逾期未作出决定或作出的不予受理决定提起诉讼。因此，仲裁委员会作出的不予受理决定，不属于行政诉讼受案范围。

【相关法条】

《中华人民共和国行政诉讼法》第49条

《劳动人事争议仲裁办案规则》第31条

【裁判结果】

北京市第二中级人民法院作出〔2018〕京02行终505号行政裁定书，驳回上诉，维持北京市西城区人民法院〔2017〕京0102行初961号行政裁定。

【裁判理由】

法院生效裁判认为，《中华人民共和国行政诉讼法》第49条第4项规定，公民、法人或者其他组织向人民法院提起行政诉讼，应当属于人民法院行政诉讼受案范围。对于不属于人民法院行政诉讼受案范围的，不予受理，已经受理的，裁定驳回起诉。本案争议的核心问题是杨某申请撤销被诉决定书是否属于行政诉讼受案范围。对此问题，本院认为，《劳动人事争议仲裁办案规则》第

---

① 本案裁判文书详见附录18。

31 条规定，对仲裁委员会逾期未作出决定或决定不予受理的，申请人可以就该争议事项向人民法院提起诉讼。对上述条款的准确理解是，申请人可就"争议事项"即劳动人事争议纠纷向人民法院提起诉讼，而非对仲裁委员会逾期未作出决定或作出的不予受理决定提起诉讼。据此，仲裁委员会作出的不予受理决定，不属于行政诉讼受案范围。本案中，杨某请求撤销被诉决定书的起诉，不符合《中华人民共和国行政诉讼法》第 49 条第 4 项规定的起诉条件，应当裁定予以驳回。

典型案例 9-2：邢某远诉洛阳市劳动人事争议仲裁委员会等其他行政行为纠纷再审案①

【裁判摘要】

劳动人事争议仲裁委员会既不是行政机关，也不隶属于行政机关，其作出的仲裁决定不是行政行为，当事人对其不服提起行政诉讼于法无据。

【相关法条】

《中华人民共和国行政诉讼法》第 49 条

【基本案情】

洛阳市总工会对工会工作人员邢某远作出辞退的处理决定，邢某远向洛阳市劳动人事争议仲裁委员会提出书面仲裁申请，而该委以该纠纷"不属于劳动人事争议仲裁范围"为由不予受理。因此，邢某远以洛阳市劳动人事争议仲裁委员会为被告，向洛阳市中级人民法院提起诉讼。一审法院以该纠纷不属于行政诉讼受案范围为由不予立案。邢某远对一审裁定不服，向河南省高级人民法院提起上诉，二审法院亦作出了维持裁定。后邢某远向最高人民法院申请再审。

【裁判结果】

最高人民法院作出〔2016〕最高法行申 3709 号行政裁定书，驳回邢某远的再审申请。

---

① 本案裁判文书详见附录 19。

【裁判理由】

法院生效裁判认为，洛阳市劳动人事争议仲裁委员会既不是行政机关，也不隶属于行政机关，其作出的洛劳人仲案字〔2015〕第352号不予受理通知书，不是行政行为，再审申请人对该通知书不服提起行政诉讼，没有法律依据。再审申请人是洛阳市总工会工作人员，该单位对其作出《关于对邢某远问题的处理决定》并给予辞退，属于单位对其工作人员作出的人事处理行为，再审申请人对该决定不服提起诉讼，人民法院不予受理。故再审申请人提起本案诉讼，不符合《中华人民共和国行政诉讼法》第49条规定的起诉条件。原审法院裁定不予立案，并无不当。

典型案例9-3：向某英与田东县农村土地承包仲裁委员会案[1]

【裁判摘要】

农村土地承包仲裁委员会是依据《中华人民共和国农村土地承包经营纠纷仲裁法》第12条的规定而成立的一个为妥善解决农村土地承包纠纷、巩固和完善农村土地承包关系的调解仲裁机构，不是具有相对管理权的行政机关。当事人对仲裁裁定不服，应以民事纠纷提起诉讼，而不是将农村土地承包仲裁委员会作为行政机关列为被告提起行政诉讼。

【相关法条】

《中华人民共和国农村土地承包经营纠纷仲裁法》第12条

【基本案情】

向某英与祥周镇甘莲村下宜屯二组就土地承包经营权产生了纠纷，向田东县农村土地承包仲裁委员会申请仲裁。田东县农村土地承包仲裁委员会以向某英超过了申请仲裁时效为由对其仲裁请求不予受理。向某英不服，以田东县农村土地承包仲裁委员会为被告向广西壮族自治区田东县人民法院提起行政诉讼。一审法院以该纠纷不属于行政诉讼受案范围为由驳回起诉。向某英不服，向广西壮族自治区百色市中级人民法院提起上诉。

---

[1] 本案裁判文书详见附录20。

【裁判结果】

驳回向某英的上诉申请，维持原裁判。

【裁判理由】

法院生效裁判认为，被上诉人田东县农村土地承包仲裁委员会是依据《中华人民共和国农村土地承包经营纠纷仲裁法》第12条的规定而成立的一个为妥善解决农村土地承包纠纷、巩固和完善农村土地承包关系的调解仲裁机构，不是具有相对管理权的行政机关。上诉人向某英对仲裁裁定不服，应以民事纠纷提起诉讼，但上诉人向某英将田东县农村土地承包仲裁委员会作为行政机关列为一审被告提起行政诉讼，属于错列被告，故一审法院裁定驳回其起诉正确。上诉人向某英以被上诉人田东县农村土地承包仲裁委员会作为行政机关提起上诉的理由缺乏法律依据，本院不予支持。

第二节　行政裁决程序

伴随着复杂而快速的社会变迁，各种纠纷和冲突日益增多。行政裁决制度由于具备多重价值，成为解决多元化纠纷体系中不可或缺的重要组成部分。行政裁决法即规范或规制行政裁决权及其运行过程、监督审查等法律规范之总称。我国并没有一部统一的"行政裁决法"，行政裁决的有关规范分布于单行的法律、法规和规章之中。

一、行政裁决概述

（一）行政裁决之理解

在我国行政法领域，学界对行政裁决的认识在不断争论的过程中形成了各种观点，总体而言可归纳为以下三类：（1）最广义的行政裁决，是指"行政机关依照某种特定程序（准司法程序），对特定人权利、义务作出具有法律效力决定的活动，这种行政裁决除了解决民事、行政纠纷外，还直接运用准司法程序对相对人实施制裁,提供救济"。① (2) 广义的行政裁决,是指"一种行政司法,即行政机关作为第三方解决民事纠纷、行政争议的活动,其对象既包括民事纠纷,也包括行政争议"②。(3) 狭义的行政裁决,是指行政机关解决民事纠纷的活动,如"行政裁决,是行政机关依照法律授权,对特定民事争议进行审理并做出裁决的行政行为"。③ 本部分采用狭义的行政裁决的概念进行论述。

(二) 行政裁决之秉性

行政裁决是"根据社会需求在行政权与司法权充分分立的基础上所做的理性选择",其本质上体现了行政机关对司法权的分享。④ 所以行政裁决具有行政和司法的双重属性。

其一,行政裁决的主体是被授权的行政机关。原则上,对于民事争议进行裁决的职权属于国家司法机关,但现代社会纠纷的解决在特定情形下需要行政机关的介入,这涉及行政权和司法权的分工问题。然而这并非意味着行政权可以无孔不入,只有经法律、法规明确授权后才拥有对该类民事纠纷的行政裁决权。如《专利法》《商标法》《著作权法》《土地管理法》《森林法》《草原法》《食品安全法》等都规定了对权属争议或侵权争议,授权有关行政机关可以通过裁决予以解决。

其二,行政裁决的对象是特定的民事纠纷。行政裁决的对象具有特定性,只有那些法律规定的与行政管理事项有关的民事纠纷才可以成为行政裁决的对象。传统上,民事纠纷由法院裁判,但为了适应客观现实的需要,在特定情况下,法律也会授权行政主体对某些种类的民事案件先予裁决,但同时仍保留法院对其进行司法审查的权力。

其三,行政裁决具有准司法性。行政裁决是行政机关对特定民事纠纷进行

① 黄培:《行政裁决辨析》,载《公法研究》2002 年第 00 期。
② 龙强:《刍议行政裁决行为》,载《法学与实践》1992 年第 6 期。
③ 应松年、袁曙宏主编:《走向法治政府》,法律出版社 2001 年版,第 277 页。
④ 王名扬著:《美国行政法》(上),中国法制出版社 2005 年版,第 311 页。

审查并作出裁断的行为，因而具有司法的属性，主要体现在：（1）行政裁决程序的启动往往是以当事人的申请而开始的。争议双方当事人在争议发生后，可以依照有关法律、法规的规定，在法定期间内向法定裁决机构申请裁决。①（2）作为裁决者，行政主体是以中立的公断人身份进行居间裁决，这明显不同于一般行政活动中行政主体的管理者身份。②（3）行政裁决中，行政主体在裁决民事纠纷时主要是调查事实，客观地审查证据，在认定事实和证据的基础上适用法律作出裁决，类似于法院审判。

二、行政裁决制度的主要内容

行政裁决已被广泛地运用到许多行政管理领域，成为我国行政机关处理和化解社会矛盾的一项重要法律机制，包括《土地管理法》《森林法》《草原法》《专利法》等在内的很多法律都有关于行政裁决的规定，其构成了我国行政裁决制度。③本部分结合上述规定，对我国行政裁决制度做简要介绍。

（一）行政裁决的主体

行政裁决的主体是指依据法律规范的授权享有行政裁决权的机关。根据我国相关法律法规的规定，行政裁决的主体主要有两类。

其一，人民政府及其部门行政机关。人民政府及其部门行政机关由法律法规授权裁决一定的民事纠纷。从行政管理分工和我国实际情况看，直接由

---

①　对行政裁决是否为依申请行政行为，学术界仍存争议。有学者认为部分行政裁决，基于行政机关专属职权或基于公共利益需要，可以不依当事人申请直接作出。我们认为，我国大多数单行法规在规定行政裁决时，基本上未作程序性规定，相关条文中的确没有行政裁决程序的启动需当事人申请的规定。但从行政裁决的准司法性、行政机关在行政裁决中的中间人地位可以推导出绝大多数行政裁决同司法程序一样，应当由当事人申请而启动。当然，也不排除在紧急情况下，行政机关基于公共利益，不依权利人申请而当即要求侵害人停止侵害、恢复原状。

②　沈开举主编：《行政法学》（第二版），郑州大学出版社2009年版，第538页。

③　周佑勇、尹建国：《我国行政裁决制度的改革和完善》，载《法治论丛》2006年第5期。

人民政府作出裁决活动的情况比较少，① 一般都由其相应的业务主管部门来完成，② 通常对具体的裁决机构、人员和程序没有明确要求。实践中，政府部门一般会根据若干纠纷的性质设置一定的裁决机构，这种机构可以分为三类：（1）少数行政机关制定部门规章，设立统一的裁决机构。③（2）根据实际情况来确定裁决机构和人员。也就是这种情况往往建立在社会调查和实际工作需要上，而不一定专门通过制定规章来设立某一个机构。（3）不存在常设、专门的行政裁决机构，出现行政裁决案件后，临时指派人员承办。

其二，根据法律、法规授权的专门组织。这些专门委员会是为处理一些特殊的纠纷而设立的，有专门的行政法规对委员会的职能、组成、工作程序及成员等事项作具体详细的规定，有较为成熟和有序的运行制度。

（二）行政裁决的范围

行政裁决的范围，即可以由当事人选择通过行政裁决的途径加以解决的民事纠纷范围。通说认为行政裁决的范围是"与行政管理密切相关的民事纠纷"，主要指两种情况：（1）与某些技术含量高、专业性强的行政管理事项密切相关；（2）与发挥行政机关对社会的有效管控作用密切相关。④ 由于我国立法尚未规定明确的标准，各种法律规定比较混乱。根据现行法律和理论上比较统一的认识，申请行政裁决的争议必须具备以下几个条件：（1）它必须是在平等民事主体之间发生的纠纷；（2）它必须是民事纠纷中的非合同纠纷；（3）

①　根据《土地管理法》第16条的规定，土地所有权和使用权争议，由当事人协商解决；协商不成的，由人民政府处理。单位之间的争议，由县级以上人民政府处理；个人之间、个人与单位之间的争议，由乡级人民政府或者县级以上人民政府处理。

②　根据《专利法》第60条的规定，未经专利权人许可，实施其专利，即侵犯其专利权，引起纠纷的，由当事人协商解决；不愿协商或者协商不成的，专利权人或者利害关系人可以向人民法院起诉，也可以请求管理专利工作的部门处理。

③　根据《林木林地权属争议处理办法》第4条的规定，林权争议由各级人民政府依法作出处理决定。林业部、地方各级人民政府林业行政主管部门或者人民政府设立的林权争议处理机构按照管理权限分别负责办理林权争议处理的具体工作。

④　应松年主编：《行政法学新论》，中国方正出版社2004年版，第323页。

当事人之间的纠纷必须与行政管理活动密切相关。根据现行法律、法规的规定，行政裁决的范围包括以下内容：

其一，针对权属纠纷的行政裁决。所谓权属纠纷，是指当事人对于某一财产的所有权或使用权的归属而产生的争议。对于此类权属争议，当事人可以向行政机关请求确认并作出裁决。如《土地管理法》第 14 条规定："土地所有权和使用权争议，由当事人协商解决；解决不成的，由人民政府处理。单位之间的争议，由县级以上人民政府处理；个人之间、个人与单位直接的争议，由乡级人民政府或者县级机上人民政府处理。当事人对有关人民政府的处理决定不服的，可以自接到处理决定通知之日起三十日内，向人民法院起诉。在土地所有权和使用权争议解决前，任何一方不得改变土地利用现状。"

其二，针对损害赔偿纠纷的行政裁决。所谓损害赔偿纠纷，是指一方当事人的权益受到侵害后，要求侵权者给予损害赔偿所引起的纠纷。这种纠纷广泛存在于治安管理、食品卫生、药品管理、环境保护、医疗卫生等方面。产生损害赔偿纠纷时，权益受到损害者可依法要求有关行政机关作出裁决，确认赔偿责任和赔偿金额使其受到侵害的权益得到恢复或者赔偿。

其三，针对补偿纠纷的行政裁决。民事争议纠纷当事人就补偿及相关事项无法达成协议，可以由行政机关居间裁决。如《专利法》第 62 条规定，取得实施强制许可的单位或者个人应当付给专利权人合理的使用费，或者依照中华人民共和国参加的有关国际条约的规定处理使用费问题。付给使用费的，其数额由双方协商；双方不能达成协议的，由国务院专利行政部门裁决。

其四，针对民间纠纷的行政裁决。这主要是指基层人民政府对民间纠纷的处理。司法部颁布的《民间纠纷处理办法》规定基层人民政府可以依法对公民之间有关人身、财产权益和其他日常生活中发生的纠纷进行裁决。处理民间纠纷，基层人民政府应当先行调解；调解不成的，应当依法作出处理。①

---

① 　胡建淼著：《行政法学》，法律出版社 2010 年版，第 231 页。

（三）行政裁决的程序

行政裁决作为解决特定民事纠纷的一种方式，承担着及时有效地解决当事人之间纠纷的重任。但是，我国目前的行政裁决制度没有一套相对统一的法定程序，各种裁决适用的程序散见于单行法律、法规及规章的规定中。这使多数行政裁决适用的程序在实践中难有统一的法定之规可循，而主要靠各裁决机构取舍，随意性较大，只追求裁决结果不注重裁决程序的情况较突出。[①] 而在实践中，行政裁判人员往往按照习惯的方式裁决，随意性大，极大地影响了程序正义的实现，也使得当事人的权益无法获得充分的保障。因此，统一我国的行政裁决程序是完善行政裁决制度的重要因素。其实早在20 世纪 90 年代初，就有学者主张："应当制定一部行政裁决法，对行政裁决制定作出统一的规定，以此作为行政裁决活动的基本法律规范。"[②] 本部分结合我国现行法律、法规的规定以及行政裁决的实践，将行政裁决的程序大致概括为以下几个阶段：

其一，申请。行政裁决机关一般不能主动启动行政裁决程序，即行政裁决须依当事人申请进行。申请是启动行政裁决的首要环节，它是指民事争议当事人请求行政主体裁决争议的意思表示。申请通常应符合以下条件：（1）申请人要适格，其须是民事争议的当事人或者相关利害关系人；（2）申请的事项必须属于行政裁决的范围，也就是说申请裁决的争议必须是法律授权可以由行政机关裁决的；（3）申请必须向有管辖权的行政机关提出；（4）申请应当在法定期限内提出；（5）申请必须符合法定形式，即一般须提交书面申请，载明双方当事人的基本情况、争议事项、具体请求，以及根据和理由。只有具备上述条件，才可启动行政裁决。

其二，受理。行政裁决机构在收到当事人的申请书后，应当予以审查，符合受理条件的应当予以受理；如果不符合条件的则不予受理，但须书面通知申

---

① 　应松年主编：《行政法学新论》，中国方正出版社 2004 年版，第 325 页。

② 　应松年主编：《行政行为法》，人民出版社 1993 年版，第 873 页。

请人并说明理由。需要补正的，可责成申请人限期补正后再申请。受理应当有期限限制，但基于行政裁决应兼顾司法程序的公正性与行政程序的效率性，这个期限一般不应长于民事诉讼相应的受理限制。

其三，审查。行政机关收到被申请人提交的答辩状后，应当组成裁决小组进行审查。包括对有关事实和证据进行查证核实，召集当事人进行调查、询问、辩论和质证，向有关证人了解情况，必要时可以组织勘验、鉴定，如证据不足，行政裁决主体有权责令当事人举证，也可以依法自行组织调查、取证。按照行政法理论的一般要求，凡是影响公民权益的裁决在作出之前，都必须进行审查和听证，以保证裁决的公正。①

其四，裁决与执行。裁决是行政裁决活动中的结案环节。行政机关作出裁决前，当事人双方愿意进行调解的，行政裁决机关可以进行调解。如果当事人不愿调解或调解不成的，行政机关在事实清楚、证据确凿的基础上，应根据相关法律、法规、规章及时作出裁决。裁决书应载明争议双方当事人的基本情况，争议的内容，裁决机关认定的事实、裁决的依据和理由等，并告知当事人对此裁决不服的救济途径。

作为一项具体行政行为，行政裁决的决定一经作出就发生法律效力，即具有执行力，行政机关、案件当事人、利害关系人都应当受该裁决的约束，有关当事人应自觉履行。对于拒不执行的，应当由裁决机关依法强制执行或申请法院强制执行。

（四）行政裁决的救济

行政裁决作为一种独特解决纠纷方式，对公民、法人或者其他组织的合法权益会产生实质性的影响。如果当事人不服行政裁决时，需要有明确的救济途径来维护他们的权利。因此，建立和完善行政裁决救济制度是很有必要的。根据我国目前的法律规定，对不服裁决的救济主要有以下三种情况：

其一，行政复议。根据现行法律规定和理论界的通说，大部分行政裁决不

---

① 马怀德主编：《行政法学》，中国政法大学出版社 2007 年版，第 249 页。

能申请行政复议，少部分行政裁决可以申请行政复议，其中部分行政裁决的复议是终局的。如《行政复议法》第 6 条第 4 项将"对行政机关作出的关于确认土地、矿藏、水流、森林、山岭、草原、荒地、滩涂、海域等自然资源的所有权或者使用权的决定不服"的情形纳入行政复议的范围。造成这种状况的一个主要原因在于《行政复议法》第 8 条第 2 款的规定："不服行政机关对民事纠纷作出的调解或者其他处理，依法申请仲裁或者向人民法院诉讼。"其中的"其他处理"一词的含义在法律条文中并无明确界定，学者对此颇有争议。一些学者认为，"其他处理"主要是指行政裁决的处理。由此可见，就立法本意而言，在我国现行法律制度中，除了对自然资源权属争议的裁决可以申请复议外，其他的行政裁决都不适用行政复议救济。①

其二，行政诉讼。当事人对行政裁决不服可以通过诉讼的方式予以救济，但理论与实践中有争议的是：对于这种诉讼救济，其性质到底是民事诉讼还是行政诉讼？对此，有的学者主张，这类案件中行政主体只是裁决双方当事人的民事争议，其裁决并未改变当事人之间的民事关系性质，因此起诉到法院仍属民事争议，应以双方当事人为被告，按民事诉讼处理；而有的学者认为，民事争议双方当事人一方或双方对行政裁决不服向人民法院起诉，应以行政裁决者即行政主体为被告提起行政诉讼。对此，我国的立法规定与司法实践也有一个发展的过程。从对行政裁决诉讼救济方式的发展来看，基本上都由最初的民事诉讼转为行政诉讼了。最高人民法院 1991 年对《行政诉讼法》所作的解释，直接规定对权属纠纷、赔偿纠纷和补偿纠纷的行政裁决，可以通过提起行政诉讼进行救济。② 2014 年新修改的《行政诉讼法》也没有明确排除对行政裁决提起行政诉讼的可能性。

其三，行政附带民事诉讼。由于行政裁决是以当事人之间的民事争议作为

---

① 吴卫军、刘意：《我国行政裁决法律制度：现状剖析与改革前瞻》，载《电子科技大学学报（社科版）》2006 年第 8 卷第 4 期。

② 《最高人民法院关于贯彻执行〈中华人民共和国行政诉讼法〉若干问题的意见（试行）》第 4、5、6、7 条将对赔偿的裁决、补偿的裁决以及权属争议的裁决纳入行政诉讼的范围。

基础的，因此如果当事人在行政诉讼中提出一并解决民事纠纷的，法院可以作为行政附带民事案件处理。为此，《最高人民法院关于执行〈中华人民共和国行政诉讼法〉若干问题的解释》第 61 条规定："被告对平等主体之间民事争议所作的裁决违法，民事争议当事人要求人民法院一并解决相关民事争议的，人民法院可以一并审理。"然而，法院对行政裁决诉讼不能作变更判决，只能撤销该行为，或令行政机关重新作出。这样一来，法院不能确定最终的具体行政行为，也就无法对附带的民事争议作出实体判决，行政附带民事诉讼也就起不到有效解决纠纷的作用。[1] 因此，应进一步完善行政附带民事诉讼的具体审查方式，尤其应完善法院对行政裁决的司法改判制度。[2]

第三节 行政调解程序

调解是解决争议、化解纠纷的重要途径。行政调解作为行政机关居中解决争议的一种方式，在我国当前经济社会快速发展、政府职能转变的时期具有不可低估的作用，全面认识、正确发挥行政调解的功能，也是我们推进行政法治的重要途径。而行政调解法即规范或规制行政调解权及其运行过程、监督审查等法律规范之总称。我国目前并没有一部统一的"行政调解法"，行政调解的有关规范分布于单行的法律、法规和规章之中。[3]

一、行政调解概述

行政调解是现代社会中行政主体管理社会公共事务，及时化解矛盾和纠纷所不可或缺的行政手段。当前影响社会和谐稳定的主要矛盾、纠纷，如劳资纠

---

① 陆平辉：《行政裁决诉讼的不确定性及其解决》，载《现代法学》2005 年第 6 期。

② 周佑勇、尹建国：《我国行政裁决制度的改革和完善》，载《法治论丛》2006 年第 5 期。

③ 章志远、刘利鹏：《我国行政调解制度的运作现状与发展课题》，载《求是学刊》2013 年第 5 期。

纷、征地拆迁纠纷、民办教育纠纷、企业复退转人员待遇问题纠纷等往往具有相关性、复杂性、多样性，而行政调解则具有专业性、综合性、高效性、主动性和权威性等特有优势，体现了"和为贵"的传统观念和现代非强制行政的基本理念，在解决纠纷、化解矛盾、维护稳定中有着其他组织和方式难以替代的作用。①

（一）行政调解之理解

其一，行政调解之含义。在我国，调解制度一般包括司法调解、人民调解和行政调解三种。一般认为，行政调解是指由行政主体主持，以国家法律、法规和政策为依据，遵循合法、自愿的原则，通过说服教育等方法促使当事人平等协商、互谅互让，从而达成协议，以便解决民事或特定行政争议的活动。

其二，行政调解与其他调解方式之区别。作为调解制度的一种，行政调解与其他两种调解方式有相同之处，亦有明显区别。

（1）行政调解与法院调解。所谓法院调解，是指在人民法院审判组织的主持下，双方当事人自愿平等协商，达成协议，经人民法院认可后，终结司法程序的活动。② 当事人在法官主持下自愿达成调解协议，调解协议经法院审查确认并送达当事人签署后生效，并具有同判决书一样的效力。据此可以看出，法院调解和行政调解有时存在着一定的共同之处，但它们之间的差异也比较明显：一是主体不同。法院调解的主导者是法院；行政调解则由行政机关或法律、法规授权的组织主导，更加多元化。二是法律依据不同。我国法院调解的法律依据较为集中地体现在民事诉讼法律规范之中；行政调解由于没有一部统一的立法，法律依据则分散在一系列的法律、行政法规甚至行政规章中。三是效力不同。行政调解不具有强制执行力，而法院调解协议一经送达生效，即具

---

① 朱最新：《社会转型中的行政调解制度》，载《行政法学研究》2006 年第 2 期。

② 柴发邦主编：《民事诉讼法学新编》，法律出版社 1992 年版，第 246 页。转引自沈恒斌主编：《多元化纠纷解决机制原理与实务》，厦门大学出版社 2005 年版，第 112 页。

有与判决一样的法律效力。

（2）行政调解与人民调解。人民调解制度在我国经历了很长的发展、演变过程。2002 年司法部《人民调解工作若干规定》，重申了人民调解的性质，并对人民调解委员会的工作范围、组织形式、调解行为和程序等作出了具体的规定。因此，人民调解在现阶段已经被限定于人民调解委员会对民间纠纷的调解。有学者认为，所谓民间调解，主要指在非司法性和非行政性的民间组织、团体或个人主持下进行的调解，在我国，民间调解主要是指人民调解制度。①行政调解与人民调解具有一定的相通性，它们的共通之处在于，都是由正式规范性文件授权的机构进行调解，在主体上具有法定性；都有着调解民间纠纷的作用。② 但是两者的区别也是明显的：一是调解的主体不同。行政调解的主体是行政机关或法律、法规授权的组织，呈现出分散化、多元化的特点；而人民调解的主体主要是人民调解委员会。③ 二是调解的依据不同。行政调解的法律依据主要分散在一系列的法律、行政法规甚至规章之中，而人民调解的依据则主要集中地规定在《民事诉讼法》《人民调解委员会组织条例》《人民调解工作若干规定》等规范性文件之中。三是调解的法律效力不同。行政调解的效力不具有强制性；而人民调解最后形成的协议，具有民事合同的性质，产生合同效力。

（二）行政调解之秉性

根据行政调解的概念，行政调解的特征可以归纳如下：

其一，主体上的行政性。行政调解作为行政主体主导下的解纷息诉活动，是行政主体行使职权的一种方式。行政主体充分发挥积极主动性，积极

---

① 许玉镇、李洪明：《在调解中寻求平衡——试论当代中国的行政调解》，载《行政与法》2003 年第 1 期。

② 殷修林、王书成：《和谐社会背景下行政调解制度探讨》，载《中南民族大学学报（人文社会科学版）》2006 年第 4 期。

③ 根据《人民调解工作若干规定》，现在的人民调解委员会已不仅仅局限于设立在农村村民委员会、城市（社区）居民委员会之下，在乡镇、街道、企事业单位也可以根据需要设立人民调解委员会。

地为解决纠纷进行沟通，为纠纷双方提供更多的机会形成一种合作伙伴关系而非斗争关系。① 较之人民调解，行政调解更具专业性和权威性。行政调解主体多为具体职能部门，能充分利用专业知识和实践经验为当事人提供更有效的调解。②

其二，方式上的非强制性。行政调解是基于双方的自愿，通过说服教育等方式，促使当事人友好协商，达成协议，鲜明地体现了民主和自愿的精神，并不具有像行政强制、行政处罚那样的强制色彩。

其三，效力上的非拘束性。行政调解的调解协议一般不具有法律上的强制执行力，当事人一方不履行行政调解协议，反悔甚或对抗调解协议，另一方当事人也不能请求行政机关或者法院强制执行，而只能就纠纷向法院提起诉讼。③

其四，救济上的特殊性。依照我国法律的规定，当事人对行政调解结果不服的，可以申请仲裁或提起民事诉讼，但不得以行政调解机关为被申请人提起行政复议，也不得以其为被告提起行政诉讼。

二、行政调解制度的主要内容

《最高人民法院关于人民法院进一步深化多元化纠纷解决机制改革的意见》第 21 条规定："促进完善行政调解、行政和解、行政裁决等制度。支持行政机关对行政赔偿、补偿以及行政机关行使法律规定的自由裁量权的案件开展行政调解工作，支持行政机关通过提供事实调查结果、专业鉴定或者法律意见，引导促使当事人协商和解，支持行政机关依法裁决同行政管理活动密切相关的民事纠纷。"

据初步统计，目前我国涉及行政调解的法律有近 40 部，行政法规约有 60 部，行政规章约有 18 部，地方法规约有 70 部，地方规章约有 45 部，另还有

① 潘乾：《行政调解制度之比较法启示》，载《行政与法》2008 年第 12 期。
② 江国华、胡玉桃：《论行政调解——以社会纠纷解决方式的多元化为视角》，载《江汉大学学报（社会科学版）》2011 年第 3 期。
③ 潘乾：《试论我国行政调解制度的完善》，载《行政与法》2008 年第 4 期。

大量的一般规范性文件。综观这些立法，大体从以下几方面构建了我国的行政调解制度。

（一）行政调解的主体

行政调解主体具有特定性，不同于司法调解中的法院抑或人民调解中的群众性自治组织，而是行政机关和一些法律、法规授权的组织。我国目前的行政调解主要集中于公安行政、医疗卫生行政、劳动行政、自然资源行政、环境保护行政、公共交通行政、计量行政、邮政行政及民政行政等领域。[①] 根据现行涉及行政调解的法律规范，我国的行政调解主体主要有以下几类：

其一，基层政府。基层人民政府调解是行政调解的一个重要组成部分，调解民事纠纷和轻微刑事案件一直是基层人民政府的重要职责。例如，《突发事件应对法》第21条规定："县级人民政府及其有关部门、乡级人民政府、街道办事处、居民委员会、村民委员会应当及时调解处理可能引发社会安全事件的矛盾纠纷。"

其二，政府工作部门。实践中的行政调解多由政府工作部门进行。例如，《治安管理处罚法》第9条规定："对于因民间纠纷引起的打架斗殴或者损毁他人财物等违反治安管理的行为，情节较轻的，公安机关可以调解处理。"《道路交通安全法》第74条规定："对交通事故损害赔偿的争议，当事人可以请求公安机关交通管理部门调解，也可以直接向人民法院提起民事诉讼。"

其三，被授权组织。由于一些社会组织根据法律、法规、规章授权而拥有行政主体资格，在实践中它们也会根据授权对职权范围内的相关纠纷进行调解。例如，《消费者权益保护法》第34条规定，消费者和经营者发生消费者权益争议的，可以请求消费者协会调解。

（二）行政调解的程序

现行法律规范对行政调解的规定多注重实体方面，但程序性保障缺失。程

---

① 刘巍：《论行政调解》，载刘茂林主编：《公法评论（第1卷）》，北京大学出版社2003年版，第213页。

序失范的结果是对相对人权益相对重要的若干问题缺乏一个制度上的合理期待，当事人难以通过行政调解来为自身权益谋求更好的保障。本部分结合《合同争议行政调解办法》（国家工商管理总局 1997 年 11 月颁布）中的程序制度设计，介绍现行法律规范中关于行政调解程序的规定。

其一，申请。申请应符合以下条件：申请人是与本案有直接利害关系的当事人；有明确的被申请人；有具体的调解请求和事实根据；属于受案范围等。若已向法院起诉、向仲裁机构调解或一方要求调解而另一方不愿调解的，调解申请不予受理。

其二，受理。受理申请的行政机关在收到申请后，应认真审查有关材料。对被申请人同意调解、符合立案条件的，应在一定期限内受理并通知双方当事人提交证据材料等；对被申请人不同意调解或虽同意但不符合立案条件的，应书面通知申请人不予受理并说明理由。

其三，调解与调解终结。受理申请后应指定调解员 1~2 人进行调解，简单的争议案件可派出调解员就地调解。当事人若发现调解员与本案有利害关系或不能公正处理案件，有权以口头或书面方式申请其回避；参加办案的调解员认为自己不宜办理本案的，应自行申请回避。调解员应提前将调解时间、地点通知当事人。调解员在调解时应拟定调解提纲，认真听取双方意见，如实做好笔录，积极促使双方互相谅解，达成调解协议。当事人应对自己的主张提供证据。争议涉及第三人的，应通知第三人参加。调解结果涉及第三人利益的，应征得第三人同意，第三人不同意的，终止调解。调解成立的，双方应签署调解协议。调解协议双方各保留一份，另一份由调解机关存档。调解不成立或当事人不履行调解协议的，调解机关应告知当事人有权根据仲裁协议向仲裁机构申请仲裁或向法院起诉。

此外，一些法律、法规中对行政调解也有为数不多的程序性规定。如《劳动争议调解仲裁法》第 13 条规定："调解劳动争议，应当充分听取双方当事人对事实和理由的陈述，耐心疏导，帮助其达成协议。"《农村土地承包经营纠纷调解仲裁法》第 9 条规定："调解农村土地承包经营纠纷，村民委员会或者乡（镇）人民政府应充分听取当事人对事实和理由的陈述，讲解有关法律以及国家政策，耐心疏导，帮助当事人达成协议。"

（三）行政调解的效力与救济

其一，行政调解的效力。我国关于行政调解制度的规定对调解协议的效力涉及较少。1997年《合同争议行政调解办法》第 20 条规定："调解不成立或者当事人不履行调解协议的，工商行政管理机关应当告知当事人根据仲裁协议向仲裁机构申请仲裁，或者向人民法院起诉。"这一规定沿袭了调解协议无执行力的做法。《治安管理处罚法》第 9 条规定："经调解未达成协议或者达成协议后不履行的，公安机关应当依照本法的规定对违反治安管理行为人给予处罚，并告知当事人可以就民事争议依法向人民法院提起民事诉讼。"《道路交通安全法》第 74 条规定："经公安机关交通管理部门调解，当事人未达成协议或者调解书生效后不履行的，当事人可以向人民法院提起民事诉讼。"可见，根据现行法律，行政调解协议不具有法律约束力，若一方当事人不履行调解协议，另一方当事人无权请求行政机关或法院强制执行，而只能就争议向法院提起诉讼。① 行政调解协议效力的欠缺导致纠纷难以及时有效地通过行政调解解决，影响行政调解制度作用的发挥。

《最高人民法院关于建立健全诉讼与非诉讼相衔接的矛盾纠纷解决机制的若干意见》规定："经行政机关、人民调解组织、商事调解组织、行业调解组织或者其他具有调解职能的组织调解达成的具有民事合同性质的协议，经调解组织和调解员签字盖章后，当事人可以申请有管辖权的人民法院确认其效力。"② 可见，行政调解之效力也只有在经过司法确认之后，才具有强制力和可执行力。

----

① 《最高人民法院关于人民调解协议司法确认程序的若干规定》第 9 条规定："人民法院依法作出确认决定后，一方当事人拒绝履行或者未全部履行的，对方当事人可以向做出确认决定的人民法院申请强制执行。"

② 《最高人民法院关于人民法院进一步深化多元化纠纷解决机制改革的意见》第 31 条规定："完善司法确认程序。经行政机关、人民调解组织、商事调解组织或者其他具有调解职能的组织达成的具有民事合同性质的协议，当事人可以向调解组织所在地基层人民法院或者人民法庭依法申请确认其效力。"

其二，对不服行政调解的救济。行政机关对行使社会管理职能的过程中遇到的纠纷都可以进行调解，但行政调解属诉讼外调解，由于其法律效力未获得承认，导致了行政调解协议不能得到有效的救济。《最高人民法院关于贯彻执行〈中华人民共和国行政诉讼法〉的意见（试行）》第6条规定："行政机关居间对公民、法人或其他组织之间以及他们相互之间的民事权益争议作调解处理，当事人不服向人民法院起诉的，人民法院不作为行政案件受理。"即法院不受理因不服行政调解而提起的行政诉讼案件，这一规定也间接承认了行政调解效力的非约束性。

结语　迈向程序法治的中国政府

一、行政程序法与程序法治

行政程序法是程序法的一种，是规范行政主体和行政相对人在行政程序中的权利义务的法律规范的总称。① 行政程序法是对行政程序进行法律化的结果，它既约束着行政主体实施行政行为，也对行政相对人参与行政活动的行为予以规范。作为控权法的重要组成部分，行政程序法的功能有二：其一，确保行政主体依法履行其职能，防止其行为超越法律规定的权限；其二，维护行政相对人在行政活动过程中的合法权益，避免其遭受行政主体的恣意侵犯。行政程序法所具有的这两方面功能，正是行政法治所要实现的重要目标。如果说现代法治的核心在于行政法治，那么行政法治的核心就在于程序法治。②

实施行政程序法，能够推动程序法治的实现，程序法治对于推进政府依法行政、建设法治政府具有重要意义。③ 具体有四：其一，程序法治能够发展民主政治。行政程序法能够明确公民在民主社会中的地位，使公民作为行政程序的主体参与到行政活动的过程当中，有效地保障公民参与国家管理，实现行政民主化。其二，程序法治能够保障公民基本权利。通过实体法对基本权利予以明确固然重要，通过程序法规范政府权力之运行亦不可或缺，兼顾实体与程序

---

① 章剑生著：《行政程序法学》，中国政法大学出版社 2004 年版，第 12 页。
② 江国华编著：《中国行政法学（总论）》，武汉大学出版社 2012 年版，第 401 页。
③ 参见马怀德：《行政程序法的价值及立法意义》，载《政法论坛》2004 年第 5 期。

才能真正保障人权。其三，程序法治能够提高行政效率。行政程序法使行政活动有法可依、有章可循，无论是行政主体还是行政相对人，都能够沿着既定的规则参与行政活动，这有利于保障行政权在现代社会中的高速运转，提升行政效率。其四，程序法治能够遏制腐败滋生。权力导致腐败，绝对的权力绝对地导致腐败，通过公开透明的行政程序，将政府权力之运行暴露在阳光之下，是防止腐败滋生的最好的举措。由此观之，实施行政程序法，推动实现程序法治，对于中国行政法制建设具有重大意义，堪称中国行政法制现代化之基石。① 正因为如此，自改革开放以来，中国政府一直在追求程序法治的道路上不断探索，砥砺前行。

二、中国政府的程序法治探索

1989 年《行政诉讼法》的颁布，标志着公民对于行政机关对其合法权益的侵犯有了稳定的司法救济途径，翻开了中国行政法制建设的历史新篇章。在确立"民可以告官"原则的同时，《行政诉讼法》也规定了人民法院对"违反法定程序"的具体行政行为可以予以撤销，这实际上是赋予了法院对行政机关是否遵循法定程序的司法审查权。《行政诉讼法》的出台，在立法上首次明确"程序违法"与"实体违法"并重，改变了以往我国"重实体轻程序"的传统定式，极大地推动了我国行政程序立法的发展。《行政诉讼法》以立法形式确立的程序法治原则，对于当代中国的行政法制建设和法制现代化而言，无疑是一个巨大的进步。② 《行政诉讼法》关于行政程序的规定，从司法审查的角度督促行政机关遵循法定程序，但这种监督必须以明确的程序规定为前提，《行政诉讼法》中"违反法定程序"的边界必须得到明晰。由此，在《行政诉讼法》出台后，我国陆续出台了一系列涉及行政程序的法律、法规和规章，使行政程序立法呈现出系统化之倾向。尽管我国目前尚未出台统一的《行政程序

① 参见吴德星：《论中国行政法制的程序化与行政程序的法制化》，载《中国人民大学学报》1997 年第 1 期。

② 应松年、王锡锌：《中国的行政程序立法：语境、问题与方案》，载《中国法学》2003 年第 6 期。

法》，但在中央层面已经采取了单行法先行的模式进行了立法探索，并在主要的行政领域制定了行政程序的相关规范，而在地方层面也不断进行着制定行政程序法规、规章的尝试。我国在行政程序立法方面所取得的一系列成就，对于规范行政权力的正确行使、保障公民合法权利，实现程序法治具有有着十分深远的意义。就其具体内容而言，我国行政程序立法可以分为四类，分别涉及抽象行政行为、具体行政行为、政府信息公开以及地方行政活动。①

（一）关于抽象行政行为程序的立法

在规范抽象行政行为程序方面，我国出台了《立法法》以及以其为依据而制定的《行政法规制定程序条例》和《规章制定程序条例》。2000 年 3 月 15 日，第九届全国人民代表大会第三次会议审议通过了《立法法》。2015 年 3 月 15 日，第十二届全国人民代表大会第三次会议对《立法法》进行了修订。《立法法》规定了行政法规和规章制定的基本程序。根据《立法法》的规定，行政法规在起草过程中，应当广泛听取有关机关、组织、人民代表大会代表和社会公众的意见；听取意见可以采取座谈会、论证会、听证会等多种形式；行政法规草案应当向社会公布，征求意见，但是经国务院决定不公布的除外。②国务院部门规章和地方政府规章的制定程序，由国务院参照制定行政法规的程序规定进行规定。③ 根据《立法法》的原则性规定，国务院于 2001 年 11 月 16 日发布了《行政法规制定程序条例》和《规章制定程序条例》，并于 2017 年 12 月 22 日对这两部行政法规进行了修改。《行政法规制定程序条例》设有总则、立项、起草、审查、决定与公布、行政法规解释和附则 7 章，共 40 条；《规章制定程序条例》同样设置了总则、立项、起草、审查、决定和公布、解释与备案和附则 7 章，但相较《行政法规制定程序条例》增加了"备案"一章。这两部条例对于行政法规和行政规章的制定进行了非常详尽的规定，与

---

① 参见姜明安：《21 世纪中外行政程序法发展述评》，载《比较法研究》2019 年第 6 期。
② 参见《立法法》第 67 条。
③ 参见《立法法》第 83 条。

《立法法》一同构成了我国关于抽象行政行为程序的重要立法。

（二）关于具体行政行为程序的立法

在规范具体行政行为程序的立法方面，尽管我国尚未制定统一的行政程序法，但却在主要行政领域的行政实体法中对相应的行政程序进行了规定，例如《行政许可法》《行政强制法》《行政处罚法》等对于行政许可、行政强制、行政处罚所应适用的程序进行了明确规定。

2003 年 8 月 27 日，第十届全国人民代表大会常务委员会第四次会议审议通过了《行政许可法》。2019 年 4 月 23 日，第十三届全国人民代表大会常务委员会第十次会议对《行政许可法》进行了修改。《行政许可法》设总则、行政许可的设定、行政许可的实施机关、行政许可的实施程序、行政许可的费用、监督检查、法律责任和附则 8 章，共 71 条。该法确立了行政许可程序的公开、公平、公正、便民、高效等原则，并且建立了相对人陈述、申辩、听证、救济等制度。在"行政许可的实施程序"一章中，该法规定了实施行政许可所应遵循的程序，包括申请与受理、审查与决定、期限、听证、变更与延续以及特别规定。①

2011 年 6 月 30 日，第十一届全国人民代表大会常务委员会第二十一次会议审议通过了《行政强制法》。该法设总则、行政强制的种类和设定、行政强制措施实施程序、行政机关强制执行程序、申请人民法院强制执行、法律责任和附则 7 章，共 71 条。该法确立了行政强制程序的法治原则、人权保障原则、比例原则等原则，并且建立了告知、说明理由、听取申辩、执法者出示身份证件、制作现场笔录，以及对相对人权利保障和救济等诸项制度。在"行政强制措施实施程序"一章中，该法对实施行政强制所应遵循的程序进行了一般规定，并对查封、扣押、冻结这几类行政强制措施程序进行了特别规定。② 在"行政机关强制执行程序"一章中，该法对实施行政强制执行所应遵循的程序

---

① 参见《行政许可法》第 4 章。
② 参见《行政强制法》第 3 章。

进行了一般规定，并对金钱给付义务的执行、代履行进行了特别规定。①

1996 年 3 月 17 日，第八届全国人民代表大会第四次会议审议通过了《行政处罚法》，该法于 2009 年、2017 年进行了两次修改。《行政处罚法》设总则、行政处罚的种类和设定、行政处罚的实施机关、行政处罚的管辖和适用、行政处罚的决定、行政处罚的执行、法律责任和附则 8 章，共 64 条。该法确立了行政处罚程序的法治原则、公平公正原则、处罚与教育相结合原则、保障人权原则等原则，并建立了告知、说明理由、听取陈述与申辩、执法者出示身份证件、制作现场笔录，以及对相对人权利保障和救济等制度。在"行政处罚的决定"一章中，《行政处罚法》对作出行政处罚所应遵循的简易程序、一般程序与听证程序进行了规定。② 在"行政处罚的执行"一章中，《行政处罚法》对行政处罚的执行程序进行了明确规定。③ 此外，在行政处罚领域还有一个特别法，即 2005 年出台，2012 年修订的《治安管理处罚法》。该法设总则、处罚的种类和适用、违反治安管理的行为和处罚、处罚程序、执法监督和附则 6 章，共 119 条，其中"处罚程序"对治安管理处罚的调查、决定、执行程序进行了规定。④

《行政许可法》《行政强制法》《行政处罚法》一同构成了我国行政行为的基本实体法，这三部法律中关于行政程序的规定，构筑了我国具体行政行为程序立法体系的基础。

（三）关于政府信息公开程序的立法

政府信息公开制度是行政程序法的基本制度之一，是指行政程序法所规定的，将行政权力运行的依据、过程和结果向相对人和公众公开的制度。在规范政府信息公开程序方面，国务院于 2007 年 1 月 17 日审议通过了《政府信息公开条例》，并于 2019 年 4 月 3 日对其进行了修订。《政府信息公开条例》设总

① 参见《行政强制法》第 4 章。
② 参见《行政处罚法》第 5 章。
③ 参见《行政处罚法》第 6 章。
④ 参见《治安管理处罚法》第 4 章。

则、公开的范围、公开的方式和程序、监督和保障和附则 5 章，共 38 条。根据《政府信息公开条例》第 1 条的规定，政府信息公开的目的就在于"保障公民、法人和其他组织依法获取政府信息，提高政府工作的透明度，建设法治政府，充分发挥政府信息对人民群众生产、生活和经济社会活动的服务作用"。政府信息公开的原则是公正、公平、便民、及时、准确，以及以主动公开为主，应申请公开为辅。此外，《政府信息公开条例》还规定了政府信息公开的考核制度、社会评议制度、年度报告制度、监督检查制度和行政复议、行政诉讼等救济制度。

（四）关于地方政府活动程序的立法

在 2008 年之前，我国关于行政程序的规范大多散见于各项中央单行立法之中，地方性法规、地方政府规章对行政程序并未予以关注。2008 年 4 月 17 日，地方政府规章《湖南省行政程序规定》正式对外公布，成为我国第一部标题中含有"行政程序"一词的法律规范。该规章设总则、行政程序中的主体、行政决策程序、行政执法程序、特别行为程序和应急程序、行政听证、行政公开、行政监督、责任追究和附则 10 章，共 178 条，对湖南省行政机关开展行政活动所应遵循的行政程序进行了详尽的规定。《湖南省行政程序规定》作为我国首部对行政程序进行系统规范的地方政府规章，被视为我国统一行政程序立法的"破冰之作"，拉开了我国统一行政程序立法进程的序幕。此后，辽宁省、广东省汕头市和山东省于 2011 年，陕西省西安市和海南省海口市于 2013 年，江苏省、宁夏回族自治区和甘肃省兰州市于 2015 年，浙江省于 2016 年等省、自治区和设区的市也相继制定了"行政程序规定"。目前，我国地方行政程序立法已颇具规模，自 2008 年制定《湖南省行政程序规定》至今，全国已有 15 个地方制定了地方性的行政程序规定，其中地方政府规章 9 部，地方规范性文件 6 部。① 在中央层面行政程序法立法进程陷入困境的背景下，这

① 胡萧力：《示范性立法的逻辑与实践展开——以我国地方行政程序立法为样本的分析》，载《行政法学研究》2018 年第 1 期。

些地方行政程序规定的出台和实施，不仅为未来中央层面进行程序立法积累了丰富经验，同时也是我国地方政府实践法治建设与治理创新的重要表现。在行政程序统一立法方面，地方先行对于行政程序法的探索，对我国行政程序的立法进程与内容的完善起到了积极的作用。

三、迈向统一的程序法治时代

尽管我国行政程序的法治化已经取得了一系列成就，但不可忽略的是，目前行政程序的规范主要体现在单行行政法的条文以及地方行政立法的文本当中，如此分散化的立法模式仍然存在诸多弊端：其一，导致重复立法，造成立法资源的浪费；其二，存在立法空白，致使部分行政领域缺乏相应的程序规范；其三，造成立法冲突，不同单行法中就同一制度的程序规定可能不一致。此外，我国当前行政程序立法，总体上仍然没有摆脱管理法的传统，对于行政相对人权利的关注还非常有限。如此种种，都反映出我国出台统一的行政程序法的需求。

纵观其历史发展，我国的行政程序立法已然迈上了一条"先分散，后统一""先地方、后中央"的立法路径，出台一部统一的行政程序法已然是大势所趋。① 在接下来推进程序法治的过程中，目前最关键的问题在于，当进行统一的行政程序立法条件成熟之时，是采取一步到位的方式，由全国人民代表大会直接制定作为法律的《行政程序法》，还是采取两步走的战略，先由国务院制定作为行政法规的《行政程序条例》，待时机完全成熟后，再迈出制定法律的第二步。就理论层面而言，由人民代表大会制定行政程序法是最为理想的做法，体现出最高权力机关对国家行政权力的约束，能够从根本上对行政权的运行起到规范作用。但是，就实践层面来说，采取两步走的战略更加具有现实性，这是综合考虑我国行政权的历史地位与现实地位，以及它在推动社会发展中起到的重要作用的结果。对当今之中国而言，推动出台统一的行政程序法，一方面是建设现代法治国家、保护公民权利的时代要求，是完成建设有中国特

---

① 参见应松年：《中国行政程序法立法展望》，载《中国法学》2010 年第 2 期。

色社会主义法律体系的必要条件；另一方面，三十年的改革既加深了完成此项任务的紧迫性，也成就了完成这项任务的各种现实条件。① 因此，可以毫不夸张地说，我国制定统一行政程序法的时机已然来临，中国迈向统一程序法治的时代指日可待。

---

① 参见应松年：《中国行政程序法立法展望》，载《中国法学》2010 年第 2 期。

参 考 文 献

一、著作类

1. 中文原著

［1］ 王名扬著：《英国行政法》，中国政法大学出版社1987年版。

［2］ 崔卓兰、季洪涛著：《行政法学》，中国政法大学出版社1996年版。

［3］ 罗豪才主编：《行政法学》，中国政法大学出版社1996年版。

［4］ 王名扬著：《法国行政法》，中国政法大学出版社1997年版。

［5］ 王名扬著：《美国行政法》，中国法制出版社1999年版。

［6］ 于安著：《德国行政法》，清华大学出版社1999年版。

［7］ 季卫东著：《法治秩序的构建》，中国政法大学出版社1999年版。

［8］ 孙笑侠著：《法律对行政的控制》，山东人民出版社1999年版。

［9］ 曾明德、罗德刚等著：《公共行政学》，中共中央党校出版社1999年版。

［10］ 杨海坤、黄学贤著：《中国行政程序法典化》，中国法制出版社1999年版。

［11］ 余凌云著：《行政契约论》，中国人民大学出版社2000年版。

［12］ 皮纯协著：《行政程序法比较研究》，中国人民公安大学出版社2000年版。

［13］ 王万华著：《行政程序法研究》，中国法制出版社2000年版。

［14］ 王学辉著：《行政程序法精要》，群众出版社2001年版。

［15］ 魏娜、吴爱民著：《当代中国政府与行政》，中国人民大学出版社2002年版。

［16］ 陈新民著：《中国行政法学原理》，中国政法大学出版社2002年版。

［17］王名扬著：《法国行政法》，中国政法大学出版社 2003 年版。

［18］章剑生著：《行政程序法基本理论》，法律出版社 2003 年版。

［19］施正文著：《税收程序法论》，北京大学出版社 2003 年版。

［20］宋功德著：《行政法的均衡之约》，北京大学出版社 2003 年版。

［21］章剑生主编：《行政程序法学》，中国政法大学出版社 2004 年版。

［22］杨海坤、章志远著：《行政法学基本论》，中国政法大学出版社 2004 年版。

［23］应松年主编：《外国行政程序法汇编》，中国法制出版社 2004 年版。

［24］徐亚文著：《程序正义论》，山东人民出版社 2004 年版。

［25］季卫东著：《法律程序的意义》，中国法制出版社 2004 年版。

［26］张树义主编：《行政程序法教程》，中国政法大学出版社 2005 年版。

［27］姜明安主编：《行政法与行政诉讼法》，北京大学出版社、高等教育出版社 2005 年版。

［28］周佑勇著：《行政法原论》，中国方正出版社 2005 年版。

［29］朱苏力、金伟峰、唐明良著：《行政法学》，清华大学出版社 2005 年版。

［30］吴庚著：《行政法之理论与实用》，中国人民大学出版社 2005 年版。

［31］湛中乐著：《现代行政过程论——法治理念、原则与制度》，北京大学出版社 2005 年版。

［32］宋雅芳著：《行政程序法专题研究》，法律出版社 2006 年版。

［33］沈开举著：《征收、征用与补偿》，法律出版社 2006 年版。

［34］黄学贤主编：《中国行政程序法的理论与实践——专题评述》，中国政法大学出版社 2007 年版。

［35］马怀德主编：《行政法学》，中国政法大学出版社 2007 年版。

［36］叶必丰著：《行政法与行政诉讼法》，武汉大学出版社 2008 年版。

［37］郭庆珠著：《行政规划及其法律控制研究》，中国社会科学出版社 2009 年版。

［38］杨解君著：《行政法与行政诉讼法》，清华大学出版社 2009 年版。

［39］杨解君编：《法国行政合同》，复旦大学出版社 2009 年版。

［40］关保英著：《行政法教科书之总论行政法》，中国政法大学出版社 2009 年版。

［41］应松年主编：《行政程序法》，法律出版社 2009 年版。

［42］余凌云著：《行政法讲义》，清华大学出版社 2010 年版。

［43］张文显主编：《法理学》（第四版），高等教育出版社、北京大学出版社 2011 年版。

［44］江国华编著：《中国行政法（总论）》，武汉大学出版社 2012 年版。

［45］彭中礼著：《法律渊源论》，方志出版社 2014 年版。

［46］张步峰著：《正当行政程序研究》，清华大学出版社 2014 年版。

［47］姜明安著：《行政程序法典化研究》，法律出版社 2016 年版。

［48］城仲模主编：《行政法之一般法律原则》（二），台湾三民书局 1999 年版。

［49］罗传贤著：《行政程序法论》，台湾五南图书出版有限公司 2000 年版。

［50］陈敏著：《行政法总论》，台湾新学林出版有限公司 2016 年版。

2．中文译著

［1］［德］哈特穆特·毛雷尔著：《行政法学总论》，高家伟译，法律出版社 2000 年版。

［2］［德］汉斯·J. 沃尔夫、奥托·巴霍夫、罗尔夫·施托贝尔著：《行政法》（第一卷），商务印书馆 2002 年版。

［3］［德］奥托·迈耶著：《德国行政法》，刘飞译，商务印书馆 2002 年版。

［4］［日］盐野宏著：《行政法》，杨建顺译，法律出版社 1999 年版。

［5］［日］山村恒年著：《行政法的合理的行政过程论——行政裁量论的代替规范》，慈学社 2006 年版。

［6］［日］谷口安平著：《程序的正义与诉讼》，王亚新、刘荣军译，中国政法大学出版社 2002 年版。

［7］［英］彼得·斯坦著：《西方社会的法律价值》，王献平译，中国人民大学出版社 1990 年版。

〔8〕〔英〕威廉·韦德著：《行政法》，徐炳译，中国大百科全书出版社 1997 年版。

〔9〕〔英〕丹宁著：《法律的训诫》，杨百揆等译，法律出版社 1999 年版。

〔10〕〔英〕丹宁著：《法律的正当程序》，李克强等译，法律出版 1999 年版。

〔11〕〔英〕卡罗尔·哈洛、理查德·罗林斯著：《法律与行政》，杨伟东等译，商务印书馆 2004 版。

〔12〕伯纳德·施瓦茨著：《行政法》，徐炳译，群众出版社 1986 年版。

〔13〕〔美〕赫伯特·西蒙著：《管理行为》，杨砾、韩春立、徐立译，北京经济学院出版社 1988 年版。

〔14〕〔美〕博登海默著：《法理学——法哲学及其方法》，邓正来译，华夏出版社 1987 年版。

〔15〕〔美〕伯纳德·施瓦茨著：《美国法律史》，王军等译，中国政法大学出版社 1990 年版。

〔16〕〔美〕诺内特、塞尔兹尼克著：《转变中的法律与社会》，张志铭译，中国政法大学出版社 1994 年版。

〔17〕〔美〕本杰明·卡多佐著：《司法过程的性质》，苏力译，商务印书馆 1998 年版。

〔18〕〔美〕詹姆斯·W. 费斯勒、唐纳德·F. 凯特尔著：《行政过程的政治——公共行政学新论》，陈振明、朱芳芳等校译，中国人民大学出版社 2002 年版。

〔19〕〔美〕迈克尔·D. 贝勒斯著：《程序正义：向个人的分配》，邓海平译，高等教育出版社 2005 年版。

〔20〕〔美〕弗兰克·古德诺著：《政治与行政——政府之研究》，丰俊功译，北京大学出版社 2012 年版。

3. 外文原著

〔1〕 H. W. R. Wade, Administrative Law, Oxford University Press, 1988.

〔2〕 Stein, Mitchell, Mezines, Administrative Law, Mattew Benden, 1993.

［3］ Wiliam F. Fox, Jr., Understanding Administrative Law, Fox Matthew Bender & Co. Inc., 1997.

［4］ Daniel A. Farber, Public Choice and Public Law, Edward Elgar Publishing Inc., 2007.

［5］ Craig, Paul, Administrative Law, 6th ed., Sweet& Maxwell, 2008.

［6］ Harlow, Carol & Rawlings, Richard, Law and Administration, 3rd ed., London：Butterworths, 2009.

［7］ Pierce, Richard J., Administrative Law Treatise, 5th ed., New York：Aspen Law Business, 2010.

［8］ Kenneth F. Warren, Administrative Law in the Political System, Westview Press, 2011.

二、论文类

［1］ 崔卓兰：《论程序化行政》，载《当代法学》1989 年第 4 期。

［2］ 季卫东：《法律程序的意义》，载《中国社会科学》1993 年第 1 期。

［3］ 章剑生：《行政程序的法律价值分析》，载《法律科学》1994 年第 3 期。

［4］ 湛中乐：《论完善我国的行政立法程序》载《中国法学》1994 年第 3 期。

［5］ 姜明安：《我国行政程序立法模式选择》，载《中国法学》1995 年第 6 期。

［6］ 陈建福：《制定行政程序法若干问题的思考》，载《行政法学研究》1996 年第 2 期。

［7］ 吴德星：《中国行政法制的程序化与行政程序的法制化》，载《中国人民大学学报》1997 年第 1 期。

［8］ 周汉华：《行政立法与当代行政法——中国行政法的发展方向》，载《法学研究》1997 年第 3 期。

［9］ 叶必丰：《公共利益本位论与行政程序》，载《政治与法律》1997 年第 4 期。

［10］ 叶必丰：《行政程序法的两大模式——两大法系行政程序法之比较》，载

《中外法学》1997 年第 1 期。

[11] 胡建淼：《行政程序法比较研究》，载《比较法研究》1997 年第 2 期。

[12] 孙笑侠：《法律程序涉及的若干法理》，载《政治与法律》1998 年第 4 期。

[13] 马怀德：《中国行政程序法立法探索》，载《行政法学研究》1999 年第 1 期。

[14] 杨临宏：《关于行政指示的几个法律问题》，载《行政法制》1999 年第 6 期。

[15] 吴建依：《论行政信息公开原则》，载《中国法学》2000 年第 3 期。

[16] 杨寅：《普通法传统中的自然正义原则》，载《华东政法学院学报》2000 年第 3 期。

[17] 章剑生：《论行政程序法的行政公开原则》，载《浙江大学学报（人文社会科学版）》2000 年第 6 期。

[18] 章剑生：《现代行政程序的成因和功能分析》，载《中国法学》2001 年第 1 期。

[19] 石东坡：《论行政程序立法的基本原则和制度选择》，载《法学论坛》2001 年第 3 期。

[20] 黄培：《行政裁决辨析》，载《公法研究》2002 年第 00 期。

[21] 章剑生：《论行政立法程序》，载《安徽大学法律评论》2002 年第 1 期。

[22] 宋功德：《寻找均衡——行政过程中的博弈分析》，载《中外法学》2002 年第 2 期。

[23] 王锡锌：《正当法律程序与"最低限度的公正"——基于行政程序角度之考察》，载《法学评论》2002 年第 2 期。

[24] 郭道晖：《知情权与信息公开制度》，载《江海学刊》2003 年第 1 期。

[25] 张引、熊菁华：《行政程序法的基本原则及相应制度》，载《行政法学研究》2003 年第 2 期。

[26] 杨明成：《关于行政立法程序的几个重要问题》，载《当代法学》2003 年第 2 期。

［27］刘巍：《论行政调解》，载刘茂林主编：《公法评论》（第1卷），北京大学出版社2003年版，第213页。

［28］谢维雁：《论美国宪政下的正当法律程序》，载《社会科学研究》2003年第5期。

［29］李正华：《中国仲裁制度研究》，载《当代法学》2003年第3期。

［30］许玉镇、李洪明：《在调解中寻求平衡——试论当代中国的行政调解》，载《行政与法》2003年第1期。

［31］应松年、何海波：《我国行政法的渊源：反思与重构》，载胡建淼主编：《公法研究》（第二辑），商务印书馆2004年版。

［32］张慧平：《行政程序法基本原则研究》，载《河北法学》2004年第1期。

［33］石佑启：《征收、征用与私有财产权保护》，载《法商研究》2004年第3期。

［34］周佑勇：《行政法的正当程序原则》，载《中国社会科学》2004年第4期。

［35］周安平：《行政程序法的价值、原则与目标模式》，载《比较法研究》2004年第2期。

［36］石佑启：《征收、征用与私有财产权保护》，载《法商研究》2004年第3期。

［37］马怀德：《行政程序法的价值及立法意义》，载《政法论坛》2004年第5期。

［38］周佑勇、王青斌：《论行政规划》，载《中南民族大学学报（人文社会科学版）》2005年第1期。

［39］周佑勇：《行政许可法中的信赖保护原则》，载《江海学刊》2005年第1期。

［40］陈驰：《正当行政程序之价值基础》，载《现代法学》2005年第2期。

［41］胡建淼、马良骥：《政府管理与信息公开之法理基础》，载《法学论坛》2005年第4期。

［42］王万华：《中国行政程序法的立法架构与中国立法的选择》，载《行政法

学研究》2005 年第 2 期。

［43］周佑勇、王青斌：《论行政规划》，载《中南民族大学学报》2005 年第 1 期。

［44］应松年：《制定统一的行政程序法：我国行政法治的必由之路》，载《中国司法》2006 年第 7 期。

［45］孙祥生：《论自然正义原则在当代的发展趋势》，载《西南政法大学学报》2006 年第 2 期。

［46］周佑勇、尹建国：《我国行政裁决制度的改革和完善》，载《法治论丛》2006 年第 5 期。

［47］朱最新：《社会转型中的行政调解制度》，载《行政法学研究》2006 年第 2 期。

［48］章剑生：《从自然正义到正当法律程序——兼论我国行政程序立法中的"法律思想移植"》，载《法学论坛》2006 年第 5 期。

［49］王运亮：《特权行政程序与平等行政程序的选择》，载《法学评论》2007 年第 1 期。

［50］王全兴、王文珍：《我国劳动争议处理立法的若干基本选择》，载《中国劳动》2007 年第 1 期。

［51］莫于川、郭庆珠：《我国行政法学界关于行政规划的理论研究现状分析》，载《南都学坛》2007 年第 1 期。

［52］江国华：《行政立法的合法性审查探析》，载《武汉大学学报（哲学社会科学版）》2007 第 5 期。

［53］柳正权：《中国传统行政程序概念的文化解析》，载《法学评论》2007 年第 1 期。

［54］董保华：《论我国劳动争议处理立法的基本定位》，载《法律科学》2008 年第 2 期。

［55］李春燕：《行政征收的法律规制论纲》，载《行政法学研究》2008 年第 2 期。

［56］董保华：《论我国劳动争议处理立法的基本定位》，载《法律科学》2008 年第 2 期。

[57] 李集合、彭立峰：《土地征收：正当程序的缺失和构建》，载《理论导刊》2008 年第 8 期。

[58] 王青斌：《论行政规划的法律性质》，载《行政法学研究》2008 年第 1 期。

[59] 王万华：《统一行政程序立法的破冰之举——解读〈湖南省行政程序规定〉》，载《行政法学研究》2008 年第 3 期。

[60] 潘乾：《试论我国行政调解制度的完善》，载《行政与法》2008 年第 4 期。

[61] 何海波：《司法判决中的正当程序原则》，载《法学研究》2009 年第 1 期。

[62] 张步峰：《论行政程序的功能——一种行政过程论的视角》，载《中国人民大学学报》2009 年第 1 期。

[63] 章剑生：《行政征收程序论——以集体土地征收为例》，载《东方法学》2009 年第 3 期。

[64] 周扬扬：《行政规划的法律控制》，载《江南论坛》2009 年第 6 期。

[65] 董景山：《农村土地承包经营纠纷仲裁相关问题探讨》，载《兰州学刊》2009 年第 7 期。

[66] 郭延军：《行政强制执行权分配首先要解决好合宪问题——〈行政强制法〉（草案）相关条文评析》，载《政治与法律》2009 年第 11 期。

[67] 章剑生：《行政征收程序论——以集体土地征收为例》，载《东方法学》2009 年第 3 期。

[68] 应松年：《中国行政程序立法展望》，载《中国法学》2010 年第 2 期。

[69] 刘东亮：《什么是正当法律程序》，载《中国法学》2010 年第 4 期。

[70] 江国华、周海源：《论行政法规之审查基准》，载《南都学坛》2010 年第 5 期。

[71] 于立深：《违反行政程序司法审查中的争点问题》，载《中国法学》2010 年第 5 期。

[72] 莫于川：《中国行政调查制度的若干问题与完善路向》，载《学习论坛》

2011 年第 4 期。

[73] 刘建宏：《台湾"行政程序法"制定公布十年之实施经验——为大陆行政程序法起草工作提供借鉴》，载《甘肃行政学院学报》2011 年第 4 期。

[74] 江国华、胡玉桃：《论行政调解——以社会纠纷解决方式的多元化为视角》，载《江汉大学学报（社会科学版）》2011 年第 3 期。

[75] 杨寅、狄馨萍：《我国重大行政决策程序立法实践分析》，载《法学杂志》2011 年第 7 期。

[76] 张莉：《行政裁量指示的司法控制——法国经验评析》，载《国家行政学院学报》2012 年第 1 期。

[77] 江必新：《行政程序正当性的司法审查》，载《中国社会科学》2012 年第 7 期。

[78] 朱维究、刘永林：《论行政检查与行政法实施——以确保行政规范性文件得到真正落实为视角》，载《政治与法律》2012 年第 7 期。

[79] 许传玺、成协中：《以公共听证为核心的行政程序建构》，载《国家检察官学院学报》2013 年第 3 期。

[80] 章志远、刘利鹏：《我国行政调解制度的运作现状与发展课题》，载《求是学刊》2013 年第 5 期。

[81] 杨东升：《行政给付程序论》，载《政法论丛》2014 年第 1 期。

[82] 章剑生：《行政收费的理由、依据和监督》，载《行政法学研究》2014 年第 2 期。

[83] 苏新建：《主观程序正义对司法的意义》，载《政法论坛》2014 年第 4 期。

[84] 周叶中：《论重大行政决策问责机制的构建》，载《广东社会科学》2015 年第 2 期。

[85] 熊樟林：《重大行政决策概念证伪及其补正》，载《中国法学》2015 年第 3 期。

[86] 王万华：《完善行政执法程序立法的几个问题》，载《行政法学研究》

2015 年第 4 期。

［87］杨士林：《试论行政诉讼中规范性文件合法性审查的限度》，载《法学论坛》2015 年第 5 期。

［88］黄学贤：《行政调查及其程序原则》，载《政治与法律》2015 年第 6 期。

［89］孟鸿志：《行政规划裁量基准初探》，载《法学论坛》2015 年第 30 期。

［90］张淑芳：《论行政决策合法性审查的制度构建》，载《政法论丛》2016 年第 1 期。

［91］曹实：《行政命令地位和功能的分析与重构》，载《学习与探索》2016 年第 1 期。

［92］曹实：《行政命令与行政处罚的性质界分》，载《学术交流》2016 年第 2 期。

［93］江国华：《行政转型与行政法学的回应型变迁》，载《中国社会科学》2016 年第 11 期。

［94］江国华、梅扬：《重大行政决策公众参与制度的构建和完善——基于文本考察与个案分析的视角》，载《学习与实践》2017 年第 1 期。

［95］郭春镇：《感知的程序正义——主观程序正义及其构建》，载《法制与社会发展》2017 年第 2 期。

［96］胡萧力：《示范性立法的逻辑与实践展开——以我国地方行政程序立法为样本的分析》，载《行政法学研究》2018 年第 1 期。

［97］李成：《行政规范性文件附带审查进路的司法建构》，载《法学家》2018 年第 2 期。

［98］梅扬：《重大行政决策合法性审查的构建》，载《江西社会科学》2018 年第 8 期。

［99］姜明安：《21 世纪中外行政程序法发展述评》，载《比较法研究》2019 年第 6 期。

附　　录

附录1：田某诉北京科技大学拒绝颁发毕业证、学位证案裁判文书

北京市海淀区人民法院
行 政 判 决 书

〔1998〕海行初字第 142 号

原告：田某，男，1976 年××月××日出生，汉族，北京科技大学应用科学学院物理化学系学生，暂住该校宿舍。

委托代理人：马某德，北京市大通—正达律师事务所律师。

委托代理人：孙某申，北京市通正律师事务所律师。

被告：北京科技大学，住所地本市海淀区学院路××号。

法定代表人：杨某钧，校长。

委托代理人：张某，男，37 岁，中国政法大学副教授，住本市海淀区西土城路×××号×号楼。

委托代理人：李某英，女，42 岁，北京科技大学校长办公室主任，住本市海淀区塔院迎春园小区×号楼×××号。

原告田某诉被告北京科技大学拒绝颁发毕业证、学位证，于 1998 年 10 月 19 日来院起诉。本院受理后，依法组成合议庭，公开开庭审理了此案。原告田某及其委托代理人马某德、孙某申；被告北京科技大学的委托代理人张某、李某英到庭参加诉讼。本案现已审理终结。

原告诉称，1996 年 2 月 29 日，其参加电磁学补考时，无意将写有公式的纸条带到考场，在考试时未查看。中途其上厕所时掉出，被教师发现。学校错

误地认为其考试作弊，并作出退学决定。但该决定并没有正式通知本人，学校及相关部门也未按此决定执行。1996 年 9 月学校为其补办了丢失的学生证，使其一直正常参加学习和学校组织的一切活动，重修了电磁学课程，经考试合格，并参加了学校组织的英语及计算机等级考试，获得了相应的证书；又按学校计划参加了毕业实习设计、论文答辩，学校按照标准发放了毕业设计费；还参加了学校组织动员的义务献血活动。其按规定向学校交纳教育费用、注册学籍，在学校学习期间，完成了被告制订的教学计划，学习成绩和毕业论文已经达到高等学校毕业的要求。然而，1998 年 6 月临近毕业时，学校通知系里，以其不具备学籍为理由，拒绝颁发毕业证书、学位证书和办理毕业派遣手续。根据《中华人民共和国教育法》《中华人民共和国学位条例》《中华人民共和国学位条例暂行实施办法》的规定，被告应当履行颁发毕业证书、学位证书等法定职责。因此，要求法院判令被告：1. 为其颁发毕业证书、学位证书；2. 及时有效地为其办理毕业派遣手续；3. 赔偿经济损失三千元；4. 在校报上公开向原告赔礼道歉并为其恢复名誉；5. 承担本案诉讼费。

被告辩称，本校根据原国家教委关于严肃考场纪律的指示精神，于 1994 年制定了校发〔94〕第 068 号《关于严格考试管理的紧急通知》（以下简称第 068 号通知）。该通知规定，凡考试作弊的学生一律按退学处理，取消学籍。1996 年 2 月 29 日，原告在电磁学课程的补考过程中，因夹带写有电磁学公式的纸条，被监考教师发现，并当即停止田某的考试，学校依"第 068 号通知"的规定，于 1996 年 3 月 5 日在学校的"期末考试工作简报"中通报了田某考试作弊一事，并决定对田某按退学处理，之后向学校的各部门发送了对田某按退学处理的九联单，通知各部门办理田某的退学手续，并通过校内信箱向原告送去了九联单中属于原告本人的一联，至此原告的学籍已被取消。但由于原告本人不配合办理有关手续、学校的一些部门工作不到位、部分教职工不了解情况等原因，造成田某在退学后仍继续留在学校学习的事实。但学校某些部门及教师默许原告参加学习等活动的行为不代表学校，也不表明恢复了原告的学籍，学校对田某作出的退学处理是正确的。田某已经不具备学籍，也就不具备高等院校大学生的毕业条件，本校不能为其颁发毕业证书和学位证书，因而也不能为其办理有关的毕业派遣手续。因此，请求法院依法驳回原告的诉讼请求。

在公开审理中查明，原告田某于1994年9月考取北京科技大学，取得本科生的学籍，1996年2月29日原告在电磁学课程的补考过程中，随身携带写有电磁学公式的纸条。考试中，原告去上厕所时纸条掉出，被监考教师发现。监考教师虽未发现其有偷看纸条的行为，但还是按照考场纪律，当即停止了田某的考试。被告根据"第068号通知"，于同年3月5日认定田某的行为属作弊行为，按退学处理，于当年4月10日填发了学籍变动通知，但决定和变更学籍的通知未直接向原告宣布、送达，也未给田某办理有关退学的手续，田某继续在校以该校大学生的身份参加正常学习及学校组织的活动。1996年3月，原告因学生证丢失未进行1995—1996年第二学期的注册，1996年9月被告为原告补办了学生证，之后每学年均收取原告交纳的教育费，并为原告进行注册、发放大学生补助津贴，安排田某参加了大学生毕业实习设计，由其论文指导教师领取了学校发放的毕业设计结业费。原告还以该校大学生的名义参加考试，先后取得了大学英语四级、计算机应用水平测试BASIC语言成绩合格证书。被告对原告在该校的四年学习中成绩全部合格，通过毕业实习、设计及论文答辩，获得优秀毕业论文及毕业总成绩为全班第九名的事实无争议。1998年6月，原告所在院系向被告报送田某所在班级授予学士学位表时，被告有关部门以田某已按退学处理、不具备北京科技大学学籍为由，拒绝为其颁发毕业证书，进而未向教育行政部门呈报毕业派遣资格表。田某所在应用学院及物理化学系认为原告符合大学毕业和授予学士学位的条件，但由于当时原告的毕业问题正在与学校交涉，故学院暂时未在授予学位表中签字，待学籍问题解决后再签。被告因此未将原告列入授予学士学位资格的名单交该学位评定委员会审核。因被告的部分教师为田某一事向原国家教委申诉，国家教委高校学生司于1998年5月18日致函被告，认为被告对田某违反考场纪律一事处理过重，建议复查。同年6月10日，被告复查后，仍然坚持原结论。

在公开庭审活动中，本院对被告及原告提交的证据进行了质证。被告提交的证据包括：原告于1996年2月29日的书面检查、两位监考教师的书面证言，能够证明被告认定原告在考试中随身携带了与考试科目有关的纸条，但未发现其偷看的事实；原国家教委《关于加强考试管理的紧急通知》、校发〔94〕第068号《关于严格考试管理的紧急通知》、原国家教委有关领导的讲话，以上三份文件不属于《中华人民共和国行政诉讼法》第五十三条所规定的适用或参照的法律范畴；北京科技大学教务处关于田某等三人考试过程中作弊按退学处理的请示、期末考试工作简报、学生学籍变动通知单，以上书证能够证明被告于1996年4月10日曾对原告作出按退学处理的决定，但并不能够证明被告将上述决定直接送达原告，也不能证明该决定已实际执行；原国家教委高校学生司函、被告对田某考试作弊一事复查结果的报告，能够证明被告部分教师为田某提出申诉，原国家教委有关部门要求被告复查，以及被告作出复查意见的过程；关于给予北京科技大学学生王某勒令退学处分的决定、期末考试工作简报七份，以上书证与本案无必然联系，不能成为本案证据；唐某兰等教师的证言、考试成绩单、1998届学生毕业资格和学士学位审批表、学生登记卡、学生档案登记单、学校保卫处户口办公室书证、学籍变动通知单第四联及第五联、无机94班级人数统计单，以上书证均为被告在诉讼期间未经本院同意自行调取的，该行为违反了《中华人民共和国行政诉讼法》第三十三条的规定，不应作为本案的事实证据。原告提交的证据包括：1996年9月被告为原告补办的学生证（学号为9411026），能够证明被告从1996年9月为原告补办学生证并逐学期为原告进行学籍注册，使其具有北京科技大学本科学生学籍的事实；献血证、重修证、准考证、收据及收费票据、英语四级证书、计算机BASIC语言证书、田某同班同学两份证言、实习单位书证、结业费发放书证，以上书证能够证明原告在被告的管理中，以该校大学生的资格学习、考试和生活的相关事实；学生成绩单能够证明原告在该校四年的学习中的学习成绩；加盖有被告主管部门印章的北京地区普通高校毕业生就业推荐表，能够证明被告已承认了原告具备应届毕业生的资格；应用学院的书证，证明田某已经通过了全部考试及论文答辩，其掌握的知识和技能已具备了毕业生的资格，学校等待问题解决之后，为田某在授予学位表上签字的事实。

本院认为，根据我国法律、法规规定，高等学校对受教育者有进行学籍管理、实施奖励或处分的权力，有代表国家对受教育者颁发相应的学历证书、学位证书的职责，受教育者在经过考试合格被教育者录取后，即享有该校的学籍，取得了在学校学习的资格。教育者在对受教育者实施管理中，虽然有相应的教育自主权，但不得违背国家法律、法规和规章的规定。本案原告在补考中随身携带纸条的行为属于违反考场纪律的行为，被告可以按照有关法律、法规、规章及学校的有关规定处理，但其依本校制定的"第068号通知"的有关内容对原告作退学处理，直接与《普通高等学校学生管理规定》第二十九条规定的法定退学条件相抵触。而且退学处理的决定涉及原告的受教育权利，从充分保障当事人权益原则出发，被告应将此决定直接向本人送达、宣布，允许当事人提出申辩意见。而被告既未依此原则处理，尊重当事人的权利，也未实际给原告办理注销学籍、迁移户籍和档案等手续。原告在1995—1996学年第二学期虽因丢失学生证未能注册，但被告于1996年9月又为其补办了学生证并注册的事实行为，应视为被告改变了其对原告所作的按退学处理的决定，恢复了原告的学籍。被告又安排原告修满四年学业，参加考核、实习及作毕业设计并通过论文答辩等。上述一系列工作虽系被告及其所属院、系的部分教师具体实施，但因他们均是在被告领导下完成的职务工作，故被告应承担上述行为所产生的法律后果。

国家实行学历证书制度，被告作为国家批准设立的高等学校，对取得普通高等学校学籍、接受正规教育、学习结束达到一定水平和要求的受教育者，应当为其颁发相应的学业证明，以承认该学生具有的相当学历。原告符合上述高等学校毕业生的条件，被告应当依《中华人民共和国教育法》第二十八条第一款第五项及《普通高等学校学生管理规定》第三十五条的规定，为原告颁发大学本科毕业证书。

国家实行学位制度，学位证书是评价个人学术水平的尺度。被告作为国家授权的高等学校学士学位授予机构，应依法定程序对达到一定学术水平或专业技术水平的人员授予相应的学位，颁发学位证书。依《中华人民共和国学位条例暂行实施办法》第四条、第五条、第十八条第三项规定的颁发学士学位证书的法定程序要求，被告首先应组织有关院、系审核原告的毕业成绩和毕业鉴定等材料，确定原告是否已较好地掌握本门学科的基础理论、专业知识和基本技能，是否具备从事科学研究工作或担负专门技术工作的初步能力；再决定是否向学位评定委员会提名列入学士学位获得者的名单，学位评定委员会方可依名单审查通过后，由被告对原告授予学士学位。

关于高等院校的毕业生派遣问题，国家实施的是由各省、自治区、直辖市的主管毕业生调配的部门按照教育行政部门下达的就业计划，签发本地区内普通高等学校毕业生就业派遣报到证。根据《普通高等学校毕业生就业工作暂行规定》第九条的规定，教育者在办理毕业生就业中应当履行的职责是将取得毕业资格的大学毕业生的有关毕业分配资料上报其所在地的高校行政主管部门，以供当地教育行政部门审查和颁发毕业派遣证。原告取得大学毕业生资格后，被告理应按上述程序履行其职责。

虽然原告因被告的行为未能按时办理毕业手续，致使原告失去与同学同期获得就业的机会，可能失去取得一定劳动收入的机会。但是，根据《中华人民共和国国家赔偿法》第三条、第四条的规定，国家赔偿的范围应当是违法的行政行为对当事人的人身权或财产权造成的实际侵害。本案被告拒绝颁发证书的行为，未对原告形成人身权和财产权的实际损害。且，国家目前对于大学生毕业分配实行双向选择的就业政策，原告以被告未按时颁发毕业证书致使其既得利益造成损害的主张不成立，被告不承担赔偿责任。被告对原告作出退学决定虽然无法律依据，但原告在考试中违反考场纪律，携带与考试有关纸条的事实客观存在。被告依此事实认定原告违纪，未对其名誉权造成实际损害。因此对于原告起诉要求法院判令被告赔礼道歉并在校报上为其恢复名誉的诉讼主张本院不予支持。

综上，依照《中华人民共和国教育法》第二十一条、第二十二条、第二十八条第一款第五项，《中华人民共和国学位条例》第四条，《中华人民共和国学位条例暂行实施办法》第三条、第四条、第五条、第十八条第三项，《中华人民共和国国家赔偿法》第三条、第四条及《中华人民共和国行政诉讼法》第五十四条第三项的规定，根据《中华人民共和国行政诉讼法》第五十三条的规定，参照《普通高等学校学生管理规定》第十二条、第三十五条及《普通高等学校毕业生就业工作暂行规定》第九条的规定判决如下：

一、被告北京科技大学在本判决生效之日起三十日内向原告田某颁发大学本科毕业证书；

二、被告北京科技大学在本判决生效之日起六十日内组织本校有关院、系及学位评定委员会对原告田某的学士学位资格进行审核；

三、被告北京科技大学于本判决生效后三十日内履行向当地教育行政部门上报有关原告田某毕业派遣的有关手续的职责；

四、驳回原告田某的其他诉讼请求。

诉讼费用八十元，由被告北京科技大学负担六十元（于本判决生效后七日内交纳），由原告田某负担二十元（已交纳）。

如不服本判决，可在判决书送达之日起十五日内，向本院递交上诉状，并按对方当事人的人数提出副本，上诉于北京市第一中级人民法院。

审　判　长　王某某

人民陪审员　饶某某

人民陪审员　王　某

一九九九年二月十四日

书　记　员　李某某

附录 2：益民公司诉河南省周口市人民政府等违法案裁判文书

最高人民法院行政判决书

〔2004〕行终字第 6 号

上诉人（一审原告）：周口市益民燃气有限公司。住所地河南省周口市南山货街 1 号楼。

法定代表人：马某清，该公司董事长。

委托代理人：朱某平，北京金台律师事务所律师。

被上诉人（一审被告）：周口市人民政府。住所地河南省周口市七一路东段。

法定代表人：高某领，该市市长。

委托代理人：张某义，中国政法大学教授。

委托代理人：应某年，国家行政学院教授。

被上诉人（一审被告）：周口市发展计划委员会。住所地河南省周口市七一路东段。

法定代表人：殷某勇，该委员会主任。

委托代理人：马某德，中国政法大学教授。

委托代理人：辛某廷，河南团结律师事务所律师。

原审第三人：河南亿星实业集团有限公司。住所地河南省郑州市黄河北街 9 号。

法定代表人：李某强，该公司董事长。

委托代理人：宋某芳，河南郑大律师事务所律师。

委托代理人：张某刚，河南众望律师事务所律师。

周口市益民燃气有限公司（以下简称益民公司）因其诉周口市发展计划委员会（以下简称市计委）发布《周口市天然气城市管网项目法人招标方案》、向河南亿星实业集团有限公司（以下简称亿星公司）下发《中标通知书》、周口市人民政府（以下简称市政府）下发《关于河南亿星实业集团有限公司独家经营周口市规划区域内城市管网燃气工程的通知》一案，不服河南省高级人民法院〔2003〕豫法行初字第 1 号行政判决，向本院提出上诉。本院依法组成由周某耕担任审判长、代理审判员毛某平、王某宇参加的合议庭，于 2004 年 11 月 17 日公开开庭审理了本案。上诉人益民公司法定代表人马某清、委托代理人朱某平，被上诉人市政府委托代理人张某义，被上诉人市计委委托代理人马某德、辛某廷，原审第三人亿星公司法定代表人李某强，委托代理人宋某芳、张某刚出庭参加诉讼，被上诉人市政府法定代表人高某领、委托代理人应某年，被上诉人市计委法定代表人殷某勇因故未出庭。本案现已审理终结。

　　一审法院经审理查明：2003 年 4 月 26 日，市计委向亿星公司、益民公司等 13 家企业发出邀标函，着手组织周口市天然气城市管网项目法人招标，同年 5 月 2 日发出《周口市天然气城市管网项目法人招标方案》（以下简称《招标方案》），其中称，"受周口市人民政府委托，周口市发展计划委员会组织人员编制了周口市天然气城市管网项目法人招标方案"。该方案规定，投标人中标后，市政府委托周口市建设投资公司介入项目经营（市政府于 2003 年 8 月 15 日作出周政〔2003〕76 号文撤销了该公司，该公司未实际介入项目经营）。该方案及其补充通知中还规定，投标人应"按时将 5000 万元保证金打入周口指定账户，中标企业的保证金用于周口天然气项目建设"。益民公司在报名后因未能交纳 5000 万元保证金而没有参加最后的竞标活动。同年 5 月 12 日，正式举行招标。在招标时，市计委从河南省方圆招标代理有限责任公司专家库中选取了 5 名专家，另有周口市委副秘书长和市政府副秘书长共 7 人组成评标委员会。同年 6 月 19 日，市计委依据评标结果和考察情况向亿星公司下发了《中标通知书》，其中称："河南亿星实业集团有限公司：周口市天然气城市管网项目法人，通过邀请招标，经评标委员会推荐，报请市政府批准，确定由你公司中标。"同年 6 月 20 日，市政府作出周政〔2003〕54 号《关于河南亿星实业集团有限公司独家经营周口市规划区域内城市管网燃气工程的通知》（以下简称 54 号文），其中称："为促进我市的经济发展，完善城市基础设施建设，提高居民生活质量，市政府同意周口市燃气城市管网项目评标委员会意见，由河南亿星实业集团公司独家经营周口市规划区域内城市天然气管网工程"。54 号文送达后，亿星公司办理了天然气管网的有关项目用地手续，购置了输气管道等管网设施，于 2003 年 11 月与中国石油天然气股份有限公司西气东输管道分公司（以下简称中石油公司）签订了"照付不议"用气协议，并开始动工开展管网项目建设。益民公司认为，市计委、市政府作出的上述《招标方案》《中标通知》和 54 号文违反了法律规定，并侵犯了其依法享有的管道燃气经营权，向河南省高级人民法院提起行政诉讼。

　　一审法院另查明：益民公司经工商注册成立于 1999 年 4 月（未取得燃气经营资格），经营范围为管道燃气、燃气具、高新技术和房地产。2000 年 7 月 7 日，原周口地区建设局以周地建城〔2000〕10 号文对益民公司作出《关于对周口市益民燃气有限责任公司为"周口市管道燃气专营单位"的批复》。该批复主要内容为："按照建设部第 62 号令、河南省人民政府第 47 号令、河南省建设厅豫建城〔1996〕69 号文之规定和'一个城市只允许批准一家管道燃气经营单位'的原则，根据设计方案及专家论证，该项目既能近期满足工业与民用对燃气的需要，又能与天然气西气东输工程接轨。经审查，批准你公司为周口城市管道燃气专营单位。"益民公司取得该文后，又先后取得了燃气站建设用地规划许可证，周口市（现周口市川汇区）大庆路、八一路等路段的燃气管网铺设建设工程规划许可证和建设工程施工许可证等批准文件。到一审判决为止，益民公司已在周口市川汇区建成燃气调压站并在该区的主要街道和部分小区实际铺设了一些燃气管道。2002 年 9 月 20 日，面对当时周口市两个燃气公司即益民公司和周口市燃气有限公司（由周口市政府与北京中燃公司联合组建，后来解散）并存的状况，市政府常务会议作出决议称："不管什么情况，在没弄清问题之前，益民公司铺设管道工作必须停止，此事由市规划管理局负责落实。"同年 9 月 23 日，周口市规划管理局作出了通知，其中称："根据《河南省〈城市规划法〉实施办法》第三十三条'在城市规划区内新建、扩建、改建建筑物、构筑物、道路、管线和其他工程设施，城市规划行政主管部门应提供规划设计条件，建设单位和个人必须取得建设工程规划许可证'的规定和周口市人民政府常务会议纪要〔2002〕5 号要求，不管什么情况，在没有弄清问题之前，益民公司铺设管道工作必须停止。"

2003 年 11 月 9 日，周口市建设委员会作出周建城〔2003〕39 号文，以原周口地区建设局周地建城〔2000〕10 号文授予益民公司管道燃气专营单位资格缺少法律依据，不符合有关规章和规范性文件，属越权审批为由废止了该文。河南省高级人民法院一审认为：

一、关于益民公司的原告主体资格

1999 年 4 月益民公司已取得工商营业执照，其经营范围包括燃气，2000 年 7 月，益民公司又取得原周口地区建设局关于授予益民公司管道燃气专营权的批复，其中注明益民公司经营的燃气项目既能近期满足周口市（川汇区）工业与民用对燃气的需要，又能与"西气东输"工程接轨。2003 年 5—6 月，市计委和市政府基于建设部建城〔2002〕272 号《关于加快市政公用行业市场化进程的意见》（以下简称建设部 272 号文）关于公用事业要开放市场、通过招标确定特许经营权人的政策规定，就周口市的天然气管网项目进行招标并确定了亿星公司对周口市天然气管网项目的独家经营权。由于当时益民公司的燃气经营权未被废止或撤销，亿星公司的天然气管网项目独家经营权直接与益民公司的燃气经营权冲突。如果被诉行政行为成立或产生法律效果，益民公司对天然气的经营权就不能行使。所以，益民公司与被诉行政行为有法律上的利害关系，具备本案的原告主体资格。

二、关于被诉行政行为的合法性审查

1. 关于招标方案的合法性。益民公司于 1999 年已取得经营燃气的工商许可，2000 年原周口地区建设局以周地建城〔2000〕10 号文批准益民公司为管道燃气专营单位。在新的政策要求对公用事业的经营实行开放、通过招标确定经营者的情况下，如果对周口市天然气管网项目法人进行招标，应当首先处理益民公司的管道燃气经营权问题。市计委在益民公司的燃气经营权未被撤销的情况下发布天然气管网项目法人方案属程序违法。招标方案中规定市政府委托周口市建设投资有限公司介入周口市天然气管网项目运作，虽然其主观动机是为了加强对公用行业的管理，但不符合国家关于政府不能经商的政策规定，因此，招标方案的相关内容不妥。关于原告提出的市政府在不出一分钱的情况下占"干股"35%的问题，因证据不足不予认定。

2. 关于中标通知的合法性。根据国务院关于"西气东输"工程的领导体制和主管部门的规定，河南省人民政府办公厅豫政办〔2002〕第35号文《关于加快西气东输利用工作的通知》第二条规定，以及市政府关于各职能部门的权限划分情况，可以认定周口市计委有组织招标的职权。

《中华人民共和国招标投标法》（以下简称《招标投标法》）没有禁止设置保证金的规定，而且市计委设定5000万元保证金是为了确保中标人的经营实力，并不违法。

一方面，招标方案中规定招标实行公开招标，而在实际招标时未公布招标方案，且适用了邀请招标的程序；另一方面，本案中的招标项目是省级重点项目，按照《河南省实施〈中华人民共和国招标投标法〉办法》第十三条和国家建设部272号文第二条的规定，应当适用公开招标程序，如果适用邀请招标程序，应经过省人民政府或国家计委批准，但本案中适用邀请招标方式未经批准。因而市计委在未经批准的情况下适用邀请招标方式违法。

根据《招标投标法》第二十四条规定，给投标人的准备时间不得少于20天。本案中，被告发出邀标函的时间是4月26日，通知招标方案的时间是5月2日，开标时间是5月12日。投票人的准备时间应从取得招标文件之日起算，从被告发出招标方案到开标时间中间只有10天时间，不符合法律关于准备时间不得少于20天的规定，因此，市计委给投标人的准备时间违法。

按照《招标投标法》第三十七条规定，评标委员会成员中专家应占三分之二以上，其他人可以是政府代表。本案中的评标人是七人，其中五人从专家代理机构中抽取，有专家资格，另二人即市委和市政府副秘书长虽不是从法定代理机构中抽取的，但是属于政府代表。具有专家资格的评标人已占评标委员会成员三分之二以上，因此，本案中的评标人组成不违法。

《招标投标法》第七条规定招标活动应当接受监督，但没有规定必须是事中监督，因此，周口市计委组织招标时未通知行政监察部门参加不违法。

综上，招标通知在适用邀请招标方式、给投标人的准备时间两个方面有违法之处。

3. 关于 54 号文的合法性。益民公司 1999 年取得燃气经营权，2000 年取得燃气专营权，在益民公司的经营权和专营权未经法律程序被撤销的情况下，市政府又授予亿星公司天然气管网项目经营权，由于燃气包含天然气，这种做法造成了益民公司和亿星公司在天然气经营权上的冲突。虽然益民公司的专营权在本案诉讼过程中被废止，但在市计委招标和市政府作出 54 号文时，益民公司的专营权还未被撤销，其营业执照至今未被撤销。54 号文是依据招标作出的，招标方案和招标通知存在违法之处，54 号文缺乏合法的依据，因此构成违法行政行为。

关于亿星公司的燃气经营资格和燃气经营经验问题，在国务院 2002 年宣布取消的审批事项目录中，取消了燃气经营资格审批制度。因此，在这个问题上，54 号文授予亿星公司天然气经营权不违法。对益民公司已建的管道等设施，市政府可以采取补救措施进行处理。因此，市政府将天然气管网经营权授予亿星公司不当然意味着导致重复建设。

综合上述对被诉行政行为的合法性审查情况，可以认定被诉的招标方案、招标通知和 54 号文违法，但根据《最高人民法院关于执行〈中华人民共和国行政诉讼法〉若干问题的解释》（以下简称《若干解释》）第五十八条之规定，对被诉的三个行政行为不予撤销，对原告益民公司施工的燃气工程由市政府采取补救措施予以解决，具体理由是：

1. 被诉的行政行为虽然存在违法之处，但尚不属于《招标投标法》规定的中标结果当然无效的情形。只有无效的行政行为才有撤销的必要，而违法的行政行为并不当然无效。本案中，被诉行政行为虽然存在一些违法的情况，但是否导致行政行为无效或被撤销，应结合本案其他情况认定。

2. 撤销被诉行政行为会对周口市的公共利益产生不利影响。根据《若干解释》第五十八条之规定，被诉行政行为违法，但撤销行政行为将会给国家利益或公共利益造成重大损失的，人民法院应当作出确认行政行为违法的判决，并责令被诉行政机关采取相应的补救措施。本案中，如果撤销被诉行政行为会产生如下后果：第一，将影响"西气东输"工程在周口市的接口和周口市民使用天然气。根据建设部 272 号文第二条关于公用行业应当通过招标方式确定经营者的规定，原来由周口市有关行政部门批准的益民公司对管道燃气的经营权应予终止，而通过招标的方式重新确定管道燃气或天然气管网的经营者。本案被诉的行政行为是根据上述建设部 272 号文的规定进行招标重新确定天然气管网经营者的行为，它存在的最明显的违法之处就是在程序上未对益民公司的燃气经营权进行处理的情况下实施了招标并确定了新的天然气经营者。但问题是，被诉的招标行为已经发生，如果撤销被诉行政行为，按照程序的要求，市政府就需要在首先处理益民公司的燃气经营权的基础上，就天然气管网项目重新组织招标，而对这些问题的处理需要相当长的时间。而且，"西气东输"工程在周口市的接口问题已迫在眉睫，如果撤销行政行为，就会耽误周口市对"西气东输"天然气的使用，甚至可能因此而失去"西气东输"工程在周口市接口的机会。第二，亿星公司已于 2003 年 11 月与中石油公司签订了"照付不议"用气协议，并将于 2004 年 7 月开始供气。如果撤销被诉行政行为，不仅会直接导致用气价款的损失，而且会影响周口市居民及时使用天然气。第三，被诉行政行为作出后，亿星公司已进行了较大资金投入，且已与中石油公司签订了"照付不议"协议，如果撤销被诉行政行为，在招标程序中无过错的亿星公司也会形成较大经济损失。综合以上三点，可以认为，如果撤销被诉行政行为，就会对周口市的公共利益造成较大不利影响。

3. 结合本案情况，对益民公司施工的天然气工程应由市政府采取补救措施予以解决。虽然益民公司在没有燃气经营资格的情况下取得了营业执照，即其燃气经营权是违法的，但益民公司的经营权毕竟是经有关行政机关批准的，且益民公司也已根据批准文件进行了一定的资金投入和工程建设。对此，市政府及有关职能部门负有责任。根据建设部 272 号文关于公用事业应通过招标实行特许经营的规定，益民公司原有的燃气经营权应予废止，同时在根据公共利益的需要不撤销被诉行政行为，由亿星公司负责周口市天然气管网经营的情况下，益民公司也不能再继续经营管道燃气或天然气管网。在此情况下，益民公司原来基于有关行政机关授予的燃气经营权而进行的工程建设和其他资产投入将形成益民公司的损失。对此，市政府及有关职能部门负有一定的责任。在益民公司的燃气经营权被终止，其资金投入成为损失的情况下，市政府应根据政府诚信原则对益民公司施工的燃气工程采取相应的补救措施予以处理。

三、对原告提出的赔偿请求应予驳回

作为原告的益民公司提出的赔偿请求是由于被诉行政行为引起的被迫停止燃气管道工程建设造成的职工工资、燃气用户退费、施工协议不能正常进行等直接损失，但益民公司在开庭时没有提供相应证据。根据《最高人民法院行政诉讼证据若干问题的规定》第七条关于原告应在开庭审理前提供证据，否则视为放弃举证权利的规定，应认定原告举证超过了举证时效，原告提出的相应损失没有证据证明，法院不予支持。对于原告提出的因不能履行与天津东海燃气投资公司签订的 5 亿元的借款合同而造成的违约损失，因该合同直到现在未到生效时间，应不存在不能履行的损失。对于原告提出的因不能履行与河南三月风公司签订的 5 亿元的投资协议而造成的违约损失，因在法庭质证时原告提供的协议文本相互矛盾，其真实性不能认定，且关于合资成立新公司的协议并未实施，因此，对原告提出的此项损失不予支持。综上，因原告不能举证、无法认定其存在损失，根据《若干解释》第五十六条之规定，应驳回益民公司的赔偿请求。

综上，根据《若干解释》第五十八条、第五十六条之规定，经该院审委会研究决定，判决如下：

一、确认市计委作出的《招标方案》《中标通知》和市政府作出的周政文（2003）54 号文违法。

二、由市政府对益民公司施工的燃气工程采取相应的补救措施。

三、驳回益民公司的赔偿请求。

益民公司不服河南省高级人民法院上述行政判决，向本院提出上诉称：1. 被诉具体行政行为还存在以下问题：（1）《招标方案》规定市政府委托周口市建设投资公司介入周口市天然气管网运营、市政府占 35% 干股和交纳 5000 万元保证金的要求严重违法。（2）一审法院用来支持市计委作出《中标通知书》职权的文件不是法律、法规和规章，且文件没有授予计委组织招标的权力。（3）评标委员会组成人员不合法。（4）亿星公司不具备燃气专营资格，54 号文授予其天然气经营权违法。（5）54 号文导致重复建设，因为该文没有提到任何补救措施，政府也没有出台任何的补救措施决定。2. 一审判决与原告的诉讼请求不对应。因为一审判决认定被诉行政行为存在多处违法，依法应予撤销，但却适用了确认判决，严重违反了不告不理的司法原理。3. 一审判决对公共利益的理解错误。（1）建设部 272 号文不是法律、法规和规章，一审法院以该文否定益民公司依法取得管道燃气经营的实体权利，缺乏正当性，益民公司作为民营资本进入公用行业领域完全符合国家产业政策和市场经济发展的要求。（2）亿星公司与中石油公司签订的"照付不议"用气协议是一审法庭审理后签订的，一审判决不应予以考虑。（3）亿星公司所谓投资、损失均是法庭审理结束后由其擅自签订的所谓协议造成的，其所谓"擅自扩大的损失"是不应当受法律保护的，更谈不上所谓的公共利益。另外，亿星公司在项目上的投资究竟有多大，其并未提供证据。4. 被诉行政行为严重违法，应当依法撤销，而不存在任何适用确认判决的情形。5. 被上诉人应当承担因其违法行为给益民公司造成的各种直接损失。请求二审法院判决撤销一审判决，撤销三个被诉具体行政行为，并判令被上诉人赔偿其除铺设管道等投资以外的其他直接经济损失 3500 万元人民币。

被上诉人市政府答辩称：1. 一审判决认定事实清楚，且有证据支持。（1）益民公司注册资本在诉讼开始前只有 60 万元，且到 2002 年之前几乎没有建设。（2）原周口地区建设局授予益民公司专营单位的批文无合法依据，属无效行政行为，且该文已被周口市建委自我纠正。（3）益民公司取得的燃气站建设用地规划许可证及川汇区大庆路、八一路等路段的燃气管网铺设的建设工程规划许可证和建设工程施工许可证并非合法取得。（4）益民公司虽然在周口市川汇区建成燃气调压站并在川汇区主要街道实际铺设了燃气管道，但都是在未取得许可证或许可证不完备的情况下强行施工的结果，且未有验收合格证明，而且大部分工程都是在市政府决定让其停工后实施的。2. 原判决适用法律、法规正确。请求二审法院判决驳回上诉，维持原判。

被上诉人市计委答辩称，一审判决认定的事实清楚，证据充分，判决结果公正，驳回益民公司的赔偿请求于法有据，判决程序合法，请求二审法院维持一审判决。

亿星公司答辩称，虽然被诉行政行为因有瑕疵构成部分违法，但撤销其将会给周口市的公共利益造成重大损失，一审判决作出确认被诉具体行政行为违法但不撤销的判决，认定事实清楚，适用法律正确。

益民公司索赔的 3500 万元人民币损失事实上并不存在，一审判决驳回其赔偿请求并无不当。请求二审法院驳回益民公司的上诉请求，维持原判。

本院对一审法院查明的上述事实予以确认，本院审理期间另查明：2003年 4 月 24 日，市政府办公室将"西气东输"工程周口市区域网部分列入市重点项目。此前，河南省政府办公厅亦将"西气东输"城市管网和各类大中型利用项目纳入省重点工程管理。

以上事实有市计委作出的《周口市燃气城市管网项目法人招标方案》《补充通知》《周口市天然气城市管网工程项目法人邀标函》《周口市天然气城市管网项目法人招标评标办法》《周口市天然气城市管网工程项目法人招标资格预审情况的汇报》《关于中国城市燃气建设集团有限公司和河南亿星实业集团考察报告》，评标委员会的招标打分表及开标记录，市计委作出的《中标通知书》，市政府〔2003〕54 号文件及补正文件，周口市人民政府办公室周政办〔2003〕24 号《关于进一步加快全市重点项目建设的通知》，周口地区行署周署文〔2000〕37 号《关于成立，周口地区西气东输工程实施工作领导小组的通知》，周口市人民政府〔2002〕28 号《关于调整市西气东输工程实施工作领导小组的通知》，河南省计委豫计投资〔2001〕839 号"关于周口市城市燃气输配管网工程项目建议书的批复"，周口市建设投资公司工商登记材料，河南省建设厅豫建综计〔2003〕88 号《关于周口市天然气输配工程可行性研究报告审查意见的函》，益民公司企业法人营业执照，周口地区建设局周地建城〔2000〕10 号《关于对周口益民燃气公司"周口城市管道燃气专营单位"的批复》，益民公司建设燃气站的建设用地规划许可证及铺设管道的建设工程规划许可证、建设工程施工许可证、城市道路挖掘许可证等手续，周口市人民政府 2002 年 9 月 20 日常务会议纪要及周口市规划管理局 2002 年 9 月 23 日要求益民公司停工的通知，益民公司上诉状与索赔的有关单据若干，市政府答辩状，市计委答辩状，亿星公司答辩状及庭审笔录等证据在案为证。

本院认为，益民公司对市计委作出的《招标方案》《中标通知书》以及市政府〔2003〕54 号文授予亿星公司城市天然气独家经营权的行为均不服提起诉讼，应当分别对上述行为的合法性进行审查。

一、关于《招标方案》的合法性

1. 市计委具有组织城市天然气管网项目招标工作的职权。周口市城市天然气管网项目系"西气东输"利用工作的组成部分，在本案招标活动开始之前，从中央到河南省地方，此项工作已经交由各级计委负责。根据国务院 2000 年专题会议关于"要求国家计委牵头成立西气东输工程建设领导小组，协调西气东输工程中的上下游衔接，落实市场和相关政策"之精神，及 2002 年 5 月 27 日河南省人民政府办公厅豫政办〔2002〕35 号《关于加快推进西气东输利用工作的通知》的关于"各级计委为西气东输利用工作的责任联系单位，配合同级政府和上级政府做好各项工作"之规定，市计委有权参与"西气东输"利用工作。周口市城市天然气管网既是市重点项目，也是省级重点项目，根据 2002 年 3 月 18 日周口市委编制委员会向市直各单位下发的周编〔2002〕25 号《周口市发展计划委员会职能配置、内设机构和人员编制方案》关于市计委"负责市重点项目或受省委托的重大项目建设过程中的招标、投标"工作之具体规定，市计委有权组织城市天然气管网项目招标工作，并发布《招标方案》。建设部 1997 年第 62 号令《城市燃气管理办法》第四条虽有"县级以上地方人民政府城市建设行政主管部门负责本行政区域内的城市燃气管理工作"之规定，但鉴于国务院及河南省两级地方政府已将"西气东输"利用工作交各级计委负责，故该规定不能适用于本案。上诉人益民公司提出，城市天然气管网项目招标应当由主管城市燃气的建设部门负责，市计委无权组织招标之主张不能成立，本院不予支持。

2. 原周口地区建设局于 2000 年 7 月 7 日作出的周地建城〔2000〕10 号文批准益民公司为管道燃气专营单位（河南省燃气管理实施办法第二条规定燃气包含天然气），并载明"能与天然气西气东输工程接轨"，据此，益民公司已取得了燃气专营权。在招标活动开始之前，周地建城〔2000〕10 号文仍然生效，很显然对《招标方案》《中标通知书》及 54 号文的作出构成障碍。尽管市计委有权组织城市天然气管网项目招标工作，但在周地建城〔2000〕10 号文已经授予益民公司燃气专营权的情况下，按照正当程序，市计委亦应在依法先行修正、废止或者撤销该文件，并对益民公司基于信赖该批准行为的合法投入给予合理弥补之后，方可作出《招标方案》。因此，市计委置当时仍然生效的周地建城〔2000〕10 号文于不顾，径行发布《招标方案》属于违反法定程序，亦损害了益民公司的信赖利益。被上诉人市计委辩称，周地建城〔2000〕10 号文中的"专营"系专业经营之意，而非独家经营，故周地建城〔2000〕10 号文并非招标及特许行为之障碍。本院认为，根据该文所援引的"一个城市只允许批准一家管道燃气经营单位的原则"及其他法律依据，该文中的"专营"应当解释为独家经营，市计委的答辩理由缺乏法律依据，本院不予采纳。

3. 由国家计委等六部委《工程建设项目施工招标投标办法》第四十条关于"投标人撤回投标文件的，其投标保证金将被没收"等规定可知，设定投标保证金的目的在于保证投标人确有投标之诚意，为招标活动的顺利进行提供担保。而《招标方案》中关于"为确保公开招标的顺利进行，保证确有实力的招标企业建设周口天然气城网项目，各企业报名后按时将 5000 万元保证金打入周口指定账户"及"中标企业的保证金用于周口天然气项目建设"等内容可知，设定该保证金之主要目的并非仅为招标活动本身提供担保，而是为"西气东输"利用项目的顺利进行提供资金上的保障。因此，该保证金并非国家计委等六部委《工程建设项目施工招标投标办法》中规定的投标保证金，不应受该办法第三十七条关于"投标保证金一般不得超过投标总价的 2%，但最高不得超过八十万元人民币"之规定的约束。根据《招标投标法》第二十六条关于"投标人应当具备承担招标项目的能力"之规定，市计委在制定招标方案时，可以根据项目的实际情况设定体现投标人能力的合理条件，鉴于周口市天然气城市管网项目建设预计投资超过 1 亿元人民币，需要投标人具有相应的资金能力，市计委要求投标人交纳 5000 万元保证金是合理的，且并不违背法律规定的原意。上诉人益民公司提出的《招标方案》设定 5000 万元保证金超出了法定最高限额，其目的是为了排斥益民公司参加投标之诉讼理由不能成立。

4.《招标方案》设定的"市政府将委托周口市建设投资有限公司介入周口天然气城市管网项目运作，共同组建合作公司，占组建公司35%的股份"之条件，赋予周口市建设投资有限公司可以绕过招标程序直接参与项目的特权，违反了建设部272号文关于"对供水、供气、供热、污水处理、垃圾处理等经营性市政公用设施的建设，应当公开向社会招标选择投资主体"之规定。然而，此条款并未实施，市政府并未获得该条款项下的股份收益，故上诉人益民公司提出市政府拿35%的干股严重违法甚至触犯刑律之诉讼理由没有事实根据。

二、关于《中标通知书》的合法性

1. 由于周地建城〔2000〕10号文对整个招标活动始终构成法律上的障碍，故市计委直到对亿星公司发出《中标通知书》时，仍未对周地建城〔2000〕10号文作出处理以排除法律上的障碍，属于违反法定程序，且损害了益民公司的信赖利益。

2. 按照《河南省实施〈中华人民共和国招标投标法〉办法》第十三条规定，政府重点项目原则上应当公开招标，只有符合以下两个要件才能采用邀请招标方式，一是属于以下情形之一：（1）因项目技术复杂或者有特殊要求，只有少数潜在投标人可供选择的；（2）对专有技术和专利权保护有特殊要求的；（3）受自然资源或者环境限制的；（4）采用公开招标方式不符合经济性要求的；（5）法律、法规规定其他不宜公开招标的。二是必须经省发展计划委员会核准后报省人民政府批准。本案所涉招标项目是省重点项目，而市计委在既未说明本案招标活动是否属于上述五种情形之一，也没有依法办理批准手续的情况下，径行采用邀请招标方式，属于违反法定程序。被上诉人市政府认为市计委采用邀请招标方式的违法仅仅体现在没有完成法律规定的报批程序而已，其对违法性的认识不够全面。

3. 根据《招标投标法》第二十四条关于"依法必须进行招标的项目，自招标文件开始发出之日起至投标人提交投标文件截止之日止，最短不得少于二十日"之规定，给投标人的准备时间不得少于 20 日。市计委给投标人的准备时间起自 2003 年 5 月 2 日，截至同年 5 月 12 日，共计 10 日，明显少于法律规定的准备时间，构成违反法定程序。被上诉人市政府提出，由于招标时离"西气东输"在周口开口的时间已非常紧迫，故给投标人的准备时间短于法定时限情有可原。本院认为，被上诉人市政府提出的答辩理由虽具有一定合理性，但不能改变其行为的违法性。

4. 上诉人益民公司提出，评标委员会七名成员中，一审法院认定的五名专家都是政府官员，而非真正的专家。被上诉人市计委辩称，河南省方圆招标代理有限公司是省级招标代理机构，该公司提供的证明载明，上述五人都是"工民建"专业高级工程师，列于专家库中，我国法律没有禁止官员担任专家，实际上官员具有业务职称是很常见的。本院认为，被上诉人市计委提供的证据能够证明，招标委员会的五名专家均符合《招标投标法》第三十七条第三款关于应当"由招标人从国务院有关部门或者省、自治区、直辖市人民政府有关部门提供的专家名册或者招标代理机构的专家库内的相关专业的专家名单中确定"专家之规定，上诉人提出的上诉理由不足以否定被上诉人市计委提供证据的证明力。鉴此，评标委员会七名成员中有五人具有专家身份，符合《招标投标法》第三十七条第二款关于"依法必须进行招标的项目，其评标委员会由招标人的代表和有关技术、经济等方面的专家组成，成员人数为五人以上单数，其中技术、经济等方面的专家不得少于成员总数的三分之二"之规定。

三、关于 54 号文的合法性

1. 根据建设部 272 号文关于对城市供气等"直接关系社会公共利益"的行业实行特许经营，"公开向社会招标选择投资者和经营者"之规定，市政府有权根据招标结果确定城市管网项目的经营者，但在此之前，必须先对周地建城〔2000〕10 号文进行依法处理，以排除法律上的障碍。然而，市政府却在未对周地建城〔2000〕10 号文进行任何处理的情况下，径行作出授予中标人亿星公司城市天然气管网项目经营权的 54 号文，既违反了法定程序，又损害了益民公司的信赖利益。

2. 根据国务院于 2002 年 11 月 1 日发布的国发〔2002〕24 号《关于取消

第一批行政审批事项的决定》及其附件《国务院决定取消的第一批行政审批项目目录》，燃气企业资质审批已被取消。在招标活动开始前，该文件已经生效，因此亿星公司取得天然气管网经营权并不以获得燃气企业经营资质为前提条件。上诉人益民公司提出亿星公司不具备燃气经营资质，54号文授予其天然气经营权违法的诉讼主张不能成立。

3. 上诉人益民公司提出，54号文授予亿星公司天然气独家经营权，违反了河南省计委豫计规划〔2002〕631号《关于印发〈河南省西气东输利用规划〉的通知》关于"对于现有气源和管道，在不改变其所有权和隶属关系的基础上，尽量加以利用。有条件的地方，尽可能实现双气源供气"之规定。本院认为，上诉人益民公司所援引之规定系指导性规则，而非强行性规则，现有气源和管道是否继续利用、是否实行双气源供气等问题，都属于市政府和有关行政机关自由裁量的范围，故上诉人益民公司以违反河南省计委豫计规划〔2002〕631号文的有关规定为由否定54号文合法性之诉讼主张不能成立。

综上，本院认为，虽然市计委作出《招标方案》、发出《中标通知书》及市政府作出54号文的行为存在适用法律错误、违反法定程序之情形，且影响了上诉人益民公司的信赖利益，但是如果判决撤销上述行政行为，将使公共利益受到以下损害：一是招标活动须重新开始，如此则周口市"西气东输"利用工作的进程必然受到延误。二是由于具有经营能力的投标人可能不止亿星公司一家，因此重新招标的结果具有不确定性，如果亿星公司不能中标，则其基于对被诉行政行为的信赖而进行的合法投入将转化为损失，该损失虽然可由政府予以弥补，但最终亦必将转化为公共利益的损失。三是亿星公司如果不能中标，其与中石油公司签订的"照付不议"合同亦将随之作废，周口市利用天然气必须由新的中标人重新与中石油公司谈判，而谈判能否成功是不确定的，在此情况下，周口市民及企业不仅无法及时使用天然气，甚至可能失去"西气东输"工程在周口接口的机会，从而对周口市的经济发展和社会生活造成不利影响。根据《若干解释》第五十八条关于"被诉具体行政行为违法，但撤销该具体行政行为将会给国家利益或者公共利益造成重大损失的，人民法院应当作出确认被诉具体行政行为违法的判决，并责令被诉行政机关采取相应的补救措施"之规定，应当判决确认被诉具体行政行为违法，同时责令被上诉人市政府和市计委采取相应的补救措施。由于周地建城〔2000〕10 号文已被周口市建设局予以撤销，该文现在已不构成被诉具体行政行为在法律上的障碍，因此就本案而言，补救措施应当着眼于益民公司利益损失的弥补，以实现公共利益和个体利益的平衡。一审法院判决确认被诉具体行政行为违法并无不当，但其对补救措施的判决存在两点不足：一是根据法律精神，为防止行政机关对于采取补救措施之义务无限期地拖延，在法律未明确规定期限的情况下，法院可以指定合理期限，但一审判决未指定相应的期限。二是一审判决仅责令市政府采取相应的补救措施，而未对市计委科以应负的义务。

四、关于行政赔偿问题

本院认为，益民公司一审期间向法院提交的其与天津东海燃气投资公司签订的建设天然气供气工程合同、与河南三月风公司签订的合资协议等证据，不能证明其所称损失的存在，一审法院根据当时举证情况作出认定并判决驳回益民公司提出的赔偿请求正确。益民公司在二审中向本院提交的 2003 年 6 月以后直接经济损失一览表、周口申鑫会计师事务所 2004 年 11 月 22 日出具的审计报告、益民公司与中国水利水电闽江工程局东南分公司建设施工合同及后者的索赔函、益民公司与河南建原燃气工程公司施工合同及后者的工程索赔明细表、益民公司与王某堂租赁场地与厂房合同及后者的催款通知、益民公司与河南协力工程建设集团施工合同书及后者催要工程款的通知、部分已安装供气户和待供气户证明等证据，系于一审判决之后取得，其在一审期间无法向法院提交，故其可以向二审法院提交，但这些证据材料不能用来支持其提出的由市政府和市计委赔偿其除铺设管道等投资以外的其他直接经济损失 3500 万元的行政赔偿请求。首先，其提供的证据除了租赁场地、厂房协议外，均属铺设管道等投资的范畴，超出了其提出的行政赔偿请求的范围，故这些证据材料与本案不具有关联性。其次，租赁场地、厂房的费用损失系由停工造成，而停工是周口市规划局作出的停工通知导致的后果，与被诉具体行政行为没有因果关系。再次，除审计报告之外的证据材料都是其尚未履行的债务证明，还没有转化为直接损失，不属于《国家赔偿法》中规定的可赔偿范围。据此，益民公司就铺设管道等投资之外的直接经济损失提出的行政赔偿请求不能成立，根据《最高人民法院关于审理行政赔偿案件若干问题的规定》第三十三条关于"原告的请求没有事实根据或者法律依据的，人民法院应当判决驳回原告的诉讼请求"之规定，应当判决驳回益民公司提出的行政赔偿请求。

综上，根据《中华人民共和国行政诉讼法》第六十一条第一项、第二项之规定，判决如下：

一、维持一审判决第一项、第三项；

二、一审判决第二项改为"责令周口市人民政府、周口市发展计划委员会于本判决生效之日起六个月内采取相应补救措施，对周口市益民燃气有限公司的合法投入予以合理弥补"。二审案件受理费 100 元，由上诉人周口市益民燃气有限公司负担。

本判决为终审判决。

审　判　长　周某某
代理审判员　毛某某
代理审判员　王某某
二〇〇五年三月一日
书　记　员　赵　某

附录3：李某雄诉广东省交通运输厅政府信息公开案裁判文书

广东省广州市越秀区人民法院

行 政 判 决 书

〔2011〕穗越法行初字第 252 号

原告：李某雄。

被告：广东省交通运输厅。

法定代表人：何某友，广东省交通运输厅厅长。

委托代理人：任某，广东省交通运输厅运输档案信息管理中心工作人员。

委托代理人：石某华，广州广大律师事务所律师。

原告李某雄不服被告广东省交通运输厅要求确认未在法定时间内答复政府信息申请的行为违法，于 2011 年 7 月 27 日向本院提起行政诉讼。本院于同日受理后，根据《中华人民共和国行政诉讼法》《最高人民法院关于执行〈中华人民共和国行政诉讼法〉若干问题的解释》《最高人民法院关于开展行政诉讼简易程序试点工作的通知》的规定，经当事人同意，由审判员周某彬独任审判，公开开庭进行了审理。原告李某雄，被告广东省交通运输厅的委托代理人任某、石某华律师到庭参加了诉讼。本案现已审理终结。

原告诉称，原告于 2011 年 6 月 1 日在被告的官方网站上填写了《广东省交通运输厅政府信息公开申请表》，向被告申请获取广州广园客运站至佛冈的客运里程数等政府信息。被告网站受理原告的申请，申请编号为：11060100011，并通过短信端口 1065705550008360002 向原告发来短信，确认政府信息公开申请提交成功。根据《中华人民共和国政府信息公开条例》第二十四条第二款规定，被告应在 2011 年 6 月 23 日前答复原告，但被告未在法定时间内答复原告，向原告提供所申请的政府信息，违反了上述规定，侵犯了原告的合法权益，故请求法院判决确认被告未在法定时间内答复原告的政府信息申请的行为违法。

被告辩称：原告填写申请政府信息公开的网站是广东省人民政府网站，而非我厅网站。在我厅公众网中申请政府信息公开，点击后链接会自动转至省政府的"广东省人民政府政府信息网上依申请公开系统"，我厅公众网仅是该系统申请受理部分一个链接进入的端口。按规定，我厅将应用的"广东省人民政府政府信息网上依申请公开系统"后台办理设置在内部局域网（工作网络，简称厅内网），同时保留公众网的申请链接端口，方便群众申请。由于厅内网与互联网、省政府政务外网（简称省外网，与互联网隔离）物理隔离，互联网、省外网数据都无法直接进入内网处理，需通过网闸以数据"摆渡"方式接入内网办理，因此我厅工作人员未能及时发现原告在系统中提交的申请，致使我厅未能及时受理。根据《政府信息公开条例》第二十四条、《国务院办公厅关于做好施行〈中华人民共和国政府信息公开条例〉准备工作的通知》、粤办函〔2010〕307号通知第五条第三款、交办发〔2008〕13号办法第二十一条规定，政府信息公开中的申请受理并非以申请人提交申请为准，而是以行政机关收到申请为准。原告2011年6月1日向我厅申请信息公开，但我厅未收到该申请，其受理状态是"待办"，我厅正式收到并确认受理的日期是7月28日，并按规定向原告发出了《受理回执》。2011年8月4日我厅向原告当场送达〔2011〕第11060100011号、11060100012号《关于政府信息公开的答复》和《政府信息公开答复书》，距离受理日仅5个工作日，并未超出法定期间。根据交办发〔2008〕13号办法第二十二条第三款规定，因原告在省外网的申请未能及时发现并被我厅收到也应视为不可抗力和客观原因造成，不应计算在答复期限内，请求法院依法驳回原告的诉讼请求。

经审理查明，原告李某雄于2011年6月1日通过被告广东省交通运输厅公众网链接递交了政府信息公开申请，向被告申请获取广州广园客运站至佛冈的客运里程数等政府信息。被告以申请编号11060100011予以确认，并通过短信通知原告确认政府信息公开申请提交成功。2011年7月28日被告作出受理记录确认上述事实并于同年8月4日向原告送达〔2011〕第11060100011号《关于政府信息公开的答复》和《政府信息公开答复书》。

另查明，庭审中被告确认原告基于生活生产需要获取上述信息，原告确认于 2011 年 8 月 4 日收到被告作出的〔2011〕第 11060100011 号《关于政府信息公开的答复》和《政府信息公开答复书》。

以上事实，有政府信息网上依申请公开系统网页截图、短信记录、受理记录、〔2011〕第 11060100011 号《关于政府信息公开的答复》和《政府信息公开答复书》等证据证实，原、被告亦当庭陈述在案。

本院认为，《中华人民共和国政府信息公开条例》第二十条第一款规定，公民、法人或者其他组织依照本条例第十三条规定向行政机关申请获取政府信息的，应当采用书面形式（包括数据电文形式）；第二十一条规定，对申请公开的政府信息，行政机关根据下列情况分别作出答复：（1）属于公开范围的，应当告知申请人获取该政府信息的方式和途径；（2）属于不予公开范围的，应当告知申请人并说明理由；（3）依法不属于本行政机关公开或者该政府信息不存在的，应当告知申请人，对能够确定该政府信息的公开机关的，应当告知申请人该行政机关的名称、联系方式；（4）申请内容不明确的，应当告知申请人作出更改、补充。第二十四条规定，行政机关收到政府信息公开申请，能够当场答复的，应当当场予以答复。行政机关不能当场答复的，应当自收到申请之日起 15 个工作日内予以答复；如需延长答复期限的，应当经政府信息公开工作机构负责人同意，并告知申请人，延长答复的期限最长不得超过 15 个工作日。本案原告是于 2011 年 6 月 1 日通过被告的公众网递交了政府信息公开申请，申请被告公开广州广园客运站至佛冈的客运里程数。被告确认原告是基于生活生产需要获取上述信息并收到上述申请，但却于 2011 年 8 月 4 日才向原告作出〔2011〕第 11060100011 号《关于政府信息公开的答复》和《政府信息公开答复书》，已超过了上述规定的答复期限。被告认为因其厅内网与互联网、省政府政务外网物理隔离故无法及时发现原告申请，应以其2011 年 7 月 28 日发现原告申请为受理时间而没有超过答复期限的理由不成立，本院不予采纳。综上所述，依照《最高人民法院关于执行〈中华人民共和国行政诉讼法〉若干问题的解释》第五十条第三款、第四款的规定，判决如下：

确认被告广东省交通运输厅未依照《中华人民共和国政府信息公开条例》第二十四条规定的期限对原告李某雄 2011 年 6 月 1 日申请其公开广州广园客

运站至佛冈客运里程数的政府信息作出答复违法。

本案受理费 50 元由被告广东省交通运输厅负担。

如不服本判决，可在判决书送达之日起十五日内，向本院递交上诉状，并按对方当事人的人数提出副本，上诉于广州市中级人民法院。

审判员　周某某

二〇一一年八月二十四日

书记员　徐　某

附录 4：昆明威恒利商贸有限责任公司与昆明市规划局、

第三人昆明市盘龙区人民政府东华街道办事处

行政处罚纠纷案裁判文书

中华人民共和国最高人民法院
行 政 判 决 书

〔2008〕行终字第 1 号

上诉人（一审原告）：昆明威恒利商贸有限责任公司。住所地昆明市西昌路 ×××号。

法定代表人：陈某莉，该公司总经理。

委托代理人：马某德，北京市杰通律师事务所律师。

委托代理人：李某欣，北京市尚公律师事务所律师。

被上诉人（一审被告）：昆明市规划局。住所地昆明市拓东路×××号。

法定代表人：周某越，该局局长。

委托代理人：熊某，云南刘胡乐律师事务所律师。

委托代理人：金某，云南刘胡乐律师事务所律师。

一审第三人：昆明市盘龙区人民政府东华街道办事处。住所地昆明市白龙路×号。

法定代表人：华某瑞，该办事处主任。

委托代理人：陈某，建纬（昆明）律师事务所律师。

委托代理人：袁某斌，建纬（昆明）律师事务所律师。

上诉人昆明威恒利商贸有限责任公司（以下简称昆明威恒利公司）因诉昆明市规划局 2006 年 10 月 12 日作出的昆规法罚〔2006〕0063 号违法建设行政处罚决定一案，不服云南省高级人民法院〔2007〕云高行初字第 2 号行政判决，向本院提出上诉。本院依法组成由李某宇担任审判长、审判员齐某奎、代理审判员王某参加的合议庭进行了审理，书记员李某涛担任记录。本案现已审理终结。

云南省高级人民法院根据当事人举证并经庭审质证，认定以下事实：2006年10月12日，被告昆明市规划局依据昆明市《"12345"市政府市长热线受理交办件》和中共昆明市委、昆明市人民政府《信（访）事项转办函》，经现场勘查测绘后以第三人东华街道办事处在小龙路建设的建筑面积为14953.44平方米的六层综合楼（地下一层，建筑面积2469.28平方米；地上五层，建筑面积12484.16平方米），未经规划行政主管部门审批，违反《中华人民共和国城市规划法》第三十二条、《云南省城市规划管理条例》第二十七条的规定，属于违法建设为由，依据《中华人民共和国城市规划法》第四十条、《云南省城市规划管理条例》第四十一条的规定，作出了昆规法罚〔2006〕0063号违法建设行政处罚决定，限第三人东华街道办事处于2006年10月31日前自行拆除违法所建的综合楼工程。原告昆明威恒利公司不服，以小龙路综合楼是自己投资建设的，被告昆明市规划局的处罚决定认定事实不清、程序违法且越权行政，侵犯了原告昆明威恒利公司的合法权益为由向该院提起行政诉讼。诉求依法撤销被告昆明市规划局昆规法罚〔2006〕0063号《违法建设行政处罚决定书》，判令将处罚措施变更为罚款并补办手续，判令被告承担全部诉讼费用。在诉讼过程中，被告昆明市规划局于2007年10月11日以市规〔2007〕217号《昆明市规划局关于撤销（昆规法罚〔2006〕0063号）的决定》，撤销了被诉具体行政行为。

云南省高级人民法院经审理认为：根据《中华人民共和国行政处罚法》第三十二条的规定，行政机关在作出行政处罚决定之前，应当告知当事人作出行政处罚决定的事实、理由及依据，并告知当事人依法享有的权利。被告昆明市规划局作出昆规法罚〔2006〕0063号处罚决定之前，没有告知第三人东华街道办事处作出处罚决定的事实、理由及依据和第三人东华街道办事处依法享有的权利，程序违法。根据《中华人民共和国城市规划法》第四十条"在城市规划区内，未取得建设工程规划许可证件或者违反建设工程规划许可证件的规定进行建设，严重影响城市规划的，由县级以上地方人民政府城市规划行政主管部门责令停止建设，限期拆除或者没收违法建筑物、构筑物或者其他设施；影响城市规划，尚可采取改正措施的，由县级以上地方人民政府城市规划行政主管部门责令限期改正，并处罚款"的规定，未取得建设工程规划许可证件或者违反建设工程规划许可证件的规定进行建设的处罚对象是违法建设的建设者，且只有在违法建设达到"严重影响城市规划"的情况下才能作出限期拆除的处罚决定。被告昆明市规划局提供的证据不足以证明本案小龙路综合楼的建设者是第三人东华街道办事处及小龙路综合楼的建设已经达到"严重影响城市规划"的事实，作出被诉具体行政行为的主要证据不足。本案的被诉具体行政行为证据不足，程序违法，应予撤销，但在诉讼过程中被告昆明市规划局已经作出了撤销决定，根据《最高人民法院关于执行〈中华人民共和国行政诉讼法〉若干问题的解释》第五十条第三款"被告改变原具体行政行为，原告不撤诉，人民法院经审查认为原具体行政行为违法的，应当作出确认其违法的判决；认为原具体行政行为合法的，应当判决驳回原告的诉讼请求"的规定，人民法院应当作出确认其违法的判决。被诉具体行政行为在诉讼过程中已由被告昆明市规划局自行撤销，因此，原告昆明威恒利公司"请求判令将昆明市规划局的处罚措施变更为罚款并补办手续"的主张不能成立。判决确认被告昆明市规划局 2006 年 10 月 12 日作出昆规法罚〔2006〕0063 号《违法建设行政处罚决定书》违法。驳回原告昆明威恒利商贸有限责任公司要求判令将昆明市规划局的处罚措施变更为罚款并补办手续的诉讼请求。

昆明威恒利公司不服一审判决向本院提起上诉称：涉案工程系政府工程和政府招商引资项目，没有达到"严重影响城市规划"必须拆除处理的地步，被诉行政行为显失公正，一审判决仅确认被诉行政处罚决定违法是不够的，应当从保护当事人信赖利益的角度对显失公正的处罚决定予以变更。诉求撤销一审的第二项判决，判令昆明市规划局将其处罚决定变更为罚款补办手续。

被上诉人昆明市规划局答辩称：本案建设项目属没有经过规划审批的违法建筑，一审法院确认被撤销的具体行政行为违法，驳回被答辩人变更处罚措施请求，适用法律正确。请求二审法院维持一审判决。

一审第三人昆明市盘龙区人民政府东华街道办事处称：对昆明威恒利公司的上诉请求无异议，但其称涉案工程系盘龙区政府主导的综合整治改造和拆迁安置项目与本案客观事实不符。

当事人向一审法院提供的相关证据主要有：昆明市政府市长热线受理交办件，云南省建筑材料公司职工的《紧急报告》《信（访）事项转办函》，第三人东华街道办事处的组织机构代码证，第三人东华街道办事处出具的《委托书》、董某权的身份证、总平面布置及测绘图、《违法建设行政处罚决定书》、《接受规划检查通知书》、《昆明市违法建设（建筑）停工通知书（存根）》及送达回证、《关于协调解决"小龙四方街花鸟市场"有关问题的情况反映》、《昆明市规划局关于撤销（昆规法罚〔2006〕0063 号）的决定》等。

上述证据随卷移送本院。经审查，可以作为认定本案事实的根据，本院根据上述证据所认定的事实与原判决无异。

本院认为：根据《中华人民共和国行政处罚法》第三十二条规定，行政机关在作出行政处罚决定之前，应当告知当事人作出行政处罚决定的事实、理由及依据，并告知当事人依法享有的权利。被上诉人昆明市规划局作出昆规法罚〔2006〕0063 号行政处罚决定之前，没有告知第三人东华街道办事处作出处罚决定的事实、理由及依据和第三人东华街道办事处依法享有的权利，一审判决认定程序违法，并无不当。

《中华人民共和国城市规划法》第四十条规定："在城市规划区内，未取得建设工程规划许可证件或者违反建设工程规划许可证件的规定进行建设，严重影响城市规划的，由县级以上地方人民政府城市规划行政主管部门责令停止建设，限期拆除或者没收违法建筑物、构筑物或者其他设施；影响城市规划，尚可采取改正措施的，由县级以上地方人民政府城市规划行政主管部门责令限期改正，并处罚款。"据此，未取得建设工程规划许可证件或者违反建设工程规划许可证件的规定进行建设的处罚对象是违法建设的建设者，且只有在违法建设达到"严重影响城市规划"的情况下才能作出限期拆除的处罚决定。被上诉人昆明市规划局提供的证据不足以证明小龙路综合楼的建设者是第三人东华街道办事处及小龙路综合楼的建设已经达到"严重影响城市规划"的事实，一审判决认定作出被诉具体行政行为的主要证据不足，有事实和法律依据。

一审诉讼过程中，昆明市规划局作出了撤销原具体行政行为的决定，昆明威恒利公司不撤诉，云南省高级人民法院作出确认被诉具体行政行为违法的判决，符合《最高人民法院关于执行〈中华人民共和国行政诉讼法〉若干问题的解释》第五十条第三款的规定。上诉人昆明威恒利公司要求判令昆明市规划局将其处罚决定变更为罚款补办手续，因被诉具体行政行为在诉讼过程中已由昆明市规划局自行撤销，一审判决驳回其该项诉讼请求，并无不妥，上诉人的上诉理由不能成立。

综上，一审判决认定事实清楚，适用法律、法规正确，审判程序合法。根据《中华人民共和国行政诉讼法》第六十一条第（一）项之规定，判决如下：

驳回上诉，维持原判。

二审案件受理费 50 元，由上诉人昆明威恒利商贸有限责任公司负担。

本判决为终审判决。

审　判　长　李某某

审　判　员　齐某某

代理审判员　王　某

二〇〇九年一月十三日

书　记　员　李某某

附录5：山东阳谷华通汽车运输有限公司与河北省
沧县交通运输局运输管理站交通运输
行政处罚纠纷上诉案裁判文书

河北省沧州市中级人民法院
行 政 判 决 书

〔2014〕沧行终字第30号

上诉人（原审原告）：山东阳谷华通汽车运输有限公司。

法定代表人：李某孔，经理。

委托代理人：满某月，山东万航律师事务所律师。

被上诉人（原审被告）：沧县交通运输局运输管理站。

法定代表人：代某高，站长。

委托代理人：尹某华，河北苍天律师事务所律师。

上诉人山东阳谷华通汽车运输有限公司（下称运输公司）因交通行政处罚一案，不服河北省沧县人民法院〔2013〕沧行初字第9号行政判决，于2014年2月10日向本院提起上诉。本院于2014年3月24日受理。本院依法组成合议庭，于2014年4月1日公开开庭审理了此案。上诉人运输公司的法定代表人李某孔、委托代理人满某月，被上诉人沧县交通运输局运输管理站（下称运管站）的委托代理人尹某华到庭参加诉讼。本案现已审理终结。

一审法院查明：运输公司的经营范围是普通货运、大型货物运输。2013年9月27日9时30分左右，该公司职工赵某祥驾驶车牌号为鲁P55455/鲁PQ301挂货车，经省道022连接线沧县段路口时，运管站执法人员孙某胜、马某国检查到该车车厢右侧工具箱内加装了一个油箱，认为运输公司使用擅自改装或者擅自改装已取得道路运输证的车辆行为，违反了《道路货物运输及站场管理规定》第二十三条的规定，依据《道路货物运输及站场管理规定》第六十九条决定给予运输公司"责令改正、罚款12000元"的行政处罚。

　　一审法院认为：依据《中华人民共和国道路运输条例》及《道路货物运输及站场管理规定》的有关规定，被告作为县级道路运输管理机构，有权具体实施对本行政辖区内的道路货物运输管理和指导工作，有权对违反规定的车辆进行处罚。虽然被告当庭提交罚没许可证正本，违反了证据规则的相关规定，属于逾期提交。但被告的职权属于法律授权，而罚没许可证属于行政管理登记的一种，不能对抗法律授权，并且被告当庭及时提交，因此，对原告主张被告不具有执法主体资格的理由，不予支持。在执法过程中，原告司机赵某祥在询问笔录中，明确表示是加装油箱。原告的授权委托书注明是"代收处罚文书、代交罚款"，虽然没有注明对申辩权和听证权的委托，但是委托事项表明了原告对罚款事由的知晓，既然授权司机缴纳罚款，同样也是对该处罚的认可。所以对原告主张加装的是"水箱"而不是"油箱"及并没有对司机赵某祥授权放弃听证权的理由，不予支持。被告提交的执法证件，在对司机的询问笔录中有出示内容；另经核实，该执法证件拥有电子芯片，年审近年均是电子操作，故没有年审标识。对原告主张被告执法人员没有出示执法证件和证件没有年审而无效的理由，本院不予支持。

　　由于对货运车辆加装油箱，涉及车辆的性能、安全问题，且不属于交通部《关于进一步加强道路运输车辆改装管理工作的通知》所规定的"小型、微型道路客运车辆加装前后防撞装置，道路货运车辆加装防风罩、水箱、工具箱、备胎架等"的范围，因此应当经有关部门批准后方可加装，不得擅自加装。涉案车辆擅自加装油箱，存在安全隐患，并不能等同于"水箱"，属于改装车辆的行为，违反了《中华人民共和国道路运输条例》及《道路货物运输及站场管理规定》的有关规定，被告对其进行处罚，事实清楚，程序合法，应予以支持。原告提交的山东交通厅的网络答复，不是有效、有权解释，不能作为定案依据。

　　一审法院遂判决：维持运管站 2013 年 9 月 27 日对原告作出沧交运罚〔2013〕13092705 号行政处罚决定书。

　　上诉人运输公司的主要上诉理由：1. 一审判决认定事实不清，对被诉行政行为超越职权、滥用职权问题未作评判；2. 关于被上诉人的执法主体资格问题，一审判决认定错误，运管站在法定期限内未提交罚没许可证，就应认定其无主体资格；3. 一审判决关于"储物箱为油箱"的认定依据不足，认定错误；4. 退一步讲，安装油箱也不属于改装，不属于违法行为；5. 被诉具体行政行为剥夺了上诉人陈述、申辩和听证的权利，处罚程序违法，一审判决关于"上诉人放弃听证权"的认定错误。

被上诉人运管站辩称：我站属合法行使行政处罚权的单位，有《道路运输管理条例》和《道路货物运输及站场管理规定》的授权。罚没许可证是政府依法颁发，我站按时年检和审核，最近几年的审核均用电子芯片注册，无须盖章。即使一审中我站当庭未提交罚没许可证，也不能证明我站没有处罚主体资格。我站有罚没许可证，属于法定授权，罚没许可证是登记的一种，不能对抗法律授权，但不能以此认为我站没有行政处罚主体资格。上诉人存在违法事实，其上诉状中将油箱说成储物箱，是无理狡辩。上诉人代理人在行政处罚程序中已经认可加装的是油箱，我站经现场勘验检查确认上诉人加装的是油箱不是水箱。交通部通知中对不属于改装的范围情况有明确规定，并不是上诉人解释的情况。山东省交通运输厅的咨询网页，不属于有效的法律解释，不能作为法院裁判的依据。交通行为处罚规范规定，10 万元以下的罚款没有必要进行听证。我站告知上诉人权利后，上诉人明确表示放弃听证权。上诉人代理人在行政程序中的代理权限是代收法律文书和代缴罚款。实际上，代理人也确实代收了法律文书和代缴罚款，其能够代收法律文书和代缴罚款，当然能够代理放弃听证权。上诉人违法事实清楚，证据充分，我站的处罚决定适用法律正确，程序得当，应予维持。

一审程序中，被上诉人运管站向法院提供了作出具体行政行为的证据：1. 立案审批表，证明立案时间及审批情况。2. 现场笔录，证明运管站执法人员针对运输公司的车辆的具体情况，现场作了笔录。3. 询问笔录，内容有：（执法人员）请你解释一下该车的外形与道路运输证上的内容明显不符的原因。（赵某祥）此车在车厢右侧工具箱内加装了一个油箱。证明运输公司存在违法加装油箱的事实。4~6. 图片三张，证明运输公司车辆的外形等情况。7. 运输公司给赵某祥出具的委托书，内容为：运管站：今委托我单位赵某祥同志前去办理，鲁 P55455∕鲁 PQ301 挂（黄）车辆，代收处罚文书、代交罚款。证明赵某祥有权处理该车的违法处罚事项。8. 赵某祥的驾驶证复印件，证明其有合法的驾驶员资格。9. 运输公司的组织机构代码证复印件，证明其为合法成立的企业。10. 案件处理意见书，证明针对运输公司的违法行为，运管站在作出处罚前，内部进行了审批。11. 违法行为通知书，其中内容有：经调查，本机关认为你（单位）涉嫌使用擅自改装或者擅自改装已取得道路运输证的车辆行为，违反了《道路货物运输及站场管理规定》第二十三条的规定，依据《道路货物运输及站场管理规定》第六十九条的规定，本机关拟作出责令改正，罚款壹万贰仟元整的处罚决定。√◇根据《中华人民共和国行政处罚法》第三十一条、第三十二条的规定，你（单位）如对该处罚意见有异议，可在接到本通知之日起三日内向本机关提出陈述申辩；逾期未提出陈述或者申辩，视为你单位（或个人）放弃陈述和申辩的权利。√◇根据《中华人民共和国行政处罚法》第四十二条的规定，你（单位）有权在收到本通知书之日起三日内向本机关要求举行听证；逾期不要求举行听证的，视为你单位（或个人）放弃听证的权利。（注：在序号前◇打√的为当事人享有该权利）2013 年 9 月 27 日，证明运管站针对运输公司的违法行为，告知了其享有的全部权利。12. 违法行为通知书送达回证，证明运管站将该文书送达了运输公司。13. 运输公司的陈述申辩书，在该文书中赵某祥陈述：我对该通知书载明认定违法事实和处罚内容没有异议，不要求听证，要求尽快处理，我一定改正违法行为，保证合法运输经营。证明运输公司放弃了要求听证权利。14. 责令改正通知书，其中内容有：“改正内容：拆除擅自加装的油箱”，改正违法行为，证明运管站履行了法定职责。15. 责令改正通知书送达回证，证明该文书已经向运输公司送达。16. 罚没收入专用缴款书，证明运输公司已经缴纳了罚款。17. 处罚结案报告，证明运管站对本案已经结案。18. 代码证、法人证书、法定代表人身份证。19. 执法人员的行政执法证。20. 罚没许可证。第 18～20 项的三项证据证明运管站及其执法人员均有执法资格。21. 运管站的沧交运罚〔2013〕13092705 号行政处罚决定书（内容有：2013 年 9 月 27 日 9 时 30 分，在省道 022 连接线沧县段路口，运管站执法人员孙某胜、马某国等现场检查到：运输公司的赵某祥驾驶车牌号为鲁 P55455/鲁 PQ301 挂的车辆，此车在车厢右侧工具箱内加装了一个油箱。证据：现场笔录 1 份、询问笔录 1 份、图片 3 张。以上事实违反了《道路货物运输及站场管理规定》第二十三条的规定，依据《道路货物运输及站场管理规定》第六十九条的规定，决定给予责令改正，罚款壹万贰仟元整的行政处罚，2013 年 9 月 27 日）及送达回证，证明运管站作出了处罚决定并且已经向运输公司送达。

针对运管站提交的证据，运输公司质证认为：1. 被上诉人没有证据证明上诉人工具箱内安装的是油箱。被上诉人认为安装的是油箱的依据是其执法人员现场检查认为是油箱。桶内是否有油，是否有合法的连接，被上诉人没有调查。正因为被上诉人工作人员认为是油箱，才在询问笔录中出现油箱。被上诉人称我的驾驶员承认是油箱才认为是油箱，实际上是被上诉人认为安装的是油箱。从现有证据看，被上诉人认为是油箱的依据不足。2. 从被上诉人的证据看出，当时检查时，被上诉人的执法人员检查到此车右侧工具箱内有加装的箱子。需要说明的是，工具箱内有什么东西，从外观上无法看出。我们的车辆是在正常行驶过程中被随意拦截的。3. 上诉人代理人委托权限是代收文书和代缴罚款。被上诉人推断可代表上诉人放弃听证的委托，属于理解错误。以上说明，被上诉人作出处罚的事实和证据不足，程序也违法，剥夺了上诉人的听证权和申辩权。针对运输公司提交的证据运管站质证认为：对证据 1 的真实性没有异议，但是该申请书所载明的时间 2013 年 9 月 29 日，是在处罚决定作出之后提交的申请书，不具有任何效力。我站在向上诉人下达违法行为通知书时就已经明确告知了相应的权利，之后其委托的司机在申辩书中除了陈述申辩意见外，明确表示不要求听证，因此我方才依法作出行政处罚决定。证据 2 属于打印件不能证明其真实性，网页平台不能对抗国家法律，也不能当然地在河北省境内使用。该份资料不属于有效解释，不能作为认定事实的依据。

本院对双方提供的证据不作确认。

经审理查明：运输公司的经营范围是普通货运、大型货物运输。2013 年 9 月 27 日 9 时 30 分左右，该公司职工赵某祥驾驶车牌号鲁 P55455/鲁 PQ301 挂货车，经省道 022 连接线沧县段路口时，运管站执法人员孙某胜、马某国检查到该车车厢右侧工具箱内加装了一个油箱（系根据运输公司的驾驶员的自认），运管站履行了立案审批、制作现场笔录、询问笔录等程序后，当日制作了违法行为通知书并送达了运输公司，该通知书内容有"√◇根据《中华人民共和国行政处罚法》第四十二条的规定，你（单位）有权在收到本通知书起三日内向本机关要求举行听证；逾期不要求举行听证的，视为你单位（或个人）放弃听证的权利（注：在序号前◇打√的为当事人享有该权利）"。当日运管站制作了责令改正通知书。运管站经内部讨论审批，认为运输公司的行为违反了《道路货物运输及站场管理规定》第二十三条的规定，依据《道路货物运输及站场管理规定》第六十九条的规定，决定给予运输公司责令改正、罚款壹万贰仟元整的行政处罚。以上程序均在 2013 年 9 月 27 日完成。2013 年 9 月 29 日，运输公司向运管站提出了听证申请。

本院认为：无论运管站对运输公司拟作出的罚款壹万贰仟元整的处罚决定是否属于部门规章或地方性规章规定的较大数额的罚款，因运管站于 2013 年 9 月 27 日告知了运输公司有权在收到违法行为通知书之日起三日内有要求听证的权利，在运输公司三日内不申请听证的情况下，运管站才能在三日后作出处罚决定。《中华人民共和国行政处罚法》第三条规定，公民、法人或者其他组织违反行政管理秩序的行为，应当给予行政处罚的，依照本法由法律、法规或者规章规定，并由行政机关依照本法规定的程序实施。没有法定依据或者不遵守法定程序的，行政处罚无效。本案中，运管站当日作出处罚决定，不符合上条规定，属违反法定程序，应予撤销。一审法院予以维持属适用法律错误；一审法院对运输公司的行政赔偿请求未予表述，亦不当。对于运输公司的行政赔偿请求，应在运管站对运输公司的行为是否违法作出确认后，再予处理。上诉人相应的上诉理由成立，本院予以支持。依照《中华人民共和国行政诉讼法》第六十一条第三项的规定，判决如下：

一、撤销河北省沧县人民法院〔2013〕沧行初字第 9 号行政判决；

二、撤销运管站作出的沧交运罚〔2013〕13092705 号行政处罚决定书的行政行为。

一、二审诉讼费各 50 元，均由被上诉人运管站负担。

本判决为终审判决。

审　判　长　孙某某

审　判　员　李某某

代理审判员　赵某某

二〇一四年四月十六日

书　记　员　兰某某

附录6：宣某成等诉浙江省衢州市国土资源局
收回国有土地使用权案裁判文书

浙江省衢州市柯城区人民法院
行 政 判 决 书

〔2003〕柯行初字第8号

原告：宣某成，系本案原告诉讼代表人。

原告：程某，系本案原告诉讼代表人。

原告：余某凤，系本案原告诉讼代表人。

原告：孙某勇，系本案原告诉讼代表人。

原告：戴某强，系本案原告诉讼代表人。

原告：胡某云。

原告：祝某月。

原告：李某琪。

原告：林某蓉。

原告：周某。

原告：阮某中。

原告：蔡某虎。

原告：程某鸿。

原告：杨某娜。

原告：刘某香。

原告：徐某吾。

原告：周某凤。

原告：龚某清。

原告委托代理人：金某明、郑某建，浙江诚源律师事务所律师。

被告：衢州市国土资源局。

法定代表人：黄某煜，局长。

委托代理人：张某树。

委托代理人：汪某。

第三人：中国建设银行衢州市分行。

法定代表人：陈某海，行长。

委托代理人：杨某娜。

委托代理人：毛某星。

原告宣某成、程某、余某凤、孙某勇、戴某强、胡某云、祝某月、李某琪、林某蓉、周某、阮某中、蔡某虎、程某鸿、杨某娜、刘某香、徐某吾、周某凤、龚某清（以下统称原告）与被告衢州市国土资源局、第三人中国建设银行衢州市分行收回土地行政争议一案，于 2003 年 4 月 4 日向本院提起诉讼，本院于同日受理后，依法组成合议庭，经浙江省高级人民法院同意本案延长审限。2003 年 8 月 11 日公开开庭审理了本案。原告诉讼代表人程某及原告委托代理人金某明、郑某建，被告衢州市国土资源局委托代理人张某树、汪某，第三人中国建设银行衢州市分行委托代理人杨某娜、毛某星到庭参加诉讼。本案现已审理完毕。

2002 年 12 月 31 日被告衢州市国土资源局作出衢市国土〔2002〕第 37 号《收回国有土地使用权通知书》，通知原告，根据《中华人民共和国土地管理法》《浙江省实施〈中华人民共和国土地管理法〉办法》及有关规定，经市政府批准，将收回原告正在使用的国有土地使用权，收回中涉及的拆迁补偿事宜由第三人中国建设银行衢州市分行负责，具体拆迁事务由有关拆迁事务所负责。原由原告申请登记的国有土地使用权予以注销，并申请在签订拆迁补偿协议时将土地证交回。

原告宣某成等诉称：18 原告是衢州市城区上街卫宁巷 1 号（原 14 号）衢州府山中学教工宿舍楼的住户，也是国有土地使用者。2003 年 1 月开始，被告陆续向各原告发出《收回国有土地使用权通知书》。被告收回国有土地使用权是为第三人建造车库所用。按《土地管理法》第五十八条的规定，有下列情况之一的，由有关人民政府土地行政主管部门报经原批准用地的人民政府或者有批准权的人民政府批准，可以收回国有土地使用权：（1）为公共利益需要使用土地的；（2）为实施城市规划进行旧城区改建，需要调整使用土地的；（3）土地出让等有偿使用合同约定的使用期限届满，土地使用者未申请续期或者申请续期未获批的；（4）因单位撤销、迁移等原因，停止使用原划拨的国有土地的；（5）公路、铁路、机场、矿场等经核准报废的。被告作出收回国有土地使用权的决定不属以上规定中的任何一项，仅仅为一个企业建造车库需要，显然证据不足，请求法院撤销被告收回国有土地使用权的行政行为。

原告向法院提供的证据有：（1）衢市国土〔2002〕37 号《收回国有土地使用权通知书》18 份，证明被告于 2002 年 12 月 31 日作出 18 份《收回国有土地使用权通知书》，除原告使用地号、面积各不同外，其他内容相同；（2）国有土地使用证 18 份，证明 18 原告均是国有土地使用人，并有使用证。

被告衢州市国土资源局辩称：原告根据衢州市发展计划委员会衢市计中〔2002〕35 号《关于同意扩建营业用房项目建设计划的批复》、衢州市规划局〔2002〕浙规证 0800109 号"建设用地规划许可证"，依据《中华人民共和国土地管理法》的规定，报请人民政府批准，同意收回衢州市区卫宁巷地段原居民住宅用地 187.5 平方米，用于第三人中国建设银行衢州市分行扩建，被告收回土地行政行为事实清楚，适用法律正确，符合法定程序。第三人扩建用地是经有批准权的人民政府批准，既是公共利益需要使用土地，也是实施城市规划需要使用土地，不存在收回国有土地使用权的证据不足、行政行为违法的事实，请求法院驳回原告诉讼请求。

被告衢州市国土资源局在规定期限内向本院递交的证据有：（1）2002 年 12 月 31 日衢市国土〔2002〕37 号《收回国有土地使用权通知书》20 份等，证明向原告等住户发出通知，将收回其正在使用的地号为 139-7-17 等号的国有土地使用权，收回面积共计 187.5 平方米等；（2）衢州市发展计划委员会衢市计中〔2002〕35 号《关于同意扩建营业用房项目建设计划的批复》，证明同意第三人在原有的营业综合大楼南侧建营业用房建设计划，该项目中一层为车库、二层为营业用房，总建筑面积 849 平方米，其中营业用房 566 平方米，车库 283 平方米，另建绿地 400 平方米等；（3）建设项目选址意见书，证明规划部门选址意见是第三人位于上街 50 号现有营业场所难以适应金融业务需要，拟在营业综合大楼东南侧拼接一层车库、二层营业用房，约占地面积 283 平方米，并自行收购、拆除占地面积为 205 平方米的府山中学教工住宅楼，改建为露天停车场，具体按规划详图实施，上报审批；（4）第三人扩建平面布局图，证明规划部门确定第三人扩建主要规划技术指标，规划用地 1107 平方米，其中规划总建筑面积 800 平方米，办公建筑面积 534 平方米，室内停车场面积 266 平方米，集中公共绿地面积 350 平方米，建筑控制高度 3 层；（5）第三人拼建营业用房建设用地规划红线图，证明 2002 年 12 月 18 日规划部门同意按规划经线范围拆迁，并按详细规划平面图实施；（6）建设用地规划许可证〔编号〔2002〕浙规证 0800109〕，证明规划部门经审核，认为该项目符合城市规划要求，准予办理征地、划拨土地手续；（7）选址意见审批表，证明第三人申请扩建营业房及停车场，经规划部门勘查后同意按规划详图实施，并上报审批，市政府同意；（8）编号〔2002〕37 号《收回国有土地使用申请审批表》，证明第三人申请自行收购占地 205 平方米的府山中学教工住宅楼，改造为露天停车场，被告审查认为根据立项文件、规划红线图和第三人需要收回原告等 20 住户使用的国有土地，面积共计 187.5 平方米，建议收回，并报市政府审批同意。

第三人中国建设银行衢州市分行述称，被告具体行政行为合法，第三人是国有银行，是为社会公共利益服务。且原告起诉不符合法律规定，按《中华人民共和国行政复议法》的规定，认为行政机关侵犯其依法取得的土地使用权的，应当先申请行政复议，对复议决定不服，才可以向法院提起行政诉讼。

庭审质证中，原告对被告提供证据没有异议，但认为被告作出具体行政行为所提供的主要依据不足。按《中华人民共和国土地管理法》第五十八条的规定，有为公共利益需要使用土地或者为实施城市规划进行旧城区改建，需要调整使用土地的情形之一的，可以收回国有土地使用权。第三人是商业银行，是企业，为一个企业的利益不能算是公共利益。被告提供规划许可证等证据，均是针对第三人建停车场而制定，不是衢州市城市整体规划，被告收回原告国有土地使用权不符合《中华人民共和国土地管理法》规定的收回情形。被告未在收到起诉状副本之日起 10 日内提供其作出被诉具体行政行为的规范性文件，且"通知"中未告知适用的法条及诉权。被告在审批表中确认原告使用的国有土地，均是行政划拨，与事实不符，原告中有三户使用的国有土地是出让土地。原告起诉合法，被告行为属于证据不足，认定事实不清，适用法律错误，程序不合法，请法院撤销被告具体行政行为。

被告衢州市国土资源局对有关事实和证据的意见：被告是根据发展计划委员会立项意见，规划部门的规划和市政府同意收回原告国有土地使用权，才发出收回土地通知的。第三人的建设项目既是公共利益需要使用土地，又是实施城市规划进行旧城区改造需要使用土地，不存在收回原告国有土地使用权证据不足的问题。《土地管理法》是基本法，是众所周知的法律。收回的是国有土地使用权，至于土地使用权的取得方式是划拨或者是出让，与收回国有土地使用权的行政行为无关，但和拆迁补偿是有关联的。被告行政行为事实清楚，适用法律正确，程序合法，应维持。

第三人对原、被告证据无异议，认为原告未经复议直接起诉，不符合《行政复议法》的规定，应驳回原告的起诉。

经过庭审质证，本院对双方当事人无异议的证据予以确认，但对被告提供的衢州市发展计划委员会衢市计中〔2002〕35 号《关于同意扩建营业用房项目建设计划的批复》《建设项目选址意见审批表》《第三人接建营业用房建设用地规划红线图》等，据此，认为是为公共利益需要和实施城市规划进行旧城区改造需要，调整使用土地，决定收回原告国有土地作用权，其理由难以认可。

根据上述证据，本院确认的事实，原告系衢州市柯城区上街卫宁巷 1 号（原 14 号）衢州府山中学教工宿舍的住户。2002 年 12 月 9 日衢州市发展计划委员会根据第三人的报告，经审查同意第三人在衢州市区上街原有的营业综合大楼东南侧扩建营业用房建设计划。该项目为三层结构，其中一层为车库、二层为营业用房，总建筑面积 849 平方米，其中营业用房 566 平方米，车库 283 平方米，另建绿地 400 平方米。同日衢州市规划局制定建设项目选址意见，第三人为扩大营业用房等，拟自行收购、拆除占地面积为 205 平方米的府山中学教工住宅楼，改建为露天停车场，具体按规划详图实施。同月 18 日又规划出第三人拼建营业用房建设用地平面红线图。同月 20 日发出建设用地规划许可证，第三人建设项目用地面积 756 平方米。2002 年 12 月 25 日被告建议收回国有土地使用权 187.5 平方米，并报政府审批同意。2002 年 12 月 31 日被告衢州市国土资源局作出衢市国地〔2002〕37 号《收回国有土地使用权通知》，并向原告等住户告知其正在使用的国有土地使用权将收回及诉权等内容。原告不服，提起行政诉讼。

本院认为，原告系衢州府山中学教工住宅楼的住户，是该楼国有土地合法使用者。根据《中华人民共和国土地管理法》第五十八条第一款第一项、第二项的规定，有下列情形之一的，由有关人民政府土地行政主管部门报经原批准用地的人民政府或者有批准权的人民政府批准，可以收回国有土地使用权：（1）为公共利益需要使用土地的；（2）为实施城市规划进行旧城区改建，需要调整使用土地的。被告作出收回原告依法取得国有土地使用权的具体行为，但未提供《中华人民共和国土地管理法》规定"为公共利益需要使用土地的"或"为实施城市规划进行旧城区改建，需要调整使用土地的"情形之一的证据，原告称被告具体行为主要证据不足，理由成立，要求撤销被告具体行政行为，本院予以支持。原告认为被告行为适用法律错误，程序不合法，事实不清，理由不足，本院不予采纳。被告称其对原告作出收回国有土地的具体行政行为，符合《中华人民共和国土地管理法》规定的辩解，本院不予采纳。第三人认为原告未经复议直接起诉，不符合《行政复议法》的规定，应驳回原告的起诉。按《最高人民法院关于适用〈行政复议法〉第三十条第一款有关问题批复》的规定，原告的起诉，不适用《行政复议法》的规定，第三人意见，本院不予采纳。依照《中华人民共和国行政诉讼法》第五十四条第一款第二项第一目之规定，判决如下：

撤销被告衢州市国土资源局 2002 年 12 月 31 日作出的衢市国土〔2002〕第 37 号收回国有土地使用权通知。

本案受理费 80 元，其他诉讼费 100 元，合计 180 元，由被告衢州市国土资源局负担。

如不服本判决，可在判决书送达之日起十五日内向本院递交上诉状，并按对方当事人的人数提出副本，上诉于浙江省衢州市中级人民法院。在递交上诉状之日起七日内，预交上诉案件受理费 80 元，其他诉讼费 100 元，合计 180 元。款交浙江省财政专户结算户——衢州分户，农行衢州市南区支行，逾期不缴，按自动放弃上诉处理。

审判长　苏某某

审判员　李某某

审判员　陈某某

二〇〇三年八月二十九日

书记员　温某某

附录 7：魏某诉上海市城市规划管理局政府信息不予公开决定纠纷案裁判文书

上海市黄浦区人民法院
行 政 判 决 书

〔2008〕黄行初字第 103 号

原告：魏某。

委托代理人：钱某某。

被告：上海市城市规划管理局。

法定代表人：毛某梁，上海市城市规划管理局局长。

委托代理人：杨某某。

委托代理人：陈某。

原告魏某不服被告上海市城市规划管理局政府信息不予公开决定，于2008 年 5 月 30 日向本院提起行政诉讼。本院依法受理后，在法定期限内向被告送达了起诉状副本及应诉通知书。本院依法组成合议庭，于同年 7 月 8 日公开开庭审理了本案。原告魏某及其委托代理人钱某某，被告的委托代理人杨某某、陈某到庭参加诉讼。本案现已审理终结。

被告于 2008 年 3 月 17 日作出沪规信公〔2008〕第 024 号——不告《政府信息不予公开告知书》，认定原告魏某申请公开的"沪府〔2004〕3 号文中提及的沪规划〔2004〕11 号文"系被告与某绿化局共同上报某市人民政府的《关于〈某市中心城公共绿地实施规划〉调整的请示》，属于进行调查、讨论、处理过程中的信息，根据原《信息公开规定》（2004 年 1 月 19 日市政府第 29 次常务会议通过，次日市政府令第 19 号发布，2004 年 5 月 1 日起施行）第十条第四项规定，属于免予公开范围，故依照该规定第十二条第二项的规定，告知原告不予公开。

被告为证明被诉政府信息不予公开决定的合法性，在法定举证期限内向本院提交了以下证据和依据：

一、职权依据：原《信息公开规定》第五条第二项，以此证明被告具有受理和处理向其申请政府信息公开的行政职责。

二、事实及程序证据：原告魏某提交的政府信息公开申请表及登记回执、沪规信公〔2008〕第024号——不告《政府信息不予公开告知书》及更正通知书，被告以上述证据证明其就原告的信息公开申请予以答复的事实和程序，以及更正告知书的相关情况。

三、法律规范依据：原《信息公开规定》第十条第四项、第十二条第二项、第十八条第一款规定，上述依据证明被告适用法律规范正确。

原告魏某诉称：原告原居住地因建公园被强迁，该地块现已建成公园，故沪规划〔2004〕11号文不属于正在调查、讨论、处理过程中的文件，被告适用法规错误。另根据《行政许可法》及现行的《中华人民共和国政府信息公开条例》（以下简称《政府信息公开条例》）的有关规定，被告应公开原告申请公开的政府信息。原告对被告所作的政府信息不予公开决定申请复议，复议机关决定予以维持。故原告起诉要求撤销被告作出的沪规信公〔2008〕第024号——不告《政府信息不予公开告知书》，责令被告重新予以答复。

原告魏某在起诉时向本院提交了沪规信公〔2008〕第024号-不告《政府信息不予公开告知书》、沪府复决字〔2008〕第82号《行政复议决定书》及邮寄信封，证明被告对原告申请公开的信息不予公开，原告不服申请行政复议，复议机关予以维持，原告在法定期限内起诉的事实。

被告辩称：被告作出的政府信息不予公开决定认定事实清楚，证据确凿，程序合法，适用法律规范正确，请求法院予以维持；另本案不属行政许可，原告申请及被告作出不予公开决定均在2008年5月1日《政府信息公开条例》施行前，故本案不适用《行政许可法》及《政府信息公开条例》的有关规定。

经庭审质证，原告对被告提供证据的真实性及职权依据、行政程序等均无异议，惟认为被告适用法规有误，原告申请公开的沪规划〔2004〕11号文不属于进行调查、讨论、处理过程中的文件，被告依法应予公开。

被告对此辩驳认为：沪规划〔2004〕11号文属于进行调查、讨论、处理过程中的文件，依法应不予公开。

被告对原告提供的证据无异议。

经审查，被告提供的证据来源合法，真实有效，与本案相关，可以证明本案事实，本院予以采纳；被告出示的原《信息公开规定》系被告作出被诉政府信息不予公开决定时有效的法律规范，且与本案相关，本院予以确认。原告提供的证据内容真实，且与本案具有关联性，本院亦予以采纳。

本院经对庭审质证后的证据材料进行审查认证，确认如下事实：

原告魏某于 2008 年 2 月 26 日向被告提出政府信息公开申请，要求公开"沪府〔2004〕3 号文中提及的沪规划〔2004〕11 号文"。被告于同日受理，经查，原告申请公开的上述信息为被告与市绿化局共同上报市政府的《关于〈上海市中心城公共绿地实施规划〉调整的请示》，属于进行调查、讨论、处理过程中的信息，属免予公开范围，故被告根据原《信息公开规定》第十条第四项、第十二条第二项的规定，于 3 月 17 日以沪规信公〔2008〕第 024号——不告《政府信息不予公开告知书》的形式，告知原告不予公开。被告因打印疏漏，后于 4 月 29 日作出更正通知书，将误写的法律规范"第十条第二项"更正为"第十条第四项、第十二条第二项"。原告收悉后不服，向市政府申请行政复议。市政府于 5 月 12 日作出维持被告上述政府信息不予公开决定的复议决定。原告仍不服，向本院提起行政诉讼。

本院认为：依照原《信息公开规定》第五条第二项规定，被告市规划局具有受理和处理向其申请政府信息公开的行政职责。该规定第十条第一款第四项规定，对正在调查、讨论、处理过程中的政府信息，除法律、法规和该规定另有规定的以外，免予公开。本案中，被告在收到原告魏某的政府信息公开申请后在法定期限内进行审查，认定原告申请公开的信息系被告与其他机关上报的关于调整中心城区绿地的请示，系进行调查、讨论、处理过程中的信息，且无法律、法规等除外情形，故属于免予公开范围，告知原告不予公开，具有相关法律规范依据。

对于原告关于该地块现已建成公园，沪规划〔2004〕11 号文不属于进行调查、讨论、处理过程中的文件，被告适用法规错误的意见，本院认为，政府机关为作出行政决策或完成政府行为而进行调查、讨论、处理过程中的信息，不因政府决策是否已经作出、政府行为是否已经完成而改变其性质，如无法律、法规等除外情形的，属于免予公开范围。故对原告上述意见，本院不予采信。被告在告知书中将"第十条第一款第四项"误写为"第十条第四项"，法律规范表述不够准确，行政执法过程中存在瑕疵，望在今后的工作中加以改进。但这一瑕疵并不影响原告的实体权利，原告要求撤销被诉政府信息不予公开决定的诉请，因缺乏事实根据和法律依据，故本院不予支持。据此，依照《最高人民法院关于执行〈中华人民共和国行政诉讼法〉若干问题的解释》第五十六条第四项之规定，判决如下：

驳回原告魏某的诉讼请求。

案件受理费人民币 50 元，由原告魏某负担。

如不服本判决，可在判决书送达之日起十五日内提起上诉，向本院递交上诉状，并按对方当事人的人数递交上诉状副本，上诉于上海市第二中级人民法院。

审　判　长　鲍　某
代理审判员　白某某
人民陪审员　匡某某
二〇〇八年七月八日
书　记　员　储某某

附录8：顾某诉教育局重新划分施教区案裁判文书

江苏省南京市中级人民法院
行 政 判 决 书

〔2016〕苏 01 行终 139 号

上诉人（原审原告）：顾某，女，2008 年××月××日生，汉族。

法定代理人：顾甲（顾某之父），男，1969 年×月×日生，汉族。

委托代理人：吴某达，上海大邦律师事务所律师。

委托代理人：徐某平，浙江五联律师事务所律师。

被上诉人（原审被告）：南京市建邺区教育局，住所地在南京市建邺区江东中路 269 号 11 楼。

法定代表人：易某平，南京市建邺区教育局局长。

委托代理人：朱某中，江苏国泰新华律师事务所律师。

委托代理人：许某民，江苏国泰新华律师事务所律师。

上诉人顾某因诉被上诉人南京市建邺区教育局（以下简称建邺区教育局）教育行政管理一案，不服南京市建邺区人民法院〔2015〕建少行初字第 2 号行政判决，向本院提起上诉。本院于 2016 年 1 月 21 日受理后，依法组成合议庭，于 2016 年 3 月 21 日公开开庭审理了本案。上诉人顾某的法定代理人顾甲及委托代理人吴某达、徐某平，被上诉人建邺区教育局的出庭负责人马某及委托代理人朱某中、许某民到庭参加诉讼。本案现已审理终结。

原审经审理查明，顾某于 2008 年××月××日出生，户籍所在地为本市建邺区某地某号某幢某室，系应于 2015 年 9 月入学的适龄儿童。

2015 年 3 月 1 日，建邺区教育局委托辖区内各小学，对 2015 年入学的适龄儿童数量进行调查摸底。同年 5 月 20 日，建邺区教育局组织召开建邺区义务教育招生工作公众参与研讨会，参加研讨会的有部分人大代表、政协委员、各街道分管主任、社区部分教育咨询委员、部分家长代表等。研讨会中，建邺区教育局对《2015 年建邺区小学入学工作意见征求稿》进行了解读，参会代表提出各自建议。次日，建邺区教育局组织召开建邺区义务教育招生工作专家论证会，参加论证会的有南京市规划局河西直属分局、南京市教育局、南京市建邺区发改局、南京市建邺区财政局、南京市建邺区人力资源和社会保障局的工作人员以及部分名特优教师、中小学校长。专家论证会中，建邺区教育局对《2015 年建邺区小学入学工作意见征求稿》进行了解读，参会代表提出各自建议。同年 5 月 25 日，建邺区教育局召开办公会议，其中一项议程为：专题研究《2015 年建邺区小学入学工作实施办法》。次日，建邺区教育局作出《2015 年建邺区小学入学工作实施办法》，该办法的附件"2015 年建邺区公办小学招生计划及施教区一览表"规定："南湖三小施教区：湖西街（沿河街以南）、湖西村、沿河二、三、四、五村，集庆门大街以南、应天大街以北、江东中路以东、南湖路以西地区。凡属于集庆门大街以南、应天大街以北、南湖路以东、文体路以西区域内入学到南湖三小。""南师附中新城小学北校区施教区：应天大街以南、梦都大街以北、黄山路以东、秦淮河以西的地区。凡属于应天大街以南、梦都大街以北、江东中路以东、黄山路以西区域内入学到南师附中新城小学北校区。"当日，建邺区教育局将该办法以及附件上网公示。顾某户籍所在地位于集庆门大街以南、应天大街以北、南湖路以东、文体路以西区域内，属于南京市南湖第三小学（以下简称南湖三小）施教区范围。顾某对于施教区划分的行政行为不服，于 2015 年 6 月 12 日向原审法院提起本案行政诉讼。

另查明，本市建邺区现有公办小学 16 所，应天大街以北区域为北部，应天大街以南、江山大街以北区域为中部，江山大街以南区域为南部，另有江心洲。北部设有：南京市江东门小学、南京晓庄学院第一实验小学、南京市莫愁湖小学、南京市南湖第二小学、南湖一小（含爱达花园校区）、南湖三小、南京市陶行知小学共计 7 所；中部设有：南京市中华中学附属小学、南京市金陵中学实验小学、南京师范大学附属中学新城小学北校区（以下简称新城小学北校区）、南京致远外国语小学分校、南京师范大学附属中学新城小学、南京师范大学附属中学新城小学南校区、南京市建邺实验小学共计 7 所；南部设有南京市莲花实验学校小学部；江心洲设有南京市江心洲中心小学。中部区的占地面积约是北部区的两倍以上。各施教区基本均以主干道为界，呈不规则多边形，且学校不位于多边形中心。2014 年南湖三小适龄儿童的摸底数量为 191人，新城小学北校区为 202 人。2015 年南湖三小适龄儿童的摸底数量为 183人，新城小学北校区为 221 人。南湖三小和新城小学北校区施教区范围内均有新建和在建商品房小区。

原审再查明，据实地勘验，从吉庆家园南门至新城小学北校区的距离为0.33 公里；从南湖三小至吉庆家园北门的距离为 1.29 公里。

原审还查明，顾某现已就读于南湖三小一年级。

原审法院认为，关于本案是否属于行政诉讼受案范围。建邺区教育局每年均制定当年度的小学入学工作实施办法，对小学入学工作的基本原则、招生办法、工作要求等内容作出规定，并在附件中对当年度施教区进行划分。本案中，建邺区教育局于 2015 年 5 月 26 日作出《2015 年建邺区小学入学工作实施办法》及其附件。从其附件的内容看，对辖区内的施教区进行了明确而具体的划分，所针对的是特定对象，直接对该施教区当年即将入学的适龄儿童的权利义务产生了实际影响，属于可诉的行政行为。

关于建邺区教育局作出的"凡属集庆门大街以南、应天大街以北、南湖路以东、文体路以西区域内符合条件的 2015 年适龄儿童派位到南湖三小"的行政行为（以下简称被诉行政行为）主要证据是否充分、程序是否合法、适用法律是否正确。关于摸底调查，对适龄儿童的数量和分布情况进行调查摸底，属于不对外发生法律效果的事务性工作，调查摸底结果亦不发生权利义务变动的效果，故建邺区教育局委托学校调查摸底并不违法，由此形成的事实证据具备合法性。关于"广泛听取意见"，由于法律法规对如何"广泛听取意见"的程序未作明确限定，教育行政部门对采取何种行政程序来听取意见具有一定的裁量空间。本案中，建邺区教育局在前期对适龄儿童情况进行调查摸底的基础上，组织了公众参与研讨会、专家论证会等以听取意见，最终经由局办公会集体讨论研究作出包括被诉行政行为在内的施教区划分，且听取意见的对象包括人大代表、政协委员、各街道工作人员、各社区教育咨询委员、部分家长代表等，应当认为建邺区教育局已经履行了"广泛听取意见"的程序。因此，被诉行政行为认定事实清楚，主要证据充分，程序合法，适用法律正确。

关于被诉行政行为是否存在明显不当的情形。首先，施教区划分方式不存在明显不合理。被诉行政行为划分施教区方式是以道路为界、兼顾社区的不规则多边形方式，该方式能够兼顾学校布局、适龄儿童数量和分布、地理状况等条件，符合义务教育全员接纳、教育公平、就近入学原则。其次，被诉行政行为不违反"就近入学"原则。由于本市建邺区学校资源与人口分布不均衡，客观上施教区的划分不可能保证所有适龄儿童均入学至离家庭住址最近的学校，只能从总体上满足所划分的区域符合"就近入学"原则。结合学校布局、适龄儿童分布和数量、施教区覆盖等因素整体考量，建邺区教育局的被诉行政行为并不违反"就近入学"原则，也不存在明显不合理。再次，关于在建小区划分施教区问题。入学的基准是户籍所在地。尚在开发中、没有人员入住的在建小区，不会产生落户的情况，故不存在占用学额的问题。施教区划分应当做到全覆盖。即便部分区域目前正在建设，尚无人员入住，但仍然存在个别人员的户籍因拆迁等原因空挂在在建小区范围内的情况，应保障该部分适龄儿童、少年的就近入学权利。

综上，被诉行政行为合法，亦不存在明显不合理，顾某的诉讼主张缺乏事实根据和法律依据，不予支持。据此，依照《中华人民共和国行政诉讼法》第六十九条之规定，判决驳回顾某的诉讼请求。案件受理费50元，由顾某负担。

上诉人顾某上诉称：1. 一审判决认定事实错误。一审判决没有查明被上诉人整个施教区的划分行为，尤其是上诉人周边小区和小学施教区的事实，相互比较才能判断是否"就近"以及合理。一审判决没有查明被上诉人组织公众参与研讨会和专家论证会的具体事实，该两次会议不公开透明，参会人员没有代表性，划分施教区草案也未通过网络和社区张贴的方式向公众广泛征求意见。2. 一审判决适用法律错误，被上诉人的行政行为实体上和程序上都不合法、不合理。被上诉人划分和调整施教的标准模糊、逻辑混乱，没有法律依据，实际架空了"就近入学"原则，是滥用职权。被上诉人在划分学区时所考量的因素根据其需要任意变化，没有明确的适用位阶。被上诉人将摸底工作委托给没有行政执法权的小学进行，对施教区的划分和调整未能真正"广泛听取意见"，属行政行为程序违法。请求撤销一审判决；改判支持上诉人一审诉讼请求。

被上诉人建邺区教育局辩称：1. 一审判决认定事实并无不当。一审法院仅就和上诉人有利害关系的小学施教区划分的行政行为进行审查正确，其他施教区的划分与上诉人没有利害关系，不属于本案审理范围。法律法规并未对被上诉人如何广泛听取意见的程序作明确规定，一审判决认定被上诉人组织了相关会议正确。2. 被上诉人行政行为的内容和程序均符合法律法规的要求。就近入学原则是施教区划分的四个原则之一，应和其他原则相适应和相匹配，不应按照绝对距离来划分学区。将吉庆家园划入南湖三小符合就近入学原则以及根据学校布局和适龄儿童入学人数分布状况合理确定原则。被上诉人在各学校对施教区内适龄儿童人数摸底调查的基础上，先后组织了招生工作的公众参与研讨会、专家论证会，广泛听取意见，多次修改后由局办公会集体讨论研究作出实施办法，并通过网站向社会公布，符合法律规定的程序要求。被上诉人的行政行为应兼顾公共利益考量与个体诉求满足，因此无法保障每一个个体诉求都能得到很好满足。请求驳回上诉，维持原判。

原审被告向原审法院提交的证据有：1.《2015 年建邺区小学入学工作实施办法》；2.《建邺区 2004 年小学新生入学办法》；3. 建邺区小学规划入学图及 2015 年南京市建邺区小学施教区分布图；4. 2015 年建邺区小学新生摸底情况汇总表、2015 年建邺区一年级新生汇总表；5. 招生工作公众参与研讨会、专家论证会、区教育局办公会记录；6.《2015 年建邺区小学入学工作实施办法》网上公示、投诉平台截屏；7. 南湖三小招生通告照片。

原审被告向原审法院提交的法律依据有：1.《中华人民共和国义务教育法》；2.《江苏省实施〈中华人民共和国义务教育法〉办法》。

原审原告向原审法院提交的证据有：1. 吉庆家园与新城小学北校区、南湖三小百度平面距离分布图；2. 吉庆家园至新城小学北校区的距离测量图；3. 吉庆家园至南湖三小的距离测量图；4. 雨润国际广场距离测量图及双学区广告图；5. 新城小学北校区至金隅紫京府（开发商在建）距离测量图；6. 新城小学北校区至和记黄埔涟城（开发商在建）距离测量图及双学区售楼广告；7. 新城小学北校区至招商雍华府（开发商在建）距离测量图及双学区广告图；8. 爱达花园小学 2014 年生源照片；9. 新百花园小区照片、新百花园小区与爱达花园小学距离测量图及新百花园小区与新城小学北校区距离测量图；10. 建邺区教育局 2013 年公办小学招生计划及施教区一览表；11. 建邺区教育局 2014 年入学摸底情况汇报；12. 新城小学北校区 2015 年招生公告；13. 南湖三小 2015 年招生公告；14. 金陵世家到新城小学北校区和南湖三小的距离图；15. 在建楼盘照片；16.《2013 年建邺区小学入学工作实施办法》；17.《2014 年建邺区小学入学工作实施办法》；18. 爱达花园小学自 2014 年起生源不足的照片；19. 相关小区的公交和道路照片；20. 规划图；21.〔2015〕宁少行终字第 1 号案件开庭笔录；22. 示意图。

上述证据及依据均已随案移送本院。

本院经审查认为，原审法院从证据的真实性、合法性、关联性三个方面对双方当事人提交证据予以审核、认证，符合规定。本院经审理查明的事实与一审判决认定的事实一致。

本院认为，根据《中华人民共和国义务教育法》第七条第二款规定，县级以上人民政府教育行政部门具体负责义务教育实施工作。《江苏省实施〈中华人民共和国义务教育法〉办法》第九条第二款规定，县级教育行政部门应当根据本行政区域内学校布局以及适龄儿童、少年的数量和分布状况，合理确定或者调整本行政区域内学校的施教区范围、招生规模，并向社会公布。确定或者调整施教区范围应当广泛听取意见。

根据本案已查明的事实，建邺区教育局委托辖区内各小学对 2015 年入学的适龄儿童数量进行调查摸底后，根据建邺区学校分布及适龄儿童数量、分布状况划分施教区，分别召开建邺区义务教育招生工作公众参与研讨会以及建邺区义务教育招生工作专家论证会，对本年度小学入学方案征求意见，并在作出《2015 年建邺区小学入学工作实施办法》后，将该办法及附件上网公示，符合上述规定。

　　关于顾某上诉提出原审判决未能查明被上诉人整个施教区划分行为、相互比较才能判断是否"就近"以及合理的意见，本院经审查认为，建邺区教育局对全区范围内每一施教区的划分均构成独立的行政行为，其对全部施教区的划分系若干项行政行为的聚合。本案上诉人顾某的户籍地在南京市建邺区某地，与其相对应的施教区划分行为是"集庆门大街以南、应天大街以北、南湖路以东、文体路以西区域内符合条件的 2015 年适龄儿童入学到南湖三小"，顾某系该行政行为的相对人，故原审法院仅以该行政行为作为审查对象并无不当。但该行为与《2015 年建邺区小学入学工作实施办法》涉及的其他施教区划分行为在实施主体、划分方式、行政程序等方面具有同一性，因此在审查时无法完全割裂，原审判决对于被诉行政行为是否合法的审查也不可避免会涉及整体施教区的划分。尤其在合理性问题上，针对上诉人原审提出的认为其应划入新城小学北校区的主张，原审判决也结合建邺区现有公办小学和上诉人居住地附近小学的事实状况，对是否存在明显不当、是否违反"就近入学原则"等问题进行了论证，并不存在未经比较就判断是否"就近"及合理的情况。故顾某的该项上诉请求依据不足，本院不予支持。

　　关于顾某上诉提出建邺区教育局委托学校摸底调查，且未能"广泛听取意见"，属程序违法的意见，本院经审查认为，建邺区教育局委托学校对适龄儿童的数量和分布情况进行调查摸底，仅为事务性的数据采集工作，不发生权利义务的变动效果，由此形成的证据从形式、取得等方面看均不违反法律规定。关于"广泛听取意见"程序，现有的法律法规对"广泛听取意见"的具体操作步骤及程度未有明确规定，本案中，建邺区教育局组织了公众参与研讨会、专家论证会以征求公众对于小学入学方案的意见，参与人员包括了人大代表、政协委员、各街道工作人员、各社区教育咨询委员、部分家长代表等，人员类别较多，已充分涵盖了与施教区划分行为相关的社会各类人员，应认为符合"广泛听取意见"的程序要求。"广泛听取意见"程序的设立目的系为保障及监督行政行为依法作出，充分吸纳公众意见，但其无法确保行政机关在作出行政行为时将所有利害关系人均纳入"听取意见"的范围，故上诉人仅以其法定代理人未能参与研讨会以及研讨会、论证会中未出现不同意见，未通过网络和社区张贴的方式向公众广泛征求意见为由，认为建邺区教育局未做到"广泛听取意见"，本院不予支持。但是本院亦认为，法律法规规定的"广泛听取意见"系最低限度的程序要求，并不排斥在个案中提供更加合理和完善的程序保障，施教区划分关系到适龄儿童的受教育基本权利，建邺区教育局作为教育行政部门，在今后应尽可能增强听取意见的广泛性、代表性和公开性，并完善行政行为的程序保障。

关于顾某上诉提出被诉行政行为不合理的意见，本院经审查认为，被诉行政行为划分施教区的方式确实存在一定的不合理性，会造成部分适龄儿童未能被安排至离家最近的学校入学，但由于建邺区目前教育资源不均衡、适龄儿童及学校分布不均匀、街区形状不规则，因此"就近入学"本身并不意味着直线距离最近入学。对顾某而言，其户籍地至南湖三小的实际距离虽非最近，为1.29公里，但对于学生入学而言并非过远；对适龄儿童群体而言，建邺区教育局目前所确定的施教区划分方式能兼顾学校布局、适龄儿童数量和分布、地理状况等因素，是一种相对科学的划分方式，能保证适龄儿童整体上实现"就近入学"。教育行政部门所作施教区划分方案的行政目的应为实现公共利益。本案被诉行政行为虽未能完全满足上诉人的利益诉求，但其在尽可能满足个体利益的前提下，综合考量社会整体现状，兼顾了社会公共利益的实现与个体利益的维护，符合行政权行使的基本价值取向。被诉行政行为对施教区的划分符合建邺区教育现状，符合义务教育全员接纳、教育公平、就近入学原则，不属于法律规定的"明显不当"情形。

综上，本案被诉行政行为证据确实充分，适用法律、法规正确，符合法定程序，上诉人顾某认为被诉行政行为违法且明显不当的主张，因缺乏事实和法律依据，本院不予支持。原审判决认定事实清楚，适用法律正确，审判程序合法。

需要特别指出的是，根据法律规定，适龄儿童、少年有受教育的基本权利，国务院和县级以上地方人民政府应当合理配置教育资源，促进义务教育均衡发展，教育行政部门应依法履职，保障儿童受教育权的实现。当前确实存在不同区域间以及区域内部教育资源不均衡的状况，无法保证每一适龄儿童享受教育资源的绝对公平。教育行政部门在这一现状下更应通过合理划分施教区、严格依法行政来保障适龄儿童受教育的权利。本案中，被诉行政行为虽然证据充分，程序合法，亦不存在明显不当，但应注意到其合理性尚有提升空间，被上诉人应尽可能在今后的施教区划分工作中进一步完善程序，提升行政行为的合理性和可接受度。

据此，依照《中华人民共和国行政诉讼法》第八十九条第一款第一项之规定，判决如下：

驳回上诉，维持原判。

二审案件受理费50元，由上诉人顾某负担。

本判决为终审判决。

审　判　长　赵某某

代理审判员　徐某某

代理审判员　相某某

二〇一六年三月三十日

书　记　员　宋某某

附录9：王某兰诉温州市公安局交通警察支队 交通行政检查案裁判文书

浙江省高级人民法院

行 政 裁 定 书

〔2014〕浙行再字第 3 号

原审上诉人（一审原告）：王某兰。

委托代理人：范某兵、商某玉。

原审被上诉人（一审被告）：温州市公安局交通警察支队。

法定代表人：曾某贤。

委托代理人：俞某、何某锋。

原审上诉人王某兰诉温州市公安局交通警察支队（下称温州交警支队）交通行政检查时一并提起的行政赔偿一案，温州市中级人民法院于 2013 年 7 月 2 日作出〔2013〕浙温行赔终字第 6 号行政裁定，已经发生法律效力。王某兰方不服，向本院提出再审申请。2003 年 12 月 26 日，本院依照《中华人民共和国行政诉讼法》第六十三条第二款、《最高人民法院关于执行〈中华人民共和国行政诉讼法〉若干问题的解释》第七十七条的规定，作出〔2013〕浙行申字第 184 号行政裁定，裁定本案由本院再审。本院依法组成合议庭于 2014 年 3 月 20 日公开开庭审理了本案。原审上诉人王某兰的委托代理人范某兵、商某玉，原审被上诉人温州交警支队的委托代理人俞某、何某锋到庭参加诉讼。本案现已审理终结。

原一审温州市鹿城区人民法院经审理认定：2012 年 5 月 13 日下午，李某根无证驾驶未关车门的无牌证三轮摩托车搭载原告王某兰途经温瑞大道仙岩街道穗丰村路段时，遇前方交警四大队交警设卡检查。李某根为逃避检查掉头逆向行驶，交警四大队协警张某文手持木棒上前拦截。李某根减速然后又加速行驶并左右打方向逃避拦截，致使原告从车上摔下受伤，车辆前挡风玻璃与木棒发生碰撞破碎。事故发生后，李某根驾车逃离现场，后于同月 29 日向公安机关投案。2012 年 6 月，被告就该事故作出交通事故认定复核结论，认定李某根负主要责任，张某文负次要责任。原告伤势经鉴定为重度颅脑损伤，因脑外伤致精神障碍及中度智力损害（缺损），构成四级伤残和十级伤残。原告向鹿城区人民法院提起行政诉讼，要求确认被告设卡拦截车辆行为违法，同时提起本案行政赔偿诉讼。另查明，2013 年 2 月 5 日，温州市瓯海区人民法院作出〔2012〕温瓯刑初字第 883 号刑事判决，以交通肇事罪判处李某根有期徒刑一年六个月。该判决现已发生法律效力。

原一审温州市鹿城区人民法院经审理认为，根据《中华人民共和国国家赔偿法》第三条规定，行政机关及其工作人员在行使行政职权时有违法行为侵犯人身权的，受害人有取得赔偿的权利。原告所称被告设卡检查时强行拦截违法车辆的行为，经本院审理认为虽然不符合《交通警察道路执勤执法工作规范》第七十三条的规定，有违工作规范，确有不当之处，但尚不能称之为违法。因此，原告要求被告给予行政赔偿的请求，依据不足，应予以驳回。至于原告在本事故中所受损失，可通过相关民事法律途径解决。据此判决驳回王某兰的诉讼请求。王某兰方不服，向温州市中级人民法院提起上诉。

原二审温州市中级人民法院经审理认为：1. 被上诉人提交的张某文询问笔录、徐某干谈话笔录、温州市瓯海区人民法院〔2012〕温瓯刑初字第 883 号刑事判决书，与上诉人王某兰提交的温公交四认字〔2012〕第 B1-011 号道路交通事故认定书能相互印证，可以证明李某根为逃避检查掉头逆向行驶及张某文手持木棒在距设卡 100 米处上前拦截肇事车辆。原判认定的事实有相应证据证实，予以确认。2. 被上诉人温州交警支队在案发地段设卡检查车辆，协警张某文在李某根掉头逃避检查的情况下上前拦截车辆，其目的在于使李某根停车接受检查，该行为系与履行职务相关的事实行为，而非发生法律效力的行政行为。上诉人就该行为提起行政诉讼，不属于人民法院行政诉讼受案范围，应予驳回，其一并提出的行政赔偿诉讼也应一并驳回。原判判决驳回王某兰诉讼请求，于法不符。上诉人可就其所受的人身伤害损害问题根据相关法律规定进行救济。据此，依照《最高人民法院关于审理行政赔偿案件若干问题的规定》

第三条、第四条第二款,《中华人民共和国行政诉讼法》第六十一条第二项,《最高人民法院关于执行〈中华人民共和国行政诉讼法〉若干问题的解释》第四十四条第一款第一项、第七十九条第一项的规定,裁定如下:一、撤销温州市鹿城区人民法院〔2013〕温鹿行赔初字第 2 号行政判决;二、驳回原告王某兰的起诉。

王某兰不服原终审判决,向本院申请再审的主要理由:1. 本案是一起行政赔偿诉讼,是因温州交警支队违法执法引起的。2. 本案应当先由温州交警支队承担国家赔偿责任,然后由其向相关责任方追偿。请求依法撤销二审裁定,并判决赔偿申诉人各项损失 2365202.50 元(暂计算至一审起诉前)。

温州交警支队答辩称:1. 法律并没有禁止设卡拦截违法车辆。2. 交通协管员手持木棍是为了制止肇事车辆冲卡、逃逸。综上,涉案民警的执勤执法中不存在违法行为,不存在国家赔偿的情形。

各方当事人在原一、二审时提供的证据均随卷移送至本院。再审庭审中,双方当事人围绕被诉设卡检查行为是否属于可诉的行政行为,是否属于人民法院行政诉讼的受案范围这一争议焦点进行了质证、辩论。综合一、二审审理情况及双方当事人的答辩意见,本院确认如下事实:2012 年 5 月 13 日下午,温州交警支队四大队民警设卡检查违法车辆,李某根无证驾驶无牌证的三轮摩托车搭载王某兰至该卡点时,李某根为逃避检查掉头行驶,该大队协警张某文手持木棒上前拦截,在李某根逃离过程中王某兰从车上摔下受伤。

本院认为,温州交警支队四大队在道路上设卡检查违法车辆,系履行道路交通安全管理职责的行政检查行为。该交通行政检查行为是否合法,是否给公民、法人或者其他组织造成损害,属于人民法院司法审查的范围。公民、法人或者其他组织认为该交通行政检查行为侵犯其合法权益,可以向人民法院提起行政诉讼。原二审法院认为该行为系与履行职务相关的事实行为,而非发生法律效力的行政行为,原审上诉人王某兰就该行为提起行政诉讼,不属于人民法院行政诉讼受案范围的认定不当,应予纠正。原二审法院对王某兰方一并提出的行政赔偿诉讼也予以一并驳回,于法不符,亦应同时纠正。依照《最高人民法院关于审理行政赔偿案件若干问题的规定》第二十八条,《最高人民法院关于执行〈中华人民共和国行政诉讼法〉若干问题的解释》第七十八条、七十九条之规定，裁定如下：

一、撤销温州市中级人民法院〔2013〕浙温行赔终字第6号行政裁定；

二、指令温州市中级人民法院继续审理本案。

本裁定为终审裁定。

审　判　长　马某某

代理审判员　戴某某

代理审判员　楼某某

二〇一四年四月三日

书　记　员　刘　某

附录10：张某琴诉吕梁市公安局治安行政检查案裁判文书

中华人民共和国最高人民法院
行 政 裁 定 书

〔2016〕最高法行申 2048 号

再审申请人（一审原告、二审上诉人）：张某琴，男，1964 年××月×日出生，汉族，住山西省汾阳市。

再审被申请人（一审被告、二审被上诉人）：山西省吕梁市公安局。住所地山西省吕梁市离石区建设街 25 号。

法定代表人：李某林，该局局长。

再审申请人张某琴因诉山西省吕梁市公安局（以下简称吕梁市公安局）行政强制措施违法一案，不服山西省高级人民法院〔2015〕晋行终字第 239 号行政裁定，向本院申请再审。本院依法组成由审判员贺某荣担任审判长、代理审判员麻某亮、代理审判员杨某雄参加的合议庭，对本案进行了审查，现已审查终结。

张某琴以吕梁市公安局杏花分局于 2011 年 5 月 25 日对其实施的限制人身自由的行为侵害其合法权益为由，向山西省吕梁市中级人民法院起诉，请求确认该行政强制措施违法。

山西省吕梁市中级人民法院一审认为，张某琴所诉的吕梁市公安局杏花分局限制其人身自由的行为发生在 2011 年 5 月 25 日，即便不考虑其因被判处有期徒刑而被限制人身自由的 8 个月的起诉期间，其到 2015 年 8 月才向人民法院起诉，其起诉也超过了 2 年的法定起诉期限，依法应予驳回。该院遂依照《最高人民法院关于执行〈中华人民共和国行政诉讼法〉若干问题的解释》第四十一条第一款、《最高人民法院关于适用〈中华人民共和国行政诉讼法〉若干问题的解释》第三条第一款第二项、第二款的规定，裁定驳回张某琴的起诉。

　　张某琴不服一审裁定，向山西省高级人民法院上诉，请求撤销一审裁定，指令一审法院继续审理该案。

　　山西省高级人民法院二审认为，《最高人民法院关于执行〈中华人民共和国行政诉讼法〉若干问题的解释》第一条第二款第二项规定，公民、法人或者其他组织对公安、国家安全等机关依照《刑事诉讼法》的明确授权实施的行为不服提起诉讼的，不属于人民法院行政诉讼的受案范围。本案中，吕梁市公安局杏花分局于 2011 年 5 月 25 日对张某琴采取强制措施，属于公安机关依照《中华人民共和国刑事诉讼法》明确授权办理刑事案件立案前的调查行为，并非公安机关履行行政管理过程中的行政强制行为，不属于人民法院行政诉讼的受案范围。一审裁定结果正确。该院依据《中华人民共和国行政诉讼法》第八十九条第一款第一项之规定，裁定驳回张某琴的上诉。

　　张某琴不服原审裁定，认为吕梁市公安局所采取的强制措施不是依照《刑事诉讼法》规定的刑事侦查行为，而是违反《刑事诉讼法》规定的行政行为，原审裁定适用法律、法规确有错误，特向本院申请再审，请求撤销一、二审行政裁定，由人民法院继续审理本案，并支持其一审提出的诉讼请求。

　　本院认为，本案主要争议焦点是，公安机关对张某琴采取的限制人身自由的强制措施是否属于人民法院行政诉讼的受案范围。根据我国法律的规定，公安机关具有行政管理和刑事侦查的双重职责。对公安机关的刑事侦查行为，不属于行政诉讼受案范围。因此，确定公安机关的某一行为是否可诉，需要区分其实施的是行政管理行为还是刑事侦查行为。本案中，吕梁市公安局对张某琴采取限制人身自由的强制措施，属于公安机关依照《中华人民共和国刑事诉讼法》明确授权的刑事案件立案前的侦查行为，并非公安机关履行行政管理过程中的行政强制行为，不属于人民法院行政诉讼的受案范围。且张某琴所诉事实发生在 2011 年 5 月 25 日，即使不将其因被判处有期徒刑而限制人身自由的 8 个月时间计算在起诉期限内，到 2015 年 8 月其向人民法院起诉时，其起诉也已经超过了《最高人民法院关于执行〈中华人民共和国行政诉讼法〉若干问题的解释》第四十一条第一款规定的 2 年起诉期限。因此，原审裁定驳回其起诉并无不当。

综上，张某琴的再审申请不符合《中华人民共和国行政诉讼法》第九十一条规定的情形。依照《中华人民共和国行政诉讼法》第一百零一条、《中华人民共和国民事诉讼法》第二百零四条第一款之规定，裁定如下：

驳回张某琴的再审申请。

审　判　长　贺某某

代理审判员　麻某某

代理审判员　杨某某

二〇一六年九月三十日

书　记　员　宋某某

附录 11：李某桐、符某爱因其与被上诉人昌江黎族自治县公安局公安行政检查及赔偿纠纷一案的行政判决书案裁判文书

海南省第二中级人民法院
行 政 判 决 书

〔2016〕琼 97 行终 33 号

上诉人（原审原告）：李某桐，男，汉族，福建省龙岩市人，系死者李某诚的父亲。

上诉人（原审原告）：符某爱，女，汉族，海南省昌江县人，系死者李某诚的母亲。

以上两上诉人共同委托代理人：李某儒，海南博才律师事务所律师。

被上诉人（原审被告）：昌江黎族自治县公安局。

法定代表人：麦某章，该局局长。

委托代理人：黄某，该局法制室民警。

委托代理人：梁某海，该局法制室民警。

上诉人李某桐、符某爱因其与被上诉人昌江黎族自治县（简称昌江县）公安局公安行政检查及赔偿纠纷一案，不服昌江县人民法院于 2015 年 12 月 31 日作出的〔2015〕昌行初字第 18 号行政判决，向本院提起上诉。本院依法组成合议庭，于 2016 年 5 月 18 日公开开庭审理了本案，上诉人李某桐、符某爱及其代理人李某儒，被上诉人昌江县公安局的代理人黄某、梁某海到庭参加诉讼，本案现已审理终结。

一审法院经审理查明，2015 年 3 月 2 日 23 时许，昌江县公安局接到举报，林之松宾馆有人吸毒和贩毒，遂组织警力，前往涉案现场进行调查。调查组分为两组，由在编干警吉某强和协警郭某东负责外围，在林之松宾馆东边的富安居路口；由在编干警符某峻带领协警王某胜、黄某、陈某泽、文某统、李某豪到林之松宾馆前台，符某峻等人向前台服务员出示工作证件、表明警察身份

后，拿到房间总卡，乘坐电梯来到 408 房门前。23 时 05 分 40 秒，协警文某统敲门表明身份并试图打开房门，房门被反锁，23 时 07 分 17 秒，被告执法人员踹门而入，控制在场人员周某海、李某诚、杨某金、符某涛为逃避检查，在昌江县公安局执法人员进入房间之前已爬出窗外。23 时 07 分 48 秒，李某诚及杨某金失足坠楼，李某诚死亡，杨某金受伤。另查，李某诚的尿检结果呈阳性（冰毒），系生前高坠，造成颅脑损伤死亡。

一审法院认为，本案的争议焦点一：被告的调查行为与执法程序是否合法。《公安机关办理行政案件程序规定》（公安部令 125 号）第六十八条规定："对与违法行为有关的场所、物品、人身可以进行检查。检查时，人民警察不得少于二人，并应当出示工作证件和县级以上公安机关开具的检查证。对确有必要立即进行检查的，人民警察经出示工作证件，可以当场检查……"本案中，被告的调查组分为两组，一组负责外围、一组负责涉案现场的调查，虽各由一名正式干警带队，但该执法活动应视为一个整体，故本案执法人员身份并无不当，因涉案事件系吸毒和贩毒的严重危害社会稳定案件，不立即检查有可能导致危害结果的发生，故被告执法人员仅出示工作证件，即当场检查的行为并无不当。

争议焦点二：李某诚的死亡与被告是否具有因果关系。周某海、杨某金的询问笔录证实，被告执法人员破门进入 408 房间时，408 房间内只有周某海一人，李某诚等三人已爬出窗外，被告执法人员与李某诚之间并没有肢体上的接触，另从林之松宾馆视频监控录像看，被告执法人员于 2015 年 3 月 2 日 23 时07 分 17 秒踹开房门，李某诚的坠楼时间为同日 23 时 07 分 48 秒，中间只有31 秒的时间差，李某诚失足坠楼是瞬间发生的事，被告在时间上来不及采取任何救助措施。受害人李某诚系完全民事行为能力人，对其爬窗出逃行为的危险应当具有预见性，其因吸食毒品逃避执法人员的检查，爬窗出逃而导致坠楼身亡，系其个人行为所造成的，被告的调查行为与李某诚的死亡不具有因果关系。故对于原告要求赔偿的请求本院不予以支持。依据《中华人民共和国国家赔偿法》第五条，《中华人民共和国行政诉讼法》第三十八条第二款、第六十九条的规定，判决驳回原告李某桐、符某爱的诉讼请求。案件受理费 50 元，由原告李某桐、符某爱负担。

李某桐、符某爱不服一审判决，向本院提出上诉称：1. 原审判决将被上诉人实施的抓捕行为仅仅认定为调查行为，是错误的。被上诉人在原审的答辩意见及其当庭陈述均认可被上诉人当晚实施的是抓捕行为，而非调查行为。被上诉人未对涉案现场依法调查，径行对涉案人员实施抓捕等强制措施，显然是违反了法律规定，而且被上诉人至今未能提供证据证明，其对涉案现场实施的调查行为是经过被上诉人受案登记，有关领导批示之后依法调查的；也没有证据证明其对涉案人员实施的抓捕行为是经过有关领导批准之后依法实施的抓捕措施。2. 原审判决认为，被上诉人的调查组分为两组，证据不足。除被告自我辩解称调查组分为两组外，并无其他证据予以证明。3. 原审判决认为被上诉人对涉案现场实施的踹门而入与实施抓捕行为是当场检查是错误的。当场检查与抓捕明显不同。被上诉人在答辩状中称，其调查的法律依据是《治安处罚法》第七十八条与《人民警察法》第九条的规定，但前述法定的调查没有明文规定可以踹门而入，没有明文规定可以强行检查，更未明文规定可以实施抓捕，因此被上诉人对 408 房间实施的强行检查与抓捕行为均是违法的。4. 原审判决认为，不立即检查有可能导致危害结果的发生，显然也是不妥的。违法和犯罪行为都有一定的社会危害性，但是社会危害性与危害结果的发生二者不同。涉毒违法行为与暴力性违法行为不同，其不具有现实的危害性，不应当为了打击违法行为就不顾后果与代价。5. 原审判决认为从踹门而入到受害人李某诚坠楼中间只有 31 秒时间，被上诉人来不及采取任何救助措施，这显然是错误的。被上诉人人员看到受害人等人爬在窗外，明知有危险完全可以立即对其喊话，让其放松警惕，也可以立即喊话让正在抓捕的人员停止抓捕。但是被上诉人没有采取任何救助措施。6. 原审判决认为被上诉人的调查行为与李某诚的死亡不具有因果关系，是错误的。如果没有被上诉人的违法调查与实施抓捕，如果没有被上诉人的执法程序违法，如果被上诉人采取合理措施控制现场，如果被上诉人及时采取救助措施，也就不会导致李某诚死亡。被上诉人违法实施的抓捕行为与李某诚的死亡之间存在客观上的因果关系，这种关系不会因为李某诚涉嫌违法而阻断。综上，上诉人李某桐、符某爱请求：1. 撤销昌江黎族自治县人民法院〔2015〕昌行初字第 18 号行政判决；2. 改判确认被上诉人 2015 年 3 月 2 日对林之松宾馆 408 房间的调查与抓捕行为以及执法程序违法；3. 改判确认被上诉人赔偿死亡赔偿金与丧葬费合计人民币 999380 元（按照上年度职工年平均工资 49969 元/年×20 年）。

被上诉人昌江县公安局答辩称：1. 根据案发事实，被上诉人当晚是按照《公安机关办理行政案件程序规定》（公安部令 125 号）第六十八条的规定进行检查，即因涉案事件是吸毒和贩毒的严重危害社会稳定的案件，不立即检查可能导致危害结果的发生，故被上诉人的民警出示工作证件当场进行检查是依法履行职责的表现，不存在违法情形。2. 被上诉人在当晚的执法活动分为两组，所有参加当晚执法活动的民警均可证实。3. 被上诉人的执法民警从踹门而入到受害人李某诚坠楼中间只有 31 秒时间，来不及采取任何救助措施。且被上诉人的民警在得知有人坠楼后第一时间通知了救护车到场抢救。4. 上诉人认为被上诉人的民警的检查行为与李某诚的死亡具有因果关系，这是明显错误的。在整个执法过程中，被上诉人的执法人员并没有与李某诚有肢体接触，也没有追赶、恐吓等行为。李某诚是完全民事行为能力人，对其爬窗出逃行为的危险性应当具有预见性，其因吸食毒品逃避执法人员的检查，爬窗出逃导致坠楼身亡是其个人行为所造成的，被上诉人的民警的调查行为与李某诚的死亡不存在任何因果关系。

各方当事人在一审提交的证据材料已随案移送本院，并在二审庭审中再次进行了质证。一审法院对双方当事人证据的质证与认证，符合法律规定，本院予以确认。

本院经审理查明的事实与一审判决认定的事实基本一致，本院予以确认。

本院认为，本案二审的争议焦点为：一是昌江县公安局在 2015 年 3 月 2 日对林之松宾馆 408 房间的调查行为是否合法；二是昌江县公安局的调查行为与李某诚之死是否存在因果关系。

对于昌江县公安局在 2015 年 3 月 2 日对林之松宾馆 408 房间的调查行为及执法程序是否合法的问题。《公安机关办理行政案件程序规定》第六十八条第一款规定："对与违法行为有关的场所、物品、人身可以进行检查。

检查时，人民警察不得少于二人，并应当出示工作证件和县级以上公安机关开具的检查证。对确有必要立即进行检查的，人民警察经出示工作证件，可以当场检查；但检查公民住所的，必须有证据表明或者有群众报警公民住所内正在发生危害公共安全或者公民人身安全的案（事）件，或者违法存放危险物质，不立即检查可能会对公共安全或者公民人身、财产安全造成重大危害。"根据本案查明事实，昌江县公安局接到举报，在林之松宾馆有人吸毒和贩毒，随即电话请示相关领导后即刻组织警力前往涉案现场进行调查。在整个调查过程中，昌江县公安局是由两名正式干警分别带队，分组进行，但实质上两个小组是在实施一个调查行为，故本案执法人员身份并无不当。且由于此案属于涉毒品类案件，不立即检查可能会造成严重的社会后果，因此昌江县公安局的执法民警仅出示工作证件进行当场检查，程序并未违法。综上，根据上述规定，昌江县公安局在 2015 年 3 月 2 日对林之松宾馆 408 房间的调查行为及执法程序合法。

对于昌江县公安局的调查行为与李某诚之死是否存在因果关系的问题。根据本案查明事实，在昌江县公安局执法人员踹门进入 408 房间时，现场只有周某海一个人，李某诚、杨某金、符某涛为逃避检查，在执法人员进入房间之前已经爬出窗外，执法人员与李某诚之间并没有肢体上的接触。另外，从现场录像可以看出，从昌江县公安局执法人员进入房间至李某诚坠楼只有 31 秒，昌江县公安局来不及采取任何救助措施，在李某诚坠楼后昌江县公安局及时采取了救助措施，第一时间通知了救护车到场抢救。此外，李某诚属于完全民事行为能力人，对其爬窗出逃行为可能发生的危险后果应当具有预见性。因此，李某诚因吸食毒品逃避执法人员检查而爬窗出逃导致坠楼身亡是其个人行为所造成的，昌江县公安局的调查行为与李某诚之死并不存在因果关系。

综上所述，原审判决认定事实清楚，适用法律正确，本院予以维持，上诉人李某桐、符某爱的上诉理由不足，本院不予支持。依照《中华人民共和国行政诉讼法》第八十九条第一款第一项的规定，判决如下：

驳回上诉，维持原判。

二审案件受理费人民币各 50 元，由上诉人李某桐、符某爱负担。

本判决为终审判决。

审判长　周某某

审判员　李某某

审判员　曹某某

二〇一六年六月二十日

书记员　李　某

附录 12：德清莫干山蛇类实业有限公司诉浙江省食品药品监督管理局行政监督案裁判文书

杭州市西湖区人民法院
行 政 判 决 书

〔2014〕杭西行初字第 115 号

原告：德清县莫干山蛇类实业有限公司，住所地浙江省德清县新市镇子思桥。

法定代表人：杨某昌。

委托代理人：江某、陆某。

被告：浙江省食品药品监督管理局，住所地杭州市西湖区莫干山路文北巷27 号。

法定代表人：朱某泉，局长。

委托代理人：阮某潇，系该局工作人员。

委托代理人：陈某熙，浙江六和律师事务所律师。

原告德清县莫干山蛇类实业有限公司（以下称原告）与被告浙江省食品药品监督管理局（以下称被告）药品行政监督一案，于 2014 年 10 月 24 日向本院起诉。本院于 2014 年 10 月 30 日受理后，于 2014 年 11 月 2 日向被告送达起诉状副本及应诉通知书，并依法组成合议庭，于 2014 年 11 月 28 日公开开庭进行了审理。原告德清县莫干山蛇类实业有限公司的委托代理人江某和陆某，被告浙江省食品药品监督管理局的委托代理人阮某潇和陈某熙到庭参加诉讼。本案现已审理终结。

2014 年 8 月 22 日，被告在其门户网站上刊登浙江省食品药品监督管理局《关于 2013 年度省级保健食品化妆品监督抽检结果的通报》（浙食药监稽〔2014〕15 号），内容为，各设区市、义乌市市场监督管理局（食品药品监督管理局）：为进一步加大保健食品、化妆品监管力度，省食品药品监管局组织对易非法添加、重金属超标的保健食品、化妆品开展了2013年度省级监督抽检工作，共监督保健食品268批次、化妆品182批次，不合格产品32批次，其中保健食品26批、化妆品6批，其中包括标示产品名称为昌盛龙牌三蛇粉胶囊，标示生产企业名称为原告，生产日期20130220，规格350mg/粒，产品类别为增强免疫力，批准文号卫食健字〔2002〕第0118号，被抽样单位为原告，不合格项目汞超标，检验单位为浙江省食品药品检验研究院。各地市场监管（食品药品监管）部门要结合日常监管工作，加强辖区内保健食品、化妆品生产经营单位监督检查，对通报的不合格产品一律下架停止销售，并依法予以查处，涉嫌犯罪的，移送公安机关查处。

被告在法定期限内向本院提供用于证明被诉具体行政行为合法性的证据如下：

1. 浙食药监稽〔2014〕15号《关于2013年度省级保健食品化妆品监督抽检结果的通报》及附件。证明被告作出的具体行政行为的内容。

2.《浙江省保健食品抽样单》。证明原告与湖州市食品药品监督管理局共同确认抽检产品的基本信息及被抽检单位的基本信息。

3. 浙江省食品药品检验研究院出具的BJ20131762号检测报告、《保健（功能）食品通用标准》（GB16740-1997）及送达回执。证明被抽检的原告产品存在汞超标，检测报告送达原告。

4. 湖州市食品药品监督管理局出具的《关于德清县莫干山蛇类实业有限公司保健食品申请复验的函》、浙（省）疾控检字第201400713号检测报告。证明原告生产的昌盛龙牌三蛇粉胶囊复验结果为汞含量超标。

被告提供了作出被诉具体行政行为的法律依据：《国务院关于地方改革完善食品药品监督管理体制的指导意见》（国发〔2013〕18号）、《浙江省食品药品监督管理局主要职责内设机构和人员编制规定》、《中华人民共和国食品安全法》、《中华人民共和国食品安全法实施条例》、《浙江省实施〈中华人民共和国食品安全法〉办法》、《健康相关产品国家卫生监督抽检规定》。

原告诉称：2014年8月22日，被告在其网站上公布了《浙江省食品药品监督管理局关于2013年度省级保健食品化妆品监督抽检结果的通报》（浙食药监稽〔2014〕15 号），附件《保健食品抽检不合格产品名单》中认为原告生产的批号 20130220 昌盛龙牌三蛇粉胶囊汞超标，属于不合格产品，要求一律下架停止销售，并予以查处。被告及其认定所依据的 BJ20131762 号检测报告，在认定诉争产品不合格的标准上存在错误，抽检样品生产于 2013 年 2 月20 日，应适用经备案的 q/zms0007s-2010 企业标准。该企业标准是企业组织生产和接受产品质量合格评定的依据，而该标准中并未对汞含量作出要求。被告的通报行为严重影响了原告的声誉，侵犯了原告的合法权益。诉请判令：撤销浙食药监稽〔2014〕15 号文中对原告产品（批号为 20130220 的昌盛龙牌三蛇粉胶囊）监督抽检不合格的通报，诉讼费由被告承担。

原告为证明其上述主张，举证如下：

1.《浙江省食品药品监督管理局关于 2013 年度省级保健食品化妆品监督抽检结果的通报》（浙食药监稽〔2014〕15 号）。证明被告作出的具体行政行为的内容。

2. 昌盛龙牌三蛇粉胶囊（德清县莫干山蛇类实业有限公司企业标准）（q/zms0007s-2010）。证明原告产品质量合格评定的依据，诉争产品符合产品质量标准。

3. 食品中污染物限量（GB2762-2005）、芝麻油（GB8233-2008）。证明国家标准区分全文强制与条文强制。

被告辩称：2013 年 10 月 18 日，湖州市食品药品监督管理局对原告生产的20130220 批号昌盛龙牌三蛇粉胶囊进行抽样检查，原告与湖州市食品药品监督管理局签署的抽样单中明确了样品信息、原告单位基本信息等事实。经检测，样品的汞含量为 0.5mg/kg，复检后样品的汞含量为 0.45mg/kg。原告生产的 20130220 批号昌盛龙牌三蛇粉胶囊汞超标事实清楚。在查明事实的基础上，被告下发浙食药监稽〔2014〕15 号文，对抽检不合格产品予以通报，并在被告网上予以公布。被告依职权通报监督抽检结果，程序合法。原告生产的20130220 批号昌盛龙牌三蛇粉胶囊汞超标，属于不合格产品。被告对监督抽检中发现的不合格产品予以通报，系依法履行职责行为。请求驳回原告的诉讼请求。

庭审中，双方围绕被告作出的被诉具体行政行为是否合法展开质证和辩论。

原告对被告提供的证据发表如下质证辩论意见：证据 1，真实性没有异议，合法性、关联性有异议。证据 2，没有异议。证据 3，真实性无异议，合法性、关联性有异议，被告适用国家标准具体条文关于"汞超标"的认定不合法。证据 4，真实性、合法性无异议，关联性有异议，被告适用国家标准具体条文关于"汞超标"的认定不合法。

被告对原告提供的证据发表如下质证辩论意见：证据 1，真实性没有异议。证据 2，真实性没有异议，合法性及证明目的有异议，原告关于昌盛龙牌三蛇粉胶囊企业标准的备案不是行政许可也不是行政确认，该企业标准不具备《食品安全法》第 19 条和《备案管理办法》第 2 条的备案条件。证据 3，食品中污染物限量（GB2762-2005）、芝麻油（GB8233-2008）中特别注明部分适用强制性标准，部分适用推荐性标准，有解释的按解释，没有特别注明的，应理解为适用强制性标准。

经审查，本院对双方提供的上述证据认证如下：

1. 被告提供的证据。证据 1 为本案审查对象，具有关联性和真实性，但其合法性将结合本案其他证据予以认定；证据 3 中的《保健（功能）食品通用标准》（GB16740-1997）为国家标准，无须认证。其余证据均具有真实性、合法性和关联性，本院予以采信。

2. 原告提供的证据。证据 1 与被告提供的证据 1 相同，前已作认证。证据 2，为原告关于昌盛龙牌三蛇粉胶囊的企业标准，具有真实性。证据 3，为有关国家标准，无须认证。

经审理查明：2013 年 10 月 18 日，湖州市食品药品监督管理局对原告生产的 20130220 批号昌盛龙牌三蛇粉胶囊进行抽样检查。原告与湖州市食品药品监督管理局签署的《浙江省保健食品抽样单》中明确了样品信息为：产品名称昌盛龙牌三蛇粉胶囊，生产日期 20130220，生产单位德清县莫干山蛇类实业有限公司，该抽样单还明确德清县莫干山蛇类实业有限公司基本信息。经浙江省食品药品检验研究院检测，2014 年 1 月 10 日，该院出具 BJ20131762 号检验报告，明确送检样品的汞含量为 0.5mg/kg。2014 年 1 月 23 日，原告申请复验。2014 年 4 月 10 日，经湖州市食品药品监督管理局委托浙江省疾病预防控制中心复验，送检样品的汞含量为 0.45mg/kg。被告依据《保健（功能）食品通用标准》（GB16740-1997）认定被检样品昌盛龙牌三蛇粉胶囊汞超标，属不合格产品。2014 年 8 月 22 日，被告向各设区市、义乌市市场监督管理局（食品药品监督管理局）下发浙食药监稽〔2014〕15 号《关于 2013 年度省级保健食品化妆品监督抽检结果的通报》，对抽检不合格产品予以通报，其中包含原告生产的 20130220 批号昌盛龙牌三蛇粉胶囊，并在被告网站上予以公布。原告不服，诉至本院。

本院认为，食品安全关系公民的身体健康和生命安全。根据《中华人民共和国食品安全法》第五条第二款、第七十七条第一款第二项、第八十二条第二款规定，被告具有进行食品安全监测和评估、检验、公布食品安全信息的法定职责，有权对原告的产品的安全状况进行监测和向社会公布检验信息。

根据《中华人民共和国标准化法》第七条的规定，国家标准、行业标准分为强制性标准和推荐性标准。保障人体健康，人身、财产安全的标准和法律、行政法规规定强制执行的标准是强制标准，其他标准是推荐性标准。第十四条规定，对强制性标准，必须执行。不符合强制性标准的产品，禁止生产、销售和进口。对推荐性标准，国家鼓励企业自愿采用。《中华人民共和国食品安全法》第十九条规定，食品安全标准是强制执行的标准。除食品安全标准外，不得制定其他的食品强制性标准。中华人民共和国国家标准《保健（功能）食品通用标准》（GB16740-1997）第 6.5.1 条规定，有害金属及有害物质的限量，以藻类和茶类为原料的固体和所有胶囊产品≤0.3mg/kg。该标准属强制性标准，生产企业必须执行。本案中，原告被抽样检验的 20130220 批号昌盛龙牌三蛇粉胶囊经复检后的汞含量为 0.45mg/kg，不符合国家标准。被告依据浙江省疾病预防控制中心出具的检测报告认定原告被检样品属不合格产品的事实成立，被告以抽检样品标签载明的原告单位名称公布不合格产品信息，其内容真实、准确。被告作出的浙食药监稽〔2014〕15 号文中认定原告生产的 20130220 批号昌盛龙牌三蛇粉胶囊属于不合格产品事实清楚，程序合法，符合法律规定。

对原告主张的昌盛龙牌三蛇粉胶囊符合其企业标准，其产品合格的观点。本院认为，根据《中华人民共和国食品安全法》第二十五条规定，企业生产的食品没有食品安全国家标准或者地方标准的，应当制定企业标准，作为组织生产的依据。国家鼓励食品生产企业制定严于食品安全国家标准或者地方标准的企业标准。企业标准应当报省级卫生行政部门备案，在本企业内部适用。虽然本案原告制定了昌盛龙牌三蛇粉胶囊的企业标准并经备案，但该企业标准中关于汞含量的限量指标要求低于国家标准，故不能对抗国家强制性标准的效力。因此，原告该项主张不能成立。被告在其网站上公布的名单并未扩大原告实际抽检产品的范围，原告诉称被告的行为严重影响其声誉，侵犯其合法权益的理由不能成立。

综上，原告的诉讼请求缺乏事实和法律依据，应予驳回。依照《最高人民法院关于执行〈中华人民共和国行政诉讼法〉若干问题的解释》第五十六条第四项之规定，判决如下：

驳回德清县莫干山蛇类实业有限公司的诉讼请求。

案件受理费 50 元由德清县莫干山蛇类实业有限公司负担。

如不服本判决，可在判决书送达之日起十五日内向本院递交上诉状及副本一式二份，上诉于浙江省杭州市中级人民法院，并向浙江省杭州市中级人民法院预交上诉案件受理费 50 元（开户银行：工商银行湖滨分理处，账号：12×××68，户名：浙江省杭州市中级人民法院）。在上诉期满后七日内仍未交纳的，按自动撤回上诉处理。

审　判　长　王某某
人民陪审员　王　某
人民陪审员　狄某某
二〇一四年十二月二十三日
书　记　员　宋　某

附录 13：青岛遨广通机械施工有限公司诉即墨市工商行政管理局行政不作为案裁判文书

山东省青岛市中级人民法院
行 政 判 决 书

〔2015〕青行终字第 134 号

上诉人（一审原告）：青岛遨广通机械施工有限公司（以下简称遨广通公司）。

法定代表人：孟某，经理。

委托代理人：张某，该公司工作人员。

被上诉人（一审被告）：即墨市工商行政管理局。

法定代表人：张某伟，局长。

委托代理人：时某杲，山东文鼎律师事务所律师。

委托代理人：黄某龙，山东文鼎律师事务所律师。

遨广通公司诉即墨市工商行政管理局不履行法定职责一案，山东省即墨市人民法院于 2015 年 1 月 14 日作出〔2014〕即行初字第 79 号行政判决。遨广通公司对该判决不服，在法定期限内提起上诉。本院受理后，依法组成合议庭，于 2015 年 3 月 26 日、2015 年 4 月 23 日公开开庭审理了本案。上诉人的委托代理人张耀，被上诉人的委托代理人时吉某、黄某龙，到庭参加诉讼。本案现已审理终结。

本案行政争议形成过程如下：2014 年 10 月 15 日上诉人向一审法院提起行政诉讼，请求法院依法撤销被上诉人不予立案通知书，判令被上诉人对姚某亭、王某京伪造营业执照、私刻公章、非法经营的违法事实依法查处，依法撤销被上诉人 2013 年 7 月 12 日违法出具的《私营企业登记信息查询结果》。

一审法院查明：2014 年 3 月 9 日，原告向被告提出举报信，举报王某京、姚某亭伪造营业执照等证件，冒用原告公司名义贷款，请求被告对姚某亭、王

504

某京伪造公章及营业执照进行查处。

2014年3月19日，被告调查了青岛农商银行股份有限公司三里庄分理处，证明王某京曾以遨广通公司的名义在该分理处贷款，贷款已于2013年10月还清本息，该贷款用途为购买机器设备，但不清楚王某京是以什么名义对外进行联系及经营，现无法联系到王某京。2014年3月21日，被告作出《不予立案通知书》，认为原告举报的事项不属于被告管辖范围，决定不予立案。理由如下：1. 原告未能提供被举报人以遨广通公司的名义对外经营的情况，经走访也未发现被举报人用原告的名义对外经营。2. 经多方联系未能找到被举报人。3. 被举报人与银行是借贷关系，应由银监会管辖。

2014年6月30日，中国银行业监督管理委员会青岛监管局对原告投诉青岛农村商业银行作出青银监信访函2014〔010〕号回复函：1. 关于企业法人代表的事项。经调阅青岛农村商业银行档案显示，遨广通公司成立于2002年9月18日，注册资本50万元……2013年3月13日，乔某卓将公司20%的股权以10万元转让给王某京，至此，王某京持有公司全部股权。青岛农村商业银行2013年信贷档案中，遨广通营业执照、税务登记证、组织机构代码证、《私营企业登记信息查询结果》（打印日期为2013年7月12日，加盖即墨市工商行政管理局公章）均显示法定代表人为王某京。经赴即墨市工商行政管理局查询，2007年9月4日遨广通法定代表人变更为任某平，2013年6月18日再次变更为孟某。根据以上情况，自2007年9月4日至核查日，青岛农村商业银行档案材料中遨广通的营业执照、税务登记证、组织机构代码证、《私营企业登记信息查询结果》等信贷材料中企业法人信息与即墨市工商行政管理局登记的情况不符。2. 关于企业在青岛农村商业银行的贷款情况和担保情况。……3. 关于你公司提出青岛农村商业银行即墨支行龙山支行三里庄分理处员工内外勾结、合伙骗贷的问题。……为保护你公司利益，防范此类事件的再次发生，建议你公司尽快变更预留印鉴。

2014年7月15日，中国人民银行征信中心青岛市分中心对原告举报青岛农商银行即墨分行违法办理贷款卡作出调查情况的告知书，告知原告：1. 关于办理贷款卡年审使用的证件真实性问题。遨广通公司分别于2012年7月13

日、2013 年 6 月 23 日办理 2011 年度、2012 年度贷款卡年审业务的姚某亭、王某京出具的企业法人营业执照为虚假材料。2. 对人民银行即墨市支行贷款卡终审业务办理情况的调查。根据规定，法人企业到人民银行办理贷款卡年审终审时，应提供有效的企业法人营业执照副本等证件复印件及原件，申请人提交的材料齐全、符合法定形式，能够当场确认年审通过的，业务人员应当场准予年审通过。经核查，人民银行即墨市支行留存的遨广通公司 2011 年度、2012 年度贷款卡档案各项资料完整，符合贷款卡年审关于档案资料留存的要求。同时，根据人民银行即墨市支行出具的证明材料，限于电子监控设备监控信息保存时间的限制，无法取得 2012 年 7 月 13 日和 2013 年 6 月 23 日办理年审业务的监控视频。3. 对青岛农村商业银行股份有限公司即墨支行业务办理情况的调查。按照规定，商业银行信贷人员为贷款卡年审企业办理初审，主要负责审核年审资料是否齐全有效等。初审结束后，商业银行不留存年审资料。因此，未能发现该行在贷款卡年审业务办理中存在违规情况的证据。4. 关于遨广通公司贷款卡的处理结果。鉴于 2011 年度和 2012 年度，分别由姚某亭、王某京使用虚假资料办理了遨广通公司贷款卡年审，我行认为该贷款卡年审无效，停止使用。同时，将相关资料向即墨市当地公安部门移交。

本案在审理过程中，被告于 2015 年 1 月 22 日作出即工商撤字〔2015〕001 号《撤销不予立案通知书》自行撤销了涉案的《不予立案通知书》。

一审法院认为：本案争议的焦点是查处伪造企业法人营业执照、私刻公章的行为是否被告的法定职责？《中华人民共和国公司登记管理条例》第四条规定，工商行政管理机关是公司登记机关。《中华人民共和国公司登记管理条例》（2005 年公布）第七十七条规定，伪造、涂改、出租、转让营业执照的，由公司登记机关处以 1 万元以上 10 万元以下的罚款；情节严重的，吊销营业执照。《中华人民共和国公司登记管理条例》（2014 年公布）第七十二条规定，伪造、涂改、出租、转让营业执照的，由公司登记机关处以 1 万元以上 10 万元以下的罚款；情节严重的，吊销营业执照。《中华人民共和国企业法人登记管理条例施行细则》第七条规定，工商行政管理机关是企业法人登记和营业登记的主管机关。登记主管机关依法独立行使职权，实行分级登记管理的原则。

第六十三条规定，对有下列行为的企业和经营单位，登记主管机关作出如下处罚，可以单处，也可以并处：……伪造、涂改、出租、出借、转让、出卖营业执照的，没收违法所得，处以非法所得额 3 倍以下的罚款，但最高不超过 3 万元，没收非法所得的，处 1 万元以下罚款；情节严重的，吊销营业执照。从上述规定看，查处伪造营业执照是工商行政管理机关的法定职责。本案被告在接到举报后，应当予以立案，进行调查取证，根据调查结果作出相应的处理。本案审理过程中，被告自行撤销了涉案的《不予立案通知书》。关于原告诉请要求撤销"被告 2013 年 7 月 12 日违法出具的《私营企业登记信息查询结果》"问题，根据现有证据不能证明该查询结果是被告出具，且该查询结果不是具体行政行为，原告的该项请求法院不予支持。依据《最高人民法院关于执行〈中华人民共和国行政诉讼法〉若干问题的解释》第五十条第三款、第五十六条第四项之规定，判决被告即墨市工商行政管理局 2014 年 3 月 21 日对原告作出的《不予立案通知书》违法。驳回原告撤销"被告 2013 年 7 月 12 日违法出具的《私营企业登记信息查询结果》"的诉讼请求。案件受理费 50 元由被告负担。

遨广通公司不服一审判决，上诉称：关于非法经营的问题，一审无充分证据支持了被上诉人的主张，未依法继续审理。上诉人提出的违法线索，被上诉人应依法调查。上诉人举报的是伪造营业执照及工商局公章，不是贷款，而被上诉人却以贷款为由回复上诉人，未对伪造营业执照使用人如实查处，属于行政不作为，一审审查事实不清。《私营企业登记信息查询结果》是他人伪造还是被上诉人出具，被上诉人无证据支持其主张，行政机关出具加盖其公章的行为不是行政行为，那又是什么行为？一审以此为由驳回上诉人的请求违法。综上，一审判决事实不清，适用法律不当，请求对一审不予认定的上诉人向被上诉人举报的姚某亭、王某京违法经营行为依法判决被上诉人不作为违法；对一审不予认定的被上诉人篡改上诉人举报内容违法，依法判决被上诉人出具《私营企业登记信息查询结果》是违法行为。

被上诉人即墨市工商行政管理局答辩称：上诉人未能提供其所述的 2013 年 7 月 12 日《私营企业登记信息查询结果》，不能证明该查询结果是被上诉人出具的。因此，被上诉人认为一审法院认定事实清楚，适用法律正确，请求二审法院驳回上诉人的上诉请求。

各方当事人在一审中提供的证据已随案移送本院，上述证据在一审庭审中已经质证。经审理，本院同意一审法院判决对证据的认证意见及据此确认的案件事实。

本院认为：二审中，被上诉人向二审法院出示并经庭审质证的"即墨市工商行政管理局立案审批表"，本院确认该证据为有效证据。以上证据证明，被上诉人撤销《不予立案通知书》后，于2015年1月23日对上诉人举报予以立案，被上诉人履行了其法定职责。关于上诉人要求撤销2013年7月12日违法出具的《私营企业登记信息查询结果》的问题，因上诉人无充分有效证据证明被上诉人出具了该《私营企业登记信息查询结果》，一审法院对上诉人该项请求不予支持并无不当。综上，一审法院判决结果可予维持。上诉人之上诉理由不能成立，本院不予支持。依照《中华人民共和国行政诉讼法》第八十九条第一款第一项之规定，判决如下：

驳回上诉，维持原判。

二审案件受理费50元由上诉人负担。

本判决为终审判决。

审　判　长　李某某

审　判　员　蒋某某

代理审判员　林　某

二〇一五年五月七日

书　记　员　王　某

书　记　员　刘　某

附录14：亓某军与新泰市国土资源局不履行法定职责案裁判文书

山东省东平县人民法院
行 政 判 决 书

〔2015〕东行初字第 12 号

原告：亓某军。

委托代理人：张某峰，新泰西张鑫兴法律服务所法律工作者。

被告：新泰市国土资源局。

委托代理人：白某泉，该局法规科科长。

委托代理人：匡某，山东森昌律师事务所律师。

原告亓某军诉被告新泰市国土资源局不履行土地行政处理法定职责一案，原告以被告未对其举报的新泰市翟镇翟家庄东村村民委员会（以下简称翟东村委）违法占用耕地挖河行为作出处理为由，于 2014 年 11 月 5 日在向新泰市人民法院提起本案诉讼的同时一并提起行政赔偿诉讼，泰安市中级人民法院指定本院管辖。本院于 2015 年 1 月 6 日立案受理后，同月 12 日向被告送达了起诉状副本及应诉通知书。2015 年 3 月 25 日第二次法庭审理时，原告以请求煤矿和村委民事赔偿（不再请求被告行政赔偿）为由，撤回了对行政赔偿案的起诉。本院依法组成合议庭，于 2015 年 2 月 2 日组织双方当事人交换证据，2015 年 2 月 11 日、3 月 25 日两次公开开庭审理了本案。原告亓某军及其委托代理人张某峰，被告新泰市国土资源局的委托代理人白某泉、匡某到庭参加诉讼。因案情复杂，经依法报请，山东省高级人民法院于 2015 年 3 月 19 日作出〔2015〕鲁法行复字第 60 号《对申请延长行政案件审理期限的批复》，批准本案延长审理期限三个月。因适用法律问题向上级法院请示，本案于 2015 年 4 月 28 日至 11 月 6 日中止诉讼。本案现已审理终结。

2012 年 2 月 14 日，原告到山东省国土资源厅信访，举报山东泰山能源有限责任公司翟镇煤矿（以下简称翟镇煤矿）、翟东村委在未办理用地审批手续

509

的情况下占用 12 亩耕地挖河，违反了《土地管理法》和《刑法》的规定，要求"依法严惩处理"。当日，山东省国土资源厅对被告发出《信访事项转（交）办及受理告知单》；2012 年 2 月 24 日，泰安市国土资源局对被告发出《信访督办单》，要求被告："……请查处，答复信访人"。2014 年 7 月 31 日，原告又就上述问题到中共新泰市委、新泰市人民政府信访。中共新泰市委、新泰市人民政府对被告发出《来访事项转送单》，要求被告："……针对信访人反映的问题进行调查核实，妥善予以处理……对信访人做好疏导教育和相关解释工作……" 2014 年 9 月 28 日，被告对原告作出新国土信访告知〔2014〕10 号《信访事项告知书》（以下简称《告知书》）："今年以来，你多次上访反映：山东新矿集团翟镇煤矿违法覆盖堵河，翟东村委违法开挖新河道占用耕地 12 亩，无审批用地手续，要求市国土局对上述违法占地行为作出处罚。经查：你反映的问题不属实。翟镇煤矿堆放矸石征用翟镇翟南村河道已经多年，由于矸石山坍塌造成了原河道出现严重堵塞，致使河道排水受阻，行洪不畅，历年对镇区驻地村造成威胁，淹没矸石山附近的土地，给镇和村带来很大损失。为彻底治理这一隐患，经镇党委政府研究并同矿、村协商同意对老河道进行改道，同时镇又将改河工程规划设计报告市水利与渔业局。新泰市河道管理局以新河管字〔2005〕5 号文件下发《关于对羊村河翟镇煤矿矸石山段河道改河工程的批复》，该村也专门召开会议，并经全村村民表决同意，按照上级批复文件对老河道进行改道。新改河道于 2005 年 6 月 20 日开始动工，10 月底竣工。新改河道总长度 557 米，宽 8 米，共需占地 6.7 市亩。特此告知。"

原告诉称：2005 年 6 月，因翟镇煤矿堆积的矸石山将南北走向的老河道覆盖堵死，翟东村委在未办理征地审批手续的情况下占用耕地 12 亩，从矸石山北段、老河道上游由东向西再向南开挖了一条"L"形 600 米长的新河道。2005 年 7 月 2 日天降暴雨时，因新河道下游尚未挖通，河水涌入新河道后漫过两岸，涌向原告的住宅及煤场，将原告住宅的东院墙冲倒、煤炭冲走，给原告造成财产损失 301903 元。原告将翟镇煤矿起诉至新泰市人民法院，该院作出〔2006〕新民初字第 420 号民事判决书，认定："在大暴雨来临之前，新河道虽未开挖通，但是开挖新河道的行为是经审批的，并不违法，因此，虽然新河道未开挖通，但并不构成侵权。"由于被告对翟东村委无用地审批手续开挖新河道的行为既不责令停止违法行为，也不督促补办审批手续，致使挖河行为未在汛前竣工，并导致法院无法作出正确判决，原告无法得到应有的赔偿。原告自 2006 年 9 月 10 日收到一审判决后至 2014 年 7 月 28 日数次向被告举报，但被告以种种理由推辞，不予理睬。无奈之下，原告于 2014 年 7 月 28 日反映到国土资源部。在各级领导的督促下，被告于 2014 年 9 月 28 日作出了《告知书》。但《告知书》无任何实质内容，敷衍搪塞原告，只说明了新改河道占地 6.7 亩而不是 12 亩。被告作为土地行政部门有法不依，违法不究，实属渎职。请求判令被告履行法定职责，对翟东村委无用地审批手续占用 12 亩耕地开挖新河道的行为依法作出行政处罚决定。

原告于法庭限定的交换证据之日（2015 年 2 月 2 日）向本院提交了下列证据：1. 2014 年 9 月 28 日被告对原告作出的《告知书》，原告用该证据证明被告未对其举报事项作出处理；2. 山东省国土资源厅的信封，原告用该证据证明其曾为此案到山东省国土资源厅信访；3. 2014 年 7 月 28 日原告由泰安去北京的火车票，原告用该证据证明其曾为此案到国土资源部信访；4. 电话通话记录查询单，原告用该证据证明因被告将其信访事项告知翟东村委主任、党支部书记后，两人曾对原告恐吓；5. 2005 年 6 月 22 日山东泰山能源有限责任公司与翟东村委签订的《关于矸石山河道改道协议》，原告用该证据证明挖河占地 12 亩，翟镇煤矿每年支付翟东村委 68000 元；6. 矸石山河道卫星图；7. 矸石山新、老河道改河照片；8. 照片、录像资料 4 份；9. 新泰市翟镇人民政府《关于史家庄等村村民补办宅基用地手续的批复》；10. 新泰市翟镇翟南村村民委员会出具的《证明》；11. 照片、录像资料 3 份；12. 现场照片；13. 新泰市公证处〔2005〕民字第 250 号《公证书》；14. 新泰市金信价格事务所有限公司出具的《关于亓某军被冲、淹物品损失价值评估报告》，原告用第 6-14 号证据证明翟镇煤矿矸石山将老河道覆盖堵死，翟东村委开挖新河道，新河下段未疏通，河道内洪水溢出后冲入原告宅院及煤场，给原告造成经济损失；15. 新泰市人民法院〔2006〕新民初字第 420 号民事判决书；16. 新泰市人民法院〔2007〕新民再字第 15 号民事判决书；17. 新泰市人民法院〔2008〕新民重再字第 1 号民事判决书；18. 泰安市中级人民法院〔2009〕泰民再终字第 12 号民事判决书，原告用 15-18 号证据证明翟东村委占地挖河，以及因为被告未对挖河行为作出处理导致法院无法作出正确判决，原告无法得到应有的赔偿。原告又于第二次法庭审理时（2015 年 3 月 25 日）向本院提交了证据：19. 原告制作但是没有注明具体制作时间的《上访信》《复议申请书》各 1 份，《举报信》2 份，原告用该证据证明其曾于 2007 年、2008 年、2009 年、2012 年、2014 年多次向被告举报，但被告一直未作出处理。

被告辩称：1. 原告不具有诉讼主体资格。原告未曾向被告提出过任何要求就其某项权利作出行政行为的申请，不符合修改前的《行政诉讼法》第十一条第一款第五、六、七项的规定。本案中，原告提出的是他人违法的线索，对于是否存在违法行为，需要被告进一步调查。原告无权就被告是否对举报线索进行处理向法院提起诉讼。2. 本案不属于人民法院行政诉讼受理范围。根据《信访条例》的规定，原告对信访答复意见不服，可以向上一级行政机关申请复查，但不能向人民法院提起诉讼。3. 被告未发现违法占地行为。根据《土地管理法》第四条的规定，按照土地用途，土地分为农用地、建设用地、未利用地。农用地是指直接用于农业生产的土地，包括耕地、林地、草地、农田水利用地、养殖水面等。根据《全国土地分类》（2001 年国土资源部发布）第一百五十六条、《土地利用现状分类》（2007 年质量监督检验检疫总局和国家标准化管理委员会联合发布）第 117 类，本案所谓的河道，实际为沟渠，土地权属及用途均未发生改变，原告所谓的违法占用耕地的事实并不存在。4. 被告无权对原告信访的事实进行处罚。根据《土地管理法》第五章的规定，只有使用建设用地时，才需要进行审批。本案所挖河行为，属于村民自建，土地用途仍为农用地，土地权属及用途均未发生改变，既不需要进行变更登记，《土地管理法》也未规定被告对农用地的生产活动进行审批，被告也未发现施工者有其他违法事项。5. 原告诉被告不履行法定职责没有事实根据。被告 2012 年 2 月 24 日接到泰安市国土资源局的信访督办单后，对原告反映的相关事宜进行了调查。本案挖河用地的土地权属及用途均未发生改变，违法占用耕地的事实并不存在，被告无法予以处罚。2014 年 7 月 31 日，原告再次向新泰市人民政府信访。经再次调查，被告及时对原告进行了答复。综上，请求驳回原告的起诉。

被告于 2015 年 1 月 19 日向本院提交了下列证据及规范性文件依据：1.2012 年 2 月 14 日山东省国土资源厅对被告发出的《信访事项转（交）办及受理告知单》及 2012 年 2 月 24 日泰安市国土资源局对被告发出的《信访督办单》，被告用该证据证明原告 2012 年曾提起信访；2. 原告 2012 年信访时的举报信，被告用该证据证明原告 2012 年信访的内容；3.2012 年 3 月 31 日被告向泰安市国土资源局上报的《信访事项调查情况报告书》，被告用该证据证明其曾对原告 2012 年信访情况做了调查；4. 新泰市翟镇人民政府《关于申请市水利与渔业局批复翟镇煤矿矸石山河道改河工程规划设计的报告》（翟政发〔2005〕23 号）；5. 新泰市河道管理局《关于对羊村河翟镇煤矿矸石山段河道改河工程的批复》（新河管字〔2005〕5 号），被告用第 4、5 号证据证明挖河工程经过了新泰市翟镇人民政府和新泰市河道管理局的批准；6.2012 年 5 月 17 日《信访事项回访登记表》，被告用该证据证明其曾对原告 2012 年信访作出了答复；7.2014 年《来访事项转送单》，被告用该证据证明原告 2014 年再次信访；8.2014 年 7 月 31 日原告对新泰市信访局递交的《上访信》以及该局《来访人员登记表》，被告用该证据证明原告 2014 年信访内容与前次信访一致；9.2014 年 8 月 28 日被告对新泰市信访局报送的《信访事项调查情况报告书》，被告用该证据证明其对原告 2014 年信访情况再次做了调查；10.2014 年 9 月 28 日被告对原告作出的《告知书》及《送达回证》，被告用该证据证明其将调查情况告知了原告；11.2014 年 12 月 19 日《信访事项回访登记表》，被告用该证据证明其曾对原告进行了回访；12.《土地管理法》第五条，被告用该依据证明其是土地管理和监督的主管机关；13.《信访条例》第三十三条，被告用该依据证明其是依法对原告进行信访答复；14.《信访条例》第三十四条、第三十五条，被告用该依据证明原告不服信访答复不能向人民法院起诉；15.2001 年国土资源部发布的《全国土地分类》；16.2007 年国家质量监督检验检疫总局和国家标准化管理委员会联合发布的《土地利用现状分类》，被告用第 15、16 号依据证明挖河占地属于农用地，不需要被告审批；17. 泰安市中级人民法院〔2009〕泰民再终字第 12 号民事判决书，被告用该证据证明原告经济损失与原告所诉被告不作为之间没有因果关系。

根据本案的行政争议，经征求当事人意见，本院确定本案的审理重点有五个：1. 本案是否属于人民法院行政诉讼受案范围；2. 原告是否具备诉讼主体资格；3. 原告向被告提出行政处理申请和被告未予答复的事实是否存在；4. 原告申请事项是否被告的法定职责；5. 被告未予答复的理由是否正当。

一、关于本案是否属于人民法院行政诉讼受案范围

原告举证称：根据《信访条例》和《土地管理法》的相关规定，本案属于人民法院行政诉讼受案范围。原告举出了第 1、5 号证据，以及被告第 1~3、6~11 号证据支持其观点。

被告质证称：本案不属于人民法院行政诉讼受案范围。原告举出的证据不能证实本案属于人民法院行政诉讼受案范围。根据《信访条例》第三十四条、第三十五条的规定，信访人对行政机关作出的信访事项处理意见不服的，可以依法申请复查、复核，但不能提起诉讼。

原告辩驳称：《信访条例》第三十四条、第三十五条规定的是信访人对行政机关作出的信访事项处理意见不服的，才能申请复查、复核，而被告出具的告知书不是处理意见，不能适用《信访条例》第三十四条、第三十五条的规定。

二、关于原告是否具备诉讼主体资格问题

原告举证称，新泰市人民法院〔2006〕新民初字第 420 号民事判决书曾经作出认定："在大暴雨来临之前，新河道虽未开挖通，但是开挖新河道的行为是经审批的，并不违法，因此，虽然新河道未开挖通，但并不构成侵权。"这说明由于被告对本案无用地审批手续开挖新河道的行为既不责令停止违法行为，也不督促补办审批手续，致使挖河行为未在汛前竣工，并导致法院无法作出正确判决，原告无法得到应有的赔偿。因此，原告具备诉讼主体资格。原告举出了第 1~5、7~8、15~18 号证据支持其观点。

被告质证称：1. 原告第 1 号证据证实被告对原告的信访要求进行了答复；原告第 2~4 号证据不具有真实性。原告举出的证据，不能证明其具备提起本

案诉讼的主体资格。2. 原告第 18 号证据，即泰安市中级人民法院〔2009〕泰民再终字第 12 号民事判决书，认定了造成原告财产损失的三个原因，不包括被告不作为行为。因此，即使被告查处了，原告也不可能得到更多的赔偿。3. 本案挖河后的土地属于 2001 年国土资源部发布的《全国土地分类》中的第 156 类和 2007 年国家质量监督检验检疫总局和国家标准化管理委员会联合发布的《土地利用现状分类》中的第 117 类，均属于农用地而非建设用地。挖河行为并未改变土地的农用地性质，不具有行政违法性，被告没有予以查处的事实根据。因此，原告不具备诉讼主体资格。被告举出了第 15、16 号证据支持其观点。

原告辩驳称：1.〔2009〕泰民再终字第 12 号民事判决书认定的三个原因不对，应该是四个原因，包括被告该处罚而不处罚行为。2. 本案挖河后的土地属于 2001 年国土资源部发布的《全国土地分类》中的第 23 类和 2007 年国家质量监督检验检疫总局和国家标准化管理委员会联合发布的《土地利用现状分类》中的第 086 类所指的"公共设施用地"类，属于建设用地。挖河行为改变了土地的农用地性质，具有行政违法性，被告应当依照《土地管理法》第四十四条、第六十一条的规定予以查处。

三、关于原告向被告提出行政处理申请和被告未予答复的事实是否存在问题

原告举证称：其 2007 年、2008 年、2009 年、2012 年、2014 年多次向被告举报要求处理，但被告一直未作出处理，原告向被告提出行政处理申请和被告未予答复的事实存在。原告举出了第 19 号证据，以及被告提交的第 2、7、8 号证据支持其观点。

被告质证称：原告曾经于 2012 年、2014 年信访，被告也对此作出过信访答复。但是，原告没有向被告提出过行政处理申请，原告向被告提出行政处理申请和被告未予答复的事实不存在。被告举出了第 1 号证据支持其观点。

四、关于原告申请事项是否被告的法定职责问题

原告举证称：根据《土地管理法》第六条、第四十四条、第六十一条，《土地违法案件查处办法》第十三条、第十四条的规定，原告申请事项是被告

的法定职责。原告举出了第 5 号证据，以及被告提交的第 10、15、16 号证据支持其观点。

被告质证称：被告具有土地管理、监督职责，但本案没有土地违法行为，故被告无法履行查处职责。原告提出的《土地管理法》第四十四条、第六十一条是对非农业建设占用土地的批准程序；《土地违法案件查处办法》第十三条、第十四条是对土地违法案件的处理程序，均不适用于本案。

原告辩驳称：本案未经土地部门审批占地挖河行为属于违法行为，被告应当予以处罚。

被告认为：根据被告提交的第 16 号证据《土地利用现状分类》，河道属于沟渠，属于农用地的范畴，不在被告的审批范围之内。

原告认为：本案挖河占地属于建设用地，被告具有查处职责。

五、关于被告未予答复的理由是否正当问题

被告举证称：被告没有收到过原告的行政处理申请，本案不存在土地违法行为，因此被告没有违法之处。被告举出了第 15.16 号证据支持其观点。

原告质证称：被告收到山东省国土资源厅的转办信，等于收到了行政处理申请。被告没有作出处罚决定，违反了《土地管理法》和《土地违法案件查处办法》的规定。原告举出了第 5~8、11 号证据支持其观点。

经庭审举证、质证、辩论，本院对当事人依法提交并在庭审中举出的证据认证如下：被告对原告第 1、5、15~18 号证据的真实性无异议，予以采信。原告第 2、3 号证据，被告虽有异议，但与被告第 1~11 号证据能够相互印证一致，证明原告先后于 2012 年、2014 年信访的事实，亦予以采信。原告第 19 号证据，被告提出异议，因原告不能举证证明该证据制作和向被告递交的具体时间，故不能证明原告企图证明的原告曾于 2007 年、2008 年、2009 年向被告举报要求处理的事实；并且，该证据没有在本院限定的举证期限内提交，原告又不能说明超期提交证据的正当理由，故对原告第 19 号证据不予采信。被告第 1~11 号证据，与原告陈述的其曾经于 2012 年、2014 年信访的事实能够相互印证一致，本予以采信。被告第 15、16 号证据，原告未对其提出异议，亦予以采信。

　　根据当事人诉辩意见及上述有效证据，本院认定如下事实：因翟镇煤矿常年采煤，在原告住宅东部堆积成了一座矸石山。由于矸石量的不断增多，致使位于矸石山西侧南北走向的羊村河河道严重弯曲，泄洪不畅，威胁驻地村和煤矿的安全。2005 年 5 月 8 日，新泰市翟镇人民政府向新泰市水利与渔业局提交了《关于申请市水利与渔业局批复翟镇煤矿矸石山河道改河工程规划设计的报告》（翟政发〔2005〕23 号）："翟东村两委研究，报请镇政府同意，经新泰市水利勘察设计室设计，决定对翟镇煤矿矸石山河道进行改造治理。" 2005 年 5 月 15 日，新泰市河道管理局对新泰市翟镇人民政府作出《关于对羊村河翟镇煤矿矸石山段河道改河工程的批复》（新河管字〔2005〕5 号）："……同意你镇对羊村河翟镇矿矸石山段河道进行改建，同意按《翟镇煤矿矸石山河道改河工程规划设计》进行施工……" 2005 年 6 月 22 日，翟镇煤矿与翟东村委签订了 "关于矸石山河道改道协议"："……一、河道的改道方案由村方提出，矿方同意后共同协商、预算和验收。二、工程款项……待工程竣工验收合格后支付……。三、……每年支付土地绝产费用 12 亩×1500 元/二季 = 18000 元。四、……村方负责……河道清淤、维修工作，保证……泄洪畅通。矿方每年支付清淤、维修费用 5 万元。如发生因……排水不畅水淹纠纷等等，均由村方负责……协议期限 5 年，每年共计补偿 68000 元。期满后……双方协商重新签订河道改道协议……" 新开挖的河道从矸石山段河道接口，向西再向南，接口原河道。原告的住宅、煤场处地势低洼，位于新开挖河道的正西方向，直线距离较远，中间为耕地。挖河过程中的 2005 年 7 月 1 日，新泰市普降暴雨（降水量为 78.10 毫米），次日又降大暴雨（降水量为 118.50 毫米）。两天暴雨过后，原告家庭财产被淹，住宅前的煤炭被冲走，造成经济损失 294803 元。其后，原告对翟镇煤矿、翟东村委提起诉讼，该案经新泰市人民法院一审、再审、重审，该院作出〔2008〕新民重再字第 1 号民事判决书，判决翟镇煤矿赔偿原告财产损失的 30%（88440.90 元），驳回原告对翟东村委的诉讼请求。原告不服，提起上诉，泰安市中级人民法院以〔2009〕泰民再终字第 12 号民事判决书，维持了新泰市人民法院〔2008〕新民重再字第 1 号民事判决书。终审判决认为，导致原告财产损失的原因有三个："主要"是，"连续两天降暴雨和大暴雨，水位暴涨"；"其次"是，"煤矸石不断侵占老河道的河床，致使河道缩窄、弯曲，降低了行洪能力；与此同时，新河道没有及时开挖疏通，起不到排洪泄洪的作用"；"最后"是，原告"选择在地势低洼、邻近河道的地方用作煤场存放煤炭，应当预见到可能发生的损害后果，但并没有采取适当的防护措施以避免或减少损害后果的发生"。2012年2月14日，原告到山东省国土资源厅信访；2014年7月31日，原告又到中共新泰市委、新泰市人民政府信访。

根据上述事实，依照有关法律文件的规定，本院认为：

一、本案属于人民法院行政诉讼受案范围

原告以信访的形式，举报翟镇煤矿、翟东村委未经土地部门审批"违法"占用耕地挖河，要求依法予以处理的行为，是原告作为挖河行为的受害人，要求人民政府土地行政部门履行查处土地违法行为职责的申请。山东省国土资源厅、泰安市国土资源局、中共新泰市委和新泰市人民政府分别对被告发出《信访事项转（交）办及受理告知单》《信访督办单》《来访事项转送单》的行为，是被告的上级行政机关对被告发出的要求其对原告举报的挖河行为予以查处，并答复原告的行政指令。据此，被告应当对原告举报的挖河行为是否违法，是否应当予以处理，以及具体的事实、理由、依据明确告知原告。然而，被告作出《告知书》，认为原告"反映的问题不属实"，但未对原告举报的占地挖河行为是否违法作出认定，更未对该行为是否应予处理，以及不予处理的理由作出说明。被告的行为，是对原告举报事项拒绝立案查处的告知。本案虽然从形式上属于《信访条例》规定的信访事项，但是由于被告是具有查处土地违法行为法定职责的行政机关，原告信访的目的，是企图通过要求被告履行查处土地违法行为法定职责，实现保护其财产权利的目的。依照案件审理时施行的修改前的《行政诉讼法》第十一条第一款第五项的规定，本案属于人民法院行政诉讼受案范围。

二、原告具备诉讼主体资格

所谓行政诉讼的原告主体资格，是指能够启动行政诉讼程序，请求人民法院对被诉行政行为进行合法性审查，并进而作出相应裁判的主体条件。根据案件审理时施行的修改前的《行政诉讼法》第二条、第四十一条，以及《最高人民法院关于执行〈中华人民共和国行政诉讼法〉若干问题的解释》第十二条的规定，如果公民、法人或者其他组织主张的是其合法权益，且其与被诉行政行为具有法律上利害关系，则该公民、法人或者其他组织具有对该行政行为提起行政诉讼的原告主体资格。

所谓与被诉行政行为具有法律上利害关系，是指提出行政诉讼的公民、法人或者其他组织的合法权益存在受到被诉行政作为或者不作为行为侵害的客观可能性。本案中，原告认为被告行为"导致法院无法作出正确判决，原告无法得到应有的赔偿"。因为挖河行为违法与否是否影响原告请求民事赔偿比例是民事诉讼而非本案审查的范围，故本案无法对原告上述理由是否成立作出评判，进而无法排除原告与被告不作为行为存在利害关系。

同时，原告作为挖河行为的受害人，为维护自身合法权益而举报占地挖河行为，要求土地行政部门予以查处，有着不同于一般举报人的特殊利益。参照《最高人民法院关于举报人对行政机关就举报事项作出的处理或者不作为行为不服是否具有行政复议申请人资格问题的答复》（〔2013〕行他字第 14 号）关于"举报人为维护自身合法权益而举报相关违法行为人，要求行政机关查处，对行政机关就举报事项作出的处理或者不作为行为不服申请行政复议的，具有行政复议申请人资格"的规定，原告具有提起本案诉讼的主体资格。

三、原告向被告提出行政处理申请和被告未予答复的事实存在

1. 原告向被告提出行政处理申请的事实存在。根据山东省国土资源厅、泰安市国土资源局、中共新泰市委和新泰市人民政府分别对被告发出《信访事项转（交）办及受理告知单》《信访督办单》《来访事项转送单》的事实，证明原告通过信访方式，向被告提出行政处理申请，要求对挖河行为作出处理的事实存在。并且，被告也曾经在《告知书》中认可原告"多次上访反映……要求市国土局对上述违法占地行为作出处罚"。

2. 被告未直接针对原告申请作出答复的事实存在。根据《告知书》，证明被告只是对挖河行为的事实经过进行了叙述，但并未就原告的申请是否应当予以满足作出回应。以至于原告在起诉状中认为，《告知书》无任何实质内容，

敷衍搪塞原告。

四、原告申请事项是被告的法定职责

根据《土地管理法》第五条、第六十六条第一款，《山东省实施〈中华人民共和国土地管理法〉办法》第三条第一款，《国土资源行政处罚办法》第五条的规定，被告作为新泰市人民政府土地行政部门，具有对辖区内违反土地管理法律、法规行为予以管理和监督的法定职责。

五、被告未予答复的理由不正当

正当程序原则是行政法的一项基本原则。该原则要求，行政机关依法行使职权，必须遵循正当法律程序，包括事先告知相对人、向相对人说明作为或者不作为的根据、理由，听取相对人的陈述、申辩等。据此，依法具有法定职责的行政机关收到利害关系人的行政处理申请后，如果认为依法不应当予以行政处理，应当及时告知、答复该利害关系人不予处理的事实、理由、依据，陈述权、申辩权。国务院《全面推进依法行政实施纲要》要求："行政机关实施行政管理，除涉及国家秘密和依法受到保护的商业秘密、个人隐私的外，应当公开，注意听取公民、法人和其他组织的意见；要严格遵循法定程序，依法保障行政管理相对人、利害关系人的知情权、参与权和救济权。"《山东省行政程序规定》第六十八条规定："行政机关对公民、法人和其他组织提出的申请，应当根据下列情况分别作出处理：……（二）申请事项依法不属于本行政机关职权范围的，应当当场不予受理，并告知公民、法人和其他组织向有关行政机关申请……"本案中，被告作为辖区内土地管理行政部门，收到上级行政机关转办的原告要求查处违法占地挖河行为的查处申请后，如果认为不存在土地违法行为，应当及时告知原告事实、理由、依据，陈述权、申辩权。但经原告多次信访，被告一直未对挖河行为是否违法，是否应予处罚作出答复。被告的举证理由没有法律依据，不予采纳。

同时，根据《地方各级人民代表大会和地方各级人民政府组织法》的规定，下级服从上级是一项基本的组织原则。据此，上级行政机关指令或者交办下级行政机关作为的事项，对下级行政机关产生无条件作为的行政义务。本案中，因为原告信访，被告的上级行政机关山东省国土资源厅、泰安市国土资源局、新泰市人民政府均指令被告对原告举报的挖河行为予以查处，并答复原告。由此，被告具有对原告举报的挖河行为是否违法进行调查核实并明确答复原告的行政义务。被告未予答复，属于未依法履行行政作为义务的行为。

综上，本院认为：行政机关应当依法履行职责。被告对原告举报的占地挖河问题，既未立案查处，亦未答复原告不予立案查处的事实、理由、依据，其行为属不履行法定职责行为。依照《中华人民共和国行政诉讼法》第七十二条的规定，判决如下：

限被告新泰市国土资源局于本判决生效之日起两个月内对原告亓某军申请查处的挖河行为依法作出答复。

案件受理费 50 元，由被告新泰市国土资源局负担。

如不服本判决，可以在判决书送达之日起十五日内向本院递交上诉状，并按对方当事人的人数提出副本，上诉于山东省泰安市中级人民法院。

审　判　长　刘某某

审　判　员　王某某

人民陪审员　尹某某

二〇一五年十一月六日

书　记　员　赵某某

附录 15：建明食品公司诉泗洪县政府检疫行政命令纠纷案裁判文书①

江苏省高级人民法院
行 政 判 决 书

〔2005〕苏行终字第 0061 号

原告：江苏省泗洪县建明食品有限责任公司，住所地江苏省泗洪县青阳镇。

法定代表人：王某建，该公司总经理。

被告：江苏省泗洪县人民政府，住所地江苏省泗洪县城。

法定代表人：徐某，该县县长。

第三人：江苏省泗洪县兽医卫生监督检验所，住所地江苏省泗洪县城。

法定代表人：赵某，该所所长。

原告江苏省泗洪县建明食品有限责任公司（以下简称建明食品公司）认为被告江苏省泗洪县人民政府（以下简称泗洪县政府）分管副县长的电话指示侵犯其合法权益，于 2005 年 4 月 21 日提起行政诉讼。江苏省宿迁市中级人民法院认为，江苏省泗洪县兽医卫生监督检验所（以下简称县兽检所）同提起的行政诉讼有利害关系，依照《中华人民共和国行政诉讼法》（以下简称《行政诉讼法》）第二十七条规定，通知其作为第三人参加诉讼。

原告诉称：原告是经被告批准设立的生猪定点屠宰单位。原告的生猪被屠宰前后，依法应由第三人进行检疫、检验。2003 年 5 月 22 日，被告的分管副县长电话指示第三人停止对原告的生猪进行检疫，致使原告的生猪无法屠宰和上市销售，被迫停业。请求确认被告分管副县长的电话指示违法。

原告提交以下证据：

---

① 本案例载《最高人民法院公报》2006 年第 1 期。

1. 企业法人营业执照、卫生许可证、动物防疫合格证、税务登记证及中华人民共和国组织机构代码证，用以证明建明食品公司是依法经批准设立的生猪定点屠宰单位，经营手续完备。

2.《关于加强县城生猪屠宰管理的通知》（以下简称《屠宰管理通知》）、宿迁市中级人民法院的〔2004〕宿中行初字第 06 号行政判决书，用以证明由于泗洪县政府下设的泗洪县生猪管理办公室（以下简称县生猪办）在 2003 年 5 月 18 日发布的《屠宰管理通知》中，仅将该县生猪定点屠宰单位标注为泗洪县食品公司肉联厂（以下简称县肉联厂），被建明食品公司诉至法院后，该具体行政行为已被生效判决确认为违法。

3. 县兽检所和泗洪县青阳镇畜牧兽医站出具的证据，用以证明泗洪县分管副县长 2003 年 5 月 22 日的电话指示事实客观存在。

被告辩称：被告的分管副县长是根据 2003 年 5 月 18 日的《屠宰管理通知》，才作出内容为"停止对县肉联厂以外的单位进行生猪检疫"的电话指示。这个电话指示是分管副县长对下属单位县兽检所作出的，是行政机关内部的行政指导行为；指示内容中没有提到原告，不会直接对原告的权利义务产生影响。因此，这个电话指示不是人民法院行政诉讼管辖的具体行政行为，不在人民法院行政诉讼受案范围内，原告无权对这个电话指示提起行政诉讼。

第三人述称：国务院颁布的《生猪屠宰管理条例》规定，被告有权设定和取消生猪定点屠宰单位。在被告下设的县生猪办发布的《屠宰管理通知》里，生猪定点屠宰单位中没有原告，说明原告的生猪定点屠宰资格已经被取消。非定点屠宰单位的生猪，依法不能上市销售，故第三人拒绝对原告的生猪进行检疫，是正确的。

被告及第三人未提交证据。

经质证、认证，宿迁市中级人民法院查明：2001 年 4 月，经被告泗洪县政府批准，原告建明食品公司成为泗洪县的生猪定点屠宰单位之一。在分别领取了相关部门颁发的企业法人营业执照、动物防疫合格证、税务登记证等证件后，建明食品公司开始经营生猪养殖、收购、屠宰、销售和深加工等业务。2003 年 5 月 18 日，泗洪县政府下设的临时办事机构县生猪办向本县各宾馆、饭店、学校食堂、集体伙食单位、肉食品经营单位以及个体经营户发出《屠宰管理通知》。该通知第一项称："县城所有经营肉食品的单位及个体户，从 5 月 20 日起到县指定的生猪定点屠宰厂采购生猪产品，个体猪肉经销户一律到定点屠宰厂屠宰生猪（县肉联厂）……" 2003 年 5 月 22 日，泗洪县政府分管兽医卫生监督检验工作的副县长电话指示县兽检所，停止对县肉联厂以外的单位进行生猪检疫。建明食品公司报请县兽检所对其生猪进行检疫时，该所即以分管副县长有指示为由拒绝。建明食品公司认为，分管副县长的电话指示侵犯其合法权益，遂提起本案行政诉讼。

另查明，原告建明食品公司因对县生猪办在《屠宰管理通知》中仅标注县肉联厂为生猪定点屠宰厂不服，曾于 2004 年 8 月 4 日以泗洪县政府为被告，另案提起过行政诉讼。宿迁市中级人民法院的〔2004〕宿中行初字第 06 号行政判决书确认，泗洪县政府下设的县生猪办在《屠宰管理通知》中仅将县肉联厂标注为生猪定点屠宰厂，侵犯了建明食品公司的公平竞争权，这一行政行为违法。该行政判决已发生法律效力。

宿迁市中级人民法院认为：《中华人民共和国动物防疫法》第六条第二款规定："县级以上地方人民政府畜牧兽医行政管理部门主管本行政区域内的动物防疫工作。"第三款规定："县级以上人民政府所属的动物防疫监督机构实施动物防疫和动物防疫监督。"第三十条规定："动物防疫监督机构按照国家标准和国务院畜牧兽医行政管理部门规定的行业标准、检疫管理办法和检疫对象，依法对动物、动物产品实施检疫。"动物防疫是第三人县兽检所的法定职责，县兽检所应当按照国家、行业的标准和管理办法确定检疫范围、对象，依法对动物、动物产品实施检疫，而不是根据分管副县长的电话指示实施检疫。被告泗洪县政府的分管副县长为进一步贯彻落实县生猪办发布的《屠宰管理通知》，才给县兽检所发出电话指示，指示内容与《屠宰管理通知》一致。这个电话指示对县兽检所的检疫职责不具有强制力，是行政机关内部的行政指导行为；电话指示内容未提及原告建明食品公司，不会对建明食品公司的权利义务产生直接影响。《最高人民法院关于执行〈中华人民共和国行政诉讼法〉若干问题的解释》（以下简称《行诉法解释》）第一条第二款第四项、第六项规定，不具有强制力的行政指导行为和对公民、法人或者其他组织权利义务不产生实际影响的行为，不属于人民法院行政诉讼受案范围。《行政诉讼法》第四十一条第四项规定，提起诉讼应当符合属于人民法院受案范围和受诉人民法院管辖的条件。泗洪县政府分管副县长的电话指示不具有提起行政诉讼的条件，不是可诉的行政行为。

据此，宿迁市中级人民法院依照《行诉法解释》第四十四条第一款第一项关于"请求事项不属于行政审判权限范围的，应当裁定不予受理；已经受理的，裁定驳回起诉"的规定，于 2005 年 6 月 22 日裁定：驳回原告建明食品公司的起诉。

一审宣判后，建明食品公司不服，提起上诉称：上诉人是经被上诉人依法批准设立的生猪定点屠宰单位之一，经营手续完备，享有与同类企业同等的权利和义务，任何单位和个人不得阻碍上诉人自主经营。上诉人报请检疫时，县兽检所不是以定点屠宰资格已在《屠宰管理通知》中被取消为由拒绝检疫，而是声称分管副县长电话指示停止对上诉人的生猪进行检疫。如果县兽检所当时是以定点屠宰资格已被取消为由拒绝检疫，则上诉人完全可以起诉县兽检所不作为。在《屠宰管理通知》中，县生猪办只是将泗洪县的定点屠宰场所仅标注为县肉联厂，并没有取消上诉人的定点屠宰资格，况且县生猪办的这个行政行为已被生效判决确认为违法。而分管副县长的电话指示，其内容则完全剥夺了上诉人作为定点屠宰单位享有的报请检疫权利。电话指示内容与《屠宰管理通知》不同，不是落实《屠宰管理通知》，不能与《屠宰管理通知》混为一谈。事实证明，由于有分管副县长这个电话指示，县兽检所才拒绝履行对上诉人的生猪进行检疫的职责。电话指示是对内对外均具有约束力的行政强制命令，其目的是要限制上诉人的正常经营，故属于可诉的行政行为。一审以电话指示属内部行政指导行为为由，裁定驳回上诉人的起诉，是错误的。请求撤销一审裁定，依法改判或发回重审。

被上诉人泗洪县政府答辩称：《屠宰管理通知》要求，所有猪肉经销户一律到定点屠宰厂（县肉联厂）屠宰生猪。分管副县长电话指示停止对县肉联厂以外单位的生猪进行检疫，正是为贯彻落实通知，这是行政机关内部的行政指导行为。电话指示没有说不对上诉人的生猪进行检疫，没有直接指向上诉人，不会对上诉人的权利义务直接产生影响，故不属于人民法院行政诉讼受案范围。在分管副县长作出电话指示后，上诉人并未向县兽检所报请检疫。一审将此认定为本案事实，缺乏证据证实。除此以外，一审裁定认定事实清楚，适用法律正确，审判程序合法。上诉人的上诉理由不能成立，应当依法驳回上诉，维持原裁定。

原审第三人县兽检所称：作为县政府的下级单位，第三人不可能不服从县领导的指示。第三人接到分管副县长电话指示后，不对上诉人的生猪进行检疫，是正确的。分管副县长的电话指示，是对县生猪办《屠宰管理通知》内容的进一步强调及延续。至于该指示正确与否，不便发表意见。

江苏省高级人民法院经审理查明：被上诉人泗洪县政府曾先后批准4个定点生猪屠宰单位，但2003年5月期间，只有县肉联厂和上诉人建明食品公司在从事正常的经营活动，其余两个单位因种种原因已歇业停产。分管副县长的电话指示作出后，建明食品公司向原审第三人县兽检所报请检疫时遭拒绝，县兽检所在诉讼中对这一事实明确表示认可。根据《最高人民法院关于行政诉讼证据若干问题的规定》第六十五条关于"在庭审中一方当事人或者其代理人在代理权限范围内对另一方当事人陈述的案件事实明确表示认可的，人民法院可以对该事实予以认定"的规定，一审将此认定为案件事实，并无不妥。除此以外，由于各方当事人对一审认定的其他事实均无异议，二审予以确认。

二审争议焦点是：如何评价分管副县长的电话指示行为？

江苏省高级人民法院认为：被上诉人泗洪县政府的分管副县长2003年5月22日的电话指示，是对其下级单位原审第三人县兽检所作出的。审查行政机关内部上级对下级作出的指示是否属于人民法院行政诉讼受案范围内的可诉行政行为，应当从指示内容是否对公民、法人或者其他组织权利义务产生了实际影响着手。

《生猪屠宰管理条例》第五条、第十八条规定，生猪定点屠宰厂（场）的设立，应由市、县人民政府按照法定条件和程序批准；定点屠宰厂（场）有对生猪、生猪产品注水或者注入其他物质等违反条例规定的行为，情节严重的，经市、县人民政府批准，取消定点屠宰厂（场）资格。上诉人建明食品公司是依法经批准设立的定点生猪屠宰单位，至本案纠纷发生时，建明食品公司的定点屠宰厂（场）资格并没有依照法规规定的程序被取消。在《屠宰管理通知》里，县生猪办仅是将该县生猪定点屠宰点标注为县肉联厂，没有否定建明食品公司的定点屠宰厂（场）资格。由于《屠宰管理通知》里没有将建明食品公司标注为该县生猪定点屠宰点，在建明食品公司起诉后，县生猪办的这个行政行为已经被人民法院的生效行政判决确认为违法。

农业部发布的《动物检疫管理办法》第五条规定："国家对动物检疫实行报检制度。""动物、动物产品在出售或者调出离开产地前，货主必须向所在地动物防疫监督机构提前报检。"第十八条规定："动物防疫监督机构对依法设立的定点屠宰场（厂、点）派驻或派出动物检疫员，实施屠宰前和屠宰后检疫。"参照这一规章的规定，作为依法设立的生猪定点屠宰点，上诉人建明食品公司有向该县动物防疫监督机构——原审第三人县兽检所报检的权利和义务；县兽检所接到报检后，对建明食品公司的生猪进行检疫，是其应当履行的法定职责。县兽检所当时以分管副县长有电话指示为由拒绝检疫，可见该电话指示是县兽检所拒绝履行法定职责的唯一依据。生猪定点屠宰场所的生猪未经当地动物防疫监督机构进行屠宰前、后的检疫和检验，不得屠宰，屠宰后的生猪及其产品也无法上市销售。尽管分管副县长对县兽检所的电话指示是行政机关内部的行政行为，但通过县兽检所拒绝对建明食品公司的生猪进行检疫来看，电话指示已经对建明食品公司的合法权益产生了实际影响，成为具有强制力的行政行为。再有，分管副县长在该县仅有两家定点屠宰场所还在从事正常经营活动的情况下，电话指示停止对县肉联厂以外单位的生猪进行检疫，指示中虽未提及建明食品公司的名称，但实质是指向该公司。分管副县长就特定事项、针对特定对象所作的电话指示，对内、对外均发生了效力，并已产生了影响法人合法权益的实际后果，故属于人民法院行政诉讼受案范围内的可诉行政行为。

行政指导行为，是指行政机关在行政管理过程中作出的具有示范、倡导、咨询、建议等性质的行为。分析被上诉人泗洪县政府分管副县长作出的关于

"停止……检疫"电话指示，既不是行政示范和倡导，也不具有咨询、建议等作用，实质是带有强制性的行政命令。泗洪县政府关于该指示属于行政机关内部行政指导行为的答辩理由，不能成立。

综上所述，被上诉人泗洪县政府分管副县长的电话指示，属于人民法院行政诉讼受案范围。该指示是分管副县长在履行公务活动中行使职权的行为，其后果应由泗洪县政府承担。上诉人建明食品公司不服该指示，以泗洪县政府为被告提起行政诉讼，该起诉符合法定条件，人民法院应当依法受理。一审以该指示属于内部行政指导行为为由，裁定驳回建明食品公司的起诉，是错误的。依照《行诉法解释》第六十八条关于"第二审人民法院经审理认为原审人民法院不予受理或者驳回起诉的裁定确有错误，且起诉符合法定条件的，应当裁定撤销原审人民法院的裁定，指令原审人民法院依法立案受理或者继续审理"的规定，江苏省高级人民法院于 2005 年 9 月 19 日裁定：

一、撤销一审行政裁定；

二、本案由一审法院继续审理。

审 判 长　史　某
代理审判员　蒋某某
代理审判员　李　某
二〇〇五年九月十九日

附录 16：动感酒吧诉武威市凉州区环境保护局
环保行政命令案裁判文书

甘肃省武威市中级人民法院
行 政 判 决 书

〔2014〕武中行终字第 12 号

上诉人（原审原告）：武威市凉州区动感酒吧。

负责人：腾某军。

被上诉人（原审被告）：凉州区环境保护局。

法定代表人：林某述，系该局局长。

委托代理人：张某寿，系该局环境监察大队副大队长。

原审原告武威市凉州区动感酒吧不服被告凉州区环境保护局环保行政决定一案，于 2013 年 4 月 27 日起诉，武威市凉州区人民法院经审查，认为原告的起诉已超过诉讼时效，于同年 6 月 19 日以〔2013〕凉行初字第 13 号行政裁定书，驳回原告的起诉。原告不服，申请再审，该院于 2013 年 7 月 15 日，以〔2013〕凉行再字第 1 号行政判决书，裁定进行再审。经再审审理，于 2013 年 12 月 11 日作出〔2013〕凉行申字第 1 号行政裁定书，原告武威市凉州区动感酒吧不服，提出上诉。本院依法组成合议庭，进行了书面审理。现已审理终结。

武威市凉州区动感酒吧在经营过程中产生的噪声，未采取有效污染防治措施，噪声超标排放，影响周边居民正常的生活环境。2012 年 12 月 22 日经甘肃省武威市凉州区环境检测站检测，夜间边界噪声达 58.9 分贝，噪声超过国家排放标准，其行为违反了《中华人民共和国环境噪声污染防治法》第四十三条第二款的规定，故依照《中华人民共和国环境噪声污染防治法》第五十九条规定，被告武威市凉州区环境保护局于 2013 年 1 月 18 日作出的凉环责改字〔2013〕2 号《责令改正违法行为决定书》决定：责令动感酒吧立即停止超标排放环境噪声的违法行为，限于 2013 年 2 月 28 日前，采取隔音降噪措施进行整改，并于 2013 年 2 月 28 日前将改正情况书面报告该局。武威市凉州区动感酒吧不服，向武威市凉州区人民法院提起诉讼。

原审法院审理查明：2012 年 12 月 21 日被告接到凉州区东小北街陆羽茶楼对原告动感酒吧的环境噪声的投诉，即组织环境检查执法人员和环境检测人员先后于 2012 年 11 月 23 日、12 月 20 日、12 月 22 日 22 时零 5 分至 23 时零 5 分，对原告动感酒吧环境噪声排放及环境噪声污染防治情况实施了现场检查（勘查）和采样检测，其夜间场界 4 个检测点环境噪声排放值分别达到 58.9dB（A）、55.4Db（A）、52.9dB（A）、56.9dB（A），均超过国家《社会生活环境噪声排放标准》（GB22337-2008）规定的环境噪声排放标准。并制作现场检查（勘验）笔录，由于腾某军拒绝签字，被告的执法人员，即在现场检查（勘验）笔录上签字，现场检查（勘验）笔录上有行政执法人员出示执法证件的字样。2012 年 12 月 22 日，被告制作了凉环噪测字〔2012〕××××号检测报告。被告认为原告夜间噪声达 58.9 分贝，噪声超过《社会生活环境噪声排放标准》（GB22337-2008）规定的国家排放标准，原告的行为违反了《中华人民共和国环境噪声污染防治法》第四十三条第二款规定，故依据该法第五十九条的规定，作出决定，责令动感酒吧立即停止超标排放，环境噪声的违法行为，限于 2013 年 2 月 28 日前，采取隔音降噪措施进行整改，并于 2013 年 2 月 28 日前将改正情况书面报告。原告接到被告的处理决定后，于 2013 年 2 月 27 日向被告提交了动感酒吧防噪音处理报告及申请，证明其已作出防噪音整改措施，同时申请环保局对其整改后的噪音再次测试。同年 4 月 17 日，原告向武威市环境保护局申请复议，由于超过复议期限，武威市环境保护局向原告发出了不予受理的通知，原告不服提起诉讼。

原审法院认为，被告凉州区环境保护局接到投诉，对原告动感酒吧环境噪声排放及环境噪声污染防治情况实施现场检查采样检测，其执法主体资格合法，在执法过程中，被告检查（勘验）笔录中表明被告已出示执法证件，是否着装不是执法人员的必备要件，所以被告的执法程序是合法的，被告的检测报告所适用的检测标准与原告所述的检测标准是法律规定的两个不同的标准，被告检测噪音的方式方法并不违背法律规定，其检测结果合法有效，报告是否送达，法律规定并不明确，况且原告已对被告的处理结果表示认可，并采取了相应的整改措施，说明被告已经对检测结果予以认可。原告所述，作出《责令改正违法行为决定书》属于行政处罚，并不符合法律规定。《环境行政处罚办法》第十二条二款规定，根据《最高人民法院关于规范行政案件案由的通知》（〔法发（2004）2 号〕）关于行政命令不属行政处罚，行政命令不适用行政处罚程序的规定。据上所述，被告所做的具体行政行为，执法主体资格合法，认定事实清楚，主要证据充分，执法程序合法，适用法律法规正确，应当依法予以维持。原告所述法律依据不足，不予采纳。依据《中华人民共和国行政诉讼法》第五十四条第一款第一项之规定，判决维持被告凉州区环境保护局2013 年 2 月 18 日作出的凉环责改字〔2013〕×号责令改正违法行为决定书。宣判后，武威市凉州区动感酒吧不服，提起上诉。

上诉人武威市动感酒吧上诉称：被上诉人在执法过程中存在程序违法，原审法院判决不以被处罚人的行为是否违法为依据，而是针对行政执法行为是否合法进行裁量。请求二审法院撤销武威市凉州区法院〔2013〕凉行再字第 1 号行政裁定书和被告凉州区环境保护局凉环责改字〔2013〕2 号责令改正违法行为决定书。

被上诉人辩称：本局作出的凉环责改字〔2013〕×号《责令改正违法行为决定书》认定事实清楚，证据确凿，程序合法，请求维持原判。

经二审书面审查查明的事实和原判认定的基本事实相一致。

本院认为，《中华人民共和国行政诉讼法》第五条规定"人民法院审理行政案件，对具体行政行为是否合法进行审查"。被上诉人武威市凉州区环境保护局接到武威市凉州区东小北街陆羽茶楼对上诉人武威市动感酒吧在夜间经营期间环境噪声排放及环境噪声污染的投诉情况后，依法对其实施现场检查、采样检测。经检查、检测，上诉人在夜间经营期间环境噪声排放及环境噪声污染已超过《社会生活环境噪声排放标准》（GB22337-2008）规定的排放标准。其行为违反了《中华人民共和国环境噪声污染防治法》第四十三条第二款"经营中的文化娱乐场所，其经营管理者必须采取有效措施，使其边界噪声不超过国家规定的环境噪声排放标准"的规定。被上诉人根据该法第五十九条"违反本法第四十三条第二款、第四十四条第二款的规定，造成环境噪声污染的，由县级以上地方人民政府环境保护行政主管部门责令改正，可以并处罚款"的规定，对上诉人依法作出凉环责改字〔2013〕×号《责令改正违法行为决定书》的行政行为合法。原判认定事实清楚，适用法律准确，判决并无不当。上诉人的上诉理由不能成立，依照《中华人民共和国行政诉讼法》第五十九条、第六十一条一项之规定，判决如下：

驳回上诉，维持原判。

二案件受理费人民币 50 元，由上诉人武威市凉州区动感酒吧负担。

本判决为终审判决。

审判长　赵某某

审判员　张　某

审判员　李某某

二〇一四年九月二十五日

书记员　赵　某

附录 17：湖州市南浔区综合行政执法局与湖州市南浔华纳家私厂规划行政命令上诉案裁判文书

浙江省湖州市中级人民法院
行 政 判 决 书

〔2017〕浙 05 行终 137 号

上诉人（原审被告）：湖州市南浔区综合行政执法局，住所地湖州市南浔区南浔镇同心路 229 号。

法定代表人：姚某祥，该局局长。

出庭应诉负责人：展某海，该局副局长。

委托代理人：王某，北京隆安（湖州）律师事务所律师。

被上诉人（原审原告）：湖州市南浔华纳家私厂，住所地湖州市南浔镇联谊村新荡。

代表人：张某华，该厂经营者。

委托代理人：薛某懿，北京京平律师事务所律师。

上诉人湖州市南浔区综合行政执法局（以下简称南浔区执法局）与被上诉人湖州市南浔华纳家私厂（以下简称华纳家私厂）规划行政命令一案，南浔区执法局不服安吉县人民法院〔2017〕浙 0523 行初 95 号行政判决，向本院提起上诉。本院于 2017 年 12 月 5 日立案受理后，依法组成合议庭，公开进行了审理。经阅卷和调查，询问当事人，本案现已审理终结。

原审法院查明，原告华纳家私厂的个体业主张某华于 2002 年 4 月与南浔镇新塘村签订《土地租赁协议》，约定租赁其位于新荡村西面面积为 8.95 亩的土地办厂，于 2002 年 4 月与南浔镇联谊村签订《土地使用协议书》，约定租用其面积为 2.43 亩的土地办厂。2003 年 12 月 9 日，湖州市国土资源局对原告南浔华纳家私厂于 2002 年 5 月未经依法批准擅自占用南浔镇联谊村集体土地 13930 平方米建造厂房的行为，作出《土地行政处罚决定书》，责令原告退还非法占用的 13930 平方米土地，没收在非法占用的土地上新建的建筑物和其他设施，并处 2 元/平方米的罚款（计 27860 元）。2003 年 12 月 25 日，原告向湖州市国土资源局提出折价购回被没收建筑物和其他设施的申请。2004 年 3 月 16 日，原告缴纳了《土地行政处罚决定书》中要求的 27860 元罚款。2004 年 4 月 25 日，湖州市国土资源局作出《关于同意折价购回在非法占用土地上新建建筑物的决定》，同意原告以 13930 元价格购回相关建筑物和设施，并要求原告依法补办用地手续。2017 年 4 月 12 日，被告南浔区执法局向湖州供电公司客户服务中心发了一份《已建违法建筑停止办理手续和提供服务通知书》，其内容为："地处南浔镇联谊村浔练公路西侧南浔华纳家私厂用地内涉嫌违法建设。该厂用地面积为 13930 平方米，现有建筑面积为 12680 平方米。该用地内现有建筑已涉嫌违反《浙江省城乡规划条例》第六十条、《浙江省违法建筑处置规定》第十一条第五项规定，根据《南浔区查处违法建筑部门联动工作制度》，请你单位接到本通知后参与联合执法，于 1 日内停止对该违法建筑供电服务，并及时将停止提供服务的信息反馈给我单位。"被告南浔区执法局在发出该通知的同时附两份附件，第一份为《关于南浔镇联谊村南浔华纳家私厂建设情况的征询意见的回函》，内容为湖州市南浔区住房和城乡建设局于 2017 年 4 月 12 日回复南浔区执法局，回复内容为：经查证，南浔华纳家私厂所建的位于南浔镇联谊村的厂房所在地属于城镇规划区范围外，该厂房建设项目未办理规划审批手续，违反了《浙江省城乡规划条例》第六十条相关规定。第二份附件为违法建筑用电户停电清单，该份清单中违法建筑用电户户名序号 1 为湖州南浔华纳家私厂，用电户号为 3360041642；序号 2 为张某华，用电户号为 3318055392。湖州供电公司客户服务中心于 2017 年 4 月 13 日予以签收，并于 2017 年 4 月 19 日停止供电。

原审法院认为，本案争议的焦点一是原告华纳家私厂的起诉是否符合人民法院行政诉讼的立案条件。该院认为，案涉通知虽系行政机关对第三人作出的，并未对原告直接设定权利义务，但其要求停止供电的结果会对行政相对人的权利义务产生实际影响，应属于可诉的行政行为。而本案原告即是该通知执行后权利义务产生实际影响的行政相对人，因本案中被告南浔区执法局发出案涉通知时所附的违法建筑用电户停电清单，要求停止供电的用电户户名明确为原告华纳家私厂及其业主张某华，案涉通知与原告发生了利害关系，故原告对上述行为不服提起行政诉讼，符合《中华人民共和国行政诉讼法》第四十九条规定的起诉条件。争议焦点二是案涉通知是否合法，是否应予撤销。案涉通知书，从其法律效果看，也就是从对当事人权利义务的影响来看，是行政主体要求相关人做一定行为的意思表示，应为行政命令。虽然法律法规对行政命令没有作出程序规定，但行政机关在作出行政命令时，仍得遵循行政法的正当程序原则，即至少得让行政相对人享有陈述与申辩的权利，然被告南浔区执法局在作出停止供电服务的命令前，未告知实际权利义务受影响的原告，即利益相对人，享有陈述与申辩的权利，违反了行政正当程序原则，故被告南浔区执法局作出《已建违法建筑停止办理手续和提供服务通知书》程序违法，应予撤销。综上，依照《中华人民共和国行政诉讼法》第七十条第三项的规定，判决撤销被告湖州市南浔区综合行政执法局于 2017 年 4 月 12 日向湖州供电公司客户服务中心作出的《已建违法建筑停止办理手续和提供服务通知书》。案件受理费 50 元，由被告湖州市南浔区综合行政执法局负担。

上诉人南浔区执法局上诉称：1. 原审法院认定上诉人发给湖州供电公司客户服务中心的《已建违法建筑停止办理手续和提供服务通知书》有行政法上的利害关系错误。理由一，行政法上的利害关系，是指行政机关的具体行政行为对公民、法人或者其他组织的权利义务已经或将会产生实际影响。这种利害关系包括不利的关系和有利的关系，但必须是一种已经或者必将形成的关系。原审法院认为，上诉人要求停电的结果会对相对人的权利义务产生实际影响，这一主张是错误的。上诉人发给湖州供电公司客户服务中心的《已建违法建筑停止办理手续和提供服务通知书》，并不是直接强制要求湖州供电公司给这些使用违法建筑的用户停电，重点是请供电公司根据《南浔区查处违法建筑部门联动工作制度》参与联合执法，建议湖州供电公司在 1 日内停止对该违法建筑供电服务，也就是说停电不是上诉人行政行为的直接结果，而是湖州供电公司自行决定是否参与联合执法的结果，故上诉人的行政行为并不会对被上诉人的权利义务直接产生影响。理由二，本案中被上诉人起诉的依据是《已建违法建筑停止办理手续和提供服务通知书》，这是上诉人南浔执法局向湖州市供电局作出的不具有强制执行力的行政指导行为，从通知的内容看，对湖州供电公司没有强制执行力，对被上诉人的权利义务更不会有任何影响。理由三，被上诉人与本案行政行为的相对人湖州供电公司之间是购售电民事法律关系，如果被上诉人认为湖州供电公司停电造成其民事合同权益受损，其可基于双方的民事合同约定，通过民事救济途径向合同相对方主张合同权利，也就是说被上诉人的合同权利是否受损是有民事法律救济途径的，所以，被上诉人与上诉人的行政行为不具有直接因果关系。理由四，在行政行为相对人对行政主体作出的行政行为认可的情况下，作为买卖或租赁等民事合同一方当事人，与合同相对方因履行行政法上的权利义务一般没有法律上的利害关系，因为三者之间毕竟是不同的法律关系，所以，原审法院认为以民事合同权益受到损害为由提起行政诉讼的被上诉人，与上诉人的行政行为有利害关系，存在错误，依法应予纠正。2. 原审法院认定，上诉人发给湖州供电公司客户服务中心的《已建违法建筑停止办理手续和提供服务通知书》是行政命令错误，依法应予纠正。上诉人认为上述通知书只是一种不具有强制力的行政指导行为。行政指导是指行政机关以非强制性的方法，取得公民、法人或其他组织的合作，鼓励、建议、引导、请求为或不为一定行为，以实现行政管理目标的活动。而行政命令是指行政主体依法要求相对人进行一定的作为或不作为的意思表示。行政命令具有强制力，它包括两类：一类是要求相对人进行一定作为的命令，另一类是要求相对人履行一定的不作为的命令。本案中，上诉人发给湖州供电公司客户服务中心的《已建违法建筑停止办理手续和提供服务通知书》，从内容来看，上诉人发出的是请求湖州供电公司参与联合执法，建议停止对违法建筑供电；从依据来看，是依据《南浔区查处违法建筑部门联动工作制度》的规定；从结果来看，是为取得湖州供电公司的配合、合作，并没有为其设定拒绝参与联合执法的法律后果，即不具有强制执行的内容和法律后果。由此，涉案《已建违法建筑停止办理手续和提供服务通知书》属于不具有强制执行力的行政指导行为，而不是行政命令。3. 上诉人发给湖州供电公司客户服务中心的《已建违法建筑停止办理手续和提供服务通知书》，属于不具有强制执行力的行政指导行为，是合法的，不应当撤销该通知。综上，上诉人发出的涉案《已建违法建筑停止办理手续和提供服务通知书》属于不具有强制执行力的行政指导行为，不会对被上诉人合法的权利义务行为直接发生影响，湖州供电公司最终对违法建筑使用者停电不是依据上诉人的案涉通知作出，而是依据《浙江省违法建筑处置规定》《湖州市市区违法建筑认定标准及处置规定》《南浔区查处违法建筑部门联动工作制度》的有关规定，以及其与用电户之间的协议约定，自行作出决定。综上请求二审法院：1. 撤销原审判决，依法改判驳回被上诉人的原审诉讼请求；2. 一、二审诉讼费用全部由被上诉人承担。

被上诉人华纳家私厂答辩称：1. 涉案通知书与被上诉人有法律上的利害关系，属于行政诉讼受案范围。本案涉案《已建违法建筑停止办理手续和提供服务通知书》对于被上诉人方是有实际影响的。因为湖州供电公司客户服务中心在接到涉案《已建违法建筑停止办理手续和提供服务通知书》前一直正常向被上诉人供电。但在接到涉案通知书后，作出断电处理。显然涉案《已建违法建筑停止办理手续和提供服务通知书》是湖州供电公司客户服务中心停止供电的唯一客观原因。涉案《已建违法建筑停止办理手续和提供服务通知书》对被上诉人权利义务是有影响的，属于可诉范围。2. 上诉人认为被诉行为是行政指导行为，这个观点是错误的。首先定义行政指导行为没有任何法律依据，我国各个层级的规范性文件均为授权上诉人可以对电力公司进行没有强制性的行政指导工作，其该主张不能成立。其次定性为行政指导行为没有事实依据，且与上诉人之前的陈述互相矛盾。结合被上诉人二审提供的〔2017〕民终1314号民事裁定书，湖州供电公司客户服务中心所实施的停止供电行为是上诉人行政强制行为的延伸，并不是行政指导行为。涉案《已建违法建筑停止办理手续和提供服务通知书》是为电力公司设定行政法上的权利义务，要求其接到涉案《已建违法建筑停止办理手续和提供服务通知书》后参与联合执法，于1日内停止对该建筑供电服务。综上可知，作出涉案《已建违法建筑停止办理手续和提供服务通知书》属于具有强制力的行政强制措施。3. 上诉人认为涉案纠纷应当通过民事诉讼解决，但被上诉人提供了生效民事裁定书，已经否定了上诉人的该观点，涉案争议应当通过行政诉讼解决。4. 原审判决撤销涉案《已建违法建筑停止办理手续和提供服务通知书》于法有据。首先根据《中华人民共和国行政强制法》的规定，如果上诉人没有保障被上诉人行使陈述权、申辩权的情况下作出行政强制行为，显属违法。被上诉人有权对于涉案行政强制提起行政诉讼，并就受到的损失要求赔偿。上诉人的行为没有保障被上诉人享有《国务院关于印发全面推进依法行政实施纲要的通知》规定的知情权、参与权和救济权。上诉人违背依法行政基础原则，侵犯了被上诉人正常生产、生活的基本权益，违背了基本诚实信用原则。被上诉人认为上诉人被诉行政行为违法，请求二审法院维持一审判决。

被上诉人华纳家私厂在二审期间提交湖州市吴兴区人民法院〔2017〕浙0502 民初 4880 号民事裁定书以及浙江省湖州市中级人民法院〔2017〕浙 05民终 1422 号民事裁定书作为证据，用以证明对涉案《已建违法建筑停止办理手续和提供服务通知书》的争议属于行政诉讼受案范围且被上诉人与之具有行政诉讼上的利害关系。上诉人认为该两份证据与本案缺乏关联性。经审查，本院认为该组证据并不符合《最高人民法院关于行政诉讼证据若干问题的规定》第五十二条中关于新的证据的条件，本院不予采信。二审过程中，各方当事人围绕上诉人向湖州供电公司客户服务中心发送《已建违法建筑停止办理手续和提供服务通知书》的行为是否为可诉的行政行为以及被上诉人是否与之有法律上的利害关系进行了辩论。各方当事人在一审期间提交的全部证据材料，已由原审法院移送至本院。经审查，本院对原审认定的事实予以确认。

本院认为，本案的争议焦点为，一是上诉人南浔区执法局向湖州供电公司客户服务中心发送《已建违法建筑停止办理手续和提供服务通知书》的行为是否为可诉的行政行为；二是被上诉人华纳家私厂与上诉人南浔区执法局向湖州供电公司客户服务中心发送涉案《已建违法建筑停止办理手续和提供服务通知书》的行为是否具有法律上的利害关系。

对于第一个争议焦点，上诉人向湖州供电公司客户服务中心发送涉案《已建违法建筑停止办理手续和提供服务通知书》系运用其行政职权，要求湖州供电公司客户服务中心对其查处违法建筑工作予以配合，符合行政行为特征且具有强制力，应当为可诉的行政行为。

对于第二个争议焦点，上诉人向湖州供电公司客户服务中心发送涉案《已建违法建筑停止办理手续和提供服务通知书》后，湖州供电公司客户服务中心停止了对被上诉人经营场所的供电服务，导致被上诉人经营场所用电权益受到影响。湖州供电公司客户服务中心停止供电行为系辅助上诉人的行为，故实质上系上诉人作出涉案《已建违法建筑停止办理手续和提供服务通知书》对被上诉人的权利义务带来影响，被上诉人与上诉人作出涉案《已建违法建筑停止办理手续和提供服务通知书》的行为具有法律上的利害关系。

上诉人作出涉案《已建违法建筑停止办理手续和提供服务通知书》时，应当知晓该行为对被上诉人的影响，故应在作出该行政行为前，依据正当程序原则，保障被上诉人的对行政行为的知情权、陈述申辩权，以及告知其救济方式。本案中上诉人仅向湖州供电公司客户服务中心发送涉案《已建违法建筑停止办理手续和提供服务通知书》，并未对被上诉人进行告知，也未保障其陈述申辩权，以及告知其救济方式，故应认定为程序违法。

综上，上诉人南浔区执法局向湖州供电公司客户服务中心发送《已建违法建筑停止办理手续和提供服务通知书》的行政行为程序违法，应予撤销。上诉人的上诉理由不能成立，其上诉请求本院不予支持。原审判决认定事实清楚，适用法律正确，程序合法。据此，依照《中华人民共和国行政诉讼法》第八十九条第一款第一项之规定，判决如下：

驳回上诉，维持原判。

二审案件受理费 50 元，由上诉人湖州市南浔区综合行政执法局负担。

本判决为终审判决。

审判长　何某某

审判员　赵　某

审判员　许某某

二〇一八年二月二十六

书记员　练某某

附录18：杨某与北京市劳动人事争议仲裁委员会
受理决定上诉案裁判文书

北京市第二中级人民法院
行 政 裁 定 书

〔2018〕京 02 行终 505 号

上诉人（一审原告）：杨某。

被上诉人（一审被告）：北京市劳动人事争议仲裁委员会。

法定代表人：徐某，主任。

委托代理人：孙某军，北京市人力资源和社会保障局调解仲裁处工作人员。

上诉人杨某因诉北京市劳动人事争议仲裁委员会（以下简称市人事争议仲裁委）不予受理决定一案，不服北京市西城区人民法院（以下简称一审法院）所作〔2017〕京 0102 行初 961 号行政裁定，向本院提出上诉。本院受理后依法组成合议庭审理了本案。

杨某向一审法院起诉称，2015 年 4 月，其向原北京市人事争议仲裁委员会递交人事争议仲裁申请书。2015 年 4 月 15 日，原北京市人事争议仲裁委员会作出不予受理决定书（京劳人仲字〔2015〕第 258 号）（以下简称被诉决定书）。其认为："市人事争议仲裁委是处理事业单位与其工作人员发生人事纠纷的人社局职能部门，所以市人事争议仲裁委有法定职责代表市人事局立案处理其共计 21 项人事争议仲裁申请事项。……'事业单位与工作人员因解除人事关系发生的争议'适用本规定。……市人事争议仲裁委上述行为严重侵犯其财产权、申请权等合法权益，已造成其重大经济损失至今。"为此，杨某向法院提起诉讼，请求法院：确认市人事争议仲裁委的被诉决定书违法，并予以撤销；责令市人事争议仲裁委对其 8 项解除其与首都师范大学人事关系人事争议请求事项立案处理，依法下达裁决书。

市人事争议仲裁委辩称：1. 根据《中华人民共和国行政诉讼法》第十二条的规定，本案不属于人民法院受理的诉讼范围。同时根据《最高人民法院对人事争议仲裁委员会的仲裁行为是否可诉问题的答复》（〔2003〕行他字第5号）的规定，本案亦不属于人民法院的受案范围。2. 市人事争议仲裁委依据相关规定不受理杨某的仲裁请求并无不妥。综上，恳请人民法院驳回杨某的诉讼，以维护法律秩序。

一审法院认为，杨某的起诉不符合《最高人民法院关于适用〈中华人民共和国行政诉讼法〉若干问题的解释》（法释〔2015〕9号）第三条第一款关于起诉条件的规定，故裁定驳回了杨某的起诉。

杨某不服一审裁定，上诉认为，一审裁定认定事实错误，严重违反程序，适用法律错误。请求撤销一审裁定，指令一审法院依法审理本案。

市人事争议仲裁委未提出上诉。

经查，2015年4月，杨某向原北京市人事争议仲裁委员会递交人事争议仲裁申请书。2015年4月15日，原北京市人事争议仲裁委员会作出被诉决定书，决定不予受理。

另查，2016年，原北京市人事争议仲裁委员会和原北京市劳动争议仲裁委员会合并成立北京市劳动人事争议仲裁委员会，负责处理辖区内的劳动人事争议案件。

本院认为，《中华人民共和国行政诉讼法》第四十九条第四项规定，公民、法人或者其他组织向人民法院提起行政诉讼，应当属于人民法院行政诉讼受案范围。对于不属于人民法院行政诉讼受案范围的，不予受理，已经受理的，裁定驳回起诉。本案争议的核心问题是杨某申请撤销被诉决定书是否属于行政诉讼受案范围。对此问题，本院认为，《劳动人事争议仲裁办案规则》第三十一条规定，对仲裁委员会逾期未作出决定或决定不予受理的，申请人可以就该争议事项向人民法院提起诉讼。对上述条款的准确理解是，申请人可就"争议事项"即劳动人事争议纠纷向人民法院提起诉讼，而非对仲裁委员会逾期未作出决定或作出的不予受理决定提起诉讼。据此，仲裁委员会作出的不予受理决定，不属于行政诉讼受案范围。本案中，杨某请求撤销被诉决定书的起诉，不符合《中华人民共和国行政诉讼法》第四十九条第四项规定的起诉条件，应当裁定予以驳回。

综上，一审法院裁定驳回杨某的起诉是正确的，本院予以维持。杨某的上诉请求，缺乏事实和法律依据，本院不予支持。依照《中华人民共和国行政诉讼法》第八十九条第一款第一项之规定，裁定如下：

驳回上诉，维持一审裁定。

本裁定为终审裁定。

审　判　长　王　某

审　判　员　王　某

审　判　员　孙某某

二〇一八年三月三十日

法官助理　董　某

书　记　员　王某某

附录 19：邢某远诉洛阳市劳动人事争议仲裁委员会等其他行政行为纠纷再审案裁判文书

中华人民共和国最高人民法院
行 政 裁 定 书

〔2016〕最高法行申 3709 号

再审申请人（一审起诉人、二审上诉人）：邢某远。

再审申请人邢某远因诉洛阳市劳动人事争议仲裁委员会、洛阳市总工会其他行政行为一案，不服河南省高级人民法院〔2016〕豫行终 627 号行政裁定，向我院申请再审。本院依法组成合议庭对本案进行了审查，现已审查终结。

邢某远申请再审称，其起诉要求撤销的洛阳市总工会《关于对邢某远问题的处理决定》不属于行政机关对行政机关工作人员的奖惩、任免等决定，一、二审裁定认定事实、适用法律错误。其因对洛阳市劳动人事争议仲裁委的不予受理通知书不服，提起行政诉讼，有法律依据。请求撤销河南省高级人民法院〔2016〕豫行终 627 号行政裁定、河南省洛阳市中级人民法院〔2015〕洛行立初字第 161 号行政裁定；撤销洛阳市总工会《关于对邢某远问题的处理决定》；恢复其原市总工会机关干部身份及相关合法权益，并办理退休手续，与市总工会机关同工龄同等待遇，补发工资，补偿损失。

本院经审查认为，洛阳市劳动人事争议仲裁委员会既不是行政机关，也不隶属于行政机关，其作出的洛劳人仲案字〔2015〕第 352 号不予受理通知书，不是行政行为，再审申请人对该通知书不服提起行政诉讼，没有法律依据。再审申请人是洛阳市总工会工作人员，该单位对其作出《关于对邢某远问题的处理决定》并给予辞退，属于单位对其工作人员作出的人事处理行为，再审申请人对该决定不服提起诉讼，人民法院不予受理。故再审申请人提起本案诉讼，不符合《中华人民共和国行政诉讼法》第四十九条规定的起诉条件。原审法院裁定不予立案，并无不当。

综上，申请人的再审申请不符合《中华人民共和国行政诉讼法》第九十一条规定的再审条件，依据《最高人民法院关于执行若干问题的解释》第七十四条之规定，裁定如下：

驳回邢某远的再审申请。

审　判　长　孟某某

代理审判员　厉某某

代理审判员　梁　某

二〇一七年三月三十一日

书　记　员　李　某

附录 20：向某英与田东县农村土地承包仲裁委员会案裁判文书

广西壮族自治区百色市中级人民法院
行 政 裁 定 书

〔2015〕百中行终字第 94 号

上诉人（原审原告）：向某英，农民。

委托代理人：黄某。

被上诉人（原审被告）：田东县农村土地承包仲裁委员会。

法定代表人：刘某模，该委员会主任。

委托代理人：黄某，田东县农村经济经营管理站站长。

委托代理人：韦某任，田东县法制办公室干部。

上诉人向某英因被上诉人田东县农村土地承包仲裁委员会仲裁纠纷一案，不服田东县人民法院 2015 年 7 月 29 日作出的〔2015〕东行初字第 25 号行政裁定，向本院提起上诉。本院依法组成合议庭，公开开庭审理了本案。上诉人向某英，被上诉人田东县农村土地承包仲裁委员会的法定代表人刘某模经合法传唤未出庭，其各自委托代理人黄某等人到庭参加诉讼。本案现已审理终结。

本院认为，被上诉人田东县农村土地承包仲裁委员会是依据《中华人民共和国农村土地承包经营纠纷仲裁法》的规定而成立的一个为妥善解决农村土地承包纠纷、巩固和完善农村土地承包关系的调解仲裁机构，不是具有相对管理权的行政机关。上诉人向某英对仲裁裁定不服，应以民事纠纷提起诉讼，但上诉人向某英将田东县农村土地承包仲裁委员会作为行政机关列为一审被告提起行政诉讼，属于错列被告，故一审法院裁定驳回其起诉正确。上诉人向某英以被上诉人田东县农村土地承包仲裁委员会作为行政机关提起上诉的理由缺乏法律依据，本院不予支持。原裁定认定事实清楚，适用法律正确，审判程序合法。依照《中华人民共和国行政诉讼法》第八十九条第一款第一项之规定，裁定如下：

驳回上诉，维持原裁定。

一审案件受理费 50 元，由一审法院退回上诉人向某英。

本裁定为终审裁定。

审判长　罗　某

审判员　张某某

审判员　班某某

二〇一五年十月二十八日

书记员　黄　某

后　记

本丛书中的《法治政府要论——基本原理》《法治政府要论——组织法治》《法治政府要论——程序法治》《法治政府要论——行为法治》《法治政府要论——救济法治》是在武汉大学人文社会科学首批次"70后"学者科研项目资助计划"服务型政府研究团队"（2009）系列研究成果的基础上，修改补充而成。在这近10年的漫长过程中，我所指导的研究生参与了书稿的修改、补充、校对等工作，在此，特别感谢他们所做的贡献；并感谢武汉大学人文社会科学院的课题资助，感谢时任院长肖永平教授对课题的支持；感谢团队成员的精诚合作。

《法治政府要论——责任法治》是在中国法学会2010年度部级课题《行政责任法研究》（CLS-B1007）最终成果基础上，经反复修改补充所形成的。在此，感谢中国法学会的课题资助，感谢课题组成员的精诚合作，感谢丁安然、童丽两位博士生的参与。

另外，特别感谢钱静博士在出版基金申报中所提供的宝贵支持；感谢美丽的胡荣编辑细致的编辑工作和武汉大学出版社对本丛书的支持；感谢国家出版基金的资助。

尽管成书历时漫长，但书中缺漏和不足仍让我心怀忐忑。恳切希望得到学界同仁批评指正。

江国华

2020年5月1日